吴江年鉴 2020

苏州市吴江区人民政府 主办
《吴江年鉴》编纂委员会 编

古吴轩出版社

图书在版编目（CIP）数据

吴江年鉴. 2020 / 《吴江年鉴》编纂委员会编. --
苏州 : 古吴轩出版社, 2020.11
ISBN 978-7-5546-1632-1

Ⅰ. ①吴… Ⅱ. ①吴… Ⅲ. ①吴江－2020－年鉴
Ⅳ. ①Z525.34

中国版本图书馆CIP数据核字(2020)第207173号

责任编辑：俞　都
见习编辑：胡　玥
责任校对：徐小良　万海娟
封面设计：南京德玺文化发展有限公司
责任照排：南京德玺文化发展有限公司

书　　名：吴江年鉴（2020）
编　　者：《吴江年鉴》编纂委员会
出版发行：古吴轩出版社
地址：苏州市八达街118号苏州新闻大厦30F　　邮编：215123
电话：0512-65233679　　传真：0512-65220750
出 版 人：尹剑峰
印　　刷：南京凯德印刷有限公司
开　　本：889 × 1194　1/16
印　　张：26.5
插　　页：68
字　　数：902千字
版　　次：2020年11月第1版　第1次印刷
书　　号：ISBN 978-7-5546-1632-1
定　　价：120.00元

《吴江年鉴》编纂委员会

主　　任　王国荣
副 主 任　钱　斌　汤卫明
编　　委　沈震松　沈卫良　徐国华　钟永林　沈伟荣
　　　　　沈伟江　徐惠林　吴吉祥　沈卫民　钱伟健
　　　　　施国强　陈若峰　徐炳华　王　君　徐文磊

《吴江年鉴》编辑部

主　　编　徐国华
副 主 编　范红明　钱晓燕
编　　辑　（按姓氏笔画排列）
　　　　　于振荣　申乃刚　沈　瑶　陈凤贤　陈建芬
　　　　　范红明　钱晓燕
特约编辑　王　炜　潘福官　钮泉娜　吴　斌
公共彩页编辑　徐　铭
宣传彩页编辑　徐　剑

编辑说明

一、《吴江年鉴》编纂出版坚持以马克思列宁主义、毛泽东思想、邓小平理论、“三个代表”重要思想、科学发展观、习近平新时代中国特色社会主义思想为指导。

二、《吴江年鉴》是苏州市吴江区人民政府主办，《吴江年鉴》编纂委员会编纂，吴江区档案馆、《吴江年鉴》编辑部组织编辑的地方综合年鉴，是系统记述吴江自然、政治、经济、文化和社会等方面情况的年度资料性文献。《吴江年鉴》编纂工作始于1986年，1987年9月，第一部《吴江年鉴》——《吴江年鉴（1986）》以内部资料形式出版。此后《吴江年鉴》逐年出版，并从1988年起由出版社出版，《吴江年鉴（2020）》是第35部。

三、《吴江年鉴（2020）》采用分类编辑法，分类目、分目、条目三个层次，以条目为基本组成单位，用【】引出；其中“媒体聚焦”“专记”“大事记”“索引”类目仅列类目、分目两个层次。《吴江年鉴（2020）》在类目设置上稍作调整，取消交通・邮政・通信、财政・税务类目；增设长三角生态绿色一体化发展示范区建设、资源生态类目；交通、水利内容并入城建类目；邮政・通信内容并入服务业类目；国土资源、水资源、环境保护并入资源生态类目。全书分为30个类目：（1）媒体聚焦；（2）专记；（3）大事记；（4）长三角生态绿色一体化发展示范区建设；（5）专项工作；（6）吴江概况；（7）中共苏州市吴江区委；（8）苏州市吴江区人大；（9）吴江区人民政府；（10）政协吴江区委员会；（11）纪检监察；（12）群众团体；（13）军事・法治；（14）经济管理与监督；（15）工业；（16）农业；（17）服务业；（18）开放型经济；（19）金融；（20）城建；（21）资源生态；（22）科学技术；（23）教育；（24）文化；（25）卫生・体育；（26）社会生活；（27）区镇街道；（28）人物；（29）附录；（30）索引。共有分目210个、条目1140个、彩页64页、插图54张。

四、《吴江年鉴（2020）》的内容均由区各部门、单位和各区镇指定专人负责撰写，并经过各单位领导和年鉴编辑部审稿；资料收录时间为2019年1月1日至12月31日，部分内容适当上溯或下延；人事名单以组织部门年报为准；涉及的统计数据以区统计局《统计年鉴》为准，但有些由于统计口径和方法不同而有差异，请读者利用时加以注意。

五、部分常用缩略语、专业词语在右上角用“*”标注（文件、书籍等名称及表格内容除外）（同一条目下标注首次出现的，仅设类目、分目的标注自然段中首次出现的），在“附录”类目中进行注释。部分常见机构直接使用简称，在“附录”类目中设“吴江区部分机构全称—简称对照表”对照。

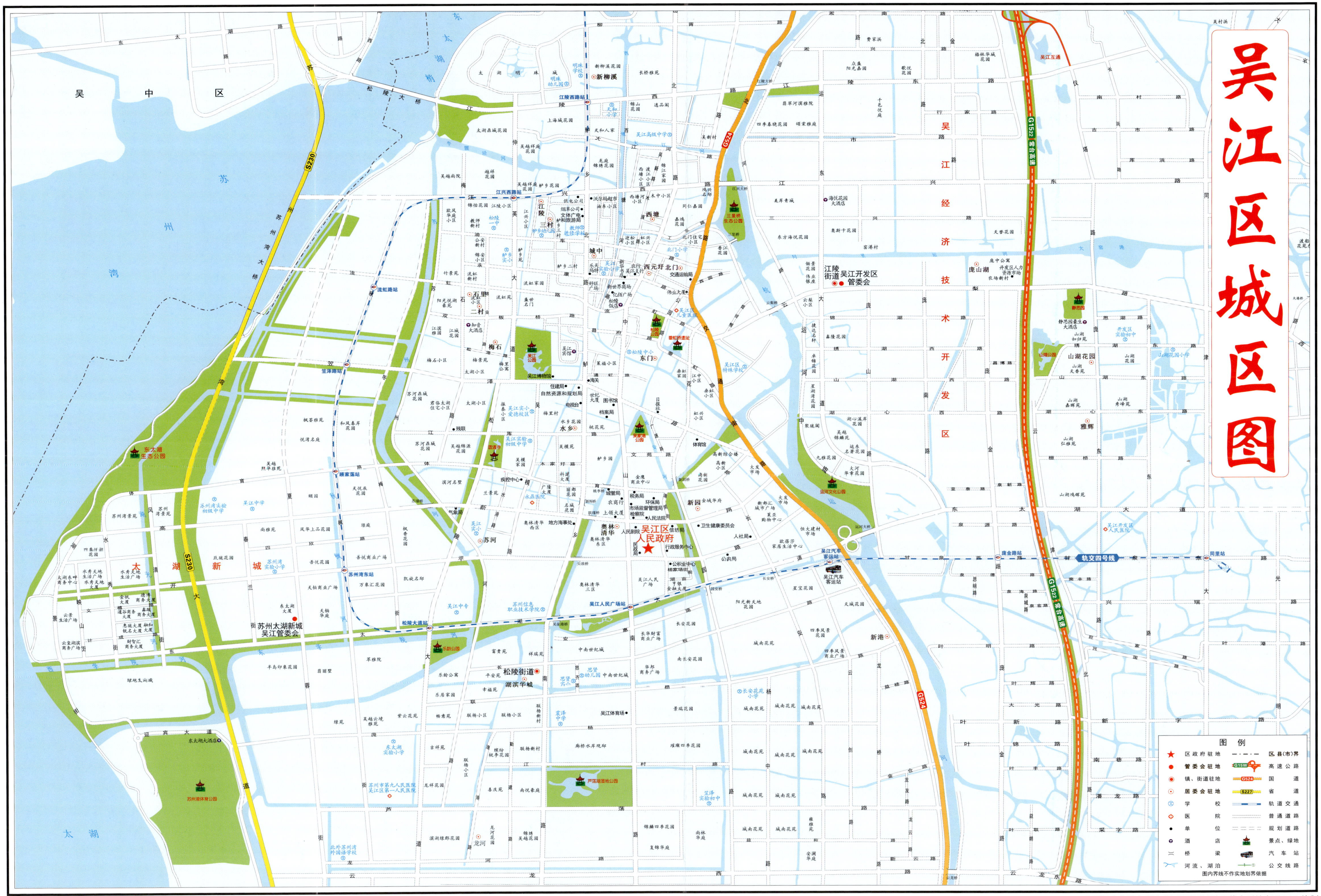

审图号：图苏E审（2020）073号

苏州吴文化地名研究所 江苏图博地理信息科技有限公司 编制

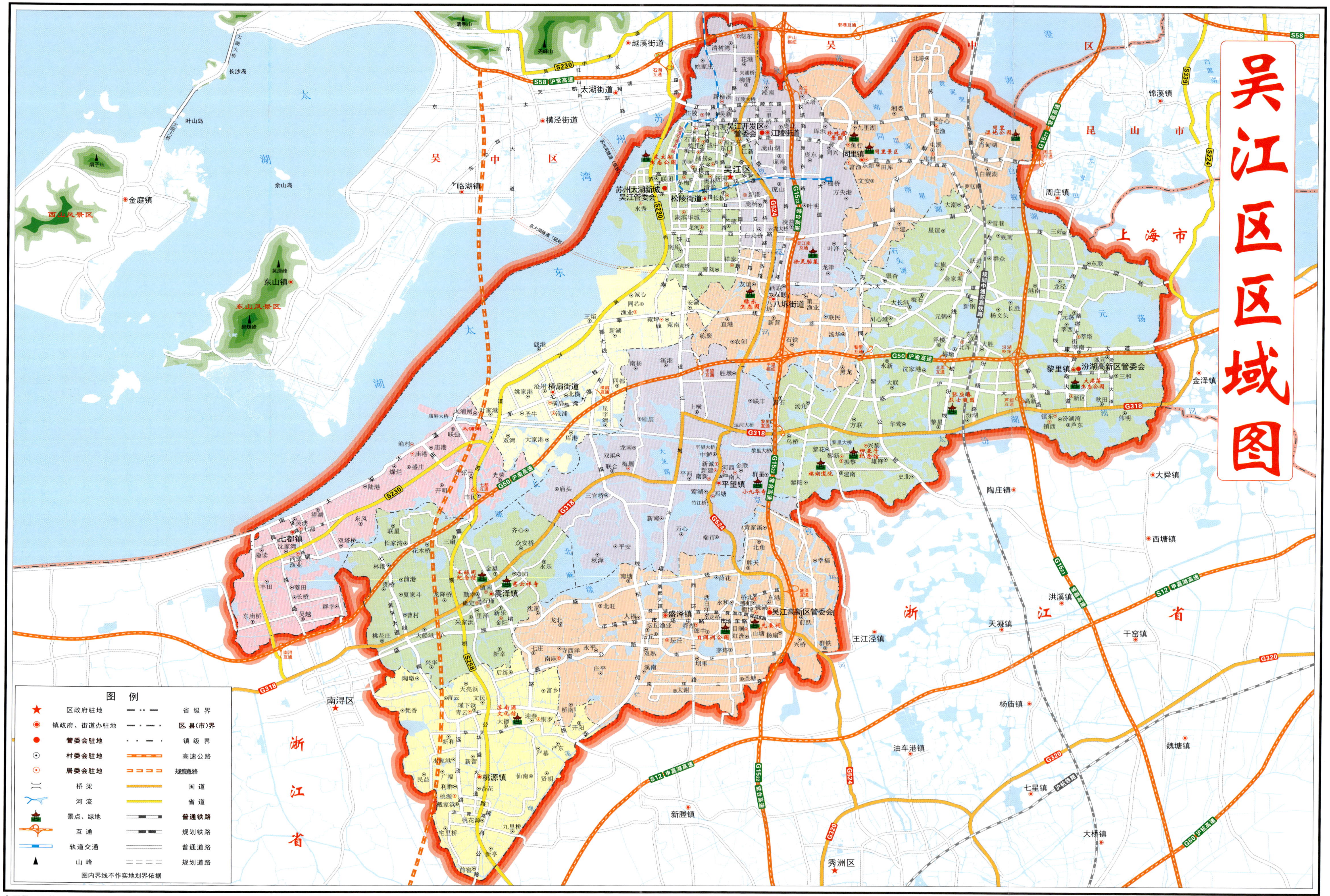

审图号：图苏E审（2020）074号

苏州吴文化地名研究所 江苏图博地理信息科技有限公司 编制

长三角一体化

2019年11月4日，全国政协副主席、国家发改委主任何立峰到吴江开展长三角生态绿色一体化发展示范区专题调研
（王　炜/摄）

2019年11月18日，长三角区域三省一市部分全国人大代表在吴江开展以“长三角区域交通基础设施建设和运营管理一体化”为主题的联合视察
（王　炜/摄）

夕照汾湖　（刘　水/摄）

古镇黎里　（潘福官/摄）

2019年5月11日，吴江区长三角一体化发展专家咨询委员会成立。图为区领导与受聘的专家咨询委员会委员合影
（吴　斌/摄）

2019年5月11日，出席吴江区长三角一体化发展专家咨询委员会成立大会的专家们考察亨通集团
（王　炜/摄）

2019年11月5日，苏州市长三角一体化工作推进会现场
（融媒体中心/供）

长三角一体化

2019年11月2日，在长三角生态绿色发展一体化示范区誓师大会上，三地领导启动产业项目

（吴　斌/摄）

2019年7月26日，吴江区党政代表团在上海青浦学习考察　（吴　斌/摄）

2019年9月3日，长三角生态绿色一体化发展示范区“初心寻访”红色阵地发布　（吴　斌/摄）

2019年3月6日，吴江、青浦、嘉善三地跨省专线公交正式开行。图为市民正排队上车　（吴　斌/摄）

2019年12月27日，2019年长三角一体化示范区优质农产品联展联销会上，市民们正在购买新鲜蔬菜　（吴　斌/摄）

2019年10月22日，在吴江投洽会举行期间，项目代表正在进行项目集中签约

2019年5月23日，2019吴江（深圳）投资说明会在鹏城举行

（王　炜/摄）

（吴　斌/摄）

2019年9月26日，在吴江现代服务业推进大会上，一批服务业重点项目落户　　（吴　斌/摄）

2019年10月22日，在吴江投洽会举行期间，企业与高校、科研机构代表为创新联合体揭牌（吴　斌/摄）

2019年7月11日，中国创新创业大赛技术融合专业赛（激光和光通讯）启动　　（吴　斌/摄）

2019年4月16日，吴江区人民政府与中国电信苏州分公司战略合作签约仪式在区会议中心举行　　（王　炜/摄）

2019年6月16日，吴江区人民政府与华润置地签订战略合作协议　　（王　炜/摄）

2019年10月22日，吴江区人民政府与交通银行苏州分行签订全面战略合作协议　　（王　炜/摄）

2019年9月29日，中国工商银行苏州分行、国测集团全面战略合作签约仪式在国测（苏州）智慧城市产业化基地招商运营中心举行

（王　炜/摄）

2019年12月18日，京东方（苏州）智造服务产业园项目投产暨生命科技产业基地项目签约活动在吴江开发区举行

（融媒体中心/供）

2019年5月17日，恒力年产2000万吨炼化一体化项目全面投产仪式在大连长兴岛举行。图为全面投产仪式现场

（王　炜/摄）

2019年12月6日，以盛虹集团为第一完成单位的科研项目“印染废水低成本处理与高效再生利用关键技术和产业化”获中国纺织科学技术进步一等奖。图为集团获奖代表领奖后合影

（王　炜/摄）

2019年1月19日，通鼎互联“持续创新、高质量发展”2019年创新大会现场　　（王　炜/摄）

2019年11月29日，苏州君盟生物医药科技有限公司举行二期工程奠基仪式　　（王　炜/摄）

2019年12月18日，中城捷运城市交通有限公司与马来西亚莫比利斯有限公司在吴江正式签署马来西亚依斯干达特区智轨电车采购协议　　（王　炜/摄）

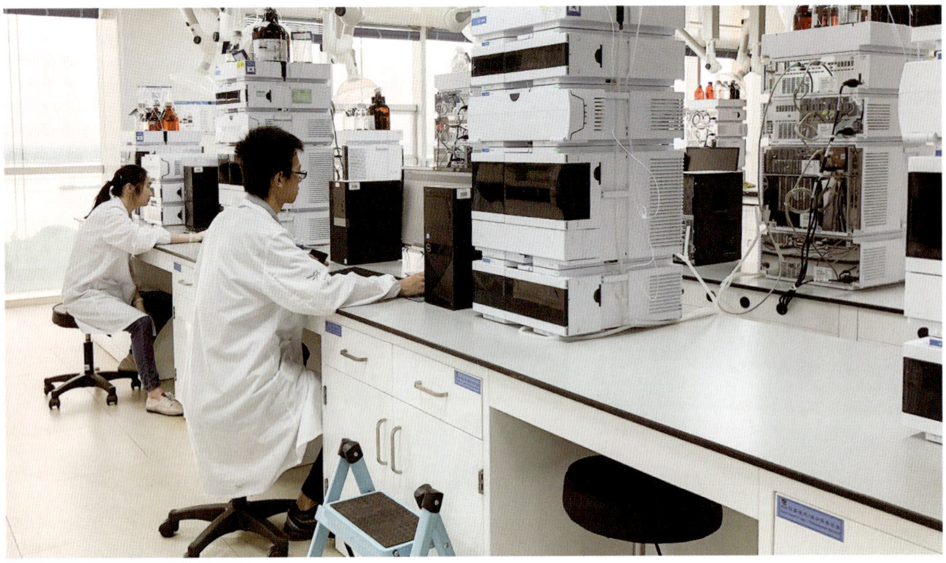

2019年9月9日，东吴生物技术研究院研发人员在做药品的分析检测 （史榀倩/摄）

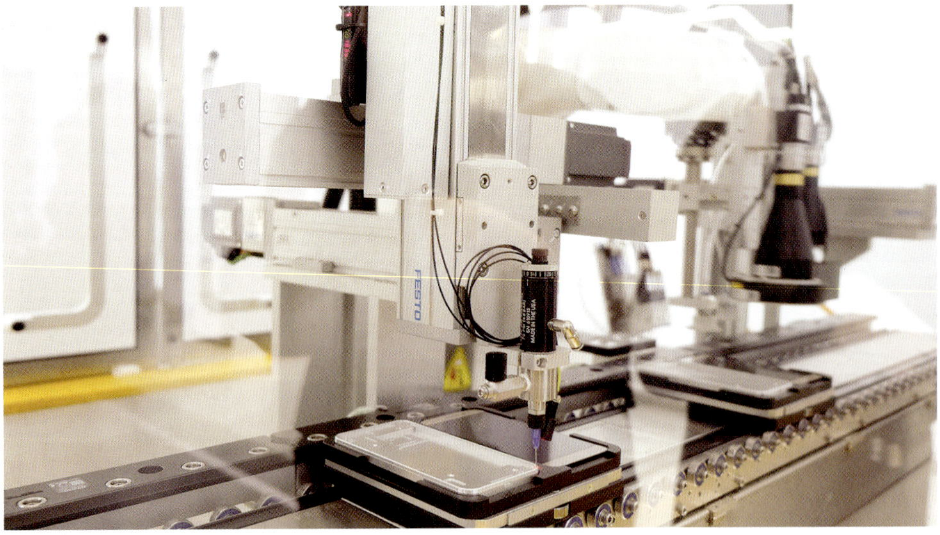

在博众精工研发生产的高精密电子产品数字化生产线上，“轻载机械手”正在组装电子产品 （陈晓思思/摄）

2019年1月25日，林森净化工作人员正在钣金柔性自动化生产线上操作　　（吴　斌/摄）

2019年1月28日，上久楷丝绸科技文化有限公司董事长吴建华向各国驻华使节展示宋锦特色产品

（融媒体中心/供）

2019年9月25日，2019中国国际纺织面料及辅料（秋冬）博览会现场

（王　炜/摄）

2019年10月16日，盛泽纺博会展会现场，客商正在选样采购

（吴　斌/摄）

2019年4月18日，市民正在体验退思园VR全景视频　　（吴　斌/摄）

2019年9月19日，吴江区2019年全国科普日主场活动上，一名学生与工作人员正在互动　　（吴　斌/摄）

崛起中的太湖新城

（钮泉娜/摄）

2019年1月31日，区委书记王庆华，区委副书记、区长李铭率队对企业安全生产工作进行检查　（王　炜/摄）

2019年7月17日，暑期安全教育课上，交警正在为小学生讲解交通安全知识　（吴　斌/摄）

2019年8月16日，江陵社区开展消防宣传　（吴　斌/摄）

2019年12月22日,“抱团合作创大业 亲清连心促发展”吴江区第二期民营企业家沙龙举办（王　炜/摄）

2019年4月1日,区税务局在吴江万宝财富广场开展减税降费宣传活动（何　清/摄）

2019年8月6日,区人社局和区医保局在苏州第九人民医院举办吴江区异地就医结算新政宣传活动。图为工作人员为市民答疑解惑（何　清/摄）

2019年12月28日，吴江区儿童医院（苏州大学附属儿童医院吴江院区）正式启用。图为市民正在自助挂号缴费机上操作　　（王　炜/摄）

2019年12月18日，同里、江陵为民服务中心启用。图为市民在同里镇为民服务中心办理业务　　（吴　斌/摄）

2019年4月28日，桃源杏花村老年村民在日间照料中心阅报　　（周成瑜/摄）

2019年1月23日，居民安装“吴江健康保障”App并绑定电子社保卡

（融媒体中心/供）

2019年5月13日，世界家庭健康日，居民进行家庭医生签约

（吴　斌/摄）

2019年6月14日，在盛泽镇衡悦广场，参加全国文明城市万人签名活动的市民志愿者在文明城市创建横幅上签名　　（陈　静/摄）

2019年7月1日，一名新时代文明实践志愿者冒着大雨在路口引导市民文明行车和过马路　　（吴　斌/摄）

2019年7月8日，商户签约成为文明实践志愿者户　　（方　芳/摄）

2019年12月3日，鲈乡三村社区志愿者在社区内捡拾垃圾
（何　清/摄）

2019年5月7日，吴江区实验初级中学学生开展爱心义卖活动
（何　清/摄）

2019年8月13日，超强台风“利奇马”侵袭，造成桃源镇铜罗社区部分路段积水。图为桃源专职消防队队员将一名老人护送回家　（龚　轩/摄）

2019年8月26日，剪纸非遗传承人叶建明展示庆祝中华人民共和国成立70周年纪念作品　　（何　清/摄）

2019年1月17日，非遗传承人表演木偶昆曲　　（融媒体中心/供）

2019年7月9日，震泽仁昌顺糕点店开展“苏式糕点非遗小课堂活动”，小朋友和家长们一起制作苏式月饼　　（何　清/摄）

2019年10月15日，华佳服装秀　　（吴　斌/摄）

2019年1月12日，平望镇首届腊八民俗风情节举行，市民们正在观赏
（吴　斌/摄）

生态吴江——胜地生态公园　　（何　清/摄）

运河文化公园　　（吴　斌/摄）

市民在吴江公园游园踏春，乐享春光（吴　斌/摄）

市民在松陵公园尽享秋天的美景　（吴　斌/摄）

2019年5月5日，苏州市人大常委会执法检查组对吴江贯彻落实《中华人民共和国水污染防治法》情况进行执法检查 （王 炜/摄）

2019年9月21日，中华环保世纪行采访团来到吴江就东太湖生态环境保护进行采访 （王 炜/摄）

2019年3月30日，吴江区增殖放流活动 （吴 斌/摄）

省级“水美村庄”桃源镇荡头自然村风貌

（王　炜/摄）

同里镇白蚬湖村

（吴　斌/摄）

吴江高新区（盛泽镇）黄家溪村

（吴　斌/摄）

乐居之城

七都镇群幸村　　（融媒体中心/供）

汾湖高新区（黎里镇）东联村　　（融媒体中心/供）

震泽镇齐心村　　（融媒体中心/供）

太湖新城的早晨　　（钮泉娜/摄）

苏州湾双桥　　（钮泉娜/摄）

乐居之城

太湖新城水秀天地　（钮泉娜/摄）

苏州湾音乐喷泉　（钮泉娜/摄）

东太湖度假区百里风光带　（钮泉娜/摄）

目　录

媒体聚焦

专　　记

大 事 记

长三角生态绿色一体化发展示范区建设

专项工作

吴江概况

中共苏州市吴江区委

苏州市吴江区人大

吴江区人民政府

政协吴江区委员会

纪检监察

群众团体

军事·法治

经济管理与监督

工　业

农　业

服务业

开放型经济

金　融

城　建

科学技术

教　育

文　化

卫生·体育

社会生活

区镇街道

人　物

附　录

索　引

Main Contents

Wujiang District People's Congress

Wujiang District People's Government

Wujiang District Committee of the CPPCC

Discipline Inspection and Supervision

Mass Organization

Military and Political-legal Affairs

Economic Management and Supervision

Industry

Agriculture

Service Industry

Open Economy

Finance

City Building

Resources and Ecological Environment

Science and Technology

Education

Culture

Public Health and Sports

Social Life

Towns & Streets

Figures

Appendix

Index

江苏吴江和浙江秀洲共建联合河长制

——清溪河治理记

王伟健

星罗棋布的河网，包容的不仅有资源，也有污染；跨越省界的治理，考验的不仅是力量，更是智慧。在江苏、浙江的两个小镇之间，十几年的污染积弊，正伴随着清溪河两岸的携手，逐步化解。

多年河流污染，带来了什么恶劣影响？探索联动治污，有着哪些突破？未来的清波碧水，呼唤怎样的联动机制？记者行走江浙交界处，看到了长三角一体化进程中的另一个侧面。

在江苏吴江与浙江秀洲交界处，有一条10余公里长的清溪河，宽度三四十米。河的上游是江苏省苏州市吴江区盛泽镇，是热闹非凡的工业区，聚集着大量的纺织企业，下游是浙江嘉兴市秀洲区王江泾镇。河流出了王江泾镇，便又拐弯进入京杭大运河，然后蜿蜒汇向太浦河——一条从太湖引水至黄浦江的人工运河。

如今下游的一江好水，得益于上游的携手共治。苏州市吴江区与嘉兴市秀洲区水系相通，界河长达39公里，构成了错综复杂的水网。但在过去的十几年里，两地的“水账”却从未算清过。2017年以来，两地在遭遇治水瓶颈后，开始尝试打破区域“藩篱”，探索联防联治协同机制，建立联合河长制。

“水是流动的，污染物是漂动的，河道不能分段治。开展联防联治以来，交界黑臭河被消灭了，两地老百姓矛盾消除了，界河成了友谊河。”在吴江区委书记王庆华看来，两地的联合探索是推进更大范围的长三角区域治水一体化的有益尝试。

多年矛盾，区域“藩篱”待破

2018年12月21日，记者徒步来到清溪河边。刚刚干透的青色水泥河堤上，还遗留着几堆泛黄的泥土。河面上偶尔漂浮过几株小草，河水颜色如碧玉。这条东西走向的河流在不久前经历了一场大治。

清溪河南岸50米开外，有一个面积约300亩的农场，塑料大棚里种满了蔬菜和水果，经营者是40多岁的王江泾镇西雁村村民金月娥。她打开一个开关后，全自动浇灌系统便开始了工作。金月娥告诉记者，每天浇灌农作物的十几吨水，全得从清溪河里抽。

西雁村与盛泽镇隔河相望。金月娥回忆，早些年由于沿河居民缺乏环保意识，生活垃圾都往河里扔，清溪河成了臭水沟。人从河边经过都得捂着鼻子，为此两地老百姓互相责怪。

矛盾并非仅存在于清溪河两岸。王江泾镇“四位一体”办公室副主任孙琪介绍，秀洲与吴江两地交界河道多达15条。在过去十几年里，由于界河污染严重，两地又各自为政，缺乏沟通，矛盾一直层出不穷。

“2001年，两地还发生了一次断河事件。”孙琪说，上游盛泽镇纺织印染业发达，环保设施不足，难免对清溪河造成污染，导致下游王江泾镇养殖户的鱼大面积死亡。300多位渔民用推土机和麻袋将清溪河堵塞，双方关系一度相当紧张。

不仅老百姓之间有矛盾，两地政府部门也因为管理机制的限制无法实现有效沟通。孙琪记得，有一次，清溪河上游漂下来大量污染物，他去盛泽镇境内摸情况，是偷偷摸摸地驾着快艇去的，“怕引起盛泽方面的误会”。

因为行政区划的壁垒和体制机制的障碍，两地因污染引发的矛盾持续了十几年。直到2014年，浙江开始实施“五水共治”战略，紧接着，江苏也提出了“263”专项行动。两地开始了轰轰烈烈的治水行动。孙琪介绍，在接下来的几年里，两地在治水上都取得了显著成效，但治理对象却局限在各自境内的河道。共同治理依然难有突破。“如果再不携手合作，两地都无法突破治水天花板。”

一次尝试，建立两地协同机制

盛泽镇圣塘村与王江泾镇阳城村间隔着一条斜港，虽然分属两省，但两个村往来频繁。阳城村党支部书记宋建华和圣塘村党委书记张晓峰年纪差不多，儿时就是玩伴。两个村近在咫尺，但在过去，两人在工作中却少有交集。

2015年初，阳城村几位村民找宋建华反映情况：从斜港抽上来的灌溉用水是乳白色的，可能是圣塘村的工厂在排污水。宋建华私底下找张晓峰交涉，随后两人分别向各自的领导汇报了情况，两地环保部门很快到了现场。当年7月，由当时的王江泾镇镇长亲自带队前往盛泽镇政府协商。

宋建华回忆，开了一个多小时的协调会，双方最终决定在斜港屠家湾开展一次清淤行动。清淤的钱由盛泽方面出，堆放淤泥的土地则由阳城村提供。“由于涉及两个省，从立项到批复，都需要逐级上报，效率太低了。”宋建华说。但不管怎样，两地终于有了首度合作。此次清淤过后，斜港又恢复了生机。

“为什么不建立一个长期的合作机制？”孙琪将这个想法汇报给秀洲区治水办，获得了区委、区政府的支持。秀洲区治水办与吴江区水利局进行了多次协商沟通，吴江方面也十分认同这个想法。2017年2月，秀洲区联合吴江区成立了边界区域水环境联防联治工作领导小组，设立联防联治办公室，建立信息互通机制，携手向交界黑臭河“开刀”。

合作首先从水葫芦治理开始。2017年5月27日，一场罕见的水葫芦灾害突如其来。盛泽河长办工作人员庄良华回忆，一夜之间，盛泽境内的河道上冒出来密密麻麻的水葫芦。当时镇上仅有30多条打捞船，杯水车薪，庄良华一时间急得像热锅上的蚂蚁。就在手足无措之际，他得知王江泾镇有3艘大型打捞船只，“既然秀洲、吴江两地建立了联防联治协同机制，为何不向下游求援呢？”

庄良华当即拨通了王江泾镇的联络电话。对方二话没说就同意了，随后将3艘大型专业打捞船派往盛泽。“多亏了王江泾镇的及时帮助，才让我们度过了最艰难的时候。”庄良华说。

王江泾镇整治水葫芦的经验丰富。2016年，该镇还自主研发了全自动水葫芦打捞机，每天可以打捞1000多吨水葫芦。为了帮助盛泽更好地治理水葫芦，王江泾镇不仅将设备的设计图纸提供给了盛泽，还派出技术人才指导。“盛泽水葫芦治理好了，下游也获益匪浅。2018年，王江泾镇的水葫芦打捞工作量减少了90%。”孙琪说。

两岸变样，治水不再分家

在尝到了协同治水的甜头后，两地的合作也在逐步加深，并尝试双方河长建立联防联治机制——联合河长制。

在清溪河麻菇桥旁，有一块“苏州市吴江区、嘉兴市秀洲区省际边界河道联合河长公示牌”，上面写着交界河道名称、交界河道长度、交界河道起止、镇级联合河长、村级联合河长、联合河长职责、监督举报电话等内容。

张晓峰介绍，每个季度，两地河长进行一次联合巡河，一路巡查一路交流，两地河长在巡河过程中不断提出问题，并互相启发，提出解决办法。

为了方便联合巡河，两地还建立了名为“省际边界联防联治”的微信群，群成员包括两地环保部门的领导、各级河长等。河长们在共同巡河时发现污染问题后，可以在群里报告，两地及时进行联动，保证问题快速得到解决。

2018年初，孙琪在与张晓峰到清溪河联合巡河时，看到一艘船驶过，螺旋桨搅起河底的淤泥，船尾泛起黑色的水流。“这条河恐怕有40年没清淤了。”张晓峰说。经过测量，河底淤泥的平均厚度达到了1.5米。河床抬高了，导致河道防洪断面过小，无法满足上游来水及片区雨季径流的行洪需求。

当天巡河结束后，两人分别向各自的领导汇报了这一情况，并建议双方联合开展一次清淤行动。“清溪河清淤难度太大了，我们原本认为还要等个四五年，没想到几个月不到，工程就正式启动了。”张晓峰说。

经前期协商对接，2018年6月12日，两地正式签订联合治理清溪河的合作协议，双方共同出资1亿元，携手实施清淤疏浚。其中，吴江负责6.95公里河道，清淤量59.8万立方米；秀洲负责3.515公里河道，清淤量40.85万立方米。到11月10日，吴江段率先完工了。“沉积了40年的淤泥，几个月就全部清除了，效率这么高，关键还得靠两地的携手合作。”张晓峰说。

项目验收时，两位分别来自两地的河长同时被邀请到了。“此次联合清淤对两地开展联合治水工作起到了很好的示范作用，为接下来进行更深层次的合作奠定了基础。”盛泽镇党委副书记赵菊观说。2018年11月27日，长三角区域（秀洲—吴江）一体化治水机制再深化推进仪式在盛泽镇举行，吴江和秀洲两地58名村干部被聘为交界河湖联合河长。截至目前，联合河长已开展联合巡河300余次，现场解决问题54个。

协同机制建立后，治水成效显著提升。庄良华介绍，一年多以来，交界河道上垃圾不见了，水变清了，从过去的Ⅴ类和Ⅵ类水变为现在的Ⅲ类、Ⅳ类水。曾经纠纷不断的交界河，变成了水清岸绿景观河，也成为两地的友谊河。如今，在江苏吴江和浙江秀洲，联合治水成为双方的共识。

（刊发于2019年1月9日《人民日报》10版）

吴江民营经济掀起发展春潮

李仲勋

踏上改革再出发的新征程，以民营经济见长的吴江，通过“有形之手”与“无形之手”同向发力，掀起了阵阵高质量发展春潮。

2月13日，2019年吴江区新春重大项目集中开工活动举行，共39个项目开工，总投资约283亿元。从39个项目资金来源看，民资投资项目24个，总投资223亿元，占全部项目的79%；从项目类别看，产业项目28个，总投资约242亿元，占全部项目的86%。

企业冲在了前头，政府则用心当好“店小二”。今年2月，吴江区委、区政府印发《关于促进全区民营经济高质量发展的意见》，明确了6大方面30条要点，并附以17个政策条目145项政策条文，继续执行一系列产业政策，落实降低运营成本、减轻税费负担、畅通融资渠道等举措，持续激发民营经济发展活力。同时，支持民营企业参与长三角区域一体化各类项目建设，抢抓长三角一体化上升为国家战略这一新机遇。

面对复杂的经济形势，苏州南大门涌动的这波发展热潮，令人为之振奋。

改革开放以来，吴江民营经济已经具备较大的规模，形成了丝绸纺织、电缆光缆、电子资讯和装备制造等主导产业。截至去年，全区民营经济注册资本达3687.43亿元，保持了两位数增长，开票销售超亿元民营企业数达377家，同比增长10%；2018年，全区完成工业产值4500亿元，同比增长5.4%，其中民营工业经济产值3136.92亿元，占比约69.7%，同比增长11.7%，增速是工业总产值的2倍多。

这些数据显示，吴江已成为江苏民营经济发展"领头羊"。"民营经济强则吴江强。"吴江区委书记王庆华说，只有一如既往支持民营企业做大做强，才能在区域竞争中立于不败之地，才能在长三角区域一体化发展中占据主动，才能奋力走在高质量发展前列。

"抓住每一个机遇　期待再一次腾飞"。今年春节期间，吴江区委、区政府致全区企业家的一封信，勉励企业家加快实现高质量发展，也让企业家充分感受到吴江支持企业发展的鲜明态度。

民营企业发展新的春天来了！来自政府的正向激励，激起了阵阵波澜，也极大地提振了民营企业发展精气神。

3月11日，工商银行苏州分行—盛虹集团炼化一体化项目银团牵头行合作暨全面战略合作签约仪式举行。工商银行苏州分行联合连云港分行，将为盛虹1600万吨/年炼化一体化项目牵头组建550亿元银团贷款。"这笔资金将有助于盛虹加快推进炼油和化工一体化发展战略，发展高端石化产品。"盛虹控股集团有限公司董事长缪汉根介绍，集团将以实业为基础，全力推进重点项目建设，打造企业发展的新增长极。

2018年，恒力集团实现总营收3717亿元，位列世界500强第235位。"在经济爬坡过坎的关键性阶段，企业一定要有担当精神、有超前意识、有干劲。"恒力集团有限公司董事长、总裁陈建华介绍，恒力将紧跟时代步伐，时刻牢记"实业兴邦"使命，专注从"一滴油到一匹布"全产业链发展，助推吴江经济高质量发展。

亨通集团有限公司董事局主席崔根良表示，亨通集团将借国家推动民企高质量发展的东风，瞄准世界光通信科技前沿，加快布局5G通信、海洋光网、物联网应用、半导体新材料、新能源等领域，努力向高科技新材料领域进军。

大企业长袖善舞谋升级，中小企业步履匆匆求做大。在吴江，各家民营企业八仙过海、各显神通，走上高质量发展快车道。

打造标准强筋骨。富威科技（吴江）有限公司专注于产品研发、创新，先后获得国家知识产权局授权专利31项、高新技术产品16项，并参与制定修订多项标准，其中主起草国家标准和行业标准各1项。富威科技目前已通过较为严苛的日本工业标准JIS认证，也是国内同行中首家通过该标准认证的企业，为今后提升出口增量提供强有力通行保障。

发展"智造"提效率。走进苏州海顺包装材料有限公司的医药包装材料智能生产车间，各类先进自动化设备目不暇接。作为一家药品包装材料公司，为了提升生产效率，企业投资2亿多元进行智能化改造，并成功获评"江苏省示范智能车间"，大大提升了企业的产品质量。

勇于转型不停步。位于平望镇的澳盛复合材料科技有限公司生产车间内，32条拉挤自动化生产线已开足马力，满负荷运转。作为一家传统的纺织企业，澳盛率先探索转型，进军碳纤维领域，从最初的利用碳纤维丝织布，逐渐发展到生产碳纤维预浸料和拉挤碳板等各种制品。销售额从2016年的6000多万元跨越到2018年的4亿元。现在，企业不仅在风力发电领域，还在汽车、医疗、电子，以及热塑性碳纤维复合材料等领域不断开发新品。

"我们将持续深化改革，构建起公平竞争的市场环境、亲清和谐的营商环境、简明有效的政策环境、公平透明的法制环境。"吴江区区长李铭说，吴江将千方百计为企业发展壮大创造良好环境，让民营经济创新源泉充分涌流，让民营经济创造活力充分迸发，为吴江推进高质量发展走在前列提供强大动能。

这个春天，民营企业主导的发展热潮，为高质量发展增添了新的后劲，注入了新的活力，也注定会对吴江的未来产生深远影响。

（刊发于2019年5月11日《新华日报》19版）

以更高站位抢抓长三角区域一体化发展人才红利

吴江：融入国家战略 积蓄“第一资源”

李仲勋

7月11日，以“才聚苏州湾、智汇长三角”为主题的2019年吴江国际精英创新创业洽谈会将迎来开幕，除举行发布重大产学研合作项目、科技领军人才项目授牌、落地人才项目集中签约等仪式，其间还将举办长三角激光和光通信产业与人才发展高峰论坛、长三角新丝路发展洽谈会等活动。来自国内外的创新创业人才齐聚吴江，共同展望长三角区域一体化发展带来的新机遇。

“随着长三角区域一体化发展上升为国家战略，以及吴江被纳入长三角生态绿色一体化发展示范区，吴江身处重大改革试验最前沿、站在最强风口，迎来了重大历史机遇。”苏州吴江区委书记王庆华说，吴江要以更高站位、更宽眼界，全方位深度参与长三角一体化发展，把人才这个核心工作抓好，深度融入国家战略，广泛积蓄“第一资源”，助推吴江高质量发展走在时代前列。

调高“坐标系”，人才战略站上新起点

5月11日，吴江区长三角一体化发展专家咨询委员会成立，15位国内相关领域的知名专家受聘成为专家咨询委员会委员。与会专家们表示，长三角一体化发展上升为国家战略，必将推动新一轮功能布局、产业布局的优化调整，加速各类优质资源要素磁吸集聚。吴江是江苏唯一既与浙江接壤、又与上海相连的区域，区位条件独特、创新活力十足，在推进长三角一体化发展中具有明显的功能优势、比较优势和叠加优势。在专家们看来，发挥各种优势，集聚高端人才，理应成为吴江的核心战略。

事实上，改革开放以来，吴江就一直走在抢抓人才红利的前列。从率先利用“星期天工程师”，实现乡镇工业的崛起；到大量产业人才涌入，造就外向型经济起飞；再到策划打造高层次人才引进平台——吴江国际精英创新创业洽谈会，引来大批海外高层次人才创新创业，人才始终是吴江走在发展前列的有力支撑。

目前，吴江人才综合竞争力持续位居全市前列。全区人才总量超过29.35万人，高层次人才超过2.2万人，正在向“人才高地”迈进。

吴江区委副书记、区长李铭说，在新时代新起点谋划人才优先发展战略，吴江必须牢牢聚焦长三角一体化发展这个重大战略，站在新的时代坐标和空间坐标上集聚“第一资源”，把人才这个“发展引擎”充分燃烧起来，为高质量发展提供支撑。

自2012年撤市设区以来，吴江利用融入苏州的发展机遇，通过提升城市能级，集聚各类创新要素。如今，作为长三角城市群的中心，吴江的竞争优势更胜一筹。吴江以系统化思维破除“就人才论人才”的思维定式，聚力“双招双引”，将招商引资和招才引智结合起来，牵头建立“一支队伍两手抓”工作机制，着力构建年初有目标、平时有会商、双月有通报、年底有考核的工作制度。

借力国家战略，吴江踌躇满志。5月23日，吴江在深圳举行了2019吴江（深圳）投资说明会，会上，共有24个项目签约，总投资179亿元，主要涉及智能装备产业、新一代信息技术、产业平台合作、科技创新、创新中心、股权投资基金等多个高端创新领域。

面对新的发展机遇期，作为人才开发主体的企业也倍受鼓舞。“未来，长三角城市群必将成为一个人才集聚高地，吴江可以紧邻上海、接壤浙江的优势，近水楼台先得月。”亨通集团董事局主席崔根良认为，长三角一体化发展为吴江民营企业带来的最有利资源就是人才资源，当前，亨通大力实施国际化，迫切需要一大批国际化人才。机遇当前，亨通要不断完善内部人才激励机制，成功引进各类高层次人才。

勇做“行动派”，全面拥抱人才红利

“我们觉得长三角一体化发展必将催生各种人才红利，不仅仅为我们带来引才的新机遇，而且随着创新要素的顺畅流动，人才创新创业所需的各种服务也会辐射到吴江。”吴江区委常委、组织部部长杨斌说，机遇当前，吴江要以实干担当，把人才红利牢牢抓在手里。

拥抱人才红利，吴江全面行动起来——

聚服务。“吴江将积极加入上海研发公共服务平台资源共享圈，为一流人才来吴江创新创业提供强有力的科研后台支撑。”吴江区委组织部副部长、区人才办主任张志明介绍。吴江还支持一批优势企业与领域相符的高水平大院大所合作共建高质量研发机构，经备案最高可以奖励200万元。今后还可与上海张江药谷公共服务平台、上海光源、上海超算中心、国家蛋白质科学中心等科研服务平台进行合作，可以通过购买服务的方式，借用优质资源，发挥溢出效益。

优环境。5月1日起，吴江设立的长三角政务服务“一网通办”综合服务窗口正式开展首批30项企业服务事项、21项民生服务事项的异地办理工作。吴江高度注重政府服务效能的提升，全力当好服务企业发展的“店小二”。通过全面深入推进“放管服”改革，目前区级部门行政审批事项已减少至201项，是江苏省最少的县市（区）之一；通过构建“一窗式”集成服务，大大压缩审批环节，审批时效较国家规定的法定时限提升50%左右；通过开展投资建设项目模拟审批，制定出台代办制管理办法，基本实现“企业3个工作日内注册开业、5个工作日内获得不动产权证、50个工作日内取得工业生产建设项目施工许可证”的“3550”改革目标。

强功能。“随着长三角一体化发展，吴江的城市功能将得到优化完善，企业也能吸引和留下更多研发人才。”位于汾湖高新区的苏州亚德林股份有限公司总经理沈林根表示，企业将利用好长三角一体化发展这个大机遇，挺进高端研发，实现做大做强。预计未来5年，年营业额将达20亿元。

引信息。“可以预见的是，未来整个长三角将成为一个‘技术漩涡’，来自上海等周边地区的技术外溢将更加丰富，我们担心的信息闭塞问题迎刃而解。”苏州梅赛生物技术有限公司创始人张万明介绍，以前企业要定期到国内外进行信息交换和行业交流，从而了解前沿技术，今后可以在家门口获得产业发展的最新趋势。

在吴江人看来，即将而来的人才红利既不是天上掉下来的馅饼，也不会自动开启自发形成，而是来自于吴江对人才的不懈追求，也显现在吴江人的主动作为中。当下长三角新一轮发展要素正在加快流动，要顺利拥抱人才红利，必须勇做“行动派”！

布下“先手棋”，苏州湾引才生态体系初露锋芒

作为“苏州市人才科技工作创新进步地区”，吴江自去年以来的一连串人才部署引发关注。

吴江在苏州市率先成立苏州湾人才基金，基金总规模20亿元，其中20%用于直投，80%用于投资设立子基金。

吴江经济技术开发区以市场化方式与投资领域高度契合的深圳松禾资本合作设立离岸孵化器，根据吴江产业结构和特点，精准推送各类高层次人才项目落地吴江。

智慧产业园、半导体光电产业园、生物医药产业园、软件信息产业园等专业园区纷纷落子布局。

……

对吴江来说，抢抓机遇从来不是被动的“年度思考”，而是谋划于先的“时代卷轴”。吴江悄然布局，独辟蹊径，立足现有优势，整合创新资源，构建起“产业+人才+基金+园区”模式，覆盖人才创新创业全生命周期。

这是一个相得益彰、衔接紧密的“闭环生态”——

产业是肥沃的“土壤”。吴江梳理产业格局，摈弃“大而全”，转为“高精尖”。电子信息、丝绸纺织、光电通信、装备制造四大支柱产业持续升级，新能源、新材料、节能环保等新兴产业蓄势待发，与此同时，人工智能、生物医药等先导产业加速培育。

基金是辛勤的“园丁”。“有了国家战略的‘加持’，吴江对资本的吸引更胜一筹。”松禾资本创始合伙人、深港产学研创业投资有限公司董事长厉伟说，一方面，基金培育企业，提供投融资服务，促成落地孵化；另一方面，还为企业提供各类市场

信息，根据创业者的实际需求开展培训辅导，指导开展资源对接、上下游市场开拓，为企业成长提供“保姆式”服务。

园区是适宜的“气候”。目前，吴江全区累计拥有国家级科技企业孵化器4家、国家级企业技术中心10家、省级企业院士工作站8家。建有清华大学苏州汽车研究院、江苏省产业技术研究院有机光电技术研究所、西安交通大学汾湖科技园等平台。这些载体为创新创业人才提供了栖息地。

以产业为基础，以市场为导向，以基金为手段，“苏州湾引才生态体系”小试牛刀，显示出强大吸引力。

立足现有的光电缆产业优势，吴江今年将启动2019年中国创新创业大赛技术融合专业赛（苏州赛区），揽入一批创新创业项目的同时，也促进了长三角区域通信产业链的优化与整合。去年的首届大赛备受好评。究其原因，在赛事筹备初期，主办方就考虑以市场化社会化方式引进基金团队参与办赛，用专业的人做专业的事。赛事重在“引”，基金则重在“育”。通过赛事进展，基金团队派出多路尽调小组对项目逐一进行实地尽调，进一步深挖企业信息，对项目质量和落地意愿进行全方位了解。5个项目与吴江达成落地意向，这些项目将与本地现有产业形成上下游配套，从多维度填补吴江光通信产业发展的“缝隙”，完善产业链、夯实产业根基。

（刊发于2019年7月10日《新华日报》10版专版）

江苏吴江：奏响乡村振兴“圆舞曲”

宁　晶　王旭雁

春秋时期，吴越争霸，太湖之滨，万马奔腾！江苏省苏州市吴江区就是当时吴国所在地。如今，这里是典型的鱼米之乡，也是江南水乡富庶之地。当前，随着长三角区域一体化发展上升为国家战略，吴江迎来历史性机遇。

“坚持农业农村优先发展是补齐高质量发展短板的必然要求。”吴江区委书记王庆华表示，吴江抓住推进乡村振兴战略实施这一重大历史机遇，推动农业全面升级、农村全面进步、农民全面发展。

记者近日在吴江区采访，当地正以全力打造乡村振兴示范区为引领，加快农业农村现代化步伐，促进农业、文创、旅游融合发展，开展生态环境保护，谱写出了乡村振兴“圆舞曲”。

现代农业曲
“一镇一园区”，推动产业振兴

“处处倚蚕箔，家家下鱼筌。”1000多年前，唐代诗人陆龟蒙用唯美诗句描绘吴江的田园风情。现如今已大不同，不再是家家户户男耕女织，而是农耕生产全部集聚在农业园区。吴江按照“政府搭台、市场运作”的要求，因地制宜在全区建成8个各类现代化农业园区，基本涵盖了农业主导产业，做到了“一镇一园区，镇镇搞示范”。

记者在吴江现代农业产业园同里核心区看到一派壮丽景象：上千亩油菜随风翻滚着绿浪，荚果里已结出油菜籽，登高极目，一幅“春”字稻田画镶嵌其中，美不胜收；一座座高科技连体大棚里，小番茄、黄瓜、绿叶蔬菜应有尽有，精准滴灌、智能测温，“十八般武艺”齐上阵……

产业园相关责任人兼北联村党委副书记邹文兵介绍，该产业园由同里镇的北联、合心、湘娄、白蚬湖、肖甸湖5个村组成，2015年被列入吴江国家现代农业示范区。核心区规划面积3.2万亩，其中建成区耕地面积1.2万亩，主要包括三大功能集聚区：优质粮油区5000亩、高效设施园艺区4000亩、水产养殖区3000亩。

“产业园的1.2万亩耕地全部是高标准农田。”邹文兵说，近年来园区投入3.5亿元实施土地整治及高效设施建设，整理土地1万余亩，改造鱼池2500亩，修建设施大棚800余个、40余万平方米，还修建了机耕路、水泥渠道、桥梁、泵站，实施了生态护坡、开挖河道、园区河湖景观绿化等工程。

邹文兵说："园区土地全部流转，实现了规模化、现代化经营，提高了耕地产量与质量。所属周边5个村分别成立了土地股份合作社，农民每年流转土地亩均收入达1050元。他们不仅参与土地分红，还能在园区上班，挣双份工资。目前园区工作人员近7成都是当地农民。"

据了解，园区目前已建成科技服务中心、农机服务中心、农资配送中心、智慧农业管理中心，还拥有5个院士和专家工作站提供技术服务。优质高产的耕地+现代化的管理模式，吸引了20个农业企业入驻，有省级龙头企业，还有上市企业。三岗·福康农副产品配送公司就是其中一家。记者参观了该公司自建的生态种植大棚，了解了公司如何进行保鲜储藏、物流配送。公司主要发展"订单农业"，为苏州市大中小学、幼儿园和企事业单位配送蔬菜、肉类等，实现了从农田到餐桌的全程管控，成为了苏州人民的菜篮子。

此外，园区还在休闲观光农业上不断发力，打造出来的稻田画、油菜花海已招揽了不少游客。接下来园区还会开发花卉展、休闲垂钓、市民菜园等一系列生态休闲旅游节目，激发富民效应。

从吴江全区来看，同里核心区仅是8大农业产业园区中的1个，另有七都镇太湖蟹生态养殖示范区、盛泽休闲农业示范园、桃源特色苗木产业园、平望高效农业示范园等7大园区，分布于吴江东南西北中。目前，农业园区建设规模不断扩大、示范效应不断增强、综合效益不断提升，呈现出良好的发展态势。

"是农村产权制度改革，激活了现代农业发展动能。"吴江区相关政府部门负责人介绍，吴江完善农村土地所有权、承包权、经营权"三权分置"改革，2018年全区农村土地承包经营权确权达到99%，累计成立农民专业合作社313家、家庭农场54家；全区承包土地入股社区股份合作社比例超过76%。

产业振兴是乡村振兴的前提和基础，吴江区抓住了农业产业园建设，就等于牵住了乡村产业振兴的"牛鼻子"。

田园风光曲
"八村绕一湖"，打造特色田园综合体

西邻太湖，东接长漾湖，一条自西向东流淌的小清河穿村而过，形状像一张拉开弦的弓……七都镇开弦弓村因此得名。村子很早就因社会学家费孝通笔下的"江村"而闻名。

江村在新时代乡村振兴战略中被赋予更多内涵。吴江区统筹国土空间开发保护格局，按照省、市特色田园乡村试点建设要求，出台《长漾滩特色田园乡村统筹规划》，从乡村产业发展、空间布局、生态系统等方面，对区域进行统筹规划。规划中，开弦弓村将联动长漾滩周边7个村子协同发展，打造"中国·江村"品牌，寻求江南水乡乡村振兴新突破。

"八村绕一湖"的特色田园乡村风光带呼之欲出！八村包括"散落"在长漾周边的震泽镇众安桥村、齐心村、金星村，七都镇庙头村、开弦弓村、丰民村、光荣村和松陵镇大家港村，总面积约34平方公里。这里将农村田园风光、农耕文明与自然景观有机结合，构建起了"农业+文创+旅游"的发展模式。

记者走访几个村子，只见村村有小桥流水、成片桑园，清雅而干净，村里自古以来还有种桑养蚕的传统。这里距离上海、苏州、杭州1.5小时车程，发展田园生态旅游得天独厚。

众安桥村党支部书记吴继华告诉记者，政府给村里投资上亿元建设基础设施，盘活闲置宅基地改造成蚕丝工坊、酒坊、豆腐坊、桑蚕学堂等，还通过腾退旧纸箱厂改建为"乡邻中心"。"前几天，村头的800余亩油菜花开放，吸引了很多游客来访。"

农民金建良是村里蚕丝工坊负责人，他说："工坊里农民现场表演拉蚕丝，向游客展示丝织品的生产与加工。村里还成立了合作社，经营'水韵谢家'品牌的农副产品及蚕丝被，去年工坊通过展示蚕丝文化，卖出了十几万元的蚕丝产品。"

沈大妈正在自家菜园忙碌："村子比以前环境好了，建了公厕，村头一块荒地整成了休闲绿地，还安上了秋千，供孩子们玩耍。我丈夫当上了村里保洁员，一个月有上千元的收入。"说起村子未来的发展，农家饭馆老板娘徐月娟自信满满："我家饭馆才开张了不到一年，每周末客人都爆满。现在我跟几个姐妹商量着，再开个民宿。"

同样的变化发生在其他村庄。开弦弓村村委会从村民手中租赁了30多间房屋，用于建设特色

民宿、茶社等；庙头村则整合了桑园、农田、水产、果园等资源，打造大格局田园综合体。

据了解，特色田园综合体实现“村村联手”、统一规划发展，重点打造蚕桑文化带、“稻米香径”田园风光带、环长漾生态景观带“三个带”，让江南农村的特点在这里全部体现出来，让游客“一站式”饱览特色田园乡村，带动村经济发展、农民增收致富。

记者在采访中了解到，村民如今不再种桑养蚕，而是把土地全部流转，由合作社或者丝织厂统一经营，实现种植桑园、养蚕制丝和蚕丝被的生产销售一体化。开弦弓村党委副书记陈秦裔告诉记者，开弦弓村共有38家企业，主要以化纤纺织、羊毛衫编织为主，农民人均年可支配收入达3万多元。

吴江区正努力打造农业强、农民富、农村美的新时代特色田园乡村，走出具有特色的乡村振兴之路。

生态保护曲
“还湖水以洁净”，注入源头活水

放眼吴江，大小湖泊有300多个，其中省级保护湖泊56个，占全省总数的40%，是名副其实的“百湖之城”。

“苏州美在太湖，吴江美在每一条河道。”吴江区水务局农村水利科科长刘旭东告诉记者。吴江大力提升农村水环境，聚焦水乡新貌，持续开展农村河道疏浚、湖泊群集中整治、黑臭水体治理等专项行动。2015年以来，疏浚河道811条，治理黑臭河道139条，完成大渠荡、三白荡、莺脰湖等多个湖泊整治工程，水环境质量明显提升，为乡村振兴注入了“源头活水”。

“为改善河湖水质和岸线环境面貌，去年吴江以河湖违法圈圩和违法建设专项整治为重点，开展了东太湖围网拆除工作。”刘旭东说。

据介绍，吴江的太湖蟹围网养殖始于上世纪90年代初，到中后期出现大规模养殖，经历了自发、零散到规模、规范化养殖的发展阶段，在带动渔民增收和沿湖地方经济发展的同时，也给当地生态环境带来严重破坏，2007年曾暴发太湖蓝藻事件。之后，吴江对围网进行整治缩减，缩减后太湖流域苏州范围内的围网养殖面积为4万亩，吴江占到1.72万亩。

“还一片洁净给太湖，要让生在太湖边、长在太湖边的老百姓吃上干净的太湖水。”2018年，江苏省将“基本拆除东太湖围网养殖”列为打好污染防治攻坚战的重点项目之一。吴江区全力推进太湖围网拆除，全面完成了拆除任务。

据了解，吴江区共涉及太湖围网养殖面积1.7万余亩，养殖证1151张，养殖户1071户，目前已全面完成养殖证的登记评估、协议签订、围网移交和渔船拆解工作；下拨围网拆除补偿资金6.26亿元，并及时兑付给渔民；纳入社会保障体系渔民1007人，区、镇两级财政补贴资金超5600万元。

“2019年，太湖将彻底告别围网养殖，之后将开展自然生态修复，补充一定的蟹苗和水生植物，进一步保护太湖生态环境。”刘旭东说。

生态宜居一直是乡村振兴的重要内容，“既要绿水青山又要金山银山”才是新时代乡村振兴要走的路子。拆除围网养殖正是从粗放型农业生产向绿色农业转变的一个契机，很多上岸的蟹农，有的借发展田园乡村旅游契机，用补偿款投资了农家乐；有的通过发展稻田蟹，取得不菲收入……

对于祖祖辈辈靠太湖吃饭的农民来说，水体清澈、碧波盈盈的太湖，才是对他们最好的安慰和最大的回报。

（刊发于2019年6月21日《中国自然资源报》）

（本栏编辑　沈　瑶）

2019年吴江十大民心工程奖

近年来，吴江区镇两级高起点规划、高质量建设，建成一大批反映民意、深得民心的重点工程和实事项目，充分体现吴江区在优化生态环境、普惠民生福祉、促进社会稳定等方面的改革发展成就。

为全面展示近年来民生项目建设成果，在总结首届吴江十大民心工程奖项评选经验的基础上，区人大常委会、区人民政府于2019年底开展第二届吴江十大民心工程评选活动，在近两年来的区镇两级实事项目和重点工程中，遴选出38个涉及市政交通、教育文化、社会保障、医疗卫生、环境生态、公共安全、乡村振兴等人民群众关心的民生领域的工程项目，参与评选。

前期，参与此次评选的项目在《吴江日报》、吴江新闻网、今吴江App、刚刚新闻App、东太湖论坛、"苏州吴江发布"微信公众号、"吴江日报"微信公众号等平台进行集中展示，并接受社会公众投票。同时，专门邀请各级人大代表参与投票。经综合评审，评选出第二届吴江十大民心工程奖及提名奖。

1.苏州市第九人民医院

苏州市第九人民医院位于太湖新城，占地面积约15公顷，总建筑面积约303429平方米，地上建筑面积约229123平方米，地下建筑面积约74306平方米。总床位2113张，设计日门诊量7000人次。医院包括医疗综合楼、3栋病房楼、行政后勤楼、感染科病房楼。苏州市第九人民医院是苏州地区一次性投入规模和一次性建设规模最大的医院，2017年被评为"全国建设工程项目施工安全生产标准化工地"。

2.老(旧)小区综合改造工程

吴江区投资16.82亿元，改造小区241个，建筑面积588.8万平方米，受惠居民52421户。供水改造187个，新增天然气管网129个，同步进行道路、绿化、路灯、技防等的升级改造。改造后的小区基本达到"有整洁小区环境、有规范停车场所、有无障碍化设施、无危险房屋、无违章搭建、无乱堆杂物"等"十有十无"要求。工程的实施极大地改善老住宅小区居民的居住条件和生活环境。

3.吴江医保体系融入苏州

立足巩固城乡一体化发展成果、增加民生福祉、共享改革红利的目标任务，坚持"全面融入、整体规划、分步实施、平稳过渡"的基本原则，逐步实现医疗保险政策制度、信息系统、经办管理服务、医保目录库等与苏州市区的统一和融合。2019年12月24日，苏州、吴江两地开通医保卡互刷。

4.吴江区黑臭河道整治工程

项目通过实施“控源截污、内源疏浚、清水活水、生态修复、长效管理”等措施进行综合整治，至2018年底，累计完成黑臭河道整治139条，其中城镇黑臭河道119条，完成投资约7.2亿元，实现苏州市“到2018年底基本消除城镇建成区黑臭水体”的目标任务，整治河道水质及两岸环境改善明显。下一步将做好长效管护工作，同时加大宣传，让生态文明理念深入人心。

5.吴江区儿童医院

苏州市吴江区儿童医院（苏州大学附属儿童医院吴江院区）占地面积4.2公顷，建筑面积5.8万平方米，设置床位数300张（牙椅4张）。苏州大学附属儿童医院通过派驻院长，派驻管理团队，建立专家工作站，在管理帮扶、学科建设、人员培养等方面进行全方位合作，重点建设小儿普外科、小儿呼吸科、小儿泌尿外科、急诊医学科等，力争把医院建成在省内有一定诊疗特色、学术影响和地位的儿童专科医院。

6.推进长三角一体化公共交通

区交通运输部门加快推动长三角一体化公交对接，打通跨省毗邻城市间的公交通道，先后开通黎里旅游集散中心至上海轨交17号线东方绿洲站等4条跨省公交线路。同时，长三角一体化绿色生态示范区先行先试、率先开行的5条示范线路中有4条线路在吴江始发，在上海轨交17号线和苏州轨交4号线之间构筑无缝换乘的常规公交服务线网，丰富青浦、吴江、嘉善三地居民的跨省出行方式。到2019年末，全区长三角一体化毗邻公交线网形成6条跨省、3条毗邻的规模，总里程突破152公里，日均服务旅客出行超4500人次，全区跨省公交线路数量列苏州第一。

7.苏州青少年科技馆

项目位于体育路788号，占地3.03万平方米，建筑面积2.3万平方米，科技展馆布展面积5365平方米，有展品展项149件。苏州青少年科技馆于2018年5月18日正式对外开放，着力体现本土化特色、主题性布展、体验式互动，有智慧绽放、科技华光和未来展望等三个展示主题与儿童探索宫、漫步姑苏、政府奖等三个专题展厅，构成苏州青少年科技馆的常设展览体系，动感4D和科幻球幕与之交相辉映。苏州青少年科技馆力争成为科普展教的大平台、科普教育的主阵地。

8.村（社区）综合性文化服务中心标准化建设

2019年10月，村（社区）综合性文化服务中心建设实现村（社区）全覆盖。依托综合性文化服务中心这一文化阵地，组织开展文化惠民活动，推出首届基层公共文化服务精准配送工程，出台《关于进一步加强吴江区基层文艺团队建设的实施意见》，进一步培育乡村文艺骨干，丰富活跃基层群众文化生活。全面保障资源在基层的集聚，努力打通公共文化服务“最后一公里”。

9.吴江区餐厨废弃物处置

项目选址于吴江环保产业园，位于光大生活垃圾焚烧发电厂西南侧，占地1.81公顷，总投资1.41亿元，用于集中处理全区的餐厨废弃物，日处理规模200吨，其中餐厨废弃物190吨/天、餐厨废弃油脂10吨/天，2019年5月开始商业试运营。该项目一定程度上缓解吴江区生活垃圾处置压力，有效解决“垃圾猪”和“地沟油”问题，保障食品卫生安全，改善生态环境，实现社会、生态、环境和节能效益的统一。

10.同里镇北联洋溢港特色田园乡村

2019年，同里镇北联洋溢港特色田园乡村主要完成河道疏理、面源污染治理、鱼塘疏理、田园沟渠埂整理修缮、生活污水收集、路面白改黑、三线入地、道路亮化、公厕改造、村民公共服务设施提升、入口提升改造、瞭望台和标识标牌改造、村民房前屋后整理、文化墙绘等项目，积极打造“国家现代农业示范村”，促进乡村经济文化发展，全面提升群众幸福指数。

2019年吴江十大民心工程提名奖

1.东环快速路南延（吴江段）工程

东环快速路南延（吴江段）工程项目起于东环快速路二期（吴中区段）南段工程终点（位于吴淞江北岸），终于吴江江陵路交叉口，路线全长约2.21公里，设计等级为城市主干路，全线采用双向六车道，线路包含跨吴淞江大桥1座，总长870米，桥梁全宽34.6米。项目建成有助于完善主要路网的连接，有效促进城市功能进一步整合，提升吴江的城市品位。

2.盛泽实验初级中学

学校位于盛泽镇坛丘新兴路71号，新建教学楼3幢、综合楼1幢、食堂兼风雨操场1幢及辅助用房，总建筑面积约37500平方米。该项目于2018年9月开工建设，2019年9月投入使用。

3.七都文体中心

项目总建筑面积8200多平方米，主要建有篮球场、游泳池、羽毛球场等配套设施，对内满足七都中学师生教学需求，对外服务于七都人民群众。

4.震泽镇镇区靓河工程

工程对震泽镇区快鸭港、姚家浜、石墩浜3条影响周边2万多居民生活的黑臭河道进行综合治理，通过实施污水拦截、河道疏浚、畅流活水、沿河拆违、驳岸修整、绿化提升等措施，初步呈现出“水清、岸绿、景美”的良好生态。同时，工程在3条河周边增加健身步道2公里、停车位200个、老年驿站2个、百姓戏台1座、音乐喷泉1座，为居民生活提供便利。

5.吴江“城市盾牌”工程建设应用项目

构建新一代社会治安防控感知体系，升级建设公共安全视频共享平台和视频图像运维平台，提升视频监控维护稳定、打击犯罪、服务民生的手段能力；在重点安保单位建设人像卡口，实现重点治安场所的人员管控以及重点安保单位的安全保卫；引入无线通信、传感探测等先进技术，建立“V2X车路协同系统”，有效提升交通管理能力，保障道路的安全通畅。

6.芦墟历史文化街区改造工程

工程围绕“整、修、饰”三个字，推进芦墟历史文化街区整治及文物保护工作。完成市河两侧强电、弱电整治，观音桥和人民桥两个节点改造提升，观音桥至人民桥地面铺装及污水截流工程，拆除原工会办公楼和原芦墟影剧院（20世纪80年代建），建成工会停车场和影剧院停车场。通过改造工程，街区居住环境、基础设施得到极大改善，古镇风貌和文脉得到继承发展。

7.东太湖实验小学

项目位于庞杨路2555号，建筑面积45844.4平方米。学校设计规模为8轨48个教学班，可容纳2160名学生。学校建筑群体采用单独布局，回廊相连，宽敞的室场与精致的庭院相映成趣，春夏秋冬文化四院既寓示大自然的四季变换，也包含天人合一的教育理念：教育必须遵循儿童身心的成长节律。整个校园分区合理，安全便捷，环保节能，空间设计满足儿童学习与生活的需要。

8.苏州市桃源富乡污水处理有限公司废水循环化利用工程

工程位于桃源镇富乡村，总投资7800万元，包括土建、设备与管网等3项。日处理污水4.9万吨，采用织机污水—格栅井—调节池—浅层气浮—滤布滤池—回用水工艺，2019年主要接入范围为富乡村和迎春村辖区的喷水织机，共8100余台。工程于2016年6月开始建设，2018年1月投入使用。

9.平望镇镇西农贸市场

平望镇镇西农贸市场工程位于京杭运河东侧，总建筑面积约8500平方米，包含商铺78间，出租摊位86个，同时免费提供公用自产自销摊位150个。本项目于2019年12月投入使用。

10.“有线智慧乡镇”建设工程

工程于2019年率先在全省范围第一家县级板块实现全覆盖，主要通过有线电视网与智能机顶盒，打造医疗、交通、物价等民生应用，为中老年居民、家庭用户提供便利。同时，与各区镇共同打造“智慧乡镇管理中心”，结合热点、难点问题，定制建设综治、网格、水环境等智慧化系统，通过系统的协同运作，提升乡镇智慧化管理水平与民生服务能力。

（本栏编辑　沈　瑶）

大事记

1月

4日　省委书记娄勤俭在省委常委、苏州市委书记周乃翔陪同下，就贯彻中央经济工作会议精神、落实省委十三届五次全会部署、推进长三角区域一体化发展战略到吴江调研。

5日　吴江区交警大队车管所发放吴江首块苏U号牌。

7~9日　中国人民政治协商会议苏州市吴江区第十五届委员会第三次会议举行。

8日　吴江变压器有限公司参与的“国产非晶带材在电力系统中的应用开发及工程化”项目以及苏州智华汽车电子有限公司参与的“基于共用架构的汽车智能驾驶辅助系统关键技术及产业化”项目获得2018年度国家科学技术进步奖二等奖。

△　生态环境部华东督察局到吴江查看中央环保督察“回头看”发现问题整改落实情况。

8~10日　苏州市吴江区第十六届人民代表大会第三次会议举行。

11日　区委召开2018年度履行全面从严治党主体责任述职会。

17日　吴江法院被授予“全国优秀法院”称号。

28日　吴江召开全区机构改革动员部署会。

29日　吴江召开全区企业家座谈会。

△　吴江区行政审批局转隶组建工作布置会在区政务服务中心举行。

30日　吴江区自然资源和规划局转隶组建工作布置会召开并挂牌。

△　吴江区退役军人事务局转隶组建工作布置会召开并挂牌。

△　吴江区农业农村局转隶组建工作布置会召开并挂牌。

△　吴江区水务局转隶组建工作布置会召开并挂牌。

31日　吴江区司法局转隶组建工作布置会召开。

△　吴江区文体广电和旅游局转隶组建工作布置会召开并挂牌。

△　吴江区工业和信息化局转隶组建工作布置会召开并挂牌。

△　吴江区举办第21次唐仲英德育奖学金颁发仪式。

2月

1日　吴江区卫生健康委员会转隶组建工作布置会召开并挂牌。

2日　吴江区应急管理局转隶组建工作布置会召开并挂牌。

△　吴江区医疗保障局转隶组建工作布置会召开并挂牌。

△　吴江区档案馆挂牌。

11日　全区作风建设大会

召开。

13日 吴江区2019年新春重大项目集中开工活动在吴江高新区（盛泽镇）举办，39个重大项目集中开工，总投资超283亿元。

△ 吴江区加快推进高质量发展表彰动员大会召开。

19日 中共苏州市吴江区第十三届纪律检查委员会第四次全体会议暨全区领导干部警示教育大会召开。

21日 省委副书记、省长吴政隆到吴江调研长三角区域一体化工作。省委常委、苏州市委书记周乃翔陪同调研。

△ 太湖第一次湖泊联席会议在吴江召开。

22日 苏州市吴江区文学艺术界联合会第八次代表大会召开。

24日 副省长、省公安厅厅长刘旸到吴江调研信访工作情况。

25日 江苏全国人大代表工业企业专业组到吴江调研企业自主创新等情况。

3月

1日 吴江新版营业执照正式启用，苏州震康新材料科技有限公司领取第一张新版营业执照。

6日 吴江、青浦、嘉善三地跨省专线公交开行仪式在汾湖高新区黎里旅游集散中心举行。

11日 工商银行—盛虹集团炼化一体化项目银团牵头行合作暨全面战略合作签约仪式在盛泽举行。

12日 省委第八巡视组对吴江开展实施乡村振兴战略专项巡视工作动员会召开。省委常委、苏州市委书记周乃翔出席动员会并提出要求。

18日 山东省政协副主席、党组成员韩金峰到吴江考察，了解吴江民营经济、民营企业等方面发展情况。

19日 吴江召开全国两会精神传达报告会。

△ 吴江消防大队盛泽中队一班副班长刘磊因营救跳河轻生群众不幸牺牲。

△ 吴江召开全区2019年全国文明城市建设工作推进大会。

20日 国务院发展研究中心副主任张来明率调研组到吴江调研长三角区域一体化发展情况。

21日 全国工商联党组成员、秘书长赵德江到吴江考察民营企业运行情况。

25日 在2018年度酒类新品发布会上，苏州同里红酿酒股份有限公司获得“2018年度‘青酌奖’酒类新品（黄酒类）”和“酿造料酒金奖”两项国家级酒类产品大奖。

26日 庆祝新中国成立70周年——首届“寻访吴江时代工匠”大型全媒体矩阵展映活动在亨通集团总部举行。

△ 副省长王江到吴江调研并召开座谈会，了解全区中小微企业和民营企业融资难、融资贵及金融运行和风险防范化解情况。

29日 吴江区人民政府和苏州大学附属儿童医院合作共建苏州大学附属儿童医院吴江院区（苏州市吴江区儿童医院）签约仪式在吴江举行。

4月

2日 省委常委、苏州市委书记周乃翔到吴江随机抽查部分企业和“三合一”场所*安全生产工作。

△ 江浙沪五区县政务一体化研讨会在吴江召开。

4日 首期吴江区“新时代美美江村新接力”村书记讲坛在区会议中心举行。

△ 省政协副主席、党组副书记阎立到吴江进行“深化科技体制改革，大力保护知识产权”界别调研。

6日 首届长三角区域职工兰花书画展暨第四届吴江区职工兰花书画展在区职工文体活动中心开幕。

8日 中国社科院社会发展战略研究院和吴江区人民政府举行签约仪式，合作共建吴江研究院。

△ 国务院总理李克强在比利时布鲁塞尔出席欧盟中国商会成立仪式，接见中国国际商会副会长、江苏康力电梯股份有限公司董事长王友林，并听取企业发展情况汇报。

9日 在2019年信息社会世界峰会（WSIS）颁奖典礼上，由中国联通与亨通联合申报的“基于量子通信干线的信息加密防泄漏防篡改网络系统”获C5类别最高奖项（Winner）。

10日 2019中国（盛泽）国际纺织机械及印花工业展览会在盛泽国际会展中心开幕。

11日 上海市委副书记、

市长应勇在省委常委、苏州市委书记周乃翔陪同下，到吴江区考察长三角一体化发展示范区工作情况。

△ 全区乡村振兴工作会议召开。

16日 吴江区人民政府与中国电信苏州分公司共建智慧吴江战略合作签约仪式在区会议中心举行。

17~19日 全国人大常委会委员、全国人大环资委副主任委员、农工党中央专职副主席、中央监督委员会主任龚建明到吴江考察。

18日 上海市政协副主席李逸平率领“以制度创新为突破，推进长三角区域一体化发展示范区建设”重点调研组到吴江开展专题调研。

19日 省委常委、苏州市委书记周乃翔到吴江督导扫黑除恶专项斗争工作。

△ 第六届吴江太湖文化节暨2019丝绸文化旅游节在吴江体育馆开幕。

△ 吴江与嘉兴市秀洲区签署江浙毗邻地区一体化战略合作框架协议。

△ 中科院院士汪集旸参观吴江铜罗小学。

23日 苏州农商银行支持乡村振兴服务实体经济品牌发布签约暨揭牌仪式在吴江举行。

△ 2019国际青年男篮四国赛在吴江体育馆开幕。

25日 福斯润滑油(苏州)有限公司一期工程完工并举行开业典礼。

△ “梨花风送翰墨香——南大两院院士白描人物画展暨《黎川撷芬》首发活动”在吴江黎里古镇展示中心举行，280幅南京大学两院院士画像首次公开亮相。

26日 庆“五一”国际劳动节暨长三角职工文艺汇演在汾湖高新区举行。

△ 苏州徐悲鸿艺术馆在黎里古镇正式开馆。

28日 吴江区区域性养老服务中心集中开工暨盛泽镇养老服务中心奠基仪式举行。

29日 全区智能工业推进大会召开。

5月

3日 2019国际攀联世界杯攀岩赛中国吴江汾湖站在汾湖高新区三白荡体育公园开幕。

6日 广西政协副主席、工商联主席磨长英带队到吴江考察。

8日 全国人大常委会副委员长艾力更·依明巴海率调研组到吴江，调研学前教育事业改革和发展情况。全国人大常委会委员、教育科学文化卫生委员会主任委员李学勇，全国人大常委会委员、教育科学文化卫生委员会副主任委员杜玉波及部分全国人大代表参加调研。省人大常委会副主任许仲梓陪同调研。

10日 吴江区人民政府与百度公司签署战略合作协议。

11日 吴江成立长三角一体化发展专家咨询委员会，举办“长三角一体化与吴江发展新机遇”研讨会。

△ 在中国慈善联合会第二届会员大会上，通鼎集团董事局主席沈小平当选新一届副会长。

13~16日 国务院研究室原党组成员、全国政策科学研究会名誉会长武树帜到吴江考察农村党建创新工作。

14日 全区生态环境保护工作会议暨打好污染防治攻坚战指挥部第一次全体(扩大)会议召开。

△ 中宣部版权管理局局长于慈珂到吴江调研企业版权工作。

15日 平望镇陆鸿家庭入选2019年度“全国最美家庭”。

18日 黎里古镇民革党史陈列馆正式开馆。全国政协副秘书长、民革中央副主席兼秘书长李惠东出席开馆仪式。

19日 全国优秀企业家、永鼎集团创始人顾云奎因病逝世，享年84岁。

21日 全区新时代文明实践中心建设大会召开。

22~23日 区委书记王庆华率吴江区党政代表团赴深圳市考察，学习经济特区在改革开放、科技创新、产业转型、城市规划等方面的经验举措。

23日 吴江在深圳举办2019吴江(深圳)投资说明会，有24个项目签约，总投资179亿元。

△ 全国人大常委会委员、全国人大常委会预算工委副主任刘修文带队，实地走访调研吴江在减税降费和税收立法方面的工作开展情况。

25日 “中国曲艺之乡”授牌仪式在盛泽镇人民剧院举行。

25~26日 区委书记王庆华率吴江区党政代表团赴贵州印江县学习考察，出席铜仁市印江自治县、苏州市吴江区东西部扶贫协作2019年第一次党政联席会议。

28日　江苏省苏州中学校附属苏州湾学校举行奠基仪式。

30日　张翰纪念馆在汾湖东联村开馆。

6月

1日　2019吴江区首届城市定向赛·七都站在七都镇太湖迷笛营开幕。

4日　云南省政协副主席李正阳到吴江考察民营经济健康发展“强化政策落实，提升支持成效”情况。

10~15日　区委书记王庆华率团赴台湾开展招商活动。

11日　中国印染行业协会六届二次理事扩大会议暨六届二次常务理事会在盛泽镇召开。

12日　国家先进功能纤维创新中心建设方案论证会在吴江高新区（盛泽镇）召开。工信部副部长王志军、江苏省副省长马秋林等参加论证会。

△　长三角一体化互联互通省际毗邻公交（嘉兴市秀洲区新塍镇至苏州市吴江区桃源镇铜罗集镇）开通仪式在新塍镇举行，正式开通铜罗、新塍对开定制公交专线吴江7617路和新塍363路。

△　2019年全国职业院校技能大赛高职组“神州数码DCN”杯信息安全管理与评估赛项比赛落幕，苏州信息职业技术学院代表队获得团体一等奖。

16日　吴江万象汇举行开业启动仪式。

△　吴江区人民政府与华润置地举行战略合作框架协议签约仪式。

17日　区委、区政府召开全区中心城区行政体制改革和行政区划调整宣布大会。宣布撤销松陵镇、滨湖街道，设立松陵街道、江陵街道、横扇街道、八坼街道，调整同里镇区域范围。

18日　桃源国际生态文旅度假区首期项目签约仪式举行。

19日　吴江现代农业产业园区管理办公室举行揭牌仪式。

21日　省委常委、市委书记周乃翔到吴江调研挂钩联系的英诺赛科半导体芯片项目。

24日　苏州市吴江区科学技术协会第九次代表大会召开。

25~28日　全国地方志系统“两全目标”工作调度会议暨中国名镇志、中国名村志丛书编纂业务培训班和中国影像志研讨会在吴江召开。中国社会科学院副院长、中国历史研究院院长高翔出席会议开幕式并讲话，江苏省委常委、苏州市委书记周乃翔出席开幕式并致辞，云南省副省长李玛琳出席开幕式并发言。

26日　2019年《中国500最具价值品牌》分析报告发布，恒力集团“恒力”品牌列第95位，亨通集团“亨通光电”品牌列第228位。

27日　苏州市吴江生态环境局挂牌成立。

28日　苏州新湖广场开业，苏州湾梦幻水世界举行开园仪式。

△　2019东太湖旅游文化节暨第十届垂虹文化艺术节开幕。

△　2019年6月“中国好人榜”揭晓，吴江陆鸿被评为助人为乐好人。

△　在全省“七一”表彰暨主题教育先进事迹报告会上，亨通集团党委获“江苏省先进基层党组织”称号。

7月

3日　省委第八巡视组向吴江区反馈实施乡村振兴战略专项巡视情况。

△　2019中日丝绸交流合作论坛在吴江举行。

8日　区委副书记、区长李铭率吴江党政代表团赴泗阳县考察推进挂钩合作工作，代表区政府签署《吴江区政府泗阳县政府关于开发建设吴江泗阳产业合作园区合作框架协议》。

9~10日　省人大常委会党组书记、常务副主任陈震宁到吴江调研，并召开人大工作座谈会和民营企业座谈会。

11日　2019年吴江国际精英创新创业洽谈会举行。

△　亨通集团入选全国模范劳动关系和谐企业名单。

18日　吴江区融媒体中心（传媒集团）成立。

△　工信部公示第四批绿色制造名单，江苏通鼎光棒有限公司、江苏微康生物科技有限公司、爱慕苏州基地、中达电子零组件（吴江）有限公司入选。

19~21日　长三角论坛在吴江举行。

22日　《财富》杂志公布“《财富》世界500强排行榜”，恒力集团列第181位。

22~23日　全国总工会党

组成员、经费审查委员会主任李晓钟到吴江考察企业工会建设情况。

23日 “推进一体化，聚焦高质量”——2019中国·吴江长三角区域合作洽谈会在上海举行。会上，青浦、吴江、嘉善签署长三角一体化示范区首个区域一体化发展工作方案，总投资约500亿元的40个项目签约。

26日 区委书记王庆华，区委副书记、区长李铭率吴江区党政代表团赴嘉善县、青浦区学习考察两地高质量发展的重大成就和先进经验，交流贯彻长三角一体化发展国家战略、全面推进长三角生态绿色一体化发展示范区建设。

27日 中国共产党苏州市吴江区第十三届委员会第十五次全体会议在区会议中心召开。

29日 苏州吴江·铜仁印江东西部扶贫协作2019年第2次党政联席会议在印江召开。

8月

7日 上海市人大常委会组织在沪全国人大代表“推进长三角一体化示范区建设”专题调研组一行到吴江考察调研。

8日 省委常委、统战部部长杨岳走访调研吴江台资企业。

12日 苏州市吴江文化旅游发展集团有限公司揭牌成立。

14日 吴江·泗阳南北挂钩合作座谈会在吴江区会议中心举行。会上，双方签订《吴江泗阳产业合作园区合作协议》。

△ 上海市政协副主席、上海交通大学副校长、健康长三角研究院院务委员会常务副主任委员黄震到吴江考察长三角生态绿色一体化发展情况以及上海交通大学健康长三角研究院吴江挂牌基地建设情况。

17日 江苏警官学院与吴江智慧城市运营管理有限公司共建“智慧交通产学研创新试验基地”揭牌成立。

18日 德尔集团与工商银行战略合作签约仪式暨巢代总部落定吴江东太湖度假区签约仪式在德尔集团举行。

△ 《人民日报》头版头条发表《心无旁骛创新创造，踏踏实实办好企业》的通讯，亨通集团董事局主席崔根良作为民营企业家代表在关注“万企帮万村”行动中受到表彰。

22日 贵州省铜仁市印江县党政代表团到吴江开展东西部扶贫协作考察交流，召开吴江·印江东西部扶贫协作2019年第三次党政联席会议。

△ 中国民营企业500强榜单发布，吴江的恒力集团、盛虹集团、亨通集团、通鼎集团、永鼎集团五家企业入围中国民营企业制造业500强。

25日 2019梅沙教育全国青少年帆船联赛苏州吴江站在东太湖生态园开幕。

26日 “墨舞江南——庆祝中华人民共和国成立70周年、人民政协成立70周年长三角生态绿色一体化发展示范区三地（青浦、吴江、嘉善）书画联展”续展开幕仪式暨三地政协联动机制签约仪式在上海市青浦区举行。三地共同签署《三地政协助推长三角生态绿色一体化发展示范区建设联动机制协议》。

27日 世界品牌实验室发布2019亚洲品牌500强榜单。“恒力”品牌再度入围，列115位，比去年前进24位，是榜单中中国民营石化、纺织行业第一品牌，也是苏州唯一入围品牌。

△ 党和国家功勋荣誉表彰工作委员会办公室发布《关于“共和国勋章”和国家荣誉称号建议人选的公示》，36人入选，吴江籍已故院士程开甲在列。

29日 吴江、青浦、嘉善三地政协第二次企业家委员沙龙活动在吴江举行。

8月26日，全国青少年帆船联赛开赛 （钮泉娜 摄）

9月

3日　长三角生态绿色一体化发展示范区“初心寻访”红色阵地在吴江发布。

4日　全国人大常委会副委员长、中华全国总工会主席王东明率队到吴江调研民营企业高质量发展等情况，并听取基层工会工作情况汇报。省人大常委会副主任刘捍东陪同调研。

△　苏浙皖沪三省一市人大环资工委及部分人大代表到吴江调研长三角一体化发展示范区水环境协同治理情况。

9日　吴江召开全区教育大会。

12日　全区“不忘初心、牢记使命”主题教育动员大会召开。

△　“墨舞江南——庆祝中华人民共和国成立70周年、人民政协成立70周年长三角生态绿色一体化发展示范区三地（吴江、青浦、嘉善）书画联展”在吴江展区开幕。

17日　苏州市第四安全生产巡查组巡查吴江区工作动员会召开。

△　国家主席习近平签署主席令，授予42人国家勋章、国家荣誉称号。吴江籍已故院士程开甲获“人民科学家”称号。

18日　省委常委、苏州市委书记蓝绍敏到吴江会见京东方科技集团股份有限公司董事长、执行委员会主席陈炎顺。

19日　建设长三角生态绿色一体化发展示范区青浦、吴江、嘉善三地“不忘初心、牢记使命”主题教育研讨活动在上海市青浦区举行。

21日　省委常委、苏州市委书记蓝绍敏到吴江调研经济社会发展情况，听取吴江区经济社会发展情况汇报。

23日　全区农村人居环境整治推进会召开。

24日　江苏省苏州市吴江区和浙江省嘉兴市南湖区“出生一件事”跨省联办在嘉兴市南湖区启动。

△　吴江新湖国际超级综合体项目签约仪式举行。

25日　吴江区庆祝中华人民共和国成立70周年歌会在吴江体育馆举行。

△　吴江召开庆祝人民政协成立70周年座谈会。

△　首届“吴江时代工匠”寻访活动座谈会暨《匠心·吴江》首发式在吴江宾馆举行。

△　吴江区新时代文明实践科技科普中心揭牌暨杨嘉墀院士百年诞辰纪念展在苏州青少年科技馆举行。

26日　2019世界地板业工商峰会在吴江举行。

28日　省委常委、苏州市委书记蓝绍敏深入吴江调研，召开会议研究谋划吴江区新一轮高质量发展。

10月

9日　全国政协原副主席陈元到吴江视察。省政协主席黄莉新陪同。

10日　苏州日报报业集团吴江区全媒体中心挂牌成立。

11日　吴江区“出生一件事”联办窗口正式启用，在全省范围内首次实现新生儿“出生一件事”相关事项一窗办理。

12日　2019中国·吴江首届长三角“运河名镇”国际龙舟平望邀请赛在平望镇大龙荡田园生态体育公园举行。

13日　2019第十届环太湖国际公路自行车赛吴江太湖新城绕圈赛和吴江区第四届国际骑行大会举行。

14日　长三角生态绿色一体化发展示范区信用合作备忘录签订仪式暨“诚信建设万里行（吴江站）”启动仪式在震泽镇举行。

10月12日，首届平望龙舟赛举行　（钮泉娜　摄）

16日　第六届江苏(盛泽)纺织品博览会暨第二十届中国盛泽丝绸旅游文化节开幕式在吴江高新区(盛泽镇)举行。

17日　全国脱贫攻坚奖表彰大会暨先进事迹报告会在北京举行。通鼎集团董事局主席沈小平获"全国脱贫攻坚奖奉献奖"。

19日　2019年第八届全国商学院帆船赛在苏州湾开幕。

21日　全国人大常委会原副委员长、民盟中央原主席张宝文到吴江考察丝绸文化产业工作。

22日　2019年金秋重大项目集中开工仪式在吴江开发区举行,35个重大项目集中开工,总投资约236亿元。

△　吴江区人民政府与交通银行苏州分行签订全面战略合作协议。

△　2019中国吴江投资贸易洽谈会暨创新发展一体化合作大会在吴江宾馆举行。会上,集中签约项目35个,总投资约290.2亿元。

△　恒力集团旗下子公司恒力石化(大连)炼化有限公司3号喷气燃料适航专题研讨会在北京召开。中国民航局向恒力炼化颁发《技术标准规定项目批准书》(CTSOA)和《民用航空油料检测单位批准函》,正式批准恒力炼化生产的3号喷气燃料通过适航审定,可投入商业使用。恒力石化成为国内第一家具备航空油料生产、出厂资质的民营炼化企业,取得首张民企航油市场准入证。

23日　吴江法院长三角一体化示范区诉讼服务专窗举行揭牌仪式。

24日　2019(第五届)中国·苏州国际机器人与智能制造大会在吴江开幕。

29日　原国家新闻出版总署署长柳斌杰到吴江考察。

30日　青浦、吴江、嘉善"不忘初心、牢记使命"长三角生态绿色一体化发展示范区协同治水启动仪式在汾湖高新区举行。

△　中国红十字会党组成员、副会长孙硕鹏到吴江调研红十字会工作。

11月

1日　长三角生态绿色一体化发展示范区正式揭牌。

2日　第七届"吴江技能状元"大赛开幕。

4日　长三角生态绿色一体化发展示范区区域公交开行仪式在上海市青浦区东方绿舟公交枢纽举行,开行5条公交线路。

△　全国政协副主席、国家发改委主任何立峰到吴江开展长三角生态绿色一体化发展示范区专题调研。省委常委、苏州市委书记蓝绍敏陪同调研。

5日　2019年中央单位人力资源社会保障统计业务培训班在吴江开班。

7日　2019吴江(北京)高质量发展投资推介会在北京国测国际会议会展中心举行。

9日　吴江区召开"勇当先遣队、勇做领头羊,快上新台阶"动员大会。

11日　纪念南社成立110周年南社文化交流会开幕式在黎里镇举行。

12日　吴江区第一期民营企业家沙龙举行。

18日　沪苏浙皖检察工作座谈会在吴江东太湖大酒店召开。江苏省委常委、政法委书记王立科出席会议。

△　长三角区域三省一市部分全国人大代表开展以"长三角区域交通基础设施建设和运营管理一体化"为主题的联合视察。

21日　省人大常委会副主任、省总工会主席魏国强到吴江调研民营企业发展和产业工人队伍建设改革情况。

22日　区域推进高品质的长三角基础教育——素质教育在江苏·吴江专场在吴江宾馆举行开幕式。省政协副主席、南京大学党委书记胡金波出席开幕式。

27日　全国政协台盟台联侨联界党外委员视察团到吴江视察《长江三角洲区域一体化发展规划纲要》的贯彻落实情况。

28日　北大新世纪苏州外国语学校在吴江开发区奠基。

△　苏州大学吴江未来校区奠基开工。

△　2019中国创新创业大赛技术融合专业赛(激光和光通讯)在吴江举行颁奖典礼。

28~30日　第十三届中国智慧城市大会在浙江省德清县举行。会上,东太湖度假区(太湖新城)智慧城市治理平台获2019中国智慧城市优秀应用成果(案例)一等奖。

12月

2日　吴江区"退役一件

事”联办启动仪式在区退役军人服务中心举行。

6日　水利部副部长叶建春到吴江调研汾湖青吴嘉联合河长制现场点。

△　纺织之光2019年度中国纺织工业联合会科技教育奖励大会在北京人民大会堂举行。盛虹集团获得中国纺织科学技术进步一等奖。

12~13日　国务院督导组第五工作组副组长、应急管理部消防救援局高级指挥长张全灵率国务院江苏安全生产专项整治督导组到吴江开展安全生产专项整治督导工作。

16日　以“‘一带一路’新机遇　创新发展长三角”为主题的2019外交官与长三角民营企业家交流活动在吴江举行。上海市政协副主席、市工商联主席、长三角商会组织联席会议理事会会长王志雄，江苏省人大常委会副主任、省工商联主席许仲梓等出席会议。葡萄牙、马来西亚、委内瑞拉等9个国家驻沪总领事，来自各国驻沪商务领事、海外驻沪商务机构代表，以及长三角三省一市250多家民营企业参加活动。

17日　吴江区生活垃圾分类工作推进会在区会议中心召开。

18日　京东方（苏州）智造服务产业园项目投产暨生命科技产业基地项目签约活动在吴江开发区举行。

△　总部位于吴江的中城捷运首台智轨电车出口马来西亚签约，这是中国智轨捷运系统

12月28日，吴江区儿童医院启用　（王　炜　摄）

在海外的第一个订单。

△　2019德同合心基金年会暨科创论坛峰会在吴江举行。合心基金总规模为20亿元，由德同资本设立。

20日　2019中国电子商会理事会及常务理事会在吴江区召开，会议期间中国电子商会与吴江区人民政府签署战略合作协议。

△　2019苏州吴江电子商务发展论坛在吴江宾馆召开。

△　吴江区第十三届体育运动会闭幕。

22日　吴江区第二期民营企业家沙龙举行。

△　“满意消费长三角”行动电商平台放心消费在吴江启动创建，来自江浙沪皖三省一市20家电商平台的代表在8项创建倡议书上签名响应。

24日　吴江医保体系融入苏州——双向刷卡开通仪式举行。

25日　唐仲英先生纪念雕像揭幕仪式在东太湖唐仲英基金会中心举行。

26日　第十四届吴江青少年科技创新政府奖暨吴江区自然科学优秀学术论文颁奖活动在苏州青少年科技馆举行。

27日　军委后勤保障部副部长钱毅平到吴江调研。

△　吴江区新时代文明实践文明健康中心揭牌启用。

28日　吴江区儿童医院（苏州大学附属儿童医院吴江院区）正式启用。

△　2019吴江区第二十届迎新欢乐跑举行。

29日　中国共产党苏州市吴江区第十三届代表大会第五次会议在区会议中心召开。

30日　青浦、吴江、嘉善三地签订城市管理执法区域协作框架协议。

31日　苏州市吴江区消防救援大队正式挂牌。

（本栏编辑　范红明）

长三角生态绿色一体化发展示范区建设

综　述

【概况】 长江三角洲区域一体化发展国家战略，是总书记习近平亲自谋划、亲自部署、亲自推动的重大战略。建设长三角生态绿色一体化发展示范区是实施长三角一体化发展战略的先手棋和突破口。2019年5月31日，中共中央、国务院印发《长江三角洲区域一体化发展规划纲要》，纲要第十章为“高水平建设长三角生态绿色一体化发展示范区”，明确以上海青浦、江苏吴江、浙江嘉善为长三角生态绿色一体化发展示范区，示范引领长三角地区更高质量一体化发展。8月12日，《长江三角洲区域一体化发展规划纲要江苏实施方案》印发。10月23日，《长江三角洲区域一体化发展规划纲要苏州行动计划》印发。10月29日，国务院批复《长三角生态绿色一体化发展示范区总体方案》，明确将青浦区金泽镇、朱家角镇，吴江区黎里镇，嘉善县西塘镇、姚庄镇作为一体化示范区的先行启动区。

1月初召开的吴江两会上，重点提出更加突出聚力长三角一体化，引领推进全区加速融入长三角，着力实现协同发展、错位发展和创新发展。7月15日，吴江成立苏州市融湖投资发展有限公司，实体化开展相关资产收购和资本运作。9月9日，成立吴江区长三角地区合作与发展办公室。抽调业务骨干赴示范区工作专班、示范区国土空间规划编制工作专班及示范区执委会等地集中办公，编制长三角一体化工作简报，做好对周边动态及全区进展的跟踪报告，向示范区工作专班、示范区执委会和江苏省、苏州市等提出建议和反馈意见累计150多条。加强与青浦、嘉善的联系，梳理出一体化示范区重大项目初步清单（四个大类45项），拟定工作任务70多项，签订青吴嘉2019年一体化发展工作方案以及各类合作协议、备忘录、工作方案40余项，建立起示范区党校智库联盟、示范区网信联盟、长三角科协联盟等一系列协作联盟，部分镇区之间建立友好合作关系。党建方面，1月，建立长三角一体化示范区党校智库联盟，共同举办学员主题论坛、联合党课、专题讲座等交流和学习活动，编印《青浦、吴江、嘉善党校现场教学精品线路》；6月，青吴嘉六镇建立“吴根越角”党建生态圈，启动党建联盟党群公益项目；7月，启动党建引领长三角一体化发展“书记项目”72项；9月，与上海高校智库·复旦大学政党建设和国家发展研究中心开展研究合作，完成《长三角区域一体化发展建设中发挥党建作用的研究》报告。在产业协作、打通断头路、跨省异地就医门诊结算、共办文体赛事活动等多个方面，三地形成一批一体化发展合作成果。9月20日，开通运营“长三角示范区发布”微信公众号。全年累计在全媒体平台上发表、刊播长三角一体化相关的各类新闻报道1500多篇。
（吴志祥　朱铁成　唐　也　吴　娱）

【规划研究】 2019年，吴江立足长三角一体化背景，前瞻性开展系列规划研究和编制，启动吴江产业发展规划编制、空间布局规划编制、苏州南站枢纽及周边地区城市设计研究、汾湖高铁科创新城规划研究。编制示范区吴江区水利规划、示范区供排水规划、太浦河—沪湖蓝带计划、交通运输战略规划研究等专题规划、跨省河湖近期治理实施方案。
（吴志祥　朱铁成　唐　也　吴　娱）

【三地合作】 2019年，吴江、青浦、嘉善三地党委、人大、政府、政协、部门、商会之间建立各类联席会议制度，就区域党建联建、产业协作、司法协作、政务服务、生态治理等方面签订战略合作协议、备忘录、工作方案40余项。建立一系列协作联盟，3月29日建立长三角·青春合伙人“河小青”志愿联盟，7月26日组建示范区网信联盟，8月23日组建长三角科协联盟，9月12日成立全民健身示范区联盟，11月19日组建区域旅游服务联盟，11月28日成立长三角高中名校发展联盟。三地统计局建立主要指标交流制度，形成三地月度主要指标报告和简要情况分析制度。联合举办“不忘初心、牢记使命”主题教育研讨会等长三角党建活动、文体赛事活动、主题论坛，部分镇区之间建立友好合作关系。
（吴志祥　朱铁成　唐　也　吴　娱）

基础设施

【交通建设】 2019年4月19日，通苏嘉甬铁路预可文本通过审查；5月30日，沪苏湖铁路完成初步设计审查；7月3日，完成高铁苏州南站站房设计的初步评标。新增4条跨省定制专线公交，先后开通桃源至浙江乌镇、黎里至上海青浦、黎里至浙江西塘、桃源至浙江新塍4条跨省定制专线公交。长三角示范区2路（吴江7618路）和示范区5路（吴江7619路）全年运输总量突破18万人次。年内，康力大道项目进入正式施工阶段，苏台高速（苏震桃高速）进入工可研究阶段，吴江大道—周湖公路对接金商公路、金南路接浦港路等项目进入方案研究阶段。12月31日，取消八都、盛泽、黎里、芦墟4个省际收费站。
（吴志祥　朱铁成　唐　也　吴　娱）

【能源供应】 2019年，三地实现跨区域配电网互联互通，在金泽、练塘、汾湖、姚庄范围内新建10千伏线路联络工程，汾湖青浦线贯通。吴江与上海燃气、浙江南浔和桐乡达成协议，通过长三角一体化三地指标串换及上海燃气海气经川气串换，进一步增加吴江气源。
（吴志祥　朱铁成　唐　也　吴　娱）

产业发展

【大型活动】 2019年，吴江利用一体化发展示范区招牌，先后举办一系列大型项目招引和投资推介活动。7月11日，吴江国际精英创新创业洽谈会开幕；7月23日，举办2019中国·吴江长三角区域合作洽谈会；9月26日，举办吴江现代服务业推进大会；10月22日，举办2019中国·吴江投资贸易洽谈会暨创新发展一体化合作大会；11月28日，承办中国创新创业大赛技术融合专业赛（激光和光通讯）决赛暨颁奖典礼。
（吴志祥　朱铁成　唐　也　吴　娱）

1月18日，桃源—乌镇公交专线通车　　（吴　斌　摄）

【项目招引】 2019年，吴江与中车集团合作建设中车城市捷运装备长三角区域制造与综保基地；委托芯谋进行半导体产业链招商和关联关键产业集聚研究；苏州国际商务虹桥会客厅吴江展区招标建设；长三角聚集区产业投资基金（6亿规模）的方案进入尽职调查阶段；成立光大控股长三角一体化科创母基金（总规模100亿元，首期30亿元）。
（吴志祥 朱铁成 唐 也 吴 娱）

【政产学研合作】 2019年，吴江加强与国内高校院所的交流与合作，加快建立以企业为主体、市场为导向、产学研相结合的技术创新体系，深化政产学研全面合作。3月，东华大学苏州纺织产业研究院建成运营；6月，长三角G60科创走廊产业合作示范区（医疗器械）在吴江高新区挂牌成立，国家先进功能纤维创新中心建设方案通过工业和信息化部论证；7月，上海大学（汾湖）新材料研究院揭牌；8月，国家东部技术转移中心汾湖分中心项目签约。
（吴志祥 朱铁成 唐 也 吴 娱）

生态建设

【跨区域联合治水】 2019年，吴江开展周边区域跨省联合治水，聘用三地镇、村级联合河长73名，省际边界联合河（湖）长制*治水经验入选中组部生态文明建设典型案例。青吴嘉三地累计开展联合巡河1000多次、联合执法10多次、联合保洁会商20多次，投入1亿元实施清溪河联合清淤项目。吴江落实流域省际边界地区水生植物防控工作协作机制，实现水葫芦全线全域全程防控，6月，集中清理水葫芦超过4万吨；严防太湖蓝藻暴发，松陵藻水分离站通过验收。是年，"农村河道长效管护"考核获江苏省第一。
（吴志祥 朱铁成 唐 也 吴 娱）

【岸线综合整治】 2019年，吴江加强湖泊保护和生态建设，强化综合岸线整治。东太湖综合整治后续工程及元荡岸线贯通工程启动；环元荡景观步道方案及启动段施工图设计方案初步完成；联合嘉兴市秀洲区对陆家荡、塔荡、杨观音荡、原王荡的"三网"进行拆除并补偿；"散乱污"专项整治围绕重点区域、重点行业、重点流域，全年累计治理"散乱污"企业（作坊）4132家。全年绿色造林48.1公顷、森林抚育365.6公顷，同里国家湿地公园通过验收评估。
（吴志祥 朱铁成 唐 也 吴 娱）

【污染治理】 2019年，吴江利用雷达走航、水生态感知网、水气监测自动站等科技手段强化对无组织排放的污染源监测力度，对全区污染区域、污染点位精准画像，由环境质量管控"一刀切、切一刀"的粗放模式向精准靶向治污转变，减少对企业正常生产经营活动的影响。
（吴志祥 朱铁成 唐 也 吴 娱）

公共服务

【政务服务】 2019年1月，吴江启用全国首个出入境分理点智慧大厅。区级政务大厅G60科创走廊九城市"一网通办"专窗升级为G60科创走廊长三角"一网通办"专窗，8月16日，专窗在区、镇两级中心全覆盖，能够办理30项企业服务类事项和21个民生服务事项。自助服务一体机异地办理范围覆盖浙江秀洲、嘉善及南浔。建立政府服务专员制、项目推进周报制，优化营商环境。与青浦、嘉善共同实施市场主体准入"跨区通办"、市场主体准入"一网通办"、市场监管许可事项"证照联办"及"一照多址"的市场主体互认。
（吴志祥 朱铁成 唐 也 吴 娱）

【卫生医疗】 2019年，吴江实现跨省（上海）异地就医门诊费用直接结算、跨省住院费用直接结算全覆盖、所有持证残疾人居民医疗和居民养老保险全覆盖。实现异地就医转诊备案"不见面"办理，完成构建上海—吴江—嘉善120一体化调度体系，实施跨区域多点执业备案。与上海瑞金医院乳腺病中心、上海曙光医院等6家单位签订合作协议，引进治疗专家团队，搭建信息化平台共享疾病防治信息，在人才培养、技术研究、学术交流等方面开展合作。位于汾湖的区第五人民医院与上海中山医院进行对接，共建长三角综合性医联体。启动上海—吴江医疗卫生数据共享信息化建设，完成医院远程会诊网络建设。与上海香山中医院联动建立1家居家养老机构。
（吴志祥 朱铁成 唐 也 吴 娱）

【教育合作】 2019年，吴江聘

请长三角区域众多教育名家充实“吴江教育智库”。10月，吴江、青浦、嘉善签订教育战略合作框架协议，三地幼、小、初、高、职五个学段各一所学校结对签约。11月，吴江举办长三角基础教育吴江专场活动，组建“长三角高中名校发展联盟”，联盟成员来自江苏、浙江、安徽、上海三省一市的九所高中名校，江苏省震泽中学位列其中。12月，长三角基础教育一体化江苏研究中心揭牌。

（吴志祥 朱铁成 唐 也 吴 娱）

【文体旅联合】 2019年，吴江、青浦、嘉善三地文旅部门成立联合工作组，9月30日，吴江文旅（上海）展示中心启用。年内，吴江开展系列吴江文化旅游推介活动，举办长三角毗邻地区足球赛等10余场惠及青吴嘉三地群众的大型文娱及美食活动；9月21日，长三角一体化跨省文旅专线首发黎里，开通长三角区域联票，推出同里、黎里、震泽3条进博会精品旅游线路；10月21日，“长三角示范区旅游服务”微信公众号开通，主要发布长三角生态绿色一体化发展示范区旅游资讯。举（承）办同里天元赛、汾湖攀岩赛等10余项国际国内重大体育赛事。

（吴志祥 朱铁成 唐 也 吴 娱）

【人才建设】 2019年，吴江制定《苏州市吴江区人才引进落户实施办法（暂行）》，优化办理流程并开发网上申报系统。建立沪苏浙皖四地长三角高校毕业生就业去向信息共享机制，与上海交换双方户籍人口用工备案信息。举办系列“智汇吴江”长三角区域校园招聘（宣讲）活动，累计接收简历2323份，达成初步意向391人。汾湖高新区实施“515人才工程”，出台优秀人才个税补贴办法和优先购房办法，4家上海引才机构落户汾湖。

（吴志祥 朱铁成 唐 也 吴 娱）

社会治理

【司法协作】 2019年，吴江、青浦、嘉善三地法院建立一体化示范区人民法院司法协作工作领导小组，建立失信被执行人联合信用惩戒机制，开设“一体化示范区诉讼服务专窗”，共同开展执行2次，办理委托事项13件，联合发布失信被执行人名单60人次，成功办理跨域立案11件。三地公安机关开展跨区域协作破案，实现跨区域案件数据交换共享，整合各类数据1.8亿条，破获诈骗案件200余起；在“春运”“两会”“进博会”等重大安保活动期间，启动卡口单项检查互信机制，汾湖卡口协助青浦、嘉善等地公安机关抓获各类违法犯罪嫌疑人30余人。三地检察院对太浦河流域跨界污染情况进行联合巡防，开展公益诉讼摸排、勘验取证和初步调查工作。开展长三角一体化劳动仲裁争议案件异地受理。

（吴志祥 朱铁成 唐 也 吴 娱）

【综合治理】 2019年，吴江、青浦、嘉善三地实现“12345”便民服务热线跨区域工单有序分流，实施长三角毗邻地区自助移车服务。三地信访部门形成“三跨三分离”人员信息数据库，对敏感重大问题开展预警通报、联合应对。明确青嘉吴接壤区域网格治理边界，实现三地网格无缝对接，“网格+警格”联动融合机制在江苏省推广。

（吴志祥 朱铁成 唐 也 吴 娱）

【乡村建设】 2019年，吴江编制完成《长漾特色田园乡村统筹规划》，启动“中国·江村”示范区建设；成立太湖大闸蟹、香青菜产业联合体，统一标准，统一商标，加强农产品展销合作；建成国内规模最大的低功耗广域网智慧路灯网，完成智能化停车信息化改造泊位3596个。获评“全国县域数字农业农村发展水平评价先进县”、第二批国家农产品质量安全县（市）。“农田水利工程管护”考核获江苏省第一。

（吴志祥 朱铁成 唐 也 吴 娱）

（本栏编辑 范红明）

乡村振兴

【概况】 2019年，吴江区贯彻习近平总书记关于"三农"工作重要论述和视察江苏重要讲话指示精神，按照中央、省、市的总体部署要求，对标率先基本实现农业农村现代化目标，聚焦高质量发展主题，围绕"打造创新湖区、建设乐居之城"的发展定位和"勇当先遣队、勇做领头羊、快上新台阶"的工作要求，不断开创吴江乡村振兴新局面。全年确立乡村振兴重点工作任务80项、重点项目40个，完成投资10.63亿元，占年度计划的136.81%。吴江获评"全国县域数字农业农村发展水平评价先进县"、第二批国家农产品质量安全县（市），吴江现代农业产业园获评"第二批国家农村创新创业园区"。（李益强）

【"中国·江村"乡村振兴示范区打造】 以"中国·江村"品牌为引领，精准定制符合吴江实际的乡村振兴"线路图"和"施工图"，构建"一带一区""一镇一园"的美美江村新画卷，赋予江村经济新内涵。亮点打造"长漾特色田园乡村带"。以"稻米香径"长漾环线道路为纽带，深入推进沿线特色田园乡村建设。年内"稻米香径"震泽段通车，众安桥村谢家路获评苏州市特色田园乡村精品示范村，齐心村香桐湾、农创村东庄田新列入市级特色田园乡村试点。建成"中国·江村"乡村振兴展示馆，成为展示吴江乡村振兴工作成果的新阵地。重点推进"同里农文旅融合发展区"。坚持都市农业发展定位，持续推动农村一二三产业融合发展，不断延伸农业产业链和价值链。以北联洋溢港和肖甸湖特色田园乡村试点建设为抓手，丰富乡村文化活动载体，推进农、文、旅等产业的深度融合。举办中国·同里北联村油菜花节、中国农民丰收节，承办苏州美丽乡村健康行等大型活动，将同里打造成展示吴江乡村振兴成果的新窗口。辐射带动"一镇一园"项目建设。充分利用桃源万亩林木的资源禀赋和七都太湖蟹的特色产业，把历史文化、生态资源、乡村旅游、产业提升有机融合，全面加快"一镇一园"建设步伐。桃源依托省级森林公园和苗木基地的生态优势，高标准推进集生态、高效、富民于一体的水乡森林特色乡村小镇，启动规划建设桃源生态农业产业园。七都坚持绿色发展理念，大力发展浦江源太湖蟹生态循环养殖，持续提升生态环境质量，打造太湖生态修复典型示范，全年投入1280万元完成道路、绿化改造，养殖尾水净化处理，启动监测检疫中心主体建设。（李益强）

【产业振兴】 现代农业绿色发

展有新进展。持续推动农业产业向现代园区集聚发展，全年新增区级现代农业园区2家，新增园区面积800公顷，吴江现代农业产业园在苏州市级考评中名列第一。持续开展“三高一美”* 示范基地建设，全年新增高标准农田面积493.33公顷，规模蔬菜基地15.33公顷，完成池塘标准化改造任务3826.67公顷。持续加强区域公共品牌建设，制定出台《吴江区农产品区域公用品牌建设实施意见》，全力推进“吴江大米”“吴江香青菜”“吴江太湖大闸蟹”公共品牌建设。新型农业经营主体有新突破。持续做大、做强农业龙头企业，全区有国家级农业龙头企业2家、省级农业龙头企业11家、市级农业龙头企业22家。其中，3家获评“苏州市‘十佳’农业科技企业”，1家获评“苏州市‘十佳’农产品加工示范企业”，微康生物获2019年江苏省农村创业创新大赛二等奖。持续开展合作社示范创建和名录建设，年内新增农民专业合作社44家、家庭农场29家、产业化联合体4家。其中，2家产业化联合体列入省级示范联合体名录，19家合作社获评苏州市星级农民专业合作社，3家家庭农场获评省级示范农场。年内新认定新型职业农民211名，开展新型职业农民培训1398人次，生产型新型农业经营主体带头人培训220人次。一二三产融合发展有新亮点。启动《吴江区推进一二三产业融合发展“十四五”规划》研究编制，推动吴江农业产业“接二连三”。深入推进“互联网+农业”，加快实施数字乡村战略，积极推进震泽镇省级农村一二三产业融合发展先导区建设。全区农产品电子商务销售额3.4亿元，申报“一村一品一店”示范村3家，累计认定农业科技示范基地53家，同里镇北联村创建中国美丽休闲乡村；玫瑰园、太湖绿洲创建苏州市共享农庄（乡村民宿）；新增全国休闲农业与乡村旅游星级示范企业（园区）2家、省级休闲农业精品村1家、省级主题创意农园2家；2019年全区休闲农业经营总收入3.5亿元。

（李益强）

【生态振兴】 优化乡村规划布局。制定出台《苏州市吴江区镇村布局规划优化完善工作方案》（含镇村布局规划、村庄规划工作任务计划），试点开展《燕花庄连片区村庄规划设计》（包括震泽镇金星村、众安桥村、齐心村和平望镇庙头村4个行政村）。制定出台《苏州市吴江区农村住房建设风貌管控指导意见（试行）》《苏州市吴江区农村建筑工匠管理指导意见》及2019年度《高质量发展成效考核实施细则》之“农村建房管理考核细则”，加强对村庄整体风貌的规划引导。推进美丽乡村建设。加快推进全区14个省、市、区三级特色田园乡村试点建设，全年完成投资额3.79亿元。震泽镇众安桥村谢家路、同里镇北联村洋溢港、黎里镇东联村许庄被命名为苏州市特色田园乡村。制定出台《关于扎实推进吴江区美丽乡村建设的意见》，全年完成2个康居特色村和74个三星级康居村建设任务，年度总投资2.48亿元，验收通过率名列苏州市第一。提升农村人居环境。制定出台《苏州市吴江区农村人居环境整治2019—2020年工作要点》，引入第三方无人机巡查模式扩大检查覆盖面，开展“百日集中攻坚”行动，发布农村人居环境整治“红黑榜”，扎实推进“3233”工程，实现210个整治行政村检查全覆盖。深入实施农村厕所、垃圾、污水专项整治“三大革命”，年内高质量完成新改扩建农村公共厕所76座，农村无害化卫生户厕普及率保持100%；逐步引导农村生活垃圾从“垃圾入桶”向“垃圾分类”精细化迈进，清理各类农村垃圾60万立方米，农村垃圾分类实现行政村全覆盖，城乡生活垃圾无害化处理率99%；农村地区生活污水治理率85%，其中重点村、特色村治理率99.4%，整治农村河道165条。加大农村散乱污、低端落后产能的整治拆除，年内累计完成治违拆旧任务933.33公顷。

（李益强）

【文化振兴】 打造吴江特色文明实践网格。制定出台《苏州市吴江区新时代文明实践中心（所、站、点）建设工作的实施意见》，成立全民事业单位新时代文明实践指导中心，新建320个新时代文明实践站。强化“1+11+X”（1个志愿服务总队，11个镇区街道志愿服务支队，X个机关单位、村社区、社会团体志愿服务队）志愿服务团队体系，全区累计注册志愿者超29万人、志愿团队1872支，累计在镇村开展各类文明实践活动25034场。开展农村精神文明建设。全区累计创建国家级文明镇1个、省级文明镇6个、市级文明镇8个、区级文明镇8个，参与各级创建的文明镇比例100%；全区现有国家级文明村1个、省级文明村（社区）20个、市级文明村25个、区级文明村83个。累计建成乡风文明馆14个、乡风文明长廊50条。持续开展“美丽庭院”评选活动，平望镇陆鸿家庭获2019年度“全国最美家庭”称号，黎里镇跃进村周根宏家庭当选第二届江苏省文明家庭。推进基层文体服务工作。以文化馆、图书馆为中心推进总分馆制建设，征集文化讲座类产品12项、文艺演出类产品15项，配送基层文化讲座类47场，文艺演出类54场。以吴江太湖文化节、区域文化联动“民星闪耀”等系列品牌活动为平台，开展2019年吴江区基层文化服务配送工作。举办基层文化管理员培训班，对全区300余名基层文化管理员开展培训；开设全民艺术普及课堂，全年培训优秀文艺骨干1000余人次。寻访吴江区“十大文化先锋”，提升文化工作者的获得感、幸福感。 （李益强）

【组织振兴】 突出政治引领。坚持把党的政治建设摆在首位，把讲政治的要求贯穿基层党建工作全过程、各方面。抓住“关键少数”，强化思想教育，扎实推进“新时代美美江村新接力”工程，举办乡村振兴战略专题研修班2次，举办全区村党组织书记乡村振兴专题培训暨村书记讲坛4期，开展各类专题培训32次，培训村镇干部1300人次。突出队伍建设。常态化开展“党建体检”255次，集中招聘42名村书记（主任）助理，优先安排到农村一线岗位“蹲苗历练”；选派新一批45名第一书记赴集体经济相对薄弱村任职，选派60名村社后备干部赴长三角区域挂职锻炼；全面推进村党组织书记、村委会主任“一肩挑”工作，推动基层党组织全面进步、全面过硬。突出主体作用。以“项目思维”推动基层党建创新发展，实施一批农村基层党建“书记项目”，加快推动农业产业发展等重点目标任务落实。大力实施农村党建“富民先锋”行动，创新党组织设置方式，把支部变成指挥部，把党员作用发挥在攻坚克难第一线。突出服务能力。推进网格化党建，将支部建在“网格”上，实现基层党建网、社会治理网和民生服务网“三网融合”，网格巡查上报处理工单办结率和满意率接近100%。 （李益强）

【人才振兴】 抓好政策统筹。制定出台《吴江区基层农业农村专业人才培养实施意见》，将所需培养经费纳入区人才开发专项资金列支。深入研究乡土人才激励政策及评选培养办法，将乡村人才中文化、旅游和技能人才培养列入其中。抓好队伍建设。组建乡土人才数据库，按照农业技术、文化传承、能工巧匠、时代乡贤四类，统计全区212位乡土人才资料信息。结合吴江乡村产业特色和文化特色，扶持培育一批技艺精湛、扎根农村、热爱乡土的农业职业经理人、经纪人、乡村工匠、文化能人和非遗传承人。抓好人才服务。把乡村技能工匠、文化传承大师等纳入全区优秀人才“生根计划”，在创新创业、健康医疗、社会保险、子女入学、国情研修等方面给予12大项26小项的集成服务。 （李益强）

重点项目建设

【省、市重点项目】 2019年，吴江区承担省重大项目4个，包括京东方（苏州）智造服务产业园、国测苏州吴江智慧城市产业化基地、英诺赛科氮化镓和港虹差别化功能性纤维及配套智能加弹，总投资498.6亿元，年度计划投资41亿元，完成投资46.25亿元。承担市重点项目26个，总投资1186.8亿元，年度计划投资112.7亿元，完成投资128.86亿元。 （徐　帅）

【区重点项目】 2019年，全区安排重点建设项目283个，计划总投资3082.14亿元，年度计划投资578.34亿元。其中，结转续建项目126个，计划总投资1979.32亿元，年度计划投资301.84亿元；新开工项目156个，计划总投资1038.86亿元，年度计划投资276.5亿元；前期准备项目1个，计划总投资63.96亿元。全年完成投资615.87亿元，占年度投资计划的106.49%。126个结转续建项目完成投资330.32亿元；156个新开工项目完成投资285.55亿元。 （徐　帅）

2019 年吴江区重点项目建设情况汇总表

项　目	项目数(个)	计划总投资(亿元)	年度计划投资(亿元)	全年完成投资(亿元)	年度计划完成情况
按建设性质分					
结转续建	126	1979.32	301.84	330.32	109.44%
新开工	156	1038.86	276.50	285.55	103.27%
前期项目	1	63.96	0.00	0.00	—
总　计	283	3082.14	578.34	615.87	106.49%
按项目类别分					
道路交通	14	333.53	13.72	13.34	97.24%
环境生态	27	101.88	31.70	36.00	113.56%
能源电力	4	12.47	6.89	2.67	38.75%
农业水利	4	20.60	7.30	7.39	101.23%
社会事业	71	301.14	73.35	74.00	100.89%
市政建设	9	46.14	7.46	9.84	131.90%
先进制造业	87	837.76	159.51	161.15	101.03%
现代服务业	64	1419.49	276.48	309.52	111.95%

（徐　帅）

【区实事项目】 2019年，全区安排实事项目8大工程29个项目，包括交通畅行、环境提升、乡村振兴、教育发展、医疗保障、文化体育、就业创业和智慧便民等。至年底，28个子项目进入实质推进阶段，26个项目建成或基本完成全年任务，1个项目因前期工作耗时较长、建设方案调整等原因暂未完成。（徐　帅）

2019 年吴江区实事项目进展情况表

项目类别	项目责任单位	项目完成情况
交通畅行	区交通运输局、城管局	新增、调整公交线路27条次，建成公交候车亭109个，完成节能环保公交车招标采购工作，到位公交车114辆；完成轨交4号线松陵大道综合交通枢纽桩基工程，完成第一层部分土方开挖及支撑结构；上线执行智能化停车，出台吴江区机动车停放服务标准
环境提升	区“三治办”、城管局、农委、水利局、环保局，各区镇	完成池塘标准化改造项目面积2313.33公顷（含退渔还田）；完成“治违治污治隐患”整治散乱污企业（作坊）4129家；完成农村垃圾分类全覆盖，增加84个行政村，新建、扩建处置站5个
乡村振兴	区委农办、住建局、国土局、规划局、旅游局、交通运输局，各区镇	下达村级集体经济提升项目公共服务资金2450万元，进一步加强相对薄弱村的政策支持；完成2个康居特色村、71个三星级康居乡村苏州验收；特色田园乡村试点通过苏州市级验收3个，在建9个；各镇区开工建设环长漾环线道路
教育发展	区教育局，各区镇	完成苏州大学未来校区项目建设方案设计；震泽中学老校区和盛泽中学改扩建项目浇筑施工；修缮完成吴江高级中学改扩建项目宿舍楼，综合教学楼进场施工；参加新一期“五点钟学校”学生人数9810人，占总人数的12.8%

（续　表）

项目类别	项目责任单位	项目完成情况
医疗保障	区卫计委、人社局、民政局，平望镇	吴江社保接轨苏州工程，完成城乡居民养老保险征缴工作，上调居民养老金；启动2020年度学生少儿参保工作；健康市民531工程，完成救护车改造19辆，实现智慧急救体系全覆盖，实现吴江区智慧急救平台、五大专科中心建设，实现与苏州市对接；完成吴江中医医院代建单位招标，设计招标进行中（公示中），启动环评；启用儿童妇幼保健医院改建项目；各区镇建设区域性养老服务中心项目
文化体育	区文广新局、体育局、教育局，各区镇	新建多功能运动场5个、笼式球场11片、健身路径43套；完成44个基层综合性文化服务中心标准化建设；基本建成苏州湾文化中心；完成苏州湾体育中心主体施工，实施跟进安装、幕墙专业工程；完成汾湖文体中心土建，内部装修施工
就业创业	区人社局、人才办，各区镇	首次实现高层次人才集聚工程“双创团队”和“姑苏重大创新团队”双入选，“姑苏重大创新团队”资助额列全市第一，全区人才科技工作进步指数列苏州前三，获评“苏州市人才科技创新进步地区”；实施就业创业服务工程，举办“春风行动”等公益招聘活动120场，提供就业岗位超过2.7万个
智慧便民	区发改委、政务办、相关部门，各区镇	完成智慧服务大厦大楼综合布线，各类信息化设备根据装修进度进行安装调试，全区全面推行“一门式一窗式”政务服务模式改革；加快推进叫号机系统，进一步深化政务服务平台对接；“纵横工程”项目智慧督查等多个项目通过大数据局评审

（徐　帅）

智能工业

【智能制造标杆】 2019年，吴江区深入推进智能制造，围绕智能化改造、数字化应用、智能化生产管理、工业互联网平台等方面的建设，努力打造全省智能制造标杆区。整理和分析规模以上工业企业智能制造成熟度测评数据，撰写《吴江区智能制造水平测试报告》，理清发展方向；通过吴江区智能工业推进大会、“智造转型 互联发展”主题沙龙、智能制造主题培训等活动，宣传成功经验，营造发展氛围，提高企业认识；实施标杆培育计划，评选表彰智能工业标杆企业8家、智能制造标杆车间15个、区级智能制造系统集成商3家，开展“看标杆、学标杆、做标杆”，从点、线、块、面四个方向全方位推进智能工业发展。

区工信局围绕全力打造智能工业发展标杆年度重点任务，大力推进“五个一”*工程，超额完成三年行动计划目标任务，吴江智能制造先发优势得到进一步巩固和扩大。是年，吴江以苏州智能制造产业主要承载区的身份，助推苏州位列“2019世界智能制造中心城市潜力榜”全球50强榜单第八名；《贯彻落实制造强国战略，打造长三角生态绿色一体化发展示范区》在《中国经贸导刊》全文发表；发布全区首个智能制造团体标准；成功举办第五届中国·苏州国际机器人与智能制造大会。

（顾春华　孙筱霞）

【工业技术创新】 2019年，吴江区围绕建设自主可控的先进制造业体系，以技术创新为驱动力，加速推进创新资源集聚和关键核心技术攻关。全区新增省级企业技术中心27家并实现建筑业、软件业零的突破，新增市级企业技术中心27家，全区累计建成三级企业技术中心319家（国家级10家、省级92家、市级217家），其中国家级企业技术中心累计数占全市（28家）的35.7%，数量超省内镇江、南通、扬州、泰州、徐州、淮安、盐城、连云港、宿迁等9个地级市，列全省区（县）首位、全国同类区域前列。由国望高科和上海东华大学共同牵头，按照“公司+联盟”模式创建的“国家先进功能纤维创新中心”成为江苏首家、全国第13家国家级制造业创新中心。工业设计中心累计24家，其中，博众精工获评国家级工业设计中心，刷新苏州该行业领域及吴江记录；新增省级5家，占苏州大市的1/3，创近年新高。吴江变压器厂获评国家技术创新示范企业，成为吴江第6家、苏州第7家获此称号的企业。吴江丝绸文化创意产业园成为苏州唯一的国家级纺织服装创意设计试点园区。新增省级智能制造领军服务机构2家（法兰泰克重工股份有限公司、苏州凌创电子系统有限公司）、省级服务型制造示范企业4家（苏州琼派瑞特电子科技有限公司、苏州百得胜智能家居有限公司、中广核达胜加速器技术有限公司、东南电梯股份有限公司），数量分别领跑苏州各区（市）。亨通光电"实施基于5G承载工业互联网平台下的CIPO闭环管理模式"、法兰泰克"实施两化融合与卓越绩效打造精益服务管控能力的实践经验"获评省级质量标杆，占全省1/8，包揽苏州该项入选数。36个项目列入"省重点技术创新计划项目"名录；8家企业的34个新技术新产品通过省级鉴定。恒力化纤、吴江变压器、博众精工3家企业获批第二批苏州市自主品牌大企业和领军企业先进技术研究院。在苏州市工业设计产品优秀奖评选中，吴江企业获1金、8银和3铜。

（顾春华　孙筱霞）

2019年吴江区新认定苏州市级及以上企业技术中心名单

分　类	企业名称	分　类	企业名称
省级企业技术中心	吴江市建设工程（集团）有限公司	苏州市级企业技术中心	苏州品翔电通有限公司
	吴江绿控电控科技有限公司		群光电子（苏州）有限公司
	苏州智华汽车电子有限公司		苏州艾西依钣金制造有限公司
	和信精密科技（吴江）有限公司		索格菲（苏州）汽车部件有限公司
	江苏亨通光网科技有限公司		苏州通产丽星包装科技有限公司
	吴赣药业（苏州）有限公司		捷讯精密橡胶（苏州）有限公司
	锐迈机械科技（吴江）有限公司		苏州艾沃意特汽车设备有限公司
	苏州奇才电子科技股份有限公司		南阳防爆（苏州）特种装备有限公司
	苏州久富农业机械有限公司		苏州易昌泰塑胶有限公司
	苏州祥龙嘉业电子科技股份有限公司		江苏永鼎盛达电缆有限公司
	北美枫情木家居（江苏）有限公司		江苏酋立智能装备有限公司
	苏州亚德林股份有限公司		苏州诚模精密科技有限公司
	苏州凯富精密模具有限公司		苏州彤帆智能科技有限公司
	苏州蒙特纳利驱动设备有限公司		格来纳塑料科技（苏州）有限公司
	海泰纺织（苏州）有限公司		吴江华衍水务有限公司
	苏州世祥生物纤维有限公司		苏州生生源纱业有限公司
	吴江市新吴纺织有限公司		江苏立新化纤科技有限公司
	苏州翔楼新材料股份有限公司		苏州盈宇纺织科技有限公司
	吴江市兰天织造有限公司		苏州市星京泽纤维科技有限公司
	江苏亨通电力特种导线有限公司		江苏亨通电力电缆有限公司
	江苏诺贝尔塑业有限公司		江苏鸿展新材料科技有限公司
	苏州宝嘉新能源科技有限公司		代尔塔（中国）安全防护有限公司
	江苏亨通线缆科技有限公司		成工业制衣（苏州）有限公司
	苏州帝航防护设施有限公司		苏州杨越高新材料有限公司
	苏州孚杰机械有限公司		苏州力佳新型材料有限公司
	吴江亚太化纺有限公司		苏州佳通科技股份有限公司
	苏州普路通纺织科技有限公司		苏州日和科技有限公司

（顾春华　孙筱霞）

【工业信息化】 2019年，吴江区工信局以“更好发挥政府作用，推动新型工业化、信息化、城镇化、农业现代化同步发展”为工作指导，重点引导云计算、物联网及大数据等产业科学发展，大力推进5G与工业互联网建设，打造工业互联网建设综合体系。博众精工入选国家级制造业“双创”平台试点示范项目，亿友慧云获评国家规划布局内重点软件企业。3家企业作为标识解析二级节点重点培育企业，加速二级节点建设落地生根。吴江经济技术开发区获评江苏省工业互联网示范工程首批“互联网+先进制造业”基地。创建省级工业互联网标杆工厂2家、重点平台2个、服务资源池5家；新增省级两化融合贯标重点培育企业18家；新增省级星级上云企业115家，其中1家五星级，实现吴江零的突破，上云总数稳居苏州大市首位。亿友慧云获评省级大数据优秀产品、“腾云驾数”转型升级计划优秀产品、优秀版权作品，入选省级重点领域首版次软件产品应用推广指导目录。在“苏州市工业互联网第二批重点平台、典型应用企业和专业服务商”评选中，全区有5个重点平台、8个专业服务商和25个典型应用企业成功入选，连续两年领跑苏州。全年软件产业产值32.02亿元，软件著作权登记数量破千。 （顾春华 孙筱霞）

【重要成果】 2019年，全区有16个项目获评10大类国家级荣誉，获得国家、省、市三级资金支持逾2.5亿元。至年底，全区累计完成智能工业投资超109亿元，占工业技改投资比重超70%，在苏州大市保持领先；全区新增省级示范智能工厂2家、市级3家（培育类1家）；新增45个省级示范智能车间，累计124个，新增数和累计数继续领跑省、市；省首台（套）重大技术装备累计认定47项，认定数居苏州市前列。 （顾春华 孙筱霞）

大运河文化带建设

【概况】 大运河吴江段总长约43公里，占苏州运河的一半以上、江南运河的1/8。大运河吴江段是苏南运河的重要组成部分，也是运河中最繁忙的河段之一，拥有包括水利工程及相关文化遗产、聚落遗产、生态与景观环境、其他物质及非物质文化遗产在内的大量历史文化遗存，吴江运河古纤道被列入世界文化遗产点，彰显大运河吴江段的历史地位。至年底，全区大运河沿线有国家登记保护的物质文化遗产508处，非物质文化遗产79处。其中，全国重点文物保护单位10处，江苏省文物保护单位18处，苏州市文物保护单位106处，苏州市控制保护建筑145处，另有未定级不可移动文物229处。 （沈如春）

【规划引领】 2019年，区大运办充分发挥协调功能，建立区镇之间、各板块条线之间的沟通联系协调机制，形成上下联动、协调推进的大运河文化带建设大格局。同时，加快建立顶层设计体系，同经济社会发展、土地利用、城乡统筹、生态保护、美丽乡村等规划有机融合，启动大运河文化带吴江段建设总体规划的编制工作。目前，规划进入征求意见阶段。 （沈如春）

【重点项目】 2019年，区大运办对大运河沿线保护开发的项目进行统筹管理，确定包括管控保护、传统利用、文旅融合和主题展示等多方面的一批重点项目。其中，桃源生态文旅项目、平望通运康养小镇等重点项目建设稳步推进，吴江大运河遗产馆完成概念性方案的评审工作，并进入设计深化阶段。

（沈如春）

【形象宣传】 2019年，区大运办围绕大运河吴江段沿线历史、文化、景观等资源，进一步加强同《光明日报》《文汇报》《新华日报》以及国家各行业报等主流媒体的合作，全方位加强大运河文化带宣传。同时，充分运用好本地媒体，依托区广播电视台《鲈乡讲坛》《社科万象》等栏目，开设大运河文化带建设专题讲座，邀请专家学者进行讲授，对大运河进行专题介绍。多次赴杭州、淮安、扬州等地进行交流和考察，深化与大运河沿线城市的交流合作。 （沈如春）

【主题活动】 2019年，以运河文化为中心，区大运办先后开展各项主题活动。承办长三角运河城镇发展峰会，举办“运河之美”摄影大赛等特色活动，进一步加快文旅结合，积极打造“走运之旅”运河专属推广品牌。同时，各相关区镇开展丰富的特色活动。平望镇先后举办中国国典书画院艺术家平望采风、“走近运河”图文展等主题活动。桃源镇联合运河沿线城镇举办“情融运河，相约桃源”文化走亲文艺展演活动。

（沈如春）

【长三角运河城镇发展峰会】 11月15日，2019长三角运河城镇发展平望峰会在吴江区平望镇举行。峰会由世界运河历史文化城市合作组织秘书处、吴江区文体广电和旅游局、平望镇人民政府、新华日报社苏州分社共同主办，以“顺应国家战略，传承运河文脉”为主题，立足长三角，紧扣大运河，深入挖掘长三角运河城镇的文化精髓和当代价值，探讨协同推进大运河文化带建设方略，实现长三角运河城镇高质量发展。（沈如春）

“三治”工作

【统筹推进】 2019年，区委、区政府把“三治”（治违、治污、治隐患）工作列入年度重点项目强势推进，主要领导多次专门批示明确要求、现场调研精心指导、查阅报表督促进度，通过召开部署会、推进会、协调会等方式，统筹各方力量、协调解决难题、狠抓措施落实。区人大、区政协先后调研“三治”工作，听取汇报、参观现场、监督指导。区委办、区政府办及区委深改办将“三治”工作纳入年度督查重点，组织联合督查组，加强过程性督办。各区镇、各有关部门整治重点区块、深挖自身潜力、主动担当作为。区镇两级“三治”办充分发挥统筹协调作用，通过每月联席例会、每周现场督查、每天通报进度等方式，明任务、查不足、抓落实，全力推进各项措施落地见效，“高位部署、上下联动、合力攻坚”的治违拆旧工作格局逐步形成。（苏海涛）

【保障措施】 2019年，区委、区政府印发《2019年度“三治”工作计划》《2019年“三治”工作绩效考核办法》。下发《“清零”攻坚行动实施方案》，将年度整治任务按照比例分解落实到每个月，实行每月清零集中攻坚，做到按月推进、每月督查、逐月清零，取得明显成效。区委组织部开展“不忘初心、牢记使命——融入一体化，吴江‘三治’在行动”开放式组织生活，通过开展党建联建、参观见学、专题讲座、主题学习等系列活动，强化党建引领，激发“三治”动能。区纪委监委下发《吴江区“三治”工作容错纠错机制实施办法》，提供纪律保障，激励担当作为。区委宣传部下发《吴江区关于持续强化“治违、治污、治隐患”宣传工作方案》，加大宣传力度，曝光违法行为。区财政部全年累计下发补偿经费4批2.5亿元，为治违拆旧提供资金保障。（苏海涛）

【区镇亮点】 吴江开发区深度挖潜增效、优化要素供给，充分运用“三治”，打好转型升级组合拳。汾湖高新区（黎里镇）紧扣长三角一体化发展，坚持治违项目化管理，区级重点整治区块青石村、汤角村36公顷两个月拆除完毕，为一体化示范区建设腾出空间。吴江高新区（盛泽镇）坚持盘活存量土地、优化生态环境，将整治地块按类别成立工作专班，精准施策、成片整治、整体推进，通过“三治”拆旧、“三优三保”*等措施，新增农用地60.67公顷。东太湖度假区（太湖新城）围绕太浦河沿线，秉持规划先行原则，注重综合执法实效，大力开展“沪湖蓝带”计划，统筹推进“三治”各项工作，率先完成全年任务目标。七都镇紧盯时间节点，完善工作机制，压实工作责任，有力确保双塔、金鱼漾等重点地块完成整治。桃源镇注重通过“三治”工作盘活土地40公顷，为融创文旅、步步高互联网产业园、精密制造产业园等项目腾出空间、助推发展。震泽镇采取引入复评单位、组建税收保障小组、组建驻村工作小组三管齐下，参照企业销售收入和税收贡献等关键指标，公平确认治理对象，为科学、有序、妥善推进“三治”工作奠定基础。平望镇积极开展太浦河、运河沿线企业整治，提升区域生态环境质量。

（苏海涛）

【整治成效】 至年底，全区治违拆旧完成948.87公顷，占年度666.67公顷任务的142%，“三优三保”完成427.67公顷任务，占年度310公顷任务的137.96%；整治“散乱污”企业（作坊）4132家，倒逼企业转型升级；“331”专项行动*排查隐患4.2万余处，整改3.5万余处，为推动吴江高质量发展快上新台阶做出积极贡献。（苏海涛）

（本栏编辑　沈　瑶）

区情概览

【建置沿革】 吴江历史悠久。后梁开平三年（909），吴越王钱镠奏割吴县南地及嘉兴北境置县，其名取境内江名吴淞江的简称——吴江，县治设松陵，属苏州。元元贞二年（1296），吴江县升为州，明洪武元年（1369）复为县。清雍正四年（1726）分吴江县，偏西地设震泽县，偏东地为吴江县。民国元年（1912），吴江、震泽两县复合为吴江县，隶属江苏都督府。1949年4月29日，吴江解放，建立人民政权。全县先后分设8个区、10个区、9个区、5个区。1957年，全县撤区并乡，设23个乡，7个县属镇。1958年，全县农村成立20个人民公社，1959年5个县属镇撤销并入人民公社，1962年又增设3个人民公社。1983年，全县农村恢复乡建置，设23个乡，7个县属镇。同年7月起，各乡镇陆续合并、撤乡建镇，实行镇管村体制，至1994年完成时，全市（1992年吴江撤县建市）辖23个镇。2000年7月，镇行政区划开始调整，至2012年1月，全市辖8个镇，10月，吴江撤市设区。至2019年底，吴江辖7个镇，4个街道，含1个国家级开发区（吴江开发区），2个省级高新区（汾湖高新区、吴江高新区）、1个省级旅游度假区（东太湖生态旅游度假区）。

【位置面积】 吴江区位于江苏省东南部，北纬30° 45′ 36″ ~31° 13′ 41″，东经120° 21′ 4″ ~53′ 59″。东接上海市青浦区，南连浙江省嘉兴市，西临太湖，北靠吴中区，东南与浙江省嘉善县毗邻，东北和昆山市接壤，西南与浙江省湖州市交界。全区总面积1176.68平方千米（不包括所辖太湖水面）。区人民政府驻太湖新城（松陵镇）。

【自然条件】 吴江全年四季分明，气候温和，雨量充沛，属北亚热带季风海洋性气候，年平均气温16℃左右，年降雨量1000毫米左右，适合农作物和水生作物生长，素有“鱼米之乡”“丝绸之府”的美誉。全境无山，地势低平，自东北向西南缓慢倾斜，南北高差2米左右，田面高程一般3.2~4.0米，最高处5.5米，极低处1.0米以下。土壤以壤土质的黄泥土和黏土质的青紫泥为主，其次为小粉土，还有少量的灰土和堆叠土。全区耕地面积40万亩（2.7万公顷），主要农作物有水稻、麦子、油菜和蚕桑、苗木等，水生作物有席草、莲藕、芡实、茭白等。境内河道纵横，湖荡密布，水面面积40万亩（2.7万公顷，不包括所辖太湖水面），占全区总面积的22.7%。水产资源丰富，主要有太湖大闸蟹、“太湖三白”（白鱼、银鱼、白虾）、南美对虾、罗氏沼虾、青虾、塘鳢鱼、加州鲈鱼、鳜鱼、甲鱼等。吴江畜禽养殖颇具规模，并逐步引进鸵鸟、獭兔、肉鸽、梅花鹿等名特优新品。

【人文历史】古往今来，吴江大地人文荟萃，英才辈出。自春秋起至明清的两千多年间，涌现了一大批著名的历史人物。据资料反映，属吴江籍或长期生活在吴江的著名历史人物有140多名，其中有春秋时期的范蠡，西汉词赋家严忌、严助父子，西晋文学家张翰，南朝梁陈间文学训诂学家、画家顾野王，唐代文学家陆龟蒙，宋代进士谢涛、谢景初，明代戏曲家沈璟、诗文家史鉴、画家沈颢、园林建筑师计成，清代天文学家王锡阐、文学家吴兆骞、词曲家徐曦、医学家徐大椿等。到了近代，又诞育出辛亥革命风云人物陈去病，民主主义战士、爱国诗人柳亚子，革命烈士张应春，国学大师金松岑，文学家范烟桥等一大批杰出人物。悠久的历史，造就吴江深厚的文化底蕴，展现出鲜明的吴文化特色。吴江民间文学源远流长，蕴藏丰厚，尤以声音高亢嘹亮、感情真挚朴实、曲调优美清新、乡土气息浓厚的芦墟山歌为最，在吴江独树一帜。流传的民间舞蹈、戏曲曲艺、民间工艺流派纷繁，各呈千秋。

【风景名胜】同里镇位于太湖边、运河旁，四周为五湖环抱，建于宋代，至今已有一千多年历史，是名副其实的水乡古镇。同里是江苏省最早（1982年），也是唯一将全镇作为文物保护单位的古镇，1995年更被列入江苏省首批历史文化名镇。镇内退思园2001年被列入世界文化遗产名录。同里，是块不可多得的江南“富土”。小镇面积不足1平方千米；然而镇小规模不小，横竖15条河道，长短49座石桥。真是咫尺之内，曲折幽深。同里的主要景点有退思园、三桥、珍珠塔园、费巩故居、王绍鏊故居、陈去病故居、严宝礼故居、同里湿地公园、明清建筑群、陈家牌楼、耕乐堂、崇本堂、嘉荫堂、穿心弄、松石悟园、南园茶社、明清街、计成故居、罗星洲。

静思园占地超6公顷，为江南一带最大的私家园林。园中建筑沿袭苏州古典园林文脉，开拓创新。既有苏州园林的小巧别致，又有皇家园林的宏大气派。为当代民营企业家陈金根之私家园林。园名“静思”乃宁静思远之意。

师俭堂位于江南古镇震泽镇宝塔街，地处“吴头越尾”的江浙交汇之地，坐北朝南，三面临水，南濒頔塘运河，西傍斜桥河，北枕藕河（新中国成立后填满），当时有如半岛地势。可前门上轿，后门下船，为典型的江南水乡大宅门。

慈云禅寺创建于宋咸淳（1265~1274）年间。明正统（1436~1449）中重建，旧名广济寺。自明万历至清康熙、乾隆、道光，历朝多次增建殿宇堂轩，成为吴江境内规模较大的佛教寺院，历代高僧辈出，明有道泽、慈林，清有净眼、超伟法师及断手誓修天王殿的化主天衣僧。古刹名寺历来文人游踪不绝，留下诗篇甚多。

柳亚子纪念馆坐落在黎里中心街30号，馆址设在全国文物保护单位柳亚子故居内，是一幢典型的江南水乡格局的清初宅第，前后六进，规模宏大，其前身是清乾隆时工部尚书周元理的私邸。

小九华寺位于风光秀丽的平望莺脰湖畔，创于唐代，重建于明万历年间，占地超6公顷，殿堂楼阁300余间，是苏州地区名寺之一，更因近代佛教领袖太虚大师16岁在寺中手植桂树，披剃出家，而后闭关普陀，游化中外而誉满江南。近年来，小九华寺已恢复山门、天王殿、大雄宝殿、三圣殿，恢复重修了地藏殿、观音殿、钟鼓二楼、千佛宝塔等，现正恢复重修藏经楼、地藏阁、万佛塔、念佛堂、放生池及太虚大师纪念堂等。

先蚕祠又名蚕花殿或蚕王殿，清道光年间盛泽丝业商人公建，已经有170余年历史。中国历来有祭祀祖先和行业祖师的传统，先蚕祠就是祭祀蚕丝行业祖师的公祠，当时还是盛泽丝业公所和农会的办事处所。如今江南各地的类似祠庙俱已消失，盛泽先蚕祠可以说是硕果仅存，1995年被列为省级文物保护单位。

【地方特产】吴江人主食以大米为主，杂粮用于调节口味。熏青豆、松糕、盘龙糕、状元蹄、芡实、袜底酥、闵饼、酒酿饼、黑豆腐干、麦芽塌饼、辣油、辣酱、小黄瓜、香大头菜是吴江颇具特色的名吃名点。

熏青豆（熏青豆茶）。熏青豆制品是震泽、七都地区传统土产。将新鲜毛豆加适量盐煮熟，用炭火烘熏干燥，即成碧青的熏青豆。熏青豆加上丁香萝卜（胡萝卜）丝、橘皮丝、芝麻、茶叶等泡茶待客，熏青豆茶色香味俱佳。本品营养丰富，含有大量的人体所必需的脂肪酸、蛋白质、胡萝卜素、维生素和矿物质。

松糕。松糕为盛泽镇特产之一，有百余年制作历史，因其色泽嫩黄，又称黄松糕。制作时先以红糖拌粗米粉，米粉粳糯搭配（以糯为主），然后把拌糖米粉铺入蒸笼内，中间夹放豆沙馅、糖制猪油和核桃仁，糕面撒上松子仁、瓜子仁、玫瑰花丝、桂花和红绿丝等，用大火蒸制即成。该糕软糯宜人，香甜可口。

盘龙糕。盘龙糕属松糕的一个品种，是盛泽镇传统名糕点。因蒸糕形如盘曲的龙，故亦名盘龙糕，迄今有上百年历史。盘龙糕里圈称为盘龙芯，售价最昂贵，旧时通常被商行等老主顾定购，中外圈售价较低，切块出售。历来盘龙芯被视为馈赠佳品，如今成为筵席上的一道点心。

状元蹄。状元蹄是蜜汁蹄髈，色泽味美，咸甜相宜，酥而不烂，肥而不腻，是同里镇的传统土产。古镇旅游兴起后，为纪念南宋淳祐四年（1244）特奏名状元魏汝贤，把蹄髈命名为“状元蹄”。

鸡头米。鸡头米是芡实的俗称，水八仙之一。同里西北荡种植鸡头历史悠久，质量较高，其主治脾虚泄泻、遗精及带下等症。同里鸡头米果实大而无刺，采摘手法颇为讲究，大多为手工剥壳，新鲜果肉呈嫩黄色，干燥果实呈米白色，口感软糯香嫩，其加工过程暂时无法用机器完全替代。

袜底酥。袜底酥是同里特产风味糕点，形似袜底，故名。相传，袜底酥是南宋民间仿效宫廷茶点制作而成。清朝康熙皇帝到吴江，吃到袜底酥，香酥松软，极为赞赏。

闵饼。闵饼是同里闵家湾闵氏本堂斋的特产，有400余年历史。因制作仅闵氏一家，世传其业，故称闵饼。用“闵饼草”揉入米粉作皮子，以豆沙、核桃仁作馅蒸制而成，色泽黛青，光亮细洁，入口油而不腻，清香滑糯，具有独特的江南农家风味。民国元年（1912），闵氏在上海创建大富贵闵饼公司，产品远销海内外。后同里富土坊制作的闵饼，风味不减当年。

酒酿饼。酒酿饼是由酒酿和面粉经发酵、烘焙，并包入甜馅而制成的一种馅饼。相传，酒酿饼是从元朝开始出现的，吴江人有春天吃酒酿饼的习惯。

黑豆腐干。黑豆腐干是震泽著名土特产，有250多年历史。最初由“聚顺号”豆腐干作坊经营，相传乾隆皇帝南巡时，品尝黑豆腐干后称赞不已，从此成为贡品，特立黑漆金字招牌“进贡茶干”于店堂。清末民初时，“聚顺号”增设“西聚顺”“南聚顺”分号，并在苏州胥门和浙江南浔开设分店。震泽黑豆腐干制作工艺讲究。因为黑豆腐干也可作茶点，所以又称茶干，其味鲜美，甜咸适中，质细韧，折而不裂，被人誉为“素火腿”。

麦芽塌饼。麦芽塌饼的特色取决于制作该饼的重要原料佛耳草和麦芽。佛耳草，学名鼠曲草，俗称清明菜。其茎叶可祛风散热、化痰止咳。麦芽则具有开胃、健脾、消食之功能。每年清明至立夏之间，将佛耳草等草头煮烂沥干出渣后，拌入糯米粉和麦芽粉，以赤豆沙或黄豆沙为馅做成团子，蒸熟后再用油煎，食之清凉甜软。此品可贮放多日而不变质，境内各镇均有销售。

辣酱、辣油。辣酱始产于20世纪30年代初，辣油始产于民国二十三年（1934）。由平望达顺酱园相继开发。两种产品均具有色泽鲜红、油质醇厚、味美可口、辣中带鲜等特色。1952年5月，在苏南地区土特产展销会上初评为一等奖。抗美援朝时被列为军需物资。1983年，在苏州市食品展览会上被评为优质产品。

小黄瓜。乳小黄瓜始产于20世纪30年代初，具有鲜、嫩、甜、脆等特色。1952年5月在苏南地区土特产展销会上和1983年在苏州市副食品工艺展销会上均被定为优质产品，1962年销往日本。

香大头菜。大头菜又名疙瘩菜，是芥菜的变种之一。吴江腌香大头菜有200多年历史，销往中国香港和东南亚各地，有一定声誉。大头菜皮滑色青，个头大不空心，分量重点的一棵可达二、三斤。腌好的大头菜具有色泽好、口味鲜美、咸淡适宜、略带甜味、闻有香气、菜头脆嫩、纤维细腻等特色，是居家旅行的佐膳上品。香大头菜以震泽、七都所产的最为著名。

【四季气候】 2019年，吴江全区年平均气温偏高，降水量正常，降水日数略偏少，日照正常。春季升温迅速，高温出现早，高温日数多，持续时间长，但强度不强。强对流天气早发、频发。年初和年末出现3段持续阴雨（雪），对越冬作物复苏生长和秋收秋种造成一定的影响。入梅接近常年，出梅偏迟，梅期偏长，梅雨量正常，“冷黄梅”特征明显，平均气温显著偏低。夏、秋季先后受4个台风影响，其中有1个台风影响较严重。秋季全区部分地区出现轻度以上气象干旱，最长连续无降水日数31天。秋、冬季全区出现大雾14天，对交通等造成一定影响。

年平均气温17.7℃，较常年同期（下同）偏高1.5℃，属于偏高，列历史第6位；年平均降水量1251.3毫米，较常年偏多11.4%，属于正常，月际分布不均；年降水日数158天，比常年偏多6天；年日照时数1756.2小时，比常年偏少9%，属于正常；全年无霜期294天，创历史新高，比常年偏多61天。年极端最高气温38.6℃，出现在7月30日；年极端最低气温-2.0℃，出现在1月27日。全年最长连续降水日数9天，出现在1月4~12日，累计雨量42.2毫米。连续最长无降水日数31天，分别出现在10月3日至11月2日。年内主要灾害性天气有寒潮、连阴雨（雪）、暴雨、高温、台风、强对流天气（短时强降水、雷暴大风等）和大雾等。

冬季（2018年12月至2019年2月）平均气温6.3℃，比常年同期偏高1.1℃，属于偏高。其中，12月偏高，1月显著偏高，2月正常。冬季日最低气温≤0℃的日数11天。冬季雨雪量338.7毫米，比常年同期偏多196%，属于异常偏多，为历史同期最多值。其中，12月和2月异常偏多，1月正常。冬季雨雪日49天，列历史同期第3位，比常年同期偏多21天。冬季日照时数175.9小时，创历史同期新低，比常年同期偏少54%，属于显著偏少。其中，12月和2月显著偏少，1月偏少。冬季降雪日数4天，为近8年同期最多值，初雪日期在12月7日。

春季（3~5月）平均气温17.0℃，列历史同期第3位，比常年同期偏高1.9℃，属于显著偏高。其中，3月和4月异常偏高，5月偏高。春季降水量180.0毫米，列历史同期低值第5位，比常年同期偏少39%，属于偏少。其中，3月显著偏少，4月和5月偏少。春季降水日数44天，比常年同期偏多7天。春季日照时数491.8小时，比常年同期偏多3%，属于正常。其中，3月、4月和5月均属于正常。终霜日期2月11日，偏早42天。

夏季（6~8月）平均气温27.4℃，比常年同期偏高0.5℃，属于正常。其中，6月和7月正常，8月偏高。夏季降水量593.4毫米，比常年同期偏多24%，属于偏多。其中，6月偏多，7月偏少，8月显著偏多。夏季降水日数36天，比常年同期偏少2天。夏季日照时数521.1小时，比常年同期偏少12%，属于正常。其中，6月、7月和8月均正常。

秋季（9~11月）平均气温19.8℃，列历史同期第3位，比常年同期偏高1.6℃，属于显著偏高。其中，9月和10月正常，11月异常偏高。秋季降水量202.1毫米，比常年同期偏少11%，属于正常。其中，9月显著偏多，10月和11月显著偏少。秋季降水日数28天，比常年同期偏多1天。秋季日照时数482.2小时，比常年同期偏多1%，属于正常。其中，9月、10月和11月均正常。

2019年，乐享春光　（吴　斌　摄）

2019年12月平均气温9.6℃，列历史同期第3位，比常年同期偏高2.5℃，属于异常偏高。降水量77.4毫米，自1961年以来，列历史同期第2位，比常年同期偏多115%，属于异常偏多。雨雪日12天，比常年同期偏多5天。12月日照时数143.7小时，比常年同期偏少2%，属于正常。本年度初霜和初雪分别出现在12月12日和12月7日。（潘　哲）

【异常气候】 春季升温迅速。2019年春季平均气温17.0℃，属于异常偏高，对农业生产的影响总体利大于弊。其中3月气温异常偏高，以弱降水过程为主，降水量显著偏少，日照较充足，有利于小麦拔节和个体分化，促进三类苗转化升级。4月总体气温高，日照足，对小麦抽穗扬花有利，赤霉病等病虫害防治效果较好，下旬多降水，日照不足，气温日较差偏小，小麦灌浆条件略差。5月气温总体有利于小麦灌浆成熟和收获，对水稻播种出苗和幼苗生长较有利。

"冷黄梅"特征明显。2019年6月18日入梅，7月18日出梅，入梅接近常年，出梅偏迟，梅长30天、较常年偏长6天，梅长为2000年以来仅短于2016年的次长年份。平均梅雨量363.0毫米、比常年偏多54%，列历史第9位，乡镇最大雨量442.8毫米（平望镇）。梅雨期间平均气温25.2℃，属于显著偏低，列历史同期低值第10位。梅雨期内有7次明显降雨过程，分别为6月4次、7月3次。其中，6月18日、30日和7月12日为暴雨。强降水期间，伴有雷雨大风和短时强降雨等强对流天气，1小时最大雨量39.6毫米，于7月6日夜里出现在莞坪社区；瞬时极大风速20.1米/秒（9级），于7月6日夜里出现在东太湖生态站。

秋季出现轻度气象干旱。9月中旬至11月中旬，全区大部分地区降雨显著偏少，气温显著偏高，日照偏多。全区部分地区出现轻度以上气象干旱。连续无降水日数31天，出现在10月3日至11月2日。（潘　哲）

【灾害性天气】 寒潮。2019年有2次寒潮天气过程，分别出现在11月17~19日和12月29~31日，无明显灾情发生。11月17~19日受强冷空气影响，48小时最低气温降幅10.4℃，19日早晨最低气温降至5.0℃，17日夜里至18日早晨陆地出现5~7级大风，太湖湖面出现8~9级西北大风。12月29~31日受强冷空气影响，48小时最低气温降幅10.0℃，29日早晨最低气温降至-0.2℃，30日傍晚至夜里太湖湖面出现7~8级偏北大风。

连阴雨（雪）。2019年有3段连阴雨（雪）天气，分别出现在1月1~15日、2月7~22日、12月17~26日，对越冬作物复苏生长和秋收秋种有一定影响。1月1~15日出现持续阴雨（雪）天气，累计雨（雪）量48.8毫米，列历史同期第7位；其间日照时数0.0小时，创历史同期新低。受其影响，大部分叶类蔬菜价格上涨。2月7~22日出现持续阴雨（雪）天气，累计雨（雪）量127.9毫米，创历史同期新高；其间1天有日照，日照时数4.5小时，创历史同期新低。12月17~26日出现连续阴雨天气，累计雨量71.3毫米。其中，21~22日普遍出现中到大雨，其间日照时数5.1小时。持续10天的阴雨寡照，对蔬菜及初冬作物生长较为不利。

暴雨。2019年有7天出现暴雨，包括区域性暴雨3天。时间分布为6月2天、7月1天、8月2天（其中一天为大暴雨）、9月2天。3天区域性暴雨分别出现在8月2天、9月1天。空间分布上，汾湖7天，同里、平望、松陵各5天，其余各乡镇3~4天，最大日雨量193.7毫米，8月10日出现在桃源镇。有灾情的暴雨为台风暴雨，详见台风部分。

强对流天气（短时强降水、雷雨大风等）。2019年强对流天气早发、频发，3月20日首次出现强对流天气。全区有17天出现强对流天气（雷雨大风、短时强降水等），时间分布为3月、4月、5月各1天，6月5天、7月2天、8月5天、9月2天。瞬时极大风速19.6米/秒，6月6日15时出现在东太湖生态站。1小时最大雨量80.3毫米，8月4日12时出现在汾湖中学站。受短时强降水影响，全区多地出现道路和居民区积水。

高温。2019年高温出现早，高温日数多，持续时间长，强度不强。首个高温日出现在6月28日。全区高温日数17天，比常年同期偏多6天。其中，7月21日至8月1日出现持续高温，高温强度不强，37℃以上高温日数4天。给市民生活和健康等带来一定的不利影响。

台风。2019年全区受4个台风影响。分别是第9号台风“利奇马”、第13号台风“玲玲”、第17号台风“塔巴”、第18号台风“米娜”。8月9~11日，受“利奇马”影响，全区普降大暴雨，最大过程雨量244.6毫米（桃源镇），伴有7~9级偏东大风，最大风力23.0米/秒（9级，东太湖生态站）。全区有7个区镇受灾，受灾人口4956人，倒塌房屋10间，转移人口4013人，直接经济损失1048.75万元。其中，农作物受灾面积2875.4公顷，农作物成灾面积271.33公顷，农林牧渔业直接经济损失610.65万元；工业交通运输业直接经济损失58.4万元；水利设施直接经济损失379.7万元。9月6日，受西风带低压槽和第13号台风“玲玲”外围影响，全区出现局部中到大雨，最大雨量49.2毫米（震泽镇），1小时最大雨量35.6毫米（震泽镇），出现5~6级大风，自动站最大风速13.1米/秒（6级，同里镇屯村社区）。无明显灾情发生。9月21~22日，受“塔巴”外围环流影响，全区出现阵雨，伴有7~8级、水面9~10级的偏北大风，最大风速17.3米/秒（8级，东太湖生态站）。无明显灾情发生。9月28日，受“米娜”外围影响，10月1日全区出现中到大雨、局部暴雨，最大过程雨量51.3毫米（黎里镇），伴有陆地6~8级、水面阵风9级大风，陆上最大风速18.2米/秒（七都镇）。无明显灾情发生。

大雾。2019年出现大雾14天，1月和2月各3天，3月4天，9月和11月各1天，12月2天，其中浓雾5天。大雾和浓雾天气，对交通和航运造成一定影响。

（潘　哲）

注：1.以1989~2018年30年平均值作为气候标准值。

2.气象灾害灾情来源于区民政局、区防汛抗旱指挥部等企事业单位和各财产保险公司，部分灾情由新闻媒体报道。

2019年吴江区逐月平均气温、降水量、降水日数、日照时数表

要　素	1月	2月	3月	4月	5月	6月	7月	8月	9月	10月	11月	12月	全年
平均气温（℃）	5.4	5.9	11.8	17.3	21.8	24.5	28.3	29.2	24.9	19.9	14.6	8.6	17.7
降水量（毫米）	57.7	134.3	45.1	55.9	85.5	243.4	126.4	223.5	151.1	23.8	27.2	77.4	1251.3
降水日数（天）	18	20	17	18	9	14	11	11	9	9	10	12	158
日照时数（小时）	72.9	38.8	150.4	139.4	202.0	131.2	173.8	216.1	189.6	149.6	148.7	143.7	1756.2

（潘　哲）

【交通】 2019年底，吴江境内公路通车总里程2374.84千米。其中，国道152.76千米（含高速公路100.18千米）、省道113.24千米、县道370.61千米、乡道565.38千米、专用公路34.22千米、村道1138.63千米。

吴江境内有航道42条450.67千米，其中等级航道10条218.68千米，等外级32条231.99千米。港口码头138家，泊位数237个。航道密度38.4千米每百平方千米。44.16千米的京杭大运河纵贯南北，45.9千米的长湖申线横穿东西，将全区其他航道连成一片，形成得天独厚的水运网络。

（王峥嵘）

2019年吴江境内等级航道一览表

单位：千米

名　称	等　级	起点名称	终点名称	里　程	备　注
京杭大运河	三	吴江吴中界牌	鸭子坝	44.16	—
苏申外港线	四	白蚬湖14号标	内外港叉口	14.20	—
长湖申线	四	芦墟野毛荡	南浔	45.90	其中与京杭大运河重复里程4.4千米
太浦河航道	四	省界	太湖口	40.73	其中与长湖申线重复里程14.45千米
乍嘉苏线	五	长虹桥（王江泾）	平望草荡	15.20	—

（续 表）

名 称	等 级	起点名称	终点名称	里 程	备 注
申湖复线	六	杨家荡	莺脰湖	4.70	—
吴芦线	七	太浦河窑港口	浮玉洲桥	35.50	—
麻溪港	七	太平港口	郑产桥港	18.40	—
严墓塘	七	铜罗粮库	震泽申湖线	9.14	—
紫荇塘	七	乌镇郊	大德塘桥	9.60	—

（王峥嵘）

2019年吴江境内国道（含高速公路）一览表

单位：千米

公路名称	起 始	境内长度	备 注
G1522（常台高速）	苏州吴中—盛泽（苏浙界）	36.77	—
G50（沪苏浙高速）	苏沪界（莘塔）—苏浙界（八都）	49.947	—
G1521（常嘉高速）	苏州吴中—苏浙界	13.5	—
G318	苏沪界（汾湖）—苏浙界（震泽）	52.618	—
G524	吴中界—王江泾	41.107	—

（王峥嵘）

人 口

【概况】 2019年末，全区户籍总户数为270502户，总人口为855834人，比上年末增加15066人。其中男性420159人，女性435675人，男女性别比为96.44∶100。全年出生人口7407人，出生率为8.73‰；死亡人口6079人，死亡率7.17‰；人口自然增长率为1.57‰。全区非农业人口689249人。

（区统计局）

【民族】 2019年，吴江区除汉族外，有常住少数民族33个2692人。少数民族为：回族、壮族、满族、布依族、苗族、白族、蒙古族、黎族、畲族、彝族、瑶族、土族、土家族、侗族、仡佬族、哈尼族、傣族、水族、傈僳族、朝鲜族、藏族、维吾尔族、毛南族、达斡尔族、俄罗斯族、哈萨克族、柯尔克孜族、仫佬族、裕固族、锡伯族、保安族、佤族、羌族。另有暂住少数民族43个19920人。

（查慎初）

【宗教】 2019年，吴江区有佛教、道教、天主教、基督教四种宗教。全区依法登记开放的寺院、道观、天主教堂、基督教堂（活动点）等宗教活动场所40处，其中佛教有圆通寺、小九华寺、慈云寺、观音寺、泗洲禅寺、佛教居士林等14处，道教有黎里昭灵观1处，天主教有黎里天主教堂、同里天主教堂、盛泽天主教堂3处，基督教有吴江基督教堂、松陵基督教堂、八坼基督教堂、震泽基督教堂等活动场所22处。全区有专兼职宗教教职人员125名，其中佛教78名，道教1名，天主教2名（神父1名、修女1名），基督教44名（牧师6名、牧师级长老1名、长老11名、传道26名）。宗教教职人员中有吴江区人大常委1名，政协委员5名（其中常委2名）。全区有天主教信徒3650人，基督教受洗人数15048人，佛道教居士及经常性参加重大宗教活动的信众约6800余人。

（查慎初）

【归侨、港澳同胞和眷属】 根据2015年统计数据，吴江区有海外华侨华人、港澳同胞2216人，其中华侨1053人，华人351人；港澳同胞812人。有侨资企业316家，新华侨华人429人。有归侨、侨眷、港澳同胞眷属2412人，其中归侨5户14人，侨眷355户1550人，港澳眷属203户848人。

（吴 平）

行政区划

【城镇】 2019年，吴江区设松陵、江陵、横扇、八坼4个街道，以及黎里、盛泽、七都、桃源、震泽、平望、同里7个镇。

（吴　渝）

【居委会、村委会】 2019年，吴江全区城镇下辖78个社区居民委员会、235个村民委员会。

（吴　渝）

2019年吴江区城镇社区一览表（按实际管辖划分）

单位：个

区镇(街道)	数　量	社　区
松陵街道	19	西塘社区
		北门社区
		三村社区
		二村社区
		东门社区
		城中社区
		石里社区(涉农社区)
		西元圩社区(涉农社区)
		梅石社区
		祥泰社区
		奥林清华社区
		水乡社区
		新园社区
		苏河社区
		湖滨华城社区
		龙河社区
		水秀社区
		长板社区
		冬梅社区
横扇街道	4	菀坪社区
		横扇社区
		沧浦社区(涉农社区)
		渔业社区(涉农社区)
八坼街道	1	八坼社区
江陵街道	12	西湖社区
		淞南社区
		运东社区
		雅辉社区
		庞山湖社区
		江陵社区
		城南社区
		三里桥社区
		山湖社区
同里镇	5	鱼行社区
		东新社区
		富渔社区(涉农社区)
		屯渔社区(涉农社区)
		屯村社区
吴江高新区(盛泽镇)	8	坛丘社区
		舜湖社区
		桥北社区
		衡悦社区
		镜湖社区
		目澜社区
		山塘社区
		南麻社区
汾湖高新区(黎里镇)	9	镇西社区
		镇东社区
		莘塔社区
		新区社区
		兴黎社区
		黎新社区
		振黎社区
		北厍社区
		金家坝社区
震泽镇	6	石瑾社区
		镇南社区
		砥定社区
		金阳社区
		麻漾新城社区
		八都社区
平望镇	7	南新社区
		新建社区
		河西社区
		南大社区
		西塘社区

（续　表）

区镇（街道）	数　量	社　区	区镇（街道）	数　量	社　区
江陵街道	12	湖东社区	平望镇	7	新诚社区（涉农社区）
		新港社区			梅堰社区
		新柳溪社区	七都镇	4	七都社区
桃源镇	3	桃源社区			西漾渔业社区（涉农社区）
		青云社区			庙港社区
		铜罗社区			渔村社区（涉农社区）

（吴　渝）

2019 年吴江区村委会一览表

单位：个

区镇（街道）	村数	村　名	区镇（街道）	村数	村　名
松陵街道	12	南厍村、芦荡村、江新村、捕捞村、南刘村、联团村、第二渔业、高新村、戗港村、吴模村、长安村、梅里村	汾湖高新区（黎里镇）	48	黎花村、东方村、雄锋村、梅墩村、史北村、黎星村、华莺村、汾湖村、大联村、沈家港村、汤角村、永新村、青石村、大长港村、建南村、川心港村、黎阳村、元鹤村、方联村、浮楼村、乌桥村、大胜村、秋田村、莘南村、三和村、元荡村、城司村、港南村、芦东村、龙泾村、高新村、三好村、伟明村、东联村、汾湖湾村、莘西村、大潮村、蚬南村、跃进村、群众村、新钢村、长胜村、银杏村、杨文头村、星谊村、红旗村、雪巷村、梅石村
横扇街道	16	星字湾村、大家港村、四都村、库港村、北横村、诚心村、叶家港村、安湖村、沧洲村、同芯村、姚家港村、王焰村、圣牛村、新湖村、双湾村、菀南村			
八坼街道	10	直港村、友联村、石铁村、新营村、联民村、黑龙村、汤华村、练聚村、友谊村、农创村			
吴江高新区（盛泽镇）	35	红洲村、南塘村、圣塘村、群铁村、东港村、兴桥村、胜天村、庄平村、黄家溪村、桥南村、荷花村、寺西洋村、前跃村、永平村、坛丘村、龙北村、坝里村、沈家村、大谢村、七庄村、北角村、茅塔村、人福村、杨扇村、龙桥村、盛虹村、幸福村、永和村、溪南村、渔业村、双熟村、郎中村、北旺村、西白洋村、坛丘渔业村	平望镇	21	联丰村、上横村、金联村、溪港村、群星村、顾扇村、中鲈村、莺湖村、平西村、万心村、端市村、双浜村、南杨村、龙南村、胜墩村、三官桥村、庙头村、平安村、联合村、秋泽村、新南村
江陵街道	9	花港村、九龙村、三兴村、三庞村、联兴村、叶泽湖村、叶津村、益联村、龙杨村	震泽镇	23	朱家浜村、曹村村、大船港村、夏家斗村、永乐村、龙降桥村、众安桥村、桃花庄村、齐心村、贯桥村、兴华村、前港村、新乐村、长家湾村、勤幸村、花木桥村、金星村、林港村、三扇村、联星村、双阳村、蠡泽村、新幸村
同里镇	11	叶建村、屯溪村、九里湖村、屯南村、北联村、肖甸湖村、湘溇村、合心村、文安村、白蚬湖村、田厍村			
桃源镇	28	民益村、仙南村、杏花村、严慕村、戴家浜村、迎春村、桃花源村、富乡村、大德村、贤胡村、青云村、开阳村、宅里桥村、严东村、前窑村、后练村、新亭村、利群村、九里桥村、广福村、文民村、陶墩村、瑾下浜村、水家港村、天亮浜村、新和村、梵香村、新蕾村	七都镇	22	望湖村、盛庄村、双塔桥村、庙港村、吴溇村、陆港村、沈家湾村、燦烂村、东风村、联强村、隐读村、太浦闸村、丰田村、开明村、东庙桥村、开弦弓村、长桥村、丰民村、吴越村、光荣村、群幸村、菱田村

（吴　渝）

经济概况

2019年苏州市吴江区国民经济和社会发展统计公报

（吴江区统计局）

2019年，是新中国成立70周年，也是吴江推动经济社会高质量发展、开启示范区建设新征程的重要一年。一年来，在区委、区政府的正确领导下，全区上下以习近平新时代中国特色社会主义思想为指导，秉持“两勇一快”*理念，紧扣“一体化”和“高质量”两大关键，全力打造“创新湖区”、建设“乐居之城”，全区经济社会发展呈现良好态势，高质量发展稳步推进。

综合经济实力

2019年，全区实现地区生产总值1958.16亿元，按可比价计算，比上年同期(下同)增长5.7%。分产业看，第一产业实现增加值37.43亿元，下降9.0%；第二产业实现增加值1008.22亿元，增长4.6%；第三产业实现增加值912.51亿元，增长7.8%，三次产业结构比为1.9∶51.5∶46.6，按常住人口计算，人均地区生产总值达到149341元。

财政收入量质齐升。全年完成一般公共预算收入223.10亿元，增长10.0%。其中税收收入205.00亿元，首超200亿元大关，增长11.7%，税收收入占一般公共预算收入的比重为91.9%，同比提高1.4个百分点。财政支出结构优化，民生支出继续加大。全年完成一般公共预算支出218.17亿元，增长13.0%，累计民生支出172.78亿元，增长14.0%，占一般公共预算支出的比重为79.2%。

市场主体规模进一步扩大。全年新增市场主体36738户，其中私营企业11364户，个体工商户24840户。期末全区市场主体总数达199529户，其中私营企业75261户，注册资本4238.22亿元，增长17.6%；个体工商户118758户，注册资本106.86亿元，增长25.7%。民营经济能级放大。恒力集团跃升至世界500强第181位，盛虹、亨通、通鼎等4家企业继续入选中国企业500强，永鼎等5家企业继续入选中国民营企业500强。全区累计境内外上市公司16家、新三板挂牌企业54家。

农林牧渔业

农业生产基本稳定。全区实现农林牧渔业总产值64.93亿元，下降10.5%。全年粮食总产量15.41万吨，与去年基本持平，优质稻米种植面积占比提升至76.4%，其中夏粮2.94万吨，秋粮12.47万吨。蔬菜产量31.79万吨，瓜果产量7.36万吨。水产养殖面积调减至23.12万亩，渔业总产量6.02万吨。出栏生猪8299头，羊7718只，禽蛋总产量2206吨。

产业基础扎实提升。全年新增区级园区两个，新增园区面积800公顷；新增高标准农田面积466.67公顷，完成池塘标准化改造1600公顷。获评全国县域数字农业农村发展水平评价先进县、第二批国家农产品质量安全县(市)。吴江现代农业产业园获评国家农村创新创业园区。同里现代农业产业园在全市9家省级园区市级考评中综合发展水平排名第一。

工业经济

工业经济稳步增长。2019年，全区实现工业开票销售收入4956.34亿元，增长4.1%。工业用电量252.23亿千瓦时，增长1.4%。实现规模以上工业总产值3626.36亿元，增长0.4%；规上工业增加值801.81亿元，增长3.2%。规模以上工业企业实现主营业务收入3615.81亿元，利税总额267.43亿元，利润总额206.50亿元。全区规模以上工业企业中，全年主营业务收入超亿元的企业共599家，比去年增加20家，超50亿元企业10家，超100亿元企业2家。

按经济类型分，民营企业实现产值1989.78亿元，增长0.6%，占规上工业产值的比重达54.9%；外商及港澳台企业实现产值1605.41亿元，增长0.3%。规上工业制造业领域实现新兴产业产值1912.67亿元，占规上工业产值的比重为52.7%。

主导产业贡献稳定。全年规模以上工业中，四大主导产业合计实现产值2924.35亿元，占规模以上工业总产值的比重为80.6%。

建筑业

建筑业稳定发展。全区资

质以上建筑业企业139家(指具有资质等级的总承包和专业承包建筑业企业,不含劳务分包企业,下同),全年完成建筑业总产值133.11亿元,增长6.0%。其中,建筑工程产值123.81亿元,增长7.8%;安装工程产值8.3亿元,下降4.4%。建筑业企业房屋施工面积768.08万平方米,下降2.2%;竣工面积259.37万平方米,下降15.0%。

固定资产投资和房地产开发

投资增势总体平稳。2019年,全区完成全社会固定资产投资583.81亿元,增长1.7%。其中,工业投资174.32亿元,增长7.5%;服务业投资409.41亿元,下降0.7%。按经济类型分,民间投资423.46亿元,增长3.8%;国有集体投资91.2亿元,增长10.1%;外商及港澳台投资69.16亿元,下降17.3%。

转型升级不断加快。全区完成工业技改投资148.52亿元,增长13.5%,技改投资占工业投资的比重为85.2%,比去年同期提高4.5个百分点。完成高技术制造业投资51.74亿元,增长32.2%,占工业投资的比重为29.7%,同比提高5.5个百分点。

房地产市场保持健康稳定。全年完成房地产开发投资312.97亿元,下降2.7%。全区商品房施工面积1800.53万平方米,其中新开工面积294.07万平方米;商品房竣工面积108.33万平方米。本年商品房销售面积395.84万平方米,增长24.9%;商品房销售额636.47亿元,增长31.9%。

交通、邮政电信和旅游业

交通运输发展平稳。年末全区等级公路里程2375公里,其中高速公路100公里,一级公路251公里。全年完成旅客运输量7050万人,货物运输量3100万吨。全年新增、优化公交线路27条次,累计开通跨省公交9条。年末全区民用汽车保有量426333辆,本年净增47456辆;其中私人汽车保有量376007辆,本年净增39093辆。

邮电业务稳步增长。全年实现邮政业务收入3.41亿元,增长22.7%。实现电信业务收入23.73亿元,增长5.8%。年末全区拥有固定电话用户24.0万户,移动电话用户208.8万户,互联网用户63.6万户。

全域旅游融合发展。全年全区实现旅游总收入308.47亿元,增长8.3%,其中旅游外汇收入0.58亿美元。接待境内外游客2769.95万人次,增长8.1%,接待入境过夜旅游人数3.71万人次。震泽丝绸文化旅游风情小镇入选第二批市级特色小镇创建名单。亨通苏州太湖梦幻世界项目、苏州湾文化中心集散中心2个项目获评2019年度省级重点旅游项目。

国内贸易

消费品市场运行稳定。全年实现社会消费品零售总额639.87亿元,增长4.2%。其中,批发和零售业零售额582.28亿元,增长4.0%;住宿和餐饮业零售额57.59亿元,增长5.4%。分地区看,城镇实现消费品零售额568.08亿元,增长4.0%;农村实现消费品零售额71.79亿元,增长4.5%。

从限上批发零售业商品分类看,吃穿用等基本生活用品零售继续保持增长,日用品类商品零售额增长86.7%,粮油、食品类增长3.9%,服装、鞋帽、针纺织品类增长0.1%。消费升级类商品增长较快,电子出版物及音像制品类增长21.6%,家用电器和音像器材类增长20.4%,书报杂志类增长15.6%。限上批零网上零售额增长29.5%,占限上零售额的比重为13.8%,同比提高4.1个百分点。

对外经济

利用外资稳中趋优。全年全区新设立外商投资企业67家,合同外资6.84亿美元,增长9.0%。工业项目引资取得新进展。工业项目合同外资3.73亿美元,增长51.6%,占合同外资总额的比重为54.5%。实际使用外资4.86亿美元,增长22.2%,战略性新兴产业实际使用外资占比达44.9%,比去年提高9.7个百分点。

对外贸易承压较大。全年实现进出口总额210.91亿美元,下降7.9%,其中出口154.62亿美元,下降3.9%。外贸结构不断优化。一般贸易进出口91.97亿美元,下降4.8%,占全区进出口总额的43.7%,占比同比提高1.5个百分点。从主要贸易伙伴看,我区对欧盟进出口35.55亿美元,下降0.9%;对美国进出口31.27亿美元,下降13.5%;对东盟进出口30.41亿美元,增长

2.6%。对“一带一路”*沿线国家进出口61.6亿美元，占全区进出口总额的29.2%。

“走出去”稳步增长。2019年全区新增境外投资项目23个，增资项目2个，新增中方协议投资额2.50亿美元，完成境外承包工程营业额1.54亿美元。“一带一路”地区投资热度不减，在“一带一路”国家新设境外项目11个，协议投资1.47亿美元，占全部境外投资额的比重为58.8%。吴江企业对“一带一路”国家和地区的投资占比均高于全国、全省和苏州市的平均水平。亨通集团丝路国际海缆二期项目被列入江苏省参与“一带一路”建设重点项目。

金融业

金融机构存贷款稳健增长。2019年末辖内金融机构人民币存款余额3059.45亿元，比年初增加319.45亿元，增长11.7%，其中个人存款(住户存款)余额1168.53亿元，比年初增加123.17亿元，增长11.8%；人民币贷款余额3031.89亿元，比年初增加389.41亿元，增长14.7%。金融机构不良贷款率1.16%，比年初下降0.26个百分点。

证券业平稳运行。全区共有证券营业部9家，证券登记开户数121910户，全年共实现证券交易额1970.57亿元(仅东吴证券提供)。

科技和教育

创新要素加速集聚。全年认定高新技术企业272家，净增141家，有效高新技术企业达628家。扎实推进各级各类创新载体建设，新增国家级中小企业公共服务平台1家、国家技术创新示范企业1家、省级工程研究中心1家、省级企业工程技术研究中心6家、省级众创空间1家、省级信用示范企业1家。新增省级示范智能车间45个，亨通光电等2家企业成功创建省级智能工厂。国家先进功能纤维创新中心获批江苏首家、全国第13家国家级制造业创新中心。年末全区万人发明专利拥有量50.53件，恒力化纤获评中国专利银奖，亨通光导等4家企业获得中国专利优秀奖，新增国家知识产权示范优势企业9家，驰名商标累计达17件。

创新人才聚集。全区人才总量突破30万人，其中高层次人才2.51万人。新增国家“万人计划”1人，省“双创团队”1个、省“双创人才”5人、省“双创博士”9人，市“姑苏重大创新团队”1个、市“姑苏人才计划”10人。

教育资源配置不断优化。16所新改扩建学校建成投用，新增加学位8000余个。年末全区拥有各类各级学校214所，其中幼儿园(含分园)111所、小学55所、特殊教育学校1所、初级中学35所、普通高中9所、普通中专2所、普通高等学校1所。在校中小学生总数157303人。全区专任教师12293人，增长11.6%。全区义务教育阶段入学率、巩固率以及高中阶段教育毛入学率均达100%，高等教育毛入学率73.42%。2019年普通高考共录取3074人，录取率94.79%，其中本科录取2661人。

文化、卫生和体育

公共文化服务水平提升。全区拥有文化馆1个，镇文化站8个，实现村(社区)综合性文化服务中心全覆盖。全年开展基层文化服务配送101场，文化“三下乡”活动600多场，放映农村公益电影4622场。拥有区级公共图书馆1个，藏书量244.5万册，电子图书藏量311.4万册。博物馆1个，档案馆2个，向社会开放各类档案数3.7万卷。电影放映单位16家，影院观众263万人次。有线电视用户33.7万户，有线电视入户率100%。报纸出版量3.7万份。大运河文化带建设持续推进，举办第六届太湖文化节暨丝绸文化旅游节，成功创建“中国曲艺之乡”。垂虹断桥入选第八批全国重点文物保护单位。

卫生健康服务能力不断提高。年末全区拥有各类医疗卫生机构446个，比上年末增加16个，其中医院、卫生院37个。卫生机构床位数6926张，比上年末增加650张。拥有卫生技术人员8405人，比上年末增加576人，其中执业医师、执业助理医师3172人，注册护士3611人。顺利开通长三角跨省(上海、浙江)异地就医门诊直接刷卡结算。苏州第九人民医院、苏州大学附属儿童医院吴江院区投入运营。乡镇卫生院、社区卫生服务站标准化建设率分别达88.89%和95.31%。

体育事业蓬勃发展。全年

新建镇级游泳池1座、多功能运动场5片、笼式球场11片。“10分钟体育健身圈”建设完善布局，新增全民健身路径43套、健身步道39.2公里。完成国民体质监测4280人，体质达标率95.9%。全年组织各类群众体育赛事500余项次，成功举(承)办环太湖国际公路自行车赛、全国青少年帆船联赛、同里天元赛、汾湖攀岩赛等10余项国际国内重大体育赛事，区第十三届体育运动会顺利举行。

城乡建设

城市品质不断提升。稳步推进通苏嘉甬、沪苏湖高铁建设。康力大道东延工程开工建设，苏同黎公路快速化改造等顺利推进。苏州湾文化中心、绿地中心完成主体建设。轨交4号线松陵大道综合交通枢纽完成桩基工程。亨通苏州湾梦幻水世界、华润万象汇、新湖广场等开业运营。完成老旧小区综合整治提升47个、供水管网改造96个。庙港水厂深度处理二期工程顺利竣工并试运行，全区自来水深度处理工艺实现全覆盖。全年新增生活垃圾分类小区132个，实现全覆盖。餐厨废弃物处置项目建成投运。

乡村振兴深入实施。同里北联村成功创建中国美丽休闲乡村，稳步推进“中国·江村”乡村振兴示范区建设。全年创建2个康居特色村和74个三星级康居村，创建特色田园乡村14个。“镇镇有示范路”全部落实，荣获“四好农村路”省级示范县称号。全年完成84个行政村的垃圾分类就地处置，农村生活垃圾分类处置实现全覆盖。完成777座垃圾房(池)改造和76座农村公厕新改建任务，城乡生活饮用水水质合格率保持100%。

人民生活

人口总量保持增长。全区户籍总户数为270502户，总人口为855834人，比上年末增加15066人。其中男性420159人，女性435675人，男女性别比为96.44∶100。全年出生人口7407人，出生率为8.73‰；死亡人口6079人，死亡率7.17‰；人口自然增长率为1.57‰。全区非农业人口689249人。

民生保障更加有力。居民基础养老金、企业退休人员平均基本养老金、城乡最低生活保障标准分别提高至480元/月、1943元/月、995元/月，社保体系融入苏州进程加快。在全市率先实现定点医疗机构异地就医联网结算全覆盖。精准推进社会保险扩面提质，年末城镇职工基本养老保险参保人数76.04万人，城乡居民基本养老保险参保人数10.18万人，医疗保险参保人数112.96万人。城镇新增就业2.16万人，开发公益性岗位1049个，城镇失业人员再就业8804人，城乡就业困难人员就业5571人，吴江籍高校毕业生就业率99.75%，城镇登记失业率保持在1.84%的低位运行。养老服务供给水平提升，8个区域性养老服务中心项目有序推进。全区累计完成246家日间照料中心建设工作，全区共有居家养老服务机构282家，养老机构床位7938张，社区照料床位4453张。

居民收入增幅超地区生产总值。城乡居民人均可支配收入57520元，增长8.6%。其中城镇居民人均可支配收入68644元，增长8.2%；农村居民人均可支配收入34879元，增长8.3%。城乡居民人均消费支出35516元，增长6.7%。

节能降耗与环境保护

生态建设向纵深推进。全年完成15项生态建设重点工程，总投资20.3亿元。全面完成太湖围网拆除及太湖沿岸三公里内养殖池塘整治工作。全力推进城乡生活污水治理，5家污水处理厂新扩建工程开工，完成141个老旧小区雨污分流改造、248个村庄的农村生活污水治理及480公里生活污水收集管网建设。全年完成绿化造林面积48.13公顷。PM2.5累计平均浓度36微克/立方米，空气优良天数为268天，优良率73.4%。7个“十三五”地表水环境质量国省考断面优Ⅲ比例85.7%，同比提高14.3个百分点。全面完成化学需氧量、氨氮、总氮、总磷等四项污染物指标排放量目标和上级下达的非电减煤任务。

专项治理成效显现。全区“三治”完成治违拆旧948.87公顷，完成率142%。完成“三优三保”*(含增减挂)拆旧491.2公顷、复垦446公顷，其中通过市级验收427.67公顷，完成率138%。年内盘活存量土地

866.67公顷，完成各类“散乱污”企业(作坊)整治4132家。排查“331”*隐患4.2万余处，整改3.5万余处。有序开展去产能及“减化”工作，淘汰落后产能企业275家，关停化工企业36家、铸造企业54家，淘汰D类企业523家。淘汰喷水织机2.3万台，累计淘汰8.8万台。

回顾过去的一年，经济社会高质量发展取得突出成绩的同时，还面临着不少困难与挑战，主要是经济运行稳中有变，存在下行压力，产业层次不够高，创新集聚不够强，公共服务和营商环境还需进一步优化，生态保护、社会治理、保障和改善民生等领域仍需持久发力。2020年，必须以习近平新时代中国特色社会主义思想为指导，坚持稳中求进工作总基调，坚持贯彻新发展理念，坚持深化改革扩大开放，加快推进长三角生态绿色一体化发展示范区建设，勇当“先遣队”、勇做“领头羊”，全力打造“创新湖区”、建设“乐居之城”，乘势推动吴江高质量发展快上新台阶，确保高水平全面建成小康社会和“十三五”规划圆满收官，推动“强富美高”*新吴江建设不断取得新成果，开启基本实现现代化建设新征程。

注：1.根据第四次全国经济普查结果，2018年国内生产总值(GDP)修订为1864.90亿元。

2.本公报数据为2019年度快报数，定案数以2019年统计年鉴为准。

2019年吴江区基本情况

项　目	计量单位	2019年	2018年	2019年为2018年
一、行政组织				
镇人民政府	个	7	8	87.5%
社区居民委员会	个	78	71	109.9%
村民委员会	个	235	249	94.4%
村民小组数	个	5560	5585	99.6%
二、土地面积				
行政区域土地面积	平方千米	1176.6	1176.6	100.0%
年末耕地面积	公顷	23008	23018	100.0%
其中：水田	公顷	18267	18292	99.9%
旱地	公顷	4602	4587	100.3%
水浇地	公顷	139	139	100.0%
人口密度	人/平方千米	727	715	101.7%
三、水面资源				
水面总面积	公顷	26707	26620	100.3%
常年蓄水量	立方米	5.74亿	5.74亿	100.0%
已养殖面积	公顷	15412	18326	84.1%
其中：池塘	公顷	8074	8880	90.9%
湖泊	公顷	7338	9446	77.7%
四、人口				
年末总户数	万户	27.05	26.43	102.3%
年末总人口数	万人	85.58	84.08	101.8%
总人口中：男	万人	42.02	41.33	101.7%

（续 表）

项　目	计量单位	2019年	2018年	2019年为2018年
女	万人	43.57	42.75	101.9%
总人口中：非农业人口	万人	68.92	67.42	102.2%
农业人口	万人	16.66	16.66	100.0%
本年出生人口数	人	7407	8103	91.4%
出生率	—	8.73‰	9.68‰	90.2%
本年死亡人口数	人	6079	6572	92.5%
死亡率	—	7.17‰	7.85‰	91.3%
本年净增人口数	人	1328	1531	86.7%
自然增长率	—	1.57‰	1.83‰	85.8%
五、从业人员	万人	86.16	86.19	100.0%
第一产业	万人	3.33	3.45	96.5%
第二产业	万人	52.54	52.81	99.5%
第三产业	万人	30.29	29.93	101.2%
六、气候				
年降雨量	毫米	1251	1247	100.3%
年平均温度	摄氏度	17.7	17.9	98.9%
年日照时数	小时	1756	1852	94.8%
初终间霜日数	天	62	108	57.4%
全年雨日	天	158	155	101.9%
全年雾日	天	16	23	69.6%
全年雪日	天	4	11	36.4%

注：2019年变更调查未开展，年末耕地面积、水田、旱地、水浇地无准确数据，表格中为预估数；2018年数据根据年度调查结果进行修正。

（区统计局）

2019年吴江区国民经济主要指标

项目	计量单位	2019年	2018年	2019年为2018年
一、地区生产总值（GDP）	亿元	1958.16	1864.90	105.7%
第一产业	亿元	37.43	43.55	91.0%
第二产业	亿元	1008.22	978.39	104.6%
其中：工业	亿元	932.63	908.46	104.5%
第三产业	亿元	912.51	842.95	107.8%
人均生产总值（按常住人口计算）	元	149341	142702	104.7%
二、农业				
（一）农业总产值（现行价）	万元	649344	774068	83.9%

（续　表）

项目	计量单位	2019年	2018年	2019年为2018年
农业	万元	256827	311246	82.5%
林业	万元	27154	27307	99.4%
牧业	万元	35140	60046	58.5%
渔业	万元	279003	322643	86.5%
农林牧渔服务业	万元	51220	52826	97.0%
（二）主要农副产品产量				
粮食总产量	吨	154139	155667	99.0%
油料总产量	吨	288	143	201.4%
蚕茧总产量	吨	214	192	111.7%
生猪年末存栏数	万头	0.25	0.54	45.8%
水产品总产量	吨	59837	68726	87.1%
三、工业总产值（现行价）	亿元	4500.00	4500.00	100.0%
其中：规模以上工业总产值（现行价）	亿元	3718.37	3620.14	102.7%
四、交通运输、邮电				
（一）客运量	万人	7050	7308	96.5%
客运周转量	万人千米	218561	226559	96.5%
货运量	万吨	3100	2935	105.6%
货运周转量	万吨千米	296269	280500	105.6%
（二）邮电业务总收入	万元	271942	260955	104.2%
五、全社会固定资产投资完成额	亿元	583.81	574.22	101.7%
（一）按产业分				
第一产业	亿元	0	0	0.0%
第二产业	亿元	174.40	162.11	107.6%
其中：工业	亿元	174.32	162.11	107.5%
第三产业	亿元	409.41	412.11	99.3%
（二）按建筑性质分				
新建	亿元	104.17	97.95	106.4%
扩建	亿元	80.05	67.23	119.1%
改建	亿元	79.07	80.24	98.5%
其他	亿元	7.55	7.21	104.8%
房地产开发投资	亿元	312.97	321.59	97.3%
（三）按经济性质分				
国有集体经济投资	亿元	91.20	82.81	110.1%
外商及港澳台投资	亿元	69.16	83.63	82.7%
民资投资	亿元	423.46	407.79	103.8%

（续 表）

项目	计量单位	2019年	2018年	2019年为2018年
施工房屋面积	万平方米	1800.53	1816.07	99.1%
竣工房屋面积	万平方米	108.33	204.27	53.0%
六、贸易、外经				
社会消费品零售总额	亿元	639.87	615.16	104.0%
进出口总额	亿美元	210.91	228.93	92.1%
其中：出口	亿美元	154.62	160.88	96.1%
七、金融、保险				
（一）银行存款余额	亿元	3059.45	2739.99	111.7%
银行贷款余额	亿元	3031.89	2642.48	114.7%
（二）居民储蓄余额	亿元	1168.53	1045.47	111.8%
（三）保险收入	亿元	—	50.30	—
赔款和结付支出	亿元	—	15.06	—
八、人民生活				
（一）职工收入				
年末在岗职工人数	万人	32.0	31.9	100.3%
在岗职工年平均工资	元	87831	78498	111.9%
（二）城镇居民人均可支配收入	元	68644	63425	108.2%
（三）农村居民人均可支配收入	元	34879	32194	108.3%
九、文教、卫生				
普通中学校数	所	44	41	107.3%
在校学生人数	人	49268	45611	108.0%
职业中学校数	所	2	2	100.0%
在校学生人数	人	5626	5675	99.1%
小学校数	所	55	54	101.9%
在校学生人数	人	102409	97389	105.2%
文化馆（站）数	个	10	9	111.1%
图书馆数	个	1	1	100.0%
影剧院	个	16	14	114.3%
卫生机构数	个	446	430	103.7%
床位数	张	6926	6276	110.4%
专业卫生技术人员数	人	8406	7829	107.4%

注：1. 地区生产总值、各产业增加值绝对数按现价计算，增长速度按不变价格计算；
2. 地区生产总值、各产业增加值根据第四次经济普查数据修订；
3. 2018年、2019年社会消费品零售总额数据根据第四次经济普查数据修订；
4. 2019年吴江区保险行业协会撤销，数据无法取得。

（区统计局）

组织机构和负责人名录

【区四套班子】

中国共产党吴江区委员会

书　　记　王庆华
副 书 记　李　铭　王燕红（女）
常　　委　王庆华　李　铭　王燕红（女）　乐　江（女）
　　　　　王益冰　徐晓枫　范建龙　刘　伟
　　　　　李卫珍（女）　杨　斌（5月任）　刘　峰
　　　　　张　星（挂职，1月免）　周春良（5月免）
其他委员（按姓氏笔画排列）
　　　　　王　悦　石　荣　朱建文　李　斌　杨志荣
　　　　　肖仲伟　吴　琦　邱全明　沈金明　沈建兴
　　　　　沈震松　张志成　张建华　张炳高　陆　斌
　　　　　陈晓君（女）　查旭东　夏晓阳　顾　焱
　　　　　高建民　戚振宇　屠福其　金伟华（1月免）
　　　　　徐卫东（1月免）
候补委员（按得票数多少排列）
　　　　　徐国华　华　磊　顾　全　钱晓明　汝少峰
　　　　　蔡　薇（女）

吴江区人民代表大会常务委员会

主　　任　沈金明
党组书记　孙悦良
副 主 任　夏晓阳　王　悦　张志成　吴卫中
委　　员（按姓氏笔画排列）
　　　　　丁　华（12月免）　石　刚（12月免）
　　　　　功　真　朱晓红（女）　华　磊（7月免）
　　　　　庄永先　庄明耿　孙　虹（女）　李建坤
　　　　　吴巧珍（女）　吴建中　沈卫良　沈伟勇
　　　　　沈向东　沈宏彪　沈根荣
　　　　　张　曙（女，12月免）　张志明（12月免）
　　　　　张建华　陆玉根　陈凤兰（女）　陈正严
　　　　　周根表　施国强　施清岛　顾秦华
　　　　　徐利明（女，12月免）　高继红（女）　谈法江
　　　　　崔夏萍（女）　解　冻（6月免）
　　　　　蔡　薇（女，12月免）　薛建国（2月免）

吴江区人民政府

区　　长　李　铭
副 区 长　吴　琦　李卫珍（女）　汤卫明　朱建文
　　　　　张炳高　戚振宇　李文斌（4月任）
　　　　　许　诺（挂职，8月任）　马景亮（4月免）
　　　　　张　星（挂职，1月免）　吴俊宁（女，挂职）
　　　　　李运波（挂职）　刘　佳（女，挂职，7月免）

中国人民政治协商会议苏州市吴江区委员会

主　　席　李　斌
副 主 席　屠福其　沈向东　肖仲伟　王玉英（女）
常　　委（按姓氏笔画排列）
　　　　　王　强　王国樑（12月免）　王海鹰　王德瑞
　　　　　叶明林（8月免）　冯月根（12月免）
　　　　　冯海花（女）　吕绍林　吕荣林　朱　晨
　　　　　朱卫泉　朱金兆　朱建华　朱荣华
　　　　　孙　峰（12月免）　孙玲玲（女）　孙俊良
　　　　　李小迟　杨罡昱　肖菊红（女）　吴伟江
　　　　　吴海燕（女）　吴勤芳　何斌华（12月免）
　　　　　沈卫芳（女）　沈龙根　沈生元　宋　涛
　　　　　张灵美（女）　陆　晨　陆健龙　陈　竞（女）
　　　　　陈卫秋　陈文杰　陈红梅（女）　庞亚明
　　　　　法　灯　顾忆红（女）　顾晓峰　顾爱勤（女）
　　　　　钱玮黎（女，12月免）　徐亚军
　　　　　翁琳燕（女，12月免）　凌龙华　曹国荣
　　　　　程　杰（女）　曾炳海　蔡惠祥　戴玲娜（女）
秘 书 长　钟永林

【区纪委监委】

中国共产党吴江区纪律检查委员会

书　　记　乐　江（女）
副 书 记　李小迟　黄明康（12月免）
其他常委（按姓氏笔画排列）
　　　　　於振新　何　炜　陈　斐（女，5月任）
　　　　　孟华隆　沈春荣（1月免）

区监委

主　　任　乐　江（女）
副 主 任　李小迟　黄明康（12月免）
委　　员　於振新　陆伯帅　乔　刚（12月任）
　　　　　沈春荣（1月免）　陈　斐（女，5月免）

【人民武装、审判、检察机关】

吴江区人民武装部

部　　长　刘　峰
政　　委　郑立军
副 部 长　谷现军
党委书记　郑立军
副 书 记　刘　峰

吴江区人民法院

院　　长　陈晓君(女)

副 院 长　吴建中　高宇鹤　陈　竞(女)　钮晓丰

党组书记　陈晓君(女)

党组成员　吴建中　高宇鹤　钮晓丰　盛　凯(7月任)
　　　　　吴为民(7月免)

吴江区人民法院吴江经济技术开发区人民法庭

庭　　长　陆金东

吴江区人民法院汾湖人民法庭

庭　　长　厉昱中(7月任)　刘成文(7月免)

吴江区人民法院盛泽人民法庭

庭　　长　倪晓红(女,7月任)

吴江区人民法院太湖新城人民法庭

庭　　长　秦绪栋(7月任)

吴江区人民法院震泽人民法庭

庭　　长　刘成文(7月任)　倪晓红(女,7月免)

吴江区人民法院执行局

庭　　长　韩长安(7月任)

吴江区人民检察院

检 察 长　刘　军(女)

副检察长　钮巧福　刘慎争　戴　飞(12月任)
　　　　　王　珉(12月免)

党组书记　刘　军(女)

党组成员　钮巧福　刘慎争　陈　烜(1月任)
　　　　　王　珉(12月免)

吴江区人民检察院派驻吴江经济技术开发区检察室

主　　任　徐新兴

吴江区人民检察院派驻汾湖高新技术产业开发区检察室

主　　任　唐留春

吴江区人民检察院派驻震泽镇检察室

主　　任　徐　伟

【区级机关各部门】

区委办公室

主　　任　沈震松(1月任)　徐卫东(1月免)

副 主 任　徐永红　张淑敏(女)　沈国强(5月任)
　　　　　吴建辉(7月任)　刘　森(11月任)
　　　　　孙广琦(1月任,5月免)
　　　　　沈卫民(1月免)
　　　　　伊忠心(1月免)

区委机要局(在区委办公室挂牌)

副 局 长　邱震宇(5月免)

区国家保密局(在区委办公室挂牌)

副 局 长　周　浩(1月免)

区密码管理局(在区委办公室挂牌)

区档案局(在区委办公室挂牌)

副 局 长　陈永康(1月免)　范红明(1月免)

区人民代表大会法制委员会

主任委员　张志成

副主任委员　沈根荣

委　　员(按姓氏笔画排列)
　　　　　孙广琦(7月免)　孙云峰(7月任)
　　　　　张建华　陈秋荣　陈瑞江　顾秦华

区人民代表大会财政经济委员会

主任委员　夏晓阳

副主任委员　李建坤

委　　员(按姓氏笔画排列)
　　　　　王　净(女)　李苏雷　陆玉根　陈勤芳(女)
　　　　　顾　健

区人大常委会办公室

主　　任　庄永先(11月免)　沈卫良(11月任)

副 主 任　石　刚(12月免)　施国强(2月免)
　　　　　孙　飞(6月任)

区人大人事代表联络工作委员会

主　　任　崔夏萍(女)

副 主 任　徐利明(女,12月免)　袁　媛(女,12月任)

区人大内务司法工作委员会

主　　任　沈根荣

副 主 任　张　曙(女,12月免)

区人大财政经济工作委员会

主　　任　李建坤

副 主 任　张志云(12月免)　孙学勤(12月任)

区人大环境资源城乡建设工作委员会

主　　任　庄明耿

副 主 任　钱争旗(12月免)　陈　红(女,12月任)

区人大教科文卫(外事民宗侨台)工作委员会

主　　任　丁　华(2月免)　金健康(2月任)

副 主 任　支红建

区人大农业农村工作委员会

主　　任　沈卫良(11月免)　黄明康(12月任)

副 主 任　袁　峰

区人民政府办公室

主　　任　徐国华

副 主 任　陈宇威　吴　誌(11月任)　吕海峰　余式汪

丁晓华（兼，7月任） 金　鑫（7月任）
韩　璇（女，挂职，11月任） 吕　剑（11月免）
宗　亮（5月免） 周　宇（7月免）
党组书记　徐国华
党组副书记　朱若兰（女，1月任，12月免）
党组成员　庄云霞（女） 陈宇威　吴　誌（11月任）
吕海峰　余式汪　金　鑫（7月任）
朱若兰（女，12月免） 吕　剑（11月免）
宗　亮（5月免） 周　宇（7月免）

区政府研究室（在区政府办公室挂牌）

主　　任　徐国华

区大数据管理局（在区政府办公室挂牌）

局　　长　徐国华（5月任）
副 局 长　王　罡（5月任）

区政府金融工作办公室（在区政府办公室挂牌）

主　　任　吴　誌（12月任） 朱若兰（女，12月免）
副 主 任　曹卫生

区信息中心

主　　任　尚立新（10月任） 王　罡（10月免）

区政府法制办公室（1月撤销）

主　　任　吕　剑（1月免）
副 主 任　陆　雄（1月免）

政协苏州市吴江区委员会办公室

主　　任　王　恒（1月免） 张一斌（10月任）
副 主 任　徐华庭　王永权　王　晟（5月任）

区政协研究室

主　　任　王　恒（兼，1月免）

区政协提案委员会

主　　任　陈文杰
副 主 任　殷礼斌　徐　恒（女，兼） 庄云霞（女，兼）

区政协经济科技和农业农村委员会（1月更名）

主　　任　冯月根（1月免） 朱金兆（1月任）
副 主 任　孙　波（12月任） 王银根（12月免）

区政协社会事业委员会

主　　任　朱金兆（1月免） 王　恒（1月任）
副 主 任　王　昕（女）

区政协城乡建设委员会

主　　任　庞亚明
副 主 任　王　芳（女）

区政协港澳台侨（民族宗教）委员会

主　　任　王国樑（1月免） 杨　华（1月任）
副 主 任　李菊明

区政协文史委员会（1月更名为区政协文化文史委员会）

主　　任　凌龙华
副 主 任　徐黎明　李谷村（兼，4月免）

区委组织部

部　　长　杨　斌（5月任） 周春良（5月免）
副 部 长　张志明　孙　峰　徐　恒（女） 胡洪明
沈震松（1月免） 周雪荣（1月任，12月免）

区委非公有制企业和社会组织工作委员会（在区委组织部挂牌）

书　　记　徐　恒（女）
副 书 记　徐炳华（7月免）

区委区级机关工作委员会（在区委组织部挂牌）

书　　记　周雪荣（12月免）
副 书 记　赵　军（1月免） 钱　涓（女，7月免）

区委党建工作领导小组办公室（在区委组织部挂牌）

主　　任　孙　峰（12月任）
副 主 任　费　飞（女，5月任）

区公务员局（在区委组织部挂牌）

副 局 长　沈志豪（1月任，12月免）

区委党代表联络办公室（1月撤销）

主　　任　张志明（1月免）
副 主 任　沈志豪（1月免）

区人才创新发展中心（党建服务中心）（12月成立）

区委宣传部

部　　长　刘　伟
副 部 长　孟庆利（1月任） 沈伟荣　嵇为超

区精神文明建设指导委员会办公室（在区委宣传部挂牌）

副 主 任　陈　忠（11月任）

区互联网信息办公室（在区委宣传部挂牌）

副 主 任　陈臻华

区委统一战线工作部

部　　长　徐晓枫（2月任） 王益冰（2月免）
常务副部长　施建中（1月任） 肖仲伟（1月免）
副 部 长　卢艳玲（女） 钱　瑶（女）
刘　铮（兼，1月任）

区政府侨务办公室（在区委统一战线工作部挂牌）

主　　任　沈永明（7月任）
副 主 任　朱爱莲（女，1月免）

区委台湾工作办公室（区政府台湾事务办公室，在区委统一战线工作部挂牌）

主　　任　钱　瑶（女，10月任） 杨　华（1月免）
副 主 任　曹建华（女）

区民族宗教事务局(在区委统一战线工作部挂牌)

局　　长　卢艳玲(女)

副 局 长　胥大明　程　刚

党组书记　卢艳玲(女,1月免)

党组成员　胥大明(1月免)　程　刚(1月免)

区委政法委员会

书　　记　徐晓枫(2月任)　王益冰(2月免)

副 书 记　李文斌(4月任)　庞新荣　金江华
　　　　　沈正华(1月任)　马景亮(4月免)

委　　员　姚连法(12月免)

区国家安全领导小组办公室(1月撤销)

主　　任　庞新荣(1月免)

副 主 任　何进康(1月免)

区社会治安综合治理委员会办公室(1月撤销)

主　　任　金江华(1月免)

副 主 任　沈正华(1月免)

区委研究室

主　　任　沈震松(5月任)　沈卫民(1月免)
　　　　　孙广琦(1月任,5月免)

副 主 任　伊忠心(1月任)　马天琦(11月任)
　　　　　周　浩(1月任,11月免)

区委机构编制委员会办公室(1月更名)

主　　任　杨晓鹰(女,12月任)　孙　峰(12月免)

副 主 任　沈志豪(12月任)　贝　勇
　　　　　杨晓鹰(女,12月免)

区机构编制效能管理中心

主　　任　沈志豪(12月任)

区事业单位登记管理局

局　　长　杨晓鹰(女,12月免)

副 局 长　储方雄(7月任)

区委巡察工作办公室

主　　任　黄明康(12月免)

副 主 任　陆凌生　周　玲(女,7月任)
　　　　　盛　凯(7月免)

区委巡察组

组　　长　肖永林　朱根龙　王卫其(5月任)
　　　　　俞　勤(女,5月任)　李宁宇(女,5月免)
　　　　　吴　平(5月免)

副 组 长　宋永良(1月任)　俞玉忠(7月任)　顾　中
　　　　　李希一　王　旻(女)　施卫娟(女)
　　　　　朱永明(12月任)　马鸽龙(12月任)
　　　　　夏惠男(12月免)　王伟华(1月免)
　　　　　吴文妹(女,12月免)

区委老干部局

局　　长　胡洪明

副 局 长　吴献忠　王　靖

区发展和改革委员会

主　　任　陈建忠(1月任)

副 主 任　颜有明(5月任)　朱穗华(12月任)
　　　　　吴新敏(女)　徐惠林(6月免)
　　　　　沈志勇(2月免)　吴学明(1月任,12月免)

党组书记　陈建忠

党组成员　颜有明(5月任)　陆根林(1月任)
　　　　　史　伟(女,1月任)　朱穗华(12月任)
　　　　　宋卫东(5月任)　吴新敏(女)
　　　　　徐惠林(5月免)　沈志勇(1月免)
　　　　　浦　浩(5月免)　吴学明(1月任,12月免)
　　　　　孙学勤(1月任,12月免)

区粮食和物资储备局(在区发展和改革委员会挂牌)

副 局 长　陆根林(1月任)
　　　　　孙学勤(1月任,12月免)

区长三角地区合作与发展办公室

副 主 任　吴志祥(5月任)

区粮食局(1月撤销)

局　　长　姚其华(1月免)

副 局 长　宋永良(1月免)　陆根林(1月免)
　　　　　孙学勤(1月免)

区物价局(1月撤销)

局　　长　刘　峥(1月免)

副 局 长　吴学明(1月免)　钱　斌(1月免)
　　　　　史　伟(女,1月免)　沈建林(1月免)

党组书记　刘　峥(1月免)

党组成员　吴学明(1月免)　钱　斌(1月免)
　　　　　史　伟(女,1月免)　沈建林(1月免)

区服务业发展办公室(1月撤销)

主　　任　徐惠林(1月免)

区企业上市工作办公室(1月撤销)

主　　任　朱若兰(女,1月免)

区教育局

局　　长　陈　宇

副 局 长　周　萍(女)　翁春强(1月任)　王卫明
　　　　　水菊芳(11月任)

区委教育工作委员会

书　　记　陈　宇

区政府教育督导室（在区教育局挂牌）

主　　任　陈　宇（兼）

副 主 任　姚伟斌

苏州青少年科技馆

馆　　长　周　萍（女，10月任）

副 馆 长　陆向红（7月任）　顾桂荣

　　　　　张建华（7月免）

区科学技术局

局　　长　季小峰

副 局 长　蔡惠祥（1月任）　潘宏亮

　　　　　何莎莉（女，12月免）　沈卫芳（女，1月免）

党组书记　季小峰

党组成员　潘宏亮　何莎莉（女，12月免）

区工业和信息化局（1月成立）

局　　长　朱云根（1月任）

副 局 长　周敏杰（1月任）　何莎莉（女，12月任）

　　　　　孙　健（10月任）　戴培元（1月任，12月免）

　　　　　朱新荣（1月任，10月免）

　　　　　沈俊霞（女，1月任，5月免）

　　　　　朱国华（1月任，12月免）

党委书记　朱云根（1月任）

区经济和信息化委员会（1月撤销）

主　　任　朱云根（1月免）

副 主 任　戴培元（1月免）　朱新荣（1月免）

　　　　　沈俊霞（女，1月免）　朱国华（1月免）

　　　　　何安贵（女，挂职，1月免）

党委书记　朱云根（1月免）

区中小企业局（1月撤销）

副 局 长　周敏杰（1月免）

区公安局

局　　长　李文斌（4月任）　马景亮（4月免）

督 察 长　李文斌（4月任）　马景亮（4月免）

副 局 长　殷海根（11月免）　朱学军　顾世忠　沈卫东

　　　　　戴忠浩（11月任）　潘曙亮（挂职，1月任）

　　　　　丁晓华（1月免）

党委书记　李文斌（4月任）　马景亮（4月免）

副 书 记　李怀忞（1月任）　陈瑞江　殷海根（11月任）

　　　　　潘惠平（1月任，12月免）

政　　委　李怀忞（1月任）

副 政 委　李正华

区委610办公室（区防范和处理邪教问题办公室，1月撤销）

主　　任　潘惠平（1月免）

副 主 任　杨林荣（1月免）　蒋　康（1月免）

区维护稳定工作领导小组办公室

区反恐怖工作协调小组办公室

区公安局政治处

主　　任　李正华

教 导 员　王　静（女，11月任）

区公安局松陵派出所

所　　长　钱伟阳（11月任）

教 导 员　吴忠明

区公安局八坼派出所

所　　长　叶卫林

区公安局盛泽公安分局

局　　长　陈瑞江

教 导 员　徐夫明

区公安局盛东派出所

所　　长　徐春红

教 导 员　戴永凯

区公安局盛西派出所

所　　长　严晓峰

区公安局盛泽派出所

所　　长　李正华（11月任）

区公安局盛南派出所

所　　长　俞志标

区公安局吴江经济技术开发区派出所

所　　长　孙晓峰（11月任）

教 导 员　沈永明

区公安局滨湖新城派出所

教 导 员　丁　亮（11月任）

区公安局城南派出所

教 导 员　甘　羽（11月任）

区公安局运西派出所

所　　长　李　峰（11月任）

教 导 员　金志峰（11月任）

区公安局汾湖派出所

所　　长　沈国平（11月任）

教 导 员　钱晓忠

区公安局黎里派出所

所　　长　柳　强

区公安局北厍派出所

所　　长　周旅康

区公安局金家坝派出所

所　　长　吴　欢

区公安局平望派出所

所　　长　邱建峰（11月任）

教 导 员　顾　伟

区公安局震泽派出所

所　　长　郭　峰（11月任）

教 导 员　张　健

区公安局同里派出所

所　　长　陈建中

教 导 员　董扣忠（11月任）

区公安局横扇派出所

所　　长　程　利

区公安局七都派出所

所　　长　迟东伟（11月任）

区公安局桃源派出所

所　　长　孟　杰

教 导 员　沈勤荣

区公安局水上派出所

所　　长　吴新荣

教 导 员　屈兴祥（11月任）

区看守所

所　　长　计长虹（11月任）

区公安局指挥中心

所　　长　陈　胜（11月任）

区公安局国内安全保卫大队（反恐怖工作大队）

所　　长　潘连荣（11月任）

教 导 员　沈文泉

区公安局刑事侦查大队

所　　长　盛　斐（11月任）

区公安局治安管理大队

所　　长　周孝中（11月任）

教 导 员　沈　峰

区公安局交通警察大队

所　　长　沈志勇（11月任）

教 导 员　沈　华

区公安局经济犯罪侦查大队

所　　长　范建春

区公安局巡特警大队

所　　长　金志荣

区公安局网络安全监察大队

所　　长　蒋　瑜

教 导 员　钮国良

区公安局禁毒大队

所　　长　华敏浩

教 导 员　黄玲苓（女，11月任）

区公安局出入境管理大队

所　　长　劳国芳（11月任）

区公安局法制大队

所　　长　育卫清

教 导 员　冯庆志（11月任）

区公安局战训大队

教 导 员　徐志峰

区公安局警务督察大队

所　　长　徐伟忠

教 导 员　郑晓晖（11月任）

区公安局科技信息化大队

所　　长　高新峰（11月任）

区公安局人口管理大队

所　　长　徐文婷（女）

教 导 员　金　挺（11月任）

区民政局

局　　长　蔡　薇（女，12月任）　蒋　健（12月免）

副 局 长　沈文华　金志洪　王　红（女）

　　　　　李震乾（1月免）　周　浩（11月任）

党委书记　蔡　薇（女，12月任）　蒋　健（12月免）

区社会福利中心

主　　任　吴　昊（女，10月任）

区司法局

局　　长　薛建国（1月任）

副 局 长　陆　雄（1月任）　曹国荣　王建斌

　　　　　徐文弢（12月免）

党委书记　薛建国（1月任）

副 书 记　陆永忠

区法律服务中心

主　　任　连滢滢

区财政局

局　　长　吴吉祥

副 局 长　庄建荣　史铁磊　王伟华（1月任）

　　　　　高　明　石全明（12月免）

党组书记　吴吉祥

党组成员　庄建荣　史铁磊　王伟华（1月任）

　　　　　浦　浩（5月任）　陆子兴　石全明（12月免）

　　　　　王亦凡（12月免）

区政府国有资产监督管理办公室（在区财政局挂牌）

主　　任　庄建荣

副 主 任　陆子兴　王亦凡（12月免）

区国库（财政）集中支付中心

主　　任　惠巍

区财政投资评审中心

主　　任　顾春明（10月任）

区委国企工作委员会

书　　记　吴吉祥

副 书 记　庄建荣

区财政局平望镇财政分局

局　　长　杨晓玮

区财政局震泽镇财政分局

局　　长　黄　强

区财政局七都镇财政分局

局　　长　朱晓明

区财政局桃源镇财政分局

局　　长　沈新卫

区人力资源和社会保障局

局　　长　张　燕（女，1月任）　沈震松（1月免）

副 局 长　蔡绍广（5月任）　钱校良　张　峥

　　　　　张　霞（女，11月任）　孙阿利（女，1月免）

　　　　　王卫其（5月免）

党委书记　张　燕（女，1月任）　沈震松（1月免）

副 书 记　孙阿利（女，1月免）

区社会保险基金管理中心

主　　任　嵇敏雁（女，10月任）　汝亚琛（1月免）

区人力资源管理服务中心

主　　任　沈　煜（11月任）

区退休人员管理服务中心

区劳动保障监察大队

大 队 长　卢　亮（11月任）

区住房和城乡建设局

局　　长　王雪良（1月任）　陈朝林（1月免）

副 局 长　朱雁鸣（女）　徐红伟　孙文广

　　　　　沈　旋（女，12月免）

党委书记　王雪良（1月任）　陈朝林（1月免）

区人民防空办公室（在区住房和城乡建设局挂牌）

主　　任　胡明忠（1月免）

副 主 任　张　华（1月任）

　　　　　沈建民（12月免）

区地震局（1月撤销）

局　　长　朱雁鸣（女，1月免）

副 局 长　朱永明（1月免）　凌菊明（1月免）

区民防局（1月撤销）

局　　长　胡明忠（1月免）

副 局 长　沈建民（1月免）　张　华（1月免）

　　　　　邱耀平（1月免）

党组书记　胡明忠（1月免）

党组成员　沈建民（1月免）　张　华（1月免）

　　　　　邱耀平（1月免）

区政府房屋征收办公室

主　　任　翁洪方

区建设工程招标投标办公室

主　　任　吴新荣

区房产管理处

主　　任　钱培新

区城市建设管理综合执法大队

区建设审图有限公司

董 事 长　董玉兰（女，11月任）

总 经 理　董玉兰（女，11月任）

区城市管理局

局　　长　蔡建忠（1月任）　李　忠（1月免）

副 局 长　王春凤（女）　马永伟　陆学明（1月任）

　　　　　杨志良（12月免）　盛　斐（兼，5月任，11月免）

党委书记　蔡建忠（1月任）　李　忠（1月免）

区综合行政执法局（在区城市管理局挂牌）

局　　长　蔡建忠（1月任）

副 局 长　王春凤（女，1月任）　马永伟（1月任）

　　　　　陆学明（1月任）　杨志良（1月任，12月免）

城市管理法制大队

大 队 长　沈兴华（10月任）

区综合执法监督指挥中心

主　　任　孙　洁（女，10月任）

区城市管理行政执法局（1月撤销）

局　　长　李　忠（1月免）

副 局 长　杨志良（兼，1月免）　王春凤（女，兼，1月免）

　　　　　马永伟（兼，1月免）　顾永强（兼，1月免）

区交通运输局

局　　长　孙雪龙

副 局 长　沈春伟　费　瑛（女）　周伟康　金　良

党委书记　孙雪龙

副 书 记　沈春伟

区交通投资集团有限公司

董 事 长　孙忠明

总 经 理　孙忠明

副总经理　叶　菁（女）　丁　悦　史　炜（1月任）

区交通运输综合执法大队

大 队 长　费惠江（11月任）

区公路事业发展中心

区港航事业发展中心

主　　任　陈菊芳

区运输事业发展中心

主　　任　潘炜挺

区交通运输应急管理中心

区交通工程建设处

主　　任　庄志强

盛泽交通运输管理所

区铁路建设服务中心

主　　任　汪旭辉（1月任）

区水务局（1月成立）

局　　长　胡明忠（1月任）

副 局 长　徐瑞忠（1月任）　孙建忠（1月任）
　　　　　孙志剑（1月任）

党委书记　胡明忠（1月任）

副 书 记　金红珍（女，1月任，12月免）

区水利局（1月撤销）

局　　长　曹月见（1月免）

副 局 长　徐瑞忠（1月免）　孙建忠（1月免）
　　　　　孙志剑（1月免）

党委书记　曹月见（1月免）

副 书 记　金红珍（女，1月免）

区水利工程运行中心

区农业农村局（1月成立）

局　　长　沈卫民（1月任）

副 局 长　齐　艳（女，1月任）　吴惠华（1月任）
　　　　　马斌斌（1月任）　钱志伟（1月任）
　　　　　朱羊宝（1月任）

党委书记　沈卫民（1月任）

区委农村工作办公室（1月撤销）

主　　任　钱晓明（1月免）

副 主 任　吴惠华（1月免）　马斌斌（1月免）

区农业委员会（1月撤销）

主　　任　汝少峰（1月免）

副 主 任　齐　艳（女，1月免）
　　　　　钱志伟（1月免）
　　　　　朱羊宝（1月免）

党委书记　汝少峰（1月免）

区农业技术服务中心

区农业综合执法大队

区动物卫生监督所

所　　长　孔令勇

区商务局

局　　长　赵　伟

副 局 长　朱新荣（10月任）　朱冬梅（女）
　　　　　张　静（女）　金　鑫（8月免）

党组书记　赵　伟

党组成员　朱新荣（10月任）　朱冬梅（女）
　　　　　金　鑫（7月免）　张　静（女）

区外商投资促进中心

主　　任　吴敏娟（女）

区文体广电和旅游局（1月成立）

局　　长　石　荣（1月任）

副 局 长　李慧兰（女，1月任）　陆梦南（1月任）
　　　　　陆　晨（1月任）　董爱斌（1月任）
　　　　　沈明根（1月任）　陆筱明（1月任，12月免）
　　　　　张育英（女，1月任，12月免）

党委书记　石　荣（1月任）

区公共文化艺术中心

主　　任　朱晓红（女）

区文化广电新闻出版局（1月撤销）

局　　长　金健康（1月免）

副 局 长　张育英（女，1月免）　陆梦南（1月免）
　　　　　陆　晨（1月免）　沈明根（1月免）

党委书记　金健康（1月免）

区体育局（1月撤销）

局　　长　孟庆利（1月免）

副 局 长　李惠兰（女，1月免）　蔡惠祥（1月免）

党组书记　孟庆利（1月免）

党组成员　李惠兰（女，1月免）

区旅游局（1月撤销）

局　　长　张　燕（女，1月免）

副 局 长　陆筱明（1月免）　董爱斌（1月免）

党组书记　张　燕（女，1月免）

党组成员　陆筱明（1月免）　董爱斌（1月免）

区卫生健康委员会（1月成立）

局　　长　沈　宇（1月任）

副 主 任　孙建民（1月任）　管罕英（女，1月任）
　　　　　沈　琼（女，1月任，5月免）
　　　　　吴卫珍（女，1月任，12月免）

党委书记　沈　宇（1月任）
副 书 记　沈　琼（女，1月任，5月免）　范建光（5月任）

区疾病预防控制中心

主　　任　朱金华

区卫生监督所

所　　长　孔菊林

区爱国卫生指导中心

主　　任　范建光（5月任）　沈　琼（女，5月免）
副 主 任　翁佩方　曹曙光　张育英（女，11月任）

区卫生和计划生育委员会（1月撤销）

主　　任　沈　宇（1月免）
副 主 任　沈　琼（女，1月免）　吴卫珍（女，1月免）
　　　　　孙建民（1月免）　管罕英（女，1月免）
党委书记　沈　宇（1月免）
副 书 记　沈　琼（女，1月免）

区退役军人事务局（1月成立）

局　　长　卞如景（1月任）
副 局 长　何进康（1月任）　李震乾（1月任）
党组书记　卞如景（1月任）
党组成员　何进康（1月任）　李震乾（1月任）

区应急管理局（1月成立）

局　　长　沈春荣（1月任）
副 局 长　陆健龙（1月任）　王忠林（1月任）
　　　　　王建忠（1月任）　孙永林（1月任）
　　　　　朱永明（1月任，12月免）
党组书记　沈春荣（1月任）
党组成员　王忠林（1月任）　王建忠（1月任）
　　　　　孙永林（1月任）　朱永明（1月任，12月免）

区安全生产监察大队

区安全生产监督管理局（1月撤销）

局　　长　李怀忞（1月免）
副 局 长　陆健龙（1月免）　王忠林（1月免）
　　　　　王建忠（1月免）　孙永林（1月免）
党组书记　李怀忞（1月免）
党组成员　王忠林（1月免）　王建忠（1月免）
　　　　　孙永林（1月免）

区审计局

局　　长　周　群
副 局 长　黎　飞（女）　程　磊（5月任）
　　　　　吴海荣（10月任）　杨沛超（女，5月免）
总审计师　石　剑（10月任）　程　磊（5月免）
党组书记　周　群
党组成员　程　磊　吴海荣（10月任）
　　　　　石　剑（10月任）　杨沛超（女，5月免）

区经济责任审计中心

主　　任　李　瑾（女，11月任）　石　剑（10月免）

区行政审批局（1月成立）

局　　长　孙曙东（1月任）
副 局 长　任苏俊（5月任）　陆　健（1月任）
　　　　　赵小华（1月任）　黄　莉（女，1月任，12月免）
党组书记　孙曙东（1月任）
副 书 记　黄　莉（女，1月任，12月免）

区政务服务中心

主　　任　庄文华

苏州市公共资源交易中心吴江分中心

主　　任　孙立堂（1月任）

区农村产权交易中心有限公司

董 事 长　李　凯
总 经 理　李　凯

区政务服务管理办公室（1月撤销）

主　　任　孙曙东（1月免）
副 主 任　黄　莉（女，1月免）　陆　健（1月免）
　　　　　赵小华（1月免）
党组书记　孙曙东（1月免）
党组副书记　黄　莉（女，1月免）
党组成员　陆　健（1月免）　赵小华（1月免）

区市场监督管理局

局　　长　杨志荣
副 局 长　徐亚军　戴海滨　周学忠
　　　　　沈建林（1月任）　马鸽龙（12月免）
党委书记　杨志荣

区检验检测中心

主　　任　吴颖育（女）
副 主 任　钱青峰　吕　莉（女）

区市场监督管理局吴江开发区（同里）分局

局　　长　沈文荣
副 局 长　吴建平（7月任）　金懂林
　　　　　王爱春（女）

区市场监督管理局汾湖高新区（黎里）分局

局　　长　许远峰（7月任）

区市场监督管理局吴江高新区（盛泽）分局

局　　长　杨华荣（7月任）

区市场监督管理局太湖新城（松陵）分局

局　　长　梅寒青（7月任）

区市场监督管理局桃源分局

局　　长　沈燕清（7月任）

区市场监督管理局震泽分局

局　　长　沈建东

区市场监督管理局平望分局

局　　长　姚海良（7月任）

区市场监督管理综合执法大队

大 队 长　沈　园（女）

区食品药品监督管理局（1月撤销）

局　　长　杨志荣（兼，1月免）

副 局 长　徐亚军（1月免）　马鸽龙（1月免）
　　　　　戴海滨（1月免）　周学忠（1月免）

区统计局

局　　长　钱伟健

副 局 长　陆建新　许国江　许　咏

党组书记　钱伟健

党组成员　陆建新　许　咏

区医疗保障局（1月成立）

局　　长　孙阿利（女，1月任）

副 局 长　钱　斌（1月任）　汝亚琛（1月任）

党组书记　孙阿利（女，1月任）

党组成员　钱　斌（1月任）　汝亚琛（1月任）

区信访局

局　　长　丁晓华（1月任）

副 局 长　陈雪荣（7月任）　沈建新　蒋　峰　黄小华
　　　　　翁春强（1月免）

党组书记　丁晓华（1月任）

党组副书记　陈雪荣（7月任）

党组成员　沈建新　蒋　峰　黄小华

区委党校

校　　长　王燕红（女，兼）

常务副校长　钱晓明（1月任）

副 校 长　张宇红（女）　凌　晖　陶绮军（12月免）

区行政学校（在区委党校挂牌）

校　　长　钱晓明（2月任）

副 校 长　张宇红（女）　凌　晖　陶绮军（12月免）

区委党史工作办公室

主　　任　施国强（1月任）　沈永明（1月免）

副 主 任　寿建民

区档案馆

馆　　长　施国强（1月任）

副 馆 长　陈永康（1月任）　范红明（1月任）

区接待办公室

主　　任　徐永红

副 主 任　朱　星　祝震球　吴　芳（女）

党组书记　徐永红

党组成员　朱　星　祝震球　吴　芳（女）

区政府外事办公室（在区接待办公室挂牌）

主　　任　徐永红

副 主 任　朱　星

区融媒体中心（5月成立）

主　　任　袁　智（5月任）

总 编 辑　王　庆（5月任）

副 主 任　凌春明（5月任）　张惠平（5月任）
　　　　　刘　弋（5月任）　陈　洁（女，5月任）

党委书记　袁　智（5月任）

党委副书记　王　庆（5月任）

吴江日报社（5月撤销）

社　　长　袁　智（5月免）

总　　编　王　庆（5月免）

副 总 编　张惠平（5月免）　刘　弋（5月免）
　　　　　陈　洁（女，5月免）　刘　森（5月免）

区广播电视台（5月撤销）

台　　长　金健康（1月免）　石　荣（1月任，5月免）

副 台 长　凌春明（5月免）

苏州市高级人才太湖培训中心

主　　任　沈震松

党委书记　张志明（11月免）

副 书 记　沈震松　张　燕（女，1月任）

副 主 任　张　燕（女，1月任）　张　霞（女，11月任）

区机关事务管理中心

主　　任　张林法

副 主 任　盛玉芳（女）　王利新　吕　华（10月任）

党组书记　张林法

党组成员　盛玉芳（女）　王利新　吕　华（10月任）

区供销合作总社

理事会主任　孙小平（12月免）

理事会副主任　胡　冰（5月任）

监事会主任　王丽华（女）

区社会综合治理联动指挥中心

主　　任　王明辉（5月任）　汪晓东（5月免）

副 主 任　张利荣　冯康明　曾建宏（女，10月任）

党组书记　王明辉（5月任）　汪晓东（5月免）

党组成员　张利荣（5月任）　冯康明（5月任）

【群众团体】

区总工会

主　　席　陆　斌
副 主 席　张玉堂　程　杰（女）　赵勤妹（女）
　　　　　殷礼斌（挂职）　王卫其（兼，5月免）
　　　　　吴如其（兼）
党组书记　陆　斌
党组成员　张玉堂　程　杰（女）　赵勤妹（女）
　　　　　殷礼斌（挂职）

共青团吴江区委员会

书　　记　王鹏宇（7月任）　翁琳燕（女，5月免）
副 书 记　朱　颖（女，5月任）　施瑶绯（女，挂职）
　　　　　李冬梅（女，兼）　王鹏宇（7月免）
　　　　　高柳一（挂职，5月免）
党组书记　王鹏宇（7月任）　翁琳燕（女，5月免）
党组成员　朱　颖（女，7月任）　施瑶绯（女，挂职）
　　　　　高柳一（挂职，5月免）

区妇女联合会

主　　席　朱钰芯（女，12月任）　蔡　薇（女，12月免）
副 主 席　陆彩萍（女）　沈珺琛（女，挂职）
　　　　　胡毓芳（女，兼）　钟　艳（女，兼）
党组书记　朱钰芯（女，12月任）　蔡　薇（女，12月免）
党组成员　陆彩萍（女）　沈珺琛（女，挂职）

区工商业联合会

主　　席　沈向东
副 主 席　刘　铮（1月任）　赵　军（1月任）
　　　　　朱新荣（兼，10月免）　马鸽龙（兼，12月免）
　　　　　卞如景（1月免）
党组书记　刘　铮（1月任）
党组成员　赵　军（1月任）　卞如景（1月免）

区科学技术协会

主　　席　沈卫芳（女，1月任）　薛建国（1月免）
副 主 席　钟海涛　李　秀（女，5月任）
　　　　　杨罡昱（1月免）
党组书记　季小峰（1月任）　薛建国（1月免）
党组成员　钟海涛　李　秀（女，5月任）

区文学艺术界联合会

主　　席　孙俊良
副 主 席　凌　芬（女，12月任）　范新巍
　　　　　陈慧奋（女，12月免）
党组书记　凌　芬（女，12月任）　陈慧奋（女，12月免）
党组成员　范新巍

区归国华侨侨眷联合会

主　　席　沈永明（1月任）
副 主 席　朱爱莲（女，1月任）　朱雁鸣（女，兼）
　　　　　施清岛（兼）
党组书记　沈永明（1月任）
党组成员　朱爱莲（女）

区残疾人联合会

理 事 长　张建国
副理事长　沈建明　卜剑文（12月免）
党组书记　张建国
党组成员　沈建明　卜剑文（12月免）

区哲学社会科学界联合会

主　　席　沈伟荣（1月任）
副 主 席　黄　燕（女，7月任）

区红十字会

会　　长　王燕红（女）
常务副会长　沈小红（女，12月免）
副 会 长　杨罡昱（1月任）　邱震宇（兼，5月免）
　　　　　周　宇（兼，7月免）

【国有企业】

吴江文化旅游发展集团有限公司（7月成立）

总 经 理　吕建国（7月任）
副总经理　钱立新（7月任）　袁春中（7月任）
　　　　　庄荣金（7月任）
党委副书记　吕建国（7月任）　钱立新（7月任）

吴江旅游发展有限公司（7月撤销）

总 经 理　吕建国（7月免）
副总经理　庄荣金（7月免）
党委副书记　吕建国（7月免）

吴江酒店管理集团有限公司（7月撤销）

副总经理　钱立新（主持工作，7月免）　袁春中（7月免）
党委副书记　钱立新（7月免）

区东方国有资本投资经营有限公司

董 事 长　顾　焱
总 经 理　张彦红（女，12月任）　顾　焱（12月免）
副总经理　沈　琦　张彦红（女，12月免）
党委书记　顾　焱

苏州市融湖投资发展有限公司（5月成立）

董 事 长　顾　焱（5月任）
总 经 理　张彦红（女，5月任）
副总经理　王　斌（5月任）　钮孝炳（5月任）

党委书记　顾　焱（5月任）
党委副书记　张彦红（女，5月任）

吴江东太湖综合开发有限公司

董 事 长　许晓江
总 经 理　许晓江

吴江城乡一体化建设投资有限公司（在吴江城市投资发展有限公司挂牌）

董 事 长　许晓江
总 经 理　许晓江

吴江区市政公用集团公司

董 事 长　沈育新
总 经 理　沈育新
副总经理　徐云华（女）　沈昌寰

吴江传媒集团

董 事 长　袁　智（5月任）
副总经理　杨长辉（7月任）

吴江文化传播有限公司（7月更名为吴江智慧城市运营管理有限公司）

董 事 长　孙玲玲（女）
总 经 理　孙玲玲（女）
副总经理　包曙峰（7月任）　杨长辉（7月免）

【苏州信息职业技术学院】

副 院 长　徐国平　陈　宇（5月任）　徐　兵
党委副书记　徐国平

【驻江机构】

吴江海关

关　　长　马红兰（女）
副 关 长　王小峰　肖荣堂　许立新　顾灏明　于　洋
党委书记　马红兰（女，11月任）

吴江区税务局

局　　长　顾友成
副 局 长　戴布谷　戴建忠（7月任）　张其中　顾鹏飞
　　　　　张建民　单　虹　陈　茸　张煜铭（7月免）
党委书记　顾友成

苏州市住房公积金管理中心吴江分中心

主　　任　俞剑刚
副 主 任　金振宇　董　进（女）

区自然资源和规划局（1月成立）

局　　长　曹月见（1月任）
副 局 长　景乐平（1月任）　朱　晨（1月任）
　　　　　吴永明（1月任）　范文群（1月任）
　　　　　费坤荣（1月任）
党组书记　曹月见（1月任）
党组成员　朱红南（1月任）　景乐平（1月任）
　　　　　吴永明（1月任）　范文群（1月任）
　　　　　费坤荣（1月任）

区土地储备中心

主　　任　朱红南
副 主 任　计　芳（女）　汝小芳（女，9月任）

区国土资源局（1月撤销）

局　　长　范新元（1月免）
副 局 长　景乐平（1月免）　费坤荣（1月免）
党组书记　范新元（1月免）
党组成员　朱红南（1月免）　景乐平（1月免）
　　　　　费坤荣（1月免）　赵小明（1月免）

区规划局（1月撤销）

局　　长　史　纲（1月免）
副 局 长　朱　晨（1月免）　吴永明（1月免）
　　　　　范文群（女，1月免）
党组书记　史　纲（1月免）
党组成员　吴永明（1月免）
　　　　　范文群（女，1月免）

吴江生态环境局

局　　长　沈志勇（1月任）　蔡建忠（1月免）
副 局 长　张荣虎　宋雄英（女）　陆国祥
党组书记　沈志勇（1月任）　蔡建忠（1月免）
党组成员　张荣虎　宋雄英（女）　陆国祥

中国电信股份有限公司吴江分公司

总 经 理　沈跃明
副总经理　丁建华　徐　激　汪至正
党委书记　沈跃明

中国电信股份有限公司吴江南分公司

总 经 理　陈其东
副总经理　李　军　陈　皓

中国邮政集团公司苏州市吴江区分公司

总 经 理　高旻峰
副总经理　胥海铭　丁　斐（女）　吴梅燕（女）
党委书记　高旻峰

江苏省电力公司吴江供电公司

总 经 理　姜德宏（12月任）　张　峰（12月免）
副总经理　沈　飞（3月任）　顾马荣　钱祖建　蔡献中
　　　　　沈国民　王生强（3月免）

党委书记　沈　飞（3月任）　王生强（3月免）
党委副书记　姜德宏（12月任）　张　峰（12月免）

区气象局

局　　长　沈利洪
副 局 长　解小寒（7月任）

吴江区烟草专卖局（苏州市烟草公司吴江分公司）

局长（经理）　潘彦峰
副 经 理　张宏涛（3月任）　荆　辉（3月免）
副 局 长　李国弘

中石化吴江公司

经　　理　冯晓东

吴江盐务管理局（江苏省苏盐连锁有限公司吴江分公司）

局　长（经理）　沈保平（1月任）　王公诺（1月免）
副局长（副经理）　吴伟伟（3月任）　朱　猛（1月免）

中国人民银行吴江支行

行　　长　倪　民
副 行 长　庄学锋　余　刚（女）
党组书记　倪　民
党组成员　庄学锋　余　刚（女）

中国银行业监督管理委员会苏州监管分局吴江监管办事处

主　　任　丁　皓

吴江农村商业银行

董 事 长　魏礼亚
行　　长　庄颖杰
监 事 长　吴大刚
副 行 长　戴童毅　王春良　王明华　张亚勤（女）
　　　　　黄　迅
党委书记　魏礼亚
副 书 记　庄颖杰　吴建中

【吴江经济技术开发区】

中共吴江经济技术开发区工作委员会

书　　记　王庆华
副 书 记　李　铭　范建龙（2月任）　张伟华（7月任）
　　　　　徐晓枫（2月免）
委　　员　金建伟　查旭东　汝少峰（1月任）
　　　　　陆　斌（7月任）　陈建忠（1月免）
　　　　　邱全明（7月免）

吴江经济技术开发区管委会

主　　任　李　铭
副 主 任　范建龙（2月任）　张伟华（7月任）
　　　　　查旭东　汝少峰（1月任）　陆　斌（7月任）
　　　　　徐晓枫（2月免）　陈建忠（1月免）
　　　　　邱全明（7月免）

中共吴江经济技术开发区纪律检查工作委员会

书　　记　金建伟
副 书 记　孙广琦（5月任）　谭　燕（女，5月免）

吴江经济技术开发区监察工作委员会（在中共吴江经济技术开发区纪律检查工作委员会挂牌，5月成立）

主　　任　金建伟（5月任）
副 主 任　孙广琦（5月任）

监察室（5月撤销）

主　　任　谭　燕（女，5月免）
副 主 任　姚晨峰（5月免）

党政办公室

主　　任　金海洪（5月任）　沈建华（5月免）
副 主 任　邱劲松　薛维付（5月任）
　　　　　朱穗华（12月免）

宣传办公室（在党政办公室挂牌）

主　　任　金海洪（5月任）

机关党委（在党政办公室挂牌）

专职副书记　徐武强

招商局

局　　长　徐惠林（5月任）　郑　屹（5月免）
副 局 长　肖剑英　金尖锋（5月任）　王蔚农（6月免）

建设局

局　　长　吴建林
副 局 长　王　玲（女，聘）　焦晓锋（聘）　卢勤凤

财政和资产管理局

局　　长　李美珍（女）
副 局 长　韩雪峰　许海根　蒋海燕（女）

组织人事和社会保障局

局　　长　吴晓萍（女，5月任）　华　磊（5月免）
副 局 长　周金林　秦春芳（女，10月任）
　　　　　蔡绍广（5月免）

非公有制企业和社会组织委员会（在组织人事和社会保障局挂牌）

书　　记　吴晓萍（女，5月任）　华　磊（5月免）
副 书 记　蔡绍广（5月免）

经济发展局

局　　长　郑　屹（5月任）　颜有明（5月免）
副 局 长　赵小明（5月任）　曹耀志　沈国忠
　　　　　褚德华（挂职，10月任）
　　　　　於　峰（挂职，10月任）

应急管理局(在经济发展局挂牌)

局　　长　郑　屹(5月任)

副 局 长　沈国忠

生态环境局(在经济发展局挂牌)

局　　长　郑　屹(5月任)

安全生产监督管理局(5月撤销)

局　　长　颜有明(5月免)

副 局 长　肖明华(兼,5月免)　沈国忠(5月免)

吴江现代农业产业园区管理办公室

主　　任　沈芳芳(女,5月任)

副 主 任　苏天方(5月任)

农村党委(5月撤销)

副 书 记　华　磊(兼,5月免)　蒋剑虹(兼,5月免)
　　　　　沈芳芳(女,兼,5月免)
　　　　　苏静英(女,兼,5月免)

政法和社会管理办公室(5月撤销)

主　　任　沈芳芳(女,5月免)

副 主 任　沈　晓(5月免)　计红华(5月免)

综合执法局(5月撤销)

局　　长　沈芳芳(女,5月免)

副 局 长　沈　晓(5月免)

农村发展局(6月撤销)

局　　长　蒋剑虹(5月免)

副 局 长　陈国云(5月免)　顾海兵(5月免)
　　　　　苏天方(5月免)

科技局

局　　长　朱国华(12月任)　朱钰芯(女,12月免)

副 局 长　王蔚农(5月任)　沈　彬(女,5月免)
　　　　　何志勇(挂职,10月任)

行政审批局

局　　长　苏静英(女,5月任)

副 局 长　吕　扬(5月任)　蒋卫群(5月任)
　　　　　胡靖云(女,5月任)

社会事业局(5月撤销)

局　　长　苏静英(女,5月免)

副 局 长　吕　扬(5月免)

吴江综合保税区管理局

局　　长　肖明华(5月任)　沈建华(6月免)

副 局 长　顾　华　李美新(女,5月任)

吴江经济技术开发区发展总公司

董 事 长　王　净(女)

总 经 理　王　净(女)

副总经理　徐　浩　庄志强　朱　晴(女)　范　宏

【江苏省汾湖高新技术产业开发区(黎里镇)】

中共江苏省汾湖高新技术产业开发区工作委员会

副 书 记　吴　琦

委　　员　沈伟江　沈健民　邓运华　陈　琦(女)
　　　　　陈朝林(1月任)　石　荣(7月免)

江苏省汾湖高新技术产业开发区管委会

主　　任　吴　琦

副 主 任　沈伟江　沈健民　陈　琦(女)
　　　　　陈朝林(1月任)　陈志毅(挂职,8月免)
　　　　　石　荣(7月免)

中共江苏省汾湖高新技术产业开发区纪律检查工作委员会

书　　记　邓运华

副 书 记　沈红梅(女)

汾湖高新技术产业开发区监察工作委员会(在中共江苏省汾湖高新技术产业开发区纪律检查工作委员会挂牌,5月成立)

主　　任　邓运华(5月任)

副 主 任　沈红梅(女,5月任)

监察室(5月撤销)

主　　任　沈红梅(女,5月免)

副 主 任　陈福根(5月免)

党政办公室

主　　任　徐炳华(7月任)　孙广琦(1月免)

副 主 任　金　骏　吴文骏(7月免)

招商局

局　　长　陈之茂

副 局 长　李　江　陈月红(女)　张　明

服务业发展局(在招商局挂牌)

局　　长　陈之茂

副 局 长　李　江　陈月红(女)　张　明

建设局

局　　长　姚　俊(1月任)

副 局 长　戴园新　沈建中　吴月芳(女)
　　　　　徐永明(10月任)　姚　俊(1月免)
　　　　　唐伯文(挂职,8月免)

财政局

局　　长　陈雁萍(女)

副 局 长　苏向东

组织人事劳动局

局　　长　吴文骏(5月任)　施建中(1月免)

副 局 长　周　强　何伟刚

非公有制企业和社会组织委员会（在组织人事劳动局挂牌）

书　　记　吴文骏（兼，5月任）　施建中（兼，1月免）

经济发展局

局　　长　吴伟斌

副 局 长　姚伟中　夏建明　薛忠营（挂职，8月免）
　　　　　董善亮（挂职，8月任）　叶卫和（12月免）
　　　　　陈志刚（5月免）

科技局（在经济发展局挂牌）

局　　长　吴伟斌

副 局 长　薛忠营（挂职，8月免）　董善亮（挂职，8月任）

安全生产监督管理和环境保护局

局　　长　吴伟斌（5月免）

副 局 长　陈志刚（兼，5月免）　陆　飞（5月免）

社会事业局

局　　长　袁　奕（女）

副 局 长　张洪蛟　张卫勤（女）　陈志刚（5月任）
　　　　　吴岳芳　梅海华（5月免）

农村工作局

局　　长　周　宇（7月任）　陈雪荣（7月免）

副 局 长　张建新　张卫东　沈建兴（6月任）
　　　　　陈晓春　胡　冰（5月免）

农村工作党委（5月撤销）

副 书 记　施建中（兼，1月免）　陈雪荣（兼，5月免）

政法和社会管理办公室

主　　任　杨　勇

副 主 任　吴晓平　沈建兴（6月免）

综合执法局（在政法和社会管理办公室挂牌）

局　　长　杨　勇

副 局 长　陆　飞　梅海华（5月任）　吴晓平（5月任）

生态环境局（在政法和社会管理办公室挂牌）

局　　长　杨　勇（5月任）

副 局 长　吴晓平（5月任）

应急管理局（在政法和社会管理办公室挂牌）

局　　长　杨　勇（5月任）

副 局 长　陆　飞（5月任）

苏州汾湖投资集团有限公司

董 事 长　杨亚峰

总 经 理　杨亚峰

副总经理　包玲英（女）　陈卫秋

黎里古镇保护开发管理委员会

党委书记　陈　琦（兼，10月任）　石　荣（兼，1月免）

副 书 记　张育英（女，12月任）　凌　芬（女，12月免）

主　　任　张育英（女，12月任）　凌　芬（女，12月免）

副 主 任　徐小龙　李淑赟（女）　陆向忠

中共黎里镇委员会

书　　记　吴　琦

副 书 记　沈伟江

委　　员　沈健民　邓运华　陈　琦（女，5月任）
　　　　　陈朝林（1月任）　孙　虹（女）　吴伟斌
　　　　　姚　俊　沈红梅（女，5月任）　吴文骏（5月任）
　　　　　周　宇（7月任）　石　荣（1月免）
　　　　　施建中（1月免）　孙广琦（1月免）
　　　　　陈雪荣（7月免）

黎里镇人大

主　　席　孙　虹（女）

副 主 席　凌刚强

黎里镇人民政府

镇　　长　沈伟江

副 镇 长　陈雁萍（女）　袁　奕（女）　陈之茂

政协黎里镇工作委员会

主　　任　徐炳华（兼，10月任）　吴文骏（5月免）

副 主 任　金　骏（兼，10月任）　金　骏（5月免）

【盛泽镇（江苏吴江高新技术产业园区［筹］）】

中共盛泽镇委员会

书　　记　王益冰（2月任）　范建龙（2月免）

副 书 记　吕伟峰　赵菊观　张建华　范建光（5月免）

委　　员　钱永高　吴伟红　朱晓斌　陈瑞江
　　　　　吴文青（女）　王　君（1月任）
　　　　　林小林（7月任）
　　　　　沈跃华（5月免）

盛泽镇人大

主　　席　赵菊观

副 主 席　杨晓华

盛泽镇人民政府

镇　　长　吕伟峰

副 镇 长　沈钰方　姚文明　吴利根　徐永泉
　　　　　宗　亮（5月任）

政协盛泽镇工作委员会

主　　任　王　君（兼，10月任）

副 主 任　顾建兵（兼，10月任）　王　君（5月免）

盛泽镇纪律检查工作委员会

书　　记　朱晓斌（7月任）　范建光（5月免）

副 书 记　朱晓斌（7月免）

中共江苏吴江高新技术产业园区（筹）工作委员会

书　　记　王益冰（3月任）　范建龙（3月免）

副 书 记　吕伟峰

委　　员　赵菊观　张建华

江苏吴江高新技术产业园区（筹）管委会

主　　任　吕伟峰

副 主 任　赵菊观　张建华

监察室（5月撤销）

主　　任　朱晓斌（7月免）

党政办公室

主　　任　王　君（1月任）

副 主 任　顾建兵　周　蕾（11月任）

王　君（主持工作，1月免）　马天琦（11月免）

组织人事和社会保障局

局　　长　吴伟红

副 局 长　金　华　周　磊（5月任）　邱建忠（5月免）

政法和社会管理办公室

主　　任　林小林

副 主 任　洪　亮　邱玉明（12月免）

应急管理局（在政法和社会管理办公室挂牌，5月成立）

局　　长　林小林（7月任）

安全生产监督管理局（5月撤销）

局　　长　林小林（7月免）

经济发展和改革局

局　　长　宗　亮（5月任）　沈跃华（5月免）

副 局 长　焦　蛟（10月任）　孙健华（12月免）

胡琴芳（女，10月免）

刘洪玲（女，挂职，8月免）

陈　怡（女，挂职，8月任）

服务业发展局（在经济发展和改革局挂牌）

局　　长　宗　亮（5月任）　沈跃华（5月免）

副 局 长　孙健华（12月免）

科技局（在经济发展和改革局挂牌）

局　　长　宗　亮（5月任）　沈跃华（5月免）

副 局 长　陈　怡（女，挂职，8月任）

刘洪玲（女，挂职，8月免）

招商局（在经济发展和改革局挂牌）

局　　长　宗　亮（5月任）　沈跃华（5月免）

财政和资产管理局

局　　长　沈钰方

副 局 长　杨沛超（女，5月任）　翁培红（女，5月免）

吴海荣（10月免）

建设局

局　　长　姚文明

副 局 长　王宇清　邱耀平（1月任）　华钰林（10月任）

吴文青（女，1月免）

社会事业局

局　　长　吴文青（女，1月任）

副 局 长　计丽华（女）　陈　忠（11月免）

农村工作局

局　　长　钱永高

副 局 长　陈建荣　田栋卿（1月任）　何海华（1月免）

综合执法局

局　　长　徐永泉

副 局 长　施　荣　赵　翔　沈钰峰（7月任）

田　园（挂职，3月任）

行政服务局

局　　长　吴利根

副 局 长　何海华（1月任）　卜　燚　田栋卿（1月免）

江苏盛泽投资有限公司

总 经 理　罗玉坤

副总经理　陈　建（女）

中共中国东方丝绸市场工作委员会

书　　记　王益冰（2月任）　范建龙（2月免）

副 书 记　张建华　吕伟峰　范建光（5月免）

中国东方丝绸市场管委会

主　　任　张建华

中共中国东方丝绸市场纪律检查工作委员会

书　　记　朱晓斌（7月任）　范建光（5月免）

东方丝绸市场管理办公室

主　　任　孙健华（12月任）　胡伟彪（12月免）

副 主 任　陆子平　张　雷（5月任）

【东太湖生态旅游度假区（太湖新城）】

中共吴江东太湖生态旅游度假区（太湖新城）工作委员会

书　　记　高建民

副 书 记　邱全明（7月任）　金伟华（1月免）

委　　员　钮小平　吴云为

朱雪忠　沈建华（5月任）

解　冻（5月任）

吴江东太湖生态旅游度假区（太湖新城）管委会

主　　任　邱全明（8月任）　金伟华（1月免）

副 主 任　钮小平　吴云为　朱雪忠　沈建华（5月任）

中共吴江东太湖生态旅游度假区（太湖新城）纪律检查工作委员会

书　　记　解　冻（5月任）

副 书 记　黄晓林（5月任）

吴江东太湖生态旅游度假区（太湖新城）监察工作委员会（中共吴江东太湖生态旅游度假区（太湖新城）纪律检查工作委员会，5月建立）

主　　任　解　冻（5月任）

副 主 任　黄晓林（5月任）

监察室（5月撤销）

副 主 任　唐建林（5月免）　张国平（5月免）

党政办公室

主　　任　徐文磊

副 主 任　高杏林（5月任）　曹　莉（女，10月任）
　　　　　周　蕾（女，5月免）　王娟美（女，5月免）
　　　　　宋　莲（女，5月免）

组织人事和社会保障局（5月更名）

局　　长　谭　燕（女，5月任）　吴晓萍（女，5月免）

副 局 长　游余根　万　能

经济发展局

局　　长　陈建刚

副 局 长　王小寒（女，5月任）　金　枫
　　　　　袁哲俊（10月任）　沈宏伟（5月免）
　　　　　朱新峰（挂职，6月免）

应急管理局（在经济发展局挂牌）

局　　长　陈建刚（5月任）

生态环境局（在经济发展局挂牌）

局　　长　陈建刚（5月任）

招商局（在经济发展局挂牌）

局　　长　陈建刚（5月任）

副 局 长　黄　波（5月免）　王小寒（女，5月免）
　　　　　郑国英（女，5月免）

建设局

局　　长　陈小华

副 局 长　张　剑　胡迎东　丁　明（5月免）
　　　　　朱旭东（5月免）

社会事业局（5月撤销）

局　　长　曹吉华（5月免）

副 局 长　何金皓（5月免）　朱林芳（5月免）

农村工作局（5月撤销）

局　　长　朱雪忠（5月免）

副 局 长　杨伟泉（5月免）　张　杰（5月免）

综合执法局（5月撤销）

局　　长　王雪良（1月免）

副 局 长　赵　军　高杏林（5月免）　赵粉强（5月免）

财政和资产管理局（5月更名）

局　　长　李苏雷

副 局 长　翁培红（女，5月任）　严桂兰（女）

文体旅游局（5月成立）

局　　长　宋　涛（5月任）

副 局 长　吕继平（5月任）　张　杰（5月任）

综合协调办（在文体旅游局挂牌，5月成立）

主　　任　宋　涛（5月任）

吴江滨湖投资集团有限公司

董 事 长　张中军

总 经 理　谢耀方

副总经理　李　民　王丽英（女）

党委书记　张中军

吴江项目建设管理有限公司

董 事 长　陆　欣

总 经 理　周长吉

副总经理　吴斌华　杜　静（女）

【镇】

中共七都镇委员会

书　　记　肖　军

副 书 记　王　炜　张建平　张惠忠（11月任）
　　　　　刘金平（11月免）

委　　员　凌　云（女）　曹云平　龚　洁（女，5月任）
　　　　　钱志强　倪凤林（5月任）　孙坚真

七都镇人大

主　　席　沈宏彪

副 主 席　凌　云（女，兼）

七都镇人民政府

镇　　长　王　炜

副 镇 长　王志萍（女）　陆伟祺　沈娟萍（女）　梅　峰
　　　　　朱　颖（女，挂职，5月免）　张惠忠（11月免）

政协七都镇工作委员会

主　　任　张建平（兼，10月任）

副 主 任　倪凤林（兼，10月任）
　　　　　钱志强（5月免）

中共桃源镇委员会

书　　记　沈卫林（11月任）　沈建兴（11月免）

副 书 记　吕　剑（11月任）　邱学兴

胡琴芳(女,10月任) 沈卫林(11月免)
张一斌(10月免)

委　　员 邱建忠(5月任) 王国豪 柳　楠(5月任)
钱明华 卢灿发 张玉衡 夏国强(5月免)

桃源镇人大

主　　席 沈伟勇

副 主 席 邱建忠(兼,5月任) 夏国强(兼,5月免)

桃源镇人民政府

镇　　长 吕　剑(11月任) 沈卫林(11月免)

副 镇 长 汝文英(女) 吴永方 余诚康
陆　艳(女,5月任) 张玉衡 柳　楠(5月免)

政协桃源镇工作委员会

主　　任 邱学兴(兼,10月任)

副 主 任 柳　楠(兼,10月任) 钱明华(5月免)

中共震泽镇委员会

书　　记 顾　全(5月任) 陈　琦(女,5月免)

副 书 记 沈俊霞(女,5月任) 顾　全(5月免)
沈小林(5月任) 邱震宇(5月任)
史　纲(5月免) 金海洪(3月免)

委　　员 陈若峰 刘　亚(5月任) 孙　忠(7月任)
沈国强 汤伟忠 董芳芳(女)
翁育松 俞玉忠(8月免)

震泽镇人大

主　　席 周根表

副 主 席 刘　亚(兼,5月任)

震泽镇人民政府

镇　　长 沈俊霞(女,5月任) 顾　全(5月免)

副 镇 长 陈若峰(5月任) 黄立峰 卢斌煜
徐　健 瞿东一 高柳一(5月任)
龚　洁(女,5月免) 沈小林(5月免)

政协震泽镇工作委员会

主　　任 沈小林(兼,10月任)

副 主 任 汤伟忠(兼,10月任) 汤伟忠(5月免)

中共平望镇委员会

书　　记 沈春荣

副 书 记 戴　丹(女) 顾　艳(女) 刘金平(11月任)
吴　誌(11月免)

委　　员 张　晖 叶　丹 葛伟星 吴雁预
仲玉琴(女) 石伟林 吴国祥

平望镇人大

主　　席 沈　琼(5月任) 解　冻(5月免)

副 主 席 叶　丹

平望镇人民政府

镇　　长 戴　丹(女)

副 镇 长 张　晖 顾永强 方贤实(女) 吴海峰
顾鸿斌 吴建辉(7月免) 孙　波(12月免)

政协平望镇工作委员会

主　　任 顾　艳(女,兼,11月任)
吴　誌(兼,10月任,11月免)

副 主 任 仲玉琴(女,兼,10月任) 仲玉琴(女,5月免)

中共同里镇委员会

书　　记 史　纲(5月任) 徐晓枫(2月免)

副 书 记 汪晓东(5月任) 姚晨峰(5月任)
邱全明(5月免) 金建伟(5月免)

委　　员 史　纲(5月任) 汪晓东(5月任)
姚晨峰(5月任) 陈凤兰(女)
陈　园(女,5月任) 樊春琦(5月任,12月免)
陶蓉芳(女,5月任) 徐晓枫(2月免)
沈建华(5月免) 邱全明(5月免)
金建伟(5月免) 查旭东(5月免)
华　磊(5月免) 蒋剑虹(5月免)
沈芳芳(女,5月免) 谭　燕(女,5月免)

同里镇人大

主　　席 陈凤兰(女)

副 主 席 朱建华

同里镇人民政府

镇　　长 汪晓东(5月任) 邱全明(5月免)

副 镇 长 陈　园(女,5月任) 顾海兵(5月任)
计红华(5月任) 史大林(7月任)
周佳雨(挂职,5月任) 颜有明(5月免)
吴建林(5月免) 朱饪芯(女,5月免)
郑　屹(5月免)

政协同里镇工作委员会

主　　任 姚晨峰(兼,10月任) 徐武强(5月免)

副 主 任 陈　园(女,兼,10月任)
胡靖云(女,5月免)

同里古镇保护管理委员会(5月撤销)

副 主 任 任苏俊(5月免) 陈　园(女,5月免)
蒋卫群(5月免)
肖明华(5月免)

【街道】

中共苏州市吴江区松陵街道工作委员会

书　　记 华　磊(5月任)

副 书 记　沈跃华（5月任）　钮国民（5月任）
委　　员　赵建英（女，5月任）　张国平（5月任）

区人大常委会松陵街道工作委员会

主　　任　曹吉华（5月任）
副 主 任　赵建英（女，7月任）

区政协松陵街道工作委员会

主　　任　钮国民（兼，10月任）
副 主 任　赵建英（女，兼，10月任）

苏州市吴江区松陵街道办事处

主　　任　沈跃华（5月任）
副 主 任　朱金明（5月任，12月免）　沈宏伟（5月任）
　　　　　赵粉强（5月任）　蒋晶伟（10月任）

中共苏州市吴江区江陵街道工作委员会（5月设立）

书　　记　蒋剑虹（5月任）
副 书 记　翁琳燕（女，5月任）　沈　彬（女，5月任）
委　　员　陈国云（5月任，12月免）　沈　晓（5月任）
　　　　　胡卫娟（女，5月任）　沈　斌（11月任）
　　　　　李　俊（女，11月任）

区人大常委会江陵街道工作委员会（5月设立）

主　　任　李宁宇（女，6月任）
副 主 任　陈国云（7月任，12月免）

苏州市吴江区江陵街道办事处（5月设立）

主　　任　翁琳燕（女，5月任）
副 主 任　吴纪峰（5月任）　倪红英（女，5月任）
　　　　　张凌健（10月任）　马志平（11月任）

区政协江陵街道工作委员会（5月设立）

主　　任　沈　彬（女，兼，10月任）
副 主 任　沈　晓（兼，10月任）

中共苏州市吴江区横扇街道工作委员会

书　　记　丁　明（5月任）
副 书 记　宋　莲（女，5月任）　周　蕾（女，5月任）
委　　员　黄　波（5月任）　黄晓林（5月任）
　　　　　吴为民（7月任）

区人大常委会横扇街道工作委员会

主　　任　徐利明（女，11月任）
副 主 任　周　蕾（女，7月任）

苏州市吴江区横扇街道办事处

主　　任　宋　莲（女，5月任）
副 主 任　江献明（5月任）　朱林芳（5月任）
　　　　　陈剑峰（10月任）　陈文华（女，11月任）

区政协横扇街道工作委员会

主　　任　周　蕾（女，兼，10月任）
副 主 任　黄　波（兼，10月任）

中共苏州市吴江区八坼街道工作委员会

书　　记　夏国强（5月任）
副 书 记　李静宇（女，5月任）　凌　强（5月任）
委　　员　唐建林（5月任）　杨伟泉（5月任）

区人大常委会八坼街道工作委员会

主　　任　胡晓耀（女，5月任）
副 主 任　凌　强（7月任）

苏州市吴江区八坼街道办事处

主　　任　李静宇（女，5月任）
副 主 任　朱旭东（5月任，12月免）
　　　　　何金皓（女，5月任）　郑国英（女，10月任）
　　　　　李宗国（10月任）

区政协八坼街道工作委员会

主 任　凌　强（兼，10月任）
副主任　杨伟泉（兼，10月任）

（本栏编辑　沈　瑶）

中共苏州市吴江区委

综　述

【概况】2019年，中共苏州市吴江区委坚持以习近平新时代中国特色社会主义思想为指导，积极践行新发展理念，坚持以示范区建设为主线，明确打造"创新湖区"、建设"乐居之城"的发展定位，提出勇当"先遣队"、勇做"领头羊"，快上新台阶的奋斗目标。全年实现地区生产总值1958.16亿元，比2018年（下同）增长5.7%；一般公共预算收入223.1亿元，增长10%；工业总产值4500亿元，其中规模以上工业总产值3626.36亿元，增长0.4%；全社会固定资产投资583.81亿元，增长1.7%；进出口总额210.91亿美元，下降7.9%；主要经济指标运行在合理区间。发展成效体现在六个"持续"：一是融合进程持续提速。研究制定《吴江区建设长三角生态绿色一体化发展示范区实施方案》，编制一体化背景下吴江空间和产业规划。强化与青浦、嘉善协同协作，在产业协同、交通互联、生态共保、服务共享等方面形成一批合作成果。全力推进汾湖高新区先行启动区建设，成立苏州市融湖投资发展有限公司，开展苏州南站枢纽及周边地区城市设计研究。与泗阳共建10平方公里产业合作园区，发展新型"飞地经济"。二是经济质效持续向好。全力推动产业层次、综合实力向更高水平攀升。出台《关于促进全区民营经济高质量发展的意见》，建立服务民营企业"三项制度"，优化营商环境。举办深圳、上海、北京等系列招商推介活动，引入一批优质项目。智能工业完成投资110亿元，先进功能纤维创新中心获批全省首家国家级制造业创新中心。跻身2019年中国创新百强区前三名。三是改革攻坚持续突破。党政机构改革任务顺利完成，基层管理体制改革和事业单位改革持续深化。"一窗受理、全科服务"政务服务模式全面运行，"不见面审批""证照分离""一件事"套餐服务等试点卓有成效。社会综合治理网格矛盾多元调解平台上线运行，创新实施"网格+警格"联动融合机制。四是城乡面貌持续改善。完成中心城区行政管理体制改革和区划调整，行政架构优化、效能提升。一批高端配套项目竣工投用，城市功能更加现代。着力打造"中国·江村"乡村振兴示范区，"一带一区一群"等示范项目扎实推进。全面实施农村人居环境整治，生态更加宜居。深入开展"三治""三优三保"*等工作，完成治违拆旧948.7公顷。五是民生福祉持续增进。城乡居民人均可支配收入增长8.6%。一批新校投入使用，新增学位8000余个，高考本一上线率创历史新高。医联体建设深入推进，苏州市第九人民医院、吴江区儿童医院投入使用。医保体系融入苏州实现双向刷卡。文明城市建设不断深化。高度重视安全生产，全区安全生产形势总体平稳。六是党的建设持续加强。坚决扛起管党治党政治责任，扎实开展“不忘初心、牢记使命”主题教育。严格落实意识形态工作责任制。配合省委实施乡村振兴战略专项巡视，认真开展三轮常规巡察和两轮对村（社区）专项巡察，充分运用监督执纪“四种形态”，保持惩治腐败高压态势。（金　伟）

【区第十三届党代会第五次会议】 中国共产党苏州市吴江区第十三届代表大会第五次会议，于2019年12月29日在吴江举行。

大会听取并审议通过王庆华同志代表中共苏州市吴江区第十三届委员会所作的《凝聚“两勇一快”力量，攻坚“六大提升行动”，用奋斗书写“创新湖区”“乐居之城”新篇章》的工作报告，审议通过中共苏州市吴江区纪律检查委员会《忠诚履职担当，服务“两勇一快”，为打造“创新湖区”“乐居之城”提供坚强保障》的工作报告。

大会充分肯定2019年区委工作和全区经济社会发展取得的成绩。一致认为，2019年以来，区委坚持以习近平新时代中国特色社会主义思想为指导，积极践行新发展理念，紧扣打造“创新湖区”、建设“乐居之城”发展定位，咬定勇当“先遣队”、勇做“领头羊”，快上新台阶奋斗目标，狠抓当前保增长、促发展，着眼长远强动力、增后劲，经济社会发展各方面取得新成效。

大会同意区委提出的2020年全区工作总体要求和主要预期目标，要求以习近平新时代中国特色社会主义思想为指导，全面贯彻党的十九大和十九届二中、三中、四中全会精神，对标总书记对江苏工作重要讲话指示，深入贯彻中央经济工作会议、省委十三届七次全会、市委十二届九次全会精神，坚持稳中求进工作总基调，坚持贯彻新发展理念，坚持深化改革扩大开放，加快推进长三角生态绿色一体化发展示范区建设，勇当“先遣队”、勇做“领头羊”，全力打造“创新湖区”、建设“乐居之城”，乘势推动吴江高质量发展快上新台阶，确保高水平全面建成小康社会和“十三五”规划圆满收官，推动“强富美高”*新吴江建设不断取得新成果，开启基本实现现代化建设新征程。

大会要求，2020年着重做好五个方面工作：一是完善制度体系，推动治理能力快上新台阶。认真贯彻落实党的十九届四中全会精神，聚焦制度完善、机制创新，不断提升治理体系和治理能力现代化水平。二是强化产业支撑，推动经济发展快上新台阶。坚持“产业强区”主导战略，牢牢抓住实体经济这个根本，加速构建更具区域带动力和国际竞争力的现代产业体系。三是优化人居环境，推动城乡品质快上新台阶。紧扣“乐居之城”发展定位，做大做强城镇、做优做美乡村，推动形成城乡互促并进、区域互动发展的良好格局。四是坚持守正创新，推动文化文明快上新台阶。深挖整合区域优势文化资源，全面提升市民文明素质和社会文明程度，为高质量发展提供强大的价值引导力、文化凝聚力和精神推动力。五是聚焦共建共享，推动民生福祉快上新台阶。坚持以人民为中心，持续加大民生实事投入，千方百计促民富、增民享、解民忧，不断提升群众获得感、幸福感、安全感。

大会强调，要坚持党建引领强动能，激发新时代吴江干部队伍新作为。全区各级党组织和广大党员干部要把“不忘初心、牢记使命”作为加强党的建设的永恒课题，凝聚解放思想再出发的强大共识，扛起真抓实改再深化的政治责任，建强攻坚克难再奋进的战斗堡垒，营造正风肃纪再加强的清朗环境，共创激情燃烧、干事创业的火红年代。

大会充分肯定区纪委一年来的工作，同意区纪委提出的2020年工作建议，要求推进政治监督具体化常态化，进一步发挥政治保障作用；一体推进“三不”机制建设，进一步深化标本兼治；理顺工作机制，进一步推动“四个监督”统筹协调；坚持严管厚爱，进一步营造干事创业良好环境；加强自身建设，进一步打造高素质专业化干部队伍。

大会开展党代表提案工作，审议通过列入大会议题的《关于大力支持汾湖高新区（黎里镇）加快一体化示范区先行启动区建设的提案》《关于进一步优化营商环境的提案》等重点提案，作出相关决议。

大会号召，全区各级党组织、广大党员干部群众，要更加紧密地团结在以习近平同志为核心的党中央周围，不忘初心、牢记使命，攻坚克难、真抓实干，勇闯长三角生态绿色一体化发展示范区建设新路，乘势推动吴江高质量发展快上新台阶，用奋斗书写“创新湖区”“乐居之城”新篇章！（沈晨曦）

【区委十三届十五次全体会议】中国共产党苏州市吴江区第十三届委员会第十五次全体会议，于2019年7月27日在吴江举行。区委常委会主持会议。出席会议的区委委员31名，候补委员6名。区纪委委员、有关方面负责同志、区十三届党代会部分基层代表列席会议。

全会以习近平新时代中国特色社会主义思想为指导，全面落实党的十九大和十九届二中、三中全会精神，牢牢把握中央和省委、市委全会要求，总结上半年工作，研判当前形势，部署下半年任务，动员全区上下聚焦高质量发展主题，聚力一体化发展机遇，着眼长远绘蓝图，狠抓当前促发展，顺势而为、借势而进、乘势而上，在更高起点上开创吴江高质量发展新局面。

全会认为，2019年以来，全区上下在习近平新时代中国特色社会主义思想指引下，按照中央和省委、市委决策部署，坚持稳中求进工作总基调，深入践行新发展理念，积极融入长三角更高质量一体化发展，经济发展的质效稳步提升、改革创新的动能持续释放、美丽宜居的品质加速彰显、富民惠民的成果更加厚实、党建工作的质量不断提高，全区高质量发展保持良好态势。

全会强调，要深入贯彻习近平总书记关于长三角一体化发展的重要讲话和重要指示批示精神，紧扣“一体化”和“高质量”两个关键，树立“一体化”意识和“一盘棋”思想，准确把握“一极三区一高地”战略定位，系统谋划长三角生态绿色一体化发展示范区建设。紧密结合吴江实际，充分发挥自身比较优势，谋定而动、主动作为，以新发展理念引领发展方向，以空间产业规划勾勒发展蓝图，以协作协同机制筑牢发展支撑，以高显示度项目打造发展引擎，以系统化思维破解发展瓶颈，在推进长三角一体化发展的历史使命中展现吴江价值和担当，全力打造“创新湖区”、建设“乐居之城”，争当贯彻新发展理念的引领区、一体化发展的标杆区、高质量发展的样板区。

全会要求，要突出重点、狠抓落实，确保完成年度各项目标任务，推动全区高质量发展走在前列。要着力在推动转型升级上迈出新步伐。更加注重实体经济发展、更加突出企业主体地位、更加强化政府服务保障，推动经济发展稳中有进、稳中有新、稳中有为。要着力在深化改革创新上实现新突破。增强改革集成效应、提高资源配置效率、优化创新生态效能，解决深层次矛盾和结构性问题。要着力在提升城乡品质上追求新高度。加快提升城市能级、加快推进乡村振兴、加快改善生态环境，让城乡更加精致精美。要着力在增进民生福祉上创造新成果。重服务补短板、重富民促增收、重和谐优治理，切切实实把改革发展成果转化为群众的获得感、幸福感、安全感。要着力在建设文化强区上打造新亮点。强化意识形态责任、打造特色文化品牌、促进文旅深度融合，促进文化事业全面繁荣、文化产业快速发展。

全会指出，要扎实开展“不忘初心、牢记使命”主题教育，全面加强党的政治建设，坚决扛起巡视整改主体责任，持续深化思想解放，着力夯实基层基础，持之以恒正风肃纪，真正把初心和使命转化为党员干部锐意进取、开拓创新的精气神和埋头苦干、真抓实干的自觉行动，为打造“创新湖区”、建设“乐居之城”，推动高质量发展走在前列提供根本保证。

全会号召，要紧密团结在以习近平同志为核心的党中央周围，提升站位、精准定位，勇担更大的使命和责任，以“目标在前、重任在肩，时不我待、只争朝夕”的姿态，绘好国家战略“大写意”，作好吴江特色“工笔画”，确保完成全年各项目标任务，以更加优异的成绩向新中国成立70周年献礼！（沈晨曦）

【区委十三届十六次全体会议】中国共产党苏州市吴江区第十三届委员会第十六次全体会议，于2019年12月26日在吴江举行。本次会议应到区委委员33人，候补委员6人，实到区委委员23人，候补委员6人。区纪律检查委员会全体委员列席会议。

会议决定于2019年12月29日在吴江召开中国共产党苏州市吴江区第十三届代表大会第五次会议，会议的主要议程：一是听取和审查中国共产党苏州市吴江区第十三届委员会2019年度工作报告；二是审查中国共产党苏州市吴江区纪律检查委员会2019年度工作报告。

会议号召全区各级党组织和全体共产党员，深入学习贯彻习近平新时代中国特色社会主义思想和党的十九大、十九届二中、三中、四中全会精神，认真贯彻落实中央和省委、市委各项决策部署，抢抓长三角生态绿色一体化发展示范区建设历史机遇，围绕凝聚“两勇一快”*力量、打造“创新湖区”、建设“乐居之城”，决胜高水平全面建成小康社会，推动思想再解放、开放再出发、目标再攀高，以优异成绩迎接区第十三届党代会第五次会议的胜利召开！（沈晨曦）

【其他重要会议】 2019年1月28日，吴江区机构改革动员部署会议召开，就组织实施全区机构改革工作进行动员部署。区委书记王庆华在会上强调，要按照党中央决策部署和省委、市委要求，把坚持和加强党的全面领导贯穿机构改革始终，统一思想、提高认识，把握要求、突出重点，加强领导、周密组织，强化“统”的意识，对标“改”的任务，严明“限”的约束，确保圆满完成全区深化机构改革任务。

2019年3月12日，省委第八巡视组对吴江区开展实施乡村振兴战略专项巡视工作动员会召开。会前，省委第八巡视组向区委书记王庆华传达省委书记娄勤俭近期关于巡视工作讲话指示精神，通报有关工作安排。会上，省委常委、苏州市委书记周乃翔就吴江区委接受巡视监督、配合和支持巡视工作提出要求，省委第八巡视组组长张兆江就实施乡村振兴战略专项巡视工作作讲话，并就配合做好巡视工作提出要求。区委书记王庆华主持会议并作表态发言。

2019年3月19日，吴江区2019年全国文明城市建设工作推进大会召开，就动员全区广大干部群众积极参与全国文明城市建设作出部署。区委书记王庆华在会上强调，要提高站位，增强建设文明城市责任感紧迫感；直面挑战，打好建设文明城市攻坚战持久战；勇于担当，形成建设文明城市有效工作合力。

2019年4月11日，吴江区乡村振兴工作会议召开，就全区贯彻落实乡村振兴战略、实现各项目标任务作出部署。区委书记王庆华在会上强调，全区上下要坚持农业农村优先发展，对标“三农”工作基本任务和乡村振兴战略目标，抓重点、补短板、强基础，加快农业农村现代化步伐，打造乡村振兴吴江样板。

2019年5月21日，吴江区新时代文明实践中心建设大会召开，就全区新时代文明实践中心（所、站）建设工作出部署。区委书记、区新时代文明实践中心主任王庆华在会上强调，新时代文明实践中心建设的号角已经吹响，全区上下要以习近平新时代中国特色社会主义思想为指导，以高度的责任感和使命感，积极探索、勇于创新，全力打通宣传群众、教育群众、服务群众的“最后一公里”。

2019年6月17日，吴江区中心城区行政体制改革和行政区划调整宣布大会召开，正式公布吴江中心城区行政体制改革和行政区划调整方案。区委书记王庆华在会上强调，全区上下要坚持以习近平新时代中国特色社会主义思想为指导，牢牢把握长三角一体化发展上升为国家战略的历史机遇，锐意进取、扎实工作，确保中心城区行政体制改革和行政区划调整顺利实施。

2019年9月9日，吴江区教育大会召开，会议在向广大教育工作者送上节日问候和美好祝愿的同时，就全区下一阶段的教育工作进行部署。区委书记王庆华在会上强调，全区上下要凝聚“教育名区”建设共识，全面落实教育优先发展战略，不断深化教育领域综合改革，齐心协力把教育各项工作落实落细。

2019年9月12日，吴江区“不忘初心、牢记使命”主题教育动员大会召开，就全区开展主题教育进行动员部署。区委书记、区委主题教育领导小组组长王庆华在会上强调，要深刻领会习近平总书记重要讲话精神，切实增强开展主题教育的责任感使命感；把握目标任务，立足实际落实主题教育各项要求；落实重点措施，抓住关键推动主题教育有序开展；加强组织领导，以上率下确保主题教育取得实效；以更加饱满的政治热情、更加强烈的责任担当、更加务实的工作举措，落实好主题教育各项要求任务。

2019年11月9日，吴江区“勇当先遣队、勇做领头羊，快上新台阶”动员大会召开，就全区努力走在示范区建设最前列，乘势推动高质量发展快上新台阶进行动员部署。区委书记王庆华在会上强调，全区上下要思想再解放、开放再出发、目标再攀高，再掀比学赶超、争先进位的热潮，乘势推动吴江高质量发展开启新征程、快上新台阶。要明目标，准确把握“两勇一快”深刻内涵；要提站位，坚决凝聚“两勇一快”思想共识；要快行动，奋力完成“两勇一快”各项任务；要齐推进，全力构建“两勇一快”强大合力。通过大力实施产业能级提升行动、项目招引提升行动、科技创新提升行动、生态绿色提升行动、城乡乐居提升行动、营商环境提升行动等“六大提升”行动，再造一个激情燃烧、干事创业的火红年代。（沈晨曦）

重要决策

【概况】 2019年，区委认真贯彻落实民主集中制，坚持科学决策、民主决策、依法决策，先后召开常委会会议27次，研究出台《关于促进全区民营经济高质量发展的意见》《坚持农业农村优先发展加快推动乡村振兴战略实施的重点工作任务》《关于开展“不忘初心、牢记使命”主题教育的实施方案》等政策文件，推动全区经济社会高质量发展。（沈晨曦）

【民营经济发展】 2019年2月11日，区委、区政府印发《关于促进全区民营经济高质量发展的意见》。《意见》分六个部分。第一部分为进一步支持民营企业做大做强，提出鼓励扩大有效投资、创新经济发展模式、引导绿色发展、壮大培优企业家队伍、加强企业梯队培育、强化中小微企业服务、助推开拓国际市场等工作举措。第二部分为进一步支持民营企业创新发展，提出增强科技创新能力，加强创新载体建设，加快推进智能化改造，实施品牌、质量、标准化战略，强化人才支撑引领等工作举措。第三部分为进一步减轻民营企业税费负担，提出落实国家关税调整政策、深入推进增值税改革、落实小微企业税收优惠、落实土地使用税减免政策、清理规范各类涉企收费等工作举措。第四部分为进一步降低民营企业运营成本，提出降低用地、用电、用工和物流成本。第五部分为进一步破解民营企业融资难题，提出加大上市融资的扶持力度、加大股权融资的服务力度、畅通信贷融资渠道、完善金融风险防范处置工作机制等工作举措。第六部分为进一步优化营商服务环境，提出打造公平竞争环境、提升政务服务效率、构建“亲”“清”政商关系、保护企业合法权益、营造亲商尊商舆论氛围等工作举措。（沈晨曦）

【乡村振兴战略】 2019年4月9日，区委、区政府印发《坚持农业农村优先发展加快推动乡村振兴战略实施的重点工作任务》。《通知》主要分八个部分，80项重点任务，附2019年实施乡村振兴重点项目清单。围绕“坚持农业农村优先发展”的总要求，紧扣“产业兴旺、生态宜居、乡风文明、治理有效、生活富裕”的乡村振兴“二十字方针”，注重工作的覆盖面和全面性，对基层党建、农村改革、党对“三农”工作的领导进行强化、细化。第一部分为坚持党对“三农”工作的领导，落实农业农村优先发展总方针。第二部分为坚持产业兴旺高质量，加快推动现代农业建设迈上新台阶。第三部分为坚持生态宜居高质量，加快补齐农村人居环境和公共服务短板。第四部分为坚持乡风文明高质量，加快提升农村精神文明建设水平。第五部分为坚持治理有效高质量，加快构建现代乡村社会治理体系。第六部分为坚持生活富裕高质量，加快构建农民持续增收长效机制。第七部分为坚持基层党建高质量，充分发挥农村党支部战斗堡垒作用。第八部分为坚持农村改革高质量，加快健全城乡融合发展体制机制。（沈晨曦）

【“不忘初心、牢记使命”主题教育】 2019年9月12日，区委印发《关于开展“不忘初心、牢记使命”主题教育的实施方案》。《实施方案》分四个部分。第一部分为目标任务，明确开展“不忘初心、牢记使命”主题教育，把深入学习贯彻习近平新时代中国特色社会主义思想作为根本任务，全面把握“守初心、担使命，找差距、抓落实”的总要求，坚持抓思想认识到位、抓检视问题到位、抓整改落实到位、抓组织领导到位，以彻底的自我革命精神解决违背初心和使命的各种问题，努力实现理论学习有收获、思想政治受洗礼、干事创业敢担当、为民服务解难题、清正廉洁作表率的目标。第二部分为工作安排，一方面是抓好领导班子和领导干部主题教育，落实四项重点措施，包括突出主题主线，抓好学习教育；突出求真求实，深入调查研究；突出对表对标，深刻检视问题；突出见底见效，全面整改落实。另一方面是落实基层党支部学习教育，包括抓实学习教育、认真检视整改两项内容。第三部分为分类指导，明确要对区委、各区镇、街道、区级机关单位、国有企业、高校、村（社区）、非公有制经济组织和社会组织等不同主体开展分类指导。第四部分为组织领导，包括落实领导责任、强化督促指导、加大宣传引导、力戒形式主义、注重统筹兼顾等五个方面。文件还以附件形式，对领导班子和党员领导干部“四贯穿四在前”工作要求清单、基层党组织和广大党员学习教育、检视整改工作要求清单进行明确。（沈晨曦）

【文明城市长效管理】 2019年12月9日，区委、区政府印发《关于进一步深化文明城市长效管理工作的实施意见》。《实施意见》分五个部分。第一部分明确深化文明城市长效管理工作的指导思想，坚持“以创促建、重在管理、注重长效、惠及群众”原则，以实现“优美环境、优良秩序、优质服务”为目标，切实加强文明城市创建八大环境建设，推动市民文明素质、社会公共文明建设水平不断提升。第二部分明确深化文明城市长效管理工作的组织领导，以区委、区政府主要领导为总指挥，建立区委、区政府统一领导，区创建指挥部组织协调，党政部门各负其责的创建领导体制和工作机制。第三部分明确深化文明城市长效管理工作的责任分工，拟定《全国文明城市测评体系操作手册责任分解表及负面清单》单独印发。第四部分明确深化文明城市长效管理工作的工作时序安排，分四个阶段进行，其中2019年11~12月为全面启动阶段；2019年12月至2020年6月为自查督查整改阶段；2020年7~12月为巩固提升阶段；第四阶段为总结阶段。第五部分明确深化文明城市长效管理工作的工作要求，通过明确目标，强化创建工作责任感；督查整改，提升创建工作水平；完善机制，形成创建工作常态长效；奖惩结合，保障创建工作深入开展等举措予以落实。（沈晨曦）

【“六大提升行动”】 2019年12月29日，区委、区政府印发《“六大提升行动”实施方案》。《实施方案》分六个部分。第一部分为“产业能级提升行动”实施方案，提出坚持以产业转型升级为主攻方向，推动总量增长、结构优化、效益提高，力争到2022年，再造装备制造业、光电通信业2个千亿级产业集群，新增百亿级企业3家等目标。第二部分为“项目招引提升行动”实施方案，提出坚持“项目为王”导向，牢牢牵住项目建设这个“牛鼻子”，切实把优质项目集聚作为示范区建设的生命线，力争到2022年，全区招引总投资1亿~5亿元有爆发力的项目超120个，5亿元以上重大项目超60个，储备、投产总投资50亿元以上具有重大显示度的项目超过10个，100亿元以上项目不少于4个。第三部分为“科技创新提升行动”实施方案，提出力争到2022年，全区研发投入占地区生产总值比重3.6%，高新技术企业数超1200家；累计建成省级以上企业技术中心150家以上、省级以上工业设计中心25家以上，获评中国质量奖（提名奖）企业3家以上。第四部分为“生态绿色提升行动”实施方案，提出围绕长三角生态绿色一体化发展示范区建设总体目标，深刻理解示范区“生态绿色”内涵要求，高质量打造吴江区蓝绿空间生态，完善生态保护格局，力争到2022年，每年完成治违拆旧不少于666公顷、盘活存量土地不少于533公顷；地表水达到或好于Ⅲ类比例100%，跨界河流断面水质达标率100%。到2025年，太浦河水质稳定达到Ⅲ类。第五部分为“城乡乐居提升行动”实施方案，提出坚持把“乐居”作为一以贯之的标准，把人民对美好生活的向往作为示范区建设的目标指向，力争到2022年，基本公共服务配置100%超省标准，与长三角核心城市“1小时交通出行圈”基本实现；乡村振兴战略实施取得明显成效，城乡居民年人均可支配收入超7万元，村均稳定性收入500万元，率先基本实现农业农村现代化。第六部分为“营商环境提升行动”实施方案，提出围绕市场主体发展“痛点”“难点”“堵点”，聚焦优化营商环境重点领域，对标“世界银行”标准，在“1330”目标

（开办企业1个工作日内完成，不动产登记3个工作日内完成，工业建设项目施工许可30个工作日内完成。）的基础上，通过3年左右的努力，深入查找问题症结，探索实行容缺审批，进一步缩短办理时限，切实为企业和群众提供办事便利，为建设吴江现代化经济体系、促进吴江高质量发展奠定坚实基础。（沈晨曦）

【村级集体经济发展】 2019年12月31日，区委、区政府印发《关于加快推进村级集体经济（2020—2022年）高质量发展的意见》。《意见》分六个部分。第一部分为指导思想，明确以习近平新时代中国特色社会主义思想为指导，以统筹联合抱团发展为路径，以阳光交易市场运作为手段，以财政扶持均衡发展为方向，持续加大强农、惠农、富农政策力度，主动探索新型村级集体经济发展模式。第二部分为目标任务，明确到2020年底第八轮经济相对薄弱村如期全面转化，到2022年底实现村级集体经济发展质效普遍提升的目标任务。第三部分为发展方向，分为鼓励统筹协同发展、全面提升物业质态、高效推进现代农业、加快实现三产融合、积极探索服务创收等五个方向。第四部分为政策支持，从加大统筹发展力度、引导多元发展路径、优化资源配置效率、保障农村公共服务、开展结对共建行动、创新金融支持方式、落实税费减免政策等七个方面提供政策支持。第五部分为工作保障，提出从组织领导、党建引领、队伍建设、监督管理等四个方面加强工作保障。第六部分为附则，明确村级集体经济相对薄弱村、一般村、良好村、先进村的分类标准，规定“稳定性收入”的统计口径，规范政策延续期限。（沈晨曦）

【中心城区行政管理体制改革】 2019年1月10日，区委办、区政府办印发《吴江区中心城区行政管理体制改革实施意见》。《实施意见》分五个部分。第一部分为指导思想，明确以习近平新时代中国特色社会主义思想为指引，紧紧围绕全力争当引领沿太湖城市建设示范目标，以全力打造“八大标杆”*、深入实施“555计划”*为抓手。第二部分为基本原则，明确应遵循的五项原则：统筹协调、精简高效、布局合理、转变职能、积极稳妥。第三部分为主要内容，明确调整行政区划、创新管理体制、增强发展活力、推进重心下移、完善基层治理等五个方面的具体内容。第四部分为工作要求，明确加强组织领导、严明各项纪律、广泛深入宣传、切实维护稳定。第五部分为吴江区中心城区行政管理体制改革工作领导小组成员名单，明确职责分工。

（沈晨曦）

【区级机构改革】 2019年1月24日，区委办、区政府办印发《关于做好区级机构改革有关事项的通知》。《通知》分六个部分。第一部分为充分认识区级机构改革的重大意义，明确地方机构改革是深化党和国家机构改革的重要组成部分，是推进国家治理体系和治理能力现代化的重要环节。市辖区在国家行政管理体制中处于重要层级，不折不扣落实区级机构改革各项任务，对于保障中央和地方党政机构改革顺利完成具有重要意义。第二部分为积极有序做好转隶组建和各项工作衔接运转，明确区级各部门转隶组建工作，要坚持“先立后破、不立不破”的原则，按照分类推进、归口统筹、强化协调的思路，建立健全机构改革领导体制和工作机制，确保各项工作平稳衔接、有序推进。第三部分为依法依规管理处置机构变动部门和单位的经费资产，明确区财政局、区机关事务管理中心要及时制定机构改革有关经费、资产保障的相关办法。改革涉及的部门和单位，要对经费、债权债务情况进行全面清理，严格按照国有资产管理规定进行资产（包括在建工程在内的房屋、土地、车辆、办公设备及家具专用设备、文物陈列品和人防资产等，下同）清查、登记，及时编制资产清册，真实全面反映全部资产状况，确保账账相符、账实相符。第四部分为规范机构变动部门和单位的文件发送、印章使用及名称牌子悬挂，明确机构变动部门和单位的文件发送、印章使用及名称牌子悬挂事项。第五部分为及时做好改革涉及部门和单位的档案交接管理，明确改革涉及的部门和单位要贯彻落实《中共中央办公厅、国务院办公厅转发〈国家档案局关于在地方机构改革中加强档案工作的意见〉的通知》精神，根据《档案法》《机关档案工作条例》《苏州市档案条例》等有关法律法规，切实做好机构改革中的档案管理工作。

第六部分为严守纪律规矩，明确改革涉及的部门和单位要按照《中共江苏省委办公厅关于严明纪律切实保证机构改革顺利进行的通知》（苏办发电〔2018〕36号）要求，严明政治纪律、组织纪律，严肃机构编制、干部人事、财经纪律，严格保密纪律，坚决贯彻落实中央八项规定及其实施细则、省委十项规定、市委十二项规定、区委二十项规定精神。（沈晨曦）

组　织

【概况】 2019年，根据《苏州市吴江区机构改革方案》，区委组织部作为区委工作机关，相关职能进行调整，统一管理区委机构编制委员会办公室，新增公务员管理等职能。至年底，全区由区委管理的领导班子有：区级机关一级局建制单位（不含挂牌机构）62个、二级局建制单位126个，镇7个，街道4个，学校7所，医院4所，以及吴江经济技术开发区内设职能机构11个、汾湖高新区（黎里镇）内设职能机构10个，吴江高新区（盛泽镇）内设职能机构11个和东太湖度假区（太湖新城）内设职能机构6个。区委及区委组织部管理的干部总数1286名，其中区管干部1166名、部管干部120名，现职领导910名。区级机关党政领导班子成员平均年龄44.1岁，镇、街道党政领导班子成员平均年龄45.5岁。全区有基层党组织3657个，其中党委182个，党总支276个，党支部3199个。全区党员总数59172名，其中女党员16341名，35周岁以下14924名，大专文化以上29882名。全区发展新党员625名，其中35周岁以下390名，女性238名，大专以上学历531名，在非公有制企业、社会组织发展新党员302名。全区人才总量30.7万人，其中高层次人才2.51万人，高技能人才7.57万人。拥有“国家级重大人才引进工程”21人（自主培养17人）、“国家级重大人才培养工程”5人（自主培养3人），省“双创团队”4个、“双创人才”55人、“双创博士”45人，市“姑苏重大创新团队”1个、“姑苏人才计划”149人。年内，2篇调研材料被《书记传真》送阅件录用，在省级以上媒体刊载组工新闻48篇，“吴江党建”微信公众号年阅读量突破150万。（王　麒）

【领导班子和干部队伍建设】 2019年，区委组织部落实“好干部标准”和“五突出五强化”（突出岗位分析、强化以事择人，突出研判动议、强化多维比选，突出研判动议、强化多维比选，突出结构优化、强化整体功能，突出程序从严、强化责任担当）干部选用机制，完成全区机构改革和行政区划调整人事调配，配合区人大完成区十六届人大四次会议选举工作。构建日常考察、专项考察、补充考察和任前考察相结合的干部考察体系。常态化开展全区领导班子运转情况分析研判，强化结果综合运用，全年调整干部591人次，其中提拔重用159人次，交流385人次；调整党政“一把手”42人次。选派5名干部分别赴贵州省印江县和宿迁市泗阳县挂职。持续抓好“1020”年轻干部培养计划目标任务落实，全年提拔“80后”年轻干部53人。创新开展优秀年轻干部专题调研比选工作，深入推进年轻干部“百人百岗”结对互培互挂，加大年轻干部到改革发展一线和急难险重岗位挂职力度，5名“85后”年轻干部入选长三角生态绿色一体化发展示范区执行委员会工作。做好专业化年轻干部定岗特选工作。（王　麒）

【干部教育培训】 2019年，区委组织部实施干部专业化能力提升工程，建立以组织部门、业务主管部门和用人单位为主体的干部教育培训三级体系，面向各级各类党员干部开展多形式、分层次、全覆盖的教育培训，先后举办“金融财政”“应急管理”等8个主体班次，举办8期“四新”讲座。大力推进本土案例、优秀师资、精品课程和现场教学基地开发，2个本土案例入选苏州干部教育培训经典案例，3人入选苏州本土精品课程师资，2个阵地入选苏州优秀现场教学基地。（王　麒）

【干部监督管理】 2019年，区委组织部贯彻中央和省、市委关于从严监督管理干部的工作部署，坚持严管和厚爱结合、激励和约束并重，用好用活用足干部“三项机制”（鼓励激励机制、容错纠错机制、能上能下机制），2人被评为苏州市“担当作为好干部”。持续深化个人有关事项公开制度省级试点，查核干部个人有关事项报告347人次，对159名拟提拔重用干部个人有关事项在一定范围内公开。常态化开展提醒函询诫勉工作，实施提醒43人次、诫勉6人次。落实讨论中层干部任免事项会议预报旁听制度，配合区委巡察对21家单位开展选人用人专项检查，推动专项检查和巡视督查同步开展、同步落实。修订因私出国(境)管理监督有关规定。

（王　麒）

【公务员管理】 2019年，公务员管理职能统一并入组织部，进一步理顺和加强公务员管理工作。区委组织部有序开展职务与职级并行工作，实施全区公务员（含参公人员）职级套转，全年晋升一级调研员1名、三级调研员2名、四级调研员1名以及一级主任科员4名。统筹推进公务员招录、转任、调任工作，新招录公务员82人。做好公务员奖励工作，王恩鹏获评省"人民满意公务员"，区法院获评省"人民满意的公务员集体"。

（王　麒）

【人才工作】 2019年，吴江创新实施党管人才"书记项目"，引入区镇结对竞争机制，推动人才政策差别化配置改革。打造"产业+基金+项目+人才+专业园区"的产才融合闭环生态，举办"才聚苏州湾·智汇长三角"国际精英创新创业洽谈会、中国创新创业大赛技术融合专业赛以及"感知吴江·走进吉大"系列活动，首次设置苏州市第九人民医院博士引才专场，承办2019年"校园苏州日·走进西交大"系列活动。出台党委联系服务人才专家工作制度，开展苏州湾高层次人才爱国·奋斗·奉献"五个一"系列活动和庆祝新中国成立70周年寻访吴江籍人才活动，优化人才"生根服务"。新增自主申报入选国家级重大人才培养工程1人，江苏省"双创团队"1个、省"双创人才"5人、省"双创博士"9人，苏州市"姑苏重大创新团队"1个、市"姑苏创新创业领军人才"10人，区科技领军人才42人。吴江区再次获评苏州市人才科技工作创新进步地区。

（王　麒）

【党建主体责任】 2019年，吴江做好党代会常任制试点工作，落实党代表提案提议、巡视、列席全委会和常委会等制度，拓宽党代表参与决策、发挥作用的渠道和方式，18件党代表提案全部办结。区委组织部在全区基层党组织中全面开展党建"体检"，建立软弱涣散党组织挂钩联系、分片包干整顿制度，完成7个软弱涣散基层党组织集中整顿工作，持续推进支部标准化规范化建设。（王　麒）

【基层组织建设】 2019年，区委组织部深化"融入式党建"*创新工程，启动实施72个"党建引领长三角一体化发展"书记项目，建立"一个项目、一名领导、一支队伍、一抓到底"工作机制。推进非公党建"四个一"工程，召开全区组织工作助推民营企业发展现场会，推进15家省级机关与区内24家重点民营企业党组织党建共建，择优选派19名机关、区镇干部赴民营企业开展挂职服务。实施"新时代美美江村新接力"工程，推行村级重大事项决策"四议两公开"工作法（"四议"即党支部会提议、"两委"会商议、党员大会审议、村民代表会议或村民会议决议，"两公开"即实施决议公开、实施结果公开），稳步提升村党组织书记"一肩挑"比例，吴江高新区（盛泽镇）黄家溪村党委书记陈志明入选全省首批"百名示范"村党组织书记。选派新一批45名第一书记到集体经济薄弱村进行帮扶转化，公开选聘42名村书记（主任）助理，深入推进"美美与共"村社干部长三角区域挂职轮训。推进街道"大工委"、社区"大党委"建设，优化"一联双管"*工作机制，94个单位、行业党组织与4个街道开展共驻共建。推进基层党建阵地"百点示范工程"，指导建成5个镇级党建服务中心，加强区域党建工作站党务力量配备。（王　麒）

【党员教育管理】 2019年，区委组织部贯彻落实《党员教育管理工作条例》，推进"三会一课"、组织生活会等全程电子化纪实管理，开发区实验中学、江陵社区入选苏州市主题党日观摩点。深入实施发展党员"源泉工程"，及时调整37个涉改部门党员组织关系，进一步选优配强机关党务工作力量。开展党员档案普查，做好全区5.8万名党员档案建库和电子化工作。健全完善党内关爱和帮扶机制，发放党员关爱基金、党内补助及走访慰问金870万元。（王　麒）

【机构改革】 2019年，根据《苏州市吴江区机构改革方案》，区委组织部作为区委工作机关。区委非公有制企业和社会组织工作委员会由区委派出机构、同区委组织部合署办公调整为在区委组织部挂牌。区委组织部加挂区委党建工作领导小组办公室，不再保留与区委组织部合署办公的区党代表联络办公室。区委组织部不再保留区人才工作办公室牌子，相关职责由区委组织部承担。将区委区级机关工作委员会并入区委组织部，对外保留区委区级机关工作委员会牌子，不再保留单设的区委区级机关工作委员会。将区人力资源和社会保障局的公务员考试录用、职位管理、考核奖惩以及培训和工资福利等公务员管理职责划入区委组织部，对外加挂区公务员局牌子。区考核工作委员会办公室设在区委组织部。区委机构编制委员会办公室归口区委组织部管理。将区委老干部局由区委组织部管理的机关调整为区委工作机关，归口区委组织部管理。改革后的区委组织部，设办公室、组织科（区委“两新”工委办公室）、党员教育管理科、机关党建科、干部科、青年干部科、干部教育科、干部监督科、综合干部科（综合考核科）、公务员管理科、人才工作科、宣传信息科等12个内设机构及区党员电化教育中心和区人才创新发展中心（区党建服务中心）等2个事业单位。（王　麒）

【“不忘初心、牢记使命”主题教育】 2019年9月，吴江成立区委“不忘初心、牢记使命”主题教育领导小组，部署开展“不忘初心、牢记使命”主题教育。全区坚持区委领导班子示范引领，统筹推进各级党组织和广大党员开展个人自学、集中研学、现场践学，发放6万余册《习近平关于“不忘初心、牢记使命”论述摘编》，推出“美美初心”理论宣讲品牌，精心打造“海棠花红·初心广场”，联合青浦、嘉善发布12条“初心寻访”红色路线。深化“四个融入”*大走访，推动全区党员干部深入网格开展调研，搜集汇总群众意见建议3394条，为群众办理好事实事12814件。贯通“检视问题”和“整改落实”环节，全区89个参学单位制定、实施整改项目1376个，形成全省首个“出生一件事、五证一窗办”等惠民实事案例。制定主题教育整改工作方案，开展主题教育专项整治。（王　麒）

老干部工作

【概况】 2019年，全区有离休干部116人，比2018年减少13人。新增享受县处级以上待遇的退休干部2人，总数78人。年内，区委老干部局结合国家重大纪念日及传统节日，组织老干部开展各类活动近30次，参与人数1000余人次；组建由71名老同志参与的“银发生辉”志愿者队伍，开展各类志愿服务活动。吴江常青爱心帮困会被授予“全国离退休干部先进集体”，区退休干部陈振林被评为“江苏省离退休干部先进个人”。开展离退休干部党支部“星级”评定工作，17家支部被评为“三星”以上达标单位；2家获评苏州市首批“六有一提升”达标单位。开展退休党员教育培训、参观考察、座谈会、主题党日活动等20余次，参加人数约1000人次。区委老干部局由区委组织部管理调整为区委工作机关，归口区委组织部管理。局党总支扎实开展“不忘初心、牢记使命”主题教育，建成海棠花红银发先锋党群服务站。局机关接受区委巡察，针对60个问题抓好落实整改，至年底，完成整改约70%。（徐晓岚）

【老干部“两项待遇”】 2019年，区委老干部局落实老干部政治待遇。为全区离休干部、区四套班子离退休领导及离退休干部党支部订阅《中国老年报》《银潮》《党的生活》《离退休干部学习参考》《大江南北》《铁军》等学习材料。全年刊发老干部宣传信息160余篇次。1月，组织近30名区四套班子离退休领导参加2019年新春团拜会。1月、7月，区委分别召开十八级以上离休干部暨原四套班子离退休领导情况通报会，向老干部通报全区经济社会发展情况，近70人次参加会议。9月，区委老干部局走访并向全区129名离休干部（2019年1月1日在册）发放庆祝中华人民共和国成立70周年纪念章。5月、10月，先后组织20余名离休干部参观区联动指挥中心和太湖新城智慧信息管理中心。11月，组织近20名区四套班子离退休领导赴青浦环城水系公园水城门、淀浦河梦蝶岛和莲湖村参观考察生态文明建设。落实老干部生活

5月21日，部分离休干部参观区联动指挥中心 （区委老干部局 提供）

待遇。做好日常走访慰问，开展元旦春节期间、高温时节两次集中走访慰问及新中国成立70周年专项走访，走访慰问老同志400余人次，吊唁去世离休干部13人。4月，组织11名县处职（级）退休干部赴江苏南通开展为期7天的保健疗养。9月，组织70名离休干部体检，进行体检结果反馈和解读。全年落实与区四套班子离休老领导和退休正职老领导的结对联系服务制度；督查保障离退休干部各项经费及时足额发放，指导做好机构改革中离退休干部归属交接工作；深化“三有一落实”工程，与区卫健委、干部保健办建立深化老干部健康服务合作与考评机制，完成第二轮离休干部家庭医生签约服务工作，75名离休干部签约，自愿签约率100%。 （徐晓岚）

【老干部活动】 2019年，区委老干部局组织举办第35届元宵节游艺活动，设置投球、猜谜、推球、套圈等项目，离休干部及银龄党建工作站老同志等近60人参加。4月，开展“我和我的祖国”征文活动，40余篇征文优秀作品汇编成册；开展“吴越同舟”青浦、吴江、嘉善三地老干部书画联展，70幅书画作品参展。6月，向离休干部征集100余件“红色物品”，举办“红色印记”展示活动。7月，联合平望镇开展“传承红色基因、弘扬革命精神”活动和离休干部奚天然同志革命事迹展。8月，15名南下老干部子女开展“重走南下路”活动，追寻红色足迹，传承红色基因。9月，区委老干部局举办“庆祝新中国成立70周年、同心共筑中国梦”晚霞生辉文艺汇演，近400人参加；与老年大学联合举办银龄党建“走进乐龄公寓”系列慰问活动；与“一联双管”单位东门社区和区委党校、松陵小学的师生代表共同举行“庆国庆、升国旗”仪式；与松陵小学联合举办“不忘初心颂祖国，牢记使命当先锋”主题演讲比赛。全年组织开展“红色电影嘉年华”之“一季一电影”和预约观影活动6次；组织参加苏州市委老干部局“我和我的祖国”晚霞生辉系列之“百团千人万步走”、朗诵会、书画摄影展等活动。引导开展各类社会关爱活动，吴江常青爱心帮困会出资190万元用于扶贫助学，向吴江对口支援扶贫地区贵州铜仁市印江县委、县政府捐赠扶贫资金100万元。老同志响应援建印江“爱心书屋”，捐款约1.4万元。 （徐晓岚）

【党组织建设和思想政治建设】 2019年，区委老干部局按照“六有一提升”要求，创新开展离退休干部党支部“星级”评定工作。把工作要求细化为21项可量化内容，依据综合分值评定“星级”等次。先后5次举办学习交流、现场观摩活动。9月，首批17家支部被评为“三星”以上达标单位。2家获评苏州市首批“六有一提升”达标单位。12月，通过省委老干部局离退休干部党支部“六有一提升”工作联合抽查。建成吴江常青爱心帮困会临时党支部、吴江乐龄公寓离退休干部职工临时党支部。5月，举办近两年退休领导干部培训班，开设《人生新起点、退休第一课——新退休干部心理辅导》讲座，赴浙江省安吉县余村开展“两山理论”现场教学，近50人参加。6月，举办离退休干部党支部书记培训班，赴淮安周恩来纪念馆、刘老庄连纪念园开展“不忘初心、牢记使命”现场教学，30名离退休干部党支部书记参加。联合区公安局举办“颂祖国、感党恩、争先锋”开放式主题党日观摩活动，60余人次参加。举行学习宣传贯彻党的十九届四中全会精神老干部专场宣讲报告会、举办《不忘初心、牢记使命——永葆党员先进性、积极传播正能量》《中美贸易战分析与对策》专题讲座，200余人次参加。年内，举办银龄党建工作站活动4次，参加人数120余人次。开展“送学到支部”活动11次，约300人参加。通过“老支书微信群”“老干部正能量微信群”向老干部推送学习资料，加强老干部思想政治建设。（徐晓岚）

机构编制

【行政管理体制改革】 2019年，区委编办实施党政机构改革，成立区机构改革领导小组，分析研判改革前后部门主要职责和实有人员情况，拟订部门机构编制和人员划转框架方案，开展部门“三定”规定审核、确认、报批、文件印发和规范性文件制定说明工作。改革后，全区设置党政机构37个，其中党委机关10个、政府工作部门27个。调整优化区委机构编制委员会领导体制，统筹谋划党政群机关和11家承担行政职能事业单位改革，将承担除行政执法以外的行政职能全部回归行政机关，同步推进群团机构改革，提升群团服务能力。深化经济发达镇行政管理体制改革，会同盛泽镇、平望镇加快智慧管理服务中心建设，理顺区镇权责关系和前后台业务协同机制。协助做好经济发达镇行政管理体制改革省、市级评估工作，平望镇成为全省第二批改革镇中首家通过省级评估验收单位。完善综合行政执法体制改革，理顺文化市场、交通运输、农业、城市建设管理、自然资源和规划领域综合执法机构编制事项，优化整合行政职能剥离后的事业单位。吴江推进全域综合行政执法体制改革的经验做法在全省县域综合行政执法体制改革培训会、苏州市综合行政执法体制改革推进会上得到肯定。推进中心城区管理体制改革，印发《吴江区中心城区行政管理体制改革实施意见》《关于吴江经济技术开发区管理体制调整方案的通知》和《关于吴江东太湖生态旅游度假区管理体制调整方案的通知》，理顺吴江开发区、东太湖度假区（太湖新城）与代管镇和街道的管理体制。（周宇玲　沈虓天）

【机构编制管理】 2019年，区委编办落实安全生产监管责任，优化安全生产监管机构设置，在20家部门的相关科室增挂“安全生产监督管理科”的牌子。加强基层安监工作力量，对各区镇（街道）从事安全生产监管执法人员提出不少于9名、7名、5名的要求。围绕长三角一体化示范区建设和区委、区政府中心工作，按照“撤一建一”的要求，建立吴江区长三角区域合作与发展中心、吴江区金融工作管理服务中心、吴江区新时代文明实践指导中心、吴江区改革发展研究中心、吴江区人才创新发展中心等事业单位。调整建立吴江区营商环境建设中心、吴江区工业数据运行监测中心。整合吴江日报社、吴江区广播电视台等媒体资源，组建吴江区融媒体中心。2019年度教育系统引进21名重点紧缺人才和招聘292名高层次人才全部纳入事业编制，为人才引进提供编制保障。围绕保障卫生公共服务建设需求，理顺苏州市第九人民医院和吴江第一人民医院管理体制，为九院正式投入运营提供机构编制保障。推进苏州大学附属儿童医院与吴江合作共建，建立吴江区儿童医院，保障筹建阶段招录人才所需的编制资源。适应医疗保障体制改革发展需要，完善医疗保障服务体系，组建吴江区医疗保障服务中心。按照上级关于建立退役军人服务保障体系建设要求，整合退役军人事务局下属2家事业单位，组建吴江区退役军人服务中心，在各区镇人力资源和社会保障服务中心增挂区镇退役军人服务站，明确相应人员编制。控制财政供养人员增长，除教育卫生外，全年招录用编282名，全年日常人员流动用编审批906名、用职审批94名。（刘伟禄　沈虓天）

【区级机关绩效管理】 2019年，根据年度综合考核要求，区委编办牵头组织实施区级机关部门服务高质量发展成效考核。完善考核评价体系，研究出台《苏州市吴江区2019年度区级机关部门服务高质量发展成效考核实施方案》，优化考核分组、考核等次。加强履职日常监管，开展明察暗访，对发现的问题及时进行反馈，开展区级机关部门服务高质量发展成效半年评估及创新创优项目评审，对标全年要求及时查找差距，督促部门提高履职能力。优化满意度测评机制，制定出台《2019年度综合考核满意度评价实施方案》，

组织第三方测评机构做好民主测评、满意度测评，汇总考核结果。（王婷 慎瑾）

【事业单位法人登记管理】 2019年，区委编办完成事业单位法人设立登记18家、变更登记202家、注销登记61家、证书补领登记1家，完成登记档案电子备份工作，借助区政府网站、编办微信公众号、区信用信息“双公示”平台等，做好登记信息的公告、公示，强化社会监督。完成459家事业单位法人2018年度报告并在“苏州市吴江区人民政府”网站集中公示。开展“已冻结”登记状态事业单位法人清理工作，制定清理方案，逐批清理。（张园）

【机关群团法人赋码】 2019年，区委编办围绕全区党政机构改革部门转隶组建实施方案要求，印发《关于涉及机构改革部门办理统一社会信用代码证相关事项的通知》，推进机关群团统一社会信用代码赋码工作。全年办理统一社会信用代码证书初领12家、变更25家、注销16家。（张园）

宣传

【概况】 2019年，全区宣传思想文化工作以习近平新时代中国特色社会主义思想为指引，贯彻落实党的十九大精神和十九届二中、三中、四中全会精神及省委、市委、区委决策部署，紧扣中心大局，把好方向导向，全区思想理论武装持续深化，主流意识形态得到巩固，新闻舆论引导力、公信力不断增强，推进新时代文明实践中心建设，践行社会主义核心价值观，社会文明程度不断提升，文化事业繁荣发展。年内，区融媒体中心成立，吴江成功创建中国曲艺之乡，获评“江苏省第二批书香城市建设示范区”。（李明川）

【理论工作】 2019年，全区推进习近平新时代中国特色社会主义思想学习，宣传贯彻党的十九届四中全会精神，成立讲师团，开展多形式、分层次、全覆盖的宣讲培训。推进基层党委（党组）中心组学习规范化、制度化建设，推广党委（党组）中心组联组学习。创新“1+3+8+X”冬训新模式（即1场集中动员，3次直播党课，举办微型党课大赛、暖冬走访等8项重点活动和各地各部门若干创新举措），党课直播采取电视、网站、微信与手机App融媒体方式进行。推广“学习强国”学习平台，实现适龄党员注册全覆盖。（李明川）

【新闻宣传】 2019年，区委宣传部统筹网上网下，深入宣传习近平新时代中国特色社会主义思想和党的十九大精神，策划推出“致敬新中国，壮丽70年”、庆祝新中国成立70周年等系列报道。开展长三角一体化方面专题报道，宣传吴江在建设长三角生态绿色一体化发展示范区方面进展成效。举办第七届吴江区“市民网络文化节”。利用“壮丽70年·外媒看苏州”等活动，展示吴江经济社会发展和文化特色。在央视《朝闻天下》和东方卫视《东方新闻》栏目播出城市形象宣传片段，借助乡愁小栈在浦东国际机场、虹桥高铁站主题展览，全方位推介吴江。（李明川）

【精神文明建设】 2019年，区委宣传部推进文明城市创建与城市网格化治理融合，组建文明城市集中督查测评组，常态化开展督查。开展省级文明称号评选，全区52家单位上榜，位列苏州城区板块第一。拓展乡风文明阵地，完善村规民约，全区203个村（社区）成立红白理事会，举办第十七个公民道德宣传日主题活动，陆鸿家庭获评2019年度“全国最美家庭”。常态化开展好人寻访，刘磊获评“中国好人”“江苏好人”“江苏省道德模范”，陆鸿获评“中国好人”“江苏好人”，沈小平、童充获评2019首届苏州十佳时代新人。吴江获批建设新时代文明实践中心第二批江苏省试点县（市、区），建成1个实践中心、11个实践所、320个实践站和500个实践点。全区注册志愿者累计29万人，占城镇常住人口比例31.87%，活跃率62.27%；开展“我为城市添光彩”“文明实践进网格”“美丽庭院”等志愿活动。（李明川）

【文化工作】 2019年，吴江开展文化产业攀新高“百日行动”，8家文化企业参加第八届苏州创博会，5家丝绸企业参加第二届长三角国际文博会。推进综合性文化服务中心标准化建设，建成区、镇、村（社区）全覆盖的文化服务阵地。深化书香城市建设，获评“江苏省第二批书香城市建设示范区”。成功创建中国曲艺之乡，创作中篇弹词《柳亚子历险记》，苏州弹词开篇《半条红军被》获省“五星工程奖”，参加第十八届全国群星奖决赛入围作品展演。举办“礼赞新中国、唱响新时代”吴江区庆祝新中国成立70周年爱国歌曲合唱比赛等大型庆祝活动。周浩锋、李云、尼楠三位吴江作家获“叶圣陶文学奖”。落实《吴江区文化紧缺专技人才计划实施办法》，吴建华、田建伟、魏兴国获评江苏省首批紫金文化创意人才。（李明川）

【社科工作】 2019年，区社科联发挥“鲈乡大讲坛”“电视鲈乡讲坛”等平台作用，开展社科理论宣讲活动，全年开课近500场，听众4万余人次。开展社科研究，全年全区社科重点应用课题研究立项106项，开展区第九届哲学社会科学优秀成果评奖，组织举办“奋进新时代、发展高质量”——吴江区庆祝新中国成立70周年理论征文活动。加强高端智库建设，成立中国社科院社会发展战略研究院吴江研究院和中国社科院社会学所调研基地，与中国社科院社会发展战略研究院联合申报长三角一体化执委会研究项目《示范区率先实现基本现代化进程中的绿色发展指数研究》。举办区第十四届社科普及宣传周活动，举办纪念南社110周年文化交流活动，承办中国社会科学院战略研究院组织的“2019年国家治理与社会发展”培训班项目。（李明川）

【融媒体中心（传媒集团）成立】 2019年7月18日，吴江区融媒体中心（传媒集团）举行成立仪式，标志吴江传媒事业迈入崭新发展阶段。作为全省首批县级融媒体中心建设试点，吴江整合报纸、广播、电视、“两微一端”、户外广告等新闻机构以及若干传播平台资源，推动传统媒体和新兴媒体深度融合，构建具有强大传播力、引导力、影响力、公信力的主流舆论阵地、综合服务平台、社区信息枢纽，为推动吴江高质量发展走在前列凝聚强大精神力量、营造良好舆论氛围。（李明川）

【“礼赞新中国 唱响新时代”歌会】 2019年9月25日，“礼赞新中国 唱响新时代”吴江区庆祝中华人民共和国成立70周年歌会在吴江体育馆举行。区领导王庆华、李铭、沈金明、王燕红、乐江、王益冰、徐晓枫、刘伟、李卫珍等出席活动。爱国颂党，红歌飞扬，整场歌会分建国篇、奋斗篇、新时代篇三个篇章。在中华人民共和国成立70周年之际举办歌会演出，旨在牢记初心使命、激发爱国热情，立足新起点、开启新征程，凝聚打造“创新湖区”、建设“乐居之城”的磅礴力量，齐心协力唱响新时代吴江高质量发展的新乐章。（李明川）

统　战

【概况】 2019年，区委统战部以习近平新时代中国特色社会主义思想为指导，加强党对统一战线工作的集中统一领导，突出建设新机构新格局，提升统战工作成效，为吴江高质量发展提供支持。开展“不忘初心、牢记使命”主题教育，支持区各民主党派和无党派人士开展“不忘合作初心，继续携手前进”主题教育系列活动。开展“民主党派基层组织能力提升年”活动，民进吴江区盛泽支部获“民进全国先进基层组织”称号；民盟吴江区委被民盟江苏省委授予“2018—2019年度宣传工作先进集体”称号。与青浦、嘉善两地统战系统建立长效沟通联系机制，创建“不忘初心、牢记使命”同心活动品牌。按照

9月25日，“礼赞新中国 唱响新时代”歌会举行　　（吴　斌　摄）

吴江区机构改革方案要求，区委统战部统一管理民族宗教工作，区民族宗教事务局并入区委统战部，对外保留区民族宗教事务局牌子；区委台湾工作办公室（区政府台湾事务办公室）并入区委统一战线工作部，对外保留区委台湾工作办公室、区政府台湾事务办公室牌子；海外华人华侨社团联谊等职责划归区侨联行使。年末，全区有商会总数89个、会员单位4750家。（杨晓凤）

【党内外合作共事】 2019年，区委统战部完善民主监督机制，印发《进一步加强和规范特约人员工作的意见》，聘请一批民主党派成员和无党派人士担任特约人员，建立健全民主监督机制。支持各界人士围绕全区中心工作积极参政议政、建言献策，向区委、区政府提出量质并举的提案建议。进一步健全"双月座谈会"制度，推动区各民主党派、无党派知联会分别围绕长三角一体化建设、乡村振兴、文明城市创建、水生态文明建设等课题，深入各区镇、街道展开调研近50次，收集到各类意见建议近50条，形成调研文章40余篇。区政协十五届三次全会上，区各民主党派提交提案136件，占提案总数的64%。民盟吴江区委在省政协十二届二次会议上提交的提案被省政协列为主席督办提案。民盟吴江区委关于《加大太湖流域渔业油价补贴改革的建议》被省政协采用并受省领导批示，民进吴江总支关于《提升我区特殊教育水平，全社会合力关爱残障人群》的集体提案被推荐为区政府重点提案，另有32件优秀提案获区政协表彰。（杨晓凤）

【民主党派、无党派、新的社会阶层人士工作】 2019年，区委统战部支持区各民主党派和无党派人士开展"不忘合作初心，继续携手前进"主题教育系列活动。推进"六好"支部（支社）建设，授予民革吴江区总支四支部等12个民主党派基层组织"吴江区民主党派基层组织建设六好支部（支社）"称号。以"同心行"社会服务联盟为载体，进社区、进学校开展形式多样的社会服务活动，提升社会服务的广度和深度。进一步完善区新联会组织构架，设立组织建设专委会、社会服务专委会、参政议政专委会、联谊活动专委会、媒体宣传专委会。建设社团专属活动阵地，建立健全会长例会制度、学习制度、联系会员制度、入会考察制度等，通过规范化建设，进一步发挥区新联会的作用。建立基层新的社会阶层人士联谊组织，在平望镇成立全区首个镇级新的社会阶层人士联谊会。打造"吴江新力量"专属品牌，设计专属logo和徽章，塑造品牌形象。成立"吴江新力量公益基金"，开展远离校园暴力公益性讲座、公益跑、关怀孤老、公益慰问等活动，举办"挥墨泼毫献真情，墨香四溢暖民心"迎新年送春联活动、端午节专场文艺演出等。指导各地各部门、社会组织、非公企业建立新阶层统战工作"试验田"。"同心"党外人士法律服务中心、"同心"外企新力量工作站、笠泽悦读吧、益友会、过云楼书院、博众精工"博·HOME"、依工净化等7个新阶层统战工作示范基地落成。（杨晓凤）

【非公经济统战工作】 2019年，区委统战部协助区委、区政府成立民营企业家"三项制度"协调小组，建立吴江区民营企业家月度沙龙、吴江区民营企业信息直报制度和民营企业家"三项制度"反映意见建议督办落实等工作机制，举办两期民营企业家沙龙，建立四个民营企业家微信群，征集到50余条意见建议均落实到相关职能部门处理。优化商会组织结构，全区建成8个镇（区）商会、5个社区商会、1个村商会、1个新一代企业家商会、7个异地商会、14个区级行业商会（协会）、53个镇级行业分会，商会总数89个，会员单位4750家。印发《关于构建"亲""清"新型政商关系的若干意见》和《"亲清助企、青蓝接力"工程实施方案》等文件，抓实基层商会干部队伍建设。加强对基层商会党建工作的指导和服务，基层商会党组织增加到12家，指导区温州商会打造"活力党建，温商家园"党建品牌。开展"争先创优，互看互学"商会品牌创建活动，引导商会加强自身建设，开发区商会、黄家溪商会、新一代企业家商会和福建商会被评为省"四好商会"，盛泽镇总商会、桃源镇总商会、江西商会、震泽蚕丝同业公会等8家商会被评为市"四好商会"。开通"企业呼声直通车"，围绕企业和商会关注的热点难点，深入走访调研，协调化解矛盾。强化部门联动机制，与行政审批局、民建支部召开优化营商环境座谈会和征求意见座谈会，与苏信学院、人社局联合开展全区新一代企业家理想信念报告会暨民营企业进高校活动，与税务局、人社局、应急管理局、律所等合力开展“政策宣讲进商会”系列活动等。（杨晓凤）

【港澳侨统战工作】 2019年，区委统战部继续发挥江苏吴江（香港）同乡会、震泽海外校友联谊会等团体在海内外交流过程中的桥梁纽带作用。不断加强港澳侨代表人士队伍建设，进一步优化人员队伍结构。培养一批典型人物，江苏吴江（香港）同乡会会长、香港九龙集团董事长孙曦当选为省侨青会新一届会长，应邀出席国庆阅兵观礼活动。积极宣传本地独具特色的丝绸文化、水乡文化，全面展示科技创新、智能制造等方面的成果。赴港举办“锦绣经纬、千年传承——宋锦文化展及宋锦主题服装秀”，并组织江苏吴江（香港）同乡会会员在港举办庆祝新中国成立70周年联欢晚会。结合苏州精英周、吴江国际精英创新创业洽谈会、吴江经贸洽谈会等活动，邀请港澳台杰出青年人才返乡考察，在第二届江苏发展大会暨首届全球苏商大会苏州分会上，2个重点项目签约落户。（杨晓凤）

【基层统战】 2019年，区委统战部根据行政区划调整，及时充实调整基层统战干部队伍，明确区（镇、街道）统战工作领导。健全基层统战工作例会制度，组织召开基层统战工作座谈会，推动统战各项目标任务高质量完成。完善基层统战数据库，深入实施全区基层统战工作“七一”强基工程，印发《关于进一步完善基层统情数据库建设的通知》，开展统战对象调查摸底工作，完善基层统战数据信息库建设，绘就发布“统情地图”。指导各区（镇、街道）推进“一镇一品”实践创新项目建设。建立区民主党派和无党派知联会与区（镇、街道）结对工作机制，以同心思想引领、同心汇聚力量、同心社会服务、同心实践阵地四方面内容，探索基层民主建设新路径。（杨晓凤）

【侨务服务】 2019年，区委统战部协助唐仲英基金会举办唐仲英先生纪念雕像揭幕仪式。接待博士倪继红一行赴震泽参观考察。协助盛泽高新区接待唐仲英基金会执行总裁徐小春女士，促成基金会与区教育局对接，推进全区优秀教师赴知名高等院校培训事宜。举办第二十一期唐仲英德育奖学金颁奖仪式，完成年度奖学金面试选拔工作，组织吴江籍吴江唐仲英爱心社成员利用寒暑假在太湖新城、汾湖、盛泽、震泽开展公益活动16次。（杨　丹）

【融入长三角一体化发展】 2019年，区委统战部立足长三角生态绿色一体化发展示范区，利用统战资源优势，与青浦、嘉善两地统战系统建立长效沟通联系机制，创建“不忘初心、牢记使命”同心活动品牌，先后联合举办三地统战联盟“同心项目”发布活动、青吴嘉“同心学习”活动等。支持区各民主党派和无党派知联会积极开展交流互动。各民主党派、工商联联合开展一体化的调研活动、结对共建活动、联络联谊活动。（杨晓凤）

政策研究

【概况】 2019年，在区委领导下，区委研究室准定位、强职能、重实干，开展调查研究、改革协调、综合文稿等工作，发挥参谋助手作用，为区委科学决策提供参考。2月2日，区委研究室转隶组建工作布置会召开，区委研究室正式挂牌。根据《苏州市吴江区机构改革方案》，区委研究室由在区委办公室挂牌调整为单独设置，作为区委工作机关，将区委全面深化改革领导小组改为区委全面深化改革委员会，作为区委议事协调机构，办公室设在区委研究室。（王　强）

【调查与研究】 2019年，区委研究室围绕长三角生态绿色一体化发展示范区建设、高质量发展快上新台阶、乡村振兴等中心工作，组织开展各类调研活动。先后赴上海青浦、浙江嘉善、苏州工业园区以及各区镇（街道），采取座谈会、实地走访等形式开展走访调研20余次。全年完成《“五维升级”推动高质量发展快上新台阶》等各类调研课题、分析材料12篇，刊发《调查与研究》7期，其中《吴江区天然气供应情况调查与建议》和《2018年度江苏高质量发展监测评价和年度考核吴江结果分析》获区委主要领导批示肯定。

参与区十三届五次党代会、"两勇一快"*动员大会、省委实施乡村振兴战略专项巡视等重要文稿起草工作，起草各类综合文稿100余篇，共30余万字。推进智库平台建设，召开吴江区长三角一体化发展专家咨询委员会成立大会以及长三角一体化与吴江发展新机遇研讨会。 （王　强）

【深化改革】 2019年，区委研究室围绕全面深化改革各项目标任务，做好区委改革办各项日常工作，统筹推动经济体制、文化体制、城乡发展一体化、社会治理等方面改革。出台区委全面深化改革委员会2019年工作要点，明确全年改革推进实施的时间表、路线图。制定2019年改革事项一览表，对全区97项改革任务以清单化及完成销号的方式进行管理。根据改革任务阶段性变化，起草深改委相关文件，调整九个改革专项小组，并制定相关工作规则。全年服务保障区委深改委会议7次，会议研究"工业企业资源要素差别化配置改革政策实施"等改革事项23项，审议《政务服务大厅"一窗受理、全科服务"试运行工作方案》等改革方案17项。根据2019年度改革督察工作方案，开展三级便民服务体系建设、"三治"工作、大数据共享共用、医联体建设、文化创新平台建设等改革督察5次，推动相关改革进程。 （王　强）

对台工作

【概况】 2019年，按照吴江区机构改革方案要求，区委台湾工作办公室（区政府台湾事务办公室）并入区委统一战线工作部，对外保留区委台湾工作办公室、区政府台湾事务办公室牌子。年内，区委统战部（台办）强化思想引领，助力优化营商环境，推进交流合作，落实惠台举措，取得良好的效果。是年，瑞仪光电（苏州）有限公司获评"江苏省紫峰奖纳税贡献领军企业"，苏州顶裕节能设备有限公司董事长、台青在吴创业代表林耀朋获江苏省"五一劳动奖章"，群光电子王惠凯入选"苏州之友"。 （吴　平）

【对台经济服务】 2019年，区委统战部（台办）联合相关职能单位，引导大型台企进行"机器换人"的智能车间改造，组织开展智能改造专题政策说明会，邀请台湾专家詹长霖为台企走创新、智能化之路提供专业指导；协助台达电子举办第六届"台达杯"高校自动化设计大赛决赛，推动台企转型升级。为帮助台企应对中美贸易摩擦带来的冲击和影响，全面开展台企调研，形成《吴江台资企业发展现状与思考》专题调研报告，供上级部门决策参考；组织区内赴台经贸交流团组27批140人次，其中公职6批26人次，非公职51批114人次；举办各类转型升级培训5场，参与人数273人次；组织4批次23位台商参加国台办在北京召开的"一带一路"*建设政策说明会、江苏省台商大讲堂和苏州市服务台商讲座；组织6家区内台企参加2019年中国（苏州）电博会，申请展位14个，其中特装展位6个。营造优质服务环境，年内收到台企求助投诉8起，办结7起，妥善处置台协关于医院绿色通道、社保、公积金、残保金等方面的陈情书，组织开展政策说明会2场。 （吴　平）

【对台交流】 2019年，区委统战部（台办）以"走出去、请进来"的方式，推动两岸经贸、教育、文化等领域的合作交流，接待台湾参访团8批146人次，包括台湾教育交流团3批次57人。协助举办第七届台湾单车天使神州圆梦公益之旅，79位青少年骑手参与活动；助力台湾青年到吴江实习创业，依托苏台（吴江）两岸人才交流中心，联合吴江开发区和台企睿意公司，建立台湾高层次人才引才工作站，服务台湾高层次人才和项目落户吴江，完成10位台湾大学生暑期实习就业活动，1位学生入职，3位学生有就业意向。协助市台办举办省台办重点交流项目"爱我中华，共建家园"2019海峡两岸"环太湖"文化周开幕式，并举办"吴江七都·太湖欢乐跑"和"美丽乡村"骑行活动；组织台青会成员参观访问亨通光电、瑞仪光电，与企业青年开展座谈交流，凝聚共识。 （吴　平）

【对台宣传】 2019年，区委统战部（台办）邀请南京大学台研所教授崔之清为吴江机关干部、台胞台属讲课；联合区教育局在吴江中专开展纪念《告台湾同胞书》发表40周年主题黑板报比赛，3000余名师生参与。在市台办的协助下，邀请《旅读

中国》杂志、台湾中天电视台对吴江的古镇文化、丝绸文化进行采访，促进两岸文化融合。（吴　平）

【涉台团体管理】 2019年，区委统战部（台办）指导台谊会完成换届，选举产生区台胞台属联谊会第七届理监事会，完成社团重新登记工作。组织区台谊会成员赴青浦台联开展联络联谊，在长三角一体化的框架下，为两地台胞眷属搭建联谊平台。向区台协会员发布《吴江区台资企业协会安全生产倡议》和《十一长假安全生产提醒书》，就推进吴江台资企业安全生产行动计划与区应急管理局沟通协商，协助区台协聘请安全生产顾问。指导区台协举办“2019迎春联谊”“2019台胞中秋晚会”“2019乐居吴江第七届台协会长杯慢速垒球邀请赛”“2019两岸青年羽毛球友谊赛”“2019台企篮球赛”等活动。落实惠台政策，协助台胞办理居住证，为20名台商子女办理中考加分认定，为67名台商子女解决入学问题。是年，走访困难台胞台属13人，了解他们的家庭情况及遇到的困难，送上温暖和关爱。（吴　平）

保密工作

【概况】 2019年，区国家保密局在区委的领导和苏州市局的指导下，落实保密责任，加强管理监督，探索机构改革后保密工作的长效发展机制，为全区经济社会发展提供保密服务保障。（崔家豪）

【保密管理机制】 2019年，区国家保密局进一步健全工作机制，明确区委保密委员会成员职责，落实责任分工，完善工作流程和工作制度，主动将保密工作融入区委的各项决策部署中，在全区形成以区委保密委员会牵头抓总，区保密局负责指导，各区镇、机关单位保密委员会（保密工作领导小组）具体实施的工作格局。（崔家豪）

【保密执法检查】 2019年，区委保密委员会、区国家保密局调整确认全区各地各部门保密主官、保密要害部门、要害部位；开展全区机关单位保密工作自查自评；配合上级单位做好企业资质检查；做好各类国家级考试保密检查工作，确保万无一失。（崔家豪）

【保密宣传教育】 2019年，区国家保密局根据需求，赴全区各类主体班次、部分区镇和部门开展保密知识讲座；组织开展《保密技术》《保密工作》等刊物的学用征订；组织部分区级机关部门参观苏州市保密技术管理服务中心，提升机关工作人员保密责任意识。（崔家豪）

巡　察

【概况】 2019年，区委开展三轮巡察和两轮对村（社区）专项巡察，对18家区属单位党组织和吴江开发区、七都镇、平望镇所辖的80个村（社区）党组织开展巡察，对3家机关单位党委和震泽镇党委开展巡察“回头看”，对5家党委建制的被巡察单位形成政治生态评价报告。发现问题736个，移送问题线索129条。3月，区委巡察办“三定”方案出台，明确巡察办作为区委工作机关的职能配置、内设机构和人员编制；9月，新增行政编制2个，区委巡察机构编制数累计23个。（张曼婷　梁　程）

【巡视巡察联动】 2019年4月，区委与省委第八巡视组联动开展对区公安局、项目建设管理有限公司和吴江开发区所辖村（社区）实施乡村振兴战略专项巡察，同步对吴江开发区34个村、2个涉农社区的集体资产清产核资工作开展专项巡察。十三届区委巡察全覆盖进程，累计巡察区属党组织61个，完成79%；巡察村、社区党组织128个，完成40%。移交问题线索483件，问题线索办结中318件，运用“第一种形态”谈话177人，给予党纪政务处分89人，移送司法机关8人。（张曼婷　梁　程）

【巡察成果运用】 2019年，区委巡察办开展巡察整改情况和行业协会脱钩情况专项督查，联合派出监察员对区镇开展专项监督，形成4份巡察整改落实情况专项督查的反馈意见。对卫健委党委、震泽镇党委等4家基层党组织开展巡察“回头看”。在全区范围开展“未巡先改、自查自纠”专项工作，聚焦对村（社区）巡察发现的共性问题，督促指导未被巡察的村（社区）对照自查自纠、先行整改，形成整改方案、整改报告各272份，整改清单涉及4方面12大类3000余项。对巡察发现拆迁安置小区垃圾处理、行政审批窗口收取复印费、一个号码管服务、党建系统融合等涉及民生的问题，及时推动被巡察单位即知即改、立行立改，全年完成立行立改67件。形成《关于区项目建设管理公司工程代建工作现状的综述》专题报告提交区委、区政府。（张曼婷 梁 程）

【巡察队伍建设】 2019年2月，区委巡察办与区委组织部联合印发《关于推荐优秀年轻干部到区委巡察机构挂职锻炼的通知》，全区推荐年轻干部59人充实到巡察“人才库”中，分3批次安排24人到巡察一线挂职锻炼。巩固和强化“苏州市标兵行动党支部”建设，开展“不忘初心、牢记使命”主题教育，选派10名巡察干部参加杭州纪检巡察培训中心举办的第二期巡察干部培训班，全年组织各类教育培训4场，培训巡察干部300余人次。

（张曼婷 梁 程）

2019年十三届区委巡察工作推进情况一览表

时间	巡察进度	被巡察对象
1月	开展巡察整改情况和行业协会脱钩情况专项督查	—
2月	2019年巡察工作计划经区委常委会审核通过	—
3月	召开2019年区委巡察工作动员部署会	—
3月	迎接省委第八巡视组对吴江开展实施乡村振兴战略专项巡视	—
4月	启动区委第八轮巡察	区公安局、区联动指挥中心、区行政审批局、区科协、区委党校、吴江日报社、区文联、团区委、区妇联、吴江项目建设有限公司10家单位党组织
4月	启动区委第九轮对村（社区）巡察	清树湾村、柳胥村、吴新村、淞南村、三里桥村、庞北村、庞东村、庞山村、仪塔村、库浜村、同兴村、栅桥村、叶明村、方尖港村、叶泽村、庞杨村、白龙桥村、凌益村、西联村、龙津村、九里湖村、叶建村、北联村、合心村、屯溪村、屯南村、白蚬湖村、肖甸湖村、屯渔社区、富渔社区、鱼行社区、东新社区、屯村社区、江陵社区、庞山湖社区、新港社区、新柳溪社区、湖东社区38个吴江开发区所辖村（社区）党组织
4月	开展实施乡村振兴战略联动巡察	区公安局、项目建设管理有限公司、吴江开发区所辖村（社区）党组织
4月	迎接省委巡视办巡察工作专项检查	—
6月	完成区委第八轮巡察、第九轮对村（社区）专项巡察情况反馈	—
7月	启动区委第九轮巡察	区委老干部局、区财政局、区自然资源和规划局、区审计局、区委党史办、区外事办（接待办）、区工商联、区红十字会8家单位党组织
7月	启动区委第十轮对村（社区）专项巡察	望湖村、双塔桥村、沈家湾村、隐读村、东庙桥村、菱田村、群幸村、吴越村、陆港村、燦烂村、盛庄村、庙港村、联强村、开明村、丰民村、光荣村、西漾渔业社区、七都社区、渔村社区、庙港社区20个七都镇所辖村（社区）党组织；金联村、联丰村、胜墩村、中鲈村、上横村、平西村、溪港村、南杨村、顾扇村、莺湖村、庙头村、双浜村、龙南村、新南村、平安村、新建社区、南新社区、南大社区、西塘社区、河西社区、新诚社区、梅堰社区22个平望镇所辖村（社区）党组织
8月	开展巡察工作专项检查反馈意见整改	—
10月	区委第九轮巡察、第十轮对村（社区）专项巡察情况反馈	—
11月	启动区委第十轮巡察	对区卫健委、区交通运输局、区水务局、震泽镇4家单位党组织开展“回头看”

（张曼婷 梁 程）

党　校

【概况】 中共苏州市吴江区委党校、吴江区行政学校(简称“党校”)是江苏省优秀县级党校，建有“中共苏州市吴江区委党校”“苏州市吴江区全民国防教育网”2个网站，中共中央党校地面卫星远程C级站和微信公众号。2019年，党校在编教职工32人，其中专兼职教师22人，包括副教授1人、高级职称8人、中级职称6人、初级职称2人、博士研究生1名，其中1名同志入选第二期全省党校行政学院系统“三个一批”人才培养对象。《加快推进吴江融入长三角示范区建设的建议》刊载于中央党校主管的《行政改革内参》。获评2018年度江苏省“节能示范单位”，2018年度区级机关部门绩效考核优胜单位。
（王　竞）

【干部教育培训】 2019年，党校举办各类培训班80期(次)，培训11775人次；外来办班16期，培训664人次。其中，举办吴江区“长三角生态绿色一体化发展”研修班、全面实施乡村振兴专题研修班、吴江区第八期文秘研修班、吴江区宣传思想文化干部守正创新能力素质提升班、全区金融财政干部能力素质提升班、印江县2019年领导能力与领导艺术专题培训班、2019年度吴江区公务员初任培训班等主体班13个，培训人数730人次。配合区委组织部举办“四新”讲座*8期，受训7100人次。完成各机关、区镇、村(社区)等联合办班、委托办班26期，培训2542人次，主要有2019年度全区村党组织书记乡村振兴培训班(两期)、2019年度吴江区公务员任职培训班、吴江区村社党组织书记党性锻炼示范培训班、2019年区级机关新党员培训班、吴江区理论宣讲队伍集中学习培训班、2019年吴江区专业巡查业务集中培训班(两期)等；完成上海市委党校中青年干部培训班、苏州社保中心青年干部培训班(两期)、武汉市汉南区委党校中青班等外来办班16期，培训664人次；完成启东市副科职干部能力素质提升班、姑苏区现场教学师资班、福建省屏南县科级干部班、中浦院中西部地区年轻干部“全面增强执政本领”培训班吴江现场教学点15批次接待任务，培训739人次。党校教师开展“送教上门”活动，赴全区机关部门、区镇、企事业单位、学校、村社区开展《习近平新时代中国特色社会主义思想学习纲要》、新中国成立70周年、长三角一体化、十九届四中全会等主题党课宣讲400余场次，受众约3万人次。编印《2019年度干部教育培训优秀课件选编》。（王　竞）

2019年吴江区委党校干部教育培训一览表

单位：人

班次类别	培训时间	班级名称	培训人数
主体班	5月26~31日	吴江区宣传思想文化干部守正创新能力素质提升班	49
	7月8~12日	全区金融财政干部能力素质提升班	60
	7月27日至8月1日	印江县2019年领导能力与领导艺术专题培训班	50
	8月5~9日	吴江区第八期文秘研修班	56
	8月25~29日	印江县2019年深化行政审批制度改革提高政府服务效能专题培训班	50
	8月26~30日	全面实施乡村振兴专题研修班	44
	9月9日、9月16~20日	全区“双招双引”业务骨干能力素质提升班	68
	9月23~27日	吴江区“长三角生态绿色一体化发展”研修班	49
	10月23~27日	印江自治县城镇转型与休闲旅游文化建设专题培训班	50
	11月4~16日	2019年度吴江区公务员初任培训班	84
	12月1~6日	全区安全生产应急管理专题培训班(第一期)	65
	12月8~13日	全区安全生产应急管理专题培训班(第二期)	65
	12月9~14日	2019年吴江区文体旅产业融合发展专题研修班	40

（续　表）

班次类别	培训时间	班级名称	培训人数
“四新”讲座	4月13日	中心组学习	100
	4月26日下午	多模式大数据的信息智能获取	1000
	8月2日下午	平望经济发达镇行政管理体制改革的实践与思考；乡村振兴战略在七都的探索与实践	1000
	9月27日下午	大力实施乡村振兴战略	1000
	10月14日	中心组学习	1000
	11月15日	嘉善“最多跑一次”改革实践与探讨；嘉善统筹城乡发展的探索和思考	1000
	11月21日	深圳改革开放创新体制的探索与实践	1000
	12月6日	青浦区2035总体规划编制内容与相关思考；打造四大平台，推动乡村高质量发展	1000
联合办班	4月2~4日	2019年度全区村党组织书记乡村振兴培训班暨首期村书记讲坛	256
	4月25~26日、4月28~30日	2019年度吴江区公务员任职培训班	102
	5月12~18日	吴江区村社党组织书记党性锻炼示范培训班	52
	6月19~21日	2019年度全区村党组织书记乡村振兴培训班第二期	291
	7月3~5日	2019年区级机关新党员培训班	104
	7月31日至8月2日	2019年区级机关发展对象培训班	110
	8月26~30日	吴江区第十期青年女干部培训班暨妇联干部能力提升班	55
委托办班	1月24日	吴江区理论宣讲队伍集中学习培训班	100
	2月28日	吴江区卫健系统党务工作者培训班	78
	4月23~26日	2019届盛泽镇年轻干部研修班	44
	5月21~24日	吴江区自然资源和规划局青年干部培训班	45
	5月22~24日	2019年汾湖高新区发展对象培训班	160
	6月3~7日	七都镇年轻干部乡村振兴培训班	38
	7月23~26日	吴江区交通运输系统中层干部能力提升班	43
	8月4~9日	吴江区文联“不忘初心、牢记使命”文艺素质培训班	38
	8月21日	2019年吴江区专业巡查业务集中培训班（第一期）	150
	8月22日	2019年吴江区专业巡查业务集中培训班（第二期）	150
	9月16~21日	2019年吴江区税收协同共治及协税护税人员“不忘初心、牢记使命”主题教育培训暨能力提升班第一期	71
	9月18~20日	吴江区机关事务中心2019年度干部能力素质提升培训班	54
	9月20~25日	2019年吴江区税收协同共治及协税护税人员“不忘初心、牢记使命”主题教育培训暨能力提升班第二期	59
	9月23~24日	2019年全区意识形态工作责任制专题培训班	110
	10月11~13日	吴江区住建局第二期青年干部素质提升班	42
	10月18~19日	中国光大银行苏州分行“不忘初心、牢记使命”主题教育党支部书记培训班	40

（续 表）

班次类别	培训时间	班级名称	培训人数
委托办班	11月27~30日	震泽镇中青年干部能力提升班	50
	12月9~13日	吴江区2019年度社科理论骨干培训班	60
	12月14日	人民陪审员培训班	240
外来办班	4月9日	中浦院西藏自治区七市(地)工商联主席、直属商会会长培训班	30
	4月21~26日	福安市委党校2019年第一期科级干部理论进修班	44
	4月30日	上海市委党校中青年干部培训班	36
	5月9~11日	苏州社保中心青年干部培训班第一期	48
	5月12~16日	武汉市汉南区委党校中青班	52
	5月13~14日	上海市委党校新疆建设兵团研讨班	32
	5月23~25日	苏州社保中心青年干部培训班第二期	50
	5月27~31日	嘉善党校科局级研修班	50
	6月10~14日	屏南县委党校2019年第一期科级干部进修班	46
	7月11~14日	一汽解放汽车发动机事业部培训班	20
	9月24日	中西部地区年轻干部“全面增强执政本领”培训班	59
	10月17~18日	上海市委党校“第14期新疆生产建设兵团党政高级管理人才改革与发展专题研讨班”	30
	10月23~25日	相城区教育系统党务工作负责人及纪检监察员培训班	45
	10月28日至11月1日	中共屏南县委党校2019年第二期科级干部进修班	44
	11月4~8日	2019年福安市第二期中青年干部理论培训班	42
	12月10日	香港纪律部队培训班	36
现场教学	4月24日	启东市副科职干部能力素质提升班	42
	4月25日	中共福安市委党校科级干部理论进修班	58
	4月28日	启东市中青年干部培训班	43
	4月29日	上海市委党校专题培训班	36
	5月16日	惠山区玉祁街道青年干部培训班	51
	5月29日	嘉善县科级领导干部进修一班	55
	6月1日	姑苏区现场教学师资班	50
	6月13日	福建省屏南县科级干部班	50
	6月27日	杭钢集团经营管理业务专题研修班	50
	7月28日	贵州省铜仁市印江县2019年领导能力与领导艺术专题培训班	50
	8月5日	抚顺市民营企业和社会组织党组织书记班	45
	8月15日	无锡惠山区钱桥街道2019年度青年干部培训班	50
	8月26~28日	印江县2019年深化行政审批制度改革提高政府服务效能专题培训班	50
	9月24日	中浦院中西部地区年轻干部“全面增强执政本领”培训班	59
	10月23~25日	印江县2019年城镇转型与休闲旅游文化建设专题培训班	50

（王　竞）

【科研咨询】 2019年，党校发表各类科研文章40篇，其中国家级4篇、省级15篇。《加快推进吴江融入长三角示范区建设的建议》刊载于中央党校主管的《行政改革内参》，与区政协港澳台侨委合作的《对我区台资企业更好发展的几点建议》课题成果获区委主要领导批示。编印《党校教研成果选编（2018年度）》，编印出版《吴江文庙》《吴江县学碑志孑遗》。发行《市情调研参考》8期，其中第80期《吴江“创二代”民营企业家成长调查》获区委副书记王燕红批示。继续与国家行政学院、省委党校、市委党校加强课题合作，加强与青浦、嘉善等周边区域开展长三角一体化相关课题研究。重点完成全省党校系统调研课题《吴江增强“两新”组织党建工作活力的机制创新研究》、2019年度环太湖发展研究中心立项课题《人才强区发展战略研究——基于青浦、吴江、嘉善三地比较研究》《长三角区域一体化示范区建设中吴江的比较优势研究》、2019年度苏州市党校系统协作立项课题《吴江国有资本助推民营企业发展研究》《高标准推进网格化社会治理创新研究》。完成区委、区政府交办的《吴江基层社会综合治理研究》《吴江打造民营经济发展新高地的对策建议》等系列课题。完成《长三角一体化背景下吴江光电缆发展新建议》《乡村振兴视野下美丽庭院建设观察》《提升吴江基层党组织组织力研究》等校部重点课题。2项课题分获全省党校系统第九届优秀科研成果一、二等奖，2项课题获全市党校系统第二届优秀决策咨询成果奖，1项课题获苏州市第十四次哲学社会科学优秀成果三等奖，1项课题获评第三届“智论苏州”高层论坛暨庆祝新中国成立70周年与学习十九届四中全会精神理论研讨会优秀论文。

（王　竞）

2019年吴江党校科研成果发表情况一览表（省级及以上）

级　别	成果名称	成果类型	发表刊物
国家级	加快推进吴江融入长三角一体化示范区建设的建议	调研报告	《行政改革内参》
	长三角一体化示范区基层党建引领社会治理创新的探索与路径	调研报告	《社区》
	后小康社会视野下基层社会治理主体结构变迁的研究——以苏州吴江区为例	调研报告	《2019年中国社会学年会“后小康社会与社会结构变迁”论文集》
	彩虹党建引领非公企业良性发展	研究论文	《学习与研究》
省级	吴江高质量融入长三角一体化发展示范区建设的若干思考	调研报告	《宏观经济观察》
	吴江打造“时代工匠”成长摇篮的实践与思考	调研报告	《江苏企业管理》
	吴江纺织业高质量发展的路径和对策建议	调研报告	《江苏企业管理》
	企业因党建而独特	评论文章	《培训》
	提问“懂”书记	宣传信息	《非公有制企业党建》
	以智能化引领吴江工业高质量发展	调研报告	《石油石化物资采购》
	基层党校营造良好科研氛围的几点体会	研究论文	《江苏党校报》
	吴江推进台青就业创业的思考和建议	调研报告	《青春岁月》
	吴江优化台资企业营商环境研究	研究论文	《山东纺织经济》
	擦亮文化名片，推进产城融合	研究论文	《旅游纵览》
	“互联网+”视角下全域旅游高质量发展策略探究——以苏州市吴江区为例	调研报告	《才智》
	推进基层医疗机构高质量发展	调研报告	《唯实现代管理》
	高标准推进网格化社会治理创新研究——以苏州市吴江区为例	研究论文	《法制博览》
	民营积极创新发展的“吴江现象”	研究论文	《江南论坛》

（续　表）

级　别	成果名称	成果类型	发表刊物
省级	完善企业信用体系，助推中小企业发展	调研报告	《唯实现代管理》
专著	吴江文庙	书稿	江苏凤凰文艺出版社
	吴江县学碑志孑遗	书稿	上海文化出版社

（王　竞）

【长三角党校联盟】 2019年，党校抓住长三角一体化发展国家战略实施和示范区建设启动历史机遇，与上海青浦、浙江嘉善党校加强党校联盟建设，发挥三地党校在干部教育培训、科研咨询、人才智力等方面共建共享的优势，共同服务于国家战略。青吴嘉三地党校将理论教学与改革发展实践相结合，联合开展“‘长三角一体化’专题联合备课”与“青吴嘉三地党校精品课研讨会”活动。将科研攻关与区域发展需要相融合，三地党校完成长三角一体化联合课题5项，《吴江高质量融入长三角一体化发展示范区建设的若干思考》等课题在《苏州日报》《苏州党校报》等刊物公开发表；围绕打造“创新湖区”和建设“乐居之城”的发展定位，以新理念、新视野、新思维为吴江在长三角一体化发展中的产业方向和城市功能出谋划策。联动合作办学，党校加强学员互往、业务互助、教员互访，三地合作办班12个。共建现场教学基地，三地党校开展长三角一体化发展示范区党校联盟教学点资源整合建设，联合举办“青浦、吴江、嘉善党校现场教学精品线路推介会”，编印《青浦、吴江、嘉善党校现场教学精品线路》。（王　竞）

党　史

【概况】 2019年，区委党史工办与区档案馆合署办公。根据区委统一部署，区委党史工办被列为区委第九轮巡察对象，7月11日至8月30日，完成区委第三巡察组对党史工办巡察监督。（胡小军）

【党史宣传】 2019年，区委党史工办抓好党史知识“进机关、进校园、进社区、进乡村、进企业”活动，向社区、村赠送《中共吴江地方历史(第二卷)》《中共吴江地方历史资料》等书籍。围绕新中国成立70周年等开展党史宣传。协助区委宣传部完成《傲骨芙蓉春又回》稿件的整理和审定；与区委老干部局、太平洋保险公司吴江支公司联合开展“不忘初心、牢记使命，重走父辈南下路”主题活动，带领1949年山东南下干部子女16人，赴山东烟台、威海、文登、临沂等地进行实地考察和体验生活；发扬南下精神，让红色基因代代相传，举办“壮丽70年，重走南下路”展览活动。利用“吴江通”“吴江新闻网”等平台推送党史资料、纪念文章和学习活动情况。参与区委组织的十九届四中全会精神宣讲活动，传达党的新思想、新思路、新举措。（胡小军）

【党史征编】 2019年，区委党史工办组织人员编写《中共吴江历史 · 1978—2012（第三卷）》，年内完成第一稿。邀请苏州市委党史办的领导、专家对编写工作进行指导把关。组织专家学者对《中共吴江历史 · 1978—2012（第三卷）》第一稿进行修订、补充和完善。（胡小军）

【党史研究】 2019年，区委党史工办重点围绕新中国成立70周年开展党史研究。利用一周时间对吴江9处革命遗址、遗迹进行固定拍摄和文字材料整理并及时上报。协助区纪委宣教室完成对张应春、程开甲、陈云等革命先辈先进事迹的发掘、整理和缩写。筛选自中共吴江独立支部成立至2018年间，党在领导吴江人民进行革命、建设中发生的重大事件、重要工作和重要活动21件，汇编成7000余字的《建党以来吴江重大历史事件》文稿。（胡小军）

（本栏编辑　范红明）

综 述

【概况】 2019年，吴江区人大常委会按照宪法和法律赋予的工作职责，推进民主法治建设。先后召开常委会会议9次、主任会议24次，组织执法检查4次、视察活动5次、专题询问1次，听取和审议“一府一委两院”(政府、监察委员会、法院、检察院)工作汇报19项，作出决议、决定20项，任免国家机关工作人员113人次。至年底，有全国人大代表1名、省人大代表3名、市人大代表64名、区人大代表325名。 （陈怡婷）

【区第十六届人大第三次会议】 2019年1月8日，区第十六届人民代表大会第三次会议在吴江举行。会议应到代表323名，出席代表311名。会议听取和审议区人民政府区长李铭所作的《苏州市吴江区人民政府工作报告》，区人大常委会主任沈金明所作的《苏州市吴江区人民代表大会常务委员会工作报告》，区人民法院院长陈晓君所作的《苏州市吴江区人民法院工作报告》，区人民检察院检察长刘军所作的《苏州市吴江区人民检察院工作报告》，审查《苏州市吴江区2018年国民经济和社会发展计划执行情况及2019年国民经济和社会发展计划草案的报告》《苏州市吴江区2018年财政预算执行情况和2019年财政预算草案的报告》并作出相应决议，审议和通过《苏州市吴江区人民代表大会议事规则》。会议期间，代表提出议案1件，建议、批评和意见172件。 （陈怡婷）

【区第十六届人大常委会会议】 2019年2月2日，区第十六届人大常委会第十七次会议在吴江举行。会议听取区人民政府区长李铭、区人大常委会主任沈金明、区人民法院院长陈晓君分别所作的人事任免提名报告、关于任命人民陪审员的提请说明和部分拟任职同志所作的拟任职发言。会议以电子表决方式通过《苏州市吴江区人大常委会2019年工作要点(草案)》《关于接受计伟华辞去吴江区第十六届人民代表大会代表职务的请求的决定(草案)》《关于接受薛建国同志辞去吴江区第十六届人民代表大会常务委员会委员职务的请求的决定(草案)》。会议以无记名投票和电子表决方式通过有关人事任免。

3月25日，区第十六届人大常委会第十八次会议在吴江举行。会议听取和审议区人民政府副区长朱建文代表区人民政府所作的关于人代会议案办理意见的报告，区发改委主任陈建忠代表区人民政府所作的关于“十三五”规划实施情况中期评估的报告，区人民法院院长陈晓君代表区人民法院所作的关于基本解决执行难工作的情况汇报，区人大常委会副主任夏晓阳代表区人大常委会执法检查组所作的关于《中小企业促进法》执法检查情况的报告和区人大常委会办公室主任庄永先所作的关于制度修订情况的说明。会议听取区监察委员会副主任李小迟、区人民法院院长陈晓君分别所作的人事任免提名报告。会议以电子表决方式通过《吴江区人民代表大会常务委员会关于改进常委会会议审议工作提高审议质量的若干规定（草案）》和有关人事任免。

4月23日，区第十六届人大常委会第十九次会议在吴江举行。会议听取和审议区人民政府区长李铭所作的人事任免提名报告。会议以无记名投票和电子表决方式通过有关人事任免。

6月11日，区第十六届人大常委会第二十次会议在吴江举行。会议听取和审议区人民政府副区长戚振宇代表区人民政府所作的关于2018年度环境状况和环境保护目标完成情况的报告，区人民检察院检察长刘军代表区人民检察院所作的关于未成年人检察工作情况的报告，区农业农村局局长沈卫民代表区人民政府所作的关于乡村振兴战略实施情况的报告，区人大常委会副主任王悦代表区人大常委会执法检查组所作的关于《中华人民共和国水污染防治法》执法检查情况的报告，区人大常委会办公室主任庄永先所作的关于2019年评议工作的实施意见的说明，区人大常委会人事代表联络工委主任崔夏萍所作的关于设立区人大常委会松陵、横扇、八坼、江陵街道工作委员会的说明以及重新确定同里镇第十七届人民代表大会代表名额的说明。会议听取区人大常委会主任沈金明、区监察委员会主任乐江、区人民法院副院长吴建中分别所作的人事任免提名报告。会议以电子表决方式通过《吴江区人大常委会关于开展2019年评议工作的意见（草案）》《关于重新确定同里镇第十七届人民代表大会代表名额的决定（草案）》《关于接受王秋凤辞去吴江区第十六届人民代表大会代表职务的请求的决定（草案）》《关于接受解冻辞去吴江区第十六届人民代表大会常务委员会委员职务请求的决定（草案）》。会议以无记名投票和电子表决方式通过有关人事任免。

7月25日，区第十六届人大常委会第二十一次会议在吴江举行。会议审查和批准区财政局局长吴吉祥代表区人民政府所作的关于2018年财政收支决算的报告。会议听取和审议区审计局局长周群代表区人民政府所作的关于2018年本级预算执行及其他财政收支审计工作情况的报告，区发改委主任陈建忠代表区人民政府所作的关于2019年上半年国民经济和社会发展计划执行情况的报告，区财政局局长吴吉祥代表区人民政府所作的关于2019年上半年财政预算执行情况的报告，区人大常委会副主任吴卫中代表区人大常委会执法检查组所作的关于《江苏省献血条例》执法检查情况的报告。会议听取区人大常委会主任沈金明、区监察委员会副主任李小迟分别所作的人事任免提名报告和区人民法院副院长钮晓丰所作的关于任命人民陪审员的报告提请说明。会议以电子表决方式通过《关于批准吴江区2018年财政决算的决议（草案）》《关于接受沈雪华辞去吴江区第十六届人民代表大会代表职务的请求的决定（草案）》《关于接受华磊辞去吴江区第十六届人民代表大会常务委员会委员职务的请求的决定（草案）》《关于接受孙广琦辞去吴江区第十六届人民代表大会法制委员会委员职务的请求的决定（草案）》和有关人事任免。

8月15日，区第十六届人大常委会第二十二次会议在吴江举行。会议传达学习总书记习近平对地方人大及其常委会工作重要指示精神和全国人大纪念地方人大设立常委会40周年座谈会精神，听取区人大常委会主任沈金明、区人民法院院长陈晓君、区检察院检察长刘军分别所作的人事任免提名报告。会议以电子表决方式通过有关人事任免。

9月25~26日，区第十六届人大常委会第二十三次会议在吴江举行。会议听取和审议区教育局局长陈宇代表区人民政府所作的关于全区民办教育情况的报告，区国资办主任庄建荣代表区人民政府所作的关于国有资产管理工作情况的报告，区发改委主任陈建忠代表区人民政府所作的关于基层基本公共服务功能配置标准实施情况的报告，区人大常委会副主任王悦代表区人大常委会执法检查组所作的关于《苏州市节约用水条例》执法检查情况的报告，区人大常委会办公室主任庄永先所作的关于《吴江区人民代表大会常务委员会关于支持和保障长三角一体化示范区建设的决定》的说明，区统计局、审计局、卫健委工作报告及三个评议组的评议报告。会议听取区人民政府副区长李卫珍、区人民检察院检察长刘军分别所作的人事任免提名报告。会议以电子表决方式通过《吴江区人民代表大会常务委员会关于支持和保障长三角一体化示范区建设的决定》，以无记名投票和电子表决方式通过人民政府、人民检察院有关人事任免。会议对三个受评部门的工作情况进行测评，以电子表决方式通过区第十六届人大常委会关于对三个受评部门工作的评议意见。

11月26日，区第十六届人大常委会第二十四次会议在吴江举行。会议审查和批准区财政局局长吴吉祥代表区人民政府所作的关于调整2019年财政预算的报告，区发改委副主任颜有明代表区人民政府所作的关于调整2019年国民经济和社会发展计划的报告；听取和审议区财政局局长吴吉祥代表区人民政府所作的关于吴江区政府性债务限额管理的报告，区审计局局长周群代表区人民政府所作的关于对2018年本级预算执行及其他财政收支审计查出问题整改情况的报告，区人民政府副区长朱建文代表区人民政府所作的关于2019年区人代会议案办理情况的报告；书面审议区人民政府关于第十六届人大第三次会议代表建议、批评和意见办理落实情况的报告。会议听取区人大常委会主任沈金明、区人民检察院副检察长王珉分别所作的人事任免提名报告。会议以电子表决方式通过《关于批准调整2019年度吴江区财政预算的决议（草案）》《关于批准吴江区2019年地方政府债务限额的决议（草案）》《关于批准调整2019年度吴江区国民经济和社会发展计划的决议（草案）》《关于召开吴江区第十六届人民代表大会第四次会议的决定（草案）》。会议以无记名投票和电子表决方式通过有关人事任免。会议以无记名投票方式对2019年政府部门办理人大常委会审议意见情况进行测评，对2019年度确定的重点督办意见建议进行满意度测评。

12月27日，区第十六届人大常委会第二十五次会议在吴江举行。会议听取区人大常委会副主任、区十六届人民代表大会第四次会议筹备处秘书长夏晓阳代表大会筹备处所作的关于区第十六届人大第四次会议筹备工作情况的报告，区人大常委会人事代表联络工委主任崔夏萍所作的关于补选苏州市人大代表的情况说明和关于代表资格的审查报告，部分苏州市人大代表所作的代表履职报告。会议听取和审议区生态环境局局长沈志勇代表区人民政府所作的关于突出环境问题整治整改落实情况的报告。会议听取区人大常委会主任沈金明、区人民政府副区长李卫珍、区监察委员会副主任李小迟、区人民检察院检察长刘军分别所作的人事任免提名报告。会议以电子表决方式通过《吴江区人大常委会工作报告（审议稿）》《吴江区第十六届人民代表大会常务委员会代表资格审查委员会关于代表资格的审查报告（草案）》、区第十六届人大第四次会议列席人员建议名单、《关于接受李利荣辞去吴江区第十六届人民代表大会代表职务的请求的决定（草案）》《关于接受丁华辞去吴江区第十六届人民代表大会常务委员会委员职务的请求的决定（草案）》《关于接受石刚辞去吴江区第十六届人民代表大会常务委员会委员职务的请求的决定（草案）》《关于接受张曙辞去吴江区第十六届人民代表大会常务委员会委员职务的请求的决定（草案）》《关于接受徐利明辞去吴江区第十六届人民代表大会常务委员会委员职务的请求的决定（草案）》《关于接受蔡薇辞去吴江区第十六届人民代表大会常务委员会委员职务的请求的决定（草案）》。会议以鼓掌形式通过区第十六届人大第四次会议的建议议程、日程，主席团和秘书长建议名单，议案审查委员会建议名单，各代表团正副团长建议名单，主席团常务主席建议名单，副秘书长及各组正副组长建议名单，关于代表提出议案截止时间的决定草案。会议以无记名投票方式补选苏州市第十六届人民代表大会代表，以无记名投票和电子表决方式通过有关人事任免。（陈怡婷）

【区第十六届人大常委会主任会议】 2019年1月10日，常委会召开第47次主任会议，商量人大代表之家建设以奖代补方案及春节前有关工作安排。

1月30日，常委会召开第48次主任会议，审议常委会第十七次会议有关议题，并商量二月份工作。

2月20日，常委会召开第49次主任会议，传达贯彻全区作风建设大会等会议精神，部署落实有关工作。

2月28日，常委会召开第50次主任会议，听取区政府关于友城交流工作情况汇报，并商量三月份工作。

3月11日，常委会召开第51次主任会议，听取区政府关于全区气象工作情况汇报。

3月15日，常委会召开第52次主任会议，审议常委会第十八次会议有关议题。

3月28日，常委会召开第53次主任会议，传达学习总书记习近平重要讲话精神和全国两会精神，并商量四月份工作。

4月19日，常委会召开第54次主任会议，听取区检察院关于深化司法体制改革情况的汇报。

4月30日，常委会召开第55次主任会议，商量五月份工作。

5月7日，常委会召开第56次主任会议，专题调研区第十六届人大第三次人代会“1号议案”乡村振兴战略实施情况。

5月13日，常委会召开第57次主任会议，专题调研长三角一体化发展情况。

5月20日，常委会召开第58次主任会议，听取区政府关于全区住房公积金归集和使用情况汇报，并审议常委会第二十次会议有关议题。

5月31日，常委会召开第59次主任会议，商量六月份工作、人大街道工委等有关事宜。

6月6日，常委会召开第60次主任会议，专题听取区政府关于《苏州市城市总体规划（2017—2035年）（吴江部分）》编制情况汇报。

7月2日，常委会召开第61次主任会议，商量七月份工作。

7月19日，常委会召开第62次主任会议，审议常委会第二十一次会议有关议题及道路交通安全工作专题询问有关事宜。

7月25日，常委会召开第63次主任会议，商量八月份工作。

8月20日，常委会召开第64次主任会议，专题听取区政府关于全区扶贫工作情况汇报。

9月3日，常委会召开第65次主任会议，商量九月份工作。

9月20日，常委会召开第66次主任会议，审议常委会第二十三次会议有关议题。

9月29日，常委会召开第67次主任会议，听取区政府关于医联体推进情况汇报，并商量十月份工作。

10月29日，常委会召开第68次主任会议，听取区政府关于老旧小区改造情况汇报。

10月31日，常委会召开第69次主任会议，听取三个受评部门整改情况汇报，并商量十一月份工作。

11月19日，常委会召开第70次主任会议，传达学习贯彻中共中央十九届四中全会精神，并审议常委会第二十四次会议有关议题。

11月29日，常委会召开第71次主任会议，总结今年各工委工作亮点，研究明年工作，并商量十二月份工作。

12月16日，常委会召开第72次主任会议，传达苏州市人大工作座谈会精神，研究部署区十六届四次人代会相关工作。

（陈怡婷）

人大执法检查

【概况】 2019年，吴江区第十六届人大常委会成立执法检查组，分别对《中华人民共和国中小企业法》《中华人民共和国水污染防治法》《江苏省献血条例》和《苏州市节约用水条例》的贯彻实施情况开展执法检查。常委会第十八次会议听取和审议区人大常委会执法检查组关于《中华人民共和国中小企业法》实施情况的报告。常委会第二十次会议听取和审议区人大常委会执法检查组关于《中华人民共和国水污染防治法》实施情况的报告。常委会第二十一次会议听取和审议区人大常委会执法检查组关于《江苏省献血条例》实施情况的报告。常委会第二十三次会议听取和审议区人大常委会执法检查组关于《苏州市节约用水条例》实施情况的报告。会后形成常委会执法检查意见交区政府办理。区政府认真落实常委会执法检查意见，加大宣传和执法力度，进一步完善有关政策，推动四项法律条例的贯彻实施。

（陈怡婷）

【中小企业法执法检查】2019年3月21日，区人大常委会对全区贯彻执行《中华人民共和国中小企业促进法》的情况开展执法检查。执法检查组对区政府及相关部门高度重视中小企业促进工作，强化领导，政策扶持，注重创新，优化服务，全区中小企业发展呈现良好态势表示肯定。并强调要继续大力支持中小企业健康发展，着力减轻中小企业经营负担，鼓励推动中小企业创新升级，提升中小企业服务水平，打造更好营商环境，推动中小企业做优做强，促进全区经济高质量发展。

（陈怡婷）

【水污染防治法执法检查】2019年4月9日，区人大常委会开展区镇两级人大《中华人民共和国水污染防治法》（简称“《水污染防治法》”）执法检查，就全区贯彻执行《水污染防治法》的情况实地检查，同时要求对未检查到的镇区在4月底前进行自查，将情况汇报区人大常委会。5月5~6日，区人大常委会根据苏州市人大常委会执法检查安排，配合苏州市人大常委会执法检查组在吴江全域范围内开展现场检查和随机抽查，再次对全区水污染防治工作进行全面系统的检查。执法检查组对区政府及相关职能部门历来高度重视吴江水污染防治工作、保障饮用水安全、全区水环境承载能力和可持续发展能力稳步提升表示肯定。强调要提高政治站位，全面落实法定职责；加快转变发展方式，牢固确立习近平新时代生态文明建设思想的核心理念；积极整改突出问题，确保水污染防治精准发力；做好阶段性回头看，全面整改好水污染防治问题清单；强化依法监管机制，持续加大对水污染违法行为的打击力度。（陈怡婷）

【江苏省献血条例执法检查】2019年6月14日，区人大常委会对全区贯彻执行《江苏省献血条例》（简称“《条例》”）的情况进行执法检查。执法检查组对区政府高度重视《条例》的贯彻实施，依照《条例》进行采血与供血、临床用血，做好奖励工作，保证全区医疗临床用血的需要和安全，保障献血者和用血者健康表示肯定。强调要进一步加强宣传服务工作，严格实施血液使用各环节的相关制度，防控风险，保障各环节用血安全；进一步加强资源配置，加强基础设施投入，加快血站相关仪器设备的更新，保证技术力量。（陈怡婷）

【苏州市节约用水条例执法检查】2019年8月13日，区人大常委会对全区贯彻执行《苏州市节约用水条例》（简称“《条例》”）的情况进行执法检查。执法检查组对区政府及各地和相关工作部门认真贯彻落实《条例》，特别是在去年《条例》修正后，切实对照新标准、新规定、新要求，依法履职，狠抓重点，落实措施，推动全区节水工作逐步迈入法制化轨道，全区水资源可持续利用水平得到有效提升表示肯定。强调要进一步加强宣传，提升全民节水意识；加强联动，形成认真履责合力；加强监管，落实科学用水措施；加强执法，严格依法水政行为。

（陈怡婷）

依法监督

【概况】2019年，区人大常委会聚焦聚力保障改善民生，坚持以“人民满意”为标尺，认真依法行使职权，保证宪法法律的贯彻实施，创新打好监督“组合拳”，树立方法叠加、技术叠加、力量叠加、程序叠加等新思维，

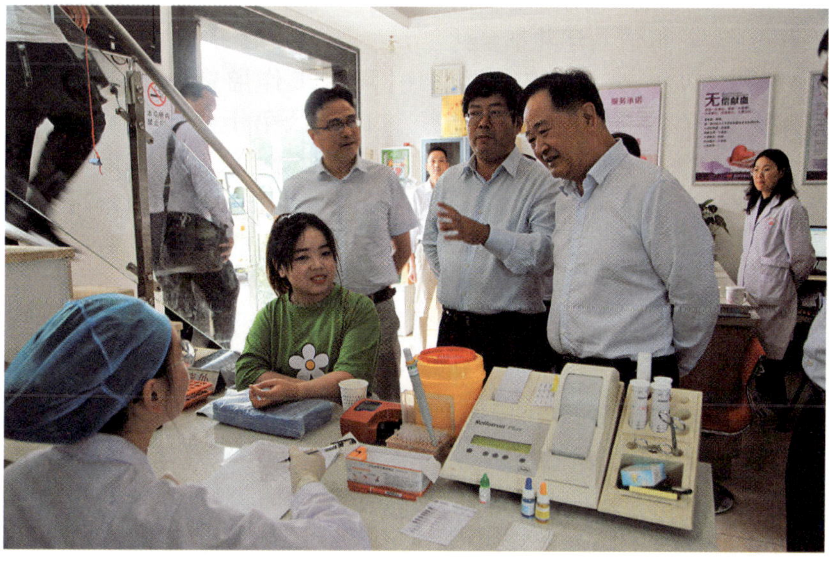

6月14日，献血条例执法检查　（区人大办公室　提供）

运用专题询问、代表约见、述职评议等新手段，在宪法框架下形成人大监督的新模式。专题询问首次采用公开形式征集意见建议，现场视频播放暗访问题，增强问询效果；注重审议意见的跟踪落实，制定《关于改进常委会会议审议工作提高审议质量的实施办法》，首次对审议意见落实情况进行满意度测评，有效提升依法履职的成效和水平，不断提升人民群众的获得感、幸福感、安全感。（陈怡婷）

【议案办理监督】 2019年3月25日，区第十六届人大常委会第十八次会议听取和审议区人民政府关于人代会议案办理意见的报告。会议认为，区政府及相关部门要把议案办理作为推进实施乡村振兴、做好新时代“三农”工作、实现人民对美好生活向往的重要抓手。坚持多规融合，统筹推进，结合农、文、旅，擦亮吴江品牌，高起点、高标准建设示范区。坚持广泛参与、共建共享，增强百姓的参与度，及时呼应群众需求，适度引入社会资本，形成共建共享乡村振兴的大格局。突出重点，强化议案办理的考核督查，定时、定人、定要素保障，全域推进乡村振兴战略。（陈怡婷）

【“十三五”规划实施情况监督】 2019年3月25日，区第十六届人大常委会第十八次会议听取和审议区人民政府关于“十三五”规划实施情况中期评估的报告。会议认为，规划纲要实施中有少数重点指标与预期存在一定差距，尤其是涉及社会高质量发展、人民群众满意度提升的科技创新、养老、医疗等方面，区政府要引起高度重视，坚持问题导向，以人为本，高效实施，建立、完善规划纲要实施年度监测机制，落实各项指标的刚性约束，确保完成建设高水平小康社会的目标任务。（陈怡婷）

【法院执行工作监督】 2019年3月25日，区第十六届人大常委会第十八次会议听取和审议区人民法院关于基本解决执行难工作情况的报告。会议认为，区人民法院全力打造过硬执行队伍，全面推进执行规范化建设，持续加大强制执行力度，不断创新执行工作方式方法，执行工作有新突破，得到上级人民法院的肯定，较好地兑现三年“基本解决执行难”的承诺。进一步提高社会关注度，构建“大执行”格局；加大失信惩戒力度，增强法律震慑力；完善执行联动机制，凝聚执行工作合力；强化科技信息支撑，提高执行处置效率；完善内部运行机制，提升执行工作质效。（陈怡婷）

【环保工作监督】 2019年6月11日，区第十六届人大常委会第二十次会议听取和审议区人民政府关于2018年度环境状况和环境保护目标完成情况的报告。会议认为，区政府继续贯彻执行好上级及区委关于打赢污染防治攻坚战的决策部署。标本兼治、“水陆”同治、部门联动，进一步提高站位，统一思想，形成社会共识；进一步抓好突出问题的整改，确保落实到位；进一步加大依法打击的力度，增强主体责任；进一步增加生态建设的投入，切实补齐短板，切实打赢“蓝天保卫战”“碧水攻坚战”和“净土持久战”。（陈怡婷）

【乡村振兴工作监督】 2019年6月11日，区第十六届人大常委会第二十次会议听取和审议区人民政府关于乡村振兴战略实施情况的报告。会议认为，区政府要按照产业兴旺、生态宜居、乡风文明、治理有效、生活富裕的总要求，以进一步提高振兴战略格局为依托，科学筹谋，以进一步提升城乡宜居环境为重点，狠抓落实，以进一步坚持解决重点问题为导向，深化改革，以进一步办好人代会1号议案为抓手，形成亮点，更好地推动全区乡村振兴战略实施，展现农业农村工作新活力。（陈怡婷）

【未成年人检察工作监督】 2019年6月11日，区第十六届人大常委会第二十次会议听取和审议区人民检察院关于未成年人检察工作情况的报告。会议认为，区人民检察院坚持办案、帮教、救助、预防于一体，大力加强未成年人检察工作，保护未成年人合法权益、教育挽救涉罪未成年人、预防未成年人犯罪取得较好效果。进一步广泛开展未成年人法治教育，充分发挥检察工作职能作用，完善未成年人犯罪预防机制，健全未成年人保护配合机制。（陈怡婷）

【民办教育工作监督】 2019年9月25日，区第十六届人大常委会第二十三次会议听取和审议区人民政府关于全区民办教育情况的报告。会议认为，区政府和有关部门按照“积极鼓励、大力支持、正确引导、依法管理”的方针，大力发展民办教育事业，为市民们提供教育选择的机会，满足人民群众对教育增长的需求。全区民办教育存在发展不均衡的问题，一些外来民工子弟学校存在一定隐患，要充分认识新时期民办教育的重要地位，持续推进民办教育事业规范有序发展，不断提高民办教育办学质量和水平。（陈怡婷）

【国有资产管理监督】2019年9月25日，区第十六届人大常委会第二十三次会议听取和审议区人民政府关于国有资产管理工作情况的报告。会议认为，全区国有企业积极参与社会事业建设，在推进区域经济发展方面，发挥重要的支撑作用，区政府及有关部门加大管理力度，有效促进国有资产的保值增值。全区国有经济实力和企业自主发展能力不够强，转型力度有待加强。加快国有企业转型步伐，加强国有资产监督管理，大力支持国有企业发展，加大对企业薪酬和人才招聘等方面的政策支持力度，进一步提高国企的市场竞争能力。（陈怡婷）

【基层基本公共服务功能配置标准实施情况监督】2019年9月25日，区第十六届人大常委会第二十三次会议听取和审议区人民政府关于基层基本公共服务功能配置标准实施情况的报告。会议认为，区政府及有关部门认真贯彻上级的要求，及时制定配置标准，从解决人民群众最关心、最直接、最现实的利益问题入手，以普惠性、保基本、均等化、可持续为方向，不断强化公共资源投入保障，提高共建能力和共享水平。进一步坚持目标，着力推进；优化配置，突出重点；增加投入，创新机制，不断建立健全基本公共服务标准化机制，改善和增强基层基本公共服务的实用性，提高人民群众的获得感和满意度。（陈怡婷）

【财政工作监督】2019年11月26日，区第十六届人大常委会第二十四次会议听取和审议区人民政府关于吴江区政府性债务限额管理的报告。会议认为，区政府及相关部门对政府债务管理工作高度重视，采取有效措施举借政府债务，不断规范政府举债行为，政府债务规模严格控制在限额以内。进一步严格控制地方政府债务规模，加大政府债务依法监管力度，增强隐性债务风险防范能力，保障经济社会可持续发展。（陈怡婷）

审议与任免

【人大代表建议】吴江区第十六届人民代表大会第三次会议期间，收到代表建议、批评和意见172件，议案1件。代表对办理结果表示满意（含基本满意）的169件，占98.26%；理解3件，占1.74%。（陈怡婷）

【主任会议审议】2019年，吴江区第十六届人大常委会主任会议专题听取区人民政府报告7项，包括关于友城交流工作情况汇报、全区气象工作情况汇报、全区住房公积金归集和使用情况汇报、关于《苏州市城市总体规划（2017—2035年）（吴江部分）》编制情况汇报、全区扶贫工作情况汇报、医联体推进情况汇报、老旧小区改造情况汇报。专题听取区人民检察院报告1项，是关于深化司法体制改革情况的汇报。（陈怡婷）

【人事任免】2019年，吴江区第十六届人大常委会任免国家机关工作人员113人次；对28名提请任命人员进行任前法律知识考试。（陈怡婷）

2019年吴江区人大常委会任免国家机关工作人员一览表

时 间	会 议	姓 名	任免情况
2月2日	吴江区第十六届人大常委会第十七次会议	金健康	任区人大常委会教科文卫（外事民宗侨台）工委主任
		丁 华	免去区人大常委会教科文卫（外事民宗侨台）工委主任
		施国强	免去区人大常委办公室副主任
		陈建忠	任区发展和改革委员会主任
		朱云根	任区工业和信息化局局长

（续　表）

时　间	会　议	姓　名	任免情况
2月2日	吴江区第十六届人大常委会第十七次会议	薛建国	任区司法局局长
		张　燕	任区人力资源和社会保障局局长
		王雪良	任区住房和城乡建设局局长
		蔡建忠	任区城市管理局局长
		胡明忠	任区水务局局长
		沈卫民	任区农业农村局局长
		石　荣	任区文体广电和旅游局局长
		沈　宇	任区卫生健康委员会主任
		卞如景	任区退役军人事务局局长
		沈春荣	任区应急管理局局长
		孙曙东	任区行政审批局局长
		孙阿利	任区医疗保障局局长
		丁晓华	任区信访局局长
		陆　斌	免去区发展和改革委员会主任
		李伟根	免去区司法局局长
		沈震松	免去区人力资源和社会保障局局长
		陈朝林	免去区住房和城乡建设局局长
		李　忠	免去区城市管理局局长
		沈　丽	免去区人民法院审判委员会委员、盛泽人民法庭庭长、审判员
3月25日	吴江区第十六届人大常委会第十八次会议	沈春荣	免去区监察委员会委员
		张　勇	任区人民法院民事审判第二庭庭长，免去区人民法院民事审判第三庭庭长
		吴一非	任区人民法院少年及家事审判庭庭长，免去区人民法院未成年人案件综合审判庭庭长
		张　勤	任区人民法院速裁审判庭庭长，免去区人民法院民事审判第二庭庭长
		吴卫忠	任区人民法院盛泽人民法庭副庭长，免去区人民法院汾湖人民法庭副庭长
		郝　振	任区人民法院吴江经济技术开发区人民法庭副庭长
		邵晓波	任区人民法院汾湖人民法庭副庭长，免去区人民法院立案庭副庭长
		李荣胜	任区人民法院刑事审判庭副庭长
		戴顺娟	任区人民法院民事审判第二庭副庭长，免去区人民法院震泽人民法庭副庭长
		游　佳	任区人民法院民事审判第二庭副庭长，免去区人民法院民事审判第三庭副庭长
		刘颢丽	任区人民法院少年及家事审判庭副庭长，免去区人民法院未成年人案件综合审判庭副庭长
		康　琳	任区人民法院速裁审判庭副庭长，免去区人民法院民事审判第二庭副庭长
		龚　悦	任区人民法院立案庭副庭长
		柳献东	免去区人民法院审判委员会委员、太湖新城人民法庭庭长
		庾向荣	免去区人民法院审判委员会委员
		张荣坤	免去区人民法院审判监督庭庭长

（续 表）

时 间	会 议	姓 名	任免情况
4月23日	吴江区第十六届人大常委会第十九次会议	李文斌	任区人民政府副区长、区公安局局长
6月11日	吴江区第十六届人大常委会第二十次会议	马景亮	免去区人民政府副区长、区公安局局长
		曹吉华	任区人大常委会松陵街道工作委员会主任
		李宁宇	任区人大常委会江陵街道工作委员会主任
		胡晓耀	任区人大常委会八坼街道工作委员会主任
		孙 飞	任区人大常委会办公室副主任
		金建伟	任吴江经济技术开发区监察工委主任
		邓运华	任汾湖高新技术产业开发区监察工委主任
		解 冻	任东太湖生态旅游度假区监察工委主任
		孙广琦	任吴江经济技术开发区监察工委副主任
		沈红梅	任汾湖高新技术产业开发区监察工委副主任
		黄晓林	任东太湖生态旅游度假区监察工委副主任
		沈黎红	任区人民法院审判委员会委员
		韩长安	任区人民法院审判委员会委员
		沈冬青	任区人民法院审判员
		杨 柳	任区人民法院审判员
		任远航	任区人民法院审判员
		吴龙章	任区人民法院审判员
		向 军	任区人民法院审判员
		陈 蕾	任区人民法院审判员
		葛健颖	任区人民法院审判员
		陈 烨	任区人民法院审判员
7月25日	吴江区第十六届人大常委会第二十一次会议	孙云峰	任区第十六届人民代表大会法制委员会委员
		陈 斐	免去区监察委员会委员
8月15日	吴江区第十六届人大常委会第二十二次会议	赵建英	任区人大常委会松陵街道工作委员会副主任
		陈国云	任区人大常委会江陵街道工作委员会副主任
		周 蕾	任区人大常委会横扇街道工作委员会副主任
		凌 强	任区人大常委会八坼街道工作委员会副主任
		张有顺	任区人民法院审判委员会专职委员
		倪晓红	任区人民法院盛泽人民法庭庭长，免去区人民法院震泽人民法庭庭长
		刘成文	任区人民法院震泽人民法庭庭长，免去区人民法院汾湖人民法庭庭长

（续　表）

时　间	会　议	姓　名	任免情况
8月15日	吴江区第十六届人大常委会第二十二次会议	秦绪栋	任区人民法院太湖新城人民法庭庭长，免去区人民法院行政审判庭庭长
		厉昱中	任区人民法院汾湖人民法庭庭长，免去区人民法院民事审判第一庭庭长
		沈黎红	任区人民法院民事审判第一庭庭长，免去区人民法院盛泽人民法庭副庭长
		黄菊珍	免去区人民检察院检察员
9月26日	吴江区第十六届人大常委会第二十三次会议	许　诺	任区人民政府副区长（挂职）
		姚界承	任区人民区检察院检察委员会委员
		夏文军	任区人民区检察院检察委员会委员
		李冬梅	任区人民区检察院检察委员会委员
		唐晓军	任区人民区检察院检察委员会委员
		吴国良	免去区人民区检察院检察委员会委员
		沈林通	免去区人民区检察院检察委员会委员
		金利荣	免去区人民区检察院检察委员会委员
		陈　烜	免去区人民区检察院检察委员会委员
		庄雪生	免去区人民区检察院检察员
11月26日	吴江区第十六届人大常委会第二十四次会议	沈卫良	任区人大常委会办公室主任，免去区人大常委会农业农村工作委员会主任
		庄永先	免去区人大常委会办公室主任
		陆伯帅	免去区人民区检察院检察员
		梅康恒	免去区人民区检察院检察员
		金根法	免去区人民区检察院检察员
		马义峰	免去区人民区检察院检察员
		刘　峰	免去区人民区检察院检察员
		潘玉琴	免去区人民区检察院检察员
		张　琛	免去区人民区检察院检察员
		孙永刚	免去区人民区检察院检察员
		王业君	免去区人民区检察院检察员
		朱　炜	免去区人民区检察院检察员
		顾琼燕	免去区人民区检察院检察员
		范来青	免去区人民区检察院检察员
12月27日	吴江区第十六届人大常委会第二十五次会议	黄明康	任区人大常委会农业农村工作委员会主任，免去区监察委员会副主任
		徐利明	任区人大常委会横扇街道工作委员会主任，免去区人大常委会人事代表联络工作委员会副主任
		袁　媛	任区人大常委会人事代表联络工作委员会副主任
		孙学勤	任区人大常委会财政经济工作委员会副主任
		陈　红	任区人大常委会环境资源城乡建设工作委员会副主任
		石　刚	免去区人大常委会办公室副主任

（续　表）

时　间	会　议	姓　名	任免情况
12月27日	吴江区第十六届人大常委会第二十五次会议	张　曙	免去区人大常委会内务司法工作委员会副主任
		张志云	免去区人大常委会财政经济工作委员会副主任
		钱争旗	免去区人大常委会环境资源城乡建设工作委员会副主任
		蔡　薇	任区民政局局长
		蒋　健	免去区民政局局长
		乔　刚	任区监察委员会委员
		戴　飞	任区人民检察院副检察长
		王　珉	免去区人民检察院副检察长

（陈怡婷）

4月19日，文化产业视察　　（区人大办公室　提供）

【视察活动】 2019年，区人大常委会组织部分委员和区人大代表视察全区太湖围网拆除情况、文化产业发展情况、道路交通安全管理工作情况、“1号议案”（《打造“中国·江村”乡村振兴示范区》）办理情况、重点工程及实事项目建设情况，对视察中发现的问题向政府提出建议和意见。（陈怡婷）

【专题询问】 2019年7月24日，区人大常委会对全区道路交通安全管理情况开展专题询问活动。区人大常委会组成人员及部分人大代表就上下班高峰时道路拥堵“出行难”、大型商业综合体附近和居民住宅小区“停车难”、非机动车占据机动车道“管理难”等问题对相关部门负责人进行当面询问，在区镇两级政府及社会上形成良好的影响。此次专题询问聚焦热点，反映群众关注焦点，充分发挥人大监督职能，达到预期目的。

（陈怡婷）

【代表约见】 2019年，代表约见活动向区镇延伸，在各镇人大全面推开。以代表小组名义或多名代表联名围绕十六届三次人代会1号议案（《打造“中国·江村”乡村振兴示范区》）办理过程中或各镇民生实事项目人大代表票决制具体项目推进过程中发现的问题进行代表约见，以“约”促改，以“见”解难，进一步发挥代表主体作用，实现代表参与监督效能的最大化。

（陈怡婷）

【评议工作】 2019年，区人大常委会组织对区统计局、审计局和卫健委三个部门开展工作评议。走访测评1000多名各级人大代表和群众，召开座谈会近20场。常委会会议审议和通过评议意见，主任会议专题听取评议部门的整改方案和工作措施。评议工作促进“一府一委两院”（政府、监察委员会、法院、检察院）机关部门转变作风、改进工作，收到预期效果。（陈怡婷）

（本栏编辑　申乃刚）

综　述

【概况】 2019年，区政府以习近平新时代中国特色社会主义思想为指导，深入贯彻新发展理念，认真落实“六稳”（稳就业、稳金融、稳外贸、稳外资、稳投资、稳预期）要求，紧扣“一体化”和“高质量”，不忘初心、牢记使命，勇当“先遣队”、勇做“领头羊”，全力打造“创新湖区”、建设“乐居之城”，推动高质量发展快上新台阶。全区经济社会发展呈现良好态势，实现地区生产总值1958.16亿元；一般公共预算收入223.1亿元；全社会固定资产投资583.81亿元；全区三次产业结构比为1.9∶51.5∶46.6；农林牧渔业总产值64.93亿元；规模以上工业总产值3626.36亿元；进出口总额210.91亿美元，实际使用外资4.86亿美元；社会消费品零售总额639.87亿元；城乡居民人均可支配收入57520元；年末辖内金融机构人民币存、贷款余额分别为3059.45亿元和3031.89亿元。（赵俊亭）

【重要会议】 2019年1月4日，区政府第30次常务会议召开。会议审议并原则同意《〈苏州市吴江区国民经济和社会发展第十三个五年规划纲要〉实施情况中期评估报告》《关于苏州市吴江区2018年国民经济和社会发展计划执行情况及2019年国民经济和社会发展计划草案的报告》《关于调整吴江区烟花爆竹禁放范围的建议方案》《关于进一步促进全区民营经济高质量发展的若干政策措施》《苏州市吴江区养殖水域滩涂规划（2017—2030年）》《关于2019年度吴江区居民基本养老保险缴费标准调整方案》，听取《关于苏州市吴江区今冬明春非居民用天然气价格及居民生活用天然气价格疏导方案的情况汇报》，研究讨论其他有关事项。

1月18日，全区安全生产工作会议召开。会议强调要时刻坚守安全生产底线，切实增强忧患意识，始终保持警钟长鸣，深入解决安全生产方面存在的风险隐患和突出问题，有力维护人民群众生命财产安全。

1月18日，区政府第31次常务会议召开。会议听取《政务服务大厅“一窗受理、全科服务”试运行工作方案的情况汇报》《苏州市吴江区“大棚房”问题专项清理整治工作情况汇报》，审议并原则同意《关于2018—2022年吴江区民办教育发展的若干意见》《苏州市吴江区民办教育发展专项资金使用管理办法（修订）》《智慧吴江顶层设计（2018—2020）》，研究讨论其他有关事项。

2月15日，区政府第32次常务会议召开。会议传达《关于学习贯彻市委、市政府主要领导批示精神持续深入推进“331”

专项行动的通知》有关精神，听取《关于扫黑除恶专项斗争工作情况的汇报》《吴江区“三治”工作情况汇报》《关于吴江区工业企业资源要素差别化配置改革政策实施情况的汇报》，审议并原则同意《关于在全区开展河湖违法圈圩和违法建设专项整治行动的工作方案》《2019年全区企业上市工作推进计划》，研究讨论其他有关事项。

2月15日，区政府党组召开2018年度民主生活会。会议以“强化创新理论武装，树牢‘四个意识’，坚定‘四个自信’，勇于担当作为，以求真务实作风坚决把党中央决策部署落到实处”为主题，结合个人思想和工作实际，深入查找存在问题，深刻进行党性分析，动真碰硬开展批评和自我批评。

2月25日，全区重点建设项目部署会召开。会议强调必须切实把重点建设项目摆在更加突出的位置来推进，突出重点，紧盯目标；结合重点建设项目推进，进一步加快新旧动能转换；项目建设是对各级干部担当精神的现实检验，全区上下要增强协同推进合力，确保重点建设项目任务落到实处，以高质量项目推动全区经济社会高质量发展。

3月1日，区政府第33次常务会议召开。会议听取《苏州市吴江区“大棚房”问题专项清理整治工作情况汇报》，研究讨论其他有关事项。

3月5日，全区企业上市工作会议召开。会议强调要围绕促进民营经济高质量发展目标，更加精准地做好企业上市服务；要坚持金融服务实体经济根本，更加有效地满足企业融资并购需求；要抓住长三角区域一体化发展重大历史机遇，更大力度地创新服务企业上市措施；要立足防范化解金融风险关键，更为有力地维护企业上市金融环境。

3月8日，区政府第34次常务会议召开。会议通报区政府党组2018年度民主生活会情况，审议并原则同意《区政府2019年重点工作目标任务分解落实方案》《关于开展吴江区义务教育课后服务“五点钟学校”的指导意见》《关于进一步加强吴江区中小学班主任激励机制建设的若干意见》《关于吴江区工伤保险有关政策的调整方案》，听取《关于区政府承办区十六届人大三次会议代表建议、区政协十五届三次会议提案工作计划的报告》《关于推进区域医疗卫生事业高质量发展加快北部健康医疗集团建设的汇报》，研究讨论其他有关事项。

3月14日，全区城市管理暨“三治”工作会议召开。会议强调全区上下需认清当前形势，理清发展思路，明确强化城市管理，纵深推进“三治”工作；要把握好当前和长远、法治和服务、治理和管理、拆旧和复垦等四重关系，提高城市管理科学化、精细化、智能化水平；要推动“三治”工作向纵深发展。

3月21日，区政府第35次常务会议召开。会议开展主题为“立足乡村振兴战略定位 开创三农工作新局面”的区政府党组中心组学习，审议并原则通过《2019年度吴江区职工医疗保险政策调整方案》，研究讨论其他有关事项。

3月22日，全区安全生产（消防）工作会议召开。会议贯彻落实全国、省、市安全生产工作会议精神，强调要坚守安全发展红线，健全安全责任体系，坚持源头风险防控，提升应对处置能力，全力防控火灾事故和各类生产安全事故，维护人民群众生命财产安全和社会稳定。

3月23日，全区组织收听、收看苏州市安全生产工作电视电话会议，会后对全区安全生产工作进行专题部署。吴江会议强调要认清严峻形势，切实增强做好当前安全生产工作的责任感和使命感，立即开展企业安全生产大排查、大整治，确保把风险化解在隐患前、把隐患化解在事故前；要持续深入推进，加强对重点领域的排查整治，把严格执法要求落实到位，安全生产教育宣传开展到位，安全生产责任传导到位，严格问责追责执行到位，有效防范和坚决遏制各类安全生产事故的发生，确保全区社会大局安全稳定。

4月3日，全区高质量推进城乡生活污水治理工作部署会召开。会议强调全区上下要进一步提高政治站位，切实增强高质量推进城乡生活污水治理的紧迫感；要突出工作重点，加快落实高质量推动城乡生活污水治理三年行动计划；要加强统筹协调，保障城乡生活污水治理工作扎实全面开展。

4月12日，区政府第36次常务会议召开。会议专题学习《中华人民共和国中小企业促进法》，审议并原则同意《2019年吴江对口帮扶印江工作要点》

《吴江区关于落实“苏州市自主品牌大企业与领军企业先进技术研究院”考核评估工作的办法(试行)》，研究讨论其他有关事项。

4月25日，全区法治政府建设暨司法行政工作会议召开。会议强调全区上下要坚持党对法治建设的集中统一领导，进一步夯实法治政府建设责任，健全法治政府建设统筹协调机制，凝聚推动法治政府建设和依法行政工作的强大合力，使各项工作落实到位、取得实效，不断开创法治政府建设工作的新局面。

4月28日，区政府党组中心组专题学习会举行。会议专题学习“扫黑除恶专项斗争”，强调要把扫黑除恶专项斗争作为重要工作来谋划推进，切实提升人民群众的获得感、幸福感、安全感，要求各地各部门要对标中央督导标准，自查自纠，补齐短板，切实提升打击质效；要认真贯彻落实上级决策部署，主动对标对表，做到全面落实、无一缺漏；要创新宣传方式、扩大宣传范围，努力实现扫黑除恶宣传全地域、全领域、全群体覆盖，进一步营造浓厚的宣传舆论氛围。

4月28日，区政府第37次常务会议召开。会议听取《关于近期全区安全生产工作和进一步加大力度推动全区安全生产大排查大整治工作的情况汇报》《全区相对薄弱村帮扶转化等工作情况汇报》《全区社会救助相关工作汇报》《智慧吴江建设进展情况汇报》《全区减煤工作情况汇报》，审议并原则同意《关于吴江区居民社会养老保险有关政策的调整方案》，研究讨论其他有关事项。

4月29日，全区智能工业推进大会召开。会议强调要认识再提升，切实增强推进智能工业发展的责任感和紧迫感；要狠抓关键环节，不断丰富智能制造“吴江模式”内涵；要强化保障，持续为吴江工业经济高质量发展注入新动力。

5月5日，吴江组织收听、收看苏州市政府廉政工作电视电话会议，会后召开续会具体部署全区政府系统廉政工作。吴江会议要求要认真扎实履行政治责任，确保行政权力规范高效运行，强调要持续加强重点领域监管，纵深推进政府廉政建设，为推动吴江高质量发展走在前列营造风清气正的政务环境。

5月15日，全区农村人居环境整治现场推进会召开。会议强调农村人居环境整治工作时间紧、任务重、要求高，各地各部门要坚持高位推动，严格督查考核；强化资金保障，健全投入机制；加大宣传力度，营造良好氛围，以农村人居环境整治和美丽乡村建设的显著成效，推动乡村生态更有魅力、农民生活更加美好。

5月20日，区政府第38次常务会议召开。会议听取《关于水污染防治法执法检查落实情况及迎接全国人大执法检查情况的汇报》《关于全区外贸运行情况的汇报》，审议并原则同意《吴江区化工产业安全环保整治提升实施方案》《〈吴江区关于促进半导体产业发展的意见〉有关实施细则》《苏州市吴江区农村人居环境整治2019—2020年工作要点》《关于进一步推动殡葬事业发展的实施意见》《吴江区区属国有企业人才引进管理办法(试行)》，研究讨论其他有关事项。

6月6日，全区防汛防旱工作推进会召开。会议强调各地各部门要立即进入临战状态，迅速落实工作举措，突出重点、全面落实防汛防旱各项关键举措，全速推进水利工程建设，压紧压实责任、强化联动协作，全面打赢防汛防旱工作硬仗。

6月21日，区政府第39次常务会议召开。会议审议并原则同意《吴江区打赢蓝天保卫战三年行动计划实施方案》《苏州市吴江区2019年富民增收工作要点》《苏州市吴江区推进基本公共服务均等化2019年重点任务》《2019年度吴江区被征地农民社会保障政策调整方案》《2019年度吴江区社会保险缴费基数调整方案》，听取《吴江区“三治”工作情况汇报》，研究讨论其他有关事项。

6月25日，吴江组织收听、收看全国深化“放管服”改革优化营商环境电视电话会议及省、市续会，并召开续会贯彻落实国家和省、市会议精神。吴江会议强调要狠抓问题导向，以改革为突破口，以践行长三角一体化发展国家战略为契机，全力优化营商环境。

7月5日，区政府第40次常务会议召开。会议组织学习《中华人民共和国土壤污染防治法》，听取《土壤污染防治相关工作汇报》《关于我区镇级政务服务事项(含公共服务)梳理情况的汇报》，审议并原则同意《苏州市吴江区违法用地综合整治三年行动实施方案》《苏州市吴江区闲置土地处置工作意见》，研究讨论其他有关事项。

7月18日，全区高质量推进城乡生活污水治理工作半年度会议召开。会议对全区高质量推进城乡生活污水治理工作再部署，强调要聚焦重点，全速推进，确保打赢城乡生活污水治理工作的翻身仗，重点强调黑臭河道治理工作要加快治理的进度，进一步研究细化治理方案，要求各地各部门要凝聚合力，强化保障，层层压实责任，推动城乡生活污水治理工作取得更大成绩。

7月22日，区政府第41次常务会议召开。会议听取上半年全区经济运行情况汇报，审议并原则同意《苏州市吴江区城市管理“路长制”实施方案》《苏州市吴江区市容环卫责任制实施方案》《苏州市吴江区“城警联动”协作制工作实施方案》，听取《关于落实省委乡村振兴专项巡视整改意见加快美丽乡村建设的情况汇报》，研究讨论其他有关事项。

8月5日，区政府第42次常务会议召开。会议组织学习国家、省、市有关安全生产会议精神，听取《关于迎接省第一安全生产巡查组巡查和当前安全生产、应急管理方面工作的情况汇报》《全区乡村振兴战略推进情况的汇报》，审议并原则同意《苏州市吴江区重大行政决策程序规定实施细则》《苏州市吴江区农村住房建设风貌管控指导意见(试行)》《苏州市吴江区农村建筑工匠管理指导意见(试行)》《苏州市吴江区关于加强流动人口居住管理工作的实施意见(试行)》，研究讨论其他有关事项。

8月28日，区政府第43次常务会议召开。会议审议并原则同意《吴江区聚焦企业关切进一步优化营商环境实施方案》《吴江区优化营商环境工作联席会议制度》《吴江区营商环境投诉举报和查处回应办法》《吴江区关于优化营商环境宣传方案》《2019年吴江区社会信用体系建设工作要点》《吴江区社会治理数据资源采集汇聚工作实施方案(试行)》《吴江区学生、少儿医疗保险个人缴费标准、参保范围调整方案》，听取《1—7月份我区高质量发展指标完成情况的汇报》《关于吴江庆祝第二届农民丰收节暨吴江特色农产品展销会活动的汇报》《吴江区“十四五”规划前期研究重点课题选题情况的汇报》，研究讨论其他有关事项。

9月11日，区政府第44次常务会议召开。会议审议并原则同意《苏州市吴江区人民政府任命的国家工作人员宪法宣誓实施办法(试行)》《苏州市吴江区关于加强职业健康工作的实施意见》《苏州市吴江区推进共享农庄(乡村民宿)发展实施方案》《关于加强全区经营性用地储备管理工作的意见》，听取《近期全区安全生产、应急管理工作情况汇报》，研究讨论其他有关事项。

9月25日，区政府党组理论学习中心组学习会召开。会议专题研究审议《区政府党组“不忘初心、牢记使命”主题教育实施方案》，就学习贯彻《习近平新时代中国特色社会主义思想学习纲要》(简称“《纲要》”)作专题学习交流，强调要通过学习《纲要》进一步补足精神之钙、锤炼过硬本领、谋划推动工作。

10月11日，区政府党组中心组学习暨常务会议学法会召开。会议专题学习《苏州市出租房屋居住安全管理条例》，强调要充分运用法治思维和法治方式，进一步提升依法行政的能力水平，切实规范出租房屋居住安全管理，全力保障公共安全和公民人身财产安全。

10月11日，区政府第45次常务会议召开。会议听取《全区“三治”工作情况》，审议并原则同意《关于加强村(社区)违法建设管控的实施意见》《苏州市吴江区落实党政主要负责人履行推进法治建设第一责任人职责考核办法(试行)》《关于加强和完善全区天然气管理工作的意见》《关于进一步加强苏州市吴江区基层文艺团队建设的实施意见》，研究讨论其他有关事项。

10月15日，全区召开全国文明城市年终测评迎检动员大会。会议要求聚焦文明创建争先进位总目标，紧盯薄弱环节，完善工作机制，落实责任到区域到人，坚决完成文明城市创建各项目标任务，推动全区文明程度向更高水平迈进，强调要肯定成绩，不断增强文明城市创建工作的责任感和紧迫感、使命感；要查找不足，不断增强文明城市创建工作的系统性和协调性；要强化领导，不断提升文明城市创建工作的执行力和行动力。

10月26日，区政府党组对照党章党规找差距专题会议召开。会议进一步深入学习贯彻习近平新时代中国特色社会主义思想，认真落实中央关于在主题教育中对照党章党规找差距的工作要求和省委、市委、区委的具体部署安排，集中学习党章、《关于新形势下党内政治生活的若干准则》《中国共产党纪律处分条例》等党内法规，深刻检视剖析存在的突出问题，强调要结合整改落实，确保将检视剖析的问题逐项整改到位取得实效。

11月1日，区政府第46次常务会议召开。会议听取《前三季度全区经济运行情况和下一步工作建议的汇报》《1—9月份我区高质量发展指标完成情况、优化营商环境相关工作推进情况的汇报》，审议并原则同意《优化提升苏州市吴江区生产性服务业三年行动方案》《关于稳定生猪生产保障市场供应的实施意见》，研究讨论其他有关事项。

11月13日，区政府党组“不忘初心、牢记使命”主题教育专题调研成果交流会召开。会议在深入调查研究的基础上，总结交流调研发现的问题、提出的思路和解决的办法，推动调研成果转化为解决问题的具体行动。

11月22日，区政府第47次常务会议召开。会议审议并原则同意《关于推进城市安全发展工作的意见》《关于完善防灾减灾救灾体制机制进一步加强防灾减灾救灾工作的实施方案》《苏州市吴江区关于深入推进审计全覆盖的实施方案》《苏州市吴江区进一步推进农村“厕所革命”工作实施方案》《关于对涉企部分轻微违法行为免予处罚和一般违法行为减轻处罚的清单》《吴江社保体系融入苏州养老保险有关政策调整方案》，听取《2019年吴江区高质量发展产业政策修订完善工作的情况汇报》，研究讨论其他有关事项。

12月6日，区政府党组理论中心组专题召开党的十九届四中全会精神学习交流会。会议强调要以更高的站位强化学习贯彻四中全会精神的政治自觉，要以更大的力度增强制度的权威性和执行力，要以更实的举措推动制度优势转化为治理效能，学习好、贯彻好、落实好四中全会精神。

12月6日，区政府党组“不忘初心、牢记使命”主题教育专题民主生活会召开。会议联系班子和个人实际，盘点收获、检视问题、深刻剖析，严肃认真开展批评和自我批评，坚持真理、修正错误，以钉钉子精神抓好整改，推动政府党组成员进一步增强“四个意识”、坚定“四个自信”、做到“两个维护”，推动政府党组班子履职尽责、团结奋进，牢记初心使命，在新时代把党的自我革命推向深入。

12月13日，区政府第48次常务会议召开。会议审议并原则同意《吴江区关于省第一安全生产巡查组巡查苏州情况的整改方案》《吴江区关于市第四安全生产巡查组巡查情况的整改方案》《关于加快推进村级集体经济（2019—2022年）高质量发展的意见》《吴江区“散乱污”企业（作坊）专项整治工作流程（试行）》《吴江区建设长三角生态绿色一体化发展示范区实施方案》《吴江区养殖池塘生态化改造实施方案》，听取《2020年重点项目、实事项目实施计划建议方案的情况汇报》《区级层面支持先行启动区相关政策的情况汇报》，研究讨论其他有关事项。

12月13日，区政府务虚会召开。会议深入学习贯彻习近平新时代中国特色社会主义思想，贯彻落实党的十九届四中全会精神以及中央和省、市一系列决策部署，深入探讨发展方向，谋划发展路径，强调要积极抢抓一体化示范区发展机遇，切实把思想和行动统一到党中央对当前形势判断和下一年经济工作大政方针上来，结合吴江实际，合理制定目标，以勇于“挑战极限”的奋斗姿态，奋力谱写吴江经济社会发展快上新台阶的全新篇章。

12月17日，全区生活垃圾分类工作推进会召开。会议强调要深入学习贯彻落实习近平总书记关于垃圾分类工作的重要指示批示精神，落实好各项任务要求，坚决打赢垃圾分类这场攻坚战和持久战，为推动长三角生态绿色一体化发展示范区建设，推动吴江高质量发展快上新台阶营造良好优美的吴江环境。

12月20日，全区“331”*专项行动推进暨禁止燃放烟花爆竹工作动员部署会召开。会议贯彻落实苏州市“331”专项行动吴中现场推进会精神，认真总结经验，全面分析形势，部署下阶段工作，动员部署烟花爆竹禁放工作。会议强调要增强危机感、紧迫感、使命感，抓好“331”专项行动和烟花爆竹禁放工作，确保全区消防安全形势持续稳定向好。

12月22日，全区“菜篮子”保供稳价会议召开。会议强调要贯彻落实好全国畜牧业工作会议和全国大中城市“菜篮子”产品保供座谈会精神，进一步稳定全区生猪生产，扎实做好“菜篮子”保供稳价的各项工作，全力保障市场供应，稳定群众生活。

12月25日，区政府第49次常务会议召开。会议审议并原则同意《“六大提升行动”实施方案》，研究讨论其他有关事项。

12月26日，全区政银企座谈会召开。会议进一步加强政银企三方沟通交流，深化互信合作，合力做好金融工作，共同推动金融有效支持吴江实体经济高质量发展快上新台阶，强调要支持吴江发展、支持吴江民营企业、支持吴江的生态绿色发展，共同开启政银企深度合作、交融并进的全新局面。　（赵俊亭）

【重要文件】 2019年1月21日，印发《苏州市吴江区人民政府关于扩大禁止燃放烟花爆竹区域的通告》（吴政发〔2019〕4号）。《通告》内容包括：苏州市吴江区禁止燃放烟花爆竹区域示意图。

1月21日，印发《关于调整第一批镇域综合行政执法集中行使行政处罚权目录的通知》（吴政发〔2019〕6号）。《通知》内容包括：第一批镇域综合行政执法集中行使行政处罚权调整目录。

1月30日，印发《区政府关于下达实施2019年苏州市吴江区重点项目建设计划的通知》（吴政发〔2019〕2号）。《通知》内容包括：2019年苏州市吴江区重点项目建设计划。

3月12日，印发《区政府关于印发2019年重点工作目标任务分解落实方案的通知》（吴政发〔2019〕1号）。《通知》内容包括：一、2019年经济社会发展主要预期目标；二、坚持高质量发展导向，加快建设自主可控的产业体系，全力打造创新型经济集聚的新高地；三、坚持重点攻坚突破，持续激发内生发展活力，全力打造改革开放的新高地；四、坚持融入长三角区域一体化，完善城乡功能配置，全力打造城乡融合发展的新高地；五、坚持绿色发展理念，突出问题导向，全力打造生态文明建设的新高地；六、坚持富民惠民，强化社会治理，全力打造人居品质的新高地；七、坚持干事担当，突出效能提升，全力打造政务服务的新高地。

4月24日，印发《区政府关于批转区审计局关于2019年审计项目计划的通知》（吴政发〔2019〕38号）。《通知》内容包括：苏州市吴江区2019年审计项目计划。

6月5日，印发《苏州市吴江区人民政府关于调整部分行政区划的通知》（吴政发〔2019〕47号）。《通知》内容包括：一、撤销吴江区松陵镇、滨湖街道；二、设立吴江区松陵街道；三、设立吴江区江陵街道；四、设立吴江区横扇街道；五、设立吴江区八坼街道；六、调整吴江区同里镇区域范围。

9月24日，印发《区政府关于公布苏州市吴江区行政规范性文件制定主体清单的通知》（吴政发〔2019〕93号）。《通知》内容包括：苏州市吴江区行政规范性文件制定主体清单。

12月12日，印发《关于公布苏州市吴江区各建制镇人民政府街道办事处集中行使行政处罚权目录清单的通知》（吴政发〔2019〕140号）。《通知》内容包括：吴江区各建制镇人民政府、街道办事处集中行使行政处罚权目录清单。

12月28日，印发《关于公布苏州市吴江区行政执法主体（第一批）的通知》（吴政发〔2019〕155号）。《通知》内容包括：苏州市吴江区行政执法主体（第一批）。　（赵俊亭）

政府施政

【概况】 2019年，区政府深入贯彻新发展理念，坚持稳中求进总基调，统筹推动各项工作高质量发展，全区经济社会发展呈现良好态势。经济发展方面，落实“六稳”（稳就业、稳金融、稳外贸、稳外资、稳投资、稳预期）要求，应对经济下行压力和中美经贸摩擦等各类风险挑战，更加突出实体经济的支撑作用。狠抓项目建设和有效投入，制定“有效投入、创新发展、产业招商”三项专项考核实施办法，26个省、市重点项目完成投资125亿元，283个区重点项目完成投资578亿元，全年累计签约154个项目，总投资1064.5亿元。创新转型方面，出台《关于促进全区民营经济高质量发展的意见》，跻身2019中国创新百强区榜单全国三甲，再次获评全省“促进制造业创新转型和高质量发展、先进制造业集群培育等工作成效明显的地区”，江苏省首家国家级制造业创新中心——国家先进功能纤维创新中心落户盛泽。融合发展方面，加快推进示范区建设，研究制定贯彻国家《长江三角洲区域一体化发展规划纲要》和省、市有关要求的《吴江区建设长三角生态绿色一体化发展示范区实施方案》，形成空间规划和产业规划初步成果，制定支持汾湖先行启动区建设十一条措施。城市品质提升方面，完成老旧小区综合整治提升47个，供水管网改造96个，获评“2019中国领军智慧城区”，完成智能化停车信息化改造泊位7774个。乡村振兴方面，加大强农、惠农、富农政策实施力度，获评全国县域数字农业农村发展水平评价先进县、第二批国家农产品质量安全县（市），紧扣“中国·江村”乡村振兴示范区建设，加快推动“一带一区一群”等示范项目建设。行政改革方面，政府组成部门优化调整至27个，撤销松陵镇、滨湖街道，新设松陵、江陵、横扇、八坼4个街道，同步调整同里镇区域范围。“放管服”改革方面，全面完成区、镇（街道）、村（社区）三级政务服务标准化建设，“一窗受理、全科服务”模式实现全覆盖，在全省率先实现出生医学证等5个民生事项一次性办理，并与浙江省嘉兴市南湖区实现跨省通办。开放合作方面，稳定开放型经济发展，一般贸易占比超过43%，帮扶贵州省铜仁市印江县退出贫困县序列。突出问题整改方面，中央环保督察反馈问题全部整改落实到位，全面完成中央环保督察“回头看”反馈的北麻漾有关问题整改，完成省环保督察问题整改34项、长江经济带生态环境保护审计问题整改24项，全面完成太湖围网拆除及太湖沿岸三公里内养殖池塘整治工作并销号，全面完成“大棚房”、违建别墅问题专项清理整治。污防攻坚方面，全力打好蓝天、碧水、净土保卫战，启动10轮大气污染应急管控，全面完成港口码头综合整治提升三年行动计划，国家地表水考核断面界标水质自动监测站成功创建全国“最美水站”。民生社会事业方面，加快社保体系融入苏州进程，推进灵活就业人员职业伤害保险国家级试点，率先实现所有持证残疾人居民医疗和居民养老保险全覆盖，退役军人服务保障体系全面建立，医联体建设列为国家县域医共体试点，省级试点区融媒体中心（传媒集团）挂牌成立。社会治理方面，建成全国首个镇级出入境分理点智慧大厅，落地实施全区流动人口居住管理实施意见，开展安全生产全领域大排查大整治及“百千万”工程，完成国家工贸行业标准化样板区建设任务。政府自身建设方面，开展“不忘初心、牢记使命”主题教育，落实“基层减负年”等要求，受理“12345”热线、区长信箱等平台公众诉求232.5万件，办结231.3万件，确保95项重点工作高效落实，按期办复人大代表建议166件、政协提案201件，见面率、答复率均为100%。（赵俊亭）

【长三角生态绿色一体化发展示范区建设】 2019年，区政府抢抓国家战略机遇，推动长三角生态绿色一体化发展示范区建设。5月11日，区委、区政府聘请15位专家成立区长三角一体化发展专家咨询委员会。6月26日，区政府建立苏州市融湖投资发展有限公司。组织申报2020年一体化示范区中央预算内资金项目8项4.9亿元。举办“2019中国·吴江长三角区域合作洽谈会”，签约一体化合作项目11个。沪苏湖高铁工可获批，通苏嘉甬高铁稳步推进。开工建设康力大道东延工程，推进苏同黎公路快速化改造。设立长三角政务服务“一网通办”综合服务窗口。与上海市青浦区、浙江省嘉兴市嘉善县联合发布2019年一体化发展工作方案，就产业协同、生态共保、服务共享等七个方面达成共识。累计开通跨省公交9条。顺利开通长三角跨省（上海市、浙江省）异地就医门诊直接刷卡结算。与浙江省嘉兴市秀洲区、嘉善县，上海市青浦区等地共聘联合河长开展巡河，入选中组部编选的攻坚克难案例。（赵俊亭）

【“三治”工作】 2019年，区政府统筹开展各项治理整治，加大治违拆旧推进力度，为高质量发展腾挪更大空间。7月2日，区政府办公室印发《关于印发〈吴江区“三治”工作治违拆旧“清零”攻坚行动实施方案〉的通知》，决定开展“三治”工作治违拆旧“清零”攻坚行动。8月1日至12月31日，通过每月“清零”攻坚的方式推进治违拆旧工作。7月4日，区政府办公室印发《关于印发〈吴江区2019年下半年区级“三治”重点整治区块〉的通知》，明确2019年下半年区级“三治”重点整治区块的区镇、整治项目、整治范围及基本情况。是年，全区“三治”工作完成治违拆旧948.7公顷，完成率142%。土地利用总体规划修改方案成功获批，“三优三保”*专项规划实现全覆盖，完成“三优三保”（含增减挂）拆旧491.2公顷、复垦446公顷，通过市级验收427.7公顷，完成率138%。年内盘活存量土地866.7公顷，处置批而未供土地201公顷。整治“散乱污”企业（作坊）4132家。全年淘汰落后产能企业270家，其中关停化工企业36家，淘汰D类企业523家。淘汰喷水织机2.3万台，累计淘汰8.8万台。（赵俊亭）

【“免予处罚”“减轻处罚”清单实施】 2019年12月，区政府办公室印发《关于印发对涉企部分轻微违法行为免予处罚和一般违法行为减轻处罚清单的通知》，探索实施包容审慎监管，制定实施“免予处罚”“减轻处罚”两张清单，为企业发展营造更加宽容的环境。两张清单分别是涉企部分轻微违法行为适用免予处罚执法监管事项清单（118项）、涉企部分一般违法行为适用减轻处罚执法监管事项清单（22项）。适用范围是区自然资源和规划、城市管理、交通运输、应急管理、市场监管、税务、生态环境领域的涉企部分轻微违法行为和涉企部分一般违法行为。指导原则为依法监管、执法有据、程序合法、处罚与教育相结合。制度保障包括对免予处罚和减轻处罚的经营者应当建立健全企业档案记录等。（赵俊亭）

【七彩政务公开体系】 2019年，区政府落实《关于全面推进政务公开工作的意见》和《政府信息公开条例》，逐步构筑一套七彩政务公开体系。建立一套管理制度，为政务公开工作提供机制保障，包括制定完善全区政务公开制度，建立健全各类政务公开管理规范，全面构筑各级政务公开架构；制定一套考核体系，为政务公开工作提供纪律保障，包括政务公开纳入年度绩效考核，细化、量化各类公开指标；建立一套基本目录，为政务公开工作提供要素保障，包括规范目录梳理，加强目录管理，严格目录修订；打造一个规范渠道，为政务公开工作提供阵地保障，包括推动全区政府网站集约化，合理设置网站栏目，规范网站和政务新媒体内容管理；编制一套标准模板，为政务公开工作提供规范保障，包括分组专题研讨，细化模板要素，推广模板使用；构建一支专业队伍，为政务公开工作提供组织保障，包括全面建立政务公开领导小组，细化明确专兼职人员职责，创新组建专题研讨工作组；开展一组专题培训，为政务公开工作提供能力保障，包括扩大培训范围，规范培训内容，丰富培训方式。（赵俊亭）

行政服务

【概况】 2019年，吴江区行政审批局按照智慧政务“123”优化强基工程工作思路，即紧扣智慧政务建设一条主线，推进区镇村三级政务服务体系建设和融入长三角区域政务一体化两大任务，优化“不见面审批”标准化、行政审批局运转和综窗运行三项工程，加快打造集成式改革标杆和智慧城市标杆，推动政务服务“网上办、同城办、自助办、异地办、不打烊”。3月4日，区政务服务大厅实行“一窗受理 全科服务”改革模式，建立“3+3”（市场准入区、投资建设区、民生业务区和不动产专区、公安专区、税务专区）的综窗运行模式。大厅可办理942项各类行政许可服务事项，其中包括895项政务服务事项、15项管理服务事项、32项公共服务事项。是年，区行政审批局第三次获评省级文明单位，获评苏州市政务服务系统改革创新标兵单位，获苏州市五一劳动奖状，“无疆服务 服务吴江”获评市机关优秀党建品牌，相关亮点工作三次在“学习强国”平台登载报道。（沈潇洵）

【创新服务】 2019年，区行政审批局以建设长三角生态绿色一体化发展示范区为契机，有序推进长三角地区“一网通办”。4月，召开上海市徐汇区、青浦区，浙江省嘉兴市嘉善县、南湖区及江苏省苏州市吴江区五区县政务服务一体化研讨会；8月，牵头举办吴青嘉三地“长三角生态绿色一体化发展示范区政务服务一体化研讨会暨党组理论学习中心组联组学习会”，并在“学习强国”平台登载报道。在全国率先实现政务服务事项跨省异地可办，公布全国首批跨省政务服务事项异地通办审批标准清单。该清单含37个大项、54个情形化小项，涉及注册登记、医疗许可、文化许可等领域。开通全省首家G60科创走廊长三角“一网通办”专窗，在原来办理30项企业服务类事项的基础上，增加21个民生服务类事项，并将长三角“一网通办”窗口延伸到全区8个镇级为民服务中心，实现区、镇两级中心全覆盖。在实现自助一体机事项跨区域联办基础上，将自助机联办范围扩大至上海市青浦区、金山区，浙江省嘉兴市南湖区、秀洲区、嘉善县、海宁市、平湖市、桐乡市，浙江省湖州市南浔区，一体化示范区首批758项事项纳入“自助通办”范围。（沈潇洵）

【高效服务】2019年，区行政审批局坚持“互联网+政务服务”导向，以“减材料、优流程、去环节”为重点，实施“1330”改革（开办企业“1”个工作日、不动产登记“3”个工作日、工业建设项目施工许可“30”个工作日内完成），以群众眼中的“一件事”改革为抓手，凸显服务高效集成。加快“一件事”套餐梳理，整合多部门、多事项，提高群众办件效率，全年推出包括区外大学生落户、企业职工退休及新生儿、退役军人办理事项等27项“一件事”套餐服务。其中，由出生医学证、居民户口簿、儿童预防接种证、社会保障卡（基本医疗保险参保）、生育保险待遇等5个事项整合而成的“出生一件事”套餐与浙江省嘉兴市南湖区实现异地联办，并启用全省首个“出生一件事”联办窗口。（沈潇洵）

【便民服务】2019年，区行政审批局以行政审批标准化为基础，全力推进区镇村三级政务（便民）服务体系建设。研发并上线运行吴江政务服务事项库，全面推行“一门式一窗式”政务服务模式改革，各镇（区）为民服务中心全部实现分类“一窗受理”，全区317个村（社区）中有201个村（社区）开展“全科服务”。落实一次性告知、帮办代办、远程审批等各项工作。扩大自助服务一体机服务功能及服务范围，在区镇村三级政务服务大厅、大型商业综合体、大型超市、大型企业等人员密集场所投放自助服务一体机118台，陆续增加市民卡充值、老年卡年审、教育卡增效、不动产苏州大市范围内无房证明、唯一住宅证明、有房证明、登记簿证明查询打印等功能，实现与市公安局户政业务、交管业务的对接，推动基层政务服务由8小时窗口办向“白加黑”“全天候”“5+2”智能办跨越。（沈潇洵）

【中介监管】2019年，区行政审批局进一步加强涉审中介管理，进一步规范中介服务行为，对投资项目审批各个流程相关中介服务事项进行系统梳理，明确中介服务事项名称、行政许可事项名称、审批部门、设定依据、中介机构、服务时限、收费依据、收费标准。在苏州大市率先发布2019年度政府部门行政许可中介服务事项清单52项，促进行政审批提速增效。（沈潇洵）

【公共资源交易服务】2019年，区行政审批局公共资源交易中心创新公共资源交易模式，推行公共资源“不见面交易”。开发投标保证金财务自动化管理系统，打通投标企业与交易中心投标保证金线上缴纳财务记账烦琐环节。在重点领域实现全流程电子化开评标。建设工程项目、水利工程投标项目全部实现全流程电子化开评标，打破地域空间的限制，增强交易竞争性，提高交易透明度，进一步节约管理资源和企业投标成本。推行建设工程总承包项目（EPC）全流程电子化，提高项目实施效率。获评2019—2020年度全

2月4日，自助一体机志愿服务（区行政审批局　提供）

国公共资源交易标准化联盟标准平台服务示范单位及2019年度全国杰出公共资源交易机构（区县）。（沈潇洵）

【品牌建设】2019年，区行政审批局全力打造活力党建品牌“无疆服务 服务吴江”。完善行动支部建设，创作歌曲《吴江政务服务之歌》《我是江南一扇窗》。政务之声合唱团原创歌曲《我是江南一扇窗》演出视频在“学习强国”登载报道。在大厅创新实施“五色服务”，以蓝、橙、绿、黄、红五种颜色分职能，为社会提供特色暖心服务。“无疆服务 服务吴江”获评市机关优秀党建品牌。（沈潇洵）

2019年吴江区行政审批业务统计表

单位：件

业务区、专区名称	办件	承诺件提前办结率	业务区、专区名称	办件	承诺件提前办结率
市场准入区	11482	100%	盛泽行政服务局	274439	100%
投资建设区	9481	100%	七都为民服务中心	95043	100%
民生业务区	227049	100%	太湖新城为民服务中心	184061	100%
公安专区	660692	100%	震泽为民服务中心	167396	100%
税务专区	74816	100%	吴江经济技术开发区行政审批局	43105	100%
不动产专区	92426	100%	桃源为民服务中心	55133	100%
车管分中心	543681	100%	平望行政审批局	192302	100%
汾湖为民服务中心	132007	100%	合　计	2763113	100%

（沈潇洵）

法治政府

【概况】2019年，区司法局与原区政府法制办公室职责整合，将区委全面依法治区委员会办公室设在区司法局。重新组建后，以统筹推进全面依法治区为引领，扎实履行立法参与、行政执法、刑事执行、公共法律服务“四大职能”，发挥法治在服务改革发展大局中固根本、稳预期、利长远的重要保障作用。11月19日，法治服务乡村振兴（长三角）研讨会召开，11月25~26日，司法部在吴江开展公共法律服务体系建设宣讲调研活动。特赦工作被省厅作为先进典型推荐到司法部表彰，区法律服务中心获评第三届江苏省“敬老文明号”，吴江区推进省际接边地区司法行政“一体化”工作获厅长柳玉祥批示，盛泽司法所潘冬云获评全省执法先进个人。公证员、调解员在各条线技能大赛中屡获奖项。（陈晓红）

【法治建设】2019年4月2日，全面依法治区委员会成立。4月25日，法治政府建设暨司法行政工作会议召开，区领导李铭、徐晓枫、李文斌等出席。5月14日，区委书记、区委依法治区委主任王庆华主持召开第一次会议，传达学习中央全面依法治国委员会第一次、第二次会议及省委、市委相关会议精神，同意设立立法参与、执法、司法、守法普法四个协调小组，审议印发《委员会组成人员及工作规则》《协调小组组成人员及工作规则》《办公室组成人员及工作细则》以及《区委全面依法治区委员会2019年工作要点》。10月，区委常委会、区政府常务会审议印发《落实党政主要负责人履行推进法治建设第一责任人职责考核办法》。10月31日，区委常委、区委政法委书记、区委依法治区办主任徐晓枫主持召开第一次主任（扩大）会议，传达学习省委、市委有关会议精神，审议通过《区委全面依法治区委员会2019年重点工作任务清单》《关于建立联络员工作联系机制的实施意见》《关于建立专家决策咨询工作机制的实施意见》《2019年度依法治区考核内容及评分标准》，研究讨论《关于开展法治政府建设示范创建活动的实施意见》《关于加强法治政府建设与责任落实督察工作的实施意见》。12月26日，副区长、区公安局局长、执法协调小组组长李文斌主持召开小组第一次会议，听取全区行政执法重点工作汇报，研究部署推进落实举措。12月，区委常委会听取2019年度依法治区工作。是年，2019年法治政府建设工作要点及分解落实方案，遴选推出年度法治关爱民生十大实事，加强依法行政档案管理，规范法治政府建设报告工作，联合组织121名非人大任命领导干部和355名机关中层干部进行任职法律知识考试，部署开展2019年度依法治区综合考评，完成省、市关于法治化营商环境、党政第一责任人履职及依法治国联合督察、专题调研等重点工作。

（陈晓红）

【规范制度建设】 2019年，根据机构改革情况，依法审核公布全区行政规范性文件制定主体52家，印发《苏州市吴江区重大行政决策规范管理标准化体系化试点工作方案》，出台《苏州市吴江区重大行政决策程序规定实施细则》，进一步厘清各单位职能、明确合法性审查内容。制发《重大行政决策合法性审查意见书》《重大行政决策廉洁性审查意见书》格式文本，推进全区重大行政决策工作规范化、标准化、体系化。2019年吴江被列为重大行政决策第二批标准化体系化试点单位。确定《吴江区工业污水治理设施专项规划》《吴江区长三角区域一体化产业发展规划》等4个项目为2019年度区政府重大行政决策项目。履行审备监督职能，通过前置审查、事中指导、事后备案累计审查各地各部门文件46件，反馈意见176条，准予备案5件。全面完成涉及证明事项专项清理，《吴江市廉租房制度实施办法》《吴江市经济适用房住房管理实施办法》等4件规范性文件列为待修改。开展行政规范性文件再清理，区政府规范性文件继续有效57件、废止17件、修改9件。全年承办各类征求意见稿77件，其中省、市立法征求意见事项38件，各部门文件39件，反馈意见160条，审核政府合同2件。办理政协提案2件、12345市民投诉1件。

（陈晓红）

【行政执法监督】 2019年，统筹制定《苏州市吴江区2019年行政执法监督工作计划》，将街道相对集中行政处罚权改革、行政执法三项制度、行政执法与刑事司法衔接等列为年度重点监督项目。根据行政区划调整情况，公布实施镇、街道集中行使行政处罚权目录清单，清单包括10个区级单位，总计572项，实现镇域执法街道新覆盖。印发《苏州市吴江区全面推行行政执法"三项制度"实施方案》，同步开展执法全过程记录清单、重大执法决定法治审核目录清单编制工作，严格、公正、规范、文明执法。依法公布第一批全区行政执法主体49个，全面开展行政执法人员信息保存，规范执法人员法律考核和持证管理，全区1353名执法人员全部完成年度法律知识培训考核和证件申领换发。严格履行行政复议职能，依法办理行政复议案件。是年，区政府收到行政复议申请59件、受理37件、不予受理5件、协调处理17件、办结35件，其中维持22件、驳回3件、撤回4件、调解1件、撤销4件、确认违法1件；全区发生一审行政诉讼案件201件，其中上期结转33件、本期发生168件，积极履行出庭应诉17件，应诉率100%。

（陈晓红）

外　事

【概况】 2019年，吴江区人民政府外事办公室（简称"区外事办"）、吴江区接待办公室围绕全区中心工作，服务发展，服从服务于中央整体外交要求，坚持外事为民，完成各项外事工作，为北京、上海、深圳投资说明会提供后勤保障，促进吴江经济社会的发展。

（吴　瑕）

【涉外接待】 2019年，区外事办完成外事接待26批595人次，其中部省级1批10人次，使领馆1批34人次，友城交流7批85人次，经贸招商2批6人次，复合型4批280人次，其他11批180人次。重要来宾包括埃及伊斯梅利亚省代表团、美国青年领袖理事会代表团、省友协会长柏苏宁一行、意大利拉齐奥南部城市联盟（意特里市、伽爱达市和丰迪市）代表团、2019江苏乡镇发展国际交流会参会人员等。

（吴　瑕）

【友城工作】 2019年1月，苏州湾实验初中一行26人、吴江区实验初级中学一行17人、震泽

2019年吴江区外事办接待重要涉外团组情况表

单位：人

日　期	来访人员	人　数
3月20日	埃及伊斯梅利亚省代表团	10
6月25日	美国青年领袖理事会代表团	15
8月14日	省友协会长柏苏宁一行	10
10月21日	意大利拉齐奥南部城市联盟（意特里市、伽爱达市和丰迪市）代表团	10
11月6日	2019江苏乡镇发展国际交流会参会人员	270

（吴　璇）

中学一行17人、松陵一中一行21人赴法国布尔昆·雅里昂市开展友好校际交流。4月，吴江区美食交流团一行6人赴法国友城布尔昆·雅里昂市举办第八届“吴江美食节”；同期，吴江乒乓球代表团一行9人、篮球代表团一行14人赴法国友城分别开展乒乓球和篮球交流比赛。法国圣·米歇尔中学学生团一行23人访问吴江，与苏州湾实验初级中学开展友好交流活动。澳大利亚达博地区师生一行8人与松陵一中开展校际交流。5月，法国圣马克中学师生一行14人与江苏省震泽中学开展校际交流。6月，吴江实验初中师生一行17人赴美国与马伯洛市学校开展友好交流活动。7月，美国友城马伯洛市代表团一行18人访问吴江，5名监护人和11名学生与吴江实验初中开展校际交流活动。8月，吴江区苏州湾初中学生团一行16人赴澳大利亚达博，与当地三所中学开展校际交流活动。10月，法国友城布尔昆·雅里昂市美食代表团一行16人访问吴江并举办“法国美食节”；澳大利亚达博地区姐妹城市顾问委员会成员一行6人访问吴江；澳大利亚新南威尔士州西部机构技术和再教育学院师生代表团一行12人访问吴江；意大利拉齐奥南部城市联盟（意特里市、伽爱达市和丰迪市）代表团一行10人访问吴江并签署建立友好城市交流关系备忘录；法国友城布尔昆·雅里昂市政府代表团一行15人访问吴江；法国瓦塞莱中学师生代表团一行36人访问吴江，与吴江中学开展校际友好交流活动。11月，匈牙利豪德万市政府代表团一行6人访问吴江并签署友好合作备忘录；法国布尔昆·雅里昂市圣·约瑟夫初级中学一行13人访问吴江，与吴江区实验初级中学开展交流。12月，吴江区人大常委会主任沈金明率吴江区友好访问团一行6人访问法国友城布尔昆·雅里昂市；吴江区政协主席李斌率吴江区友好访问团一行5人访问罗马尼亚友城锡吉什瓦拉市。（吴　璇）

2019年吴江与友好城市互访情况表

单位：人

团组名称	团　长	职　务	人数	时间	出(来)访城市	国　家
出　访						
中学生交流团	吴兆雄	江苏省震泽中学副校长	17	1月	布尔昆·雅里昂市	法国
中学生交流团	付爱琴	吴江区实验初级中学副校长	17	1月	布尔昆·雅里昂市	法国
中学生交流团	顾　萍	吴江区苏州湾实验初级中学副校长	26	1月	布尔昆·雅里昂市	法国
中学生交流团	张志明	松陵第一中学副校长	21	1月	布尔昆·雅里昂市	法国
美食节代表团	曹义刚	吴江区国际交流中心主任	6	4月	布尔昆·雅里昂市	法国
乒乓球代表团	沈晓东	盛泽文体中心主任	9	4月	布尔昆·雅里昂市	法国
篮球代表团	龚树敏	松陵第一中学副校长	14	4月	布尔昆·雅里昂市	法国

（续　表）

团组名称	团　长	职　务	人数	时间	出(来)访城市	国　家
中学生交流团	钱美花	吴江实验初中教师	17	6月	马伯洛市	美国
中学生交流团	沈育新	吴江区苏州湾实验初级中学教师	16	8月	达博地区	澳大利亚
友好访问团	沈金明	吴江区人大常委会主任	6	12月	布尔昆·雅里昂市	法国
友好访问团	李　斌	吴江区政协主席	5	12月	锡吉什瓦拉市	罗马尼亚
来　访						
中学生交流团	大卫·杜比尔弗	圣·米歇尔中学主任	23	4月	布尔昆·雅里昂市	法国
中学生交流团	费莱西蒂·牛顿	达博专科学校行政官员	8	4月	达博地区	澳大利亚
中学生交流团	樊尚·比索耐	圣·马克中学副校长	14	5月	布尔昆·雅里昂市	法国
政府代表团	刘炳瑞	马伯洛市副市长	18	7月	马伯洛市	美国
中学生交流团	米歇尔·查卡拉	瓦塞莱中学教师	36	10月	布尔昆·雅里昂市	法国
美食代表团	菲利普·迪埃尔森	伊泽尔省手工业公会主席	16	10月	布尔昆·雅里昂市	法国
政府代表团	让-皮埃尔·热拉尔	第一副市长	15	10月	布尔昆·雅里昂市	法国
政府代表团	密特拉诺·考思莫	伽爱达市市长	6	10月	拉齐奥南部城市联盟	意大利
政府代表团	菲利普·普利斯特	姐妹城市顾问委员会成员	6	10月	达博地区	澳大利亚
商务考察团	吉琳·派尼斯	新南威尔士州技术和再教育学院教师	12	10月	达博地区	澳大利亚
政府代表团	莫纳·尤若夫·费兰茨	豪德万市政府秘书长	6	11月	豪德万市	匈牙利
学生交流团	加洛尔·布尔纳克	圣·约瑟夫初级中学校长	13	11月	布尔昆·雅里昂市	法国

（吴　珽）

【因公出国(境)管理】 2019年，区外事办受理因公出国（境）团组34批105人次，其中自组团18批86人次，苏州组团11批12人次，双跨团组2批2人次，教师团3批5人次。自组团中经贸招商类团组13批64人次，友好访问团组1批6人次，其他4批16人次。召开因公出国（境）管理工作座谈会，详细介绍因公出国审批的流程，根据最新因公出国（境）规定精神解读流程中的重点注意事项；对各因公出国（境）团组进行行前安全教育。全年护照和出访总结上缴率均为100%。

（吴　珽）

【涉外管理】 2019年，区外事办建立涉外管理联席会议制度，定期召开涉外管理联席会议，及时掌握吴江区涉外动态，应对工作有理有序。全年上报和依法妥善处理涉外事件2起，受理上报外国人来华170批451人次。组织申报“苏州市荣誉市民”和“苏州之友荣誉奖”，江苏亨通光电股份有限公司首席科学家Charles Jeremy Brown（英国）获“苏州市荣誉市民”称号，江苏恒力化纤股份有限公司研究所所长金管范（韩国）、群光电子（苏州）有限公司总经理王惠凯（中国台湾）获苏州之友荣誉奖。

（吴　珽）

【APEC商务旅行卡】 2019年，区外事办受理APEC商务卡材料43批66人次，上报19批37人次，办出卡数39张，全年零丢卡。

（吴　珽）

信　访

【概况】 2019年，区信访局以做好新中国成立70周年信访保障为主线，以服务全区聚力“两勇一快”*、打造“创新湖区”、建设“乐居之城”为主题，以解决群众合理合法诉求为核心，深化信访制度改革，开展源头治理，持续推进矛盾攻坚，有效应对风险挑战，全区信访形势呈现总体稳定、结构向好、秩序规范的良好趋势。2月24日，副省长、省公安厅厅长刘旸到区信访局视察工作，给予高度评价和充分肯定。（杨炎辉）

【矛盾预防】 2019年，区信访局提升智能化支撑，加快“阳光信访”平台的深度运用，使之覆盖全区87个单位，成为信访事项办理的主要载体；瞄准关键数据、基础信息、过程管理的集成运用，研发“互联网+智能信访”服务平台。提升法治化引领，梳理完善职能部门的法定途径分类处理信访投诉清单，全面推进依法分类改革，严格落实诉访分离制度；启动国务院《信访条例》“双月”宣传，8000余人次参与知识答题，群众依法理性表达诉求的意识明显提高。提升网格化治理水平，按照“条块结合、以块为主”的原则，深度融入网格化社会治理体系，落实区级机关每月排查、区镇（街道）每周排查、重点时期日排查机制，及时发现、处置各类风险隐患，确保发现在早、处置在小。（杨炎辉）

【基层基础】 2019年，区信访局强化业务标准，全面推行群众来访、来信、网上信访、督查督办、人民建议征集、“人民满意窗口”六项业务标准，开展“争创人民满意信访部门、争当人民满意信访干部”创建，信访事项实现“日接收、周落地、月办结”，平均办结时间比规定时间缩短50%以上。强化多方联动，调整完善区镇（街道）信访工作联席会议制度，优化重大活动实体化运作模式，综合各部门力量化解矛盾，维护稳定；同时与人民调解中心、涉法涉诉中心、法律援助中心互助协作，实现矛盾风险动态跟踪，前方后方无缝衔接，人防技防融合运用。强化区域联动，紧扣一体化，牵头组织与上海市青浦区信访办、浙江省嘉兴市嘉善县信访局的党建联建，开展以学习交流、主题调研、挂职锻炼为主要内容的党建联建活动，成立信访保障先锋队，常态落实“互学互挂、区域保障、矛盾共治”等工作任务，助推长三角社会治理一体化。（杨炎辉）

【问题解决】 2019年，区信访局坚持示范带动，以党政主要领导“百县千案”为抓手，深化领导干部接访下访，在苏州大市率先制定操作标准，创出吴江品牌，全年区领导累计接访下访145次，化解矛盾121件，停诉息访率100%，走在全省前列。坚持指标牵引，围绕信访领域突出问题，制定压降指标，建立工作专班，按照“三到位一处理”（诉求合理的解决问题到位，诉求无理的思想教育到位，生活困难的帮扶到位，行为违法的依法处理）要求，逐案逐人制定化解方案，情理法并用，下半年信访秩序明显好转。坚持重点攻坚，围绕重点领域、重点群体、重点问题、重点人员启动矛盾化解攻坚战，全年信访案件及时受理率、办结率100%，群众满意率超过98%，中央和省联席办交办件全部化解，一批重点疑难信访问题实现案结事了。（杨炎辉）

民族宗教

【概况】 参见吴江概况/人口/民族、宗教

【民族团结进步创建】 2019年，区民宗局以“六进”为抓手，在全面开展的基础上，重点指导桃源镇青云小学、松陵菀坪社区民族团结进步创建工作。区委常委会议集体学习总书记习近平在全国民族团结进步表彰大会上的讲话精神，区委主要领导对加强全区民族工作作专门部署。区民宗局组织各区镇、街道统战部门开展两期民族团结进步创建互观互学培训活动，通过实地考察和座谈交流等形式，创新工作思路和举措，促进各区镇民族工作交流互鉴，推动少数民族人口服务管理工作。是年，桃源镇青云小学被命名为第一批苏州市民族团结进步创建示范基地，国家民委、上海市政协民宗委、浙江省嘉兴市南湖区统战部先后到吴江区学习调研，对吴江民族团结进步创建工作给予肯定。（查慎初）

【民族工作暖心工程】 2019年，区民宗局贯彻落实中央民族工作会议、中央城市工作会议和全国城市民族工作会议精神，以“加强各民族交往交流交融”为目标，推动建立相互嵌入的社会结构和推进和谐社区建设，通过加强宣传教育、建立联系走访制度、保障少数民族合法权益、完善服务管理、化解民族矛盾等举措，推进民族工作暖心活动。年内，走访慰问少数民族困难家庭70户，分别给他们送上生活扶贫金、医患扶贫金、助学扶贫金、住房扶贫金和生产扶贫金累计10.81万元。（查慎初）

【少数民族管理服务】 2019年，

区民宗局进一步完善少数民族管理服务体系建设，建立健全部门间工作协调机制，推进少数民族管理服务制度化、规范化、精细化。会同区教育局为31名流动穆斯林子女入学、入园提供帮助，落实少数民族考生加分优惠政策，审核办理少数民族中考考生证明85人次。与财政局共同做好2018年度回族等10个少数民族居民清真饮食补贴发放工作，累计发放补贴资金35925元。落实少数民族特需用品优惠政策，做好区内民品定点生产企业服务与监管，通过第三方审计机构介入，完成2018年度民品贷款贴息工作，为新申集团等3家民品定点生产企业向上争取民品贷款贴息资金近200万元。（查慎初）

【宗教界人士政治引领】 2019年，区民宗局开展宗教活动场所“四进”（中华人民共和国国旗、宪法和法律法规、社会主义核心价值观、中华优秀传统文化等进宗教活动场所）活动，组织区佛教协会副秘书长以上人员赴太仓同觉寺学习寺院在开展宗教场所“四进”活动等方面的经验做法。会同区佛教协会赴深圳、珠海等地寺院就弘扬佛教文化和规范寺院管理进行交流探讨。组织各宗教团体联合举办庆祝新中国成立70周年“不忘初心、爱国爱教”主题教育培训。指导区佛协举办庆祝新中国成立70周年图文书画展，召开专题会议学习贯彻党的十九届四中全会精神，激发民族宗教界人士爱党爱国热情。指导区基督教三自爱国会举办“基督教中国化”专题交流会，引导教职人员围绕社会主义核心价值观，扎根中国优秀传统文化，开展对基督教中国化的思考。支持黎里昭灵观与伦敦大学亚非学院开展道文化交流活动，协助道观举办2019“秋水环碧”道文化国际研讨活动。（查慎初）

【宗教场所安全监管】 2019年，区民宗局结合全区“331”*专项整治、夏季消防安全竞赛等活动，在全区宗教场所推行“宗教场所安全检查100看”行动。11月底，召开全区宗教场所安全专项整治行动动员部署会，在全区宗教活动场所开展为期一年的专项整治行动。加强对大型宗教活动的备案审查和现场指导，组织重要宗教节日节前安全大检查，联合团体组织开展消防安全培训和实战演习。指导佛协完善新春祈福活动安保措施，倡导文明进香活动。指导天主教爱国会完成“圣母朝圣月”活动及盛泽天主堂开堂庆典活动，协助做好活动预案审核、现场安保、重点人员管控等工作。国庆前夕，在全区宗教活动场所开展“防风险、保安全、迎大庆”安全大检查工作，对宗教场所在建工程进行全面排查整治，累计发现存在安全隐患场所15处，对发现的问题要求相关区镇制定整改方案，落实整改责任、措施、时限，确保隐患及时整改到位。（查慎初）

【民宗领域综合治理】 2019年，区民宗局将民宗事务纳入社会综合治理联动机制，进一步提升民族宗教事务管理效能，会同松陵城管及时处置松陵履泰桥堍市民乱点香烛事宜，配合文广和旅游局、松陵街道等部门协调处置公共文化艺术中心门前居民焚香活动。加强对城南花苑伊斯兰临时礼拜点的安全监管，协助礼拜点成立管理组织、完善管理制度，会同开发区做好开斋节的安保工作。会同盛泽镇党政办、公安局国保大队、出入境管理大队、盛泽城南派出所等部门对盛泽镇涉外伊斯兰祷告点开展现场调查，对负责人进行法制宣传和教育引导。努力解决宗教领域历史遗留问题，会同佛协研究确定同里安养院发展定位，指导佛协做好安养院主要负责人变更相关资产、财务交接工作。会同佛协、七都镇统战办协调处置七都双塔寺债务问题，引导场所逐步纳入正常化、规范化管理轨道。（查慎初）

【宗教界慈善活动】 2019年，区民宗局指导全区宗教界持续推行“一教一品牌，一场所一特色”活动。小九华寺举办第十届“小九华元宵爱心胜会”，资助金额10万元，该活动自创办以来，累计资助寒门学子千余人，资助金额近100万元，有6名受资助学生完成大学学业；圆通寺举行第九届“圆梦助学基金”发放仪式，发放助学金10万元，自2011年成立基金以来，通过上门走访或集中发放等形式，累计发放助学金近100万元；普慈寺举办“慈爱功德会”爱心活动，从2017年创办以来，通过向云南贫困地区捐赠衣物等形式，累计捐助近30万元。（查慎初）

【民宗领域依法行政】 2019年，

区民宗局在全区开展“宗教政策法规学习月”活动，制作横幅12条、电子宣传屏10块、宣传板报35块，举办座谈会7场，发放宣传资料3200余份，推进全区宗教法制化进程，提升宗教干部、宗教人士、信教群众法律素质。参与苏州市局普法微信推文征集及“普法宣传员”评选活动，征集普法微信推文13篇，“普法宣传员”宣讲文案2篇、视频2部。9月，在全区开展“第十六个民族团结进步宣传月活动”，多渠道、全方位宣传民族政策法规。是年，区民宗局根据上级民宗部门工作部署，开展机构改革后县级民宗依法行政工作调研。配合区司法局组织开展民宗行政执法主体资格审核及行政执法培训考核。根据“放管服”改革有关要求，对民宗政务服务事项、“不见面审批”事项进行梳理和完善，做好“互联网+监管”管理系统事项认领和维护工作。对盛泽天主堂开展登记前核查，完成盛泽天主堂的登记及赋码工作；对盛泽圆明禅寺筹备设立事项进行事中核查；对黎里天主堂等7处宗教活动场所进行负责人变更登记。（查慎初）

信息化建设

【概况】2019年，由区长任组长的大数据和电子政务工作领导小组成立，加快推进智慧吴江运行管理中心建设，形成大数据、云计算、地理信息、视频管理、物联网五大区级支撑平台，推动综治、产业、生态、民生四大领域协同发展。在2019年度亚太智慧城市评选中，吴江获评“2019中国领军智慧城区”。组建吴江智慧城市运营管理有限公司。制定出台《智慧吴江融媒体服务平台管理办法》。对电子政务建设项目进行全流程管理，引入第三方软件造价评估，规范预算审核程序。（华　威）

【“145”工程建设】2019年，区信息中心加快推进以1个中心（城市运行管理中心）、4大领域（综治、产业、生态、民生）和5大支撑平台为主体的“145”工程建设。政务云和大数据平台一期投入使用并初见成效，地理信息、视频管理平台进入试运行阶段。（华　威）

【智慧吴江建设】2019年，区信息中心完成机构改革后全区信息资源目录修订，推进平台数据增量提质，累计归集62家单位1261类信息资源，数据总量3.88亿条，为29个部门提供930多类、6.07亿条数据支撑。持续提升“智慧吴江”App应用功能，打造“市民云”体系和一站式掌上服务平台，整合18个部门的54项应用。（华　威）

【政务“上云”和应用整合】2019年，区信息中心完成44个部门、5个镇（区）的185个业务系统“上云”运行。依托全区电子政务综合办公平台，整合区镇两级办公平台和数据资源，打造全天候一体化的政务信息资源管理和服务体系。（华　威）

机关事务管理

【概况】2019年，区机关事务管理中心围绕区委、区政府中心工作，实施《机关事务管理条例》，围绕“创新创优提高年”主线，推进机关事务工作集中统一管理，探索机关后勤社会化变革途径，保障区级机关高效、安全、有序运行。（杨伊安）

【机关物业服务】2019年，吴江大厦物业管理规范执行各项服务标准，全面提升餐饮会议、保洁绿化、工程维修、秩序维护等物业服务水平，维护吴江大厦正常运转秩序，做好苏州湾大厦入驻的前期准备工作。通过ISO9001质量管理体系、ISO22000食品安全管理体系、ISO14001环境安全管理体系和OHSAS18001职业健康安全管理体系年审，率先开展ISO50001能源管理体系认证。完成吴江大厦弱电设备改造、会议室及人民剧院升级改造、大厦LED屏幕改造等一系列设施设备升级。提升吴江大厦车辆管理水平，大厦地面安装智能化车辆道闸系统，实现车辆无等待出入，实行夜间、节假日向市民免费开放，实现停车资源有效配置。强化吴江大厦安全管理，开展消防巡查，做好门厅来访接待，协助处理信访事件。做好设施设备维护和工程维修，完成报修1844项，设备设施保养230项。做好大厦保洁和垃圾分类工作，分类处理垃圾183.5吨，其中有害垃圾256公斤。机关食堂强化食品安全管理，转变早餐供应模式，推出风味茶饮，全年累计服务就餐104万人次。会议中心打造个性化贴心服务，完成会议保障2604场次，展馆讲解66批次。（杨伊安）

【机关办公用房管理】 2019年，区机关事务管理中心启动区级党政机关办公用房统一权属管理工作，完成39幢区级机关办公建筑基础情况摸底。强化全区机关办公用房资源统筹，快速做好区级机关机构改革后涉改单位办公用房调配。开展全区党政机关办公用房管理制度执行情况自查自纠专项行动，配合做好"清风行动"督查。做好日常工作，把好办公用房"改扩建"初审关，完成2019年度全区80家党政机关办公用房年度信息统计报告。继续规范25家统管单位国有资产审核登记管理和固定资产清查工作；做好固定资产管理，完成账目和实有资产核对，完成固定资产新增登记、报废处置等工作。（杨伊安）

【公务用车管理】 2019年，区机关事务管理中心履行区车改领导小组成员和车改办公室工作职责，扎实做好车贴发放、配套制度建设、保留用车管理等车改重点工作。做好区级机构改革后涉改部门公务用车的调配、划转工作。持续推动公务用车管理信息化平台的优化升级，为事业单位保留公车纳入管理做准备。强化全区保留公务用车的管理，开展安全培训，配合区纪委开展全区公务用车管理制度执行情况自查自纠专项行动和重要时间节点"清风行动"督查。做好全区公务用车新增、更换购置以及公务交通补贴审批受理工作，全年完成新增、更换购置报批197项。（杨伊安）

太培中心

【概况】 2019年，苏州市高级人才太湖培训中心（简称"太培中心"）承办各类培训班167期，培训19114人次。其中，国家级培训班4期417人次，省级班1期56人次，各类专技人员培训14期2031人次，干部教育类培训8期6124人次，企业管理人才类培训10期912人次，技能人才培训140期6276人次，在线学习8期10418人次。（赵　敏）

【高级研修项目】 2019年，太培中心申报并承办4期国家级高级研修班。中央单位人力资源社会保障统计业务培训班，212人参加培训；长三角一体化与高质量发展研究国家级高研班，71人参加培训；工业互联网背景下的信息安全高级研修班，87人参加培训；新时代丝绸文化创新与丝绸品牌打造和运营高级研修班，47人参加培训。（赵　敏）

【合作培训项目】 2019年，太培中心承办区人社部门委托的培训项目13期，培训1223人次；与区外部门合作办班11期，培训970人次。（赵　敏）

【在线学习项目】 2019年，太培中心利用"吴江区干部在线学习中心""专业技术人员继续教育网"两个在线学习平台开展在线学习教育，全年组织在线培训10418人次。"吴江区干部在线学习中心"开展全区公务员学习贯彻党的十九大精神培训、全区公务员"5+X"（"5"指"科学发展、职业道德、危机处理、依法行政、基本技能"5个主题，"X"指在线选修课程）公务员能力培训、全区行政执法人员培训等项目；"专业技术人员继续教育网"开设100门专业技术公需科目课程，供全区专业技术人员在线学习。（赵　敏）

【职业技能培训】 2019年，由太培中心统筹指导的全区职业培训37799人，其中城乡劳动力引导性培训31523人次，城乡劳动力技能培训6276人次；举办机电一体化技术能手培训班31期，1550人参训。（赵　敏）

【教材视频开发】 2019年，太培中心紧扣"两根丝"（真丝和化纤）深度融入"一带一路"*建设中。联合中国国家人事人才培训网、江苏凤凰职业教育图书有限公司等专家团队，围绕丝绸文化传承与发展三年行动计划要求，加强产业文化宣传与产业人才培养微视频开发、年度培训及论坛等项目开展项目调研和项目策划等相关工作。是年，完成丝绸文化传承与发展系列丛书《丝脉》的出版，启动《丝根》书籍的撰写，完成《丝脉》微视频的开发制作工作；完成光电线缆专业4个项目的微视频课件1600分钟的制作及纸质教材4本的出版。（赵　敏）

（本栏编辑　申乃刚）

政协吴江区委员会

综　述

【概况】 2019年，区政协及其常委会以习近平新时代中国特色社会主义思想为指导，全面贯彻党的十九大和十九届二中、三中、四中全会精神，深入学习贯彻习近平总书记在中央政协工作会议暨庆祝中国人民政治协商会议成立70周年大会上的重要讲话精神，坚持团结和民主两大主题，紧紧围绕全区工作大局，积极建言资政，广泛凝聚共识，认真履行职责，奋力担当作为，为助力全区高质量发展快上新台阶作出贡献。　（刘　峰）

【区政协十五届三次会议】 中国人民政治协商会议苏州市吴江区第十五届委员会第三次会议于2019年1月6~9日在吴江举行。王庆华代表中共吴江区委在会议开幕时作讲话。讲话充分肯定区政协一年来的工作，认为全区政协组织和广大政协委员坚持立足大局、服务大局，紧扣区委中心工作建言献策、聚智出力，协商议政成果丰硕，调查研究扎实推进，民主监督成效显著，政协工作制度化、规范化、程序化水平不断提高。讲话对做好2019年的政协工作提出希望：要始终坚持党的领导，履职尽责共谋发展，团结合作凝聚力量，不断强化自身建设，为吴江高质量发展献计出力。会议赞同李铭代表区人民政府所作的《政府工作报告》及其他报告。会议认为，一年来，区政府在上级党委、政府和中共吴江区委的正确领导下，自觉践行新发展理念，按照高质量发展要求，坚持稳中求进总基调，全力打好“三大攻坚战”（防范化解重大风险、精准脱贫、污染防治），深入实施“555计划”*，积极打造“八大标杆”*，全区经济社会发展呈现良好态势，圆满完成预定的各项目标任务。《政府工作报告》对2018年工作的总结实事求是，对2019年工作安排思路清晰、目标明确、措施有力，契合吴江广大人民群众的共同期盼，委员们对做好今后的工作充满信心。会议审议通过李斌代表吴江区十五届政协常务委员会所作的工作报告、肖仲伟代表吴江区十五届政协常务委员会所作的提案工作情况报告。会议认为，2018年，区十五届政协及其常委会在中共吴江区委的坚强领导和吴江区人民政府的关心支持下，深入学习贯彻习近平总书记关于加强和改进人民政协工作的重要论述，牢牢把握团结和民主两大主题，坚持围绕中心、服务大局，认真履行政治协商、民主监督、参政议政三大职能，为吴江经济社会发展和民主政治建设作出应有的贡献。会议指出，2019年是吴江决胜高水平全面建成小康社会的关键之年，区政协要以习近平新时代中国特色社会主义思想为引领，全面加强政协党的建设，全面推进协商民主建设，更加贴紧全区重点工作，广泛汇聚社会各方智慧，扎实推进提案办理协商，不断提升履职能力水平，进一步推动政协工作与时俱进、创新发展。会议通过《中国人民政治协商会议苏州市吴江区第十五届委员会第三次会议决议》。会议号召，区政协各参加单位、全体政协委员和各界代表人士，更加紧密地团结在以习近平同志为核心的党中央周围，高举习近平新时代中国特色社会主义思想伟大旗帜，在中共吴江区委的正确领导下，锐意进取、履职尽责，为建设“强富美高”*新吴江、高质量发展走在前列而努力奋斗，以良好的精神状态和扎实的工作作风迎接共和国70华诞和人民政协成立70周年。

（刘　峰）

【区政协常委会议】 2019年1月8日，区政协召开十五届十五次常委会议。会议听取各讨论组对区委领导讲话的讨论情况，对区政协十五届委员会常务委员会工作报告、提案工作情况报告的审议意见，对区政府工作报告及其他报告的讨论意见以及委员反映的社情民意、提出的意见建议等。会议协商通过区政协十五届三次会议《决议（草案）》。

1月9日，区政协召开十五届十六次常委会议。会议协商通过区政协2019年工作要点。

4月2日，区政协召开十五届十七次常委会议。会议传达全国两会期间习近平总书记重要讲话精神及相关文件精神；学习《关于加强新时代人民政协党的建设工作的若干意见》和《关于在全省政协系统开展“三走进一联系”活动的意见》；听取融入长三角区域一体化、接轨上海的有关情况介绍。会议通报2018年度委员履职考核结果，协商通过区政协委员分组结对联系制度和有关人事事项。

8月6日，区政协召开十五届十八次常委会议。会议传达学习区委十三届十五次全体会议精神。张炳高代表区政府通报上半年全区经济社会发展情况和下半年各项目标任务。会议听取区市场监管局、文体广电和旅游局、水务局、吴江生态环境局关于区政协十五届三次会议重点提案办理情况通报。孙俊良、吴建国、冯海花、邹秋林4名委员交流履职工作体会。

10月17日，区政协召开十五届十九次常委会议。会议视察新柳溪社区综合性文化服务中心、苏州市第九人民医院、苏州湾体育中心、轨交4号线松陵大道综合枢纽等重点、实事项目，听取区发改委主任陈建忠关于2019年全区重点、实事项目推进情况通报。会议传达学习习近平总书记在中央政协工作会议暨庆祝中国人民政治协商会议成立70周年大会上的重要讲话精神，通报区政协机关“不忘初心、牢记使命”主题教育开展情况。

12月26日，区政协召开十五届二十次常委会议。会议协商讨论《政协常委会工作报告（讨论稿）》《提案工作情况报告（讨论稿）》和《政府工作报告（征求意见稿）》，提出有针对性的修改意见和建议。会议协商通过区政协十五届四次会议有关事项、《提案工作条例（修订案）》以及有关人事事项。会议决定，区政协十五届四次会议于2020年1月3~6日在吴江举行。

（刘　峰）

【区政协主席会议】 2019年1月9日，区政协召开十五届二十七次主席（扩大）会议。会议协商通过区政协2019年工作要点（讨论稿）和主要活动安排。

1月28日，区政协召开十五届二十八次主席（扩大）会议。会议协商通过区政协领导分工调整。

2月26日，区政协召开十五届二十九次主席（扩大）会议。会议视察松陵日间照料中心运行情况。会议专题听取区民政局局长蒋健关于全区社会救助及老有所养工作情况通报。会议传达学习省、市政协全会精神，协商通过区政协十五届三次会议提案审查情况报告，协商确定区政协十五届三次会议重点提案，对近期有关工作进行协商和部署。

3月25日，区政协召开十五届三十次主席（扩大）会议，学习传达全国政协十三届二次会议精神，总书记习近平在看望文化艺术界、社会科学界联组委员时的讲话精神，全国政协主席汪洋所作的常委会工作报告及闭幕会讲话精神。随后，全体与会人员结合本职工作，依次交流学习全国政协全会精神心得体会。会议协商讨论2018年度全区政协委员履职考核结果运用方案、区政协委员分组结对联系制度、区政协十五届十七次常委会议建议议程及有关人事事项。

4月24日，区政协召开十五届三十一次主席（扩大）会议。会议视察苏同黎公路快速化改造工程先导段（同里北联农业产业园连接线段）。区交通运输局局长孙雪龙通报全区交通运输工作情况。会议协商区政协优秀提案评选方案及五月份主要工作安排。

6月12日，区政协召开十五届三十二次主席（扩大）会议。会议视察震泽镇“靓河工程”和七都镇环良港河道整治工程，听取区水务局关于全区河道整治工作的情况通报。会议协商区政协近期重点工作。

7月3日，区政协召开十五届三十三次主席（扩大）会议。会议听取区商务局关于全区商务发展及运行情况的通报，就如何进一步做好全区商务工作提出意见和建议。会议协商区政协常委会关于加强自身建设的意见、有关人事事项及近期重点工作。

7月31日，区政协召开十五届三十四次主席（扩大）会议。会议视察山之谷餐饮、吾悦广场餐饮社会共治示范点以及区市场监管局智慧控制中心；听取区市场监管局工作情况通报。会议对政协意识形态工作进行分析研判，协商优秀提案名单、有关人事事项及近期重点工作。

9月10日，区政协召开十五届三十五次主席（扩大）会议。会议听取区“三治”办关于全区“三治”工作进展情况的通报，视察震泽镇林港村和盛泽镇群铁村“三治”工作现场。会议组织集体学习《习近平新时代中国特色社会主义思想学习纲要》。会议协商区级机关政协委员挂钩区镇（街道）工作方案及下阶段重点工作安排。

10月23日上午，区政协召开十五届三十六次主席（扩大）会议。会议听取区委统战部副部长、民宗局局长卢艳玲关于全区民族宗教工作情况的通报。会议协商区政协下阶段工作安排。

11月21日，区政协召开十五届三十七次主席（扩大）会议。会议听取区政府办公室徐国华主任关于区政协十五届三次会议提案办理情况通报和区检察院检察长刘军的工作情况通报。会议传达学习全区“两勇一快”*动员大会精神。会议协商《政协常委会工作报告（提纲）》《提案工作情况报告（提纲）》和《提案工作条例（修订草案）》，协商有关人事事项和区政协十二月份主要工作安排。

12月11日，区政协召开十五届三十八次主席（扩大）会议。各副主席、各专委会分别交流2019年亮点工作及2020年工作打算。会议协商讨论区政协十五届四次全会有关事项、《区政协常委会工作报告（讨论稿）》《提案工作情况报告（讨论稿）》和有关人事事项。（刘　峰）

协商议政

【民营企业自主创新升级发展专题协商议政】 2019年6月13日，区政协围绕“民营企业自主创新升级发展”主题开展专题协商议政会。区政协主席李斌、副主席屠福其、秘书长钟永林、党组成员王海鹰出席会议；区政府副区长戚振宇，区政府办公室、区工信局、区科技局、区市场监督管理局、区人社局、区财政局、区政协经科农委负责人，区政协委员代表应邀参加座谈。会议听取全区民营企业自主创新升级发展的情况通报，深入分析制约民营企业自主创新升级的问题因素，提出“打造吴江丝绸纺织产业新优势、细分行业指导、牵住人才牛鼻子、营造良好氛围、加强政府自身建设”等5个方面15条意见建议，区委主要领导给予充分肯定，要求各地各部门认真阅研。（刘　峰）

【大运河文旅融合发展专题协商议政】 2019年11月15日，区政协围绕“大运河文旅融合发展”主题开展专题协商议政会。区政协副主席沈向东，区政协办公室、文化文史委负责人，区政协相关界别委员代表出席会议；区政府副区长张炳高，区文体旅局主要领导，区政府办公室、区交通运输局、区水务局、区大运办、区生态环境局负责人，吴江开发区、吴江高新区（盛泽镇）、东太湖生态旅游度假区（太湖新城）、桃源镇、震泽镇、平望镇分管领导应邀参加会议。座谈会上，区政协界别委员代表及有关专家分别从“突出多规融合、盘活故道资源、打造运河名镇、建设运河景区、创建文旅品牌”等多个角度交流发言，提出“高起点规划、挖掘文旅资源、完善文旅市场、创新运营模式、健全合作机制”等5个方面15条意见建议。区政府主要领导专门作出批示，认为建言具有很好的参

考价值，要求有关部门认真采纳吸收。（刘　峰）

【吴江融入“长三角一体化发展”协商】2019年，围绕“长三角一体化发展”这一重点课题，区政协调研组分别从规划、产业、公共服务、生态资源等角度开展研究，认真学习上级有关“长三角一体化发展”文件精神，多次召开课题组会议，赴雄安新区、粤港澳大湾区以及上海市青浦区、浙江省嘉兴市嘉善县等地考察学习取经。经过认真分析研究，形成《吴江推进长三角生态绿色一体化发展示范区建设的几点调研建议》，从“深化细化‘吴江方案’、加快产业结构优化升级、建设美丽乡村、争取主动”等4个方面建言献策。（刘　峰）

【推动台资企业更好发展协商】2019年，为进一步优化台企营商环境，区政协与区委党校联合开展“优化台资企业营商环境”主题调研活动。调研组先后赴吴中区、昆山市、福建省福州市鼓楼区和平潭县、莆田市秀屿区、厦门市思明区等地学习考察，与区商务局、区工信局等有关部门座谈交流，组织吴江重点骨干台企负责人召开意见征求座谈会。在此基础上，形成《对我区台资企业更好发展的几点建议》的调研报告，结合吴江台资企业概况，深入分析制约台资企业发展的因素，从“加强政策导向、坚持‘项目为王’、加强融资保障、优化营商环境”4个方面提出9条建议。调研报告获区委、区政府主要领导专门批示，为区委、区政府科学决策，推动吴江台企更好发展提供助力。（刘　峰）

【改善农村人居环境协商】2019年，为更好助推全区美丽乡村建设，区政协组织相关职能部门和部分委员，赴安徽，重庆开州，成都蒲江、崇州等地考察，实地调研多个城市的美丽乡村建设情况，形成《改善农村人居环境 助推乡村“美丽蝶变”》的调研报告。报告分析成都农村人居环境整治特色做法，总结值得借鉴的理念与经验，从“整治思路注重‘长’与‘短’统筹、基础设施注重‘建’与‘管’并重、推进机制注重‘点’与‘面’结合、举措办法注重‘严’与‘实’相济”4个方面提出8条建议。（刘　峰）

2019年，水美村庄——桃源镇新亭村荡头自然村（吴　斌　摄）

【基层协商】2019年，为推进政协协商与基层协商更加有效衔接，区政协围绕各地重点工作和群众期盼，组织委员履职尽责、助力发展，政协工作进一步向基层延伸拓展。贯彻落实省、市政协部署，推进协商议事室、委员之家、社情民意联系点“三位一体”工作载体建设，认真开展基层协商活动，如政协盛泽镇工委组织协商镇级殡仪服务中心运营管理办法，参与协商西白洋村新时代文化广场建设工作；震泽镇住镇委员参与龙降桥村农庄改造宴会厅项目及永乐村农村灶台整治工作协商；黎里镇住镇委员参与汾湖湾村港南浜小区停车场改建项目协商；七都镇住镇委员参与吴溇村老年活动中心建造项目协商等，探索政协协商与基层协商有效衔接的工作实践。（刘　峰）

民主监督

【提案工作】2019年，区政协十五届三次全会以来，广大政协委员、政协各参加单位、各专门委员会和各镇（街道）工作委员会，提交提案254件。提案委员会通过梳理和审查，对照《吴江政协提案工作条例》，立案交办提案212件。交办提案中：委员个人提案156件，委员联名提案13件；集体提案43件，其中各民主党派提案35件，各专门委员会提案4件，各镇（街道）工作委员会提案4件。依据《吴江政协重点提案产生和办理的暂行办法》,有11件提案确定为十五届三次会议的重点提案,其中1件由区委、区政协主要领导共同督办,6件由区政府领导领办,4件由区政协各分管副主席督办。其中5件政协领导督办的重点提案案由涉及吴江电梯行业高质量发展、吴江纺织产业提升发展、吴江文旅产品创意及研发工作、"河长制"*智慧治水能力水平提升、新型职业农民培育等。7月底,交办提案办理结束,10月,开展提案办理"回头看"和"二次答复"工作,从收到的反馈看,委员对提案办理的满意率为100%。经各方共同努力,提案中的许多意见建议被区委、区政府及有关部门采纳,为促进全区高质量发展发挥积极作用。

(金舒怡)

【督察协调】 2019年,区政协坚持履职为民理念,重点做好区委交办的"更加突出生活美好""更加突出文化引领"两项工作,"555计划"*7个方面和"八大标杆"*4个方面的督察协调任务,细化工作分工,实行主席督察负责制,组织开展经常性的实地走访、调研视察、汇总分析等,及时了解各项目进度和存在的问题,提出有针对性的意见建议,切实发挥政协的监督助推作用。

(金舒怡)

【专项监督】 2019年7月4日,区政协召开"职业教育"专项民主监督座谈会。区政协主席李斌主持会议,区政府副区长汤卫明、区政协副主席王玉英出席座谈会。座谈会听取区教育局关于全区职业教育发展情况的通报,部分委员和中达电子企业学院负责人分别从提高社会认知、促进产教融合、扩大资源投入、动员社会力量参与等方面提出意见建议。8月27日,区政协召开"老旧小区改造"专项民主监督座谈会。区政协主席李斌主持会议,区政府副区长朱建文、区政协副主席肖仲伟出席座谈会。座谈会听取区住建局关于全区老旧小区改造工作情况的通报,部分区政协委员和有关单位代表分别从"明确改造重点、强化后续管理、提升老旧小区软环境、推进生活垃圾分类管理、加快供水管网及雨污分流改造"等不同侧面,对老旧小区改造工作提出意见和建议。10月23日,区政协召开"乡村振兴"专项民主监督座谈会。区政协副主席屠福其主持会议,副区长汤卫明出席会议。座谈会听取区农业农村局关于全区乡村振兴战略推进实施情况的通报,部分政协委员代表分别从完善农业产业体系、提升村级集体经济、优化农村人居环境、加强农业科技创新、培育"三农"人才队伍等方面提出意见建议。

(金舒怡)

【收集和反映社情民意】 2019年,区政协坚持倾听群众呼声,反映社情民意,切实发挥好政协组织作为党委、政府与各界群众的桥梁纽带作用。全年收集报送社情民意信息30余条,内容涉及推动生态环境治理、防范化解社会风险、监管网络餐饮安全、提高人口生育水平、缓解基层工作困境、落实垃圾分类新时尚等方面,为党委、政府准确把握社会舆情、切实做好群众工作提供参考。

(金舒怡)

凝心聚力

【走访活动】 2019年1月25日,区政协主席李斌赴震泽镇齐心村走访慰问困难群众,向困难群众送去关爱和祝福。副区长戚振宇一同走访。

2月15日,区政协主席李斌前往吴江开发区,先后走访挂钩联系的部分企业,了解企业节后复工情况,与企业家面对面交流,共解发展难题,共促新一轮提升。

2月18日,区政协主席李斌赴汾湖高新区走访慰问优秀人才代表。副区长、汾湖高新区党工委副书记、管委会主任吴琦陪同走访。

3月21日,区政协主席李斌赴震泽镇走访部分委员企业,收集社情民意,了解企业发展现状。

3月27日,区政协主席李斌赴吴江高新区(盛泽镇)开展挂钩联系走访,调研区政协委员企业、圆明小镇一期工程以及吴江纺织循环经济产业园两个"555计划"*重点项目建设情况。

6月27日,区政协主席李斌赴吴江高新区(盛泽镇)走访慰问困难群众,送去党员关爱基金。区委常委、盛泽镇党委书记王益冰陪同走访。

(金舒怡)

【团结联谊】 2019年,区政协发挥政协组织开放包容的独特优势,扩大团结面,提高开放度，广泛联系动员各界群众，最大限度为吴江高质量发展凝聚共识和力量。健全完善与各民主党派、工商联、无党派人士联系机制，召开2次各民主党派、工商联、无党派人士代表联席会议，广泛征求各党派团体对政协工作的意见建议。鼓励和支持各党派团体通过政协平台开展履职活动，在大会发言、调研视察、专题协商、提案办理、民主监督、界别活动中主动邀请并优先安排各民主党派、工商联和无党派人士参加。邀请各界代表人士参加全区庆祝人民政协成立70周年座谈会。进一步密切与非公经济人士、新社会阶层人士的交流，加强同少数民族、宗教界代表人士的联系走访，开展与归侨侨眷、台胞台属及台侨资企业的联络联谊，赴区台协举行“不忘初心·台企意见征求座谈会”。（金舒怡）

【专门委员会工作】 2019年，区政协各专门委员会紧扣区政协十五届三次会议提出的各项目标任务，发挥自身优势，突出工作特色，履行专委会职能，较好地完成各项工作任务。各专门委员会围绕区委、区政府的中心工作，成立调研组，开展调查研究，积极建言献策。加强与对口党政部门的经常性联系，丰富协商形式，深化协商层次。聚焦民生实事，加强民主监督，积极反映社情民意。密切联系界别委员，组织委员参与调研视察、协商议政、民主监督、学习培训、“委员讲堂”等活动，搭建知情明政平台，发挥委员主体作用。（金舒怡）

【镇(街道)工作委员会工作】 2019年，区政协各镇(街道)工作委员会全面贯彻落实党的十九大精神，以习近平新时代中国特色社会主义思想为指导，牢牢把握团结和民主两大主题，认真履行政治协商、参政议政、民主监督职能。组织委员参加学习活动、考察培训等，夯实思想政治基础，强化委员议政能力。围绕各镇(街道)中心工作，组织开展专题调研、异地视察、议事监督等活动，为委员履职提供坚实保障。建设“有事好商量”协商议事室、委员之家、社情民意联系点“三位一体”工作载体，开展协商议事活动，积极推进政协协商与基层协商有效衔接。（金舒怡）

【区域联动】 2019年，区政协加强与上海市青浦区、浙江省嘉兴市嘉善县政协的联动交流，开展跨区域联合联动，同青浦、嘉善政协共同签署联动机制协议，推动三方合作联动进一步走向常态化、制度化、规范化，为更好融入、助推长三角生态绿色一体化发展示范区建设作出政协贡献。合作举办吴江、青浦、嘉善三地政协企业家委员沙龙活动，三地企业家委员们立足自身实际，共同分享、交流企业发展历程和前景蓝图，聚焦一体化发展历史机遇，探讨企业合作发展、高质量发展的更多有效路径。合作举办“墨舞江南”书画联展，集结吴青嘉三地有代表性的书画名家，创作作品70幅，展现70年来吴江、青浦、嘉善三地发生的巨大变化，表达对新中国、人民政协70周年华诞的美好祝愿。（金舒怡）

【文史工作】 2019年，区政协突出文史资料工作“存史、资政、团结、育人”功能，彰显“亲历、亲见、亲闻”的鲜明特色，不断开拓政协文史工作的阵地和领域。编辑出版2019年《吴江文史资料》(总第35辑)，做好文史资料的对外交流与电子稿上网工作，提增文史资料的后影响力。鼓励委员撰写多篇理论与实践文章，分别刊登在《中国政协》《江苏政协》《苏州政协》等政协条线报刊上。其中《新时代政协文史工作的新作为》一文，被《中国统一战线》等多家报刊刊载。参加省政协庆祝人民政协成立70周年歌曲征集及定稿工作，征集报送《牢记使命跟党走》词曲1件。向省政协文史库提供城市名片“吴江篇”的相关资料。（金舒怡）

（本栏编辑　申乃刚）

纪检监察

综　述

【概况】 2019年，区纪委监委以习近平新时代中国特色社会主义思想为指导，坚持守土有责、守土尽责，全面履行纪检监察职能，加强对党中央重大决策部署贯彻执行情况的监督检查，把“两个维护”贯穿纪检监察工作全过程，确保党中央政令畅通。区纪委监委严格把握“四种形态”之间相互转化的条件，在依规依纪依法审查调查前提下，综合考虑性质情节，精准作出处置。采取“函询+谈话”“函询+核实”方式，加大前期外围核查和函询结果抽查核实力度，严格执行采信告知制度，提高函询工作质效。全年运用监督执纪“四种形态”教育和处理805人次。其中，运用第一种形态教育483人次，占60%；运用第二种形态处理238人次，占29.6%；运用第三种形态处理28人次，占3.5%；运用第四种形态处理56人次，占6.9%。挽回经济损失879.96万元。

（张小奇　梁　程）

【重要会议】 2019年2月19日，中共苏州市吴江区第十三届纪律检查委员会第四次全体会议暨全区领导干部警示教育大会召开，区委书记王庆华发表讲话。区委常委、区纪委书记、区监委主任乐江主持会议，作题为《深化改革创新，主动担当作为，不断推动吴江纪检监察工作高质量发展》的工作报告。12月29日，区纪委向中国共产党苏州市吴江区第十三届代表大会第五次会议提交《忠诚履职担当，服务“两勇一快”*，为打造“创新湖区”“乐居之城”提供坚强保障》的工作报告，报告经会议审议通过。（梁　程）

【体制改革】 2019年，区纪委监委统筹推进党的纪律检查体制改革、国家监察体制改革、纪检监察机构改革，调整优化区级机关机构改革后派驻纪检监察组监督范围。按照省、市纪委监委部署，制定方案并完成区属国有企业和事业单位纪检监察体制改革，纳入派驻机构监督的区级机关、区属企事业单位调整为75家。向吴江开发区、汾湖高新区和东太湖度假区派出监察工委，与纪工委合署办公，履行纪检、监察两项职能，3个监察工委政务立案6件。

（孙家林　梁　程）

【专项巡视整改】 2019年3月11日至5月10日，省委第八巡视组进驻吴江区开展实施乡村振兴战略专项巡视。7月，根据省委巡视办《关于做好巡视整改落实工作的通知》要求，区委巡察办配合区委办公室做好巡视整改专题会议召开、巡视整改工作方案和整改情况报告制定、党内公开文件报备等工作，跟踪巡视反馈意见整改落实情况，每月上报整改工作进度。根据省委巡视组对吴江区委巡察工作专项检查反馈的4方面20个问题制定的24项具体整改措施基本落实。区纪委监委做好交办问题线索和信访件的调查处置工作，接收的3件问题线索和1件问责线索全部办结，1件巡视发现问题完成整改，运用第一种形态教育2人，立案2件2人，责令党组织作出检查1件；接收转办信访件6批53件次，至12月27日，办结50件，办理中3件，经调查核实后运用第一种形态教育12人，转立案13件16人。落实整改要求，协助区政府开展全区公务用车、办公用房管理制度执行情况自查自纠专项行动。对私车公养问题摸排起底，查处违规使用公务加油卡给私车加油问题9人。

（张曼婷　梁　程）

【“打伞破网”专项整治】 2019年，区纪委监委研究制定《吴江区纪委监委关于中央扫黑除恶第17督导组督导反馈意见整改工作方案》，压紧压实责任、细化工作举措。健全优先处置“保护伞”问题线索制度，完善与政法机关协作机制，推动扫黑除恶监督执纪问责与监督调查处置工作规范有序高效推进。探索实施与公安机关的“双专班”*侦办模式，深化“一案三查”*。开展对黄赌毒和黑恶势力听之任之、失职失责甚至包庇纵容、充当“保护伞”专项整治，在非法金融活动专项治理中开展协同监督，会同区公安局、区法院做好核查摸底，坚决切断黑恶势力敛财通道。对11个恶势力犯罪集团案件、3个犯罪团伙案件开展深挖彻查工作，立案审查涉黑涉恶腐败和“保护伞”案件7件7人，其中依法留置并移送检察机关1人。

（马义峰　孙永刚　梁　程）

【助力“三大攻坚战”】 2019年，区纪委监委围绕精准脱贫攻坚战，下发《2019年开展扶贫领域腐败和作风问题专项治理工作方案》，督促做好“阳光扶贫+”监管平台运行升级，组织抽查低保、特困家庭112户；围绕污染防治攻坚战，督促推进污染防治综合监管平台建设运行，跟踪督办问题37件，平台线索处办综合排名全市靠前；围绕防范化解重大风险攻坚战，出台《区纪委区监委为整治非法金融活动和防范化解地方政府隐性债务风险提供纪律保障工作意见》，督促区财政局抓实地方政府隐性债务综合监管系统建设。针对省纪委“三大监管平台”督查反馈的3类11条问题，督促相关职能部门逐项整改到位。

（徐　颖　梁　程）

监　督

【概况】 2019年，区纪委监委聚焦监督职责，突出监督重点，推进纪律监督、监察监督、派驻监督、巡察监督统筹衔接，推动日常监督规范化、专项监督精准化、长期监督制度化，做好干部选拔任用党风廉政意见回复工作，全年回复党风廉政意见587人次，对7人提出暂缓提拔意见，提高监督针对性和实效性。（徐　颖　梁　程）

【“两个责任”落实】 2019年，针对在管党治党、党委领导核心作用发挥、执行中央八项规定精神、纪律规矩意识等方面存在的问题，区委主要领导运用第一种形态约谈15名区级机关、乡镇（街道）、国企党政“一把手”。区纪委会同区委组织部、区委宣传部下发《关于加强全面从严治党“两个责任”履责记实信息平台监督管理的通知》，通过线上线下抽查、问题督办提醒、定期分析通报等，优化细化履责记实。对落实全面从严治党制度规定、整治形式主义官僚主义问题、落实履责记实制度等开展执行力专项督查。区纪委监委联合区委组织部、区农业农村局、区民政局等部门，建立完善村（社区）“两委”人员区级备案和政治联审机制，从源头上把好入口关。（徐　颖　梁　程）

【派驻监督】 2019年，各派驻纪检监察组加强“嵌入式”监督，重点监督涉改部门做好资产划转、人员转隶等工作，确保全区深化机构改革顺利推进。建立健全驻点办公、联动调研、专项检查、联合处置等机制，采取信息互通、资源共享、人员互补、业务互助等协作方式，综合运用听取汇报、谈心谈话、检查抽查、列席民主生活会等形式，强化近距离、常态化、全天候监督。结合被监督单位的职能职责、行业背景、专业特点等实际情况，紧盯公权力运行重点环节实施精准监督，打造“校园清风巡”“清风储蓄”微信小程序等特色工作。

（徐 颖 吴方圆 梁 程）

【监察监督】 2019年，区纪委监委推动两个派出监察员办公室认真履职尽责，加强对区镇监察对象的汇总分类统计，全面掌握基层所有行使公权力的公职人员的相关情况。两个派出监察员办公室坚持“巡监联动”工作理念，对吴江高新区（盛泽镇）、东太湖度假区（太湖新城）、七都镇、桃源镇、震泽镇、平望镇等党（工）委巡察和对村（社区）巡察反馈意见整改落实情况进行专项督查6次，督促被巡察党组织切实担负起巡察整改的主体责任。协助区委、区政府对违法用地整治、批而未供和闲置土地处置以及“三优三保”*等工作落实情况督查6次。加大基层案件办理力度，处置问题线索167件，政务立案22件。

（潘玉琴 梁 程）

【村级监督】 2019年，区纪委监委联合区委组织部印发《关于加强全区村级纪检工作的通知》，明确村纪检干部在区镇（街道）纪（工）委和村党组织双重领导下开展工作，承担监督检查、信访受理、廉政宣传、村务监督等7项职责任务，深化扶贫领域专项整治、规范农村集体“三资”监管、力惩群众身边“微腐败”等。在苏州市率先配齐268名村纪委书记（纪检委员），组织开展业务培训。盯住重大工作、重点领域、关键岗位，聚焦拖欠、挪用农村集体资金和乡镇投融资平台资金管理不规范等问题，深入查处群众身边腐败问题，推动规范财政资金存放制度。

（孙家林 梁 程）

【监督工作机制建设】 2019年，区纪委监委健全监督执纪工作机制，充分凝聚监督合力，建立纵横监督网络，以协同监督提升监督质效。贯通外部衔接配合，加强与职能部门的协作沟通，健全重要信息、问题线索共享机制，确保横向监督网络触角灵敏、响应高效。优化工作流程，形成内部协同机制，由党风政风监督室统筹协调、综合分析，监督检查科室、派出监察员办公室具体实施，派驻纪检监察组、国企纪委发挥“探头”作用，区镇（街道）纪（工）委配合联动推进，构建运行有序、监督有力的纵向监督闭环。深化巡察机构与派出监察员办公室、派驻纪检监察组合作，建立人员联动、信息联动和整改联动等工作机制，促进巡前、巡中、巡后和日常协作配合。

（徐 颖 梁 程）

宣传教育

【概况】 2019年，区纪委监委在苏州市级以上报刊媒体刊发党风廉政建设报道91篇，全方位宣传全区反腐倡廉工作动态以及党风廉政建设的经验做法。其中，《人民日报》1篇、《中国纪检监察报》6篇（其中独立成篇4篇）、“中央纪委国家监督网站”3篇、《新华日报》16篇、《党的生活》4篇、“清风扬帆”31篇，“清廉e苏州”微信30期。

（孙 娇 梁 程）

【廉政宣传】 2019年，区纪委监委多渠道开展廉政宣传，以“安全运行”为根本，完成“鲈乡清风”网站的改版；在《吴江日报》发布《清风专版》12期；“清风鲈乡”微信公众号开设《清风君明纪》《清风错题本》《吴江名门家风》《一线手记》等栏目，全年发布信息120期160篇，关注人数突破5000人，单篇最高阅读量超过2.6万人次。依托户外LED屏、人民日报屏、气象屏、文化墙（廊）等载体展示勤廉故事、格言警句、视频漫画等，在轨交4号线的13个站点投放廉政公益灯箱广告。

（孙 娇 梁 程）

【廉政教育】 2019年，区纪委监委将党风廉政教育融入全区干部教育培训计划、理论学习中心组学习内容，将警示教育纳入区委党校各类主体班次。拍摄制作教育片《以案镜鉴，警钟长鸣》。2月19日，区纪委监委配合区委组织副科职以上以及重点岗位、重点领域干部1000余人召开全区领导干部警示教育大会并播放教育片。区纪委监委联合区法院组织开展3期法庭庭审旁听活动。3月12、13日，区纪委监委联合区妇联分别组织区四套班子领导家属和区镇党政领导家属开展“鲈乡廉内助”主题教育活动。组织编写《党员干部纪法教育警示小手册》，发放到党员干部和监察对象手中，用“身边事”教育“身边人”，让全区党员干部和公职人员做到心有所畏、言有所戒、行有所止。

（孙 娇 梁 程）

【廉政文化】 2019年5月17日，区纪委监委联合区委教育工委举办“清风廉韵润校园”活动启动仪式，营造公正公平、廉洁高效的育人环境，联合摄制的《清风校园》于9月11日在中央纪委国家监委网站头图头条展播。5月28日，区纪委监委联合平望镇党委组织“莺湖廉园”开园活动，给干部群众提供一个集休闲、文化、教育于一体的空间载体。区纪委监委联合区委党校推进“吴江区党风廉政教育馆”的规划设计工作。突出“党风正、家风美、乡风淳”主题，选定14个观览点，开通“清风君鲈乡行”观览线三期，吸引全区3000多名干部参观。推荐吴江税务局争创省级廉政文化示范点获得好评；孵化区行政审批局、汾湖高新区（黎里镇）东联村、吴江高新区（盛泽镇）黄家溪村等3家单位，争创市级廉洁文化示范点。5月20日，成功推荐吴江家风家训传承馆全景VR在中央纪委国家监委网站“网上展馆”上线。

（孙　娇　梁　程）

【廉政宣传教育月活动】 2019年，区纪委监委围绕“一体推进不敢腐不能腐不想腐，加快构建长效机制”主题，开展第18个“党风廉政宣传教育月”活动，重点开展“一把手上廉政公开课”活动。6月5日，区委书记王庆华以《用好治标利器，夯实治本基础，深化标本兼治》为题给全区副科以上干部上廉政党课，恩来干部学院特聘研究员张谨以《中国共产党人的精神名片》为题作廉政专题辅导报告，推动各地各部门“一把手”上好廉政公开课，完成吴江高新区（盛泽镇）、震泽镇、文体广电和旅游局、自然资源和规划局、农业农村局等5家单位的讲课录播。

（孙　娇　梁　程）

正风肃纪反腐

【概况】 2019年，区纪委监委把纪律和规矩挺在前面，坚持思想教育、政策感化、纪法威慑相结合，做到严管有力度、厚爱有温度，着力营造有利于干事创业的良好政治生态。同时，坚持综合施策，深化标本兼治，打通监督检查、审查调查、警示教育等环节，一体推进不敢腐、不能腐、不想腐，实现“不敢”“不能”“不想”同向发力，不断巩固发展反腐败斗争压倒性胜利。整治群众反映强烈问题，全年查处农村“两委”人员违纪违法案件85件，开除党籍5人，移送检察机关3人（其中采取留置措施1人）。

（张小奇　梁　程）

【作风建设】 2019年，区纪委监委部署开展3轮“清风行动”，包括教育领域、人防系统腐败问题专项督查暨元旦春节期间“清风行动”督查，五一端午期间“清风行动”专项督查，在“不忘初心、牢记使命”主题教育中开展中秋国庆“清风行动”三督查。完善“清风行动”联动检查机制，形成“面、块、线、点”融合督查工作路径。紧盯“关键少数”，严格落实区委制定的《苏州市吴江区党员领导干部防止利益冲突暂行办法》，重点查处兼职取酬、违规经商办企业等问题，以严肃查处倒逼党员干部遵规守纪。制定办理问责事项工作流程图，构建问责事项会商会审机制，实施问责7起，涉及党组织6个、干部27人。年内，集中通报违反中央八项规定精神典型问题22起45人、形式主义官僚主义典型问题2起3人、群众身边不正之风和腐败典型问题11起21人。

（徐　颖　梁　程）

【纪律保障】 2019年，区纪委监委按照《激励干部干事创业建立防错容错纠错机制的实施办法（试行）》《苏州市吴江区健全容错纠错机制的实施细则》，以点带面探索实践运用容错纠错举措。紧扣长三角生态绿色一体化发展示范区建设，7月，出台《关于在汾湖高新区试点推进容错纠错机制的指导意见》，先行探索“尽职容错、创新容错、纠错容错”三项容错，落地容错纠错案例1起，《人民日报》客户端对容错创新机制进行宣传报道。聚焦全区“治违、治污、治隐患”，7月，出台《吴江区“三治”工作容错纠错机制实施办法（试行）》，对纠错有力的减责免责，对纠错不力的追责问责，护航生态绿色发展。组织开展“构建‘亲’‘清’新型政商关系，助力民营经济发展壮大”专题调研，考察学习先行地区经验，并深入区镇（街道）及企业一线调研座谈，向民营企业、职能部门干部发放调查问卷，广泛收集问题建议，传递“亲”“清”理念，探索规范政商交往行为、服务民营企业发展的具体举措，拧紧政商交往“安全阀”。开展减税降费政策落实情况监督工作，通过构建联动监督机制，助推减税降费政策“红利”兑现，为构建‘亲’‘清’新型政商关系提供纪律保障。

（徐　颖　梁　程）

【信访举报】 2019年，区纪委监委按照省、市纪委监委部署要求，在区人民来访接待中心建设纪检监察信访接待室，与大信访建立联动机制，纪检监察信访实行专题接访，推动问题流转处置更加精准。发挥纪检监察系统检举举报平台作用，定期分析研判信访举报情况，发挥廉情“晴雨表”作用，向区委、区政府主要领导报送《廉情参阅》5期，向相关单位“一把手”和纪检监察组织负责人下发《廉情通报》22期。12月，制定《吴江区纪检监察失实信访举报澄清暂行办法》。全年接收信访举报423件，移送问题线索127条。

（宋振荣　梁　程）

【腐败问题整治】 2019年，区纪委监委统筹发挥反腐败协调小组与反腐败协作工作组作用，确定23家区反腐败协作工作组成员单位，健全问题线索移送机制。发挥相关纪检监察室、区镇（街道）纪（工）委的骨干力量，深入推进审查调查工作。灵活运用办案措施，既使用留置措施突破案件、形成震慑，又探索案件办理新模式，对事实清楚、证据确凿的涉嫌职务犯罪案件，采取不经留置直接移送的方式，提高处置效率。聚焦“三优三保”*国资监管、教育领域等，严惩贪污贿赂、挪用公款等涉嫌严重职务违法、职务犯罪行为，精准有力惩治腐败。坚持行贿、受贿一起查，对1名涉嫌单位行贿犯罪人员采取留置措施。年内，全区立案332件，比2018年增长6.07%，其中自办案件183件，占比55.12%。因涉嫌职务犯罪移送检察机关审查起诉13人，其中被采取留置措施8人（副科级以上4人），未采取留置措施直接移送检察机关5人。

（张小奇　梁　程）

【专项治理】 2019年，在“不忘初心、牢记使命”主题教育中，区纪委监委聚焦贯彻落实党中央决策部署应付了事、阳奉阴违以及形式主义官僚主义、不担当不作为、违反中央八项规定精神、漠视侵害群众利益等8个方面突出问题，强化监督执纪问责和监督调查处置。推动农村集体资产清缴欠租专项行动，全区清缴欠租工作稳步推进，清缴进度85%。下发《关于集中开展义务教育学校违规办学行为专项治理、学校安全风险隐患专项整治工作监督检查实施方案》，持续抓好教育领域人民群众反映强烈突出问题专项治理。部署开展全区人防系统腐败问题专项治理，易地建设费全部追缴到位。全程参与高值医用耗材领域突出问题整治，督促推动联盟集中采购、信息公开等专项工作落地。开展重点行业领域安全生产大排查、大整治专项监督，建立区纪委监委领导班子成员联系点调研督导机制，调研督导区镇16次。推动22个“大棚房”问题全部清理整治到位。推动违建别墅整治工作，3个违建项目全部清理结束。联合区财政局就区本级对印江自治县的东西部扶贫协作资金使用情况作专项检查。

（徐　颖　梁　程）

【纪律处分决定执行】 2019年，区纪委监委联合区委组织部、区人社局等部门，按照中央纪委部署要求，对党的十八大以来全区审结的1281件案件的纪律处分决定执行情况，分层、分类、分批开展“起底”检查，督促17家单位对36个案件中的42项问题进行逐一整改，通过压实责任、规范标准、组织督查等方式，确保处分决定执行到位，追回经济损失46万余元，建立处分执行情况数据库。强化处分决定宣布工作，将处分宣布、执行事项告知与帮扶教育相结合，放大警示震慑效果。针对履行职责存在的问题，向1家党组织发出纪律检查建议书、2家单位发出监察建议书。

（杨文敏　梁　程）

（本栏编辑　范红明）

工 会

【概况】 2019年，区总工会完成工会机构改革，围绕长三角一体化发展国家战略，充分调动广大产业工人的积极性、主动性、创造性，促进产业工人全面发展，发挥打造“创新湖区”、建设“乐居之城”主力军作用。新建独立基层工会166家、工会联合会4家，新增涵盖组织468家，新增会员14908人。区总工会被区委、区政府评为2019年度综合考核“优秀区级机关部门”，获全市工会目标管理工作考评第一名。（丛 林）

【劳模引领】 2019年，区总工会开展劳模支部“双创双提升”行动，在劳模创新工作室建立劳模党支部，创建党员先锋岗，提升劳模和产业工人政治素质和业务能力。全年新建劳模和工匠人才创新工作室19家，命名首批区示范性劳模创新工作室6家。11月，启动区劳模专家和工匠人才智库建设，优化红色工匠培育机制，搭建红色工匠成长平台。全年获全国五一劳动奖章2人、省五一劳动奖章2人、市五一劳动奖章34人。全国五一劳动奖章获得者姚国英作为农民工代表受邀赴京参加中华全国总工会举办的庆祝五一国际劳动节大会。（丛 林）

【赋能成长】 2019年，区总工会以培育高素质职工队伍为目标，实施“寻武堂”工匠培育行动计划。开展“吴江时代工匠”寻访活动，活动累计参与10万多人次，推荐候选人4000多人，通过投票得分、专家打分、主办方打分的方式评选出20名首届吴江时代工匠。年内有3人获评第二届“苏州时代工匠”。开展职工技能比武，在“吴江区职工技能竞赛活动月”（9月）活动中，区总工会围绕“当好主人翁·建功新时代”主题，举办全区性职工职业技能竞赛15场次、镇级技能竞赛9场次、跨区域技能竞赛3场次，将骨干企业的30场次技能竞赛纳入竞赛绩效评估，开展不同层级的技能竞赛200场次。成立新时代工匠学院，围绕吴江区主导产业高质量发展需求，推进江苏省工匠学院（吴江）建设，在企业中开展示范工匠学堂建设。全年获省五一劳动奖状1家、市五一劳动奖状6家，获评省工人先锋号3家、市工人先锋号14家、区工人先锋号40家。（丛 林）

【非公企业组织力提升】 2019年，区总工会推进非公企业工会改革，全面实施《苏州市吴江区非公企业工会主席履职考核津贴实施办法》，对工会工作年度考核成绩优秀的非公企业工会主席给予不同层级的津贴补助，有效调动基层工会主席的工作积极性。7月起，全面开展《非公企业工会组织力标准体系》课题研究，通过挑选专家团队、制定课题方案、开展实地访谈、网络问卷调查等活动，掌握全区非公企业工会工作基本情况，了解企业、职工对工会工作的希望和期盼，总结提炼出《苏州市吴江区非公企业工会组织力标准体系》。（丛　林）

【长三角一体化】2019年，区总工会加强与青浦、嘉善的交流合作，三地总工会首次在亨通产业园举办中心组学习会。在长三角地区职工劳动技能创新工作第二次联席会议上，三地工会签署《服务长三角更高质量一体化发展职工劳动技能创新战略合作协议》。召开第二次联席会暨长三角技能竞赛推进会，确定通过举办创新性和技能型劳动竞赛、寻访"时代工匠"、打造工匠学院等方面继续开启相互促进、共同发展的合作之门。年内，区总工会推进建立"三个百"［百家重点企业工会联盟、百家劳模工匠（技师）创新工作室联盟、百家职工（工匠）学堂联盟］合作。在吴江举办长三角生态绿色一体化发展示范区水质检测技能大赛。（丛　林）

【职工心理健康】2019年，区总工会成立"心之家"职工心理健康指导中心，推进专家、志愿者、咨询师"三支队伍"建设。持续开展辅导课程进企业活动，涵盖人际关系处理、积极情绪培养、亲子关系等9大类20门课程，全年辅导职工4300多人。在中达电子（江苏）有限公司启动"心之家、心能量"职工EAP训练营，涵盖新生代员工管理、压力与情绪管理、员工异常识别和危机干预、企业个体和群体事件预防和处理等10多门课程。（丛　林）

【困难帮扶】2019年，区总工会进一步做好帮扶服务工作，尽可能全面了解困难职工的基本信息，通过日常粮油、生活物资的救助，缓解他们的生活困难。及时掌握爱心互助活动中的职工意见建议，优化和完善爱心互助活动办法，积极宣传爱心互助活动政策，普及普惠更多职工，实现爱心互助的延续和发展。开展"妈妈驿站"示范点创建工作，关注机关企事业单位女职工交友、婚恋需求，搭建交友联谊平台，做好女职工权益保护的各项工作。（丛　林）

【职工文体】2019年，区总工会持续开展社会主义核心价值观教育，拓展"中国梦·劳动美·幸福路"主题系列活动，积极推动企业文化建设，培育健康文明、昂扬向上的职工文化，筑牢广大职工听党话、跟党走的思想根基。充分发挥工人文化主阵地作用，组建星光特训营，为基层企业培养文艺骨干，组建职工艺术团，走进企业开展慰问演出。中达电子、盛虹集团等骨干企业相继组建职工艺术团，先后获评苏州市职工文化建设示范单位。联合同里古镇的家风家训传承馆、知青馆开展职工家风家训建设，开展理论结合实践的教学活动。（丛　林）

【职工维权】2019年，区总工会开展"安全生产月"活动，联合区安监局、卫计委等单位开展"安全生产"和"职业病防治"广场普法活动；组织企业职工参与"安全生产大讲堂""安全隐患随手拍"、工会劳动保护监督检查员培训、宣传咨询日、安全知识竞赛和网上安康课堂等活动；引导全区企业参加"安全生产月""安全生产万里行"等竞赛活动。开展"安康杯"竞赛、"双十"和班组安全建设等活动，全年有228家企事业单位2605个班组的15.6万名职工人参与苏州市"安康杯"竞赛活动，比2018年增加11%。被省总工公会和省应急管理厅表彰的优胜单位1家、组织工作优秀个人1人；获评苏州市优胜单位4家，优胜班组2个，组织工作优秀单位1家、优秀个人1人。集中走访慰问重点企业、重点项目、重点岗位，区镇两级工会筹集慰问金213.84万元，走访慰问工地和企业473家，覆盖职工4万多人。（丛　林）

【劳动关系和谐企业创建】2019年，苏州市工会普法依法治理工作现场推进会在吴江召开，推动基层工会开展劳动法律监督工作评价活动，促进基层工会相互学习、相互督促。区总工会试点建立劳动法律监督工作指导服务站和镇级职工法律援助律师团，转送和妥善处理信访网电事项28起、集体争议案件2起。开展"五一劳动法治宣传服务月"活动。引导企业特别是中小非公企业和广大职工增强法治意识，自觉学法、遵法、守法、

用法。参与农民工工资支付专项检查活动，实现劳动关系重大群体事件“零发生”。（丛　林）

【民主管理】 2019年，区总工会试点开展集体协商指导工作室建设，震泽蚕丝被行业集体协商指导工作室通过省总工会考核，被命名为苏州市范围内唯一的示范指导工作室。组织开展集体协商春季要约行动，出台《做好当前集体协商工作的意见》，指导各基层工会广泛开展集体协商工作。全年有186家企业开展集体协商工作，有312家企业签订集体合同；有221家企业申报区级劳动关系和谐企业，有31家企业申报苏州市级劳动关系和谐企业。深入推进职代会、厂务公开、职工董事监事等民主管理制度，区供电公司、亨通集团、苏州农村商业银行三家单位申报民主管理创新成果和优秀职工代表提案，获苏州市总工会表彰。

（丛　林）

【职工培训教育】 2019年，区总工会以“双百双千”职工素质提升工程为载体，开展公益培训活动，丰富企业培训课程品种，优化授课讲师团队和课程内容。全年为百家企业上门送培训114场，同比增加21%。培训内容涵盖企业生产管理、综合管理、法律法规、财务管理和生活兴趣类等5大类60多门课程，累计培训职工5200人。合作办学，提升职工技能素质整体水平，全年电工、焊工、叉车等上岗证培训410人，人力资源、劳动关系协调员、会计、计算机、育婴师等职业资格证书2289人；累计在职学历教育招生3494人，其中大专和本科比例约1∶1。落实江苏省总工会农民工和一线职工“求学圆梦”活动，全年为2334名一线职工申请每人1000元的学历补助，补助人数全省领先。（丛　林）

共青团

【概况】 2019年，团区委以习近平新时代中国特色社会主义思想为指导，不断开创吴江共青团工作新局面。苏州农村商业银行盛泽支行获评2017—2018年度全国青年文明号；团区委“创二代薪火工程”项目获2019年度全省共青团工作“10100”创新创优工程二等奖，获团省委“诵读学传”主题征文优秀组织奖；区少工委“‘一心四核’优机制‘扩选培带’强衔接——吴江落实‘积分入团’改革”被评为2018年度江苏省少先队工作优秀创新项目；团区委被团委市委评为2019年度苏州市共青团系统宣传思想文化工作先进集体，团区委“吴江青年”获评2019年度苏州市共青团系统十佳微信公众号；团区委在全区机关综合考核中获评第一等次，被命名为年度综合考核优秀区级机关部门。

（刘建东）

【纪念五四运动100周年】 2019年4月28日，团区委举办“不忘初心跟党走，青春建功新时代”——吴江区纪念五四运动一百周年暨建团九十七周年主题活动，区领导王庆华、李铭、沈金明、李斌、王燕红，苏州团市委书记万利出席活动。区各相关部门单位领导及全区各级团干部、团员青年代表，“创二代”企业家、青商会企业家代表等近300人参加本次活动。区委书记王庆华在会上发表讲话。

（刘建东）

【第八次少代会】 2019年5月29日，中国少年先锋队苏州市吴江区第八次代表大会召开，全区近150名少先队代表、辅导员代表及社会少先队工作者代表参加大会，区领导王庆华、李铭、沈金明、李斌、王燕红、朱建文，苏州团市委副书记惠艳烂出席会议开幕式。区委书记王庆华寄语全区少先队员和少先队工作者。大会听取和审议中国少年先锋队苏州市吴江区第七届工作委员会所作《高举队旗跟党走，童心筑梦新时代，为吴江高质量发展走在前列时刻准备着》的工作报告，选举产生39名中国少年先锋队吴江市第八届工作委员会委员。吴江区第八次少代会闭幕后，中国少年先锋队苏州市吴江区第八届委员会召开第一次会议，王卫明、施瑶绯当选少工委主任，卜晓莉、王芳、孙建兵、杨晓婷、彭昱当选少工委副主任。（卜晓莉）

【共青团吴江区十九届三次全委会】 2019年8月22日，共青团苏州市吴江区第十九届三次全体委员会议顺利召开，选举产生共青团苏州市吴江区第十九届委员会书记、副书记，王鹏宇和朱颖分别当选团区委书记、副书记，会议还通过部分委员卸职的

确认案(草案)。（马延庭）

【示范区团建联盟】 2019年11月17日，长三角生态绿色一体化发展示范区团建联盟成立大会暨青浦、吴江、嘉善共青团品牌项目分享会在青浦举行。示范区团建联盟旨在全面贯彻落实新发展理念，围绕共同目标、共同需求、共同利益、加强组织攻坚、人才互动、团员联管、活动互助，构建“共建、共创、共享、共赢”的“一体化示范区”团建格局，促进团的各项工作在“一体化示范区”得到“一体化”“高质量”发展。（马延庭）

【青年工作联席会议】 为深入贯彻《中共中央、国务院关于印发〈中长期青年发展规划(2016—2025年)〉的通知》精神，认真落实“县级以上党委和政府建立青年工作联席会议机制，负责推动本规划在本地区的落实”的要求，经区委、区政府研究，2019年5月，由区委办、区政府办发文建立苏州市吴江区青年工作联席会议制度，区委副书记、副区长担任组长。12月25日，召开苏州市吴江区青年工作联席会议第一次全体会议，传达省、市青年工作联席会议第一次全体会议精神，审议《苏州市吴江区青年工作联席会议工作规则(试行)(讨论稿)》及《苏州市吴江区2020年度青年发展工作重点内容(讨论稿)》。（卜晓莉）

【创二代薪火工程】 2019年，团区委在全区近1000家规上企业中遴选并更替调整100名“创二代”。9月，组织“创二代”赴延安开展红色文化培训，结合“不忘初心、牢记使命”主题教育，学习继承“解放思想、实事求是的思想路线，自力更生、艰苦奋斗的创业精神”为主的延安精神，引导“创二代”青年企业家坚定理想信念，专心发展实业。10月，成立“创二代薪火工程”党建联盟，围绕“组织共建、人才共育、发展共享、服务共推”四个子项目开展工作，使“创二代”企业党组织成为助推企业健康发展的先行者、引领者。与上海交通大学等知名高校开办“薪火工程青商学院”，每季度一期，提供“菜单式”课程以供选学，课程内容以“创二代”青年企业家诉求为主，不断提升业务水平。举办导师团薪火传承“初心课堂”，针对吴江“创二代”们在企业经营管理中的实际问题、困扰，由“创一代”导师进行针对性更强的指导、授课。开展“创二代”组内、组间、片区的沟通学习，以企业转型升级、高质量发展创新实践案例分享及主题沙龙和论坛等形式活动，增进不同区域、行业企业家间交流学习，营造比学赶超、争先进位、干事创业的团队氛围。赴深圳对标学访，学访活动通过课堂讲授、案例教学、现场教学等形式，系统、深入地学习产业发展新趋势、现代企业战略管理与创新理念，对标先进找差距、寻出路，引导“创二代”企业家以“极限”的定位和“标杆”的要求奋发有为、奋勇争先。“创二代薪火工程”项目获评2019年度江苏省共青团工作“10100”创新创优工程二等奖。（卜晓莉）

【“诵读学传”活动】 2019年，团区委贯彻落实团省委《关于在全省青少年中开展“诵读学传”活动的通知》要求，在青少年中常态化开展“诵读学传”活动。用时代伟人、革命先烈、身边典型的先进事迹和感人故事引导青少年向上向善，把学习宣传贯彻党的十九大精神特别是习近平新时代中国特色社会主义思想作为当前和今后一段时期的首要政治任务。依托学校团员成长室、团队角、图书馆等阵地开展“为阅读代言”主题团日、“长征故事我来讲”演讲比赛、“我要上国学”经典展演等活动；用好“笑果”青少年社区服务一号店、青少年之家等阵地，在周末、寒暑假开展“诵读学传”活动，弘扬中华民族优秀传统文化。融入非遗文化，邀请非遗传承人为青少年教授糖画制作等课程。举办国学讲堂，邀请国学名师大家授课。（卜晓莉）

【“双积双评”积分入团】 2019年，吴江区作为团学改革团中央直接联系示范单位、江苏省中学共青团和少先队改革直接联系示范县(市、区)，团区委稳步推进中学中职学校实行“双积双评”积分入团工作，将两次积分累计和两次民主评议相结合，使入团积极分子、发展对象的产生过程更加科学、民主，增强学生对团员身份的认同感以及对共青团组织的归属感。制定《吴江区初中学校“双积双评”积分入团细则》和《吴江区初中学校“双积双评”积分入团工作操作指南》，召开全区积分入团推进会，督促各中学因地制宜逐步形成“双积双评”工作体系并报团区委备案、审核，实地走访调研重点初中开展“双积双评”积分入团工作情况，推动初中学校“双积双评”积分入团工作相关细则落实。区少工委“一心四核”优机制“扩选培带”强衔接——吴江落实“积分入团”改革获评2018年度江苏省少先队优秀工作优秀创新项目。（卜晓莉）

【预防青少年违法犯罪】 2019年，团区委推进重点青少年“成长护航工程”，开展重点青少年群体排查摸底专项行动，重点推进区民政局“关爱明天成长计划”、区法院“法制护航青少年成长”、区检察院“大爱吴江”未成年刑事被害人综合保护、区司法局特殊人群未成年子女“黄丝带”关爱活动、盛泽镇团委“绸韵青春青少年公益营”等5个服务项目。年内召开重点青少年工作联席会议，沟通交流项目开展情况。12月，项目结项，检察院“大爱吴江”未成年刑事被害人综合保护项目参与苏州市成长护航项目答辩会，获苏州市二等奖。（卜晓莉）

【青少年权益维护】 2019年，团区委制作预防青少年违法犯罪宣传展板，组织工作人员上街头、进社区，开展预防青少年违法犯罪宣传活动。开展青少年权益创新工作，在苏州市吴江区皓月青少年服务中心利用共青团组织的平台优势，整合融入团属“青少年之家”“笑果”青少年社区服务一号店、“青年学习社”等服务品牌及各方资源，通过区级平台向社区输送，13家服务单位及公益组织成为联盟单位，参与社区青少年服务。通过打造党政认同、青少年需要、社会欢迎、共青团主导的社区服务品牌，输入品牌化、体系化成长课程和主题活动，为社区青少年提供体系化、专业化服务。借助吴江区皓月青少年服务中心及5家“笑果”青少年社区服务一号店，向新市民子女提供成长服务、亲子活动、城市融入、文体康艺、课业辅导等免费课程，全年开展服务活动10多次，输送课程80多节，服务130人次，有效解决“服务青少年最后一公里”问题。（卜晓莉）

【非公规上企业团组织建设】 2019年，团区委注重非公领域团组织建设工作，至8月底，新建规模以上非公企业团组织203个，新建青年社会组织团组织3个，新建互联网行业组织团组织2个。符合建团条件的32家青商会会员企业做到团组织全覆盖。把准“大”“小”关系，打造具有吴江特色的多层次非公企业团建体系，形成一批非公团建品牌，如恒力集团“24小时全覆盖，三重交叉管理”网格化团建、盛虹集团“融入式团建”、亨通集团“党建带团建”等典型案例，基本形成“一镇一标杆”的非公团建格局。（马延庭）

【志愿者工作】 2019年，吴江区继续开展“同学，你早！”青春护航志愿者行动，实现8个区镇全覆盖，新增15所学校（幼儿园）加入“同学，你早！”志愿服务团队，累计有38所学校，1万多名家长志愿者轮班护送5万多名小学生。8月，组织召开“同学，你早！”青春护航志愿者行动工作推进会，探索幼儿园领域护航行动。组织礼仪志愿者服务吴江区长三角一体化发展专家咨询委员会成立大会、企业家长三角论坛、2019江苏乡镇发展国际交流会等大型活动；组织250名青年志愿者参加“农行杯”美丽乡村健康行主会场及赛道保障工作。吴江青年管丽萍被评为“江苏省好青年”，获中国青年志愿者个人奖。在全区实施“美美江村，青力同行”吴江青年助力乡村振兴系列行动，通过青志愿、青手艺、青先锋、青公益、青智力五大行动引领吴江青年在乡村振兴战略中建功。（马延庭）

【青年文明号创建】 2019年，团区委开展2019—2020年度吴江区级青年文明号评选工作，推选5家优秀青年集体参加苏州市级青年文明号评选。苏州农村商业银行盛泽支行获评2017—2018年度全国青年文明号。（马延庭）

【对话青商】 2019年，团区委继续深入开展对话青商活动，开展走进工行、走进消防、走进发改委、高端产业联盟等系列活动。持续开展“青商百万公益基金”项目，通过会员个人捐赠、商会会费捐赠、基金存款利息及社会各界公益资助等多种渠道募集慈善资金，两年内募集善款80多万元，助力贫困学子、留守儿童健康成长。（马延庭）

【“好青年”寻访】 2019年，团区委开展“三新四创”（新定力、新作为、新形象，创新、创业、创富、创效）好青年寻访活动，寻访到各行各业的好青年80人，涉及创新创业、乡村振兴、爱岗敬业、志愿奉献、勤学上进、诚实守信、孝老爱亲、匠人匠心等8个类别。团区委发挥“三新四创”好青年示范引领作用，引导全区广大团员青年勇做时代先锋。（马延庭）

【纪念新中国成立70周年】2019年，团区委以新中国成立70周年为契机，开展“在国旗下成长”征文活动、“我与国旗同框”线上活动、“祖国，我想对你说——告白祖国”活动，组织全区少先队员、“创二代”青年企业家、吴江好青年、青年文明号、青年志愿者及团干部代表录制《青春告白祖国》视频。（刘建东）

【青年学习社】2019年，团区委高度聚焦共青团主责主业，提升共青团对青年的思想引领，推进“青年学习社”建设，建成“青干学习社”“青苗学习社”“青创学习社”“青农讲习所”等不同特色的“青年学习社”25家，团区委“‘水乡追梦’之路——苏州市吴江区青年学习社线路”被评为省级青年学习社线路，吴江开发区同里（青年）书房青年学习社被团省委《青年学习社》简报宣传推广，团区委5家青年学习社被评为市级青年学习社。（刘建东）

妇联

【概况】2019年，区妇联学习贯彻习近平新时代中国特色社会主义思想，举办《建设具有强大凝聚力和引领力的社会主义意识形态》等讲座，在汾湖建成苏州市首家巾帼党性教育基地——张应春革命事迹陈列馆。开展“不忘初心、牢记使命”巾帼党性教育，举办“激扬巾帼志、建功新时代”纪念三八国际妇女节109周年活动，评选第二届最美基层巾帼之星，组织学唱省妇联深化改革行动主题曲《在你身边》，拍摄制作成合唱MV在“学习强国”平台发布。（姚桢）

【城乡妇女发展】2019年，区妇联与青浦、嘉善两地妇联签订《长三角生态绿色一体化发展示范区妇建共建框架协议》，发布妇建共建项目。实施“乡村振兴巾帼行动”，在众安桥等4个特色田园乡村中完成美丽庭院项目试点建设，下发《2019年吴江区美丽庭院建设工作实施方案》，第二轮8个项目落地实施。常态化开展女性技能培训，全年完成收纳、烹饪技能培训班10期，培训570多人次。举办“三八架金桥 春风送岗位”女性专场招聘会，区镇两级举办招聘会11场，为3000多名妇女提供服务。动员各行各业妇女岗位建功，区联动指挥中心“12345”坐席班组获评全国巾帼文明岗，新增省级巾帼文明岗2个，苏州市级巾帼文明岗5个，区级巾帼文明岗30个。（姚桢）

【妇儿权益维护】2019年，区妇联在各区镇、机关单位开展《家事纠纷案例口袋书》公益巡回宣讲27场，直接受益妇女1500多人次。完成口袋书系列第三册《未成年人权益保护及犯罪预防案例口袋书》编印工作，召开新书发布暨首场宣讲活动。继续在全区小学三年级开设女童保护课程，累计开课120次，惠及学生9000多人次。（姚桢）

【妇儿民生实事】2019年，区妇联继续推动公共场所母乳哺育室建设，建成公共场所母乳哺育室34家。联合区卫健委常态化开展适龄妇女“两癌”免费筛查和救助工作，完成筛查2.7万人次，发放“贫困母亲两癌救助专项基金”6万元。持续资助贫困儿童，为90名儿童发放助学款10万多元。联合区财政局开展退职离岗村妇代会主任生活补助，为559名符合条件对象发放补助资金50.8万元。（姚桢）

【家庭文明建设】2019年，区妇联联合区文明办开展最美家庭（文明家庭）寻访活动，入围家庭126户，评选出十大“最美家庭（文明家庭）”与十大提名家庭。平望镇陆鸿家庭获评“全国最美家庭”，汾湖高新区（黎里镇）周根宏家庭获评“省文明家庭”，10户家庭入围“苏州市最美家庭”，其中高彩明家庭获评“苏州市十大最美家庭”，王治英家庭获评“苏州市十大最美家庭”提名。联合区纪委监察委开展“鲈乡廉内助”主题教育活动，举办《平衡工作和家庭的艺术和方法》《家庭教育的误区和出路》两期“妇女与发展”讲座。开展第四届妇女儿童家庭公益服务项目微创投活动，13个项目在村、社区落地实施，投入资金70多万元。壮大妇儿公益联盟力量，新招募联盟第二批成员单位9家，21家联盟成员发布年度公益服务活动96项。（姚　桢）

【基层组织建设】 2019年，区妇联深化妇联组织改革，加强机关事业单位妇联组织建设，推进区自然资源和规划局、区文体广电和旅游局等涉改单位的妇建工作。拓展新领域、新业态、新阶层、新群体的妇联组织覆盖，全年新增企业妇联8家、协会妇联3家、产业园区妇联1家、楼宇妇联1家。拓展阵地建设，对梨轩书院、米来维权站等13家妇女微家进行集中授牌。举办第十期青年女干部培训班暨妇联干部能力提升班，组织48名机关青年女干部和妇联干部赴浙江省妇干校学习，为妇女干部成长提供平台。（姚　桢）

工商联

【概况】 2019年，区工商联获评2018—2019年度全国"五好"县级工商联。是年，平望镇商会与梅堰商会合并成立平望镇总商会，区婚庆行业商会、园林绿化商会正式成立，涂层商会、福建商会顺利换届。至年底，全区有镇商会4个（平望、震泽、七都、桃源）、开发区商会4个［太湖新城（松陵镇）、吴江开发区（同里镇）、汾湖高新区（黎里镇）、吴江高新区（盛泽镇）］、社区商会4个（南麻、坛丘、横扇、同里）、村商会1个（黄家溪）、新一代企业家商会1个、异地商会7个（福建、温州、广东、湖北、江西、安徽、河南）、区级行业商（协）会16个（蚕丝同业公会、羊毛衫同业公会、缝制机械、会计服务、纺织、鞋业、钢业、纺织机械、地板木业、涂层、织造、汽车流通、大提花织造、家居木品、婚庆行业、园林绿化），镇级行业分会53个。商会总数90个，会员4750家。（易雪晴）

【工商界参政议政】 2019年，区工商联依托基层商会广泛开展调研走访活动，提高参政议政水平。在全区开展"打造民营经济发展新高地"系列调研走访活动，与上海市青浦区、嘉兴市嘉善县工商联密切"毗邻商会"合作，共享调研成果，促进全区民营经济快速融入"长三角一体化"。按照区委"三项制度"协调小组工作部署，落实民营企业家月度沙龙制度、微信群联系制度、信息直报制度。协助举办两期全区民营企业家沙龙，收集上报企业家意见建议52条。全年完成《2018年吴江区光电线缆行业发展报告》《2018年亨通集团有限公司发展报告》《2018年度吴江区民营经济发展报告》《2018年江苏省汾湖高新技术产业开发区民营经济发展报告》《发挥三大作用，打造三大平台，推进基层商会党建高质量发展》《推进民营企业国有资本融合发展的对策建议》《吴江打造民营经济发展新高地的对策建议》《商会搭台巧助力 疏解矛盾促发展——区工商联对天然气用户走访调查情况汇报》等多篇调研报告及建议。提交政协提案两篇，其中《关于优化营商环境促进民企发展的建议》在区政协十五届四次会议大会发言。（易雪晴）

【工商界宣传教育】 2019年，区工商联打造"交互式"宣教协作平台，利用"线上+线下"相结合的宣教新模式，提升宣教工作水平。线上开通"企业呼声直通车"，收集企业意见建议；网站、微信公众号、企业微信平台联动开展信息推送、政策宣讲和先进典型事迹推介。线下根据需求，组织开展不同规模和层次的考察交流、学习培训活动。围绕"不忘初心、牢记使命"主题开展宣教活动20场，学习、宣传、贯彻党的十九大精神和习近平总书记重要讲话精神。针对新出台的"减税降费"政策，携手税务部门共同开展"一对一"税政辅导活动，帮助企业防范经营风险、用足用好政策。全年报送和发布信息300多条，展示企业家作为。恒力集团、亨通集团入选《中国民营企业社会责任优秀案例（2018）》，陈建华获"能源功勋·新时代十大领军民营企业家"称号，缪汉根获"优秀中国特色社会主义事业建设者"称号，崔根良获"最美奋斗者"称号，沈小平获"全国脱贫攻坚奉献奖"并连续6次获"中华慈善奖"等荣誉；盛虹集团主导制定国际标准项目，产学研攻关突破环保技术瓶颈，推动行业绿色发展。（易雪晴）

【工商联服务立会】 2019年，区工商联全面提升服务质效，优化营商环境，做强四个机制。夯实党建引领机制，加强对基层商会党建工作的指导和服务，新增吴江经济技术开发区、黎里镇、桃源镇3个商会党支部，打造“活力党建，温商家园”党建品牌示范点。强化部门联动机制，与行政审批局、民建支部多次召开优化营商环境和征求意见座谈会；与区委统战部、苏信学院、区人社局联合开展全区新一代企业家理想信念报告会暨民营企业进高校活动；与区税务局、人社局、应急管理局、律师事务所等合力开展“政策宣讲进商会”系列活动5场，惠及240多人次；与三项制度协调小组成员共同推动三大礼包落地见效。创新考察交流机制，先后组织平望镇总商会赴广州、福建，汽车流通协会赴常熟，盛泽镇总商会赴延安，汾湖总商会、新一代企业家商会赴大连恒力石化产业园考察学习；召集会员企业参加“中阿产业园”“盐城睢宁县”“江西上饶市信州区”等多场招商推介会，促进吴江企业转型升级，实现资源优势互补。完善品牌创建机制，实施“争先创优，互看互学”商会品牌创建活动，4家基层商会(吴江经济技术开发区总商会、黄家溪商会、新一代企业家商会、福建商会)被评为江苏省“四好商会”，11家基层商会(盛泽镇总商会、桃源镇总商会、震泽镇总商会、吴江经济技术开发区总商会、黄家溪商会、织造商会、蚕丝同业公会、福建商会、江西商会、新一代企业家商会、涂层商会)被评为苏州市“四好商会”。恒力、盛虹、亨通、通鼎、永鼎5家会员企业列入2019年中国民营企业500强名单，分别位列第8位、29位、54位、180位、322位。恒力、盛虹、亨通、通鼎4家会员企业列入2019年中国企业500强名单，分别位列全国第40位、132位、187位、402位。恒力集团位列2019世界500强第181位。（易雪晴）

【工商界报答社会】 2019年1月29日，在区委、区政府举行的新春团拜会现场募捐活动中，区工商联会员企业捐款4000多万元，占捐款总额的53%，其中恒力、亨通、盛虹、通鼎分别捐款500万元，永鼎捐款300万元，康力电梯捐款200万元，东方恒信捐款110万元，明港道桥捐款108万元，伟业、迈为、赛伍应用、博众精工、凯伦股份各捐款100万元。亨通、盛虹、恒力、通鼎、康力、永鼎、科林、东方恒信、华源控股、吴江变压器、亚德林等14家企业被评为吴江区“手拉手、送温暖”慈善项目爱心企业。7月，“光彩事业”助学基金组织21位受助高中生赴浙江嘉兴开展学习拓展活动，参观人文历史、聆听红色故事、感悟爱国情怀，增长学生见识。8月，助学基金为93名大学生发放助学金每人7000元。12月27日，在助学基金第17次发放仪式上，155名高中生受到奖助，每人奖助4000元。“光彩事业”助学基金累计捐助学生3136人次，其中大学生703人次、高中生2393人次、其他学生40人次，奖助总金额1315.5万元。（易雪晴）

【工商联第九届三次执委扩大会】 2019年3月18日，区工商联(总商会)召开第九届三次执委扩大会，区政协副主席、工商联主席沈向东作区工商联九届三次执委会工作报告。报告指出，2018年，区工商联贯彻十九大精神，深化理想信念教育，狠抓机关干部和非公经济党建两支队伍建设，推出一系列树典型、立标杆的培育工程和服务品牌，引导民营企业家不忘初心、奋发图强，有力推动全区民营经济的健康发展；提出区工商联要围绕区委、区政府中心工作，紧扣“两个健康”，践行服务为本，推行“宣贯创效年、品牌创建年、服务创新年”三项活动，为推动

8月9日，2019年度光彩助学大学生签约发放仪式举行（区工商联 提供）

吴江高质量发展走在前列做出新贡献。大会增补刘峥、赵军为工商联副主席、总商会副会长，并增补部分执委。（易雪晴）

【工商联第九届四次执委扩大会】 2019年12月22日，区工商联（总商会）召开第九届四次执委扩大会，区政协副主席、工商联主席沈向东作题为《“不忘创业初心、牢记发展使命”为推动吴江高质量发展快上新台阶作出新的贡献》的工作报告。报告指出，区工商联聚焦高质量发展主线，在坚定理想信念上苦下功夫，在打造服务平台上持续发力，在优化营商环境上创新作为，作出应有贡献；展望2020年，区工商联将团结一切可以团结的工商界人士，凝聚所有能够凝聚的力量，扛起“与改革同行，为发展聚力”的时代责任，全力构建“两勇一快”*强大合力，以打造“创新湖区”、建设“乐居之城”的新业绩，齐心协力书写吴江高质量发展新篇章。大会增补区工商联秘书长、执委，为入围2019年中国民营企业500强的5家企业进行授牌，对全区先进商会、优秀会长、优秀秘书长进行表彰。（易雪晴）

侨　联

【概况】 2019年，区侨联在区委、区政府和上级侨务部门的领导下，坚持以习近平新时代中国特色社会主义思想为引领，抢抓长三角一体化上升为国家战略的重大历史机遇，发挥优势、聚力服务、积极作为，较好地完成年度各项工作。（杨　丹）

【引资引智】 2019年，区侨联接待苏州派宁环保科技有限公司博士史志昂，协助其就落户相关情况与太湖新城进行对接洽谈。吴江国际精英创业周期间，区侨联以“四站两会”（吴江德国慕尼黑招才引智联络站、吴江德国法兰克福招才引智联络站、吴江法国巴黎引资引智联络站、中国吴江美国波士顿招才引智联络站、吴江北美创业联谊会和震泽中学海外校友联谊会）为招才引智主阵地，向海外知名华人社团、海外人才合作组织、留学生组织和高层次人才等发出邀请，收到报名表37份。（杨　丹）

【为侨服务】 2019年，区侨联做好华侨文化交流基地申报工作，静思园入选“中国华侨国际文化交流基地”，东方丝博园、唐仲英故居、王绍鏊纪念馆入选“苏州市华侨文化交流基地”。做好重点侨领服务工作，有序推进“两唐”祖宅修缮、布展协调对接及爱国主义教育基地申报。做好唐南珊女士赴吴服务对接工作；先后接待博士倪继红一行赴震泽，英国伦敦大学亚非学院博士宋连谊、孔子学院院长宣力、英国谢菲尔德大学教师陈莉莉等海外华人华侨赴同里，中国侨青会海（境）外委员一行50多人赴黎里参观交流。联合苏州市华侨灯谜会开展吴江侨法宣传灯谜竞猜活动，宣传涉侨法律法规，维护侨界合法权益。利用新春、元宵、端午、中秋、重阳等节日走访慰问归侨、侨眷等服务对象170人次，加深联络、增进感情。承办“祖国在我心中”美国西雅图华人旗袍秀和苏州老归侨秋游活动，丰富侨界群众精神文化生活。对吴江唐仲英爱心社开展社会实践和公益活动提供指导和支持。连续第十年开展“侨心助学”工程，帮助困难侨眷子女顺利入学新学期。（杨　丹）

【联络交友】 2019年，区侨联参加上级组团出访德国、捷克，与当地知名侨团侨领开展交流，了解侨情、增进感情。成功牵线海外华人、英国伦敦大学亚非学院博士宋连谊与苏信学院师生

5月22日，侨法宣传灯谜竞猜活动举办　（吴　斌　摄）

开展座谈交流活动，以“侨”架桥推动中西方文化交流与融合。不断探索基层侨联组织建设新路径，赴常熟学习兄弟侨联在侨胞之家建立和侨文化基地建设方面的先进经验。聚焦企业在人才、设备、技术等方面的发展难题，首次牵线苏州大学党委统战部（侨联）组织召开交流活动，寻求破解之道，为促进校企校地融合、寻求进一步合作做出尝试。举办侨界企业家创新发展研学班，赴深圳学习“粤港澳大湾区”企业管理经验，助力全区涉侨企业创新转型、实现高质量发展。（杨　丹）

【侨务宣传】 2019年，区侨联利用网站、微信公众号等新媒体，及时推送侨务工作最新动态，全年在苏州侨联平台发表文章23篇。（杨　丹）

【参政议政】 2019年，区侨联配合区人大、苏州市侨联等上级部门开展走访调研，围绕贯彻落实中国侨联《关于新时代加强基层侨联建设的指导意见》文件精神、创新开展侨务工作等交流汇报。更新服务理念，完善“一站式”服务举措，不定期走访海归科技领军人才企业，就企业经营和提高服务质量征求意见建议。（杨　丹）

【区侨联七届八次全委会】 2019年3月20日，区侨联召开七届八次全委会，会议卸免、增补部分区侨联第七届委员会委员，增补委员会常委，选举沈永明担任区侨联主席、朱爱莲为副主席。（杨　丹）

文　联

【概况】 2019年，区文联下辖区作家、书法家、美术家、曲艺家、民间文艺家、戏剧家、摄影家、音乐舞蹈家、收藏家、诗词等10个协会，有会员1560人。其中，国家级会员110人，省级会员170人，苏州市级会员245人。文联及各协会举办的活动，会员发表、获奖、入展作品的数量和质量均比2018年有所提高。（张建栋）

【文学创作】 2019年，苏州市作家2018年发表在12家核心文学期刊上的59篇（部）作品受到苏州市委宣传部、苏州市文联奖励，其中吴江作协4名会员8部作品获得奖励，创历年最佳，分别是李云的短篇小说《盛夏》（刊于《人民文学》杂志）、《翁先生》（刊于《钟山》杂志），周耗的短篇小说《诗与远方/外一篇》（刊于《人民文学》杂志），尼楠的短篇小说《别有洞天》（刊于《人民文学》杂志）、《村野》（刊于《钟山》杂志），苏野的组诗《寂静颂》（刊于《诗刊》杂志）、《俯仰：为王锡阐而作》（刊于《新华文摘》杂志）。在中国散文学会、江苏省作协和淮阴区人民政府共同举办的第十届“漂母杯”散文诗歌大赛中，区作协会员王慧君的作品《母亲就是故乡》获散文类二等奖。（张建栋）

【美术、书法作品获奖（入展）】 2019年，区美协钱兆峰、周建捷的4件作品入选第十三届全国美术作品展，其中周建捷的油画作品被评为进京作品；赵军、周云平的作品入展中国书协主办的全国第十二届书法篆刻展；顾宇驰的作品入展中国书法家协会艺术委员会主办的国学修养与书法全国青年书法创作骨干高研班学员展；顾宇驰的作品入展中国书法家协会隶书委员会、山东省书法家协会主办的全国当代隶书优秀作品展；顾宇驰的作品入展中国书法报、中国书法杂志主办的“客都梅州—长寿云景”全国书法名家邀请展。（张建栋）

【民间文艺作品获奖（入展）】 2019年，周鑫华的农民画《大运河流进新时代》入展中国民协农民画展，《农家灶》入展中国农民画展，其《不忘初心》系列先后在太湖新城、苏州市姑苏区美术馆展出。芦墟山歌《五姑娘结识私情》获江苏省民间文艺奖第五届民间文艺奖优秀民间艺术表演奖。吴江灯谜团队获张家港第四届香山梅花节中华灯谜团体邀请赛冠军，南翔杯长三角灯谜团体邀请赛第二名，“不忘初心、牢记使命”首届长三角城市灯谜邀请赛一等奖。陈志强获苏州市民间文艺金桂奖楹联一类作品，陈志明获金桂奖灯谜一类作品。王复陈、樊秋华、陈颖炜、龚海波等获得金桂奖灯谜楹联二、三类作品奖。2019年汕头全国第二届校园灯谜大会上，吴江松陵一中获团体一等奖。孙江涛的剪纸《趣》获第二届“中衡设计杯”苏州市民间工艺新人新作展一类奖。（张建栋）

【音乐作品发表（参演）】 2019年，2016—2018“吴韵”优秀音乐作品推优评选工作结束，由区音舞协会选送，徐方作曲、吴晓风作词的《运河情思》，华也作词的《常有一丝牵挂》和孙晓雨、杨林作词的《苏州慢》三件作品入选；在江苏省第十一届精神文明建设“五个一工程”表彰中，区音舞协会吴晓风作词的歌曲《我与国旗合个影》被苏州市委宣传部选送并入选。（张建栋）

【摄影作品发表、获奖（入展）】2019年，李坚强的《古巷专题》发表于《中国摄影家》杂志；俞伟民的《花海园丁》发表于《中国摄影报》；俞伟民的《沙漠之镜》入选美丽中国2019旅游风光摄影视频大赛，并获2019“华鼎杯”全国摄影艺术大赛优秀奖；俞伟民的《鸟瞰视角》获大美中国——2019首届全国旅游摄影大赛航空摄影类佳作奖；王波的4幅作品入选全国摄影大赛和省级摄影大赛；许金荣的作品入展2019江苏省第23届摄影艺术展。（张建栋）

【戏剧、曲艺作品获奖（参演）】2019年，徐声宇撰写、演出，杨筱东监制，沈伟伟、高娜、任旭娇伴唱，沈克民、沈明、沈斯铁、诸葛健辅导的弹词开篇《春满神州咏芳华》参加第四届全国公安系统文艺汇演获金奖；万彬、沈叶青、安凯、崔金鹏、刘静琳的小品《一台缝纫机》参加首届江苏省“中国曲艺之乡（名城）”原创作品推优汇演获推优节目奖，并获苏州市繁星奖金奖；任旭娇、许校华、陈仕洁、徐卓斌的弹词《两岸母子情》获第八届江苏文艺大奖曲艺节目奖，并获苏州市繁星奖金奖；许龙生的同里宣卷《杨开慧》获苏州市残疾人优秀文艺作品会演一等奖；周大有的小品《今朝亲家乡下来》获苏州市小戏小品大赛剧本三等奖；钱水生的小品《语音电话》获苏州市小戏小品大赛剧本二等奖；任旭娇的弹词《髓缘》获苏州市第二届光裕奖节目奖一等奖；《先锋赞》节目奖二等奖；任旭娇的弹词《先锋赞》获苏州市繁星奖金奖；顾学风创作、执导的原创越歌《家在江南运河边》获苏州市繁星奖银奖。（张建栋）

【诗词创作】2019年，朱永兴的《七律·咏荷》、倪惠芳的《五律·秋夜》和朱距风的《七律·中山陵》入选《诗咏新中国——〈诗刊〉历年作品选》；朱永兴的《七律·惜冬》《七绝·题信和别业园》发表于《诗刊》第8期，《七绝·谒范成大祠》《七律·暮秋石湖》《七绝·入信和别业园》《七律·己亥端午后一日》发表在《中华诗词》第7期、第11期；汝悦来的《七律·偶题》等10首诗作发表在《诗刊·诗词》第3期；陈志强编辑的《运河风韵满吴江》在江苏凤凰文艺出版社出版，内有“大运河吴江段诗词选辑”，其创作的黎里石牌楼楹联获苏州市第三届楹联“金桂奖”金奖，为第三次蝉联金奖；朱振林的《感吟改革嬗变》在文学作家网举办的纪念改革开放四十周年中华诗词大赛中获一等奖，《咏疏香阁腊梅》在“中华诗人美丽中国行”活动中获金奖，《嫦娥探月咏》等10首在文脉传承诗词论坛举办的庆祝中华人民共和国成立七十周年中华诗词先锋奖大赛中获金奖，《王昌龄》在第四届“诗家天子杯”中华诗词大赛中获金奖；汝悦来的《七律·太湖石》、梅明观的《七绝·赏桃》、姚建忠的《七绝·锦溪行》、倪惠芳的《七绝·听雨》在《中华诗词》第11期上发表；另有33位会员的35首诗词作品在《诗刊·子曰》第2期发表。

（张建栋）

【创建“中国曲艺之乡”】2019年初，中国曲协考察组对吴江的“中国曲艺之乡”创建工作进行验收，表示充分肯定。3月，中国曲艺家协会授予吴江区“中国曲艺之乡”称号。5月，“中国曲艺之乡”授牌仪式在盛泽举行。

（张建栋）

【第八次文代会】2019年2月22日，苏州市吴江区文学艺术界联合会第八次代表大会在吴江召开。区委书记王庆华出席会议并讲话，苏州市文联党组书记、副主席陆菁到会祝贺并讲话；区领导李铭、王燕红、沈金明、李斌、徐晓枫、周春良、范建龙、刘伟、李卫珍、张炳高等出席大会开幕式。区文联主席孙俊良代表吴江区文联七届委员会向大会作报告。与会代表充分肯定七届文联的工作。大会通过修改后的《苏州市吴江区文联章程》，选举孙俊良为吴江区第八届文联主席，陈慧奋、范新巍为文联副主席。（张建栋）

【党建系列文艺活动】2019年，区文联贯彻落实习近平新时代中国特色社会主义思想和党的十九大精神，充分调动各种文艺手段和形式举办活动。7月，区文联与区委党校联合开展"习近平用典"书法、篆刻作品征集，围绕总书记用典进行艺术再创作，典故与艺术形式的结合，帮助人们加深理解习近平讲话的精髓。8月，区文联组织近40名文艺骨干开展"不忘初心、牢记使命"文艺素质专题培训。培训分别在区委党校和河南省红旗渠干部学院完成。通过课堂教学、实地观摩、分组讨论等教学形式，将理论学习与实践教学紧密结合，用红旗渠精神砥砺初心，坚定预言向心，激励使命担当，激励文艺情怀和创作热情。（张建栋）

【各类文艺研讨活动】 2019年，区音舞协会词曲创作骨干举办歌曲创作研讨会，讨论近年歌曲创作风向，研讨协会会员创作十余首歌曲；区曲协、剧协召开戏曲曲艺新创作品研讨会，对备战苏州市小戏小品大赛的10件作品展开研讨；区作协举办"各美·春风拂面"吴江诗歌沙龙朗诵会、吴江青年作者阅读分享会，接受著名作家荆歌捐赠全国作家签名书籍，在笠泽书院建立专柜，举办揭牌仪式暨荆歌文学讲座；诗词协会举办"垂虹文艺名家讲坛"诗词创作专题讲座，邀请《诗刊》三位专家到吴江进行诗词创作的专题讲座，与上海松江新几社联合开展诗词创作联谊活动，到醉白池公园和佘山采风。书协推出为期一年的垂虹印社篆刻艺术公益研修班，邀请篆刻家汪鸣峰亲临示范教学，举办"己亥留痕"——篆刻研修班汇报表。戏协推出戏曲公益培训，到各区镇授课，以台步、指法、水袖等基本功为辅导内容，提升戏曲爱好者的表演技能及欣赏水平。（张建栋）

【新中国成立70周年系列活动】 2019年，为庆祝中华人民共和国成立70周年，吴江作协举办"不忘初心·笔下留韵"征文活动。吴江诗词协会开展为期三个月的"壮丽七十年"诗歌征集活动，76位诗友创作330余首诗词作品；与太湖新城社会事业局、区公共文化艺术中心联合举办"70周年红歌会"。区文联通过书画两大协会进行跨地域主题运作，先后推出"湖海画意/吴江·连云港美术作品展""曙墨吴风/宁波海曙·苏州吴江两地书法联展""湖光山色/吴江·宣州美术作品展"等主题展览，征集作品多，体现不同的地域文化历史和两地艺术界的整体面貌、实力。在诗文书画进行主题定制的同时，区文联与区文体广电和旅游局联合主办的"笠泽撷英"收藏展由收藏协会和吴江博物馆承办展出，80多件吴门名家书画及文房用品展示吴江收藏的文化内涵和中华文化精神。（张建栋）

【融入长三角一体化系列活动】 2019年4月，浙江嘉善县文联组织姚庄镇文联及下属各协会骨干一行30余人到盛泽、平望、黎里文联开展对口交流；常州市钟楼区作协一行到吴江交流采风。6月，上海市青浦区文联到吴江进行加快融入长三角一体化战略布局，增进两地文艺合作交流的专题对话。通过交流，达成青浦、吴江、嘉善三地文联建立合作交流机制、在文艺各个领域互融互通的共识。11月，区文联与区委党校在松陵一中主办首届长三角城市灯谜邀请赛，除青浦、吴江、嘉善外，邀请上海、南京、杭州、合肥、无锡、宁波等地的10支灯谜队伍参加，吴江队、张家港队、上海队获一等奖。（张建栋）

【地方特色专题活动】 2019年，区文联因时因地因节，不断进行各种艺术形式的专题策划，充分展示文艺名区的地方特色。区文联与十大协会联运，相继启动"太湖新城杯"吴江区书法家协会临帖大赛、"廉心正行"原创作品征集活动，"绸都杯"第六届"民星闪耀"吴江区优秀原创歌曲声乐大赛，"美丽家园·魅力吴江——2019吴江美术家作品展"，第四届"春写姑苏"——江苏油画名家同里写生暨吴江美协油画会员同里写生活动，庆祝新中国成立70周年散文、诗词征稿比赛等。中国·吴江"诗话运河"诗歌大赛，是"行走大运河"和"亲近太湖"专题策划后的重点策划，由区委宣传部、苏州市作协、吴江区平望人民政府、吴江文联联合主办，邀请全国数十位当代著名诗人参加。大赛历时5个月，全国各地近500名诗人奉献诗稿，参与范围涵盖28个省市自治区，征集诗歌800多首，通过对运河的诗话创作，传播吴江声音，展示吴江风貌。（张建栋）

【“琴近太湖”艺术品牌活动】2019年，由吴江文联、七都镇政府、吴江文体广电和旅游局、吴江区融媒体中心共同主办，吴江区公共文化艺术中心、苏州市青少年科技馆协办，鲈乡琴社承办的“琴近太湖”2019太湖国学音乐小镇古琴系列活动在七都镇开展，系列活动包括长三角古琴制作专家作品特别展、“琴叙七都”古琴专题研讨雅集、“太古遗音”青年琴家巡演音乐会吴江专场、第二期“水乡说渔”九派琴院古琴研修班、“琴近太湖”古琴名家名曲中秋专场音乐会、“东方遇见西方”——成红雨、海纳·格兰钦古琴与钢琴专场音乐会。（张建栋）

【文艺惠民】2019年，区文联相继推出春节专题摄影作品展以及吴胜、赵挺、朱春弟美术作品展，杨忱怡、孙健、董学良书法作品展，赵影飞、吴斌、华玉龙摄影个展。摄协与区交警大队联合举办交警风采影像摄影作品征集活动，与吴江大运河办公室共同举办“运河之美”摄影大赛，开展“汾湖清廉”廉政文化摄影大赛，为吴江最美家庭留下最美瞬间。“我们的节日”惠民乐民演出继续坚持进农村、进社区、进学校、进企业。（张建栋）

【传统文化进校园】2019年，区文联按照计划与部署，继续扎实开展传统文化进校园活动。上半年，吴江剧协名誉主席崔瑛、副主席孙爱娟受邀在苏州市实验小学集团吴江明珠学校举办戏曲专题讲座。区美协结合协会特色，组织创作骨干进校园写生、开展文艺讲座等活动。（张建栋）

【文艺载体建设】2019年，区文联继续发挥吴江文艺网和“吴江文艺”微信公众号对外文艺宣传主阵地的作用，坚持正确舆论导向，推送吴江重要的文艺信息。吴江文艺网全年推送信息近百条，被苏州文联网采用60多条；“吴江文艺”公众号推送百余条内容。继续巩固吴江非遗传承基地、江南风现代艺术馆、过云书院等阵地，使其成为文艺活动的附属窗口。（张建栋）

红十字会

【概况】2019年，区红十字会遵循习近平总书记关于红十字工作的重要讲话精神，全面加强党的建设，开展“不忘初心、牢记使命”主题教育，接受区委第九轮第二巡察组巡察，根据反馈意见及时落实整改；以增强政治性、先进性、群众性为目标，深化红十字会改革，围绕中心、服务大局、精准发力，推动全区红十字事业高质量发展。开展苏州市公益性应急救护培训实事项目，培训32139人（其中普及性救护培训30299人、初级救护员培训1840人）；获评全省红十字会系统先进集体。至年底，区红十字会有基层组织115个，其中团体会员单位36个、区镇基层红十字会11个、学校红十字会68个。全区有红十字会员3万多人，红十字会专职干部6人。

2019年10月30日，中国红十字会党组成员、副会长孙硕鹏到吴江调研红十字会工作，参观同里古镇景区红十字救护站、松陵街道“红十字夕阳驿站”和省级应急救护培训基地，肯定吴江红十字会工作。11月29日，中国红十字会原党组成员、副会长，红十字国际学院院长王汝鹏，带领来苏参加“人道交流和合作研讨班”的“一带一路”沿线国家红十字会35名代表，参观吴江区红十字夕阳驿站和同

11月29日，“一带一路”沿线国家红十字会代表参观同里景区红十字救护站

（区红十字会　提供）

里景区红十字救护站。吴江红十字阵地建设成为苏州标杆，宿迁市红十字会、杭州市红十字会、上海市青浦区红十字会、苏州各县(市、区)红十字会等相继到基地参观交流。（李蓉蓉）

【红十字宣传】2019年，区红十字会加强网站、公众号等信息平台建设，推动核心业务、志愿服务等工作的信息化、网络化、无纸化、智慧化进程，畅通红十字工作与社会、网民的交流互动渠道，提高红十字事业的社会认知度和参与度。利用特殊纪念日，在“红十字博爱周”期间，推出“六个一”(一场基地揭牌仪式，一次微信知识竞赛，一期电台主题宣传，一场志愿服务广场宣传，一次专场的应急救护培训，一场南部医联体急救技能竞赛)系列活动，强化人道事业和文化的传播、传承，逐步让人道文化家喻户晓、深入人心。在报纸、电视台、各级网站刊登红十字新闻310篇，获评2019年度中国红十字会总会报刊宣传先进集体三等奖。（李蓉蓉）

【红十字“三救”工作】至2019年7月5日，区红十字会接收四川宜宾地震灾区救灾捐款11516.11元，于7月11日汇缴苏州市红十字会，由苏州市红十字会统一汇往灾区。区红十字会连续8年推行“公益性应急救护培训项目”实事工程，广泛开展救护知识“六进”(进社区、进农村、进学校、进机关、进企业、进重点行业)活动。区红十字会代表江苏出征内蒙古，参加第五届全国红十字应急救护大赛，江苏队名列小组第二，总体成绩位列全国第一方阵。联合上海青浦、嘉兴嘉善红十字会，开展纪念2019年“世界急救日”主题活动，开启长三角三地红十字应急救援一体化发展模式。救护培训师资志愿者服务队加入区妇联公益联盟，为吴江妇女儿童开设应急救护培训课程。救护师资志愿者助力第六届吴江太湖文化节暨2019丝绸文化旅游节和2019秋季“农行杯”苏州美丽乡村健康行活动。吴江区红十字会应急救护培训基地被认定为吴江区未成年人社会实践基地、新时代文明实践点。成立同里景区红十字救护站，在苏州玫瑰园有限公司建立吴江区红十字会应急救护培训实践基地，在吴江区新时代文明实践文明健康中心设立红十字救护体验馆。是年，区红十字会筹集人道资源价值370.48万元，发放救助款141.98万元，发放救助物资164.95万元。开展“红十字博爱送万家”活动，发放救助金10.08万元，慰问物资1680件，帮助1806名困难群众，安心过年。吴江松陵电器设备有限公司获江苏省红十字奉献奖章。“扶贫救助”项目走访贫困家庭1245户，发放救助金85.79万元；“新闻助学”项目救助贫困学生14名，发放助学金5.8万元；“吴江港华关怀救助金”救助项目救助贫困学生32名，发放助学金6.2万元；“爱心助学”项目资助本地区及西部地区贫困学生23名，发放助学金3.88万元；“生育关怀金”救助失独家庭124户，发放救助金37.2万元；“人道救助金”项目救助因突发事件造成基本生活出现暂时困难的常住人口5名，发放救助金1.6万元；“手拉手”实幼项目资助贵州印江贫困生3名，发放助学金0.36万元。（李蓉蓉）

【红十字“三献”工作】2019年，区红十字会及时报道红十字会志愿者的爱心行动，营造关爱生命、奉献爱心、捐髓救人的良好社会氛围。全区无偿献血

9月21日，长三角三地红十字应急救援一体化发展模式开启(区红十字会　提供)

12041人次，总量17044U。全年招募造血干细胞志愿者170人，初配27人、高分辨10人、体检5人，成功捐献3人，梁玉猛、吴嘉和钱云鹤成为吴江第12、13、14名捐献造血干细胞志愿者。全区新增遗体捐献登记103人、器官捐献登记81人、角膜捐献登记88人，实现身后捐献9例、器官捐献5例、角膜捐献8例。清明节组织捐献遗体志愿者及家属参加苏州市第十三届遗体（器官、角膜）捐献集体悼念仪式。定期召开座谈会、联谊会，加强与捐献志愿者的沟通联系。重阳节前夕，走访慰问全区高龄志愿者，带去节日的问候。母亲节当天，吴江中学高三学生朱某签字，为母亲实现捐献器官愿望，善举感召社会传承"人道、博爱、奉献"的红十字精神。"播撒大爱，生命永恒——宣传捐献遗体（器官、角膜）知识，传承生命大爱"项目获评2019年度苏州市百个重点志愿服务项目。（李蓉蓉）

【红十字志愿服务】 2019年，区红十字会坚持"以点带面，连点成线，连线成片"思路，建好红十字阵地，让老百姓"开门就见红十字"。依托阵地，让红十字人道服务以实施项目的形式传递温暖。"守护记忆"和"博爱夕阳红"项目获江苏省红十字人道项目年度经费支持，屯村社区"博爱家园"关爱癌症患者项目和中鲈社区红十字应急救护大讲堂项目获苏州市"博爱家园"项目年度经费支持。为抓好项目实施，区红十字会通过签订协议、现场培训、在线监测、实地查看、中期评估、结项评估等方式进行监管，确保项目支持资金落到实处。全年开展活动80次，服务18412人次。依托"红十字夕阳驿站"和养老照护志愿者服务队，为松陵镇60岁以上的老人提供生活照料、康复护理、人文关怀等服务，全年开展养老照护知识培训33期，培训5366人次，慰问空巢老人、测血糖、量血压、送餐、免费理发、上门义诊、举办健康讲座等志愿服务活动336次，服务12762人，博爱精神在养老领域得到发扬。（李蓉蓉）

【红十字青少年】 2019年，吴江区各基层红十字会结合自身优势，开展富有特色的红十字活动，有主题海报比赛、爱心捐款、捐书、红十字手抄报、紧急逃生演练、敬老院送温暖、送医送药义诊服务、救护知识培训、慰问走访贫困人群等。吴江经济技术开发区红十字会获评"2016—2018年度全省红十字会基层组织工作先进集体"。吴江中小学校弘扬"人道、博爱、奉献"红十字精神，青云小学成功创建第六批江苏省红十字示范学校，青云小学红十字会秘书长戴雪芳获评"江苏省优秀红十字会员"。（李蓉蓉）

残　联

【概况】 2019年，吴江区持证残疾人1.6万人。全区设特殊学校1所，精神康复医院1所，残疾人托养中心和残疾人之家18所，残疾人辅助器具供应站4家，脑瘫康复中心1家，镇级康复服务室8个。区残联围绕《吴江区残疾人事业"十三五"发展规划》的工作目标，贯彻落实《残疾人保障法》，以残疾人社会保障、创业就业、康复服务、文体宣传等为工作重点，扎实落实各项工作措施，不断完善残疾人社会保障和服务体系，推动吴江残疾人事业向好发展。（董悦昀）

【残疾人组织建设】 2019年，区残联加强基层残疾人工作队伍建设，根据行政区划调整，沟通协调新成立街道配齐配强街道和各区镇残联理事长、专职委员。加强与五大专门协会的交流合作，组织各级残联工作者开展业务能力培训。区残联党组高度重视区委第三巡察组向残联党组反馈的5个方面14条巡察意见，成立整改小组，细化问题清单，制定整改方案，彻底整改区残联在党的政治建设、思想建设、组织建设、作风建设、纪律建设和反腐败斗争方面存在的问题，形成党要管党、从严治党、转变作风、服务群众的长效机制。（董悦昀）

【残疾人康复】 2019年，区残联开展康复服务"四进家庭"活动，发放各类辅具和无障碍设施948件，为20户残疾人家庭提供无障碍改造。为4名听障儿童发放人工耳蜗补贴30万元，为15名听障人士发放助听器补贴4.55万元，为142名肢残人士发放假肢、矫形器补助58.34万元，为2名肢体残疾儿童发放辅具补贴0.12万元，为1名听力残疾人发放辅具补贴0.06万元。重视残疾预防和早期康复，依托苏州市第九人民医院和江苏盛泽医院，建立高危新生儿健康档案，开展高危儿筛查、评估、干预指导、家长教育等服务，为两家机构补贴工作经费100多万元。在“爱耳日”为70多名老年人提供免费听力普查。推进0~14周岁残疾儿童早期康复工程，接待相关咨询和登记400多人次，为220名0~14周岁残疾儿童提供康复训练补助560多万元。（董悦昀）

【残疾人社会保障】 2019年，区残联协同区人社局全面落实《吴江区残疾人社保全覆盖实施办法》，全年为2412名残疾人办理城乡居民养老保险，为6791名残疾人办理居民医疗保险，在全省率先实现全区所有持证残疾人居民医疗和居民养老保险全覆盖。加大各项涉残政策的落实力度，为6869名重度残疾人发放护理补贴；为442名无业重度残疾人、171名无业精神(智力)三、四级残疾人提供社保补贴；为440名轻度残疾人提供灵活就业社会保险补贴；为6706名残疾人续保2019年度保险，为25个机构及受托人员和工作人员545人购买综合保险；为7000多名吴江籍残疾人办理市民卡免费乘车，代办苏州爱心卡333人、年审2134人；各区镇托养服务中心服务残疾人289人，托养补贴62.02万元；向251名困难残疾学生及贫困残疾人家庭高等教育在读子女发放教育补贴22.19万元，配合教育部门安排送教上门57人，义务教育阶段残疾学生入学100%。（董悦昀）

【残疾人就业创业】 2019年，全区残疾人集中就业372人、按比例就业1112人、自主创业285人、灵活就业1064人，在劳动年龄段有就业能力的残疾人中，就业率78%。全区新建残疾人扶贫创业基地1家，累计7家，吸纳127名残疾人实现就业；新建“残疾人之家”2家，累计18家，195名残疾人实现辅助性就业。强化对残疾人的技能培训，举办区级残疾人职业技能培训班3期，培训82人次。依托震泽蠡泽村残疾人之家开办农业技术培训班4期，为残疾人提供花卉种植等技能培训303人次。（董悦昀）

2019年，残疾人扶贫创业基地的残疾工人在制作相册 （区残联 提供）

【残疾人事业宣传】 2019年，区残联围绕“自强脱贫，助残共享”主题，举办第二十九次全国助残日系列活动。与亨通慈善基金会联合举办吴江区第九届助残“圆梦行动”捐赠仪式，出资51.6万元，向84名贫困残疾人家庭的学子送上助学金，向45名残疾人家庭优秀学生送上奖学金。紧扣新中国成立70周年主线和“不忘初心、牢记使命”主题教育，拓展宣传渠道，升级宣传平台，提升宣传效果。抓好“苏州市吴江区残疾人联合会”微信公众号建设，定期推送残疾人工作动态。加强与吴江日报社、吴江电视台的合作，凝聚新时代残疾人事业发展合力。（董悦昀）

【残疾人文体生活】 2019年，区残联组织开展吴江区第十三届体育运动会社会部(残疾人组)系列比赛，圆满完成中国象棋、轮椅飞镖、羽毛球、游泳、田径等赛事。推进“残疾人康复体育家庭关爱计划”，为80户不易出户的困难残疾人配发体育康复器材。依托亨通梦想残疾人艺术团，与青浦、嘉善残联联合举办“融入长三角，携手共助残”文艺汇演，在第29次全国助残日期间举行“壮丽70华诞·奋斗新时代”公益文艺演出，到桃源、七都、平望开展文化下乡文艺巡演，推动残疾人特殊艺术走向社会舞台。（董悦昀）

（本栏编辑 陈凤贤）

人民武装

【党管武装】 2019年，区、镇两级党委、政府主要领导和分管领导深入武装部、村(社区)民兵营现场办公，解决困难和问题。区财政投入150多万元用于民兵训练基地基础设施改善。年初，区委书记王庆华在武装工作会议上就“用习近平强军思想铸魂、向备战打仗聚焦、把党管武装建强、把责任担当压实”等四个方面作出指示。11月30日，区委召开党委常委议军会，明确落实“党管武装制度、深入开展全民国防教育、抓好专职人民武装干部队伍建设、完善拥军优属相关政策”。征兵体检期间，区委书记王庆华听取工作汇报，区委副书记、区长李铭，区委副书记王燕红专程到征兵体检站了解工作情况，参加欢送新兵大会；副区长张炳高为预定新兵作动员。“八一”期间，区领导率双拥领导小组成员单位领导赴部队走访慰问吴江籍子弟兵。

（徐　丁）

【政治工作】 2019年，吴江区人武部开展“不忘初心、牢记使命”“传承红色基因、担当强军重任”主题教育，推进“两学一做”*学习教育常态化、制度化，开展庆祝新中国成立70周年系列活动，学习“时代楷模”张富清、王继才先进事迹和“向身边典型刘磊烈士学习”等活动，组织观看警示教育片，引导干部、文职人员和职工敬业奉献、奋发有为。接受军委国防动员部交叉巡视组组长郭建军一行常规巡视抽查。结合民兵整组、专业分队训练和遂行任务，抓好理论学习和思想政治教育，在《吴江日报》开设“民兵政治教育课堂”专栏，激发新时代民兵的责任感、使命感和荣誉感。春节前夕，部领导带队分三组走访慰问22户困难军属家庭和1户结对助学家庭，发放慰问金5万多元。

（徐　丁）

【练兵备战】 2019年，吴江区人武部坚决贯彻总书记习近平开训动员令，组织党委议战议训，开展“和平积弊大起底大扫除”活动，查找七个方面的问题，制定整改措施，聚焦主责主业。是年，围绕城市防卫作战、战时快速动员、过境部队保障等课题，修订完善战备行动方案，组织民兵应急分队战备拉动演练，迎接上级战备拉动。按照新修订军事训练大纲，抓实首长机关动员组织指挥训练，加强民兵分队能力建设，先后组织民兵应急分队、红缨导弹分队、抗洪抢险、工程抢修、通信骨干等应战应急分队集训8批870人次；会同区发改委、科技局、民政局、交通局等9个国防成员单位开展国防潜力调查上报工作，采集汇总国防动员潜力信息近300个类别，统计条目10多万条；参加苏州军分区民兵应急连成建制比武考核，成绩优良；完成苏州军分区两级首长机关综合演练、区军警民联合处突维稳演练；通过查阅资料、现场点验、座谈了解、查看库室，对8个乡镇民兵整组工作进行考核验收，是年，顺利通过省军区、军分区业务部门的抽查考核。8月，应对超强台风“利奇马”来袭，出动民兵215人次，加固河堤800余米，加固危房15间，协助转移受灾群众100余人。（徐　丁）

【征兵工作】2019年，吴江区人武部征兵工作以提高兵员质量为根本，围绕“五率”（报名率、上站率、合格率、择优率、退兵率）目标任务，全过程抓规范，全要素抓质量，全方位抓监督，全人员抓廉洁，较好完成新兵征集任务，大学生征集比例占83.7%。定期召开专武干部会议，传达上级指示精神、研判征兵工作形势、督导检查工作落实，调整区征兵领导小组成员单位；针对征兵体检站首次开设在苏州市第九人民医院，会同区卫健委多次现场办公，选调41名专业技术水平高的医务人员参加征兵体检工作；借助区融媒体中心、交通运输局和气象局的宣传平台，在全区345块公共视频载体和公交车站台滚动播放征兵宣传视屏、图片和口号，编印6万份征兵宣传画报和小册子，分发至各镇（街道）、村（社区），派员到苏州信息职业技术学院开展征兵宣传、进行国防教育授课；全区设立13部举报电话、15个举报信箱，遴选7名党政机关工作人员和社会群众担任廉洁征兵监督员，发放“廉洁征兵监督卡”832张；组织预定新兵开展役前训练，期间举办“奋斗青春·追梦军营”文艺晚会，提高入伍适应能力；派出2个组赴西藏、河南、安徽、江西四地，对百余名新兵进行回访。（徐　丁）

【全民国防教育】2019年，吴江区人武部围绕增强全民国防意识和国防精神，扎实开展国防教育“六进”活动（进机关、进学校、进企业、进社区、进村屯、进家庭）。挖掘国防园教育资源，打造民兵训练基地特色国防公园文化，更新公共场所国防教育知识展板120块；为参训民兵、区委宣传部、区交通运输局、区烟草公司、区电信公司、武警中队等单位进行国防教育授课，邀请陆军指挥学院教授赵彦亮开展国防教育讲座；在区融媒体中心播放国防教育公益宣传片3部、爱国主义教育影片70部，组织万人参加首届“吴江电信杯”全民国防知识竞赛。建强主流媒体阵地，连续16年在《吴江日报》每月出版《国防时空》专刊，累计出版195期；组织苏州军分区第五干休所77名离休老干部、遗孀参观吴江太湖新城改革开放成果；筹集20万专项资金，为基层征订《中国国防报》《中国民兵》等期刊；重视典型培育和新闻宣传工作，153篇稿件被《中国国防报》《中国民兵》《中国社会报》《苏州日报》等报纸杂志刊登。先后为区宣传部、电信公司的120名中青年干部进行军事化训练；在党政领导“军事日”活动中，区、镇、街道及相关部门领导观看国防教育片，分组进行实弹射击；遴选训练出51名成绩优异的民兵骨干，颁发“学生军事技能训练承训资质证书”，做到承训持证上岗；为震泽中学、吴江中学等20所学校15000多名学生进行军训，达到预期效果。（徐　丁）

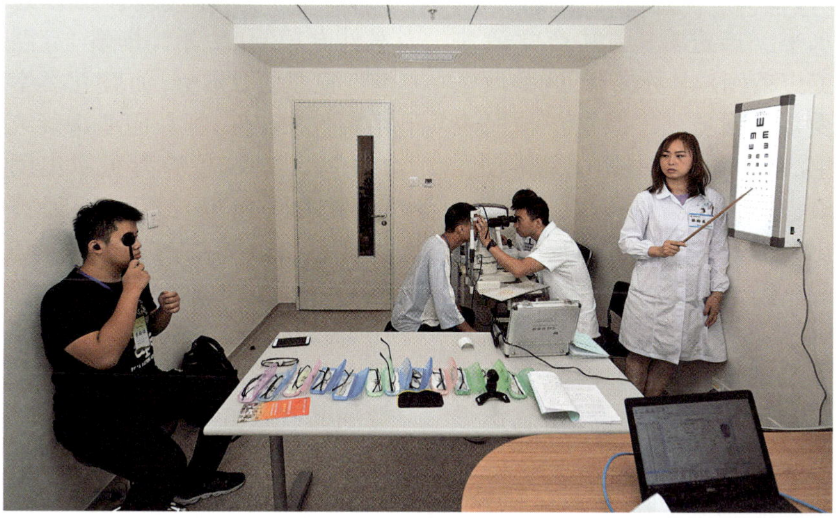

8月2日，征兵体检　（吴　斌　摄）

人民防空

【概况】2019年，根据《吴江区机构改革方案》，原吴江区民防局与吴江区住房和城乡建设局职能进行整合，组建新的吴江区住房和城乡建设局，对外保留区人民防空办公室牌子。区人防办坚持“战时防空、平时服务、应急支援”的使命任务，以“人民防空为人民”为服务宗旨，继续加强指挥通信、人防工程和民防宣传教育等基础性工作，推进规范化建设。（俞秋艳）

【组织指挥】 2019年，区人防办持续完善全区警报网建设，完成警报规划文稿，开展全区警报器巡检，保证在用警报器完好率100%；持续推进疏散基地建设和疏散地域建设；参加省、市机动指挥所跨区域拉动训练及演习演练；开展指挥所运维管理，依托IOT（物联网）及BIM（建筑信息化模型）技术，建设指挥所运维管理平台，实现对指挥所的精细化和智能化管理。（俞秋艳）

【工程建设与管理】 2019年，区人防办加大改革力度，做好工程建设的事中事后监督指导工作；人防工程建设扎实开展，人防质量监督覆盖到位，各类自建工程建设同步推进；人防工程维护管理全面铺开，10个人防工程利用专项维修资金实施中、大修，深入开展人防工程巡检工作。（俞秋艳）

【宣传教育】 2019年，区人防办对《江苏省人民防空工程建设使用规定》等文件进行专题研究并制定执行办法，实现新老政策平稳过渡；开展人防法律法规宣传，组织“法治人防”主题活动；组织“9·18”警报试鸣系列宣传活动；创新学生人防集中教育模式，将人防教育、疏散演练与全区学校军训相结合，从初中向小学、高中推广，实现学生人防教育中小学全覆盖。（俞秋艳）

【创新创优】 2019年4月，区人防办联合中国建筑科学研究院有限公司开展《基于人因工程的人防工程实战转换技术研究》科研课题，进行长达20小时的实战化人员掩蔽演练及试验测试。课题首次将人因工程学的理论、研究方法应用到战时人防工程运用的全过程，填补国内人防工程战时工况下各项数据的空白。12月，该课题顺利通过江苏省人防办组织的鉴定评审并得到高度肯定。（俞秋艳）

政法综述

【概况】 2019年，全区政法系统全面推进政法工作“四大建设”，持续深化社会治理体制改革，强力推进扫黑除恶专项斗争，主动融入保障长三角一体化国家战略，提升跨区域执法司法水平。推进《中国共产党政法工作条例》学习贯彻，区委政法委首次派员列席政法单位民主生活会，联合区委组织部推动区镇、街道全部配备政法委员，强化党对政法工作的领导。建立健全重大风险防范体系，成立国家安全人民防线领导小组及办公室，开展维护国家政治安全11个专项行动，深化意识形态工作。严厉打击各类违法犯罪行为，连续9年命案全破，连续5年违法犯罪警情下降。深化司法体制综合配套改革，依法保障民营经济合法权益。深化网格化社会治理体制机制创新，得到省领导肯定并在《江苏法制报》头版头条刊发工作经验。是年，区委政法委获评“全省‘七五’普法工作先进集体”；区法院获评“全国优秀法院”“全省人民满意的公务员集体”；区检察院获评“全省学雷锋活动示范点”；区公安局获评“全省公安机关警体工作先进单位”；区司法局获评“全国司法行政系统被特赦人员安置帮教工作先进集体”。（陈医难）

【扫黑除恶】 2019年，吴江区将扫黑除恶专项斗争作为重大任务和“一把手工程”，列为全区十大社会治理重点工作之首强力推进，组织开展专项督导，分批开展政治谈话，建立专项考核机制，签订责任书、承诺书，压实工作责任。加大打击力度，成立涉黑涉恶线索研判中心，开展线索专项核查，中央督导组和全国智能化平台交办的23条线索全部办结。加强案件办理协调，建立律师代理涉黑涉恶案件专项制度，累计摧毁“套路贷”犯罪团伙6个，侦破九类案由案件751件，抓获犯罪嫌疑人1213人，审结恶势力犯罪集团案件10件44人。累计查处涉黑涉恶腐败和“保护伞”案件9件18人，查扣冻结涉黑涉恶资产4.22亿元。中央扫黑除恶督导及“回头看”中，吴江区无个性问题被点出。制定整改方案，逐条落实中央督导反馈的共性问题及其他地区存在的个性问题。推进12个重点行业领域和非法金融活动专项整治，全区涉债涉贷类警情比2018年下降56.4%。结合“不忘初心、牢记使命”主题教育，就对黄赌毒和黑恶势力听之任之、失职失责甚至包庇纵容、充当“保护伞”问题开展专项整治。落实村（社区）“两委”成员候选人区级备案和政治联审制度，累计排查村（社区）“两委”成员违法违纪问题137条，清理18人。强化基层组织建设，区领导直接挂钩对6个软弱涣散村党组织开展整顿帮扶，制定“一村一策”整改方案。（陈医难）

【社会治理】 2019年，吴江区推进网格规范达标，基层网格编码与省标贯通，专业网格优化调整至136个，制定出台专业网格巡查队伍管理系列文件，实现专业网格巡查“十统一”，“警格+网格”联动融合经验在全省创新网格化社会治理部署推进会上交流推广。持续完善“1+6+N”综合行政执法体系，优化调整第一批划转的行政处罚权，下放第二批处罚权158项。严格落实“行政执法公开、重大执法决定法制审核、执法全过程记录”三项制度，出台“驻队律师考核办法”，推动综合行政执法与专业巡查、部门监管深度融合，全域综合行政执法体制改革经验在全市推广。优化“一核四元”联动指挥体系，综合执法、专业巡查二期平台上线运行。推进“一标三实”基础信息采集，核查标准地址140余万条，换发二维码门牌、楼牌37万幅，标注12类重点人员5.9万余人；压实部门采集责任，累计上传17个部门56项数据1800万条。（陈医难）

【平安建设】 2019年，吴江区优化社会治安防控体系，社会面动态巡防体系转型升级，划定四大巡区，构筑“核心区、主城区、省际交界处”三道“防线”，组建“警企联巡”“警校联防”“微网格员”等81支巡逻队伍。“雪亮工程”建设提质增效，建设人像卡口2720路、超级卡口199路，完成16个老旧小区技防改造任务，吴江智慧小区平台上线运行。探索实施出租房星级管理，完成星级评定6.87万户。完善诉讼与非诉讼二元解纷格局，成立“非诉讼纠纷解决分中心”“诉讼与非诉讼对接中心”，人民调解和“三官一律”（法官、检察官、警官、律师）进网格提档升级，全市首个矛盾纠纷多元化解平台全面推广，各类调解组织累计处理纠纷12535件。实施社会心理服务体系建设工程，推进社区心理服务、未成年人指导、心理援助热线、心理健康科普、严重精神障碍患者服务与管理工作。承接落实全省信访工作标准化试点任务，深化来信、来访、网上信访、重复复核、人民满意窗口、督查督办6项标准化建设，精准分流群众诉求。推进领导干部接访下访，区领导累计接访下访153次，办结信访事项121件。建立党政、公安“双专班”融合运行机制，做好重大活动安全保障工作，完成新中国成立70周年大庆、第二届“进博会”等114场高强度安保维稳任务。（陈医难）

【法治建设】 2019年，吴江区继续深化司法体制综合配套改革，提升法治吴江建设水平。推进刑事诉讼和家事审判制度改革，完善检察长列席审委会制度，首次采用七人合议庭审理重大案件。区法院被确定为全省“解决执行难长效机制建设示范法院”。创新公益诉讼机制，在全省率先打造公益诉讼网格指挥中心，破解线索发现难题，获省检察院主要领导肯定。深化公安“放管服”改革，建成全国首个镇级出入境分离点智慧大厅，创新“警银”“警医”“警保”联动机制获公安部肯定。协调推进全市重大行政决策规范管理标准化体系化试点，高效完成全市政法跨部门协同办案平台三期试点任务。强化产权保护，全年审结各类涉企案件10593件，执结涉金融案件1644件，执行到位19.42亿元。深化破产审判促转型，深耕“执转破”特色，建立“诉转破”机制，探索实施“预重整”，审结破产案件108件，盘活资产19.43亿元，释放土地67.54万平方米。区委政法委依托专题宣传强化舆论引导，区检察院建立民营企业司法风险容错机制，区司法局通过“法润万企行”“公证助力民营经济”大走访等活动，全面开展企业“法治体检”，帮助企业化解风险、解决问题675件。主动融入保障长三角一体化国家战略，与上海市青浦区、浙江省嘉善县政法系统全面对接，三地法院、检察院、司法局、信访局、综合执法等部门签订服务保障一体化建设专项协议，建立边界卡口合成作战、单项检查互信机制，成立“一体化示范区法院服务保障进博会专窗”，设置进博会信访安置分流点，推动沪苏浙皖四省市在全国率先破解社区服刑人员请假难问题。

（陈医难）

【队伍建设】 2019年，吴江区大力推进政法队伍革命化、正规化、专业化、职业化建设，深化政法系统机构改革，健全维稳、反邪教、政治安全工作机制，组建区委全面依法治区委员会及办公室，构建优化协同高效的司法权运行体系。与深圳大学联合举办全区政法智能化建设专题培训班，提升业务能力。推进政法部门党风廉政建设，开展官僚主义、形式主义专项整治，组织学习刘磊烈士系列活动，评选出2018年度平安法治建设优秀单位28个、优秀个人44名，社会综合治理联动机制建设先进集体10个、先进个人140名。扎实推进新中国成立以来首部《吴江政法志》编纂工作，组织开展向人民报告社会治理、公安工作专题活动。全区政法工作质效和政法队伍整体素质稳步提升，获得省级以上集体荣誉29项、个人荣誉27项。（陈医难）

公　安

【概况】 2019年，区公安局围绕“对党忠诚、服务人民、执法公正、纪律严明”总要求，坚持政治建警、改革强警、科技兴警、从严治警，忠实履行新时代公安职责使命，获评“全省公安机关警体工作先进单位”，连续5年获苏州市公安局绩效综合考核五市（区）第一名，连续3年获区级机关绩效考核分组第一，大庆安保维稳工作专班获“新中国成立70周年大庆全市安保维稳工作先进集体”。（张辛吾）

【安保维稳】 2019年，区公安局借助市场运作、科技投入，圆满完成“新中国成立70周年大庆”114场35万人高强度安保任务；制定网络安全行政管理范例，及时发现本地网络安全问题，累计处罚各类涉网单位533家次，破获非法利用信息网络、侵犯公民个人信息等案件28起，抓获犯罪嫌疑人38人；涉恐重点人员始终保持“清零”状态；建立战时情报研判机制，对高风险人员进行系统摸排，严格按照“一人一专班、一人一对策”要求，平稳度过各类敏感节点。（张辛吾）

【刑事侦查】 2019年，区公安局全面推进扫黑除恶专项斗争，“套路贷”打击成效为苏州大市第一；深度清理恶势力犯罪集团、团伙，立九类案由案件517起，破案率87.2%，抓获九类案由犯罪嫌疑人645人、打击处理498人、公诉530人；连续9年命案全破，八大类案件破案率95.7%。百位民警公诉数，黄赌毒、制售假、涉危涉爆等公诉数均位列五市（区）第一。（张辛吾）

【经济侦查】 2019年，区公安局健全涉众型经济犯罪预测预警机制，密切关注37家经济犯罪风险重点企业，立案查处非法吸收公众存款案件2起，涉案金额200余万元。接受外地公安机关发布的非法集资案件协查133起，涉及吴江地区投资人3100余人，金额2亿余元。办理涉税案件53起，刑拘、直接取保84人，追究单位犯罪26起，涉案总价值5000余万元，挽回国家税款损失1800余万元。办理侵犯知识产权案件34起，抓获犯罪嫌疑人76人，涉案金额3229万元。（张辛吾）

【社会面防控】 2019年，区公安局持续推进“亮剑”工程建设，设立巡特警大队勤务指挥室，对接动态巡防管控平台，统筹全区社会面巡防工作。建立太湖新城、开发区、汾湖、盛泽“四大巡区”，投入警力1220人，累计抓获各类违法犯罪嫌疑人员2017名。构筑核心区、主城区、省市际交界处“三道防圈”，固化巡控力量、点位，分别实现1分钟、15分钟、30分钟内到达处置、完成闭合。加强网络巡防，依托网格员开展“巡、查、防、堵、压”等基础防控工作，组建“警企联巡”“警校联防”“微网格员”等巡逻队伍，发动注册291个团体12余万名平安志愿者，全年开展活动1800余次。（张辛吾）

【科技应用】 2019年，“吴江公安宽带集群政务专网”获得IDC亚太区智慧城市大奖；加强人像卡口建设，实现对人、车、物全量防控的技术升级，抓获逃犯、临控人员1016人，抓获数位列苏州大市前列；研发“可视化实战指挥平台”“人工智能警情研判系统”，实现警情、警力等图上展示、可视调度、深度研判；开展智慧危险品监管系统二期建设，推动旅馆业智能化管

理，提升控制力。（张辛吾）

【执法办案】 2019年，区公安局以派出所勤务机制改革为契机，全面规范警情处置、基础管理、即时破案、为民服务和警务质态监管等勤务机制，自主开发智慧派出所系统（"针眼"平台），实现数据"最多采一次"，通过全程留痕、科学量化、实时监督，强化责任落实、规范警员行为。探索区域执法办案管理中心建设，按照"一体化""一站式"要求，建设"一中心+五功能区+联动区"，整合设置合成研判、办案联动、执法管理、合成作战等功能区域，推动执法办案专业化、合成化，监督管理智能化、精细化，资源配置集约化、科学化，确保全程专业高效规范办理每一起案件。（张辛吾）

【网格治理】 2019年，区公安局深化"双网融合"建设项目，依托公安网格联动平台和区联动平台，将34项公安要素清单向前端植入，建立完善数据采集、社会治理双向流转规范流程，累计交换共享各类信息19.8万余条，流转会办工单9000余条。网格员全要素采集App上线运行，全区899个基础网格全面绑定标准地址工作完成，确认有效标准地址60万条。按照"一所一站"目标，建立基层警务网格联动工作站，促进警务员、网格员"两员融合"良性发展，鼓励各区镇公安自主创新，出台管理办法、工作流程以及考评方案，确保公安要素精准化嵌入，实现网格内精细化管理。（张辛吾）

【服务民生】 2019年，在"以人民为中心"的思想指引下，吴江公安下好简政放权的先手棋，不断深化"放管服"改革、持续推进"减证便民"行动，以公安出入境智慧大厅建设为切入点，打造苏州地区乃至全国范围内第一家出入境派出所分理点智慧大厅，为进一步优化乡镇出入境管理提供"吴江方案"。优化机制、简化流程，配套保障智慧大厅建设，为公安行政服务优质、高效、便捷找到新路径，分流全区五分之一的业务量。策应吴江—南湖异地政务一体化改革，与浙江嘉兴合作实行"出生一件事"跨省联办，实现出生医学证明、新生儿户口登记、医保社保参保、儿童预防接种及生育保险申请五个事项一站式办理。在两地通力合作下，"出生一件事"跨省联办机制9月24日正式启动。16项交管"放管服"改革落地实施，创新"警银合作""警医合作""警保合作"服务体系；研发交通拥堵事件检测系统，升级336个路口信号灯自适应系统，城区道路通行率提升10.3%；整治七都联强村、太浦闸市级挂牌重点地区，清理小作坊1154家，推动"331"*持续纵深发展。（张辛吾）

【交通管理】 2019年，吴江区发生交通警情稳中有降，查处各类交通违法行为132.3万起，排查整改路面安全隐患2349处、重点车辆和驾驶人安全隐患2380起，扎实高效推进公安部2019年10项公安交管"放管服"改革新措施和公安交管服务经济社会发展服务群众企业6项措施在吴江落地实施，"道路交通安全主动防护预警关键技术与应用"项目获中国智能交通协会2019年度科学技术奖二等奖。（张辛吾）

【消防管理】 2019年，各级领导带队开展消防安全检查32次，召开消委会会议5次，消安委下发通知10份。推动部门发力。联合部门开展消防检查132次，组织消防培训205次，参加联合演练15次。督促单位履责。召开消防安全重点单位

10月14日，苏信学院新生进行消防演练（吴　斌　摄）

例会36次，约谈单位2600家。对全区14起火灾进行灾后受案查处。是年，全区派出所累计检查单位6773家次，比2018年增长29.4%；受案查处2164起，处罚款289万元，增长238%、47%。（张辛吾）

检　察

【概况】2019年，区检察院围绕最高人民检察院提出的"讲政治、顾大局、谋发展、重自强"要求和吴江打造"创新湖区"、建设"乐居之城"目标，依法全面履行四大检察职能，年度考核在苏州市十家基层院中位列第一。获评"2016—2018年度江苏省文明单位""江苏省学雷锋活动示范点""全市先进基层党组织"；第一检察部未检办案组被江苏省人民检察院授予"集体二等功"；39个集体、125名个人获区级以上表彰。（赵　聪）

【刑事检察】2019年，区检察院受理公安机关提请逮捕各类案件、犯罪嫌疑人分别为1355件、2028人，经审查后批准逮捕1015件1420人；受理公安机关移送审查起诉2371件3305人，经审查后向法院提起公诉2063件2835人。严格落实宽严相济政策，加强逮捕、起诉必要性审查，依法不批准逮捕605人，不起诉304人。围绕群众切身利益，起诉破坏环境资源、危害食品药品安全等犯罪32件56人。依法办理公安部挂牌督办的制售假药系列案件，批准逮捕犯罪嫌疑人47人，结合办案撰写上报情况反映，获中央领导关注，推动相关医药领域立法。深挖犯罪根源，在工程建设、酒店管理等领域发出社会治理类检察建议3份，撰写问题分析20余篇，获各级领导批示5次。结合办理的"精神病母亲杀子案"，联合相关单位探索困境流动儿童联动救助"吴江模式"，相关做法入选最高检、省检察院2019年"困境未成年人保护"典型案(事)例、省检察院"美好生活的法律守护者"案例演说会。办理的"救助被气枪击中头部6岁男童案"被最高检作为典型案例刊发。结合落实最高检"一号检察建议"，与区教育局及部分中小学联合推进新时代法治校园共建，包括检察长在内的9名检察官受聘担任法治副校长，常态化开展宪法宣传、反校园欺凌等活动。深入推进扫黑除恶政治任务，全年批准逮捕"套路贷"、充当地下执法队等涉黑涉恶犯罪嫌疑人40人，提起公诉8件39人，法院判决6件19人；注重典型案例挖掘、培养，办理的张国响等人恶势力犯罪集团案件入选最高检"套路贷"典型案例、省检察院公告案例。1名办案干警被省检察院记个人二等功。（赵　聪）

【民事行政检察】2019年，区检察院受理各类民事申诉案件116件，经审查后，向苏州市检察院提请抗诉1件，发出再审检察建议51件，法院采纳43件，办理执行监督并被采纳32件。监督虚假诉讼案件45件，涉案金额8795万元。针对超龄劳动者法律保护能力较弱导致维权难问题，通过支持起诉帮助23名超龄劳动者讨回薪资78万余元。综合运用行政非诉执行监督、发放督促履职检察建议等方式促进依法行政。监督1起违章建筑拆除中因原告捏造事实虚假诉讼致公共利益受损案件，法院再审判决撤销原判，驳回原告全部诉讼请求，有效维护政府形象。（赵　聪）

【公益诉讼检察】2019年，区检察院办理行政公益诉讼案件29件，将诉前程序作为常态化机制，推动公益保护在诉前实现。在办理涉南庄荡等围湖造地案中，通过走访约谈、现场勘查、卫星云图比对、跟踪落实等方式，推动当地政府开展整治行动，促使33公顷多省级保护湖泊得到关注治理。针对网络发帖损害因救人牺牲的吴江消防战士刘磊名誉案，赴刘磊烈士湖南老家协助调查取证，由苏州市检察院提起的该起全市首例保护英烈民事公益诉讼获法院判决支持，侵权人魏某在省级媒体公开道歉。推进公益诉讼"等外"领域，全年办理公益诉讼"等外"领域案件5件。针对区政协委员关于加强古桥保护提案，现场调查取证全区30余座古桥，发现存在水管跨桥铺设、靠桥违章搭建等问题，向相关部门发放检察建议，推动行政机关开展专项行动，完善古桥保护措施。针对吴江某商场违规将安全出口、疏散通道改成商铺出租问题，联合区应急管理局督促商场拆除违规商铺45家，整改消防设施不完善问题6处，消除消防安全隐患。依托区网格综合治理两大平台，分别嵌入检察监督模块，借助网格平台海量信息，在全省率先打造公益诉讼网格指挥中心；升级完善案件线索智能推送功能，破解公益诉讼线索发现难题。借助苏州市检察院“公益诉讼快速检测实验室和巡回工作站”，利用空气、水、土壤、噪音、食药等五大类快速检测技术，先后开展湿地修复土壤检测、工地夜间施工噪音检测、工厂废气排放质量检测等工作，为提起公益诉讼提供证据支持。（赵 聪）

【刑事执行检察】 2019年，区检察院办理羁押必要性审查案件86件86人，办案单位、部门采纳建议予以变更强制措施71件71人；督促法院做好财产刑立案执行工作；对公安机关执行指定居所监视居住62名犯罪嫌疑人开展检察400人次，提出口头纠正意见4件；协助苏州市检察院做好死刑执行临场监督5件；依法开展重大案件讯问合法性核查32件；依法做好特赦检察工作，10名社区服刑罪犯被依法特赦。全年进行出入所检察5595人次，个别帮教谈话237人次，发出检察建议书1份、纠正违法意见书2份，均被采纳，发现并建议纠正刑期计算错误判决书5份，召开联席会议44次，协调处理各类事项20项。落实“打财断血”，建立涉黑涉恶财产线索查控机制，对涉黑涉恶案件财产刑执行进行专案监督，跟踪财产刑执行进展。（赵 聪）

【控告申诉检察】 2019年，区检察院深化涉法涉诉信访改革，拓宽群众诉求表达渠道。落实“群众来信件件有回复”相关要求，实现群众信访7日内程序回复、3个月内办理过程和结果答复，全年依法妥善处理各类信访案件363件，办理检调对接案件20件，调解金额141.5万元。研发运用掌上司法救助系统，精准帮扶因案致贫、因案返贫人群，办理司法救助39件，发放救助金30.1万元。创新随机邀请信访人亲友、邻居等参与涉检信访案件公开评议，发动群众做群众工作，推动公平正义以“看得见”的方式实现。（赵 聪）

【案件监督管理】 2019年，区检察院按照“规范、优质、高效”总体要求，推进案件信息公开工作。在人民检察院案件信息公开网上公开法律文书2308份，公开案件程序性信息3700条。落实案件异地评查工作要求，累计评查案件560件，问题案件388件，发现问题655个，评查发现重大问题4件。贯彻落实《关于在刑事诉讼活动中建立检律良性互动机制的意见》等文件要求，规范律师阅卷程序，保障律师诉讼权利行使和实现。全年接待律师1900余次，接待律师电话查询2200余次，接待律师阅卷申请815次，全部提供光盘刻录服务，主动告知律师程序性信息1600余次。利用短信、电话、大数据平台推送案件程序性信息，推广应用微信小程序、创建微信工作群，多渠道提供案件信息查询、推送服务。加强涉案财物管理，对涉案财物开展专项检查。全年处理公安机关、监察机关移送涉案财物人民币3837005元，物品2件；原自侦案件积存涉案财物暂扣款人民币799000元，物品3件。（赵 聪）

【长三角检察一体化】 2019年，区检察院以吴江被纳入长三角生态绿色一体化发展示范区为契机，深化检察一体化协作，与青浦区、嘉善县检察院签订一体化发展备忘录，在服务区域营商环境、跨区域生态环境保护等方面打造“七张检察一体化名片”；联合启动刑事执行跨区域检察监督协同发展、太浦河流域生态资源公益诉讼等四个子项目。针对社区服刑人员“请假难”问题，在综合考虑就学就业、生产经营等实际需求情况下，率先联合区司法局探索示范区内社区矫正执法司法一体化机制，放宽请假标准，推动长三角四省市检察机关和司法行政机关在吴江会签《沪苏浙皖社区服刑人员外出管理办法(试行)》，此项工作获最高检检察长张军肯定并下发全国检察机关参阅。联合开展青吴嘉社区矫正巡回检察、太浦河流域污染现场检测、长三角地区酒驾刑事司法政策研讨等工作；参与服务保障进博会“七色”先锋队；在汾湖设立青吴嘉普法检察驿站，面向三地精准普法。（赵 聪）

法 院

【概况】 2019年，区法院推进司法改革，紧抓审判执行，加强队伍建设，以高质量司法服务保障吴江“两勇一快”*发展。全年受理各类案件41254件，比2018年(下同)增加2.27%，其中新收35685件，增加2.55%；审执结35686件，增加2.63%；结收案比100%。区法院获全国优秀法院、全国法院司法宣传工作先进单位、人民满意的公务员集体、江苏省文明单位、全省法院调研工作先进集体、苏州市扫黑除恶专项斗争先进集体等荣誉，执行局获全省“基本解决执行难”工作集体一等功，少年与家事审判庭获评省级巾帼文明岗，院长陈晓君获最高人民法院通报表扬。（潘志明）

【刑事审判】 2019年，区法院受理刑事案件2348件，比2018年（下同）减少8.31%，其中新收2199件，减少9.39%；审结2197件，减少8.95%。推进扫黑除恶专项斗争，审结恶势力犯罪集团案件8件31人、涉恶九类案件210件578人，执行到位退赔款及罚金291万元，移送涉黑恶线索66条。保障群众生命财产安全，审结杀人、抢劫、强奸等严重暴力犯罪案件106件，危险驾驶、交通肇事等危害公共安全犯罪案件737件，盗窃、诈骗等多发性侵财犯罪案件584件。严惩涉民生犯罪，审结危害食药安全犯罪案件14件，侵犯个人信息犯罪案件26件。打击非法金融活动，审结非法集资犯罪案件5件。打击妨害社会管理秩序犯罪，审结涉“黄赌毒”犯罪案件226件。保持反腐高压态势，审结贪污、受贿等职务犯罪案件7件9人。（潘志明）

【民事审判】 2019年，区法院受理民商事案件19176件，比2018年（下同）增加6.34%，其中新收16454件，增加5.3%；审结16433件，增加7.34%。强化民生权益保护，审结民事案件11320件，增加3.46%。维护诚信市场秩序，审结商事案件4811件，增加13.26%。其中审结房屋买卖、物业服务、民间借贷等纠纷案件4884件，审结婚姻家庭、财产继承等纠纷案件1035件，审结借款合同、信用卡等金融类纠纷案件953件，审结财产保险合同、人身保险合同等保险类纠纷389件。制定服务民营企业18项措施，走访企业129次，发布保障民营企业发展典型案例10则。保护创新驱动发展，审结知识产权纠纷案件318件，发布商标权司法保护报告，集中宣判多起商标侵权案件，依法判决首件检察机关支持起诉知识产权案件。（潘志明）

【破产审判】 2019年，区法院受理破产案件187件，比2018年（下同）增加52.03%，其中新收125件，增加47.06%；审结108件，增加77.05%，清理债务149.04亿元，盘活资产19.43亿元，释放土地67.54万平方米，安置职工713人，其中办结“执转破”案件64件，化解涉企执行案件1535件。“执转破”吴江经验收录于《全国法院决战执行难工作全景报告》《执行转破产司法实务及案例解析》，获评全省政法工作优秀创新成果二等奖。发挥破产重整、破产和解挽救困境企业功能，探索预重整制度，重整、和解成功企业6家。建立“诉转破”机制，前移破产审查关口至诉讼案件立案、审理阶段，裁定受理全市首例“诉转破”案。制定个人债务清理程序规范，被省高院确定为试点法院，全文刊发示范全省。首次召开网络债权人会议，提速破产审判节奏。提升审判品质，“巨诚系”案入选全国法院系统年度优秀案例分析、全省法院十大典型案例、企业破产十大典型案例和参阅案例。（潘志明）

【行政审判】 2018年，区法院受理行政案件57件，比2018年（下同）增加50%，其中新收50件，增加56.25%；审结41件，增加32.26%。监督支持依法行政，纠正行政机关不规范行为，保护行政相对人合法权益，行政机关败诉率20.51%。加大争议协调力度，促进“官”民和谐，案件撤诉率42.5%。监督非诉行政行为，审查非诉执行申请333件。打击超限超载行为，裁定准予执行交通违法类案件147件；配合“三治”*行动，支持环境污染处罚类案件59件。发布行政审判白皮书，组织综合行政执法专题培训，提升依法行政能力。（潘志明）

【案件执行】 2019年，区法院受理执行案件17578件，比2018年（下同）减少3.55%，其中新收14991件，减少2.06%；执结15076件，减少3.59%，执行到位66.75亿元。工作目标从“基本解决执行难”转向“切实解决执行难”，执行工作保持高水平运行。深化部门协作，与公安、国土、公积金、税务等部门实现信息共享、常态协助。开展集中执行9次，组织强制清场5次，搜查13次，拘留578人，罚款23人31.32万元，纳入失信、限高、边控名单14788人次，移送拒执犯罪案件5件6人。提炼工业房产、商品房、唯一住房、机器设备等全类别财产处置方法，司法网拍全年成交拍品865件、金额34.70亿元，成交额继续保持全省首位、全国领先。设立速执组、财产处置组、终本管理组等专职小组，模块化开展执行作业，打造执行指挥中心“854模式”*吴江样本，被江苏省高院确定为“解决执行难长效机制建设示范法院”。（潘志明）

【诉讼服务】 2019年，区法院诉讼服务中心接待咨询3000余人次，公益律师岗接待咨询1600余人次，处理来信159件，接听12368诉讼服务热线6504人次。加快建设现代化诉讼服务体系，提供多元解纷、诉调对接、登记立案、审判辅助等服务。推进跨区域诉讼服务改革，利用“移动微法院”平台，成功办理包括全省首例在内的跨域立案20件，实现“就近能办、异地通办”。打造人民法庭“一站式”服务前沿阵地，经济技术开发区法庭率先建成高标准样本。整合信息应用系统，配足自助服务终端，加强人工智能引导，推广网上事项办理。设置智能数字加工机器人及易诉柜，实现24小时自助诉讼服务。打造“智能送达辅助平台”，构建“电子+邮寄+上门”综合送达模式。建成智能审判平台，远程完成立案、送达、调解、开庭等事项。（潘志明）

【多元解纷】 2019年，区法院前置非诉讼纠纷解决机制，夯实源头治理，“民事行政案件万人起诉率”纳入依法治区考核指标体系。成立非诉讼纠纷解决分中心、诉讼与非诉讼对接中心，设立物业服务、交通事故、相邻关系、房屋买卖等专业调解室，设立律师调解工作室，发挥院设人民调解室作用，诉前化解纠纷999件。按“1名员额法官+1名法官助理+2名书记员+1名驻庭调解员”配强速裁力量，构建分层递进、繁简分流、快慢分道的“分调裁审”配套体系，速裁结案3463件。完善院长、庭长及法官三级负责制，走访网格198次。选聘网格长、网格员担任特邀调解员，吸纳村社干部、乡亲邻里、乡贤力量，联合村社人民调解员，化解网格内纠纷109件。联合综治、司法、公安、街道社区等，实现数据互通互联，纠纷联动联调。借助在线纠纷多元化解平台，分流引导，选择合适的调解方式，在12家乡村法官驿站配置司法公开一体机，实时连线法庭答疑解难。依托诉讼服务点，提供“家门口”司法服务，接受群众咨询430余人次，组织巡回审判148次，开展法治巡回宣讲26场2000余人次。（潘志明）

【审判监督】 2019年，区法院受理申诉、复查案件645件，比2018年(下同)增加677.11%，其中新收641件，增加681.71%；审结618件，增加682.28%；受理再审案件313件，增加848.48%，其中新收307件，增加1037.04%；审结279件，增加1062.5%。加强审判管理，编发《审判管理工作通报》13期，每月评查“三同步”、科技法庭使用情况、网上办案及数字化使用、讯飞语音录入系统、裁判文书上网、网络庭审直播、审限变更及报结等工作。专项评查发改案件153件、超法定正常审限案件54件、上网裁判文书12429篇，定期抽查网络庭审直播及电子卷宗扫描情况。组织开展优秀法律文书、优秀庭审、重大疑难复杂案件评选2次。（潘志明）

【司法改革】 2019年，区法院增补8名员额法官，完成内设机构改革，优化司法资源配置。加强审判团队建设，细化权力责任清单，完善法官会议规则，发挥审委会专业指导作用。推进以审判为中心的刑事诉讼制度改革，落实罪刑法定、疑罪从无、非法证据排除，实现刑事案件律师全覆盖。完善检察长列席审委会制度，把好案件质量关。落实《人民陪审员法》，增选陪审员273名，首次采用七人合议庭审理重大案件，普通程序案件陪审员参审率97.34%。推进家事审判改革，采取家事调查、家暴遏制、心理疏导、修复计划等举措，维护妇女、儿童、老人合法权益。加强智慧法院建设，实现全国范围类案智能推送，启用“锐破”破产案件管理系统，打造“无灯车间”智能执行系统，升级财产处置追踪系统软件，优化警政、警务、安防智慧管理。（潘志明）

司法行政

【概况】 2019年，根据机构改革方案，区司法局与原区政府法制办公室职责整合，将区委全面依法治区委员会办公室设在区司法局。重新组建后，区司法局统筹推进全面依法治区，履行立法参与、行政执法、刑事执行、公共法律服务“四大职能”。11月19日，法治服务乡村振兴（长三角）研讨会在吴江召开，11月25~26日，司法部在吴江开展公共法律服务体系建设宣讲调研活动。特赦工作被省厅作为先进典型推荐到司法部表彰，区法律服务中心获评第三届江苏省“敬老文明号”，吴江区推进省际接边地区司法行政“一体化”工作获省司法厅厅长柳玉祥批示，盛泽司法所潘冬云获“全省执法先进个人”称号。（陈晓红）

【人民调解】2019年，区司法局推进人民调解机制创新，构建矛盾调解区、镇、村（社区）、基层网络“四级联动”格局，推动“一村（社区）一法律顾问”制度与网络调解、村级调解深度融合。区人民调解委员会下设“老兵调解工作室”，各区（镇）设置“退役军人法律服务窗口”，实现人民调解服务退役军人全覆盖。落实调解员分级培训、人民调解个案补贴等，发放人民调解个案补贴38.53万元，补贴个案9867个。推动非诉服务中心建设，构建多元化矛盾纠纷化解机制，区和区镇（街道）开展排查321次，预防矛盾纠纷137件。推广使用苏州市首个矛盾纠纷多元化解平台，全区受理纠纷12535件，调处12535件，调处率100%，调处成功12480件，调处成功率99.56%。（陈晓红）

【法治宣传】2019年，区司法局深入实施“七五”普法规划，落实“谁执法谁普法”责任制，深化分业、分类、分众法治宣传教育。启动农民工公益法律服务行动、“4·8司法日”“12·4国家宪法日”、第十届吴江区少年儿童书信文化活动、庆祝中华人民共和国成立70周年主题教育活动等，组织新市民积分法律知识考试2次。开展“吴地法韵杯”摄影大赛、宪法法治主题非遗手工艺品创作有奖征集活动，征集“宪法公开课”优秀教案、精品微课，普法微信推文、微视频、微电影征集大赛等，打造吴江法治文化精品。深化“三治”融合，全区有全国民主法治示范村（社区）2个，省级民主法治示范村（社区）142个。维护升级已经建成的国家级省级民主法治示范村（社区），融入宪法宣传、绿色环保等元素，同步做好各级民主法治创建申报工作。规划大运河法治长廊、胜地法治文化园和倪征日奥大法官纪念馆等法治文化阵地，新建桃源新亭村法治村庄、平望胜墩村法治文化园、震泽青少年法治教育基地等。（陈晓红）

【法律服务】2019年，区司法局强化公共法律服务多方位供给，标准化服务体系实现区、镇、村（社区）三级建成率、覆盖率、运行率100%，依托“实体、热线、网络”三大平台，推进法律服务向基层一线延伸。9月，吴江区律师行业党委成立，完成律协换届选举，产生新一届理事会和监事会，设立9个工作委员会和12个专业委员会，促进吴江律所、律师规范执业。至年底，全区有律师事务所20家，执业律师271名、实习律师46名；有基层法律服务所13个，从业人员63人。是年，97名律师、基层法律服务工作者承担328个村（社区）法律顾问职责，48名律师和基层法律服务工作者组建“法企同行”法律志愿者团队和中小（微）企业法律服务团，建立服务企业联系点170个，走访企业711家，收集排查企业法律风险服务需求4342项，帮助企业化解风险、解决问题675件，发布防控措施和法律建议8条。开展“公证助力民营经济”行动，为全区上市企业和“一带一路”*领头企业订制个性化公证护企方案。吴江公证处尝试开发网上办证“公证云”平台，依托各区镇（街道）司法所构建公证便民网络，全年办证8815件，比2018年增加12.82%，接听咨询电话5000多个，接待群众来访万余人次。（陈晓红）

【法律援助】2019年，区司法局在人武部、检察院等单位和各区镇（街道）司法所建立法律援助工作站23个。在江苏东大舟律师事务所、江苏吴越律师事务所以及盛泽、松陵和平望等基层法律服务所设立法律援助受理点5个，实现“半小时法律援助服务圈”。组建吴江区刑事法律援助全覆盖值班律师库，推进刑事案件律师辩护全覆盖。全年受理法律援助案件1337件，其中民事案件754件、刑事案件583件；办理法律帮助案件1393件；接听“12348”咨询来电3523个、接待来访1376

人次，收到群众锦旗7面。借助公益电影社区巡映活动加映法律援助宣传片130场，在地铁4号线38个站点内放置公益广告牌，开展“老年人权益法治宣传巡讲”活动8场，创作法律援助戏曲剧本《法律援助之忍无可忍》，全面提升法律援助工作公众知晓率。（陈晓红）

【社区矫正和安置帮教】2019年，区司法局加强线索摸排，加大宣传力度，持续开展扫黑除恶专项斗争工作。符合条件的10名在矫人员顺利完成特赦工作。紧扣“三期分段”教育管理主线，突出分类管控、精准矫治。创新矫情研判、项目矫正、错时检查、重点人员管控、暂予监外执行罪犯病情检查复核等方法，提高监管质量。区矫正中心按照“三大工作区域”完成功能性改造，转型“实战化、扁平化、智能化”，推进汾湖社区矫正分中心建设。9月，组织全区在矫人员观红色电影、听爱国讲座、走基地、唱红歌、颂革命诗歌等红色系列教育活动。9月20日至10月15日，开展重点在矫人员夜间点验，维护新中国成立70周年大庆期间社会安全稳定。开展“阳光帮扶、春风行动”特殊人群民营企业大走访活动，专项排查在矫人员担任法人的企业，避免企业经营及经济秩序存在风险隐患。对35名困难“两类人员”（社区矫正对象和刑释人员安置帮教对象）实施“阳光困难帮扶”，对特殊人群未成年子女开展“护苗助学”行动。推进长三角地区社区矫正和安置帮教一体化管理模式优化，10月31日，青吴嘉检察机关召开社区矫正巡回检察反馈会，长三角一体化示范区内检察、司法行政首次尝试一体化协作。（陈晓红）

社会治理

【概况】2019年，区联动指挥中心做好与机构改革方案、综合执法处罚权限下放的衔接工作，梳理部门职能交叉分流细则、对接新成立机构平台，服务市民及企事业单位146万余人次。区联动指挥平台全年受理各类社会治理问题232.5万件，办结率99%以上。其中，137.39万件来自热线投诉（占总量的59.09%）、86.08万件来自网格巡查上报（占总量的37.02%）、9.03万件来自网络及其他来源（占总量的3.89%），5日内办结工单占工单总数的91.89%。先后获全国巾帼文明岗、苏州市五一劳动奖状、苏州市政务系统改革创新标兵单位等荣誉。（费家萍）

【聚焦热点难点】2019年，社会治理诉求受理量呈上升态势，日均业务量6370件，比2018年增加13.43%。其中，移车求助日均受理2117件，占话务受理总量的49.06%。市民投诉热点集中在房产交易、教育规划、环境保护、物业管理、消费维权等方面。区联动指挥中心加大对海量诉求数据分析研判，实时向两办上报涉稳、涉隐患、涉舆情问题，震泽长三角农贸市场消防隐患、香槟街商铺延期交付、中房颐园11幢违规搭建设备平台等紧急信息快报得到区委、区政府领导重要批示。（费家萍）

【科技支撑】2019年，区联动中心升级打造吴江“12345”民生知识库，各部门实时更新知识库信息内容，问答式数据信息1.5万条，69%热线来电事项坐席员可第一时间解答。同时，积极探索智能移车平台开发使用移车自动语音呼叫功能，移车话务外呼量减少90%；开发二维码移车功能，方便移车诉求市民直接联系车主，提高移车服务效率。（费家萍）

【长三角一体化“党建+网格”新模式】2019年，区联动中心借助长三角一体化发展机遇，与青浦、嘉善两地联动中心围绕“党建+网格”主题，开展机制共商、支部联学、互学互比等活动，签署网格化治理毗邻地区共建合作框架，促进三地各类成熟网格资源要素合理流动、优势互补。（费家萍）

（本栏编辑　钱晓燕）

经济管理和体制改革

【国民经济和社会发展计划】 2019年1月10日，吴江区第十六届人大常委会第三次会议审议通过《关于苏州市吴江区2018年国民经济和社会发展计划执行情况及2019年国民经济和社会发展计划草案的报告》，明确2019年全区经济社会发展的主要目标为：地区生产总值增长6.5%左右，一般公共预算收入增长7%左右，全社会固定资产投资计划完成580亿元，社会消费品零售总额增长6.5%左右，实际使用外资4亿美元，外贸进出口保持稳定，全社会研究与试验发展经费支出占地区生产总值的比重2.65%左右，企业研究与试验发展经费投入增长10%左右，万人发明专利拥有量48件，全员劳动生产率增幅7%左右，工业增加值率提高0.3个百分点左右，居民人均可支配收入增长高于地区生产总值增幅，城镇登记失业率控制在2.6%以内，单位地区生产总值能耗下降完成上级下达任务，化学需氧量、二氧化硫、氨氮及氮氧化物等主要污染物排放总量削减完成上级下达任务。7月25日，区第十六届人大常委会第二十一次会议上审议通过《苏州市吴江区2019年国民经济和社会发展计划上半年执行情况报告》。11月26日，吴江区第十六届人大常委会第二十四次会议对计划中的地区生产总值增速、社会消费品零售总额增幅、工业增加值率三项指标作中期调整，分别调整为6%左右、4.5%左右、保持稳定。（赵　雁）

【经济运行分析】 2019年，全区积极应对国内外风险挑战，深入贯彻新发展理念，坚持稳中求进工作总基调，落实“六稳”政策措施，抢抓一体化机遇、用好示范区平台，贯彻“两勇一快”*精神，全力打造“创新湖区”、建设“乐居之城”，趁势推动高质量发展快上新台阶，经济社会发展总体稳健、结构持续优化。全区各项主要指标完成情况如下：实现地区生产总值1958.16亿元，增长5.7%（可比价）；三次产业结构优化为1.9∶51.5∶46.6，服务业增加值占地区生产总值比重46.6%，服务业占比持续提高。一般公共预算收入完成223.1亿元，增长10%；全社会固定资产投资完成583.81亿元，增长1.7%；社会消费品零售总额639.87亿元，增长4.2%；实际使用外资4.86亿美元；外贸进出口总额完成210.91亿美元；万人发明专利拥有量50.53件；全员劳动生产率增长5%（现价）；工业增加值率保持稳定；城乡居民人均可支配收入增长8.6%，高于地区生产总值增幅；城镇登记失业率保持在1.84%的低位运行；单位地区生产总值能耗下降完成上级下达任务；化学需氧量、二氧化硫、氨氮及氮氧化物等主要污染物排放总量削减完成上级下达任务。

全区始终坚持加快发展第一要务，追赶跨越，综合实力更加壮大；坚持创新转型第一战略，激发活力，产业结构更加优化；坚持深化改革第一动力，革故鼎新，发展动力更加强劲；坚持民生福祉第一目标，以人为本，人民生活更加幸福；坚持生态绿色第一理念，放眼长远，蓝绿空间更加美丽。

今后发展还存在诸多困难和挑战，主要是：经济运行稳中有变，存在下行压力，资源要素制约问题十分突出；经济总量大，结构不够优，部分产业处于产业链中低端，科技创新支撑引领作用不足；群众富裕程度仍然有待提升，居民收入与经济发展水平不够相称；社会事业发展不够充分，公共服务供给存在短板，生态文明建设还需加强。为此，工作中要高点定位、挑战极限，加快建设“强富美高”新吴江，全力推动吴江高质量发展走在前列，为决胜高水平全面建成小康社会做贡献。（赵　雁）

【发展规划编制】 2019年3月25日，区第十六届人大常委会第十八次会议审议通过《苏州市吴江区国民经济和社会发展第十三个五年规划纲要中期评估》。启动吴江区“十四五”规划编制工作，印发《苏州市吴江区“十四五”规划编制工作方案》。提出吴江提请纳入国家、省、市规划基本思路的重大诉求、重大载体和重大项目并上报。苏州市吴江区“十四五”规划纲要编制通过公开招投标，确定由上海市发展改革研究院编制，形成前期思路研究、中期成果。形成《吴江区“十四五”规划前期研究重点课题汇总表》，由区政府正式印发确定前期研究重点课题。（孔迎帆）

【经济体制改革】 2019年，区发改委协调推进全区经济体制和生态文明体制改革工作，完成《吴江区2019年改革工作要点关于经济体制和生态文明体制改革内容》的起草工作。协调推进盛泽镇、平望镇经济发达镇强权扩镇改革，推进震泽建制镇改革。扎实推进特色小镇创建，苏州丝绸文化旅游风情小镇入选苏州市第二批市级特色小镇创建名单。会同区财政局下达第二批市级特色小镇首批奖补资金，落实市级特色小镇培育创建相关政策，特色小镇培育创建工作取得实效。（孔迎帆）

【经济协作和对口支援】 2019年，吴江区推进经济协作和对口支援工作。东西部扶贫协作对口帮扶印江，双方主要领导互访6次，召开党政联席会议3次，交流100多批900多人次，落实各级帮扶印江资金3941.33万元。扎实开展支医、支教、支农工作，分别派遣24人、10人、6人的团队开展1个月至1年的帮扶工作，合作办学“1+2”第二届职校酒店管理专业班持续进行。深入开展产业协作，帮助印江引进企业6家，实际投资7.13亿元，入驻共建园区企业2家，实际投资额2.10亿元，帮助62名贫困人口就业。协助在印江建立扶贫车间8个，吸纳带动建档立卡贫困人口183人。不断加强“电商+门店+展销”的农产品产销对接，实现印江农特产品在苏州销售1087万元。通过旅游推介会等方式开展旅游协作。不断加强劳务协作，帮助铜仁市贫困劳动力在吴江就业71人，印江县贫困劳动力在江苏省就业120人，开展技能培训3期。吴江区8个区镇与印江9个乡镇、1个街道、1个开发区结对，推动吴江区建制村、企业、社会组织与印江31个贫困村结对，实现印江28个深度贫困村全覆盖。南北挂钩合作帮扶泗阳，两地领导互访频繁。7月，区长李铭带队赴泗阳考察南北共建工作，举行共建产业合作园区签约仪式，全年互访10多批次100多人次。吴江区向省委驻泗阳帮扶工作队提供帮扶资金500万元，增派4名干部到泗阳挂职；驻泗阳帮扶队的两名队员作为经济薄弱村的第一书记，继续负责脱贫攻坚工作，推动帮扶项目早日见效。对口支援西藏、新疆、青海和重庆市云阳县等，吴江区财政援助西藏、新疆、青海7393万元，对口帮扶陕西、青海、贵州三地扶贫协作筹集任务资金5574万，援助云阳33万元，平望镇向西藏林周县强嘎乡捐赠40万元。响应省、市号召，2名医师赴西藏林周县人民医院开展为期一年的医疗帮扶工作。2名医师赴青海省兴海县人民医院开展为期3个月的医疗帮扶工作，6名吴江援疆教师继续在受援学校阿图什市昆山第二小学支教。

（周臻煦）

国有资产监督管理

【概况】 2019年，吴江国资国企系统坚持以习近平新时代中国特色社会主义思想为指导，在区委、区政府的领导下，抢抓历史性机遇，加快国有经济战略布局调整，持续深化国企改革，不断创新融合发展，健全完善国资监管体系，全面加强国企党建，着力服务长三角生态绿色一体化发展示范区建设，各项工作取得明显成效。至年底，全区国有企业资产总额2168.31亿元，负债总额1182.55亿元，净资产总额985.76亿元，主营业务收入31.24亿元，利润总额8.58亿元。

（裴一莉）

【吴江文化旅游发展集团有限公司】 2019年8月，吴江旅游发展有限公司和吴江酒店管理集团整合重组，成立吴江文化旅游发展集团有限公司，公司注册资本4亿元，主要业务为酒店运营、资产管理、旅游服务、项目投资、体育赛事开发等。

酒店运营管理。2019年，公司推进品质酒店三年行动计划，服务质量和经济效益持续提升，全年完成总营收14313万元。各酒店加强营销宣传，参加上海机关美食节、第29届中国厨师节等活动；利用地铁、报纸、电视、短视频平台等渠道，提升酒店知名度和美誉度。精准发力夯实酒店品牌形象，吴江宾馆《江南运河宴》新书首发，上榜知名网站“2019黑珍珠餐厅指南”，成为苏州地区首家中国烹饪协会认证的“百合花放心餐厅”；东太湖大酒店获评知名网站“最受欢迎度假酒店”；王焰温泉度假酒店获评第四届中国温泉金汤奖“最佳服务温泉”。聚焦酒店人才培养，推进酒店管理校企合作本科班、“吴江酒店学院”、吴江印江班等项目，创建“方利峰劳模和工匠人才创新工作室”“屠晓燕劳模和工匠人才创新工作室”和“屠晓燕旅游人才创新工作室”。

投资与资产管理。2019年，黎花建国度假酒店项目完成竣工验收，8月正式营业。垂虹精品酒店项目稳步推进，新建工程完成竣工验收，与书香酒店集团签订全权委托管理合同。桃源林海天池项目继续与桃源镇政府、融创集团、裸心管理公司洽谈，确定合作方案。围绕公司主业，优化资产布局，支持配合镇区开发建设，逐步将优质资产集中到松陵、盛泽等地。强化安全监管、确保资产的安全营运；有序办理相关资产变更手续，理顺资产权属。做好存量授权资产经营管理工作，规范市场化公开拍租，确保经营收益，全年资产租金收入4470.56万元。

旅游服务。2019年，公司创新商品研发，多平台、多渠道宣传推广“游礼吴江”旗舰店，努力打响“游礼吴江”品牌。吴江国际旅行社（简称“国旅”）不断做大地接业务，继续做好震泽、黎里古镇门票总代理工作，为两大古镇带动人气，为镇区旅游发展助力，全年地接业务接待人数超6万人次。以长三角一体化发展为契机，开拓“旅游+党建”“旅游+扶贫”“旅游+廉洁”等新领域、新业态，承接区级机关企事业单位“清风君鲈乡行”“人才爱国考察”劳模疗养休养等活动。开展各类市场宣传活动，主动对接周边旅游市场，加强与旅游会务公司合作，扩大市场覆盖面，提升市场活跃度。

（沈晓强）

2019年，东太湖大酒店 （钮泉娜 摄）

【东方国资公司】 2019年7月，东方国资公司新设立苏州市融湖投资发展有限公司，助推长三角一体化发展。是年，新增注册资本3亿元，共34亿元；总资产160.71亿元，净资产103.52亿元，对外长期股权投资企业27家，其中全资公司9家、控股公司5家、参股公司13家。公司核心部分收入总额1.80亿元，利润总额1.35亿元。

资产经营。2019年，东方国资公司存量资产12处，其中出租9处，租金收入986万元。

金融投资。2019年，东方国资公司完善“投贷保”联动机制，公司在保业务20笔，对外担保余额100亿元。国资中小企业互助基金完成周转业务158笔，周转金额超19亿，累计完成周转金额超328亿元。网下申购新股业务成功申购新股134支，总收益219万元。对外股权投资分红收益8417.64万元。

创业投资。2019年，东方国资公司新设商业合作基金5支，分别成立合作基金管理机构。累计设立商业性合作基金30支，总规模超124亿元。至年底，苏州湾人才基金有合作机构6家，认缴规模18780万元；引导基金累计出资10357.84万元；科创基金和区域扶持基金累计投资19家(次)，6980万元；“拨改投”基金新增投资项目7个，投资金额2879万元，累计投资项目23个，投资金额8595万元。公司投资迈为科技部分股权退出收益6747.77万元，实现投资回报22倍。

创投产业园。2019年，吴江创业投资产业园被认定为“江苏省创业投资集聚发展示范区”。至年底，入驻创投机构43家，管理基金规模89.18亿元，投资213个项目，33.78亿元，其中投资吴江项目78个。

（宋　敏）

安全生产监督和应急管理

【概况】 2019年，区应急管理局在机构改革后，严格落实综合监管责任，做到行业监管、执法宣教、基层基础、科技兴安工作“四个实”，提升监管能力与成效。强化应急管理能力建设，做到应急值守联动、应急救援演练、应急预案修编、防汛减灾工作“四个硬”，全方面推进应急管理工作。统筹开展安全生产专项整治与安全生产巡查，促进全区各行业安全度与安全生产工作水平提升。以“四实四硬双促进”全面推进安全生产与应急管理现代化建设进程，为吴江区高质量发展快上新台阶提供稳定向好的安全环境。（李泽华）

【综合监管】 2019年，区应急管理局按照区委、区政府要求，全面开展安全生产大排查大整治工作，落实部门监管责任、属地管理责任，推进企业主体责任落实。加快推进政府挂牌督办项目的整改落实，实施问题整改动态清零、闭环管理。实施党政领导安全生产挂钩联系工作制度，区委、区政府主要领导经常性带队赴重点企业、重点区域开展安全生产检查督查，推动安全生产工作扎实开展。全面推进双重预防机制建设，继续落实安全生产“红黄牌”警示管理制度。至年底，挂牌29批次650家企业(红牌21家、黄牌629家)，已摘牌565家。（李泽华）

【行业监管】 2019年，区应急管理局全面开展化工行业大排查大整治，参照《江苏省化工(危险化学品)企业深度检查指导表》，联合中国化学品安全协会对全区15家化工(危险化学品)重点企业的规章制度、操作规程、现场管理、人员培训、工艺安全可靠性、设备设施完整性等安全生产现状开展深度安全检查与整改指导，依法处罚10家涉及违法违规行为和重大隐患的企业，对2家存在重大隐患的危化品企业责令停产整改。全年关停各类化工企业14家。持续推进工贸行业安全治理，获评江苏省冶金等工贸行业安全生产工作先进集体。（李泽华）

【执法宣教】 2019年，区应急管理局推进执法规范化，组织安全生产监管执法培训4次，参加苏州市应急管理局组织的第四届安全生产综合执法演练竞赛活动，获团体二等奖、执法案卷专项评比二等奖。全区检查企业3400家，立案处罚768件，罚款2341.33万元，其中事前处罚741件，罚款1999.68万元。10名事故责任人员移送公安机关建议追究刑事责任。组织“安全生产月”系列活动和应急管理知识竞赛活动。全年培训企业主要负责人、安全管理人员19411人次，考核特种作业人员3570人次。（李泽华）

【基层基础】 2019年，区应急管理局推动全区企业安全生产提档升级，深入推进安全生产“百千万”工程建设。至年底，完成一百家安全生产示范企业创建工作，提升一千家规模以上企业和一万家小微企业的安全生产标准化水平，完成安全生产标准化样板区创建，有一级标准化企业3家（吴江变压器有限公司、江苏亨通光电股份有限公司、江苏亨通光纤股份有限公司），有107家企业通过二级标准化企业考评验收，有1362家规模以上企业通过三级标准化评审复审，有6125家小微企业通过标准化评审复审。（李泽华）

【科技兴安】 2019年，吴江区安全生产综合信息平台升级，平台包含企业地理信息一张图、企业信息库、资源库、执法检查系统、企业自查系统、服务机构管理系统、网络培训系统等，形成“一图、两库、多系统”格局，实现政府、企业和社会服务机构“一平台”的多级应用。政府执法人员通过信息平台即时掌握企业安全管理情况，开展线上执法检查、立案处罚和案件移送，实现执法流程线上闭环管理。企业通过自查自报系统，实现企业日常安全管理“检查内容标准化、检查周期制度化、检查手段信息化”。构建风险分级管控和隐患排查治理双重预防机制，有效管控风险，消除安全隐患。安全生产服务机构通过信息平台开展技术服务，咨询辅导、标准化业务全过程纳入信息平台管理，实现中介机构日常资质和服务质量过程管控。“一平台”的多级应用，有助于落实企业主体责任，明确监管责任，形成安全生产共治善治格局，提升安全生产综合治理能力。（李泽华）

【应急联动】 2019年，区应急管理局建立健全应急值守和信息报送机制，落实24小时专人值班和领导带班制度，利用应急值守平台，实现事故处置网上流转，提升应急反应速度。完善部门联动机制，建立与公安局“110”指挥中心、消防“119”指挥中心、区卫健委等单位信息互通联动机制。抓住长三角一体化示范区建设的契机，加强与嘉善县、青浦区应急管理部门工作对接，建立三地信息互联互通的应急救援协调机制，着力构建一个承上启下、左右联系、域内外沟通的应急联动机制。（李泽华）

【应急救援演练】 2019年，区应急管理局组织各类区级应急演练21场、消防演练20多场、参加人员4500多人。12月下旬，联合区住建局、卫健委、消防救援大队等单位，在中建八局的苏州湾体育中心项目部工地举办“吴江区建筑工程安全生产事故应急救援演练”，磨合跨部门协调机制，锻炼应急救援队伍，提升应急救援反应能力。参与七都镇工贸行业危险化学品事故应急救援演习、华衍水务反恐防恐应急预案演练、吴江平安医院创建暨应急综合演练、交通系统水上交通综合应急演练、盛泽镇应急救援演练暨消防运动会等综合性演练。（李泽华）

【应急预案修编】 2019年，区应急管理局认真做好机构改革后的应急预案修编工作，提升科学规范应对突发事件的能力。10月，全面启动全区应急预案修编工作，以区政府办公室名义下发通知，明确时间要求、目标任务、修编要求；按照预案修编的分工方案，全区各项预案修编工作有序推进，计划2020年上半年各项预案全部完成修编。（李泽华）

【防汛减灾】 2019年，气候年景总体偏差，极端天气事件多发，防汛抗灾形势严峻，9号台风“利奇马”风雨强度大、持续时间长、影响范围广，18号台风“米娜”登陆期间，正值国庆70周年大庆和黄浦江天文大潮汐相遇。

12月23日，救援演练（吴 斌 摄）

吴江启动防台Ⅱ级应急响应，全区60多支应急救援队伍24小时待命，随时准备参与抢险救援行动，最大程度减轻各类灾害带来的影响和减少损失，实现“不死人、无伤亡、轻损失”和安全度汛的总目标。（李泽华）

【安全生产巡查】2019年下半年，区应急管理局配合完成省、市两级巡查工作后，开展历史上首次区级巡查。此次区级巡查按计划分批依次开展，逐步实现区镇及相关部门全覆盖。第一批巡查为期一个月，巡查对象为吴江开发区、吴江高新区、七都镇、震泽镇。区级巡查工作促进各区镇各部门安全生产工作水平的提升，推进全区安全生产工作现代化建设进程。（李泽华）

【安全生产专项整治】2019年11月起，在国务院江苏安全生产专项整治督导组的指导下，吴江区开展为期一年的安全生产专项整治行动。根据全区安全生产工作现状及安全生产大排查大整治发现的突出问题，此次专项整治行动在化工，危险化学品，冶金工贸，医疗卫生，危废固废，交通运输和港口危险化学品，道路交通，水上交通运输，建筑施工，加油站和商业场所，城市地下管网，城镇燃气，火灾防控，特种设备，民爆物品，船舶修造，文化、体育和旅游，宗教活动场所，养老等社会服务机构，校园和校车，油气输送管道，渔业，农业机械，电力，森林防火，“331”专项行动*等26个行业领域开展。（李泽华）

市场监督管理

【概况】2019年，区市场监管局深入贯彻区委、区政府“解放思想增动能，抢抓机遇促跨越”的部署，聚焦打造“创新湖区”、建设“乐居之城”的目标，准确把握职能定位，全力提升市场监管水平，为奋力推动吴江高质量发展走在最前列做出新努力。

（朱　枫）

【质量标准建设】2019年，区市场监管局主动抢抓长三角区域一体化发展机遇，紧扣提高产业核心竞争力的关键环节，推动企业实现转型升级，全面提升企业市场竞争力。持续提升质量强区水平，江苏永鼎股份有限公司获评2018年江苏省质量管理优秀奖；获评苏州市市长质量奖企业2家，质量管理优秀奖企业5家，市质量奖企业10家。积极构建标准战略高地，全区新增国际、全国标准化专家4人次。62家企事业单位制修订发布国际标准1项、国家标准82项、行业标准59项、地方标准1项，团体标准12项，其中主导制修订国家标准3项、行业标准7项、地方标准1项、团体标准12项，完成采标68项；全面实施企业标准自我声明公开制度，168家企业累计上报企业标准514项。通鼎互联顺利召开国家级光电缆高新技术自主创新标准化试点启动大会；江苏永鼎股份有限公司的“特种光缆高新技术自主创新标准化试点”、江苏亨通线缆科技有限公司的“通信电缆高新技术自主创新标准化试点”和震泽镇人民政府的“震泽镇城镇创新发展标准化试点”等3家省级标准化试点项目单位顺利通过省局专家组的考核验收，苏州家和农业生物科技研究中心牵头起草的省地方标准《蚕蛹虫草工厂化生产技术规程》正式发布，吴江区农业技术推广中心的《苏芡生产技术规程》申报获批立项省地方标准。（朱　枫）

2019年吴江区市级以上质量奖一览表

序号	奖项	企业名称	是否新增
1	苏州市市长质量奖	苏州太湖电工新材料股份有限公司	是
2		江苏通鼎光电科技有限公司	是
3	苏州市质量管理优秀奖	江苏亨通光纤科技有限公司	是
4		江苏凯伦建材股份有限公司	是
5		东南电梯股份有限公司	是
6		江苏恒力化纤股份有限公司	是
7		苏州华源控股股份有限公司	否

（续 表）

序 号	奖 项	企业名称	是否新增
8	苏州市质量奖	科林环保技术有限责任公司	是
9		江苏通鼎宽带有限公司	是
10		江苏亨通电力电缆有限公司	是
11		江苏亨通精工金属材料有限公司	是
12		江苏凯伦建材股份有限公司	是
13		江苏亨通电力特种导线有限公司	是
14		苏州帝奥电梯有限公司	是
15		江苏通鼎光棒有限公司	是
16		苏州明志科技有限公司	是
17		江苏恒力化纤股份有限公司	否

（朱　枫）

2019 年吴江区企业参与发布的国家标准和行业标准一览表

序 号	企业名称	国/行	标准号	标准名称	制定/修订
1	江苏盛虹科技股份有限公司	国标	GB/T 6505-2017	化学纤维 长丝热收缩率试验方法(处理后)	修订
2	德尔国际家居股份有限公司	国标	GB/T 18103-2013	实木复合地板	修订
3	苏州大卫木业有限公司	国标	GB/T 18103-2013	实木复合地板	修订
4	苏州怡辉圣达木业有限公司	国标	GB/T 18103-2013	实木复合地板	修订
5	苏州富绅木业有限公司	国标	GB/T 18103-2013	实木复合地板	修订
6	苏州大卫木业有限公司	国标	GB/T 31745-2015	高耐磨漆饰实木地板	制定
7	苏州富绅木业有限公司	国标	GB/T 31745-2015	高耐磨漆饰实木地板	制定
8	苏州凯牌木业有限公司	国标	GB/T 31745-2015	高耐磨漆饰实木地板	制定
9	苏州奇林木业有限公司	国标	GB/T 31745-2015	高耐磨漆饰实木地板	制定
10	苏州市一品木业有限公司	国标	GB/T 31745-2015	高耐磨漆饰实木地板	制定
11	苏州好宜家木业有限公司	国标	GB/T 31745-2015	高耐磨漆饰实木地板	制定
12	苏州怡辉圣达木业有限公司	国标	GB/T 31745-2015	高耐磨漆饰实木地板	制定
13	苏州联丰木业有限公司	国标	GB/T 31745-2015	高耐磨漆饰实木地板	制定
14	苏州大卫木业有限公司	国标	GB/T 35913-2018	地采暖用实木地板技术要求	制定
15	苏州丰润木业有限公司	国标	GB/T 35913-2018	地采暖用实木地板技术要求	制定
16	苏州好宜家木业有限公司	国标	GB/T 35913-2018	地采暖用实木地板技术要求	制定
17	苏州市明大高分子科技材料有限公司	国标	GB/T 35913-2018	地采暖用实木地板技术要求	制定
18	苏州雍阳装饰材料有限公司	国标	GB/T 35913-2018	地采暖用实木地板技术要求	制定
19	苏州大卫木业有限公司	国标	GB/T 20238-2018	木质地板铺装、验收和使用规范	修订
20	北美枫情木家居(江苏)有限公司	国标	GB/T 20238-2018	木质地板铺装、验收和使用规范	修订
21	苏州好宜家木业有限公司	国标	GB/T 15036.1-2018	实木地板 第1部分:技术要求	修订
22	苏州大卫木业有限公司	国标	GB/T 15036.1-2018	实木地板 第1部分:技术要求	修订

（续　表）

序号	企业名称	国/行	标准号	标准名称	制定/修订
23	苏州联丰木业有限公司	国标	GB/T 15036.1-2018	实木地板 第1部分：技术要求	修订
24	苏州燕泥地热地板科技有限公司	国标	GB/T 15036.1-2018	实木地板 第1部分：技术要求	修订
25	苏州安心实业有限公司	国标	GB/T 15036.1-2018	实木地板 第1部分：技术要求	修订
26	德尔未来科技控股集团股份有限公司	国标	GB/T 15036.1-2018	实木地板 第1部分：技术要求	修订
27	苏州大卫木业有限公司	国标	GB/T 15036.2-2018	实木地板 第2部分：检验方法	修订
28	苏州大卫木业有限公司	行标	LY/T 1859-2009	仿古木质地板	制定
29	德尔国际地板有限公司	行标	LY/T 1614-2011	实木集成地板	修订
30	苏州怡辉圣达木业有限公司	行标	LY/T 1614-2011	实木集成地板	修订
31	苏州大卫木业有限公司	行标	LY/T 1614-2011	实木集成地板	修订
32	苏州大卫木业有限公司	行标	LY/T 2387-2014	室内木质门安装与验收规范	制定
33	江苏亨通光电股份有限公司	行标	YD/T 3313-2018	品牌培育管理体系实施指南 通信行业	制定
34	通鼎互联信息股份有限公司	行标	YD/T 3313-2018	品牌培育管理体系实施指南 通信行业	制定
35	通鼎互联信息股份有限公司	行标	SJ 51428/18-2018	GTJ-1B6+6T-3型高可靠机载拖曳光缆详细规范	制定
36	通鼎互联信息股份有限公司	行标	SJ 51428/22-2018	GLF-6B6-1型全介质光缆详细规范	制定
37	苏州胜信光电科技有限公司	行标	SJ 51428/22-2018	GLF-6B6-1型全介质光缆详细规范	制定
38	通鼎互联信息股份有限公司	行标	SJ 51428/23-2018	GX-3B6+3K-1型系留光缆详细规范	制定
39	苏州华源控股股份有限公司	国标	GB/T 35774-2017	运输包装件性能测试规范	制定
40	吴江市华宇净化设备有限公司	国标	GB/T 36372-2018	洁净室及相关受控环境组合式围护结构通用技术要求	制定
41	江苏姑苏净化科技有限公司	国标	GB/T 36372-2018	洁净室及相关受控环境组合式围护结构通用技术要求	制定
42	江苏欧泰环境系统工程有限公司	国标	GB/T 36372-2018	洁净室及相关受控环境组合式围护结构通用技术要求	制定
43	江苏绿叶净化科技有限公司	国标	GB/T 36372-2018	洁净室及相关受控环境组合式围护结构通用技术要求	制定
44	吴江市东方净化设备有限公司	国标	GB/T 36372-2018	洁净室及相关受控环境组合式围护结构通用技术要求	制定
45	苏州通快净化科技有限公司	国标	GB/T 36372-2018	洁净室及相关受控环境组合式围护结构通用技术要求	制定
46	苏州巨峰电气绝缘系统股份有限公司	国标	GB/T 20833.3-2018	旋转电机 旋转电机定子绕组绝缘 第3部分：介质损耗因数测量	制定
47	苏州巨峰电气绝缘系统股份有限公司	国标	GB/T 21707-2018	变频调速专用三相异步电动机绝缘规范	修订
48	苏州太湖电工新材料股份有限公司	国标	GB/T 21707-2018	变频调速专用三相异步电动机绝缘规范	修订
49	苏州太湖电工新材料股份有限公司	国标	GB/T 26168.1-2018	电气绝缘材料 确定电离辐射的影响 第1部分：辐射相互作用和剂量测定	修订
50	江苏达胜高聚物股份有限公司	国标	GB/T 26168.1-2018	电气绝缘材料 确定电离辐射的影响 第1部分：辐射相互作用和剂量测定	修订

（续　表）

序号	企业名称	国/行	标准号	标准名称	制定/修订
51	标准缝纫机菀坪机械有限公司	行标	QB/T 5227-2018	工业用缝纫机 计算机控制高速针送料平缝缝纫机	制定
52	标准缝纫机菀坪机械有限公司	行标	QB/T 5228-2018	工业用缝纫机 计算机控制筒式综合送料平缝缝纫机	制定
53	江苏亨通光电股份有限公司	行标	SJ 51428/21-2018	GZ-1B6b-4型制导光缆详细规范	制定
54	江苏亨通电力特种导线有限公司	国标	GB/T 36292-2018	架空导线用防腐脂	制定
55	江苏恒力化纤股份有限公司	国标	GB 36889-2018	聚酯涤纶单位产品能源消耗限额	制定
56	南阳防爆（苏州）特种装备有限公司	行标	JB/T 12883-2016	YWKK、YWKK-W系列高压无火花型三相异步电动机 技术条件（机座号355~630）	制定
57	南阳防爆（苏州）特种装备有限公司	行标	JB/T 12884-2016	YWKS、YWKS-W系列高压无火花型三相异步电动机 技术条件（机座号355~630）	制定
58	江苏恒力化纤股份有限公司	行标	FZ/T 54039-2018	异形涤纶牵伸丝	修订
59	苏州盛虹纤维有限公司	行标	FZ/T 54039-2018	异形涤纶牵伸丝	修订
60	法兰泰克重工股份有限公司	国标	GB/T 34529-2017	起重机和葫芦 钢丝绳、卷筒和滑轮的选择	制定
61	法兰泰克重工股份有限公司	国标	GB/T 22437.1-2018	起重机 载荷与载荷组合的设计原则 第1部分：总则	修订
62	法兰泰克重工股份有限公司	国标	GB/T 25196-2018	起重机 设计工作周期的监控	修定
63	法兰泰克重工股份有限公司	国标	GB/T 36697-2018	铸造起重机报废条件	制定
64	法兰泰克重工股份有限公司	国标	GB/T 10183.1-2018	起重机 车轮及大车和小车轨道公差 第1部分：总则	修订
65	江苏亨通光电股份有限公司	行标	YD/T 3436.1-2018	架空通信线路配件 第1部分：通用技术条件	修订
66	江苏通鼎宽带有限公司	行标	YD/T 3436.1-2018	架空通信线路配件 第1部分：通用技术条件	修订
67	江苏通鼎宽带有限公司	行标	YD/T 3436.2-2018	架空通信线路配件 第2部分：带槽夹板类	修订
68	江苏亨通光电股份有限公司	行标	YD/T 3436.2-2018	架空通信线路配件 第2部分：带槽夹板类	修订
69	江苏亨通光电股份有限公司	国标	YD/T 3436.3-2018	架空通信线路配件 第3部分：挂钩类	修订
70	江苏通鼎宽带有限公司	国标	YD/T 3436.3-2018	架空通信线路配件 第3部分：挂钩类	修订
71	江苏恒力化纤股份有限公司	行标	FZ/T 54103-2018	无扭矩混纤涤纶低弹丝	制定
72	江苏通鼎宽带有限公司	行标	YD/T 3394-2018	光无源器件动态监测方法	制定
73	江苏亨通光电股份有限公司	行标	YD/T 3394-2018	光无源器件动态监测方法	制定
74	苏州市吴江区产品质量检验检测所（国家通信光电缆产品质量监督检验中心）	行标	YD/T 3394-2018	光无源器件动态监测方法	制定
75	大唐苏州热电有限责任公司	行标	DL/T 1749—2017	燃气-蒸汽联合循环机组余热锅炉监造导则	制定
76	江苏亨通电力电缆有限公司	行标	JB/T 13485-2018	额定电压450/750V及以下氟塑料绝缘控制电缆	制定
77	江苏凯伦建材股份有限公司	行标	JGJ/T 316-2013	单层防水卷材屋面工程技术规程	制定
78	江苏凯伦建材股份有限公司	国标	GB/T 19250-2013	聚氨酯防水涂料	修订

（续 表）

序号	企业名称	国/行	标准号	标准名称	制定/修订
79	苏州市月星建筑防水材料有限公司（原：吴江月星建筑防水材料有限公司）	国标	GB/T 19250-2013	聚氨酯防水涂料	修订
80	江苏凯伦建材股份有限公司	行标	JC/T 1072-2016	防水卷材生产企业质量管理规程	修订
81	江苏凯伦建材股份有限公司	国标	GB/T 35467-2017	湿铺防水卷材	制定
82	江苏凯伦建材股份有限公司	国标	GB/T 35468-2017	种植屋面用耐根穿刺防水卷材	制定
83	苏州卓宝科技有限公司	国标	GB/T 35468-2017	种植屋面用耐根穿刺防水卷材	制定
84	苏州市力星防水材料有限公司	国标	GB/T 35468-2017	种植屋面用耐根穿刺防水卷材	制定
85	苏州市月星建筑防水材料有限公司	国标	GB/T 35468-2017	种植屋面用耐根穿刺防水卷材	制定
86	江苏凯伦建材股份有限公司	国标	GB/T 23457-2017	预铺防水卷材	修订
87	江苏凯伦建材股份有限公司	国标	GB/T 35609-2017	绿色产品评价 防水与密封材料	制定
88	江苏凯伦建材股份有限公司	行标	JC/T 2435-2018	单组分聚脲防水涂料	制定
89	通鼎互联信息股份有限公司	行标	YD/T 3353.1-2018	通信光缆电缆用色母料 第1部分：光纤松套管用色母料	制定
90	通鼎互联信息股份有限公司	国标	GB/T 11313.201-2018	射频连接器 第201部分：电气试验方法 反射系数和电压驻波比	制定
91	通鼎互联信息股份有限公司	国标	GB/T 11313.202-2018	射频连接器 第202部分：电气试验方法 插入损耗	制定
92	江苏国望高科纤维有限公司	行标	FZ/T 54099-2018	有色海岛涤纶预取向丝	制定
93	江苏国望高科纤维有限公司	行标	FZ/T 54104-2018	全消光涤纶低弹丝	制定
94	江苏港虹纤维有限公司	行标	FZ/T 54105-2018	全消光涤纶牵伸丝	制定
95	江苏国望高科纤维有限公司	行标	FZ/T 54106-2018	全消光涤纶预取向丝	制定
96	江苏中鲈科技发展股份有限公司	行标	FZ/T 54107-2018	有色海岛涤纶低弹丝/高收缩涤纶牵伸丝混纤丝	制定
97	江苏亨通线缆科技有限公司	国标	GB/T 18015.1-2017	数字通信用对绞或星绞多芯对称电缆 第1部分：总规范	修订
98	苏州永鼎线缆科技有限公司	国标	GB/T 18015.1-2017	数字通信用对绞或星绞多芯对称电缆 第1部分：总规范	修订
99	江苏亨通线缆科技有限公司	国标	GB/T 18015.8-2017	数字通信用对绞或星绞多芯对称电缆 第8部分：具有1200MHz及以下传输特性的对绞或星绞对称电缆 工作区布线电缆分规范	制定
100	苏州永鼎线缆科技有限公司	国标	GB/T 18015.8-2017	数字通信用对绞或星绞多芯对称电缆 第8部分：具有1200MHz及以下传输特性的对绞或星绞对称电缆 工作区布线电缆分规范	制定
101	江苏亨通电力特种导线有限公司	国标	GB/T 20141-2018	型线同心绞架空导线	修订
102	江苏亨通电力特种导线有限公司	国标	GB/T 36551-2018	同心绞架空导线性能计算方法	制定
103	江苏亨通光电股份有限公司	行标	YD/T 3296.2-2018	数字通信用聚烯烃绝缘室外对绞电缆 第2部分：非填充电缆	制定
104	江苏亨通光电股份有限公司	行标	YD/T 1460.1-2018	通信用气吹微型光缆及光纤单元第1部分：总则	修定

（续　表）

序 号	企业名称	国/行	标准号	标准名称	制定/修订
105	江苏亨通光电股份有限公司	行标	YD/T 901–2018	通信用层绞填充式室外光缆	修订
106	江苏永鼎股份有限公司	行标	YD/T 901–2018	通信用层绞填充式室外光缆	修订
107	通鼎互联信息股份有限公司	行标	YD/T 901–2018	通信用层绞填充式室外光缆	修订
108	江苏亨通光电股份有限公司	行标	YD/T 3350.1–2018	通信用全干式室外光缆 第1部分：层绞式	制定
109	江苏永鼎股份有限公司	行标	YD/T 3350.1–2018	通信用全干式室外光缆 第1部分：层绞式	制定
110	苏州市吴江区产品质量检验检测所（国家通信光电缆产品质量监督检验中心）	行标	YD/T 3350.1–2018	通信用全干式室外光缆 第1部分：层绞式	制定
111	通鼎互联信息股份有限公司	行标	YD/T 3350.1–2018	通信用全干式室外光缆 第1部分：层绞式	制定
112	江苏亨通光电股份有限公司	行标	YD/T 2896.22–2018	智能光分配网络 接口技术要求 第22部分：基于Socket的智能光分配网络设施与智能光分配网络管理系统的接口	制定
113	科林环保技术有限责任公司	行标	JB/T 13557–2018	超长袋脉冲袋式除尘器	制定
114	科林环保技术有限责任公司	行标	JB/T 13558–2018	脉冲袋式除尘器电控装置	制定
115	通鼎互联信息股份有限公司	国标	GB/T 36650–2018	光纤着色油墨	制定
116	苏州市明大高分子科技材料有限公司	国标	GB/T 36650–2018	光纤着色油墨	制定
117	康力电梯股份有限公司	国标	GB/T 35850.1–2018	电梯、自动扶梯和自动人行道安全相关的可编程电子系统的应用 第1部分：电梯（PESSRAL）	制定
118	苏州帝奥电梯有限公司	国标	GB/T 35850.1–2018	电梯、自动扶梯和自动人行道安全相关的可编程电子系统的应用 第1部分：电梯（PESSRAL）	制定
119	申龙电梯股份有限公司	国标	GB/T 35850.1–2018	电梯、自动扶梯和自动人行道安全相关的可编程电子系统的应用 第1部分：电梯（PESSRAL）	制定
120	东南电梯股份有限公司	国标	GB/T 35850.1–2018	电梯、自动扶梯和自动人行道安全相关的可编程电子系统的应用 第1部分：电梯（PESSRAL）	制定
121	苏州菲特威尔木结构房屋有限公司	国标	GB/T 36407–2018	机械应力分级锯材	制定
122	吴江德伊时装面料有限公司	行标	FZ/T 43049–2018	铜氨丝织物	制定
123	吴江新民高纤有限公司	行标	FZ/T 43049–2018	铜氨丝织物	制定
124	苏州慈云蚕丝制品有限公司	行标	FZ/T 43014–2018	丝绸围巾、披肩	修订
125	苏州市山水丝绸有限公司	行标	FZ/T 43014–2018	丝绸围巾、披肩	修订
126	苏州市山水丝绸有限公司	行标	FZ/T 44004–2018	丝绸床上用品	制定
127	苏州慈云蚕丝制品有限公司	行标	FZ/T 44004–2018	丝绸床上用品	制定
128	江苏达胜高聚物股份有限公司	国标	GB/T 26168.2–2018	电气绝缘材料 确定电离辐射的影响 第2部分:辐照和试验程序	修订
129	江苏达胜高聚物股份有限公司	国标	GB/T 26168.4–2018	电气绝缘材料 确定电离辐射的影响 第4部分：运行中老化的评定程序	修订
130	吴江福华织造有限公司	行标	FZ/T 43052–2018	标签织物	制定

（续　表）

序 号	企业名称	国/行	标准号	标准名称	制定/修订
131	苏州太湖电工新材料股份有限公司	国标	GB/T 11026.10-2019	电气绝缘材料 耐热性 第10部分：利用分析试验方法加速确定相对耐热指数（RTEA）基于活化能计算的导则	制定
132	苏州巨峰电气绝缘系统股份有限公司	国标	GB/T 11026.10-2019	电气绝缘材料 耐热性 第10部分：利用分析试验方法加速确定相对耐热指数（RTEA）基于活化能计算的导则	制定
133	苏州巨峰电气绝缘系统股份有限公司	国标	GB/T 31838.2-2019	固体绝缘材料 介电和电阻特性 第2部分：电阻特性（DC方法）体积电阻和体积电阻率	修订
134	苏州太湖电工新材料股份有限公司	国标	GB/T 31838.2-2019	固体绝缘材料 介电和电阻特性 第2部分：电阻特性（DC方法）体积电阻和体积电阻率	修订
135	苏州太湖电工新材料股份有限公司	国标	GB/T 31838.3-2019	固体绝缘材料 介电和电阻特性 第3部分：电阻特性（DC方法）表面电阻和表面电阻率	制定
136	苏州巨峰电气绝缘系统股份有限公司	国标	GB/T 31838.3-2019	固体绝缘材料 介电和电阻特性 第3部分：电阻特性（DC方法）表面电阻和表面电阻率	制定
137	科林环保装备股份有限公司	国标	GB 37484-2019	除尘器能效限定值及能效等级	制定
138	苏州巨峰电气绝缘系统股份有限公司	国标	GB/T 31838.4-2019	固体绝缘材料 介电和电阻特性 第4部分：电阻特性（DC方法）绝缘电阻	修订
139	苏州太湖电工新材料股份有限公司	国标	GB/T 31838.4-2019	固体绝缘材料 介电和电阻特性 第4部分：电阻特性（DC方法）绝缘电阻	修订
140	超美斯新材料股份有限公司	国标	GB/T 20629.3-2019	电气用非纤维素纸 第3部分：无填充聚芳酰胺纤维纸	制定
141	江苏通鼎宽带有限公司	行标	YD/T 3428-2018	通信机房用光纤槽道	制定

（朱　枫）

【助企融资】 2019年，区市场监管局发挥助企融资职能，为企业解决融资难题，全年完成动产抵押物登记530件，助企融资91.71亿元。（朱　枫）

【食品监管】 2019年，区市场监管局会同区创建全国文明城市指挥部办公室联合出台《吴江区小餐饮行业专项整治意见》，与相关部门持续推进小餐饮专项整治；开展全区餐饮业质量安全提升工程，推进8个餐饮服务集中街区示范街建设，以点带面推进全区整体水平。全区实现“明厨亮灶”餐饮单位3500家。其中，199家学校食堂“明厨亮灶”全覆盖，208家学校食堂、养老机构食堂、大型社会餐饮单位视频接入局智慧监控中心。组织食安委相关成员单位开展食品抽样检测5794批次，检测合格5729批次，合格率98.88%。推进“平安乡宴”业务系统使用，登记全区农村集体聚餐报告2383次，聚餐人数45.3万人。完成行政快检2927批次，组织市场开展快检并上传食用农产品监管系统75550批次，不合格10批次；查获未在食盐定点批发企业购进食盐案件14起，学校食堂、餐厅使用不卫生餐具案件17起，农药残留韭菜等蔬菜案件21起。全年发放食品摊贩信息公示卡247张；核发食品经营许可证8601张，其中销售类2596张、餐饮服务类5801张、单位食堂类204张，全区食品经营许可证累计20944张。新增食品小

作坊4家，总数16家。（朱　枫）

【药品和医疗器械监管】 2019年，区市场监管局组织开展“疫苗安全及生物制品经营”检查，检查疫苗防控和接种机构25家，生物制品经营企业15家（含6家机构）。结合中药饮片专项检查开展执业药师“挂证”专项整治活动，指导513家经营企业自查自纠，检查经营企业225家次。加大对不良反应的监测和初步评价工作，完成药品不良反应初步评价1205例，其中新的、严重的报告213例，占比17.67%；医疗器械不良反应初步评价18例。全区新办药品经营许可62件，变更（延续）368件；药品零售企业的GSP认证42家、变更23家；医疗器械三类经营许可32家；二类医疗器械首次备案112件，变更备案65件；一类生产首次备案6件，变更备案8件；出口备案34件。（朱　枫）

【保健食品和化妆品监管】 2019年，区市场监管局开展保健食品大排查、大检查、大督查专项行动，检查保健食品生产企业2家、保健食品委托生产企业2家、保健食品经营企业352家，要求整改21家。开展保健食品健康消费宣传工作，印发宣传手册8000多份，通过《吴江日报》、吴江电视台、公交站台灯箱投放公益广告，营造保健食品健康消费的良好氛围；与保健食品经营单位签署《保健食品行业自律公约》，规范企业经营行为，促进保健食品行业健康发展。组织开展化妆品“线上净网线下清源”风险排查，检查化妆品经营企业34家，重点检查19家化妆品网络销售企业，累计出动执法人员76人次。组织开展美容美发行业化妆品使用单位检查，出动执法人员174人次，检查美容美发使用企业58家，涉及化妆品品种309个，抽样送检5批次。开展非特殊用途化妆品专项检查，通知经营企业暂停销售所有违法宣称“药妆”“EGF”、干细胞的化妆品，检查化妆品生产企业2家，检查化妆品经营企业61家，出动检查人员137人次。（朱　枫）

6月，高考食品安全检查活动　（区市场监管局　提供）

【重点产品监管】 2019年，区市场监管局启动吴江区塑料管材及煤炭质量使用情况“回头看”专项检查，涉及塑料管材企业61家，抽样检验检测61批次；开展木制品生产企业产品质量专项整治，完成抽检40个批次；查处各类生产、销售质量不合格产品案件33件，涉案金额109.23万元，累计罚没款133.54万元。全面推行“双随机、一公开”，加大对认证认可监督检查的覆盖面与检查力度，提升认证认可贯标的覆盖水平。至年底，全区有质量管理体系证书2804张，同比增长40.25%；有环境管理体系证书920张，同比增长33.38%。（朱　枫）

【特种设备安全监管】 2019年，区市场监管局围绕“全覆盖、零容忍、严执法、重实效”要求，加强对叉车、起重机械、压力容器等特种设备的重点监管，开展明察暗访、大排查大整治、重点工业产品质量安全等专项工作，持续对特种设备违法行为保持高压态势，立案查处20起违法案件，罚没款215万元。联合应急管理部门对77家涉危化品、制药企业进行特种设备专项自查自改和整治工作，要求企业限时整改并跟踪督查；不断提高全区特种设备作业人员持证上岗率，举办各类作业人员考核班46期，考核合格1704人，合格率89.5%，复审通过1438人；组织全区13家热电企业参加压力管道安全整治工作会议，落实热电企业对供热管道的安全主体责任，有效管控用汽单位的管道安装质量；开展安全宣传培训15次，培训人员3000多人次，与2000多家使用主体签订《特种设备安全主体责任告知书》及《特种设备安全主体承诺书》。（朱　枫）

【企业信用监管】2019年，吴江区有59468家企业完成年报公示，年报公示完成率91%。持续加强诚信体系建设，全区获评江苏省质量信用AAA级企业2家、AA级企业2家、A级企业17家；273家企业上榜2017—2018年度市级“守重”企业名单，数量位居全市第一；完成7家药品生产企业、500家零售药店、20家医疗机构的信用评定并发文公示。（朱　枫）

【执法打假】2019年，区市场监督管理综合执法大队围绕全年工作目标，突出稽查职责，紧密结合扫黑除恶和各项工作部署，积极开展食品、保健食品欺诈和虚假宣传，打击侵权假冒伪劣和农贸市场计量器具等专项执法行动。组织开展“十佳案件主办人”和“十大典型案例”评选活动，充分展示市场监督管理执法办案人员敬业奉献、履职尽责的先锋形象，起到推介经验、表彰先进、提升办案技能的积极作用，同时借助各类媒体和网络信息平台广泛开展宣传报道，曝光各种侵权假冒等违法行为，及时发布网络购物消费警示，营造良好的舆论氛围，震慑违法经营行为。全年登记案源1359件，立案调查案件582件，移交公安机关22件，发出处罚决定书696份，罚没款到账1752.92万元。（朱　枫）

【消费维权】2019年，区市场监管局投诉举报中心受理各类

2019年吴江区江苏省产品质量信用等级企业一览表

序　号	奖项名称	企业名称
1	江苏省产品质量信用等级AAA级	江苏恒力化纤股份有限公司
2		江苏永鼎盛达电缆有限公司
3	江苏省产品质量信用等级AA级	苏州华源控股股份有限公司
4		苏州帝奥电梯有限公司
5	江苏省产品质量信用等级A级	江苏亨通精工金属材料有限公司
6		苏州市莱宝光电科技有限公司
7		苏州众欣电工材料厂
8		苏州爱美纤维科技有限公司
9		苏州高科防爆照明器材有限公司
10		苏州中成新能源科技股份有限公司
11		吴江飞乐天和电子材料有限公司
12		苏州优力克流体控制科技有限公司
13		苏州市瑞磊化纤有限公司
14		美科新能源（苏州）有限公司
15		江苏通鼎光电科技有限公司
16		吴江市青云塑料厂有限公司
17		苏州亚德林股份有限公司

（续 表）

序 号	奖项名称	企业名称
18	江苏省产品质量信用等级A级	苏州辅朗光学材料有限公司
19		苏州沈氏净化设备有限公司
20		江苏通鼎光棒有限公司
21		苏州巨联环保有限公司

（朱 枫）

投诉举报16803件，其中系统内平台5017件，区“12345”平台8116件，来人来电3670件；办结16329件，办结率97.2%。协助区政府举办三省一市“满意消费长三角”行动电商平台放心消费创建启动仪式，牵头组织举办“3·15”国际消费者权益日纪念活动，接待各类来电、来访咨询1.99万人次。深入开展12次消费维权“五进”活动，在全区范围内先后开展银行业、家居品牌行业寻优荐优评优活动，充分发挥大众媒介和广大消费者的监督作用，形成社会共治机制。继续组织企业、行业、区域申报省、市两级放心消费创建先进示范单位荣誉称号，以点带面推动行业消费品质升级。

（朱 枫）

【计量惠民】 2019年，区市场监管局以健康计量进社区服务活动、光明计量进校园服务活动、精准计量进企业服务活动和开放实验室活动“三进一开放”为形式，组织开展“5·20”世界计量日系列宣传服务活动，依法依规做好强制检定计量器具备案及免费检定工作，检定强制检定计量器具4.8万多台件。组织人员对全区35家集贸市场4000多台电子秤及199家镇村卫生机构1500多台计量器具进行免费检定，对全区100家重点排污单位在用计量器具开展摸底调查工作，保证环保数据的准确可靠，按计划完成30家重点用能单位能源计量审查工作。组织开展元旦、春节、五一及端午等节前定量包装产商品计量专项监督检查，抽查114批次产商品。开展加油站专项监督检查工作，检查加油站103家，检查加油机具1298支。

（朱 枫）

【价格监督】 2019年，区市场监管局围绕深化“放管服”改革和优化营商环境目标，突出价格行为事前事中监管，强化价格政策宣传服务，规范市场价格秩序。针对社会热点价格问题，先后开展机动车停放收费、二次教育收费、转供电环节中电价收费、景点门票价格公示、医疗价格服务收费、涉企收费治理、整治住房租赁中介机构等7个专项检查行动，以点带面推动全区价格行为规范。至9月底，受理各类价格举报（含投诉、咨询）559件，承办市长信箱以及来访12起，承办政协提案1件，办复率和满意率100%；约谈学校、超市、房产公司、中介等56家，要求其切实履行主体责任，严格落实法律法规各项规定，做到合法合规守信经营。 （朱 枫）

3月15日，国际消费者权益日活动现场 （区市场监管局 提供）

知识产权保护

【概况】 2019年，七都“皮尔萨PiERSA”获评中国驰名商标，全区驰名商标累计17件。吴江首个地理标志集体商标“震泽蚕丝”获批注册，并作为苏州唯一项目申报国家地理标志运用促进工程。全区申请注册商标5961件，授权5698件，比2018年(下同)增长18%，累计注册商标25867件，增长24%，其中规上企业和高新技术企业注册商标369件；全区累计有效发明专利6619件，万人发明专利拥有量50.53件，累计PCT专利申请量325件。汾湖高新区获评国家知识产权试点园区，吴江高新技术产业园区(筹)被确定为江苏省知识产权示范园区。江苏恒力化纤股份有限公司首次获中国专利银奖，实现吴江企业历史性突破；4家企业获中国专利优秀奖。新增国家知识产权示范优势企业9家，省知识产权战略推进计划项目企业4家，苏州市专利导航项目企业9家，苏州市知识产权登峰行动计划项目企业3家，苏州市高价值专利培育计划项目企业2家，知识产权管理标准化备案企业21家。 （朱　枫）

【知识产权运营中心】 2019年，区市场监管局依托吴江区光电缆支柱产业，聚焦“产业安全”与“产业创新”两条主线，创新“中心+联盟+公司”运营模式，光通信产业知识产权运营中心完成光知中心、光知公司的组织结构、制度、团队的建设，成立光通信产业知识产权学院，建立专家库、资源库，正在建设产业知识产权运营平台、大数据中心、产业专利宏观微观导航、运营价值评估等项目，推进知识产权运营交易，营造产业知识产权运营生态，加快推进产业结构优化升级，提升行业核心竞争力。 （朱　枫）

【知识产权保护】 2019年，区市场监管局针对专利审查与确权周期长、专利侵权高发、维权成本过大等影响企业专利成果及时转化和制约产业创新发展提速的问题，充分依托新成立的苏州市知识产权保护中心“专利快速审查快速确权”平台，鼓励和引导专利保护意识强、专利遭受侵权发生率高的企业申报快速审查、快速确权服务通道。江苏凯伦建材股份有限公司、苏州欧普照明有限公司、吴江近岸蛋白质科技有限公司等13家企业成功进入第一批快速审查通道并接受相关业务培训。商标权保护成效显著，全年立案查处商标侵权违法案件 32件，罚没款289万元，有效净化市场环境。 （朱　枫）

2019 年吴江区中国专利奖获奖企业情况表

序　号	奖项名称	企业名称
1	中国专利银奖	江苏恒力化纤股份有限公司
2	中国专利优秀奖	苏州博众精工科技股份有限公司
3		江苏亨通光电股份有限公司
4		江苏亨通光导新材料有限公司
5		江苏亨通光电股份有限公司

（朱　枫）

检验检测

【概况】 2019年，区检验检测中心完成企事业单位计量器具委托检定校准14.6万台件，比2018年(下同)增长9%。完成强制检定计量器具5.4万台件，增长75.9%。全年承担食品、化工、轻工、建材、冶金、光电缆等行业各类产品检验7679批次，增长7.5%。 （鲁秋宏）

【专项抽检】 2019年，区检验检测中心按照区食安委定期监测工作方案，完成生产、流通、餐饮领域食品抽检2877批次，农产品、水产品抽检800批次。协助区质量工作领导小组办公室完成61批塑料管材产品质量“回头看”专项抽查，配合区水务局完成39批工程用塑料管道及配件产品的检测，配合区商务局对全区135个加油站油品开展质量抽查，配合吴江开发区、吴江高新区（盛泽镇）、桃源镇等区镇综合执法局完成46批次车用柴油专项抽查，配合区市场监管局完成39批木地板专项抽检和全区重点用煤企业54批烟煤质量抽查。完成江苏省市场监管局40批次通信光缆、数据缆的省级监督抽查任务，完成流通领域、生产领域商品量定量包装计量监督检查220批次。（鲁秋宏）

【检验检测能力】 2019年，区检验检测中心参加23项国家级、省级能力验证活动，结果均为满意，主导苏州市“扭矩扳子检定（校准）装置”实验室量值比对工作。开展各类培训285人次，新增11项检定员资质、21项检验员资质。2名专业技术人员作为“苏州队”参赛选手，参加江苏省计量检定人员技能大赛，获团体第二名。购置食品专用采样车和快检设备，提升食品农产品质量安全监测能力。区检验检测中心获批江苏省中小企业星级服务平台，国家光电缆质检中心获批区级“工人先锋号”，中心食药品农产品检测部获评区级“巾帼文明岗”。（鲁秋宏）

【标准制定】 2019年，区检验检测中心完成纺织行业《织物透气量仪校准规范》立项申报，参与《仿古木质地板》《实木复合地板用胶合板》2项行业标准制（修）订。协助区管业协会编制评审的首个团体标准《冷热水用聚丙烯嵌铜管件》发布实施，参与评审的区地板木业商会《实木复合地板》《浸渍纸层压木质地板》2项团体标准发布实施。（鲁秋宏）

【长三角计量服务一体化】 2019年，区检验检测中心承办“青浦、吴江、嘉善三地民生计量技术交流会”，在计量量值比对、技术服务平台、机构互学互助等方面形成共识，中心列入青浦区开展计量检定校准工作推荐名录。参加“青嘉吴计量技术机构服务保障长三角区域一体化发展研讨会”，就强检计量器具目录调整后技术机构作为，更好服务长三角生态绿色一体化发展等课题进行研讨交流，参加青吴嘉三地加油机量值比对，结果满意。（鲁秋宏）

【服务企业】 2019年，区检验检测中心完成国家市场监管总局计量器具强检e-CQS平台对接，指导企业强检网上申报。为全区19家企业实施一对一上门辅导，其中9家获得江苏省计量保证确认，10家获得江苏省计量合格确认。对全区重点用能单位进行计量基础知识培训及能源计量审查前辅导。指导德尔控股集团检测中心的实验室建设规划，指导苏州大卫木业检测实验室认可评审。吴江港华燃气、苏州大卫木业、江苏品升管业、吴江管业协会、大唐苏州热电等单位先后赠送锦旗，对中心优质服务表示感谢。（鲁秋宏）

【服务民生】 2019年，区检验检测中心配合行政监管部门开展青团子、酱卤肉、散装粉丝粉皮、奶茶饮料、食堂餐具等专项抽检637批次。落实“健康计量惠民工程”，为社区居民免费检定、维修家用血压计160台件，免费检定全区35家集贸市场、48家超市卖场、199家乡镇卫生院和村级医疗卫生机构的5949台件计量器具。配合区市场监管局对全区各集贸市场进行扫黑除恶线索摸排暨计量器具专项整治，查获一批“鬼秤”。（鲁秋宏）

【新时代文明实践】 2019年，区检验检测中心“小燕”志愿服务队开展志愿服务200多人次。“5·20世界计量日”开展健康计量进社区、光明计量进学校等主题活动。“质量月”期间，赴吴江乐龄公寓开展食品安全、电梯安全知识讲座，免费检定公寓的血压计、多参数监护仪、B超机等医疗计量器具。举办多场实验室开放活动，邀请中小学生和政协委员、客户代表走进中心实验室，增进了解科普知识。中心计量科普馆建成开馆。（鲁秋宏）

物　价

【概况】 2019年，区发改委贯彻落实国家、省、市价格政策，牢牢把握助力经济、服务民生的根本出发点和着力点，不断提升履职能力，从价格调控、价费管理、价格认定三个方面开展价格管理工作。（杨　芸）

【价格调控】 2019年，区发改委加强价格调节基金使用管理，全年使用价格调节基金42万元，主要用于平价商店奖励经费、农贸市场价格管理、价格监测工作经费等项目。把握市场价格动态，做好日常价格监测预警工作，针对猪肉价格出现较明显上涨的情况，立即启动猪肉价格应急监测，及时了解猪肉价格走势。切实发挥平价商店稳价惠民作用，促进平价商店持续健康发展。（杨　芸）

【价费管理】 2019年，区发改委继续落实房地产市场价格调控政策，全年接受新建商品住房销售价格申报101批次，27954套，建筑面积329万平方米，备案均价17194元每平方米。规范资源性产品价格，提出住宅小区二次供水设施建设价格建议，多次召开供热企业座谈会，保持供热价格平稳。贯彻落实上级清费减负政策，开展2018年度收费情况巡访和统计工作，对全区收费目录清单实行常态化公示和动态化管理，清理规范转供电环节加价，排查全区82家转供电主体，将一般工商业用电降价红利及时传导至终端用户。加强教育收费事中事后监管，调整区公办幼儿园、普惠性民办幼儿园收费标准，完成区爱心小学、苏州湾外国语学校等17所民办学校学费及住宿费的审核。夯实价格基础工作，做好民生商品价格公示，开展供热、配气、民办学校、景区等定价项目的成本调查和监审，规范物业服务和停车收费价格行为，推进差别化价格政策，促进资源节约和生态保护。（董月诚）

【价格认定】 2019年，根据国家机构改革总体要求，区价格认定局整体转隶区发改委。区价格认定局按照价格认定机构“实现公共目标、维护公共利益、提供公共服务”的定位，坚持价格认定事业科学发展，优化价格认定服务，提升工作质量，有效履行涉案、涉纪财物价格认定、价格争议调处等工作职能。按照“严格落实程序”“明确岗位职责”“主动做好服务”三项要求，密切配合纪检监察机关、公安机关、检察机关，每件案件的价格认定结论经得起法律和历史的检验。全年完成刑事价格认定案件795件，总认定金额800万元，受理完成率100%。积极推进价格争议调处，以“点面结合”形式将价格争议调处工作延伸至社会价格矛盾易发多发领域，形成“点”上以价格调解进主要景区，“面”上以重大事件、突发事件价格调解为特色的工作局面。（沈旭东）

【医疗服务项目价格管理】 2019年，区医疗保障局持续推进落实公立医疗机构医疗服务价格改革，开展“医药价格报告和巡查工作”，首次将民营医院和护理院等民营医疗机构纳入巡查对象，强化事中事后监管职能，下发医药价格巡查情况反馈及整改提醒函23份；逐步完善、调整医疗服务项目价格，进一步规范部分医疗服务项目收费标准，规范公立医疗机构收费数据库和组套收费，及时督查公立医疗机构医疗服务项目价格更新、执行情况。（王帅义）

审　计

【概况】 2019年，区审计局开展国家审计项目26项，查出违纪违规及管理不规范金额37.8亿元，移送处理事项4项；开展固定资产投资审计321项，送审金额89.37亿元，审定金额80.29亿元，节约财政建设资金9.08亿元。审计报告获区领导批示4次，1个审计项目获评苏州市审计系统优秀审计项目，区审计局获评2019年度优秀区级机关部门。（吴滨滨）

【财政审计】 2019年，区审计局重点审计区财政局本级预算执行情况及吴江开发区（同里镇）、汾湖高新区（黎里镇）财政预算执行情况。财政审计紧紧围绕落实新预算法要求，以推进供给侧结构性改革、提高保障和改善民生水平为主线，以推动预算绩效管理改革、优化支出结构、防范化解重大公共财政运营风险、提高财政资金使用效益为目标，重点关注财政政策贯彻落实、财政收支真实性和完整性、预算支出总量和结构、预算管理、绩效管理、地方政府债务情况、决算草案编报情况，注重将信息化技术应用于审计工作中，推进“同级审”四大片区两年轮审，审计成效明显，促进财政收入及时入库12.41亿元，促进盘活存量资金9.9亿元。（吴滨滨）

【专项资金审计】 2019年，区审计局开展清理拖欠民营企业中小企业账款专项审计调查，及时梳理汇总关于减税降费政策落实情况的阶段性审计成果；抓好政府性债务管理政策贯彻落实情况跟踪审计，全面核查隐性债务化解工作的真实性、合规性，摸清地方政府债务化解情况，反映隐性债务化解中存在的问题和困难，推动防范化解地方政府隐性债务风险工作，确保完成隐性债务化解目标任务，促进打好防范化解重大风险攻坚战；以“政策”和“资金”为主线，深入揭示乡村振兴相关政策措施落实不到位问题，提高涉农资金使用绩效，维护农民切身利益，提出推动解决相关体制机制障碍、堵塞管理漏洞的意见建议。

（吴滨滨）

【固定资产投资审计】 2019年，区审计局盯紧建设资金管理使用，有序开展工程结算审计，节省建设资金9.08亿元，对松陵大道综合交通枢纽、东太湖综合整治后续工程等政府重点项目进行跟踪审计，涉及金额46亿元；加强协审中介管理，联合区财政局修订中小型项目审计库的入库办法，连续3年对建设单位直接委托审计的中小型项目开展复查，一审错误率由1.25%降至0.78%，专题报告获得区领导的批示；完善制度机制，出台《苏州市吴江区中小型政府投资项目竣工决算审计中介管理规定（试行）》《苏州市吴江区审计局组织中介机构实施政府投资项目跟踪审计管理办法（试行）》和《苏州市吴江区基建项目审计中心组织中介机构参与政府投资建设项目审计考核管理办法（试行）》；强化竣工决算审计，开展竣工决算审计2项，发挥投资审计在规范投资建设管理和提高投资效益方面的促进作用，切实扭转建设单位以往只重建设不重决算的惯性思维。

（吴滨滨）

【权力监督】 2019年，区审计局围绕规范权力运行，全面促进领导干部履职尽责，对14个单位的领导干部进行经济责任审计，其中三责联审*项目3个。开展领导干部自然资源资产离任审计，审计中重点关注领导干部履行自然资源资产管理和开发利用责任、贯彻落实中央和省重大决策部署、遵守法律法规、目标任务完成等的情况，有效促进领导干部认真履行自然资源资产管理和生态环境保护责任。（吴滨滨）

【审计整改】 2019年，区审计局着力构建多层次整改联动机制，同级审整改形成“人大督促、政府协调、部门联动”三级促改链条，有效完善监督协作机制，形成督促整改合力。开展审计整改“回头看”专项行动，制定出台《吴江区审计局审计发现问题整改销号办法》，进一步加强审计整改督促管理，做好审计后半篇文章。在区委、区政府的支持和审计部门的推动下，明确将审计查出问题整改落实情况纳入机关部门年度考核内容，推动审计整改取得实效。（吴滨滨）

统　计

【概况】 2019年，区统计局围绕区委、区政府重点工作，以提高数据质量为中心，以改革创新为动力，坚决打赢第四次全国经济普查攻坚战，着力强化统计基层基础，牢牢把握高质量发展要求，为全区积极融入长三角区域一体化建设，决胜高水平全面建成小康社会，打造“创新湖区”、建设“乐居之城”贡献统计力量。（金陈怡）

【第四次全国经济普查】 2019年，吴江区完成第四次全国经济普查工作，普查登记法人单位60036家，其中“一套表”单位2457家，“非一套表”单位57579家，单位普查登记率100%；普查登记个体经营户67763家，个体经营户普查登记率100%。经初步核算，普查到的全区“经济家底”符合预期目标，吴江经济普查工作取得圆满成功，区经济普查办公室获评江苏省先进集体。

（金陈怡）

【统计规范化建设】 2019年，区统计局多措并举，加强统计规范化建设，创建省“双基”规范化工作示范单位，制定《2019年吴江区统计基层基础规范化建设工作要点》《2019年吴江区统计基层基础规范化建设工作实施方案》，在区、镇两级布置落实。规范化指导和验收新增联网直报单位、村（社区）等板块，发放《统计法律事务告知书》，对新增323家联网直报企业进行规范化建设验收，对各区镇50%行政村（社区）的“双基”规范化工作进行验收。为提高“四上企业”（规模以上工业企业、建筑企业、批零住餐企业、服务业企业）统计人员的工作积极性，规范统计基层基础工作，保障统计数据的上报时效和质量，自2019年起，区统计局向区政府申请专项经费对“四上企业”统计人员实行年度补助，由“四上企业”补助发放工作审核小组审核监督。是年，在全省统计基层基础规范化建设工作中，吴江区统计局获评县级统计规范化建设“十佳单位”，吴江区平望镇统计站获评乡镇（街道、园区）统计规范化建设“百佳单位”称号。（金陈怡）

【统计法治教育】 2019年，区统计局根据《中华人民共和国统计法》和《苏州市统计局统计执法“双随机”抽查办法（试行）》的规定，在江苏省统计依法行政平台上随机抽取、汾湖高新区（黎里镇）、平望镇12家联网直报企业进行统计执法检查，将结果上报至江苏省统计依法行政平台、“中国吴江”等网站，并按照规定公开。参与法治宣传“健步走”、扫黑除恶宣传、全国反邪教知识竞赛、“关爱民生法治行”等法治建设活动。组织相关人员参加两次执法培训考试，1人通过全国统计执法人员考试，4人通过苏州市行政执法人员资格考试。组织局机关、各区镇统计站和企业参加统计法律法规知识学习，夯实法治知识水平，提高工作素养。（金陈怡）

【统计宣传】 2019年，区统计局多维度加强统计宣传力度。按照上级要求将统计法律法规宣传培训纳入区委党校和区公务员培训计划中，进一步弘扬实事求是、求真务实的统计作风，强化领导干部在工作中的尊法学法守法用法教育。面向全区2700余家“四上”单位发放《统计法》知识问卷，要求企业负责人学习《统计法》并答题回收，在全区“四上企业”中加大统计法律宣传，培养统计法治精神，保障全区统计调查工作健康发展。联合城中社区志愿服务开展“统计知识进社区”宣传活动，集中摆设摊位发放统计宣传折页，面对面交流解答群众问题，努力让统计走进大众生活，提高社会关注度。（金陈怡）

【统计服务】 2019年，区统计局全方位提供统计数据资料服务。搜集、整理月度主要统计数据，编辑12期《统计月报》，撰写19篇经济运行分析报告和近20篇《吴江统计信息》，全面反映吴江区经济社会发展态势，准确、高效传递统计信息；及时提供苏州五市（区）主要经济指标情况，为领导决策提供参考依据；按时编印《2018年吴江统计年鉴》。把握区委、区政府推动高质量发展走在前列的精神要求，做好高质量发展监测评价考核各项工作。每月收集各部门60项共性指标完成情况，定期召开高质量发展部门汇报会，将高质量指标完成情况纳入区级机关效能考核，通过“三项制度”强力推动全区高质量发展快上新台阶。（金陈怡）

【统计监测】 2019年，区统计局围绕地区生产总值20项基础指标和高质量发展共性指标，定期召开相关部门指标分析会，针对薄弱环节，提出改进措施。抓好规上工业产值、全社会固定资产投资、限额以上社会消费品零售额、居民人均可支配收入等指标的月报、季报，及时为区委、区政府提供准确的统计数据和统计分析。（金陈怡）

【统计改革创新】 2019年，区统计局做好统计服务外包工作。对区级两级第四次全国经济普查工作名录库及人口抽样调查工作进行服务外包。制定《吴江区统计中介机构信用评价实施细则（试行）》，加强统计服务外包监管，规范统计中介机构行为。省、市统计局主要领导、分管领导以及周边县市统计局领导多次到吴江调研服务外包工作，对区统计服务外包工作给予肯定。区统计局在全省统计基层基础工作交流会上作典型经验介绍和交流。（金陈怡）

财　政

【财政收入】 2019年，吴江区完成一般公共预算收入223.1亿元，比2018年增收20.2亿元，增长9.95%。其中，税务部门完成205亿元，比2018年增收21.4亿元，增长11.66%；财政部门完成18.1亿元，比2018年减收1.2亿元，下降6.24%。

（裴一莉）

【财政支出】 2019年，吴江区完成一般公共预算支出218.17亿元，完成调整后支出预算的95.39%，比2018年（下同）增支25.1亿元，增长13%。其中与地区生产总值测算挂钩的八项财政支出171.6亿元，同比增长12.89%；累计民生支出172.78亿元，同比增长13.96%，占一般公共预算支出比重的79.2%。

（裴一莉）

【财政服务经济建设】 2019年，吴江财政部门推进供给侧结构性改革，贯彻落实《省政府关于降低实体经济企业成本的意见》，会同税务、人社、工信等部门，切实采取有效措施，降低企业成本。履行高质量发展产业政策牵头抓总职责，区级财政兑现产业政策资金11.8亿元；会同有关部门对高质量发展产业政策修订98条，其中调整69条、新增13条、取消16条，进一步提高产业政策的导向性和精准性。认真组织各级政策资金申报审核工作，积极配合区文体广旅局、工信局、科技局、金融办等单位向上争取资金4.32亿元。强化国有资本运作，做强做优东方国资公司产投基金，充分利用资本对产业发展的撬动作用，不断构筑“基金+项目+人才”的创新模式，累计入驻创投机构38家，设立商业性合作基金26支，投资210个项目，规模超过85亿元。深化与清控资本、英诺赛科、中车等重大项目的合作，提高资本运营效率和回报水平。规范运作苏州湾人才基金、区引导基金、科创基金、区域扶持基金及拨改投基金等政策性创投基金。（裴一莉）

【财政管理改革】 2019年，吴江财政部门建立项目资金集成管理模式，探索开发吴江区信息化建设项目管理系统，创新采用由主管部门牵头、总额控制的方式安排资金，对项目资金安排使用进行跨年度信息化管理。建立项目实施财承机制，对属于区级财政支出责任的500万元以上的政府投资公益性项目进行评估，作为对项目建设单位出具项目建议书的前置条件，并与财政预算对接；年度全区总投资61.27亿元，年度预算安排8.18亿元。预算执行动态监管系统上线运行，年内发生各类预警信息2793条，其中退回支付申请252条。积极推进非税收入收缴电子化工作，吴江区成为苏州大市首个非税收入电子化缴费系统和省统一公共支付平台实现成功对接的市辖区。纵深推进财政监管，积极开展财务飞检，加大“双随机、一公开”及重点专项资金的检查力度。落实政府债务规模控制和余额限额管理，规范做好地方政府债券申报发行工作，支持苏州市第九人民医院等区重大公益性项目建设资金需求，全年申报发行地方政府债券12.43亿元，其中新增债券6.93亿元、再融资债券5.5亿元。严格落实隐性债务化解方案，完成省地方政府隐性债务综合监管系统建设。（裴一莉）

【财政绩效管理】 2019年，吴江财政部门有序开展绩效评价工作。30个主管部门的67个财政支出项目纳入绩效管理，预算总额21.7亿元，67个项目的绩效目标信息在网上公开，并选择农业保险和生态补偿专项资金开展苏州市联动。（裴一莉）

【财政投资评审】 2019年，吴江区财政投资评审中心接收概算评审项目13个，金额6.51亿元；完成概算评审项目15个（含2018年结转），送审金额10.02亿元，审定金额9.52亿元，核减0.5亿元，核减率4.99%。

（裴一莉）

【政府采购】 2019年，区政府采购总金额51.75亿元，节约财政性资金5.11亿元，节约率8.99%。总采购金额比2018年减少1.02亿元，下降1.93%。其中，工程类采购金额30.17亿元，增加4.41亿元，增长17.12%；货物类和服务类采购金额21.58亿元，减少5.43亿元，下降20.1%。（裴一莉）

【会计人员管理】 2019年，吴江财政部门加强会计人员管理，组织全国会计专业技术中级、初级资格考试，开展政府会计制度培训及继续教育培训。做好高级会计师评审材料的报送工作，申报人数19人，获评14人。加强全区会计代理记账机构管理，开展代理记账机构执业检查及信用评价工作，规范代理记账业务，提高会计工作质量，促进代理记账行业健康发展。

（裴一莉）

税　收

【概况】 2019年，区税务局深入开展“不忘初心、牢记使命”主题教育，围绕高质量推进税收现代化的目标任务，聚焦税收工作主题主业主线，不断巩固扩大国税地税征管体制改革成果，展现新机构的新形象、新作为。区税务局获评“江苏省国税地税征管体制改革先进集体”“江苏省文明单位”，通过“省级廉政文化示范点”验收，盛泽税务分局获评“全国税务系统先进集体”。（李　倢）

【减税降费】 2019年，区税务局坚决落实党中央、国务院作出的实施更大规模减税降费这一重大决策部署，认真落实各项政策措施，成立减税降费办公室和行动党支部，细化落实10批次368项工作清单，全年兑现税收优惠174.85亿元，占同期税收收入的48.39%，其中新增减税降费52.38亿元，占全市新增减税降费的9.94%；深化增值税改革，落实增值税降率等政策，减免增值税28.57亿元；落实小微企业普惠性减税政策，减免6.39亿元；个人所得税改革全面落地，重点落实六项专项附加扣除政策，新增减税9.34亿元，惠及12.77万名纳税人。先后获苏州市人大常委会肯定性批示1次，获区委、区政府主要领导肯定性批示3次。（李　倢）

【税收收入】 面对中美贸易摩擦、经济下行压力和更大规模减税降费政策的实施，区税务局聚焦主责主业，积极主动向地方党委政府汇报减税降费、组织收入基本情况，合理调整收入预算。全年组织各项收入461亿元，同比增长12.16%。其中，税收收入361.4亿元，同比增长8.21%；非税收入99.6亿元，同比增长29.3%。累计完成地方公共预算收入206.12亿元，同比增长12.27%。办理免抵调库7.42亿元，同比少调1.89亿元。细化税种征收管理，企业所得税汇缴5.26万户，汇缴入库18.88亿元；实施土地增值税清算多级审核，在区税务局土地增值税清算团队的共同努力下，全年完成土地增值税清算项目20个，完成计划任务117.65%；社会保险费顺利划转，全年征缴入库87.56亿元，机关事业单位和企业社保费征缴率分别为100%、99.5%。（徐燕萍）

【从严治党】 2019年，区税务局根据“守初心、担使命、找差距、抓落实”总要求，精心谋划开展“九个一”活动，针对总局11项专项整治和区税务局专题民主生活会查摆出的问题，细化形成80项整改任务和147条具体整改措施，建立健全14项风险防控长效机制，着力提升税务机关服务大局和改革创新的能力。自觉承担意识形态工作责任，增强“四个意识”，坚定“四个自信”，做到“两个维护”；持续深化全面从严治党，层层签订全面从严治党责任书，制定落实工作要点和“两个责任”事项清单；稳步推进党支部标准化、规范化建设，继续开展“一支部一品牌”创建工作，召开党建品牌评审会，丰富完善“样样红”“税苑先锋”“太湖红帆”等党建品牌，不断凝聚“红色”向心力。（李　倢）

【税收征管】 2019年，区税务局稳步完善征管体系建设，围绕建立优化、高效、统一的税收征管新格局改革目标，落实税收征管职责清单和工作规程，规范个体税收委托代征管理，上线增值税发票系统2.0版，有序备战“金三”并库工作。全面深化税收风险管理，全年完成省、市、区三级风险应对任务2022户，入库成效3.7亿元，实现总成效6.6亿元，比2018年增长11.86%。先后对建筑、混凝土、人力资源行业开展专项整治，全面开展第三次打击虚开骗税专项行动，联合苏州市第一稽查

2019年吴江区税务局各税种入库明细表

单位：万元

税　种	金　额	税　种	金　额
税收收入合计	3613542	契税	231970
国内增值税	1607350	耕地占用税	6654
国内消费税	5700	印花税	25939
企业所得税	942217	车船税	16938
个人所得税	188060	环境保护税	10347
城市维护建设税	126905	资源税	0
土地增值税	226493	车购税	69832
房产税	99783	其他税收	4752
城镇土地使用税	50602		

（徐燕萍）

2019 年吴江区税务局各项基金、费入库明细表

单位：万元

税　种	金　额	税　种	金　额
非税收入合计	996518	工会经费收入	12834
教育费附加	60051	残疾人就业保障基金	6124
地方教育附加费	40067	税务部分罚没收入	119
文化事业建设费	368	废弃电器电子产品处理基金收入	1325

（徐燕萍）

7月3日，减税降费专题新闻沙龙　　（吴　斌　摄）

局与公安经侦部门，核查1064户涉嫌企业，补缴税款及滞纳金、罚款1.17亿元。加大欠税追征执行力度，落实欠税追征“一户一档”管理，全年清理旧欠4160.71万元，汾湖、震泽、七都、松陵四个分局实现当年无新欠。深化司法税收协作，形成《推进司法涉税协作机制会议纪要》，制定区税务局司法涉税操作规范，全年向法院发出扣税通知书389份，法院协助扣税税款3.98亿元；严把破产涉税管理责任关，申报破产企业债权118户，破产环节分配各类税费收入3.44亿元。　（李　倢）

【纳税服务】 2019年，区税务局响应国家战略，第一时间成立长三角一体化工作小组，与青浦、嘉善税务局多次开展三地工作交流，全面梳理执法规范对标、纳税服务对标、信息系统对标等方面工作，对接向上反馈。跨区自助设备入驻汾湖高新技术开发区分局办税厅，设立“长三角一体化”办税专窗，初步实现远程智能咨询。参与开发并宣传应用“智能咨询平台”，打通特服号电话咨询、QQ群网络咨询两大平台，吴江税务特服号9条咨询热线全年接听电话10.68万次，接通率95.82%，最高单日人均接听量105.78次，QQ群每日平均解答纳税咨询150个。大力推行“最多跑一次”改革，窗口平均等候时间、办结时间分别压缩至5.9分钟和5.3分钟，新办企业套餐办结时间缩短至10分钟左右；开展发票配送微信实名签收服务，“不见面审批”占比97.56%；优化税务注销程序，实施分类注销，即办注销占比94.3%；不断延伸契税不动产交易网点，办理时间从半天缩短到平均15分钟左右。在年度全省纳税人满意度测评中，区税务局位列苏州大市第二、全省前列。　（李　倢）

（本栏编辑　陈凤贤）

综　述

【概况】2019年，全区工业经济保持平稳，质效提升。实现工业总产值4500亿元，其中规模以上工业总产值3626亿元。工业用电252亿度。纳入统计的工业企业16299家，其中内资企业15332家、外资企业967家；工业资产总额4131亿元，其中内资企业2758亿元、外资企业1373亿元。工业企业职工平均人数379997人，其中内资企业189487人，外资企业190510人。全区规模以上工业企业全年主营业务收入超亿元企业599家，超50亿元企业10家，超100亿元企业2家。全区累计有苏州市地标型企业7家。

（顾春华　孙筱霞）

2019年吴江各区镇工业总产值、开票收入情况表

区　镇	工业总产值（亿元）	工业开票收入（万元）
合　计	4689.15	49563363
吴江开发区	1643.00	16074118
汾湖高新区（黎里镇）	711.39	7185033
吴江高新区（盛泽镇）	829.70	9801963
东太湖度假区（太湖新城）	231.41	2412573
七都镇	484.40	5558494
桃源镇	196.04	1931307
震泽镇	202.00	2563632
平望镇	391.21	4036243

注：表格中的工业产值与文中的工业产值统计口径不同。

（顾春华　孙筱霞）

2019 年吴江各区镇规模以上工业利润总额、流转税金及附加、全部职工平均人数情况表

区　镇	利润总额(万元)	流转税金及附加(万元)	全部职工平均人数(人)
合　计	2065013.6	149030.7	379997
吴江开发区	861580.8	55524.2	161889
汾湖高新区(黎里镇)	273078.9	29748.5	67139
吴江高新区(盛泽镇)	373085.2	26016.7	61632
东太湖生态旅游度假区(太湖新城)	145352.8	7903.9	17359
七都镇	104165.6	7980.1	15415
桃源镇	45178.2	4573.3	14135
震泽镇	26198.8	6343.3	17362
平望镇	236373.3	10940.7	25066

（顾春华　孙筱霞）

2019 年吴江区工业主要产品产量表

序号	产品名称	单位	年产量	序号	产品名称	单位	年产量
1	丝织品	万米	1472789	17	缝纫设备	台	367370
2	其中:真丝织品	万米	467	18	除尘设备	台	576
3	炼染印丝织品	万米	415186	19	除尘设备	吨	14105
4	其中:化纤织品	万米	409427	20	铸铁件	吨	141022
5	其中:印花织品	万米	8278	21	铝	吨	132399
6	聚酯切片	吨	880461	22	铜	吨	266734
7	合成纤维	吨	5957380	23	亚麻布	万米	8050
8	白厂丝	吨	77	24	亚麻纱	吨	11700
9	服装	万件	226212	25	鞋	万双	877
10	羊毛衫	万件	35122	26	电扶、梯	台	69705
11	通信电缆	万对公里	684	27	塑料制品	吨	17508
12	光缆	万芯公里	2551	28	显示器	台	6010493
13	食用油	吨	38206	29	手机	台	1166320
14	酒类产品	吨	4280	30	键盘	个	43702206
15	彩钢夹心板	万平方米	1663	31	液晶显示模组	万台	9041
16	水泥	万吨	279				

（顾春华　孙筱霞）

【民营经济发展标杆】 2019年，吴江区全力打造民营经济发展标杆。着力构建现代产业发展新体系，四大主导产业占全区工业经济总量的80%，新兴产业产值占规上工业产值比重52.7%，先导产业产值占规上工业产值比重16.8%。加快形成民营经济发展新优势，"国家先进功能纤维创新中心"采用"企业+联盟"形式，是江苏首家、全国唯一由民营企业成立并建

设的国家级制造业创新中心；民营企业中高新技术企业534家；全社会研发投入占地区生产总值比重的2.9%；万人有效发明专利拥有量超50件；国家级企业技术中心累计10家；企业"专精特新"发展，恒力化纤获评国家级制造业单项冠军示范企业，新增8家省"专精特新小巨人"企业。积极营造创新创业创优新环境，持续开展"双招双引"*，人才总量突破30万人，其中高层次人才超2.45万人；上市公司再融资发行数量和规模均列苏州第一；研究出台《吴江区聚焦企业关切进一步优化营商环境实施方案》，建立优化营商环境工作联席会议制度。加快打造高素质企业家新队伍，弘扬企业家精神，区融媒体中心开设"推动高质量发展，吴江民企在行动"专栏，在新媒体平台发布相关报道超700条；区工信局组织企业家开展座谈、培训和外出考察学习活动，服务企业5300余家。

（顾春华　孙筱霞）

【民营企业概况】 2019年，吴江区民营经济在全省保持领先地位，全区登记的私营企业75261家，注册资本4238.22亿元，其中纳入统计的民营工业企业15332家，总资产2758亿元。全年民营工业完成总产值3101亿元，实现销售收入3159亿元，完成工业增加值631亿元，完成利税219亿元，完成工业投资123亿元，分别占全区工业经济总量的64.32%、65.93%、62.08%、69.51%和72.35%。

（顾春华　孙筱霞）

【民营规模企业】 2019年，全区民营经济总产值3101亿元（占全区工业总产值的64.32%），民营经济注册资本累计4238.22亿元。恒力集团跃升至世界500强第181位，上升54位；恒力、盛虹、亨通、通鼎再次上榜中国企业500强，其中恒力、盛虹、亨通3家企业营业收入首次破千亿，永鼎等5家企业入选中国民营企业500强，6家企业入选省自主工业品牌50强，继续领跑全国县级市（区）。

（顾春华　孙筱霞）

【丝绸文化传承与发展标杆】 2019年是实施区委、区政府《全力打造丝绸文化传承与发展标杆三年行动计划（2018—2020年）》的冲刺之年。在区丝绸文化传承与发展领导小组各成员单位努力下，按照"打通丝绸之脉、厚植丝绸之根、弘扬丝绸之魂"的总体思路，稳步推进各项重点任务，丝绸特色版块建设有序推进，丝绸品牌、质量较快提升，丝绸文化活动密集开展，2019年全区丝绸行业实现销售收入23.47亿元，比2018年增长4.8%，丝绸电商完成销售近2.6亿元，拓展区外茧丝基地233.33公顷，吴江丝绸文化创意产业园获"全国纺织服装创意设计试点园区"称号，为吴江首家。

吴江工信局作为打造丝绸标杆牵头部门，协调部门、区镇和企业，建立工作机制，按季跟踪、通报重点任务推进情况；研究梳理振兴丝绸产业有关扶持政策、修订完善规模丝绸企业培育扶持政策，提高政策受众面；定期走访调研丝绸产业发展状况，提出发展建议和措施。是年，召集20个相关部门和4个区镇召开工作推进会，提出2019年工作措施和要求；召集丝绸协会和区内12家重点丝绸企业召开座谈会，倾听企业家呼声，共商提振丝绸产业对策。

（顾春华　孙筱霞）

【转型升级】 2019年，全区工业努力化解瓶颈制约，加快转型升级步伐。培育战略性新兴产业，涉及新型平板显示、新材料、新能源、高端装备、生物医药等

5月28日，服务民营经济高质量发展新闻沙龙举行　（吴　斌　摄）

八大行业。目前，全区纳入统计口径的规模以上新兴产业企业278家，2019年实现规上产值1912.67亿元，占规模以上工业总产值比重52.7%；在2018年区先导产业统计库的基础上，重新摸排，认真梳理出一批具有高成长性、代表新技术发展方向的优势企业，确定先导产业企业78家。深入推进差别化配置改革，修订出台《吴江区工业企业综合评价分类实施办法(修订)》(吴政办〔2019〕44号)、《推进吴江区工业企业资源要素差别化配置改革的实施意见(修订)》(吴政办〔2019〕45号)。拓展工业企业资源集约利用系统功能，初步建立吴江本地系统库，在大数据专项中增加丝绸、印染、化工等查询模块，启用水电表落图App并实现全覆盖，领先全市。是年，完成现有地块水表上图99.64%、电表上图99.58%，D类企业转型升级处置率95.06%。以租赁信息、综合素质信息为基础，采用以地块为主体的方式进行综合评价，并结合全省首创的企业线上申报系统提升评价精准度，对13011户参评企业发布A、B、C、D等级，分别为1927户、6209户、4204户、671户。是年，政府回购、收储或"三优三保"*D类企业土地99.2公顷，有75.53公顷土地流转，盘活存量土地，腾出发展空间。依托资源集约利用系统，推进"去产能"专项行动、"减化""两高一低"(高污染、高能耗、低产出)行业综合整治及铸造产业整治提升工作。2019年全区关停及淘汰低效产能企业275家，其中化工企业36家，腾出土地170多公顷，继续走在苏州前列。提前一年完成铸造产业整治提升三年任务，率先开展产能摸排和等量置换探索。吴江转型升级成效显著，继续获省"促进制造业创新转型和高质量发展、先进制造业集群培育等工作成效明显的地方"称号。

（顾春华　孙筱霞）

【工业技改投入】2019年，全区工业投资和技改投资分别完成174.3亿元、148.5亿元，同比增长7.5%、13.5%，拉动作用明显。区工信局组织企业申报省、苏州市重点项目投资计划，为重大项目获得上级财政支持做好基础工作。全区有江苏亨通光电有限公司"超低损耗光纤产业化技术改造项目"等5个项目列入2019年江苏省重点工业投资项目，项目总投资68.6亿元，2019年计划投资17.9亿元，实际完成投资17.3亿元；高创(苏州)电子有限公司"京东方智造服务产业园项目"等12个项目列入2019年苏州市重点工业投资项目，项目总投资96.4亿元，2019年计划投资29.2亿元，实际完成投资29.3亿元。其中法兰泰克重工股份有限公司"年产欧式起重设备2.5万吨项目"等8个项目超额完成年度计划投资，江苏亨通光电有限公司"超低损耗光纤产业化技术改造项目"完成全部投资计划、顺利达产并通过工业强基项目专家验收。新创建省级示范智能车间45个，全区累计建成省级示范智能车间124个，占全省总数的13.8%，继续保持在省市的领跑地位。同时，申报并通过认定苏州市级示范智能车间21个、累计107个，居全市首位。此外，组织佳力高纤成功申报2019年省工业企业重大技术改造项目、获扶持资金1000万元，永鼎股份等43家企业获得2019年省工业企业技术改造综合奖补资金1394万元，71家企业获得2019年市级综合奖补切块资金1317万元。

（顾春华　孙筱霞）

【企业服务体系建设】2019年，区工信局紧紧围绕本局中心工作，树立"用户思维"，注重"客户体验"，精准把握中小企业的真实需求，确保服务让企业"解渴"、受企业欢迎。不断完善服务功能、优化服务布局、壮大服务队伍，进一步提升服务体系的水平和能力，为提高中小企业群体的整体运营质量和供给效率提供有力支撑。全年开展政策宣传4场、管理培训27场、对接考察10场、市场拓展12场等53场服务活动，服务企业5300余家。持续推进中小企业企业家联盟建设，吸纳亨通、博众、康力等10家龙头大企业加入联盟成立大企业培训组，综合保税区牵头成立综保区电商企业家组，成立吴江中青年企业家三班小组。重视企业人才素质提升，打造吴江中青年企业家培训班品牌，继续与区人才办合作举办中青年企业家北大系列培训班；组织开展"海尔管理""大客户战略营销与客户管理""新常态下中国经济发展与转型""项目管理""EHC企业增长模式突破"5期高端管理课程学习；举办财税新政、政策宣讲等不同主题的讲座27场。强化企业梯队培育，完善新地标企业认定标准，新地标企业在库企业51家，其中新增10家，复评通过41家，分别培育首超20亿元、10亿元、5亿元新地标企业1家、3家、2家；引导"专精特新"发展，恒力化纤获评国家级制造业单项冠军示范企业，赛伍应用等8家企业获评省"专精特新小巨人"企业，迈为科技等26家企业获评苏州市"专精特新"示范中小企业，占全市1/4，居于苏州大市前列。推进公共服务平台建设，盛虹检测获评国家中小企业公共服务示范平台，6家2016年以前省三星级以上服务平台通过省工信厅复评，12家公共服务平台实现营业收入3.01亿元，提供综合技术服务16.27万次，专业性技术服务24.07万次，服务企业3.38万家次。

（顾春华　孙筱霞）

2019年吴江区中小企业公共服务平台名单

序号	单位名称	序号	单位名称
1	吴江绸都盛泽电子商务信息有限公司	7	江苏亿友慧云软件股份有限公司
2	苏州中纺联检验技术服务有限公司	8	苏州中纺联创意服务有限公司
3	江苏盛虹纺织品检测中心有限公司	9	吴江思源创业服务有限公司
4	苏州市吴江区中小企业服务中心	10	苏州华业检测技术服务有限公司
5	苏州康润医药测试服务有限公司	11	苏州市吴江区检验检测中心
6	吴江市金鼎净化钢构研究所有限公司	12	吴江万商信息技术服务有限公司

（顾春华　孙筱霞）

【企业政策扶持】 2019年，区工信局为全区工业企业向上争取资金和项目申报。协助企业申报国家、省、苏州市级项目，至年底下达资金2.58亿元，其中国家级和省级两项资金合计逾1.6亿元。为全区工业企业争取16个国家级荣誉。国家级制造业创新中心1家，国家级工业设计中心1家，国家级技术创新示范企业1家，工信部制造业单项冠军示范企业1家，国家规划布局内重点软件企业1家，工信部制造业"双创"平台试点示范项目1个，纺织服装创意设计试点园区（平台）1个，国家级绿色工厂4家，中小企业公共服务示范平台1个，国家级绿色设计产品2个。争取江苏省荣誉21类255项，继续获评江苏省推进制造业创新转型成效明显市、县（市、区）。

（顾春华　孙筱霞）

【墙材革新应用】 2019年，吴江区墙改办继续推进新墙材革新应用，全年新型墙体材料总产量14.27亿块（折标砖），是2018年产量的1.5倍，节约土地310多公顷，利用固体废物217万吨，减少二氧化碳排放4100万吨；返退新墙材应用项目41个，面积328.02万平方米，返退墙改基金2563.56万元，基金返退率97.77%。

（顾春华　孙筱霞）

新兴产业

【概况】 2019年，吴江新兴产业保持稳定发展，列入苏州市新兴产业统计库企业278家，全区规模以上新兴产业实现产值1912.67亿元，较2018年度的1893.69亿元增加近19亿元，占全区规模以上工业产值的52.7%。完成新兴产业投资132.8亿元，比2018年增长9.6%。万工机电的3D仿形织物智能织造装备项目获得当年度省高端装备研制赶超工程正式立项。

（顾春华　孙筱霞）

【"拨改投"基金】 2019年，区工信局完成9家企业"拨改投"项目评审工作，向新兴产业"拨改投"基金管委会推荐明志科技、久富农机、中舰智能、汉塔纺织、琼派瑞特等5个项目。"拨改投"基金作为区属政策性的天使投资基金，累计投资23个项目，合计金额8595.8万元，其中6个项目在"新三板"挂牌，1个项目（迈为科技）在创业板上市。

（顾春华　孙筱霞）

【省首台（套）示范及奖励】 2019年，江苏省工信厅组织首台（套）重大装备及关键部件认定。吴江有6个产品通过认定，分别为东南电梯股份有限公司的

TKJC400/0.5船用升降机、博众精工科技股份有限公司的M3382电动助力转向柱智能化装配生产线、程泰机械(吴江)有限公司的GLS-1500LS数控车床、苏州凌创电子系统有限公司的XTRON2000车用摄像模组装配智能调焦设备、苏州明志科技有限公司的MZZX55型精密铸造机器人智能砂芯生产装备、苏州信能精密机械有限公司的MB42100Z-2型汽车发动机缸体孔数控多轴复合珩磨机。这些产品达到国内先进水平，具有广阔的市场前景，推动吴江高端装备创新发展。 （顾春华　孙筱霞）

【江苏澳盛复合材料科技有限公司】 创立于2002年，经过十多年的发展，产品从最初的碳纤维织布到现在的碳纤维复合材料，满足不同层次的客户需求。建有江苏省工业设计中心、江苏省企业技术中心、江苏省碳纤维复合材料批量化制造和应用工程技术中心、苏州市碳纤维复合材料工程技术中心、苏州市工业设计中心、苏州市企业技术中心等6大研发平台，并和中科院宁波所、苏州大学进行产学研合作。2019年实现销售9.6亿元，比2018年增长129%。 （顾春华　孙筱霞）

【苏州迈为科技股份有限公司】 成立于2010年，为国产第一台全自动太阳能电池印刷生产线的研发生产企业，产品面向太阳能电池行业和OLED面板行业的核心生产设备，迈为股份的太阳能丝网印刷设备经过多年的技术积累与市场验证，全球市场份额位居前列，打破该设备领域进口垄断的格局，远销新加坡、马来西亚、泰国、越南、印度等海外市场，实现少有的高端装备的对外出口，树立优质的民族品牌。迈为股份坚持自主研发为核心，依托企业技术平台，承担江苏省重大成果转化项目、产品被评为江苏省重大装备首台套，2017年被认定为省级企业技术中心，2018年建立江苏省工程技术研发中心，同年设立博士后科研工作站。公司于2018年11月9日在深圳证券交易中心上市。（顾春华　孙筱霞）

【苏州智华汽车电子有限公司】 成立于2012年，拥有以清华大学汽车工程系技术骨干为核心的技术开发团队，是一家拥有自主知识产权，集研发、生产、销售、服务于一体的高新技术企业，公司长期专注于汽车智能驾驶辅助系统的研发和生产，以特有的图像传感和智能识别处理技术为核心，开发出车道偏离报警系统、前向碰撞预警系统、全景影像系统、倒车影像辅助等多个汽车智能安全驾驶系统。在车载智能监控、智能安全辅助驾驶等多个领域开发出一系列产品，运用于多家国内外知名汽车品牌，“基于车联网的智能辅助驾驶的研发及产业化”获评2019年度省重大技术攻关项目。 （顾春华　孙筱霞）

【苏州众合生物医药科技有限公司】 成立于2013年10月，注册资金48600万人民币，是上海君实生物医药科技股份有限公司全资子公司，主要致力于应用前沿技术进行单克隆抗体生物类似药、创新单抗的产业化，产品主要覆盖肿瘤、自身免疫性疾病等领域，是国内最先进的创新型抗体药物研发公司之一。2018年12月，国家药品监督管理局有条件批准首个国产PD-1单抗——特瑞普利单抗注射液上市，这是众合生物独立研发、具有完全自主知识产权的生物制品创新药品，用于治疗既往标准治疗失败后的局部进展或转移性黑色素瘤。2019年度企业销售首超6亿元。 （顾春华　孙筱霞）

支柱产业

【概况】 2019年，全区规模以上工业中，丝绸纺织、电子资讯、光电缆、装备制造四大主导产业实现产值2924.3亿元，占规上工业总产值的80.64%。

全区有各类丝绸纺织生产企业6637家，完成规模以上工业产值1007亿元，占全区规模以上工业总产值的27.8%。是年，原油价格下行，PTA低位震荡、下半年跌幅较大，涤丝原料库存上升，低端纺织产品产能过剩影响体现，产品价格下降，企业利润有所下滑。丝绸纺织业全年实现销售1663亿元，比2018年(下同)增长4.7%。

全区有电子资讯业企业814家，完成规模以上工业产值822.4亿元，占全区规模以上工业总产值的22.67%。电子资讯业处于结构调整期，部分企业搬迁或转移、中美贸易摩擦影响、客户单一导致订单流失等因素没有逆转性改变。电子资讯业全年实现销售846.8亿元，下降6.96%。

全区有光电缆企业144家，完成规模以上工业总产值204.5

亿元，占全区规模以上工业总产值的5.64%。其中电线电缆子行业持续增长，光纤光缆子行业增产不增收。光电缆业全年实现销售334.7亿元，下降7.94%。

全区装备制造业有各类生产企业4735家，完成规模以上工业产值860.4亿元，占全区规模以上工业总产值的23.73%。其中，85家智能装备企业实现开票销售465.7亿元，增长10.83%。电梯业受益于下游房地产行业需求的回暖、国家基础设施轨道交通项目建设提速，发展稳健。装备制造业全年实现销售1066亿元，增长10.38%。（顾春华 孙筱霞）

【江苏首家国家级制造业创新中心落户吴江】 2019年6月12日，工业和信息化部在吴江盛泽组织召开国家先进功能纤维创新中心建设方案论证会。6月25日，国家先进功能纤维创新中心获工业和信息化部发文批复，成为江苏省首家、全国第13家国家级制造业创新中心。创新中心由盛虹控股集团旗下江苏国望高科纤维有限公司与上海东华大学按照“公司+联盟”的模式共同牵头创建，首批由9家股东单位和9家联盟单位组成，在吴江区注册实体公司——江苏新视界先进功能纤维创新中心有限公司，首期注册资金1亿元人民币。创新中心首席科学家由东华大学校长——院士俞建勇担任，董事长由盛虹控股集团缪汉根担任，日常运营采取技术和管理双轮驱动的模式，中心主任（COO负责日常运营管理）由中国化纤协会副会长王玉萍担任，总经理（CEO负责研发创新管理）由东华大学院长王华平担任。创新中心设立由5位行业院士领衔的战略咨询委员会和运行决策委员会。创新中心覆盖50%以上纺织行业领域的国家重点实验室、国家工程实验室、国家企业技术中心、国家工程技术中心、国家工程研究中心等国家级创新平台，拥有万吨级熔体直纺中试装置、碳纤维复合材料试验公共服务平台、纺织品及纤维检测中心等研发资源。创新中心主要围绕先进基础纤维新材料、关键战略新兴纤维新材料和前沿纺织新材料，突出协同创新导向，通过整合产业链上下游各类创新资源，努力攻克行业关键共性技术，打破国外垄断，实现自主可控。（顾春华 孙筱霞）

6月12日，国家先进功能纤维创新中心建设方案论证会举行

（区工信局 提供）

【5G智慧工业园联合创新平台苏州试点启动】 2019年7月12日，中国移动苏州分公司与亨通通信产业集团签订“5G+”智能制造联合创新战略合作协议，5G智慧工业园联合创新平台苏州试点启动。根据协议，双方强强联合、协同发展，携手推进“5G+”计划，通过5G智慧应用为工业产业提供高质量的发展新引擎。5G智慧工业园作为实验平台，亨通的每个模块在这个平台上进行测试完成迭代，并推广至集团各个园区优化形成成熟的解决方案，面向制造业以及垂直行业，推出标准化的智慧园区和智能工厂解决方案。（顾春华 孙筱霞）

【恒力集团升至《财富》世界500强第181位】 2019年7月22日，《财富》杂志公布“《财富》世界500强排行榜”，恒力集团以561.99亿美元的营业收入再次上榜，列第181位，较2018年提升54位。恒力集团“从一滴油到一匹布”的完整产业链业务体系构筑成型，推动恒力集团有力占据行业炼化、芳烃等上游产能的领先优势，优化、提升经营业务结构与一体协同运营，增强持续盈利能力与经营抗风险水平。（顾春华 孙筱霞）

【全国首个“共享工场”澳拓美盛

【智慧共享工场在青岛揭牌】 2019年7月30日，位于青岛胶州市李哥庄镇的“澳拓美盛智慧共享工场”揭牌，作为全国首个“共享工场”，首次实现生产资料的智慧共享，为中小企业破解转型困局。“共享工场”使制帽行业单环节成本降低30%，在解放传统劳动力的同时，实现100%标准化生产，加速李哥庄制帽业从“制造”向“智造”迈进。

（顾春华　孙筱霞）

【康力电梯再次入围全球电梯制造商10强】 2019年10月10日，“2019全球电梯制造商10强”发布会在北京召开，吴江电梯制造产业的龙头企业康力电梯再次入围“全球电梯制造商10强”，列该榜单第十位，是该榜单中唯一的中国企业。康力电梯列“2019中国电梯制造商15强”第一位。

（顾春华　孙筱霞）

【盛虹集团5年完成15项国际标准修订】 2019年10月13~18日，第22届ISO/TC38国际标准会议在意大利特雷维索召开，作为中国代表团成员及印染国际标准化秘书处单位，盛虹集团与来自24个正式成员国、17个观察成员国的代表，国际顶尖专家和优秀企业共话全球纺织行业新发展。这是盛虹集团自2011年以来连续第5次参会。盛虹集团代表ISO标准化组织/TC38纺织品技术委员会/SC1有色纺织品及染料测试技术（简称ISO/TC38/SC1）委员会秘书处作2018—2019年度工作报告。盛虹接手秘书处工作以来，完成修订沾色评级用灰卡、耐光照色牢度、耐氮氧化物色牢度、耐摩擦色牢度等15项ISO国际标准。盛虹集团主导制订一项国际项目标准——《纺织品化学纤维长丝沸水收缩率试验方法》。该标准规定化学纤维变形丝和非变形丝沸水收缩率的实验方案，是全国化纤行业第一项国际标准，实现国内化纤企业主导制修订国际标准零的突破，向国际标准化组织交上一份满意的答卷。

（顾春华　孙筱霞）

电力工业

【概　况】 2019年，全区全社会用电量288.35亿千瓦时，比2018年（下同）增长1.64%；企业供电量278.34亿千瓦时，增长1.52%；售电量274.87亿千瓦时，增长1.98%；调度口径最高负荷445.2万千瓦，增长2.96%，创历史新高。至年底，全区拥有35千伏及以上变电站87座，主变容量1445.28万千伏安。其中，220千伏变电站15座，主变容量750万千伏安；110千伏变电站58座，主变容量648万千伏安；35千伏变电站14座，主变容量47.28万千伏安。35千伏及以上送电线路210条，共计1878.94千米。全区营业户68.45万户，总装接容量1888.78万千伏安。至年末，全区有地方（热）电力生产企业12家，装机容量1104.50兆瓦；省调（热）电力生产企业3家，装机容量870兆瓦。

2019年，国网苏州市吴江区供电公司获评“2016—2018年度江苏省文明单位”“2017—2018年度江苏省守合同重信用企业”“吴江区‘一联双管’优秀成员单位”等称号。公司下设9个职能部室、4个业务实施机构、1个其他二级机构和10个供电所，有全民职工335人，集体职工35人，供电所人员507人。

（曹晓君）

2019年吴江电厂主要技术经济指标一览表

企业名称	是否自备电厂	装机容量（兆瓦）	机组数（台）	锅炉容量（吨/小时）	年燃煤消耗量（万吨）	年发电量（万千瓦时）	年供热量（吨）
江苏华电吴江热电有限公司△	否	360	2	190	0	157000	228180
苏州苏盛热电有限公司△	否	150	4	1040	94.95	98112	3400000
大唐苏州热电有限责任公司△	否	360	4	225.50	0	144700	839416.53
苏州苏震热电有限公司△	否	50	2	390	16.56	23572	863267
吴江环保电厂△	否	36	2	146	0	27200	0
江苏东方盛虹股份有限公司盛泽（丝绸）热电厂	是	54	5	750	63.60	25475	3389662

（续　表）

企业名称	是否自备电厂	装机容量（兆瓦）	机组数（台）	锅炉容量（吨/小时）	年燃煤消耗量（万吨）	年发电量（万千瓦时）	年供热量（吨）
吴江艺龙实业有限公司	是	12	2	180	7.67	6782	353454
盛虹集团有限公司热电分厂	是	36	3	600	56.02	23401	2713083
吴江罗森化工有限公司	是	24	3	355	33.31	12274.76	1740761.90
三联印染有限公司	是	6	1	150	8.32	4187	592109
吴江南玻玻璃有限公司	是	12	1	46	0	5900	0
东吴水泥热电厂	是	4.50	1	27	0	2228.79	0

注：加△者为省调（热）电力生产企业，其他为区调（热）电力生产企业。（曹晓君）

7月29日，高温供电巡线员开展工作　（吴　斌　摄）

【电网建设】 2019年，国网苏州市吴江区供电公司积极开展2021年16项电网工程项目的规划和核准前期工作，完成全区158个单元制网格设计精度规划。开工建设35千伏及以上输变电项目8项，投运220千伏庄田变异地改造工程，110千伏金庄变扩建工程、屯村变扩建工程、永乐变扩建工程、新城变新建工程和水乡—金家坝T接凌益变#2主变110千伏线路工程，新增主变容量70.6万千伏安，线路14.24千米。配农网建设协调推进，全年高质量完成4407项配农网升级建设工程，农网绝缘化率100%。实施长三角跨区域配电网互联互通工程建设，贯通吴江—青浦首条10千伏线路联络工程。（曹晓君）

【能源变革】 2019年，国网苏州市吴江区供电公司加强电力需求侧管理，累计完成22个社会节能项目，推动社会节约电量1100万千瓦时。积极推广校园电气化、餐饮全电化改造，同里全电街区一期项目受到社会赞誉。加快绿色充电网络建设，充电设施利用率稳步提高，全年累计充电电量328.19万千瓦时，比2018年增长295.44%。加强质量管理优秀成果转化，“以提升用户感知为导向的配网主动抢修系统”获第四届全国质量创新大赛最高奖，该项目的实施使同里地区实现2.8万户停电故障实时研判、402个台区主动运维。（曹晓君）

【供电服务】 2019年，吴江地区电力营商环境持续优化。持续开展报装接电专项治理活动，高压用户平均办电时间压减至32.23天，低压非居民客户平均接电时间压减至6.58天。推行电力业务线上办理，完成区行政服务大厅供电营业窗口设置。积极落实减税降费政策，推行电力市场化交易，累计为企业减少用电支出13.29亿元。完成庆祝新中国成立70周年等重要保电任务69项。（曹晓君）

（本栏编辑　沈　瑶）

“三农”综述

【概况】 2019年，根据《苏州市吴江区机构改革方案》，将原区委农村工作办公室和原区农业委员会的职责整合，组建农业农村局。吴江区农业农村局坚持农业农村优先发展总方针，以乡村振兴战略推进实施为总抓手，聚焦高质量发展主题，推进村级集体经济发展、农村集体“三资”（资金、资产、资源）监管专项治理、脱贫攻坚等重点工作，加大“三农”攻坚力度，维护农村经济社会稳定，推动吴江农业农村高质量发展快上新台阶。全年实现农民人均可支配收入34879元，比2018年增加8.3%；村级稳定性收入10.5亿元，村均稳定性收入447万元。（沈雨岑）

【从业人员结构】 2019年，全区农村从业人员29.78万人，其中男性15.12万人，女性14.66万人。农村从业人员中，从事第一产业3.55万人，从事第二产业18.16万人，从事第三产业8.07万人。（沈雨岑）

【承包土地流转入股】 2019年，全区累计组建土地股份合作社163家，全区入股土地面积22740公顷，占农户承包耕地总面积71.4%。其中整村土地股份合作社97家，入股土地面积18373公顷，占入股土地总面积80.8%，震泽镇全部农业村均实现整村入股。根据《关于调整全区生态补偿政策的通知》要求，继续落实《吴江区水稻田生态补偿办法(暂行)》，按420元/亩对村予以生态补偿，对整村流转入股种植水稻的村另给予150元/亩生态补偿；出台《关于完善村集体统一流转承包土地收益分配的指导意见》，就完善村集体统一流转承包土地收益分配方案提出指导意见，切实保障农民利益，维护农村社会稳定。（徐　政）

【农业专业合作经济组织】 2019年，全区有工商登记农民专业合作社380家，家庭农场92家；国家级示范社4家、省级示范社16家、苏州星级示范社19家，省级示范农场6家、苏州市级示范农场11家。规范合作社运营，注销不在运作合作社25家，其中17家为简易注销；公布91家合作社进入2019年政府优先扶持名录，其中专业合作社20家，土地股份合作社18家，社区股份合作社53家；落实农业高质量发展产业政策，下达农民合作经济组织奖励资金314万元，涉及36项。是年，吴江区盛泽镇季丰家庭农场、平望镇清风家庭农场、平望镇胥老三家庭农场成功申报为省级示范家庭农场，苏州市吴江区松陵朱毛根水产专业合作社成功申报为国家级示范合作社。（徐　政）

【村级集体经济发展】 2019年，全区围绕高质量发展要求，坚持“以城带乡、以工促农”发展方针，突出市场化、统筹化、均衡化发展导向，统筹联合抱团发展，借助阳光交易市场运作，加大强农惠农富农政策力度，探索新型村级集体经济发展模式。加大统筹发展力度，多路径盘活利用存量资源发展优质项目，全年新增村级经营性物业面积15.16万平方米，新规划报批“一村二楼宇”（社区服务用房和增加集体经济组织财产性收入的经营性物业用房）建设项目15个，总投资0.79亿元。实现村级稳定性收入10.5亿元，村均稳定性收入447万元。开展第八轮相对薄弱村结对帮扶专项行动，落实“领导、部门、干部、责任”四挂钩原则，持续加大相对薄弱村载体项目和公共服务财政补助力度，不断提升区级统筹发展平台（惠村公司）分红水平，全年向经济相对薄弱村分红2244.04万元（含财政配套），带动桃源镇、七都镇、震泽镇、平望镇四镇统筹平台实现增收660万元。全区第八轮49个经济相对薄弱村实现村级稳定性收入1.47亿元，村均300万元，其中42个村稳定性收入提前达到250万元。　（张之道）

【社区股份合作改革】 2019年，全区进一步完善社区股份合作社运作管理机制，制定出台《关于做好社区股份合作社换届选举工作的通知》，统一部署、规范程序、阳光公开，推动社区股份合作社合法依规完成换届选举工作。至年底，全区有社区股份合作社257家，其中工商注册登记62家，实现股权固化管理全覆盖。全年新增按股分红社区股份合作社7家，总数31家，分红总额1682万元。（张之道）

【农村集体“三资”监管专项治理】 2019年，全区深化开展农村集体“三资”监管专项治理，按照“市场化运作、信息化监管、阳光化公开”要求，推动全区农村集体“三资”管理体系提质增效。强化村级财务管理制度化建设，修订出台《吴江区农村集体经济组织财务管理制度》。开展新一轮农村清缴欠租专项行动，清理农村集体资产资源租赁合同，加强规范、加快清缴，实现农村集体资产保值增值。修订完善吴江区村级集体资产保险实施办法，统筹推进全区村级集体资产统一投保，为村级集体经济发展保驾护航。推进农村集体“三资”管理方式集成化、信息化改造，创新完善“江村通”农村资金管理系统。推进农村集体产权线上交易与阳光公开，常态化推进村级“非现金”结算、村级财务“第三方”代管、村务公开“e阳光”行动等工作机制。　（张之道）

农业生产

【概况】 2019年，吴江全区农业总收入53.47亿元。吴江现代农业产业园获评国家农村创新创业园区，在全市9家省级园区市级考评中综合发展水平排名第一。落实各项重点工作，顺利完成太湖围网拆除验收、池塘标准化改造、非洲猪瘟防控等任务。是年，吴江被命名为第二批国家农产品质量安全县，获评全国县域数字农业农村发展水平评价先进县；北联村获评2019年中国美丽休闲乡村；震泽镇众安桥村获评2019年江苏省休闲农业精品村。　（沈雨岑）

【粮油生产】 2019年，全区实种水稻1.16万公顷，平均亩产615千克，总产量107010吨；实种麦子0.63万公顷，平均亩产310.8千克，总产量29464吨；实种油菜113.33公顷，平均亩产185千克，总产量315吨。粮油总收入37454万元。　（沈雨岑）

【畜禽生产】 2019年，全区出栏生猪0.83万头；上市菜羊0.77万头；出栏家禽68.72万羽，出产鲜蛋2206吨，加工蛋品4亿枚。全年畜牧业总收入50110万元。　（沈雨岑）

【渔业生产】 2019年，全区水产养殖面积1.54万公顷，其中常规鱼0.76万公顷，特种品0.78万公顷。繁育加州鲈鱼苗10亿尾，扣蟹1.06亿只，稚鳖（龟）1000万只，常规鱼苗5亿尾，罗氏沼虾3亿尾。全区水产品总产量6.02万吨，总收入25.08亿元。其中，常规鱼产量1.43万吨，收入2.42亿元；特种品产量4.29万吨，收入19.99亿元。　（沈雨岑）

【园艺生产】 2019年，全区实有果树面积747.09公顷，出产各类果品13464.7吨，果品总收入6676万元。全区蔬菜播种面积1.08万公顷次，生产各类蔬菜28.66万吨，总收入131918万元。其中，大棚种植2120公顷次，产量11.07万吨；小棚种植33.33公顷次，产量950吨；露地种植8046.67公顷次，产量16.29万吨；水生种植613.33公顷次，产量1.15万吨。实施苏州市"菜篮子"工程流通体系项目2个，投入1661万元；新增5家高标准蔬菜生产示范基地。是年，全区桑树面积2030.4公顷，发放蚕种0.47万张，平均张产46千克，出产鲜茧214.39吨，单价1730元每50千克，蚕桑总收入741.3万元。（沈雨岑）

【农业龙头企业】 2019年，全区递补晋升省级农业龙头企业1家（江苏微康生物科技有限公司），新晋升市级农业龙头企业2家。至年底，全区有苏州市级以上农业龙头企业35家，其中国家级2家、省级11家、市级22家，农业龙头企业数量居苏州市第一；获评"苏州市'十佳'农业科技企业"3家，获评"苏州市'十佳'农产品加工示范企业"1家；江苏微康生物科技有限公司获江苏省农村创业创新大赛二等奖。新成立太湖大闸蟹、香青菜、太湖雪、同里红4家产业化联合体，太湖雪农业产业化联合体、苏州同里红水稻产业化联合体成功获评省级示范联合体，全区产业化联合体累计15家。（沈雨岑）

【农业园区建设】 2019年，吴江区继续推动各类各级现代农业园区建设，全年累计投入建设资金2.59亿元，园区建设由提升基础设施向丰富园区发展内涵转变。通过培育新型主体、创新经营机制、加大政策扶持等措施，示范推广稻田综合种养、农产品加工配送、创意休闲农业等新技术、新模式和新业态，强化一二三产有效融合。开展区级现代农业园区认定，新认定八坼现代农业产业园、桃源镇现代农业园两家区级园区，新增园区面积8000公顷，推动省、市、区级农业园区协调发展。（沈雨岑）

【创意休闲农业】 2019年，吴江区创建全国休闲农业与乡村旅游星级示范企业（园区）2家、省级休闲农业精品村和主题创意农园3家、市级共享农庄（乡村民宿）2家、市级田园小综合体5家；举办中国·同里北联村油菜花节、中国农民丰收节等活动，全区休闲农业经营总收入3.55亿元。北联村获评"中国美丽休闲乡村"。（沈雨岑）

【农产品质量监管】 2019年，吴江区组织开展全国绿色食品原料生产基地复核和省绿色优质农产品基地创建，新增绿色食品认证企业6家11个产品，种植业绿色农产品比重56.6%；65家农业生产主体录入国家、省、市追溯平台，基本实现农产品二维码追溯；完成省、市、区各级农产品质量安全监测采样任务1211批次、农残速测48669批次，合格率99.9%。（沈雨岑）

【农业执法】 2019年，吴江区开展"春夏秋冬"四季专项综合执法行动，出动综合执法检查5045人次，检查生产经营单位、个体3172家次；立案查处办结各类农业行政违法案件106起，处罚没款72.93万元，其中《销售应当审定未经审定品种的农作物种子案》行政处罚案卷获评全省农业行政处罚优秀案卷，被省农业主管部门推选参评全国优秀案卷；处理12345联动中心案件1283起，涉渔举报144起。（沈雨岑）

【区域公用品牌建设】 2019年，吴江区推进"吴江大米""吴江太湖大闸蟹""吴江香青菜"区域公共品牌建设；出台《吴江区农产品区域公用品牌建设实施意见》，加强名特优新及品牌目录农产品培育及生产基地遴选工作，夯实农产品质量基础；开展吴江香青菜与吴江太湖大闸蟹logo与广告语征集活动，举办2019年中国农民丰收节及特色农产品展销会，邀请客商进行市场产销对接；对"吴江大米""吴江香青菜""吴江太湖大闸蟹"品牌包装进行统一设计、制作、发放与管理，强化市场宣传推介，提升品牌影响力、号召力和竞争力。（沈雨岑）

【职业农民培育】 2019年，吴江区开办区级农业职业技能培训班9期，培训职业农民1398人，其中粮油423人、水产604人、蔬果101人、农机110人、电子商务160人；211人被认定为吴江区新型职业农民。（沈雨岑）

【农业机械】 2019年，区财政拨付专项资金657.98万元，用于机插秧秧田面积和镇级发展农机具奖励。全年使用省级农机购置补贴资金248.01万元，使用区级农机具奖补资金198

5月20日，小麦收割　　（吴　斌　摄）

万元。是年，新增农机具261台（套），其中轮式拖拉机22台、高速插秧机22台、撒肥机9台、小麦复式条播机43台、开沟机16台、旋耕机58台、烘干机16台、联合收割机13台（其中半喂入联合收割机3台，全喂入联合收割机10台）、喷杆式喷雾机3台、无人植保飞机17台、驱动圆盘犁17台及其他各类农机具25台。年检道路拖拉机192台，检验检修纯农大中型拖拉机296台、联合收割机89台；新注册登记发牌发证拖拉机31台、联合收割机13台，备案登记插秧机16台。（沈雨岑）

【生态农业】 2019年，全区下发农业生态补偿资金9135.74万元，其中水稻田生态补偿7981.55万元，渔业水域生态养殖补偿874.91万元，蚕桑生态补偿279.28万元。完成池塘标准化改造任务2313.33公顷（含退渔还田），其中池塘标准化改造1640公顷，退渔还田673.33公顷；太湖沿岸三千米1013.33公顷养殖池塘整治通过省级销号验收；长漾国家级种质资源保护区926.67公顷全面禁捕。全面完成粮食生产功能区划定；创建部省级水稻绿色高质高效示范片5个、省级稻田综合种养试点县示范基地3家，实施水稻复垦扩种面积404.4公顷（含退渔还田），示范稻田综合种养面积超33公顷。推进农作物病虫绿色防控示范区建设，全年建立省级农作物病虫绿色防控示范区3个，区级农作物病虫绿色防控示范区6个，其中水稻病虫综合防治示范方7个，核心面积合计666.67公顷，辐射面积6920公顷。全区耕地轮作休耕补贴面积3132.47公顷，发放耕地轮作休耕补贴资金1157万元，其中沿太湖一级保护区1126.07公顷水稻田每年实行冬春休耕。开展农药使用量零增长、化肥减量增效行动，全区化肥使用总量9036.8吨，比2015年（下同）减少5.44%，其中太湖一级保护区减少43.3%；全区农药使用总量（商品量）409.27吨，实现零增长，其中太湖一级保护区减少27.6%。（沈雨岑）

【太湖围网拆除】 2019年，吴江区完成太湖围网拆除面积1146.67公顷，注销养殖证1151张，拆除围网约140.16万米，拔除毛竹约105万根，拆除生产渔船1729条、住家船305条，拆除看护棚2.93万平方米，兑现补偿资金约6.24亿元，高质量通过省级销号验收。（沈雨岑）

【“互联网+”现代农业】 2019年，吴江区发放农业信息化建设奖补资金16.5万元，通过财政扶持引导，提升全区农业信息化水平。建成应用信息化服务系统（平台）15个，拓宽农业领域信息技术应用。全区农产品电子商务销售额超3亿元。新增省级农业信息化示范基地1家、市级“智慧农业”示范基地1家，全区累计有省级农业信息化示范基地7家，市级“智慧农业”示范基地9家。至年底，全区农业信息化覆盖率67.3%，规模设施物联网技术应用率26.39%。（沈雨岑）

【农业高质量发展产业扶持政策】 2019年，吴江区修订《苏州市吴江区高质量发展产业扶持政策的若干实施意见（修订）》，完善农业机械化、高标准农田建设、农产品质量建设、渔业水域生态补偿等项目的奖补政策，新增粮食生产全程机械化关键环节作业能力提升奖励项目，取消无人机飞防作业农田作业补贴、镇村集体农机专业合作组织补贴等项目。全年发放吴江区农业高质量发展产业扶持资金14193.51万元。（沈雨岑）

（本栏编辑　钱晓燕）

综　述

【概况】 2019年，围绕吴江高质量发展走在前列的目标定位，紧抓长三角区域一体化发展上升为国家战略等一系列重大历史性机遇，吴江区服务业总体呈现稳中有进、质效齐升的发展态势。全区完成服务业增加值912.51亿元，比2018年(下同)增长7.8%（可比价）。服务业增加值占地区生产总值比重46.6%，提升0.1个百分点。完成服务业一般公共预算收入111.38亿元，增长28.4%。完成服务业投资409.41亿元，基本与去年持平，其中，完成服务业重点项目投资302.04亿元，占年度目标任务的108.17%。完成服务业税收179.89亿元，增长29.25%。完成社会消费品零售总额558.1亿元，增长4.2%。（纪　皞）

【服务发展亮点】 2019年，通鼎集团获评中国服务业企业500强。中鲈物流获评第四批省级生产性服务业集聚示范区。亨通光电获评省级生产性服务业领军企业。江澜物流获评省重点物流企业。苏州湾软件园、亨通苏州湾大数据智慧产业基地入选2019年省服务业重点项目投资计划。亨通龙韵、中鲈物流、亨通光电3家企业获2019年度省服务业发展专项资金扶持。苏州丝绸小镇获评2018年度苏州市优秀服务业集聚区。全区有市级服务业集聚区15家，总量居苏州大市第一。三港配送等5家企业获评市服务业创新型示范企业，获评数量为历年最多。江澜农业获评市平台经济示范企业。全区境内外上市(柜)企业累计16家。网信科技登陆新三板，全区新三板挂牌企业累计54家。瑞仪光电、迈为科技获评2018年度区级总部经济企业，市级总部企业累计14家，区级总部企业累计25家。评定亿友慧云、博众精工等8家企业为2018年度区级平台经济领军企业，滚动建设区平台经济培育库，实现入库企业76家。14幢楼宇纳入区楼宇系统管理，认定亨银金融大厦、金城大厦为四星楼宇。认定黎里五亩园博物馆、润源总部研发中心项目等2个专项服务产业项目。

（纪　皞）

2019年吴江区服务业重点项目情况表

项目/行业	项目数(个)	总投资(万元)	年计划投资(万元)	完成投资(万元)	完成年度计划
一、按项目性质分					

（续　表）

项目/行业	项目数（个）	总投资（万元）	年计划投资（万元）	完成投资（万元）	完成年度计划
结转续建	50	10333223	1789608	2021911	112.98%
新开工	21	1760664	961700	998485	99.58%
未开工	6	1663200	41000		
合 计	77	13757087	2792308	3020396	108.17%
二、按行业类别分					
房 产	18	3465000	1437278	1491950	103.80%
文化旅游	18	2318445	359550	375633	104.47%
现代商贸	5	1872829	344000	467117	135.79%
大数据	7	2490500	267500	281825	105.36%
安置公寓房	8	624549	193000	198100	102.64%
总部经济	4	1254000	75000	64800	86.40%
现代物流	5	360600	53000	85000	160.38%
现代教育	6	80664	34700	41650	120.03%
商务服务	3	30200	15000	8380	55.87%
健康养老	3	1260300	13280	5941	44.74%
合 计	77	13757087	2792308	3020396	108.17%

（朱晓芳）

2019年吴江区苏州市级及以上服务业集聚区一览表

集聚区名称	累计入驻企业数（个）	累计就业人数（人）	营业收入（亿元）	利税（亿元）	完成投资（亿元）	上缴税收（亿元）
东方丝绸市场	7013	40100	1253.10	58.19	2.91	6.81
吴江汾湖商务服务业集聚区	4161	69248	150.34	16.56	52.41	13.08
吴江现代物流集聚区	40	7950	21.03	1.52	0.54	0.72
吴江市再生资源回收利用市场	73	289	2.11	0.38	0.00	0.12
吴江科技创业园	217	5464	71.28	7.81	2.35	3.19
盛泽商务集聚区	200	4800	25.00	2.53	14.00	1.80
同里古镇文化休闲旅游区	2301	38502	8.42	2.42	4.02	0.64
盛泽丝绸现代物流中心	48	2700	13.00	3.97	0.12	0.72
江苏省汾湖高新技术产业开发区科技创业园	245	2130	11.00	0.50	0.70	0.40
苏州丝绸小镇	225	30308	63.80	7.90	3.40	1.60
苏州湾科技城	537	1553	10.72	0.98	112.72	0.71
苏州盛泽纺织科技创业园	90	1034	1.80	0.25	0.41	0.03
苏州中鲈国际物流科技园	165	3366	30.50	4.00	3.50	1.25
南太湖文化产业集聚区	55	1536	25.20	5.10	2.20	0.51
苏州湾黄金湖岸旅游度假集聚区	172	4756	14.00	1.50	29.70	0.40

（朱晓芳）

商贸流通

【概况】 2019年，全区实现社会消费品零售总额558.1亿元，比2018年（下同）增长4.2%，其中，批发零售业实现零售额532.75亿元，增长5.8%；住宿、餐饮业实现零售额76.14亿元，增长6.9%。重点商贸项目完成投资38.65亿元。区商务局组织企业参加中国（江苏）老字号博览会、中国（江苏）国际餐饮博览会等活动，指导汽车流通协会、家居品牌协会开展汽车博览会、家装建材展等繁荣市场活动，鼓励商场超市以及苏宁、国美等电器市场开展各类消费促进活动，拉动居民消费热情。（俞　飞）

2019年吴江区重点商贸企业销售情况表

单位：万元

企业名称	销售额	企业名称	销售额
上海宝尊电子商务有限公司吴江分公司	197059	吴江润江商业有限公司	26105
吴江万宝商业广场	75000	吴江市巨能石化有限公司	22552
吴江之星汽车销售服务有限公司	73754	中国石化销售有限公司江苏苏州吴江石油分公司	20235
苏州中迪汽车销售服务有限公司	73716	苏州欧尚超市有限公司盛泽店	13012
苏州恒兆实业投资有限公司	60694	苏州苏宁云商销售有限公司吴江店	12668
吴江宝致汽车销售服务有限公司	53717	沃尔玛（江苏）商业零售有限公司吴江江兴西路分店	10449
吴江华润万象汇	45625	江苏中厚餐饮服务有限公司	7050
发网（苏州）供应链管理有限公司	43960	苏州吴江同里湖旅游度假村股份有限公司	6214
吴江润良商业有限公司	43337	苏州同里湖大饭店有限公司	5956
吴江市润泰商业有限公司	34413	苏州鹏润国美电器有限公司吴江松陵店	3360

（俞　飞）

【肉菜流通追溯体系】 2019年，区肉菜流通追溯体系安全稳定运行，区商务综合执法大队接到故障报修电话15个，提供现场技术支持和维护服务240人次，处理故障维修20多次，肉菜流通追溯体系各环节录入信息42047条。赴农贸市场开展肉菜流通追溯体系运维情况调研，收集意见建议，积极落实整改，进一步完善肉菜流通追溯体系建设。（俞　飞）

【单用途商业预付卡】 2019年，区商务综合执法大队累计开展单用途商业预付卡检查7次，出动执法人员27人次，检查交易26270笔。先后开展元旦春节、五一端午和中秋国庆节“清风行动”预付卡专项检查，拧紧廉政“螺丝”，为全区构建风清气正的政治生态做出贡献。至年底，全区有备案发卡企业11家，其中零售业7家，住宿和餐饮业4家。（俞　飞）

【商贸安全生产】 2019年，区商务综合执法大队开展商贸安全生产检查129次，出动执法人员420余人次，累计发放宣传材料1000余份，检查企业446家次，查出安全隐患120余处。先后开展商贸流通企业安全生产“惊蛰”行动、商贸企业消防安全检查、节前商贸安全生产联合检查、工矿商贸领域明察暗访、全区商贸领域安全生产联合检查、工矿商贸领域生产安全事故隐患大排查大整治专项督查和商贸企业“防风险保安全迎大庆”专项检查等系列检查行动。开展餐饮燃气安全检查21次，累计检查餐饮经营企业290余家次，印发《餐饮场所落实安全生产主体责任承诺书》290余份，检查督促餐饮服务经营单位与合法的供气企业签订安全供用气合同，接受安全用气指导，主动消除事故隐患。区商务局通过商贸企业工作平台（微信群）和“安全生产月”咨询日大力宣传餐饮燃气安全，在《吴江日报》刊登《关于加强全区餐饮场所燃气使用安全管理的通

告》，持续宣传引导，营造安全用气、规范用气的良好社会氛围，提升全区餐饮行业燃气安全工作水平。（俞　飞）

电子商务

【概况】 2019年，全区电商企业网上销售进入平稳上升期，宝尊电商、华佳、欧普、太湖雪等重点监测企业的销售收入总体呈平稳上涨趋势，经纬线、绸都网、宜布网等电商平台运行良好。为了更好支持电子商务产业发展，区商务局联合区电子商务协会，组织开展电子商务业务培训近10次，涵盖电商法律法规解读、知识产权培训等内容；为加大电商人才培育力度，举办电商人才沙龙3次。区商务局充分发挥各级电子商务扶持资金引领作用，鼓励企业扩大经营业绩，发展新型零售业务，实施线上线下融合发展。是年，五一互联、太湖雪、辑里等企业获得省、市、区电子商务资金715.54万元，项目涵盖营销模式创新、电商平台创建、电商销售增长等多个层面。（俞　飞）

【电子商务示范创建】 2019年，宜布网众创空间获评江苏省首批电子商务众创空间，松陵镇沧洲村获评江苏省第八批农村电子商务示范村。全区形成较高完备性、较强专业性的电子商务示范体系和品牌体系。（俞　飞）

【2019苏州吴江电子商务发展论坛】 12月20日，“聚力长三角 智引新湖区”2019苏州吴江电子商务发展论坛在吴江宾馆举行。来自全国各地电子商务产业界的专家和250余位吴江电子商务企业代表齐聚一堂，围绕“聚力长三角 智引新湖区”主题，对供应链、社区电商、商业变革等话题进行研讨，共谋吴江电子商务产业未来发展之路。会上，原商务部电子商务和信息化司副司长、巡视员聂林海，广东省华南现代服务业研究院执行院长文丹枫，行家(中国)有限公司董事长孔思军，宝尊电商物流销售总监龚朕纲等电子商务领域的专家学者做交流发言。（俞　飞）

【跨境电子商务】 2019年，吴江区完成跨境电子商务B2B出口41.16亿元，比2018年增长10%，总量在苏州排名第一。吴江综合保税区全年跨境电商网购保税进口出区件数452783件，出货金额9203.24万元，总量位居全省前列。（俞　飞）

供　销

【概况】 2019年，全区供销社完成商品销售额61.62亿元，完成消费品零售额12.57亿元，实现利润570万元；完成农资销售3031万元，其中化肥销售5459吨、农药销售2041万元。按照全面实施乡村振兴战略的要求和上级供销社关于深化综合改革的具体部署，积极推进供销社代表会、理事会、监事会三会制度常态化建设，促进基层供销社的发展，区供销合作总社被评为全省供销社“年度完成省重点工作任务先进单位”。黎里、平望中心供销社被全国总社评为“全国基层社标杆社”，七都中心供销社创建省级“三体两强”供销社。（吕云虎）

【供销企业改革与经营】 2019年，供销社继续加大资产经营管理力度，有形资产维护和无形资产维权两手抓，促进资产保值增值。全年按规定程序续租、出租、盘活资产95处，维修、改造资产32处。针对供销社所属为农服务社“联华超市”招牌使用权问题，通过司法程序统一更名为“吴供超市”。进一步明晰供销社对“中华老字号”平望调料酱品厂“莺湖牌”“平望”商标所有权。加强全系统安全管理，全年开展安全工作自查55次，涉及167个项目，排查、整改安全隐患37处，投入资金认真整改，确保供销社安全经营无事故。（吕云虎）

【供销社为农服务】 2019年，供销社继续深化农村综合服务。全年供销社全系统改造为农服务社13家，服务社总数保持在106家。进一步提升供销社农村电商服务功能，加大与青浦、嘉善等周边供销社的合作，牵线“吴江大米”“平望酱品”等农产品入驻上海青浦供销便民店，打造有区域特色的“互联网+”吴江农产品销售平台，跻身长三角一体化发展。全年新拓展电商商户17家，新入驻产品75项。助力东西部扶贫协作项目，通过开设网上“印江馆”“灵武馆”，为贵州印江、宁夏灵武农特产品入吴创建专属空间。加强吴江农产品线下展示展销组织活动，全年组织参加全国、省、市各类展销活动8次。进一步完善全

10月23日，吴江大米上市　　（吴　斌　摄）

区肥药集中配送体系，在平望、震泽、黎里三地设肥药配送“直营店”，选派农资从业人员去常熟、昆山学习，邀请农药厂技术人员进行农药使用辅导，促进配送经营的规范化、便民化。全年回收农药废弃包装物255万件，回收废旧农膜1.53吨，有效促进农资绿色供应。　（吕云虎）

粮　食

【概况】 2019年，按照《吴江区机构改革方案》要求，原区粮食局职责划入区发展和改革委员会，挂牌苏州市吴江区粮食和物资储备局，原区粮食局粮食流通监督检查相关职责划入区市场监督管理局。是年，完成平望粮食中心库码头工程立项工作，区财政投资评审中心确定投资评审金额2561.07万元。对梅堰、盛泽烘干机及配套设施进行改建，将原装机容量120吨低温烘干机替换成装机容量180吨的低温烘干机，工程招标金额479.38万元，10月完工，秋粮收购时投入使用。投入约35万元对松陵、菀坪等7个库点的烘干机设施进行维修保养，投入257万元对27个粮库仓房、配电等基础设施项目进行维修改造，改善提升粮食基础设施。　（吕　玲）

【粮食安全】 2019年，区粮食和物资储备局按时、按量、按质完成地方粮食储备任务，确保地方储备粮数量真实、质量良好、储存安全。完成1.35万吨小麦和4.36万吨晚粳稻吸储计划；地方储备粮小麦和稻谷分三批次轮出。提高粮食应急供应能力，完成全区3227吨成品粮油储备规模。严格落实仓储管理制度，抓好高水分粮处理工作，落实熏蒸备案管理、储粮安全检查等制度，提升粮库规范化管理水平。结合全区安全生产大排查大整治工作，狠抓粮食行业“两个安全”（安全储粮和安全生产）检查整治工作，开展隐患排查治理，全年下发安全生产文件10份，开展检查46次，发整改通知书24份。对11家仓储物流企业安全生产标准化三级达标粮油企业进行经常性培训教育，增强各企业负责人的安全生产主体意识，提升粮油安全储存和粮库安全生产工作水平。继续深化省内外产销合作，与哈尔滨市宾县粮食局签订3333.33公顷粮食生产基地协议，粮食购销意向3万吨（粳稻）；与泗阳县卢集粮食储销有限公司、泗阳县直属粮库签订优质粮源生产基地（粳稻）1333.33公顷，与泗阳县和沭阳县签订购销意向3.2万吨（粳稻2.5万吨、小麦0.5万吨、籼稻0.2万吨）。　（吕　玲）

【粮油收购】 2019年，区粮食和物资储备局加强前期走访调研，分析夏粮和秋粮收购形势和粮食市场行情，根据各地粮源、库存状况、仓容缺口等情况，及时“去库存”腾仓容，做好收购资金、机械设施检查等各项准备工作；关注收购小麦质量情况，做好超标粮小麦收购预案，严格执行国家粮食收购政策和苏州市水稻、小麦价外补贴政策；加强收购政策宣传，着力提高为农服务水平，确保两季收购顺利进行。全区入库小麦2.33万吨（净粮），稻谷8.48万吨（净粮）。小麦价外补贴对象239户，种植面积5808.4公顷，收购价外补贴小麦2.16万吨，兑付补贴款432.42万元。水稻价外补贴对象572户，种植面积10559.1公顷，收购价外补贴稻谷8.24万吨，兑付补贴款1647.6万元。水稻、小麦价外补贴收购合同履约率97%以上。　（吕　玲）

【粮油监管】 2019年，按照国家

政策性粮食库存数量和质量大清查工作部署和省、市大清查相关工作要求，开展全区库存粮食数量和质量大清查准备、自查、督导等工作，并按要求完成市级交叉普查工作。区政府成立由分管副区长为组长，区发改委、财政局、农业农村局等为成员单位的大清查协调小组及办公室，于4月底前完成全区12家政策性粮食承储企业自查和督导工作，5月底前完成苏州市级交叉普查和本地区迎检工作。经普查，吴江区政策性粮食库存账账、账实相符，数量真实；执行国家粮食收购政策、储备粮轮换管理、政策性粮食库贷挂钩和财政补贴拨付等情况良好；各储粮仓库粮温正常、粮情稳定，粮食安全储存和粮库安全生产工作管理水平总体良好。针对检查发现的问题，各粮食承储企业限时整改到位。是年，继续加强粮食执法队伍培训和粮食行业人员法律知识培训，依法履行粮食监管职能，通过开展地方储备粮季度检查、粮食流通统计制度专项检查、粮食收购资格核查、两季收购检查等行动，同时联合区财政、市场监管等部门加强联合执法检查，有效维护全区粮食市场秩序，全年开展各项粮食流通监督检查43次。区粮食质量监测所做好全区粮食收获质量调查、品质测报及监测工作，按时做好16份省级样品和市级样品的检测工作，全年完成地方储备粮（稻谷和小麦）检测85批次，区食安委检测任务60批次，合格率为100%，保障全区粮食质量安全。（吕　玲）

石　油

【概况】2019年，吴江区有加油站79座、加油点53座（含便利加油点7座），其中中石化53座、中石油19座、中海油1座、各类民营加油站（点）59座。全年销售各类成品油43万吨。

（俞　飞）

【中石化吴江公司】2019年底，中石化吴江公司有油库1座，位于太浦河平望段北岸；加油站61座，其中水上加油站2座；润滑油经营中心1个；加油卡发卡中心1个，发卡网点58个，充值网点58个；易捷便利店53个，均设于加油站内。全年无安全等级事故发生。实现汽柴油销售37.26万吨，润滑油销售0.55万吨，便利店销售13055万元，上缴税金851万元。至年底，有员工375名。中石化吴江公司紧跟县级公司改革步伐，立足岗位、奋发进取，管理团队被省公司评为“最美奋斗者”十佳优秀团队。

做好国庆70周年期间安保工作。节前开展防恐、防抢、防火灾等演练，提升应急处置能力。强化油库油站重点生产区域的安环管控，规范作业行为，加强现场巡视，全面启动领导干部带班值班制度，坚持双人24小时不间断视频监控值班。强化HSSE［健康（Health）、安全（Safety）、公共安全（Security）和环境（Environmental）管理体系］安全管理，配合相关部门，为国庆70周年保驾护航。

双层罐改造全面推开。精心设计施工方案，狠抓工程质量，重点关注隐蔽工程，强化作业安全，通过政府相关部门验收，顺利完成25座油站改造任务，安全环保再上台阶。

加油站扩容。优化网络布局，沿318国道及部分乡镇干道新增4座加油站，扩大市场占有，为客户加油提供便利。

价格调整。根据国家发改委的通知，全年22次调整成品油价格，其中3月31日因增值税税率调整而进行下调，全年呈现“十五涨七跌四搁浅”的格局。（李树民）

2019年中石化吴江公司成品油价格调整情况表

单位：元/升

调整日期	89#（VIA）汽油	92#（VIA）汽油	95#（VIA）汽油	98#（VIA）汽油	0#普通柴油（VI）	0#柴油（VI）	-10#普通柴油（VI）	-10#车用柴油（VI）
1月14日	6.10	6.51	6.92	7.80	6.11	6.11	6.48	6.48
1月28日	6.28	6.70	7.13	8.01	6.31	6.31	6.68	6.68
2月14日	6.32	6.74	7.17	8.05	6.35	6.35	6.73	6.73
2月28日	6.52	6.96	7.40	8.28	6.57	6.57	6.96	6.96
3月28日	6.58	7.02	7.47	8.35	6.64	6.64	7.04	7.04

（续　表）

调整日期	89#（VIA）汽油	92#（VIA）汽油	95#（VIA）汽油	98#（VIA）汽油	0#普通柴油（VI）	0#柴油（VI）	-10#普通柴油（VI）	-10#车用柴油（VI）
3月31日	6.41	6.84	7.28	8.16	6.47	6.47	6.86	6.86
4月12日	6.53	6.96	7.41	8.29	6.60	6.60	6.99	6.99
4月26日	6.67	7.12	7.57	8.45	6.75	6.75	7.16	7.16
5月13日	6.62	7.06	7.51	8.39	6.69	6.69	7.09	7.09
5月27日	6.65	7.10	7.55	8.43	6.73	6.73	7.14	7.14
6月11日	6.31	6.73	7.16	8.04	6.35	6.35	6.73	6.73
6月25日	6.22	6.63	7.05	7.93	6.25	6.25	6.63	6.63
7月9日	6.31	6.73	7.16	8.04	6.35	6.35	6.73	6.73
8月6日	6.27	6.69	7.11	7.99	6.31	6.31	6.69	6.69
8月20日	6.11	6.52	6.94	7.82	6.14	6.14	6.51	6.51
9月3日	6.20	6.61	7.03	7.91	6.23	6.23	6.60	6.60
9月18日	6.29	6.71	7.14	8.02	6.34	6.34	6.72	6.72
10月21日	6.18	6.59	7.01	7.89	6.21	6.21	6.58	6.58
11月4日	6.26	6.68	7.10	7.98	6.30	6.30	6.68	6.68
11月18日	6.31	6.73	7.16	8.04	6.36	6.36	6.74	6.74
12月2日	6.35	6.78	7.21	8.09	6.40	6.40	6.78	6.78
12月30日	6.53	6.96	7.41	8.29	6.60	6.60	6.99	6.99

（李树民）

专卖专营

【烟草专卖】 2019年，吴江区烟草专卖局（苏州市烟草公司吴江分公司）实现利税6.8亿元。吴江区烟草专卖局履行烟草专卖管理职责，打击涉烟违法犯罪活动，维护国家和消费者利益。全年查处涉烟违法案件284起，其中5万元以上案件62起；查获违法卷烟2238万支，比2018年（下同）增加38.43%；总案值1812万元，同比增加9.56%。上报国标假烟网络案件3起。协助司法机关拘留26人、逮捕4人、判刑7人，获省局嘉奖3次。积极应对“放管服”改革，充实现场勘验力量，完善复核、疑难问题反馈和复杂问题集体讨论三项机制，优化全景视频拍摄流程，积极提升行政许可服务质量。全年发放新证1189户，至年底，全区持证零售客户5221户。加强许可证后续监管，开展长期未经营许可证的清理及违法违规卖烟大户治理专项行动，收回长期未经营许可证207份，取消违法经营户专卖业务资格23户。是年，苏州市烟草公司吴江分公司紧紧围绕“三大体系、六大工程”这个中心，推进营销管理，经济运行稳中有升。根据“量质并举”“一边建一边管”的要求，成立零售户自律互助小组351个，建设比例99.82%，发挥小组“守信用、促规范、育品牌、增盈利、树形象”的功能作用。建设现代终端POS机37户，超过全市平均水平。推进跨行实时结算，实现大市第一笔对公账户的主动支付。全渠道支付工作快速推进，至年底，全区主动支付开通客户数量占比和支付金额占比99.89%。推进终端提升，建设具有苏州特色的新现代终端16户，改造成便利店式的背柜陈列479户。履行烟草企业社会责任，推进“烟头不落地、吴江更美丽”文明吸烟环境建设，累计建成室外吸烟区15处、室内吸烟室2处，投放集烟柱257个、壁挂式集烟盒50个，促进吸烟者与非吸烟者和谐共处，为打造“创新湖区”、创建“乐居之城”做贡献。深化文明创建工作，持续开展结对助学、扶贫帮困、志愿服务等活动，获评江苏省“文明单位”。

（贺佳苑）

【盐业专营】 2019年，吴江盐业公司贯彻上级公司党委的决策，坚决执行区委、区政府关于加强食盐安全工作的部署，紧紧围绕“提质增效、改革攻坚”两个标杆定位，团结拼搏、迎难而上，在较为复杂的经营环境下，保持效益和发展质量的稳步提升，全年实现营业收入4344.3万元，完成年度指标任务，继续保持稳健有序的发展态势。全年累计销售盐产品总量41381.12吨，比2018年减少0.06%。全年小包装食用盐销售6411.81吨。

2019年，公司始终坚持“来源可追溯、流向可查询、风险可防范、责任可追究”的要求，通过规范自身经营管理行为，严把质量管理关，提高客户对公司批发销售食盐的满意度。健全管理制度，确保食盐质量，严格导入GB18770、GB2721、GB/T5461标准，有效运行食盐电子追溯系统，全面强化食盐质量验收，严格索证索票制度；强化内部绩效考核，规范自身经营行为，定期考核规章制度的贯彻落实和国家盐业法规、行业标准的遵守情况，实行责任追究绩效考核制度，按时按要求报送盐业统计信息。公司建立信用信息记录，制定信用信息公示制度，在营业厅醒目位置摆放各品种食盐，并明码标价，做到诚信公开。着重从吴江实际出发，融入吴江，提升淮盐品牌的“温度”，发挥资源优势，先后参与地方政府“红色电影进万家”活动、消费者权益日活动、“一联双管进社区”“农展会”“新春购物节”等品牌宣传活动，不断提升淮盐品牌的影响力和知名度，发动全体职工参与KA（重点客户）全员维护工作，保证淮盐主渠道位置。坚持把思想政治建设放在首位，融进市公司党委“不忘初心、牢记使命”主题教育活动，全年开展集中学习12次，参与红色教育2次，坚持从“守初心、担使命、找差距、抓落实”四个方面引导全体员工进一步认清形势、统一思想、坚定信心，切实增强凝聚力和向心力。持续加强市场巡查，加强对食盐市场的检测，高度关注市场动态，通过不定期自查保障相关资源配置到位，确保第一时间掌握市场需求动向、第一时间出库运输调配、第一时间平息市场波动。

（吴伟伟）

物　流

【概况】 2019年，全区物流企业740家，其中普通货运企业648家、普通货运兼营货运代理企业51家、货运代理企业41家；货运站场5个。至年底，5A级物流企业1家（吴江开发区物流中心），4A级物流企业4家（海晨物流公司、盛泽物流基地、邦达物流公司、吴江瑞达货运有限公司）；省级重点物流企业3家（海晨物流公司、吴江开发区物流中心、盛泽物流基地），省级物流业企业技术中心1家（海晨物流公司）。盛泽物流基地全年总体货运量266.36万吨，主营业务收入13亿元，利税3.97亿元，入驻物流企业48家。（顾春华　孙筱霞）

【江苏海晨物流有限公司】 江苏海晨物流股份有限公司位于苏州吴江开发区，成立于2011年8月，注册资金9337.5万元，专业从事电子产品保税运输、仓储、代理报关报检等业务。海晨物流连续多年是吴江区百强企业，获评4A级物流企业、江苏省智慧物流企业、省级重点物流企业、省级物流业企业技术中心。公司总仓储面积85000平方米，其中自有面积75000平方米，仓库配备自行开发的WMS仓库管理系统，与客户系统对接，使客户能及时、准确地获得货物信息，运作同步；24小时安全监控系统，真正做到货物安全；仓库实施6S系统管理模式，使仓库管理更高效。全年企业主营业务收入3.72亿元，实现利税0.15亿元。（顾春华　孙筱霞）

【苏州江澜生态农业科技发展有限公司】 苏州江澜生态农业科技发展有限公司位于吴江区太湖新城，成立于2010年，注册资金8000万元，以食堂食材集采综合配送服务为主营业务，主要服务客户为苏州及周边政府机关、科研院校、企事业单位等，年配送量超20万吨，客户服务数1000多家，日安全服务超200万人次。2019年销售额突破3亿元，员工285人，自建冷链配送中心13200平方米，冷藏车54辆，自有蔬果种植基地30多公顷。初步建成“五个中心+两套体系”［食材配送中心、粮油副食品仓储中心、食品分装生产中心、肉类加工中心、食品检验检测中心以及企业管理体系（ISO22000食品安全管理体系、ISO9001质量管理体系等）和全程食品安全追溯体系］。公司在吴江、苏州、南通、山东通过自建、合作等模式，建立蔬菜、水产基地1300多公顷，组建成立江澜蔬果产业化联合体，以“自建基地+合作基地+厂家直供”的模式，做到源头可溯、质量可控，获得客户青睐和好评。公司先后获评江苏省级农业产业化重点龙头企业、江苏省重点物流企业、江苏省民营科技企业、苏州市智慧物流示范企业、全国放心粮油工程示范配送中心、吴江区服务业百强企业等，部分蔬果获得有机认证和绿色产品认证。

（顾春华　孙筱霞）

旅　游

【概况】 2019年，全区旅游工作围绕建设“强富美高”*新吴江和“布局高质量旅游”的目标任务，以长三角区域一体化建设为契机，聚焦文旅融合、文旅共进、城旅一体，大力发展全域旅游，推动项目建设、业态创新、节会造势、配套提升，彰显“慢游吴江、快乐无疆”的品牌影响力。至年底，全区有旅游行业单位近200家，包括国家A级景区景点7处，其中AAAAA级1处、AAAA级4处、AAA级2处；星级旅游饭店8家，其中五星级饭店3家、四星级饭店4家、三星级1家；星级旅游民宿70家，其中五星7家、四星26家；星级农家乐6个，其中五星级2家；省级旅游度假区1处；工业旅游点11家，其中全国工业旅游示范点1个、省工业旅游示范点9个、苏州市工业旅游示范点1个；苏州市旅游商品研发基地2个；省四星级乡村旅游示范区3家；省自驾游基地2处；旅行社及服务网点128家，持证导游150名，其中全国优秀导游2名。全年实现旅游总收入308.47亿元，增长8.3%。接待境内外游客2769.95万人次，增长8.1%，接待入境过夜旅游人数3.71万人次。全区未发生旅游安全责任事故，无重大旅游投诉事件。

（骆　颖）

2019年吴江区A级旅游景区一览表

景区名称	类　别	级　别	评定时间
同里古镇景区	A级旅游景区	AAAAA	2010年
静思园	A级旅游景区	AAAA	2005年
震泽古镇	A级旅游景区	AAAA	2014年
苏州湾黄金湖岸旅游区	A级旅游景区	AAAA	2016年
黎里古镇	A级旅游景区	AAAA	2018年
苏州青少年科技馆	A级旅游景区	AAA	2009年
吴江运河文化旅游景区	A级旅游景区	AAA	2013年

（骆　颖）

【项目建设】 2019年，区文体旅局深入实施《吴江区全域旅游发展三年行动计划（2017—2019）》，深挖丝绸、水乡、古镇等文旅资源潜力，不断提升旅游产品文化内涵，推动文旅消费产业升级。加大24个在建文旅项目推进力度，全年实现总投资34.34亿元，其中亨通梦幻水世界乐园、水秀天地塔高自然之城开门迎客，圆明小镇一期、黄家溪乡村旅游项目、王焰温泉酒店二期、南厍E村、震泽湿地公园等项目提前完成年度投资计划。加强重点文旅项目的扶持引导，亨通苏州太湖梦幻世界项目、苏州湾文化中心集散中心2个项目获评2019年度省级重点旅游项目，震泽丝绸文化风情小镇、松陵旗袍小镇创建省级旅游风情小镇通过年度考核，各获得省级旅游项目引导资金200万元。

（骆　颖）

【景区提升】 2019年，吴江区全面开展国家A级以上景区“主动瘦身”和质量等级达标整改工作，圆通寺、王锡阐纪念馆、桃源天池生态园主动退出旅游景区行列。持续深化智慧旅游建设，同里古镇开通移动5G基站，成为江苏首家拥有5G网络的古镇景区，黎里古镇打造“智游黎里”平台，开发“智管景区”App。深入实施旅游“厕所革命”，全年新建、改造完成旅游厕所31座，实现全区155座旅游厕所全部挂牌。（骆　颖）

【品牌创建】 2019年，同里古镇获评2019中国旅游景区品牌影响力金榜，黎里古镇获评中国最具魅力研学旅游目的地，同里古镇智慧景区项目获评2019年度江苏省数字文化和智慧旅游优秀项目；同里简园、震泽水岸寒舍入选2019年度苏州乡村旅游十大精品民宿，“中国·江村”原乡游、“吴根越角”生态游获评2019年苏州市乡村旅游十大精品线路。深入挖掘吴江“中国太湖美食之乡”文化内涵，推动特色餐饮店、特色名宴建设，全区省级以上名宴9个，数量位居全省县(区)第一。（骆　颖）

【宣传营销】 2019年，区文体旅局深入开展区域旅游合作，依托长三角一体化湖区旅游联盟，开展跨区域旅游互利惠民活动，并在上海旅游集散中心建成并启用“吴江文旅(上海)展示中心”，开通吴江黎里古镇至上海旅游集散总站、嘉善西塘2条跨省文旅专线。积极举办专项推介活动，除组织参加上级旅游部门组织的推介活动外，在长三角核心城市圈自行组织开展“慢游吴江，快乐无疆”吴江文化旅游(杭州、南京、上海)三场专题分享会、“慢游吴江，清凉一夏”吴江旅游(苏州)故事分享会，扩大吴江旅游影响力。加强旅游广告投放，继续与《中国旅游报》、人民网、《新华日报》等合作，重点在长三角地区开展吴江旅游系列宣传报道活动，并首次在交汇点视频、《江苏24小时》、视觉江苏等频道、栏目陆续推出吴江旅游“什么”30个短视频，市场反响良好。（骆　颖）

【旅游服务】 2019年，区文体旅局设立吴江旅游服务盛泽、震泽分中心，在联动服务、线上服务、线下服务三个方面进一步提升旅游服务的深度和广度，做优四级旅游服务体系。对接长三角一体化，开展嘉善、青浦、昆山、吴江“四地联合旅游惠民活动”，与青浦、嘉善联合推出微信公众号“长三角示范区旅游服务”，分别聚焦“游在青吴嘉”“食在青吴嘉”“宿在青吴嘉”“养在青吴嘉”“学在青吴嘉”五大主题，整合发布长三角生态绿色一体化发展示范区内最新旅游资讯。会同上海旅游集散总站推出“同里文旅直通车”“黎里文旅直通车”“震泽文旅直通车”3条进博会精品旅游线路，为广大进博会游客游览吴江提供便利。（骆　颖）

【五客汇吴江】 2019年4月，区文体旅局启动吴江旅游品牌“五客汇吴江”活动，邀请来自北京的非遗传承人和来自上海、南京的旅游达人参观游览吴江的景区景点，了解吴江的风土人情，在亲身体验中宣传和推广吴江特色旅游。（骆　颖）

【美食小吃展】 10月11~13日，“2019中国吴江美食小吃展暨农副产品联展”在吴江体育场举行。活动以文旅融合、对接长三角一体化为主题，以“和合”精神打造“全域旅游+美食”崭新平台，有51家商户300多个品种参展，总销售额60万元，来自上海青浦、浙江嘉善和贵州印江的6家商户首次加盟活动。（骆　颖）

10月11日，吴江美食小吃展开展　（吴　斌　摄）

邮　政

【概况】 2019年，吴江区邮政公司承担全区党政军民的邮政通信服务任务，履行邮政普遍服务义务，为全区提供邮政商务服务。下设吴江邮政寄递事业部，市场经营部（市场营销部、服务质量部），经营支撑部（金融业务部、集邮与文化传媒部、渠道平台部），综合职能部（综合办公室），下辖邮政中心支局8个，邮政支局25个。全年邮政业务总收入4.65亿元，增幅18.5%。是年，吴江区邮政公司获评2016—2018年江苏省文明单位。（王　鹰）

【邮政经营与服务】 2019年，吴江区邮政公司把握科学发展主题和转型发展主线，创新实施业务、客户、服务转型，经营发展保持良好态势。寄递业务方面着力聚客户、强营销、提效益、抢份额，强势推进营揽平台销售化转型，通过规范标准化管理流程导入，提升营销能力。标准快递散户业务缩短揽收响应时限，政务业务开办同城当日递；快递包裹业务全年市场占有率22.1%，比2018年（下同）提升3.6%。全年实现金融总资产新增27.87亿元，增长4.72亿，其中储蓄月年均累计新增12.65亿，增长2.05亿。12月25日，储蓄规模突破110亿元。持续推进网点转型，提升网点服务能力和服务品质。函件业务聚焦社会热点，依托项目促发展，“邮证通”项目从水邮扩展到城邮，收入超250万元，品牌影响力及第三方测评市场份额持续提升。“护河邮路”获2019年度集团公司创新实效三等奖，垃圾分类线上小游戏获吴江区“互联网+”创新奖，全年业务收入增幅20.31%。集邮业务加大资源整合力度，邀请邮票设计家史渊等人设计己亥年生肖系列邮品，借助彩色邮资机戳，策划包括生肖、端午、中秋节等主题的产品。报刊发行业务积极推动产品向校园报刊、新媒体报刊等产品转型，深入挖掘校园市场，业务收入增长2.03%。电子商务业务持续拓展扶贫富农项目，为太湖新城组织印江扶贫产品超45万元，业务收入增长9.99%。（王　鹰）

【邮政企业管理】 2019年，吴江区邮政公司加强财务管理，加大对有效收入的管控，全年有效收入增幅10.2%。加强运营管理，以看板管理对重点时限指标进行每日监控、逐日分析、闭环整改，长三角区域标准快递次日妥投率95.09%，提升8.2个百分点；快递包裹次日妥投率91.36%，提升10个百分点。加强服务管控，95580投诉处理及时率、满意度100%。优化组织架构，将25个支局划分为8个中心支局，统筹资源打造团队开发模式，以“强中心支局”引领带动辖区支局发展同步提升。深入学习贯彻党的十九大精神，全面落实巡视整改任务，高度重视党风廉政建设和反腐败工作，牵头搭建“鲈乡红”党建联盟平台，构建党建共建新格局。（王　鹰）

【邮政能力建设】 2019年，吴江区邮政公司加快提升网运能力，完成4个营投部、城区营投处理场地及菀坪处理中心改造，新增运东营投处理场地，日处理能力提升1.8倍；新增投递三轮电瓶车35辆及直线型分拣机一套；提升网点智能化水平，配置ITM设备33台，新增ATM取款机8台。对全公司160辆车辆管理进行专项检查，投入车辆灭火器、三角牌等寄递安全设施资金61.06万元，投入安保建设资金109多万元。（王　鹰）

通　信

【电信概况】 2019年，中国电信吴江分公司有正式员工204人，大专以上学历172人（研究生20人、本科103人、大专49人），中级以上职称45人。公司设有综合管控部（办公室），前端营销部（销售部、政企客户部、渠道运营中心），后端支撑部。中国电信吴江南分公司有正式员工91人，大专以上学历71人（研究生7人、本科41人、大专23人），中级以上职称15人。公司设有综合管控部（综合部）、前端营销部（销售部、政企客户部）、后端支撑部（维护安装部）。是年，吴江电信公司（吴江分公司、吴江南分公司）实现业务收入8.29亿元，客户总数超过129万户，其中固定电话用户21万多户、移动电话用户52万多户、宽带用户34多万户、网络电视用户21万多户。是年，中国电信吴江分公司获评2016—2018年度江苏省文明单位。（于　佳）

【通信建设与信息化服务】 2019年，吴江电信着力推进“光网城市”“智慧城市”建设，网络质量、核心网络能力和接入规模不断提高，4G（第四代移动通信）网络实现全覆盖，5G（第五代移动通信）网络建设有效推进，“提速降费”有效落实。通过实现铜缆网向光缆网的彻底转型，打造界面清晰、架构统一、设备简化的全光网络。至年底，宽带全部光缆接入，固话铜缆用户剩余约285户，光纤入户率99%以上。全年新增2.1G扩容设备96个，新建分布系统33个，全网4G基站总计1700多个，分布系统约500个，完成吴江区域全覆盖。建设并开通L800（长期演进技术800兆网络）及NB-IOT（窄带互联网）基站74个，总数500个，完成吴江L800网络全覆盖。建设并开通5G基站73个，分布系统7个，完成部分城区、重点电信营业厅和高新厂区优先覆盖。全区AP（无线访问接入点）设备3600台，热点超过150个，覆盖区域集中在各大公共场所，为市民提供快速的无线接入服务。是年，通过网络建设和优化，网络服务能力进一步提升，实现百兆到户、千兆到楼的宽带通信能力，互联网出口带宽突破1.6T，综合通信能力继续保持行业领先。（于　佳）

【电信服务】 2019年，吴江电信以国企使命责任、社会主义核心价值观为导向，以诚信经营维护用户合法权益、高效运作满足用户合理需求为根本，坚持党建统领、守正创新、开拓升级、担当落实的总体思路，扎实推进网络强国建设、维护网信安全，深化企业改革，扩大对外合作，提升服务水平，推进企业高质量发展。积极实施网络提质提速工程，百兆以上宽带用户占比83%，全区宽带电信用户户均速率突破150M，宽带光纤用户率99%以上；电信用户实名制率100%。（于　佳）

【转型业务】 2019年，吴江电信继续加速转型升级，利用中国电信行业应用优势，积极拓展新兴业务领域，互联网数据（IDC）及云业务能力不断提高。基础设施共建共用、信息系统整体部署、数据资源汇聚共享和业务应用有效协同，开发利用政务大数据，支持政府管理和公共服务，提高政府部门为民服务水平，提升现代治理能力。公司聚焦智慧城市高地，拓展新兴ICT（信息和通信技术），推进现有新能源、IPV6（互联网协议）、车载设备项目，聚焦基于NB-IOT网络技术中智慧城市领域的“三表（水、电、气）”市场、智慧停车、智慧管网、智慧路灯、智慧烟感、智慧小区等应用场景，在政务、公安、教育、水利、安监、住建等领域用技术助力地方发展。是年，吴江电信响应区工业和信息化局，协办“企业上云”技能竞赛，协助多家企业成功申报“三星”“四星”级企业；协助区公安局参与电动车防盗项目，推进人工智能技术在现代生活的应用，为服务群众提供技术保障。（于　佳）

【移动概况】 2019年，中国移动通信集团江苏有限公司吴江分公司（简称“吴江移动”）在网用户数130万户，宽带用户约20万户，实现运营收入约13亿元。获“2019年全国市场质量信用AA（用户满意度服务）企业”“江苏省文明单位”称号。“5G智慧环保应用项目”获2019年中国5G创新与“智能+”应用优秀成果金奖。（叶　静）

【移动网络】 2019年，吴江移动大力推进5G项目建设及4G升级扩容，新建5G基站近200个，5G室内分布系统50余个；扩容4G站点近1000个，累计3500余个；4G网络覆盖率99.7%以上，实现4G信号深度覆盖；城域网出口带宽扩容至3.5T，新增小区光纤宽带覆盖6万余户；新建管道48千米，新增线路920千米；重点提升热点区域覆盖，提升用户满意度，严格落实上级单位及地方政府要求，做好网络与信息安全重点工作。全年出动大型应急通信车完成吴江环太湖国际公路自行车赛等省市重大活动5处，出动小型应急改造车完成国际龙舟平望邀请赛等重要活动保障20处；维护、工程、网优人员累计服务约100次，新增设备约50台，扩容小区约420个，各项活动期间，保障现场网络接通率100%，保证各项活动通信畅通，多次获得主办方及公安维保部门好评。（叶　静）

【移动服务】 为贯彻“以人民为中心”服务理念，推进“两个毫不犹豫”（当质量和速度发生矛盾时，要毫不犹豫地保证质量；当客户利益与企业利益发生矛盾时，要毫不犹豫地保证客户利益），2019年，吴江移动推进

“服务质量领先工程”，4G客户满意度、家宽客户满意度、营业厅满意度领先，全面落实不知情定制投诉压降相关工作，顺利达成工信部“五条纠风红线”（有效申诉率、不明扣费有效申诉率、限制停机销户有效申诉率、限制转套餐有效申诉率、管局考核记分）。吴江移动自上而下，强化服务质量管控，重点提升全员服务意识。主动服务，注重细节，提升营业厅满意度，从营业员服务态度、业务办理时长、排队等候时长、营业厅环境、营业厅整体满意度多方面入手，督促营业厅有方向、有针对性地提高客户满意度。深入一线，了解需求，提升宽带满意度，从整体满意度、资费套餐、上网质量、业务宣传办理、代维服务水平5个维度出发，充分结合各项装维指标及网络质量等过程指标，围绕制度保障、感知修复、协同提升3个环节，提升宽带客户满意。关注过程，精益求精，压降不知情投诉率，通过规范渠道订购、管控高危环节、提高客户感知、完善管理举措，杜绝不知情定制问题，做到客户订购100%确认、违规订购100%追责，坚决落实对不知情投诉“零容忍”的管理要求。（叶　静）

【移动信息化建设】 2019年，吴江移动稳中求进，围绕客户需求，加快转型步伐，推动融合、融通、融智，有序推进企业信息化产品，服务覆盖用户近2万家，同时在云技术、大数据、智能制造等方面取得较大成效，相继签约“卫生医疗云”“智慧景区/卡口/监管”“数字集群”“污水监控”等多项信息化项目，助力智慧吴江建设，改善民生生活。（叶　静）

【联通概况】 2019年，中国联通网络通信有限公司吴江分公司（简称“吴江联通”）根据上级公司全生产场景划小改革推进工作计划，进一步优化队伍体系，吴江联通下设综合部、公众客户营销中心、政企客户营销中心、网络中心4个部门，结合公司发展设立12个经营网格，各网格负责区域内的发展与服务。全年实现业务收入2.3亿元，在网用户数23.2万户，宽带用户2.5万户。是年，吴江分公司获评江苏省放心消费示范企业，县府路旗舰店获评苏州市“五一巾帼标兵岗”。（李乃娟）

【联通服务】 2019年，吴江联通以5G建设为契机，积极了解区域发展规划，加强政企信息化战略合作；结合5G应用，以行业数字化为基准，聚焦事业单位的信息化建设；加强与头部企业、创业园区的5G战略合作，同时与区域内有较大影响力的客户以协会、联盟的形式，带动同行业的5G应用需求，建立标杆性作用，扩大联通的品牌影响力；吴江“联通小燕”服务团队以“我的百倍用心，愿您10分满意”为宗旨，持续深化“互联网+服务”在通信行业的实践应用，为更多客户带来更加贴心的通信服务，提升客户感知，赢得社会口碑。（李乃娟）

【联通网络】 2019年，吴江联通作为5G时代的创新引领者，大力推进5G网络建设，提升5G业务体验。至年底，建成5G基站200个，光缆布放287.5沟公里，宽带覆盖4万户，小区宽带累计覆盖25.95万户。是年，对西湖花苑、城南花苑、三里桥、石灰浜小区、花港新村等人口密集区域进行网络优化、扩容及基站建设；全年完成迷笛音乐节、华润万象汇开业、亨通梦幻水世界开业、新湖广场开业、爱情海商业广场开业、第十届环太湖国际公路自行车赛暨吴江区第四届国际骑行大会、2019秋季“农行杯”苏州美丽乡村健康行（同里站）活动、第六届江苏（盛泽）纺织品博览会、平望镇国际龙舟大赛、吴江区第十三届体育运动会开幕式等通信保障任务，活动期间网络安全顺畅，周边基站运行稳定无故障，提高用户感知和品牌影响力。（李乃娟）

（本栏编辑　沈　瑶）

对外及港澳台贸易

【概况】 2019年，全区实现进出口总额210.91亿美元，比2018年(下同)下降7.88%，其中出口154.62亿美元，下降3.89%，进口56.3亿美元，下降17.29%，进出口总额列苏州大市第六。一般贸易实现进出口91.97亿美元，下降4.82%，占进出口总额比重43.67%，比2018年提高1.47个百分点。（俞　飞）

【出口名牌】 2019年，全区有8家企业获得2019—2020年度"苏州市出口名牌"称号，分别是吴江福华织造有限公司、苏州古河电力光缆有限公司、海泰纺织(苏州)有限公司、海成纺织(苏州)有限公司、永鼎集团有限公司、博众精工科技股份有限公司、江苏凯伦建材股份有限公司、苏州盛虹纤维有限公司。（俞　飞）

【企业参展】 2019年，区商务局组织48家企业参加第125届中国进出口商品交易会(即广交会)，出展摊位80个；组织48家企业参加126届广交会，出展摊位79个；组织9家企业参加第29届华东进出口商品交易会，出展摊位14个。11月，第二届中国国际进口博览会在上海举办，全区668家企事业单位完成观众注册。进博会期间，恒力集团有限公司、江苏苏大特种化学试剂有限公司及苏州美达王钢铁制品有限公司参加长三角G60科创走廊九城市进一步扩大开放政策发布会。（俞　飞）

【出口基地】 2019年7月，吴江通信光电缆出口基地被新认定为国家外贸转型升级基地。年内，通信光电缆出口基地组织9家企业参加迪拜通信及消费电子展；纺织面料出口基地组织26家企业参加中国—中东欧纺织服装面料辅料品博览会；电梯出口基地组织12家企业参加俄罗斯国际电梯展。（俞　飞）

2019年吴江区进出口分企业类型情况表

单位：万美元

企业类型	进出口额	出口额	进口额
外资及港澳台资企业	1212302	719612	492690
内资企业(不含港澳台资企业)	1011426	823687	187739
合　计	2109100	1546200	563000

2019 年吴江区进出口分区镇情况表

单位：万美元

区　镇	进出口额	出口额	进口额
吴江开发区	1400239	987457	412782
吴江高新区(盛泽镇)	215857	154403	61454
汾湖高新区(黎里镇)	144423	120999	23424
东太湖度假区(太湖新城)	130098	113455	16643
平望镇	58318	39800	18519
震泽镇	26751	24237	2514
七都镇	61778	59123	2655
桃源镇	22058	21063	996
合　计	2109100	1546200	563000

2019 年吴江区主要地区和国际市场进出口情况表

单位：万美元

国家(地区)	进出口	同　比	出　口	同　比	进　口	同　比
合　计	2109100	−7.88%	563000	−17.35%	1546200	−3.89%
亚　洲	1177900	−8.86%	718754	−0.01%	459146	−19.96%
韩　国	146171	5.26%	52009	4.18%	94162	5.86%
中国台湾	171257	−28.75%	41844	11.51%	129413	−36.19%
日　本	210526	−0.02%	122968	−0.08%	87558	0.06%
中国香港	81693	−16.95%	81438	−16.73%	254	−54.98%
东　盟	304118	2.56%	234933	3.26%	69185	0.26%
欧　洲	412493	−3.52%	346604	−1.85%	65888	−11.44%
欧　盟	355511	−0.94%	294306	1.97%	61204	−12.89%
德　国	78777	−9.92%	46974	3.17%	31803	−24.14%
荷　兰	73639	−15.64%	72602	−15.87%	1037	3.80%
俄罗斯	32798	−27.14%	32557	−27.67%	241	7,755.18%
北美洲	325875	−13.5%	301065	−14.66%	24810	3.74%
加拿大	13196	−13.96%	11978	−15.34%	1218	2.58%
美　国	312679	−13.48%	289087	−14.63%	23592	3.80%
拉丁美洲	123966	0.29%	114774	−2.68%	9192	62.08%
大洋洲	35593	−1.99%	32689	−4.05%	2904	29.39%
澳大利亚	31131	−6.08%	30164	−5.71%	967	−16.26%
非　洲	30098	−8.18%	29626	−7.6%	472	−34.33%

注：以上三张表格中“合计”栏数据引用苏州海关数据，其他数据由苏州市进出口数据分析系统自动生成。

（俞　飞）

2019年吴江区外资及港澳台资企业进出口、出口20强情况表

单位：万美元

名次	进出口20强企业名称	进出口总额	名次	出口20强企业名称	出口额
1	中达电子(江苏)有限公司	91018	1	中达电子(江苏)有限公司	60768
2	亚旭电子科技(江苏)有限公司	85390	2	高创(苏州)电子有限公司	60159
3	高创(苏州)电子有限公司	62652	3	亚旭电子科技(江苏)有限公司	54931
4	中达电子零组件(吴江)有限公司	57975	4	飞旭电子(苏州)有限公司	34197
5	飞旭电子(苏州)有限公司	51995	5	中达电子零组件(吴江)有限公司	31526
6	峻凌电子(苏州)有限公司	48247	6	卡特彼勒(吴江)有限公司	28666
7	亿光电子(中国)有限公司	36701	7	亿光电子(中国)有限公司	25378
8	卡特彼勒(吴江)有限公司	34085	8	苏州璨宇光电有限公司	15707
9	群光电子(苏州)有限公司	27358	9	智同电子科技(苏州)有限公司	15460
10	智同电子科技(苏州)有限公司	24658	10	群光电子(苏州)有限公司	13595
11	苏州璨鸿光电有限公司	22640	11	吴江华丰电子科技有限公司	13349
12	吴江华丰电子科技有限公司	21363	12	英格索兰(中国)工业设备制造有限公司	12370
13	英格索兰(中国)工业设备制造有限公司	19773	13	苏州璨鸿光电有限公司	11085
14	瑞仪光电(苏州)有限公司	18660	14	泰金宝光电(苏州)有限公司	11074
15	群光电能科技(苏州)有限公司	17482	15	峻凌电子(苏州)有限公司	9482
16	苏州璨宇光电有限公司	16143	16	群光电能科技(苏州)有限公司	9286
17	泰金宝光电(苏州)有限公司	16121	17	中达视讯(吴江)有限公司	9079
18	中达视讯(吴江)有限公司	15892	18	苏州宝嘉新能源科技有限公司	8850
19	江苏澳盛复合材料科技有限公司	15811	19	根茂电子(苏州)有限公司	8060
20	根茂电子(苏州)有限公司	10516	20	苏州欧圣电气股份有限公司	7336

（俞　飞）

2019年吴江区内资企业（不含港澳台资企业）进出口、出口20强情况表

单位：万美元

名次	进出口20强企业名称	进出口总额	名次	出口20强企业名称	出口额
1	吴江海晨仓储有限公司	329052	1	吴江海晨仓储有限公司	320187
2	江苏恒力化纤股份有限公司	33825	2	江苏亨通光电股份有限公司	18755
3	江苏盛虹石化集团有限公司	23505	3	江苏恒力化纤股份有限公司	15441
4	苏州盛虹纤维有限公司	23304	4	江苏国望高科纤维有限公司	14399
5	苏州新效国际货运代理有限公司	21323	5	苏州盛虹纤维有限公司	13267
6	江苏亨通光电股份有限公司	19537	6	苏州新效国际货运代理有限公司	10022
7	江苏国望高科纤维有限公司	17681	7	苏州莱升进出口有限公司	9943
8	苏州莱升进出口有限公司	9961	8	苏州慧斌国际贸易有限公司	7366
9	江苏亨通光导新材料有限公司	8842	9	江苏西立智能装备有限公司	6663

（续　表）

名次	进出口20强企业名称	进出口总额	名次	出口20强企业名称	出口额
10	苏州锦仁物流有限公司	7390	10	吴江华联丝绸喷织厂	6305
11	苏州慧斌国际贸易有限公司	7377	11	苏州迈为自动化设备有限公司	5882
12	苏州迈为自动化设备有限公司	7104	12	苏州佰欧国际贸易有限公司	5732
13	江苏酉立智能装备有限公司	6663	13	苏州锦仁物流有限公司	5595
14	吴江华联丝绸喷织厂	6305	14	吴江帕罗丝进出口有限公司	5358
15	苏州佰欧国际贸易有限公司	5820	15	吴江市虹源进出口有限公司	4957
16	苏州乐贸星光电有限公司	5687	16	江苏聚杰微纤科技集团股份有限公司	4847
17	吴江帕罗丝进出口有限公司	5358	17	吴江南玻玻璃有限公司	4833
18	吴江市虹源进出口有限公司	4986	18	吴江英诺时装有限公司	4420
19	江苏聚杰微纤科技集团股份有限公司	4870	19	苏州锦锦进出口有限公司	4095
20	吴江南玻玻璃有限公司	4834	20	苏州雅柏纺织有限公司	4037

（俞　飞）

外商及港澳台商投资

【概况】 2019年，全区新批外资及港澳台资项目67个，合同外资及港澳台资6.84亿美元。实际使用外资及港澳台资4.86亿美元。新批服务业企业43家，合同外资及港澳台资3.11亿美元。新批欧美企业12家，合同外资0.71亿美元。年内有23家外资及港澳台资企业增资，累计增资金额3.72亿美元。全区有1419家外商投资企业参加联合年报，其中外商独资企业1109家，中外合资企业289家，中外合作企业5家，股份制公司16家。（俞　飞）

【大型招商】 2019年，全区继续在深圳、上海、北京及吴江举行主题投资推介活动，推进招商引资工作。5月，举办2019吴江（深圳）投资说明会，签约项目24个，主要涉及智能装备产业、新一代信息技术、科技创新、创新中心、股权投资基金等多个高端创新领域，总投资179亿元，其中外资及港澳台资项目6个，总投资4.39亿美元。7月，在上海举办2019中国·吴江长三角区域合作洽谈会，签约项目40个，总投资约500.78亿元，其中长三角一体化合作项目11个，产业项目24个，投资额265.78亿元，涵盖总部、研发、新能源、新材料、智造产业园区、科技产业园区、文旅等项目类别，基金项目5个，投资额235亿元。10月，举办2019中国·吴江投资贸易洽谈会暨创新发展一体化合作大会，签约项目35个，总投资290.3亿元，涵盖生物医药研发生产、影像技术、智能装备制造、企业创新中心、新材料产业园、电商产业园

5月23日，2019吴江（深圳）投资说明会举办　（王　炜　摄）

等项目类别。11月，举行吴江（北京）高质量发展投资推介会，宣传推介吴江优越的投资环境和广阔的发展前景。（俞　飞）

【扶持资金】 2019年，全区2家企业获得省跨国公司地区总部和功能性机构扶持资金。其中，敏华家具总部（吴江）有限公司获得总部扶持资金160.95万元，瑞仪光电（苏州）有限公司获得功能性机构扶持资金32.74万元。（俞　飞）

2019年吴江区合同外资及港澳台资情况表

区镇	项数（个）	总投资（万美元）	合同外资及港澳台资（万美元）	其中（万美元）	
				新批项目	变更项目
吴江开发区	32	99207.38	47734.69	31366.56	16368.13
汾湖高新区（黎里镇）	6	41642.20	11079.21	856.56	10222.65
吴江高新区（盛泽镇）	9	1861.11	321.93	152.62	169.31
东太湖度假区（太湖新城）	17	21300.20	8697.47	719.69	7977.78
平望镇	3	18485.63	1129.38	107.08	1022.30
七都镇	0	0.00	0.00	0.00	0.00
震泽镇	0	−858.22	−635.48	0.00	−635.48
桃源镇	0	143.02	42.90	0.00	42.90
合 计	67	181781.32	68370.10	33202.51	35167.59

（俞　飞）

2019年吴江区实际使用外资及港澳台资情况表

区镇	任务数（个）	实际使用外资及港澳台资（万美元）	逐年累计（万美元）
吴江开发区	28000	28302.87	696210.94
汾湖高新区（黎里镇）	13400	13513.71	308528.21
吴江高新区（盛泽镇）	5000	186.12	122199.39
东太湖度假区（太湖新城）	7000	3730.40	127465.77
平望镇	1200	1248.00	46462.11
七都镇	800	810.00	25457.95
震泽镇	800	805.70	37346.53
桃源镇	800	42.90	22748.88
其他	—	—	9355.20
合计	57000	48639.69	1395774.98

（俞　飞）

2019年吴江区新批合同外资及港澳台资1000万美元以上企业情况表

单位：万美元

序　号	企业名称	区镇	合同外资
1	华润置地（苏州）地产置业有限公司	吴江开发区	10552.84
2	苏州正誉房地产开发有限公司	吴江开发区	5725.11

（续 表）

序 号	企业名称	区镇	合同外资
3	京东方杰恩特喜科技有限公司	吴江开发区	4370.06
4	苏州伊派斯商务咨询有限公司	吴江开发区	3215
5	崇德粉末冶金技术（苏州）有限公司	吴江开发区	1789.52
6	崇德昱博科技（苏州）有限公司	吴江开发区	1500
7	苏州和通机械制造有限公司	吴江开发区	1200
8	爱恩匹能源技术（苏州）有限公司	吴江开发区	1000

（俞 飞）

【外企协会】 2019年，区商务局协同区外商投资企业协会，围绕产业扶持、安全生产、劳动用工、税务防控、对外贸易、"走出去"等主题，全年开展培训12次，培训人数超1000人次。协会定期开展外资企业生产经营情况调查，重点了解中美贸易摩擦对吴江企业的影响，调研区内规模企业智能化改造情况，形成调研报告反馈给政府相关职能部门。联合区行政审批局等部门按片区举行2019年"企业服务月"系列活动，以"'走出去'政策宣讲，面对面问题解答"形式，服务全区百家重点企业，集中力量为企业办实事、解难题。组织企业参加装备制造业博览会、物联网与人工智能技术应用大会、工博会、电博会、高交会等展会活动，帮助企业拓展国内市场。举办第十三届外商投资企业运动会，43家企业1500多人次参加。组织"同心·吴江外企新的社会阶层人士工作站"，通过开展培训、联谊、交流、咨询等服务，引领外企新的社会阶层人士思想上同德、目标上同向、行动上同心。（俞 飞）

服务外包

【概况】 2019年，全区累计服务外包企业88家，离岸外包接包合同额2185万美元，执行合同金额1897万美元。（俞 飞）

2019年吴江区服务外包情况表

区镇	审核企业数（家）		接包合同额（万美元）	离岸接包执行额（万美元）	培训人数（人）
	2019年	逐年累计			
吴江开发区	0	35	450	199	0
汾湖高新区（黎里镇）	0	24	1735	1698	0
东太湖度假区（太湖新城）	0	23	0	0	0
吴江高新区（盛泽镇）	0	2	0	0	0
平望镇	0	1	0	0	0
七都镇	0	0	0	0	0
震泽镇	0	1	0	0	0
桃源镇	0	2	0	0	0
合 计	0	88	2185	1897	0

（俞 飞）

【服务外包扶持资金下发】 2019年，区内6家企业获得2019年度吴江区服务外包企业承接离岸业务的补助资金261.49万元，分别是：苏州康润医药有限公司、苏州莱克施德药业有限公司、苏州岚云医药科技有限公司、吴江近岸蛋白质科技有限公司、苏州强耀生物科技有限公司、江苏永鼎泰富工程有限公司。莱克施德、近岸蛋白质2家企业作为成长型服务外包企业，获得30.88万元省级商务发展切块资金支持，近岸蛋白质同时获得企业人才培养和研发创新两项合计47.25万元的国家级服务外包资金支持。苏州华业检测技术服务有限公司获得181.11万元国家级服务外包平台专项资金。（俞　飞）

7月9日，民企新闻沙龙举办　（吴　斌　摄）

对外及港澳台经济合作

【概况】 2019年，全区新批对外及港澳台投资项目23个，吴江投资方协议投资额2.53亿美元，对外工程承包完成营业额1.54亿美元。区商务局先后组织举办投资越南研讨会、服务企业“走出去”新闻沙龙、吴江参与“一带一路”*交汇点建设暨印尼加荣轻纺产业园招商推介会；开展吴江企业海外合规经营排查，组织企业参加“2019江苏企业‘走出去’”系列培训、“投资德国苏州研讨会”“中国—越南地方经贸对接会”“苏州市企业家国际化经营交流会”和“印尼吉打邦产业合作园招商推介会”等活动。（俞　飞）

2019年吴江区新批对外及港澳台投资企业名单及投资情况表

单位：万美元

序号	企业名称	投向国家（地区）	投资总额	投资主体所在区镇
1	台湾中成压缩机股份有限公司	中国台湾	150	吴江开发区
2	香港丁是丁电子科技有限公司	中国香港	400	吴江开发区
3	京东方视讯科技（越南）有限公司	越南	1000	吴江开发区
4	世华美国公司	美国	100	吴江开发区
5	巴基斯坦M/S.T&M CHEMICALS公司	巴基斯坦	72.5	吴江开发区
6	握凯公司	斯洛伐克	230.88	汾湖高新区（黎里镇）
7	蒙纳驱动（印度）私人有限公司	印度	5	汾湖高新区（黎里镇）
8	发网国际有限公司	中国香港	20	汾湖高新区（黎里镇）
9	欧圣岘港工业有限公司	越南	2000	汾湖高新区（黎里镇）
10	科莱达燃料（柬埔寨）有限公司	柬埔寨	200	吴江高新区（盛泽镇）
11	盛虹实业（香港）有限公司	中国香港	600	吴江高新区（盛泽镇）
12	德佑胶带（香港）有限公司	中国香港	20	东太湖度假区（太湖新城）
13	东川康博（韩国）医疗科技有限公司	韩国	11	平望镇
14	亨通光电股份有限公司迪拜分公司	阿拉伯联合酋长国	100	七都镇
15	亨通光电股份有限公司意大利分公司	意大利	100	七都镇
16	亨通光电股份有限公司泰国分公司	泰国	100	七都镇

（续　表）

序号	企业名称	投向国家（地区）	投资总额	投资主体所在区镇
17	亨通光电股份有限公司澳大利亚分公司	澳大利亚	40.07	七都镇
18	亨通光电股份有限公司俄罗斯分公司	俄罗斯	64	七都镇
19	亨通美国线缆技术有限公司	美国	300	七都镇
20	亨通光电埃及股份有限公司	埃及	1800	七都镇
21	国际海洋网络系统有限公司（存量项目）	中国香港	9529.53	七都镇
22	亨盛电缆股份有限公司	埃塞俄比亚	250	震泽镇
23	土耳其库车发电有限公司	土耳其	10	震泽镇
24	苏州凯灵箱包有限公司香港分公司	中国香港	77	桃源镇
合　计			17179.98	

（俞　飞）

2019年吴江区对外及港澳台投资企业增减资情况表

单位：万美元

序号	企业名称	投向国家（地区）	增减资金额（万美元）	投资主体所在区镇
1	欧圣工业集团有限公司	美国	470	汾湖高新区（黎里镇）
2	欧洲巨峰绝缘系统有限公司	德国	11.36	汾湖高新区（黎里镇）
3	永恒纺织私营有限公司	埃塞俄比亚	−78	吴江高新区（盛泽镇）
4	逸远控股集团有限公司	中国香港	8100	平望镇
5	东方纺织印染有限公司	埃塞俄比亚	−300	震泽镇
6	加利福纺织有限公司	埃塞俄比亚	−150	桃源镇
7	中纺织造有限公司	埃塞俄比亚	−205	桃源镇
合　计		—	7848.36	—

（俞　飞）

对外及港澳台贸易监管

【概况】 2019年，全区对外及港澳台贸易进出口总值1458.5亿元，比2018年（下同）下降3.4%。其中进口388.9亿元，下降13.3%；出口1069.6亿元，增长0.9%。吴江海关监管进出口货运量32.4万吨，增长17.6%；监管进出口总值184.6亿美元，下降27.3%；监管集装量5万箱次，增长28.6%；监管进出境运输工具4763辆（艘/架），增长23.7%，新增注册企业693家。审结报关单31万票，下降15.8%；备案加工手册153份，下降19%；手册备案金额11.8亿美元，下降12.7%。检验检疫进出口货物2.1万批、10.5亿美元，批次增加53.5%，货值增长63%；检出不合格货物82批、货值569万美元，不合格率分别为0.4%和0.5%。（汤　明）

【海关监管】 2019年，吴江海关强化对洋垃圾、濒危物种、芬太尼类物质走私活动的监管，坚决整治涉枪、涉爆、涉毒、涉黄违法犯罪活动，查获率在南京关区保持“第一方阵”。年内成功退运一批价值约90万元疑涉濒危动植物成分的化妆品；对涉嫌非洲猪瘟的货物进行100%布控查检；截获植物有害生物15批13种27种次，其中检疫性有害生物4批2种5种次；进出口食品安全抽样检验、风险监测和专项检测计划完成率为100%，查获进口化妆品不合格34批，查获不合格进口设备29批，检出出口危险化学品

不合格3批次。（汤 明）

【口岸通关建设】 2019年，吴江海关主动服务“一带一路”*倡议，多举措助力中国在刚果（布）最大援外项目物资顺利通关；是年，大力推广“两步申报”“单一窗口”、自报自缴、提前申报模式，扩大汇总征税、税收担保等试点范围，加强自助打印政策宣传，全年开展企业集团财务担保额度2801万元，保险公司增信担保税款额度2000万元，汇总征税涉及税款15亿元；吴江海关2019年进口、出口整体通关时间分别为26.34小时和1.22小时，在南京关区排名始终名列前茅。（汤 明）

【减免税政策落实】 2019年，吴江海关发挥特定减免税政策作用，审批进口减免税货物85笔，为货值1.6亿美元进口设备办理减免税手续，企业可以享受减免税额10289万元。充分释放自由贸易协定税收减让红利，大力推动自助打印原产地证改革落地，全年签发各类原产地证书25440份，货值11.4亿美元，减免税款3.09亿元，其中自助打印原产地证书790份，货值4511万美元。（汤 明）

【企业问题清零】 2019年，吴江海关推出“企业问题清零”机制，将其作为服务发展、服务企业的有效抓手，吴江海关也是南京海关企业问题清零5家试点海关之一。全年吴江海关进企业、进区镇，广泛调研，做到问题“日清周结”，实地解决欧福蛋业、恒力集团、京东方、高创等企业问题60余条，在南京海关关区企业问题清零工作推进会上作经验交流发言，编发的《为民服务解难题》案例汇编得到南京海关肯定，相关服务案例被《法制日报》《新华日报》“学习强国”等媒体采用。（汤 明）

2019年，海关现场解决欧福蛋业通关问题　（区海关　提供）

【新兴贸易业态培育】 2019年，吴江海关落实国务院关于促进综保区高水平开放高质量发展21条措施。是年，吴江落地检测维修、委托加工等11项措施，落地数量在南京关区位列第一位置，其中四自一简、网购电商保税进口2项措施为江苏省首家，吴江海关推进国务院21条举措成效成为《中国国门时报》“连线综保区”开栏之作。加强跨境电商实际监管，推动跨境电商快递通关，吴江海关全年验放保税进口模式二线出区清单45.28万单，货值9203万元，税款923.6万元，总量在全省靠前。（汤 明）

【海关支持长三角一体化发展】 2019年，吴江海关主动对接青浦海关、嘉兴海关，推动三地海关共同撰写课题论文，吴江海关在论文中首次归纳提出“组织架构、执法监管、服务发展、管理保障、特殊区域协同发展”一体化构想。是年，吴江海关倡议先行启动吴江、青浦、嘉兴三地海关党建共建和人才培养工作，工作成效、情况反映被海关总署《综合信息呈报》编发，获署领导批示。年底，海关总署在充分吸收三地海关课题论文中的意见建议的基础上，正式印发《海关支持长三角区域一体化发展重点举措》。（汤 明）

（本栏编辑　范红明）

金融监管

【概况】 2019年，吴江全区有区人民政府金融工作办公室[简称“区政府办(金融办)]、中国人民银行吴江支行(简称“吴江人民银行”)、中国银行保险监督管理委员会苏州监管分局吴江监管组(简称“苏州银保监分局吴江监管组”)、国家外汇管理局吴江支局(简称“吴江外汇管理局”)4家金融监管协调机构。是年，金融生态环境水平稳步提升，未发生区域性、系统性金融风险，金融服务实体经济能力逐步增强，营商环境进一步优化，创新驱动全面激发金融活力，资本市场发展稳中有进稳中向好。

(张振亚)

【金融办】 2019年，区政府办(金融办)作为区人民政府办公室的挂牌机构，内设金融环境科和资本市场科两个科室。区政府办(金融办)综合统筹协调区内金融监管机构、银行、保险、证券等金融机构，研究制定并推动落实金融调控政策，以推进金融供给侧结构性改革为主线，服务企业登陆资本市场，防范化解重大金融风险，力促金融支持实体经济实现高质量发展。至年底，全区拥有各类银行业机构26家，一级支行以上机构28家(含2家平行管理支行)，其中外资银行2家、村镇银行1家，对外营业网点234个；保险机构48家(财产类公司19家、寿险类公司20家、代理类公司9家)，证券分支机构13家；地方金融从业机构40家，其中开业小贷公司13家、融资担保公司2家、外资融资租赁公司17家、典当行7家、商业保理公司1家；集团财务公司1家，境内外上市公司16家，新三板企业累计54家，大宗商品交易市场1家，权益类交易场所1家，省级备案创投基金12家。

金融服务。全年新增首发过会企业2家，博众精工科创板首发获上交所上市委审议通过，聚杰微纤创业板IPO过会，新增报证监会(上交所)企业4家。上市公司再融资发行数量和规模均位列苏州大市第一，通过定增、配股、可转债发行等方式完成再融资6单，规模48.84亿元。创业投资产业规范集聚发展优势凸显，新增省发改委备案创投企业2家；吴江创业投资产业园和熔拓资本管理有限公司分别获评省创业投资集聚发展示范区和省创业投资示范企业。企业债券偿付继续保持零风险，4家发债主体公司年度还本付息顺利完成。国开行苏州分行全年在吴江新增贷款87亿元，位列苏州大市第一。

金融监管。完善对小额贷款、融资担保、融资租赁、商业保理、典当行等五类地方金融从业机构的监管体系，全年完成13家小贷公司年审及评级，开展对8家典当行年审、2家融资担保公司监管评级及年检、15家融资租赁公司和1家商业保理公司核查工作；强化数据动态监测、日常考核、风险管控以及现场检查，规范内部风险控制，遏制地方金融从业机构不法经营行为；引导地方金融从业机构服务小微服务实体。规范吴江区民间投融资服务企业注册登记实施办法，维护金融生态环境和谐稳定，源头把控非法金融活动风险，促进金融业健康快速发展，全年会商并注册登记民间投融资服务机构6家。实施区级财政定期存款存放考核办法，考核全区26家银行机构财政存款。根据信贷规模、小微企业贷款情况、不良贷款情况等，引导银行业金融机构加大对实体经济支持力度，发挥金融支持实体作用。

金融生态。2019年，全区银行业不良贷款余额35.03亿元，不良贷款率1.16%，有效控制在3%警戒线内，不良贷款率压降成效明显。坚持“区别对待，分类处置”原则，对辖内债务风险企业按照一企一策要求量身定制风险化解方案；全年帮助区内15家重点企业进行债务风险协调，形成专题会议纪要13份，直接稳控信贷风险超30亿元。国资中小企业互助基金规模减半，银行支持企业续贷周转力度加大，全年转贷173笔，累计金额21.02亿元。加快对接苏州综合金融服务平台步伐，加入平台企业数列苏州大市第三，累计5117家，解决融资需求企业数2120家，授信金额981.11亿元，有效缓解小微企业融资难、融资贵问题。围绕扫黑除恶专项斗争工作，先后开展全区整治非法金融活动专项行动和全区金融行业领域扫黑除恶专项治乱整治工作，成立实体化工作专班，排查全区相关市场主体3128家。落实防范和处置非法集资三年攻坚战要求，推进涉嫌非法集资存量风险企业化解，全年化解存量风险企业191家，化解率99.56%。（张振亚）

【人民银行】2019年，吴江人民银行围绕高质量发展要求，抓党建、强监管、促服务，有效推动辖区经济金融健康平稳发展。获评2016—2018江苏省文明单位。

窗口指导。加强政策宣传解读，运用宏观审慎管理，提升宏观调控政策执行效果。坚持金融服务实体经济，落实乡村振兴信贷政策，开展民营和小微企业金融服务质量提升年活动，引导信贷资金投向民营和小微实体企业。注重发挥“几家抬”合力，搭建银企对接平台，加大推广民营企业融资支持工具力度，改善民营小微企业信贷供给，推动融资成本整体下降，缓解民营小微企业融资难、融资贵问题。推进金融支持制造业提质增效行动计划，宣传普及支小再贷款业务，引导商业银行做好政策承接，降低企业融资成本，全年发放支小再贷款16.51亿元，再贴现7.65亿元。吴江企业通过银行间市场债务融资规模83.5亿元。

金融监管。依托区政府加强金融生态环境建设联席会议制度，密切监测产能过剩行业、地方政府融资平台、房地产市场等重点关注领域风险内容排查。加强地区法人金融机构流动性监测；做好辖内上市首亏调研；关注排查企业债券到期兑付情况；协助完成苏州农村商业银行股份有限公司发行二级资本债券调研。启用存款保险信息系统，完成辖内3家法人机构2018年度央行金融机构评级工作和2019年度央行评级现场工作。完成苏州农村商业银行存款保险“回头看”核查项目。完成金融生态达标县金融生态环境评估工作。

金融稳定。严控取消企业银行结算账户许可后风险防范工作，巡查辖区12家商业银行。依托《吴江区反洗钱联席制度》，畅通沟通交流渠道，通报反洗钱工作热点，探索建立反洗钱案件线索协查机制，打击电信诈骗和洗钱犯罪。打击非法金融活动，对苏州伍柒捌网络科技有限公司、上海苏汇金融信息服务集团有限公司松陵分公司等进行联合现场核查；联合约谈红上财富吴江分公司相关负责人，研究讨论红上财富吴江分公司风险化解处置措施。联合区政府办（金融办）、苏州银保监分局吴江监管组，召开专门工作会议，布置全面排查放贷活动，打击“套路贷”“现金贷”等非法金融活动。完成2018年度银行业机构执行人民银行政策综合评价工作，组织做好综合评价结果反馈和诫勉谈话工作。

金融服务。实施普惠金融“三项工程”，提升民生获得感。一是实施“金融惠农工程”，结合农村地区需求特点，在原有小额取现、生活缴费等基础功能上，补足短板，规范优化农村金融综合服务，加强农村特色金融产品建设。二是实施“金融惠民工程”，与区交通局共同推动公交系统移动支付便民工程，至10月，吴江区所有公交线路支持“云闪付”移动支付乘坐公交车。三是实施“人民币满意工程”，加强同里古镇现金服务示范区建设，开展违规使用人民币图样专项整治工作。强化反假货币力度，与青浦、嘉善两地公安、人行、金融办等8个部门签订《长三角生态绿色一体化发展示范区反假货币合作备忘录》。夯实金融服务“三项举措”，助力经济发展。一是提升征信服务质量，开通电子发票自助打印功能和个人征信三次及以上查询聚合支付方式，辖内新增自助查询机4台，全年完成企业信用报告查询2202笔，个人征信查询111854笔（含柜面和自助），分别比2018年增加24.55%和65.22%。二是提升经理国库水平，和财政部门、地方商业银行探讨谋求进一步发展，程序和系统基本测试完善到位，到2020年实现集中支付电子化区镇全覆盖。三是深化金融消费者权益保护工作，做好金融消费权益保护工作，抓住“3·5”学雷锋日、“3·15”金融消费权益保护日等时间节点开展金融知识宣传，开展“普及金融知识，守住‘钱袋子’”“金融知识普及月”宣传活动，推动金融知识宣传常态化。全年妥善处理金融消保投诉4起。提升调查研究“三项能力”，发挥参谋助手作用。一是提升数据监测能力，对辖内国际收支申报数据、单位基本情况表数据以及迟报、漏报数据坚持每日核查，当日向银行下发数据；对辖内宁波银行吴江高新支行等10家银行进行国际收支间接申报现场核查。二是提升统计数据分析能力，加强行内统计队伍建设，增强统计质量意识，提升统计工作水平。三是提升调查分析能力，开展中美经贸摩擦对辖区经济影响、下调增值税税率对企业产品价格影响、关于地方政府出售国企偿债可行性调研等多项调查。

（吴　炜）

【苏州银保监分局吴江监管组】2019年，吴江监管组按照中央经济工作会议精神，贯彻落实上级部署要求，提升金融服务实体经济能力、水平和效率，为推动辖区高质量发展提供重要金融支撑和坚实保障。

普惠服务。建议区政府修订银行业等金融机构考核办法，引导商业银行优化信贷结构，为实体经济和中小微企业发展注入新动能。参加政府协调，对辖内债务风险企业按照一企一策要求量身定制化解方案，对信用良好、负债合理、盈利能力较强的风险企业进行信贷支持，盘活存量金融债权。引导辖内银行业机构持续加强和改进金融服务，发展普惠金融、绿色金融，做好减费让利工作。全年辖区银行业累计取消收费项目71个，降低收费标准126项，累计为企业节省费用3346万元，主动承担各类费用1462万元。

风险防控。持续加强数据监测与分析，做好不良贷款监测与预警。根据辖区关注类贷款规模较大实际情况，加强对隐性不良监测分析及不良贷款分行业数据监控，督促银行排查潜在风险同时加大不良处置力度。至12月底，吴江区银行业不良贷款余额（剔除农商行异地，下同）35.03亿元，比年初下降2.88亿元；不良贷款率1.16%，比年初下降0.26个百分点。

排查整治。遏制区域非法金融活动，会同地方金融监管部门，先后组织辖内金融机构开展打击处置非法金融活动和扫黑除恶两项专项排查；落实专人填报银行资金涉黑涉恶线索接收、摸排和移送材料，制定扫黑除恶专项斗争工作台账。加强宣教工作，会同人民银行吴江支行组织辖区内多家商业银行在网点、社区、学校开展宣教活动，增强金融消费者风险识别及防范能力。

监管履职。根据工作职责，配合苏州监管分局做好辖内两家法人机构的日常监管；通过定期走访督导，及时了解辖区银行业经营情况，反馈问题；按照分局授权，做好行政许可工作，对兴业银行苏州吴江盛泽支行等3家新设机构进行开业验收。

信访投诉。建立投诉快捷处理机制，对于不涉及违规违法的问题，发挥银行机构第一责任主体作用，提升投诉处理效率及满意度。针对信访投诉反映较为集中的违规按揭贷款、信用卡纠纷等问题，通过约谈银行机构、发出风险提示函等措施，督促银行机构完善业务流程。对于事态较为严重或情节复杂事件，提高警觉，及时向分局请示汇报，避免恶劣事件扩大化。全年受理各类投诉咨询63件次（其中涉及投诉类51起），向银行出具核查意见书、回复函6份。

（朱文岚）

【外汇管理局】 2019年，吴江外汇管理局深入推进外汇重点领域改革创新，对现有4家企业跨国公司资金集中运营存量企业重新备案，重新调整外债额度和境外放款额度，提高资金跨境往来效率和资金收益。召开外汇政策宣介会，推动辖内企业能够合理利用境外资金。至年底，吴江辖内银行通过全口径借入外债152笔，签约金额205.65亿元人民币。加大国家外汇管理局“政府服务网上办理平台”建设，扩大“不见面审批”范围。6月28日，网上办理系统试运行，全年在线受理办结各类外汇业务644笔。防范跨境资本流动潜在风险，发放现场核查通知书56家企业，实现企业分类31家，其中4家被列为B类企业，完成189家企业辅导期报告。全年核查数据180条，其中合规性指标核查数据71条，异常指标核查数据109条，均未涉及不合规数据。规范做好国际收支工作，为中国银行吴江松陵北门支行等12家银行进行即期结售汇业务准入备案，为苏州农村商业银行、华夏银行吴江支行进行外汇衍生品业务备案，为苏州农村商业银行进行金融机构代码维护，为亨通财务有限公司进行金融机构标识码申领，为中国建设银行吴江芦墟支行等9家银行进行金融机构标识码维护。

（吴　炜）

银　行

【概况】 2019年末，全区拥有各类银行业机构26家，一级支行以上机构28家（含2家平行管理支行），其中外资银行2家、村镇银行1家，对外营业网点234个。年末全区各项存款余额（本外币合计，下同）3230.29亿元，比年初增加317.33亿元；贷款余额3106.8亿元，比年初增加375.95亿元。人民币贷款余额3031.89亿元，比年初增长14.47%。不良贷款余额34.41亿元，比年初减少3亿元，本外币不良率（五级分类）1.1%，比年初下降0.26个百分点。

（张振亚　吴　炜）

【工商银行】 2019年，中国工商银行股份有限公司吴江分行积极服务国家战略、服务实体经济，各项业务呈现强力拉升、量质并举势头。负债业务：年末，本外币全部存款时点余额285.31亿元，比年初增加39.92亿元，其中人民币全部存款时点余额240.11亿元，比年初增加34.94亿元。资产业务：年末，本外币各项贷款余额327.2亿元，比年初增加43.78亿元，其中人民币贷款时点余额319.51亿元，比年初增加41.29亿元。资产质量：年末，吴江分行不良贷款余额2.23亿元，不良率0.68%。经营效益：全年实现中间业务收入3.8亿元，比2018年增加0.65亿元，同比增幅20.68%。是年，吴江分行坚持服务本源，下沉服务重心，主动服务民营企业和中小企业，加快信贷项目营销落地，普惠金融发展持续领先，连续两个季度被工行江苏省分行评为网络融资营销先进支行。全年实现零案件、零重大事故、零重大负面舆情，系统内内控评价等级提升为一级行。在工行苏州分行多项考核中均排名第一，被中国人民银行吴江支行评为金融统计工作先进单位。

（周　妤）

【农业银行】 2019年，中国农业

8月18日，签约仪式举行　（王　炜　摄）

银行股份有限公司吴江分行本外币存款余额512.6亿元，比年初（下同）增加16.8亿元。人民币个人存款余额252.14亿元，比年初增加19.31亿元。人民币个人核心存款余额249.84亿元，比年初增加19.18亿元。本外币贷款余额533.6亿元，比年初增加26.4亿元。人民币对公贷款总额297.17亿元，比年初增加11.14亿元。个人非房贷余额8.73亿元，比年初增加3.03亿元。实现国际结算量148.6亿美元、外汇交易业务量33亿美元、跨境人民币结算59亿元，均保持同业第一。实现营业收入、拨备前利润、拨备后利润16.4亿元、13.36亿元、14.91亿元，比2018年（下同）分别增加1.57亿元、1.15亿元、6.81亿元，均创历史新高。普惠贷款比年初增加8.13亿元，"一项目一方案一授权"新增法人类用信0.81亿元、个人用信0.35亿元。新增智慧场景13个、新增学校缴费场景2个。新增掌银活跃客户8.74万户，实现掌银缴费笔数3339笔，金额390万元。推动个贷智能作业系统与万科系统直连项目落地，实现全国系统首单直连线上获客；为南玻集团办理全省系统首笔"e账通"业务。持续实施网点转型"1+4"工程，对15家网点实施智能化升级改造。开发区支行被评为市分行运营样板单位，完成全国银协"五星"网点创建工作，成为全省系统首家创建成功的中型网点。是年，堵截假票据、假存单（折）2张、金额36万元，假币1254张（枚）、金额10.22万元，堵截各类可擦笔、电信诈骗及其他诈骗案件30起，涉及金额6152.97万元，全行未发生各类案件和重大风险事件，保持平安稳健运行。积极开展"不忘初心、牢记使命"主题教育，做好常规动作的同时突出自选动作，得到总、分行巡回指导组的充分肯定。创新晨会内容，开展"每日一学、每周一测"，编写主题教育工作手册、党建工作简报和党员活动微信。大力推进支部"三亮、五有、十上墙"标准化，完成26处支部活动室和分行党建展示厅更新。加强业务技能培训，蝉联苏州农行青工赛、吴江区金融系统职工技能竞赛团体冠军，培养一大批"金种子"技能选手。

（姚　力　计琳甜）

【苏州农村商业银行】 2019年3月13日，经中国银保监会苏州监管分局批复同意，吴江农村商业银行股份有限公司更名为江苏苏州农村商业银行股份有限公司；3月26日，证券简称变更为"苏农银行"；4月23日，举办支持乡村振兴服务实体经济品牌发布签约暨揭牌仪式。坚守定位，支农支小，在庙港开弦弓村、横扇双湾村、盛泽黄家溪村、菀坪新湖村4个村试点阳光信贷，建档率100%。加快实施2018—2022年发展规划和11448战略，持续推动向零售银行、轻型银行、智慧银行、特色银行转型，零售贷款占比首次突破20%；创新推出保兑仓、商票保贴、化纤汇、化纤白条等供应链金融产品；智慧菜场成功落地平望农贸市场"运河上街"；举办绿色金融品牌发布会，成为绿色金融改革创新试验区外第一家率先提出绿色金融战略的农商银行、长三角绿色生态一体化发展示范区内唯一的法人上市银行、首家与研究机构共同编制发布区域绿色发展指数的中小银行；成立科创金融中心，推出"YOU&ME·创"科创金融综合服务品牌，成为全省首家设立科创金融中心的农商银行。年内，获评江苏省文明单位、江苏省五一劳动奖状、全国青年文明号等，被评为省联社5A级农商银行，主体信用评级继续保持AA+，在"全球银行业1000强"排名中提升8个名次，位列第642位。年末，按照合并报表口径，全行总资产1259.55亿元；存款余额942.65亿元，比年初增加115.17亿元，继2018年后连续第二年存款增量突破100亿元，在全区的市场份额为26.35%，比年初提高0.64个百分点，继续保持全区第一；不良贷款率1.33%；实现营业收入35.21亿元，净利润9.13亿元。

（丁　懿）

【农业发展银行】 2019年，中国农业发展银行苏州市吴江区支行立足支农为本，维护区域金融生态稳定，配合地方政府开展相关工作，支持民营经济发展。全年发放各类贷款20.54亿元，比2018年增加9.4亿元。其中，发放地方储备小麦贷款3067万元，地方储备稻谷贷款1.18亿元，中储粮吴江储备库去库存挂账贷款1.2亿元，秋粮托市稻谷贷款1.65亿元，"三优三保"*项目贷款11.19亿元。年末信贷总规模58.77亿元。（沈坤元）

【中国银行】2019年，中国银行股份有限公司吴江分行秉承"发展为上、合规为基、员工为本、务实为先、律己为戒"工作态度，统筹推进各项工作。年末，实现本外币存款总额298亿元，贷款总额340亿元，均创历史新高。持续化解不良风险，新发生不良持续收窄，不良余额、不良率持续大幅"双降"，不良率从2016年11月最高峰6%，下降到2019年末0.65%，下降90%，创近六年最优。加强与政府、行政事业单位合作，支持民营企业，利用分行对公移动综合开户新模式优势，对接区行政审批局"一窗受理"改革要求，在全区8个乡镇驻点服务，为企业提供优质高效金融服务便利，助力地方经济发展。加强与中银资产、中银三星、中银保险等中银系子公司合作，依托全球化服务优势，支持当地企业"走出去"。抓住长三角一体化发展机遇，划小经营单位，优化配置，推动重要业务领域组织架构变革，优化全行人员结构与资源配置。关注"三农"，助力建设美丽乡村，扶持吴江区七都和桃源的林业、渔业发展，叙作中小企业信贷产品"村村通"。完善农村金融服务体系，延伸服务触角，精耕农村市场，在吴江建成党建共建农村普惠金融服务点21家。年内，分行获评苏州市平安金融创建活动先进集体，获苏州市五一劳动奖；辖内开发区支行、盛泽支行获评苏州市"工人先锋号"。（何奕飞）

【建设银行】2019年，中国建设银行股份有限公司吴江分行围绕"创新、协调、绿色、开放、共享"五大发展理念，推进改革创新与转型，支持实体经济，实现规模、效益、质量均衡发展。年末，全行一般性存款余额294亿元，各项贷款余额425.57亿元，其中对公贷款余额244.16亿元、个人贷款余额181.41亿元。强化普惠金融让利提质，推出建行"惠懂你"App，实现小微企业贷款全流程网络化、移动化、自助化操作。探索农村市场普惠金融服务，助力乡村振兴，打造涉农、扶贫普惠金融生态圈，联合吴江区农办、农委、供销合作总社以及苏州农业担保公司等单位搭建合作平台，为村级经济组织、农村合作社、种养殖大户以及家庭农场等提供方便快捷金融服务。年末，普惠金融"8+1"口径贷款余额32.97亿元，比年初增加11.94亿元，余额及新增均列系统内第一及四行第一，通过减费让利为小微企业减少财务成本2150多万元。强化科技赋能智慧城市，先后上线"吴江区国资委国有企业资金风控平台""社银通一期""车管所缴费二期""华润万象汇收单项目""亨通水乐园收单项目""长申收单项目""银社通一期""明珠幼儿园缴费""智慧停车场"9个重点项目，助力智慧城市建设。强化"新零售"助力消费升级，推进信用卡发卡及分期，持续打造"要装修、找建行"和"建行家装节"品牌，信用卡分期交易额列四行第一。围绕重点商圈，将信用卡商户特惠资源迁移至建行手机银行，打造苏式生活吴江板块，充分发挥线上优势，让市民足不出户享受优惠。（阮文君）

【交通银行】2019年，交通银行股份有限公司吴江分行聚焦总行"186"战略施工图与分行"八个坚持"工作重点，应对新形势下各种风险挑战，保持业务发展平稳态势。年末，全行人民币存款余额40.95亿元，比年初（下同）减少1.2亿元，市场占比1.33%。其中，人民币对公存款23.57亿元，减少1.53亿元；储蓄存款17.38亿元，增加0.33亿元。日均存款余额43.35亿元，增加1.9亿元。其中，对公存款25.59亿元，增加0.05亿元；储蓄存款17.76亿元，增加1.85亿元。外汇存款0.38亿美元，增加0.16亿美元。人民币贷款余额64.63亿元，增加9.52亿元。其中，对公贷款47.1亿元，增加4.69亿元；个贷17.53亿元，增加4.83亿元。人民币贷款日均59.18亿元，增加9.28亿元。其中，对公贷款日均43.71亿元，增加4.35亿元；个贷日均15.47亿元，增加4.93亿元。（梅江平）

【中信银行】2019年，中信银行股份有限公司吴江支行适应经济转型发展要求，维护区域金融生态稳定，支持地方经济发展。年末，合并本外币各项存款余额133.03亿元，比年初（下同）增加11.67亿元，增幅9.61%；各项贷款余额129.66亿元，增加19.2亿元，增幅17.38%；个人存款余额21.35亿元，增加4.22亿元，增幅24.6%；个人贷款余额62.24亿元，增加7.89亿元，增幅14.51%。核销不良贷款7974万元，超过上年不良贷款余额

50%以上，不良贷款余额7387万元，不良率0.57%。围绕国家长三角一体化发展重大战略，进行产品和服务开发、创新，支持吴江经济尤其是民营经济发展。抓住境内外资本市场发展机遇，聚焦债券承销和银团贷款，做大融资规模，加大债券市场等撮合类业务。开拓并购融资和股权融资。推进平台项目、教育项目、企业固定资产项目等，推广科技贷、房抵贷、网络贷等业务品种。开展普惠金融业务，加大对支行小企业业务转授权权限，简化小企业业务审批流程；支行成立普惠金融部门，配备专职客户经理，考核方面倾向小企业业务和个人经营贷款业务，支持区域中、小、微型企业和个私经济发展；普惠小微金融贷款余额60326万元，增加34158万元（不含票据贴现）。吴江三优三保银团授信23.64亿中支行新增额度14.64亿，配合地方政府做好地方城乡建设，优化建设用地布局，保护农业耕地。（赵玉长）

【江苏银行】 2019年，江苏银行吴江支行拓宽实体企业融资渠道，丰富金融产品，创新金融服务手段，提升金融服务实体经济能力。年末，支行各项存款58.9亿元，较年初（下同）增加9.5亿元；各项贷款57.2亿元，增加11.7亿元。突出信贷支持，走访区内上市公司、新能源企业、高科技企业、中小微企业，梳理企业融资痛点和难点，完善支持企业发展策略和机制，研究制定针对性更强的信贷政策、服务机制和融资产品，助力企业稳健发展。优先服务民营企业经营发展，加大政策传导、创新产品服务，综合运用“信保贷”“苏科贷”等优质产品，满足民营和小微企业融资需求。（徐音澜）

【邮政储蓄银行】 2019年，中国邮政储蓄银行股份有限公司吴江区支行深化创新转型，推进减负增效，加强队伍建设，提高市场竞争力，各项业务稳健增长。年末，各项存款余额162.97亿元，比年初（下同）增加10.77亿元，增长7.07%；各类贷款余额70.65亿元，增加12.5亿元，增长21.5%；不良贷款余额1241.76万元，不良贷款比例0.18%。以“保质量、控风险、促转型”为工作方针，做好全面风险管控工作，营造良好合规经营氛围，全年无重大事故发生。开展消费者保护权益宣传工作，走进社区、企业、学校等，推动提高居民防范意识，远离非法金融活动，维护自身合法权益。深入开展“不忘初心、牢记使命”主题教育。是年，先后获“2019年度江苏省分行小微金融发展先进支行”“苏州市分行2019年度杰出贡献奖”等荣誉，区支行党总支获“江苏省分行优秀基层党组织”称号。

（李祎琳）

【民生银行】 2019年，中国民生银行股份有限公司吴江支行以服务实体经济为己任，以服务创新助力中国经济转型和可持续发展为目标，经营规模不断扩大。年末，本外币存款余额67.32亿元（其中储蓄存款12.77亿元），人民币贷款余额62.55亿元。在金融市场行情下滑大背景下，支行围绕“做民营企业的银行、小微企业的银行和高端客户的银行”战略定位不变，全年实现利润1.17亿元，全辖支行网点4家。（黄良宏）

【光大银行】 2019年，中国光大银行股份有限公司吴江支行发挥光大集团“产融结合、综合金融”优势，加大有效金融供给服务实体经济发展，满足区域发展新要求。年末，全区辖吴江、盛泽、江兴社区3个网点，其中江兴社区支行于12月开业。年末，各项存款余额39.59亿元，其中对公存款余额33.95亿元，储蓄存款余额5.64亿元；各项贷款余额32.5亿元，其中对公贷款余额21.27亿元，个人贷款余额11.23亿元。是年，光大银行、光大控股与区政府签约“长三角一体化示范区吴江创新母基金”100亿元合作；与苏州第九人民医院、吴江中西医医院、吴江永鼎医院成功签约阳光医保项目，为实现区内居民医保脱卡支付奠定基础。通过“商行+投行”，为区内重点项目融资19亿元，支持吴江“三优三保”*和长三角一体化建设。践行财富管理转型，从单一产品销售转型产品创设，实现三笔“单一非标”信托项目准入，发行信托28.4亿元，为高净值零售客户提供优质产品资源。（张超伦）

【招商银行】 2019年，招商银行股份有限公司吴江支行围绕“数字化转型”“体系化”“赋能减负”等主题，着力提升获客、经营以及数字化管理能力，加快支行在数字化服务客户上落地。年末，全折人民币自营存款54.89亿元，比年初（下同）增加12.56亿元。其中，对公存款余额45.6亿元，增加10.37亿元，储蓄存款余额9.29亿元，增加2.19亿元。全折人民币自营贷款余额70.27亿元，增加16.62亿元。其中，一般对公贷款余额35.33亿元，增加5.66亿元；个人贷款余额34.94亿元，增加10.96万元。是年，坚持"夯实基础、优化结构、勇拓新客、条线联动"经营理念，深化对公客户服务体系，提升客户专业化服务与经营能力，挖掘客户痛点，服务核心企业主要诉求；业务上弥补短板，杜绝发展不平衡；客群拓展上坚持量质并举，以科技赋能提升网银、企业App、代发业务、CBS（跨银行现金管理平台）、虚拟资金池、供应链金融等产品的使用广度与深度，打响吴江地区招行品牌。零售条线结合县域行特色，秉承"以客户为中心"，运用"1+N"管理模式及首问负责制，通过公私联动给客户提供金融及非金融服务；通过品牌广告、自媒体粉丝、场景营销、联名营销、私私联动、MGM（客户转介客户）社交等途径推进数字化获客；做大基础客户，做强双金（金卡及金葵花）客户，做专钻石客户。完善条线间新信息、新业务等共享机制和协商机制，提升支行员工满意度和战斗力。（吴峻宇）

【浦发银行】2019年，上海浦东发展银行股份有限公司吴江支行围绕"以客户经营为核心，聚焦市场化转型，努力实现稳增提质目标"经营主线，抓住区域经济产业升级市场机遇，支持地方实体经济发展。年末，本外币存款余额47.98亿元，比2018年（下同）增加3.59亿元，其中人民币存款余额46.5亿元，外币存款余额0.21亿美元。本外币贷款余额53.61亿元，增加0.97亿元，其中零售贷款余额19.83亿元，增加2.97亿。完成营业净收入1.9亿元，其中中间业务收入0.41亿元，实现利润2.37亿元。全年财富类产品销售110.51亿元，个人金融资产余额26.29亿元。处置不良贷款5069万元，12月末后三类余额11187万，较年初降低5021万元；不良率2.09%，较年初降低0.99%。（吴利清）

【华夏银行】2019年4月1日，华夏银行股份有限公司吴江支行搬迁至开平路2188号吾悦广场B座。年末，各项本外币存款余额39.09亿元，储蓄存款4.6亿元，人民币贷款47.23亿元，不良贷款率0.63%。支行立足大企业，服务中小企业，支持地方经济发展，以结构调整为主线，以质量效益为中心，以合规经营为保障，提升服务品质和效率；保护消费者权益，推行普惠金融理念；扩大金融服务覆盖面，保护金融弱势群体；实施"中小企业金融服务商"战略，打造"华夏服务"品牌。（潘　桦）

【宁波银行】2019年，宁波银行吴江支行增强危机意识、责任意识，弘扬创业、创新精神，明确发展重心，强化业务推动，加大营销力度，加快实现进入本土主流银行目标。至年底，吴江支行本外币各项存款余额50.9亿元，表内外各项贷款余额49.7亿元，不良贷款率0.58%。吴江高新支行抓住长三角一体化示范区的政策机遇，通过优势产品解决客户融资需求。至年底，吴江高新支行本外币各项存款余额30.54亿元，表内外各项贷款余额30.7亿元，不良贷款率0.09%，不良率和新增不良率在区域支行中均保持较低水平。（王美丽）

【苏州银行】2019年，苏州银行吴江支行坚持"以小为美、以民唯美"战略定位，响应国家号召，按照各级政府和监管部门要求履行促进地方经济转型升级责任，加大对长三角区域企业支持保障力度。提升服务效能，践行普惠金融使命，支持民营企业和小微企业，降低小微企业融资成本。以薄弱村帮扶为契机，加深与厍港村、太湖新城合作。履行社会责任，服务实体经济和长三角区域一体化发展。年末，支行各项本外币存款余额49.6亿元，比年初（下同）增加8.13亿元，其中对公人民币存款31.81亿元，对私存款16.99亿元；各项贷款余额49.38亿元，增加0.61亿元。（刘　悦）

【广发银行】2019年，广发银行股份有限公司苏州吴江支行以客户为中心，以市场为导向，把"创新、包容、奋进"企业文化融入经营管理，力争实现"功能完备、业务多元、特色鲜明、同业一流"目标。年末，实现一般性存款时点余额13.32亿元，各项贷款余额21.81亿元，其中存款较年初增加1.87亿元，各项贷款较年初增加7.01亿元。是年，与人寿保险公司签订协同发展协议，以平台优势实现资源共享、协同发展，提供优质多元金融服务；开展社区、商圈、企业金融知识宣传活动，普及金融知识。（杨宇博）

【企业银行】 2019年，企业银行（中国）有限公司吴江支行作为吴江区仅有的一家韩资银行，以"不断创新、推进差异化的本地化以及共同成长"为基础，开拓进取，合规经营，打造精品外资银行。年末，本外币各项存款余额5.52亿元，比2018年（下同）增长14.14%；各项贷款余额2.66亿元（不含贴现），增长21.55%，贷款质量较好，无不良贷款，贷款逾期为0，净利润474.53万元。二季度，完成首笔个人住房贷款业务，至年底，个人住房贷款余额2583.66万。（龚　菲）

【上海银行】 2019年，上海银行股份有限公司苏州吴江支行以营收增长、效益提升和资产质量为主线，主动应对形势变化，坚持转型发展，加强风险管控。依托跨境金融、投资银行、供应链金融、财富管理等特色业务优势，对接服务吴江区域内智能制造、科创型优质实体制造企业，为吴江地方企业提供优质高效金融服务，支持吴江地方经济高质量发展。年末，支行本外币各项存款25.84亿元，比年初增加7.37亿元；人民币表内贷款28.56亿元，企信类贷款20.2亿元，投债12.1亿元，外币贷款8973万美元，连同敞口银票，合计贷款余额超过70亿元。是年，吴江支行成立党支部，以"普惠先锋"为党建品牌，与企事业单位共建联建，加强对区域内优质普惠企业信贷服务支持。（杨文辉）

【泰隆银行】 2019年，浙江泰隆商业股份有限公司吴江支行定位"坚持小微，践行普惠"发展战略，加快社区化经营模式，推进资产负债业务。年末，人民币存款56389.8万元，各项贷款余额88778.4万元，个人存款余额23474.5万元。是年，进一步下沉服务，提升社区化经营广度、深度和黏度，提高金融服务覆盖面。开展"周三下午茶""暖暖好时光""好邻里，好节气"等营业厅活动，与社区共同举办党员生日会、元宵包汤圆、"二月二龙抬头"免费理发、端午包粽子等活动，丰富居民生活。9月20日，支行成为吴江区未成年人社区实践基地；全年举办"小小银行家"五十余场，参与学生近千人次，迎合社区、学校多元化服务需求。（高　婷）

【兆丰银行】 2019年，兆丰国际商业银行股份有限公司苏州吴江支行加强反洗钱及反恐怖融资工作，强化客户及其受益人身份识别，把握风险控制，存款规模稳步增加。年末，本外币各项存款余额折合人民币37581万元，比年初（下同）增加9599万元，其中人民币存款余额29199万元，增加9131万元。完善授信客户贷前、贷中及贷后管理制度，提高授信品质，本外币各项贷款余额折合人民币36772.22万元，其中人民币贷款余额8640.88万元，信贷投放主要以外资及港澳台资企业为主。电子银行业务（GEB）继续成长，总计完成48户GEB安装，较年初增加5户，银企业务合作效率进一步提高。（吴　琼）

【浙商银行】 2019年，浙商银行股份有限公司苏州吴江支行围绕总行"两最目标"，推进全资产经营战略，利用票据池、易企银、应收款链"三大平台"优势，围绕吴江地区重大战略、重点领域、重大项目和重点企业，创新金融服务，加快特色产品推广应用，实现"开放、高效、灵活、共享、极致"综合优质高效金融服务，支持吴江地方经济高质量发展。年末，本外币各项存款34.04亿元，比年初增加1.92亿元；各项贷款32.87亿元，比年初增加4.25亿元，拨备前利润1.21亿元。（杨歆怡）

【中银富登银行】 2019年，吴江中银富登村镇银行以"三条铁律"为核心企业文化，坚持"共同成长、成就梦想"目标，用心服务每一位客户。年末，各类存款客户30710户，各项存款余额5.4亿元；贷款客户959户，贷款余额9.07亿元，户均贷款余额94.59万元，农户和小微企业贷款合计占比82.43%。全区有松陵、盛泽、汾湖、七都4个营业网点，员工78人。是年，积极组织存款，壮大资金实力，拓展筹资渠道，增强融资实力，降低存款成本，提高资金盈利能力；坚持"扎根社区，支农支小"市场定位，参与支持农业产业化发展，拓宽小城镇建设、区域经济发展等信贷服务领域项目；强化内部监督检查机制，实现内外联动方案，在合法合规风险可控前提下，提高盈利能力，降低经营风险。（范依楠）

保　险

【概况】2019年末，吴江区有保险机构41家，其中财产保险公司19家、人寿保险公司20家、保险代理公司2家；在册从业人员8236人，其中保险营销员7370人。全年实现保费收入527685.24万元，比2018年(下同)增长4.91%。其中，财产险保费收入207979.72万元，增长8.68%；人寿险保费收入319705.52万元，增长2.59%。赔款支出和其他各类给付总计157137.74万元，其中财产险赔款支出113807.18万元，人寿险赔款支出和各类给付43330.56万元。是年，在苏州银保监分局的统一部署下，吴江监管组促进保险助力实体经济，推动农业保险实现市场化经营，推动非洲猪瘟疫病强制扑杀补偿保险，深化重要农产品收入(价格)保险试点，服务乡村振兴战略。深化科技保险，落实科技保险保费补贴政策，支持科技企业发展。发展贷款保证保险业务，助力解决企业融资难题。落实第三次商业车险定价机制改革等改革措施，确保商业化车险条款费率管理改革顺利平稳。规范保险市场秩序，通过用好从业人员流动及处罚信息平台和保险销售“双录”系统，开展从业人员继续教育与服务评价，制定相关行业自律公约，改变保险从业人员“快进快出”“无序流动”等乱象。

（朱文岚）

【人保财险】2019年，中国人民财产保险股份有限公司吴江中心支公司升级保险供给，发展现代保险服务业，创新商业模式，做优主业、做精专业，发挥保险保障社会民生、支持经济发展、参与社会治理功能。当年各类保费总收入66863万元；合计签保单、批单37.14万笔，其中保单33.54万笔，批单3.6万笔；处理各类赔案笔数4.77万笔，支付总赔款38185.25万元；上缴税款2159.47万元、代收税款6735.76万元。是年，按照总公司农网建设标准，进行门店一体化建设，做好网点服务，配备专业财险、人身险等综合销售人员，助推脱贫攻坚，发挥支农、惠农主力军作用。参与社会风险管理和社会保障体系建设，响应落实政府及上级公司警保联动相关工作，建成中心站3家，劝导站11家。落实民生类险种，发挥民生服务专员作用，开展镇村范围内民生保险及其他保险知识宣传、防灾防损以及灾后理赔等保险服务工作。“吴江区自然灾害民生综合保险”合计赔付1543户/人次，发放赔偿金额361.11万元。对接服务国家多层次社会保障体系建设，优化完善社保服务平台。大病保险全年赔付49344人次，发放赔款11090.83万元。推进“人人安康”百万医疗、“合家安康”家庭意外伤害保险等商业性保险，满足市场健康保险需求，提升保险保障能力和服务水平。服务实体经济，支持民营经济和小微企业，发展普惠金融、小微企业贷款保证保险，解决小微企业“融资难”问题，保障小微企业创新发展。为吴江区32家小微企业提供32074万元保险保障，为吴江区80家企业担保20675万元贷款保障。通过“人保(苏州)科技保险投资基金”，提供“投保贷”三位一体新型科技金融服务，为吴江区4家科技企业放款1365.5万元。（计建华）

【中国人寿保险】2019年，中国人寿保险股份有限公司吴江支公司寿险总保费9.28亿元，比2018年增长4.27%，其中健康险4660.47万元、意外险4089.63万元、一般寿险5.59亿元、分红险2.81亿元；寿险保费市场份额28.3%，继续保持市场领先地位；赔付支出5732.09万元，其他各类给付1.06亿元。是年，公司以党建为引领，以市场为导向，以客户为中心，创新销售服务模式，推出一系列健康养生主题活动项目，客户反响热烈；举办各类讲座、学习考察和“国寿小画家”等活动，参与客户逾万人。深化政企合作，在“智慧吴江”平台上线“吴江全民保”惠民产品，提升百姓抵御重疾风险能力；计划生育保险项目在6个乡镇(街道)落地，参保近5000人。服务当地民生，与区退役军人事务局开展拥军优抚合作；参与扶贫帮困，与同里镇合心村结对，为多户低保及低保边缘困难家庭送去帮困物资；协办区第十八届老年人文艺汇演等。公司被评为全省系统年

度先进单位。（沈　芨）

【太保产险】 2019年，中国太平洋财产保险股份有限公司吴江中心支公司组建新经营班子，保费首次突破5亿元大关，全年入账保费5.26亿元，市场份额25.1%，各项准备金提取充足。是年，打造“太保服务”品牌，车险理赔推出“太好赔2.0”和“专享赔”服务，三家太好赔体验店实现揭牌和运行，非车险理赔继续推动“专享赔”服务品牌，优化理赔服务流程，提升客户服务体验，为客户提供更好保险服务。注重培养青年人才，为“启明星”青年突击队员创造成长空间。升级“永远跟党走——追星逐月”党建品牌，教育活动融入南社文化，得到集团领导认可并号召全国太保学习吴江经验；工会兴趣小组升级八大社团，丰富员工业余生活，培养员工社会责任感。公司被评为吴江区“金融服务先锋党组织”，获苏州分公司全辖员工技能比赛团体一等奖、吴江区“先锋杯”优质服务竞赛一等奖等。（许雪华）

【太保寿险】 2019年，中国太平洋人寿保险股份有限公司吴江支公司完成总保费收入6.24亿元，保费总量再创新高；保单件数33.08万件。公司核心业务——期缴保费、非健险保费均完成上级公司下达指标，非健险业务总量居吴江寿险市场第一。5月，公司中标吴江区建筑工程务工人员工伤保险项目，全年中标政保项目11个。6月10日，灵活就业人员金先生（1985年生）在一拆迁工地被高空抛物砸中身故，获赔公司承保的吴江灵活就业人员职业伤害保险项目赔款40万元。年末，在公司服务大厅推出灵犀机器人自助服务。公司全年赔付总支出10829.04万元，比2018年（下同）增幅38.1%，其中人个人赔付金额9214.1万元，增幅40.1%；团体赔付1614.9万元，增幅27.6%。单笔赔款超10万元120笔，同比增幅38%；单笔赔款超30万元（含）18笔，增幅80%。个人赔款超30万元（含）22人，其中最大个人赔款138.34万元，系公司保险代理人陶先生出国旅游时遭遇交通意外身故。重大疾病赔款金额再次超过意外险赔款金额，上升趋势明显。11月14日，中国太平洋保险（集团）股份有限公司党委副书记带队赴吴江调研中国太保党支部标准化建设工作。（树本华）

【平安产险】 2019年，中国平安财产保险股份有限公司吴江支公司实收保费55890万，市场占有率26.9%，其中车险50473万，非车险5417万。全年公司总赔付金额32034万元。其中，车险合计赔款30466万元，企财险合计赔款363.8万元，责任险合计赔款989万元，家财险合计赔款100万元。当年车险单笔最大赔付111万元。先后承保恒力石化（大连）炼化有限公司、苏州市蓝天膳食服务有限公司、协鑫新能源投资（中国）有限公司雇主责任险；泰州纳新新能源科技有限公司企财险及产品责任险；吴江市水利建筑工程有限公司工程险；恒力石化（大连）有限公司企财险；苏州市国安英盾保安服务有限公司、吴江消防队团体意外险业务等项目。推出好车主App，此App是平安产险个人客户服务的核心载体，致力于为全国2亿私家车主提供车服务，覆盖加油、停车、年审、代驾、道路救援、ETC等70余种服务。通过整合产业链资源，围绕车主需求搭建涵盖“车保险、车服务、车生活”一站式服务平台。业内首创自助理赔服务，在线报案，极速理赔，线上交单，进度可查。自助理赔查询违章，查询本异地违章将AI技术应用于报案、查勘、定损、赔付等车险理赔全流程。业内首创“平安车险信任赔”，通过AI和大数据画像，为安全驾驶车主提供车主理赔信任额度，保险事故发生后，在信用额度内，客户自主进行理赔，实现车险理赔信任额度与安全驾驶行为绑定，为社会交通治理提供新工具。（胡　洁）

证　券

【企业上市】 至2019年，全区累计有境内外上市公司16家。其中，境内上市公司13家，占苏州大市的10.83%，排名全市第五；境外上市公司3家，占苏州大市的9.09%，排名全市第四。新三板累计挂牌企业54家，占苏州大市的9.75%，排名全市第五。全区报证监会（上海证券交易所）企业6家，在辅导期企业8家，处于完成股改状态企业4家，进入上市（挂牌）程序企业9家。2019年，全区上市公司完成6单融资48.84亿元，融资单数和规模均位列苏州大市第一。东方盛虹成功发行规模10亿元的绿色公司债券，为全国首单绿色债券信用保护合约，创全国民营企业债券融资支持工具单笔创设规模最大记录。 （卜权昱）

2019年吴江上市公司情况表

公司名称	股票名称（代码）	证交所	上市时间	所属区镇	备注
江苏永鼎股份有限公司	永鼎股份（600105）	上交所主板	1997.09.27	汾湖高新区（黎里镇）	原名永鼎光缆
江苏东方盛虹股份有限公司	东方盛虹（000301）	深交所中小板	2000.05.29	吴江高新区（盛泽镇）	原名丝绸股份、东方市场
江苏亨通光电股份有限公司	亨通光电（600487）	上交所主板	2003.08.22	七都镇	—
南极电商股份有限公司	南极电商（002127）	深交所中小板	2007.04.18	吴江高新区（盛泽镇）	原名新民科技
康力电梯股份有限公司	康力电梯（002367）	深交所中小板	2010.03.12	汾湖高新区（黎里镇）	—
通鼎互联信息股份有限公司	通鼎互联（002491）	深交所中小板	2010.10.21	震泽镇	原名通鼎光电
科林环保装备股份有限公司	*st科林（002499）	深交所中小板	2010.11.09	东太湖度假区（太湖新城）	原名科林环保
德尔未来科技控股集团股份有限公司	德尔未来（002631）	深交所中小板	2011.11.11	七都镇	原名德尔家居
东吴水泥国际有限公司	东吴水泥（00695.HK）	香港联交所	2012.06.13	汾湖高新区（黎里镇）	主体为苏州东吴水泥有限公司
吴江鲈乡农村小额贷款股份有限公司	鲈乡小贷（CCCR）	美国纳斯达克	2013.08.13	吴江开发区	更名为铜道控股（GLG）
苏州华源控股股份有限公司	华源控股（002787）	深交所中小板	2015.12.31	桃源镇	原名华源包装
大峡谷半导体照明系统	大峡谷—KY（5281）	台湾证券柜台买卖中心	2016.03.30	汾湖高新区（黎里镇）	主体为大峡谷照明系统（苏州）股份有限公司
江苏苏州农村商业银行股份有限公司	苏农银行（603323）	上交所主板	2016.11.29	东太湖度假区（太湖新城）	原名吴江银行
法兰泰克重工股份有限公司	法兰泰克（603966）	上交所主板	2017.01.25	汾湖高新区（黎里镇）	—
江苏凯伦建材股份有限公司	凯伦股份（300715）	深交所中小板	2017.10.26	七都镇	—
苏州迈为科技股份有限公司	迈为股份（300751）	深交所中小板	2018.11.09	吴江开发区	—

（卜权昱）

【企业债券】 2019年，吴江区发行企业债券2期，融资15亿元。至年底，全区累计发行企业债券10期，融资总额112亿元，其中存续期企业债券5期，存续期余额30亿元。所筹资金分别用于公路、安置房、道路、文体场馆等重点项目建设。 （卜权昱）

【创业投资】 2019年，吴江区新增省发改委备案创业投资企业2家，实收资本3.9亿元。至年底，全区在省发改委备案创业投资企业12家，实收资本17.05亿元；全区有各类基金及基金管理公司364家，实缴规模268.86亿元。吴江创业投资产业园和熔拓资本管理有限公司分别获评省创业投资集聚发展示范区和省创业投资示范企业。 （卜权昱）

【东吴证券】 2019年，东吴证券股份有限公司吴江分公司实现A股+基金交易量1822亿元，利润6341.83万元，新增投资者开户3294户。产品销售、新三板、两融、IB（期货中间业务）等多项创新业务在吴江地区名列前茅。综合金融业务方面，继续以新三板业务为主要切入点，IPO（首次公开募股）、债券等业务均有突破；经纪业务方面进一步加深乡镇网点建设，业务区域向深度发展。 （管丽明）

其他金融机构

【概况】 2019年，吴江区有开业小贷公司13家，融资担保公司2家（苏州亨通融资担保有限公司、苏州市吴江创融融资担保有限公司），外资及港澳台资融资租赁公司17家，典当行7家、商业保理公司1家（江苏盛泽东方农发商业保理有限公司），集团财务公司1家（亨通财务有限公司），大宗商品交易市场1家［苏州盛泽东方市场纺织电子交易中心有限公司（东方丝绸市场）］，权益类交易场所1家（苏州市吴江农村产权交易中心有限公司），省级备案创投基金12家。 （张振亚）

2019年吴江区小贷公司一览表

单位：万元

序号	公司名称	成立时间	注册资本	贷款余额
1	吴江市鲈乡农村小额贷款股份有限公司	2008.10.21	33300	34996.80
2	苏州市吴江区巾帼农村小额贷款有限公司	2009.1.16	36600	21017.24
3	吴江市苏南农村小额贷款股份有限公司	2009.2.25	20000	52507.60
4	吴江市苏商农村小额贷款股份有限公司	2009.12.29	11800	19220.45
5	吴江市金鑫农村小额贷款有限公司	2010.9.17	10000	8807.84
6	吴江市吴越农村小额贷款股份有限公司	2010.9.20	29827	31647.58
7	吴江市汾湖农村小额贷款股份有限公司	2010.12.6	5000	10831.01
8	吴江市中国东方丝绸市场农村小额贷款股份有限公司	2011.1.28	46500	74141.75
9	吴江市腾巨农村小额贷款股份有限公司	2011.7.27	5000	1799
10	苏州市吴江区凯丰农村小额贷款有限公司	2013.7.26	8000	782
11	苏州市汾湖科技小额贷款有限公司	2013.12.20	10000	5766.87
12	苏州市吴江区松陵农村小额贷款股份有限公司	2014.3.27	7500	6635
13	苏州市中鲈科技小额贷款股份有限公司	2016.3.1	10000	6695

（张振亚）

2019年吴江区外资及港澳台资租赁企业一览表

序号	公司名称	批准时间	序号	公司名称	批准时间
1	江苏德仁融资租赁有限公司	2011年	10	江苏蓝海融资租赁有限公司	2012年
2	苏州中国东方丝绸市场融资租赁有限公司		11	苏州恒盛融资租赁有限公司	
3	江苏东吴融资租赁有限公司	2012年	12	苏州海锋融资租赁有限公司	
4	苏州福冠融资租赁有限公司		13	苏州冯氏融资租赁有限公司	
5	苏州正大融资租赁有限公司		14	苏州宇泰融资租赁有限公司	2013年
6	苏州汇金融资租赁有限公司		15	江苏千里融资租赁有限公司	
7	苏州福华融资租赁有限公司		16	普得融资租赁(苏州)有限公司	
8	苏州华龙融资租赁有限公司		17	米袋融资租赁(苏州)有限公司	2017年
9	苏州锦帆融资租赁有限公司				

(张振亚)

2019年吴江区典当行一览表

序　号	名　称	地　址
1	苏州恒隆源典当有限公司	开平路400号君悦国际101
2	苏州永鼎典当有限公司	花园路2518号628室
3	苏州信诚典当有限公司	亨通金融大厦28楼
4	苏州运富典当有限公司	吴中区迎春南路112号国际科技大厦3幢202室
5	苏州市吴中典当有限责任公司吴江分公司	鲈乡南路182号
6	江苏金腾典当有限责任公司盛泽分公司	吴江市盛泽镇市场路东方花园4幢12号
7	苏州吴门典当行有限公司吴江分公司	苏州市汾湖经济开发区城司路嘉乐城A3区1号楼215
8	苏州恒泰典当有限公司	吴江经济技术开发区花园路1824号、1826号

(张振亚)

(本栏编辑　钱晓燕)

城乡规划

【城市规划】 2019年，区自然资源和规划局坚持高位统筹，借力顶尖智库，建立健全沟通争取通道和机制，高起点谋划、高标准配合编制一体化示范区和先行启动区国土空间规划。完成江南水乡标杆规划研究，启动汾湖高铁新城及周边区域规划研究，深化苏州南站、盛泽站交通枢纽城市设计，推进太浦河沪湖蓝带计划战略规划编制。开展发展备用地预留与管控研究，初步完成各区镇管控预留地块划定，为示范区重大项目落地创造条件。主城区河道绿化景观规划、城区跨运河通道规划研究取得初步成果。 （王美丽）

【村镇规划】 2019年，区自然资源和规划局制定全区镇村布局规划优化完善工作方案，全面启动镇村布局规划优化完善。率先开展“多规合一”*实用性村庄规划试点，《燕花庄连片区村庄规划设计》通过专家论证。牵头建成“中国·江村”——乡村振兴展示馆，年内试运行。跟进并指导区镇控规优化调整，7个区镇完成报批。 （王美丽）

【规划审批】 2019年，区自然资源和规划局严格把关建设项目规划审批，出具规划条件65个，办理规划条件调整10个，完成项目方案审查及变更47个、建筑施工图审核及变更89个。完成项目竣工核实180项、违法建设认定132项。 （王美丽）

市政与公用事业

【市政行业管理】 2019年，区住建局完善信用机制，把好企业信用关，完成市政施工企业和项目经理、市政监理企业和项目总监的年度信用评价工作。做好企业资质资格初步审查工作，新申报市政三级资质3家，外地转入市政总承包二级资质7家、市政总承包三级15家。开展市政在建项目综合大检查。组织开展2018年度吴江区“垂虹杯”建筑工程质量奖（市政类）评审活动，鲈乡北路（江兴路—柳胥路）改造工程等8项工程获奖，其中5个项目获2019年苏州市“姑苏杯”优质工程奖（市政类）。组织开展吴江区住房城乡建设系统一线岗位职工“红色工匠”市政行业工程测量员职业技能竞赛，组织吴江区选手参加苏州市、省级“红色工匠”赛事，分获苏州市前两名和全省第三名。对市政工程沥青、水稳和桥梁预制梁板生产企业进行一年一度备案管理。加强城镇桥梁监管，全面“体检”辖区内826座城市桥梁，对排查出的12座C级以下桥梁，要求各镇（区）制定维修加固方案并及时整改。贯彻落实省、市要求，组织开展城市桥梁安全防护设施隐患排查和住建领域安全生产隐患大排查；针对无锡10·10高架桥坍塌事故，排查城市桥梁限行、限载、限高等标志标牌检查和独柱墩城市桥梁，确保全区城市桥梁安全可控。贯彻落实《无障碍环境建设条例》，11月中旬通过苏州市对吴江区无障碍环境建设的专项督查。（俞秋艳）

【海绵城市建设】 2019年，区住建局会同区各相关职能部门贯彻执行《吴江区海绵城市建设管理办法(暂行)》和《吴江区海绵城市启动区实施方案》，起草《吴江区海绵城市建设技术审批管理办法(暂行)》并完成征求意见，组织全区海绵城市领导小组各成员单位考察学习海绵城市建设。松陵城区海绵城市建设管控体系基本建立，初步实现土地出让、规划审批、施工图审查、竣工验收全过程把控。太湖新城及吴江开发区内一批海绵城市建设项目全面实施，老旧小区综合提升项目不同程度融入海绵城市建设内容。至年底，全区出具海绵城市规划条件地块57个，在建海绵城市建设项目22个。全年完成5个海绵城市建设项目，累计完成10个。（俞秋艳）

【美丽城镇建设】 2019年，区住建局按照区委、区政府总体部署，根据美丽城镇建设年度工作计划，实施镇区(集镇区)综合整治和优化提升，较好完成预期目标任务。建制镇(中心镇区)在全面推进配套基础设施、挖潜特色内涵、落实长效管控等方面综合提升明显并彰显地方特色。被撤并镇(集镇区)坚持规划引领、准确定位，开展整治提升各项工作，改善人居环境，增强服务功能。全年各区镇实施各类项目187项，完成投资34.1亿元。其中被撤并镇实施项目94项，完成投资9.7亿元；建制镇实施项目93项，完成投资24.4亿元。同里镇屯村实验小学幼儿园新建、盛泽镇坛丘社区停车场新建、盛泽镇龙桥新村综合改造、震泽镇中心幼儿园异地新建4个项目获评“2019年度苏州市美丽城镇建设优秀示范项目”。（俞秋艳）

【城建档案管理】 2019年，区城建档案馆接收归档工程项目317个，其中房建项目242个，各类市政、装修等项目75个；接收竣工工程面积1085万多平方米。接收归档声像档案工程项目251个，收集照片18000多张，视频2000多分钟。办理《建设工程档案报送责任书》455份。完成182个房屋建筑工程项目、6个市政工程项目编制整理组卷工作，组卷13207卷，总库存量244023卷。全年接待档案查阅利用679人次，利用档案10291卷，为各类企事业单位提供电子档案6690卷。完成所有数字化档案异地备份。加强对吴江开发区、吴江高新区、平望镇三地村镇档案建设业务指导，要求建立健全村镇档案工作组织机构，完善档案管理机制，并对现有档案全部进行重新整理，12月，三地均通过省一级村镇建设档案室考核。完成数字城建档案管理服务平台项目前期准备和招投标工作，完成开发，进入测试。该平台由工程档案资料管理系统、城建档案业务管理系统、声像档案管理系统、掌上档案馆4个核心部分组成，配有相应辅助软件。新系统上线后可实现工程档案信息网上报建、电子档案的实时在线上报审核以及电子档案、声像档案规范化接收等功能。（俞秋艳）

房屋征收

【重点项目房屋征收】 2019年，区住建局按照征收法律法规和有关政策要求，推进房屋征收与补偿工作，全区征收拆迁工作平稳有序。至年底，全区城乡在拆项目71个，完成房屋征收(拆迁)2520户(处)，约76.6万平方米。动态跟踪全区征收(拆迁)情况，做好重点项目解难服务；推进国有土地上房屋征收与补偿，圆明历史文化街区改造项目完成签协，城中农贸市场周边综合改造项目房屋征收补偿方案完成初稿拟定。（俞秋艳）

【规范征收拆迁行为】 根据《省政府办公厅关于进一步规范房屋搬迁征收拆除切实防范化解风险的通知》(苏政传发〔2019〕67号)要求，区房屋征收办出台《关于进一步规范吴江区房屋搬迁征收拆除切实防范化解风险的通知》，针对主要风险点提出相应的防范化解措施。（俞秋艳）

房产管理

【概况】 2019年，吴江区房地产开发投资额略有回落，新开工面积和竣工面积与上期相比显著回落。全年全区开发投资额312.97亿元，比2018年（下同）下降2.68%，其中住宅开发投资额262.26亿元。商品房新开工294.07万平方米，下滑35.17%，其中住宅新开工218.76万平方米。竣工面积108.33万平方米，减少46.97%，其中住宅竣工面积89.92万平方米。（俞秋艳）

【商品房供应】2019年，全区商品房批准预售面积345.4万平方米，比2018年（下同）增长5.96%，其中商品房住房批准预售面积319.09万平方米，增长12.9%。年末，全区商品房月末累计可售面积315.47万平方米，其中商品住房月末累计可售面积194.85万平方米，非住宅月末累计可售面积120.62万平方米。全区商品房与商品住房库存量分别需去化6个月与25个月。（俞秋艳）

【商品房销售】2019年，吴江区商品房销售面积比2018年（下同）增长26.58%。全年全区商品房销售面积422.15万平方米，其中住宅销售面积373.28万平方米，增长26.99%；非住宅销售面积48.87万平方米，增长23.54%。（俞秋艳）

【存量房成交】2019年，吴江区全年存量房交易面积219.33万平方米，比2018年（下同）增长19.50%，其中存量住房交易面积171.95万平方米，增长28.78%。全年全区存量房成交均价9418元/平方米，增长24.19%，其中存量住房成交均价11137元/平方米，增长16.92%。（俞秋艳）

【商品房价格】2019年，吴江区商品房市场价格增幅小幅上升。全区商品房平均成交价格15775元/平方米，比2018年（下同）增长5.78%；商品住房平均成交价格为16322元/平方米，增长3.24%；非住宅成交均价11604元/平方米，增长40.39%。12月，全区商品住房平均成交价格18074元/平方米，增长9.27%，环比增长6.64%。（俞秋艳）

【房地产市场管理】2019年，吴江区抓好房地产市场调控和长效机制建设。严格落实“7·24”房产调控新政，对照调控要求，1~12月全区商品住宅销售面积373.28万平方米，商品住房平均成交价格16322元/平方米，房地产市场总体保持平稳健康发展态势，商品住房库存量、成交价均保持在合理区间。按照住建部等7部委《关于在部分城市先行开展打击侵害群众利益违法违规行为治理房地产市场乱象专项行动的通知》要求，继续开展规范房地产市场秩序专项行动，进一步深入推进全区扫黑除恶专项斗争工作，治理房地产市场乱象。出台《关于加强商品房开发项目销售管理的实施意见》，开展2018年度房地产开发企业信用考评工作，规范房地产开发企业、房产中介机构从业行为，健全市场信用评价和失信惩戒机制。进一步开展商品房预售资金监管，全年办理预售许可117件，实现商品房重点监管金额90.66亿元。以“一楼一策”“一把手”约谈等形式推进问题楼盘交付，完成恒业站前广场的交付。（俞秋艳）

【物业管理】2019年，全区物业前期备案项目30个，面积352.27万平方米；物业交付56个，面积495.95万平方米；累计全区物业管理服务面积3901.45万平方米；业主委员会备案242个，占比48.8%。是年，全区商品住宅维修资金完成缴交7.77亿元，累计缴交总额39.46亿元，累计使用6018.2万元，余额41.69亿元。新增房地产经纪机构96家，累计总数425家。规范物业管理市场，贯彻落实省、市“放管服”改革工作任务，实施行政执法权力向区镇移交，移交物业管理类行政处罚权8项；优化审批服务流程8项，全部实现“不见面审批”。应用物业服务企业信用信息管理系统，采取记录信用行为方式，强化物业管理信用监管，规范市场秩序，促进物业管理服务水平提档升级。公开招募组建全区物业管理专家组，由实施前期物业公开招投标、完善住宅专项维修资金使用全过程监督和完善全区物业服务企业卫生保洁保安服务，转向提升设备设施维护、小区资源科学利用和应急预防能力。根据《苏州市政府办公室印发〈关于进一步加强全市商品住宅专项维修资金监管工作的若干意见〉的通知》文件，印发《关于在商品住宅专项维修资金使用中引入第三方专业服务的通知》，公开招标招募维修资金使用第三方中介机构，提高维修资金使用合理化、专业化和科学化水平。开展房地产市场专项整治行动和房产经纪机构双随机检查，实施房地产经纪机构信用评价管理，规范房地产经纪机构的经营行为。　（俞秋艳）

工程建设与建筑业

【建筑市场管理】　2019年，区住建局规范行业市场秩序，组织开展全区建筑市场综合大检查和监理行业、混凝土行业、检测行业专项检查等，覆盖在区内从事房屋建筑施工、监理、检测活动所有企业，压实企业主体责任，保障建筑领域健康稳定发展。全区104项工程获苏州市吴江区“垂虹杯”（房建类）建筑工程质量奖，12项工程获装饰类建筑工程质量奖，7项工程获机电类建筑工程质量奖，44项工程获评苏州市吴江区房屋建筑工程标准化监理项目，28项工程获苏州市“姑苏杯”优质工程奖，9项工程获评苏州市标准化监理项目。其中，苏州市八都建筑有限公司承建的思齐路以西地块商服楼项目获工程建设领域规格最高、跨行业、跨专业国家级质量奖(国家优质工程奖)。加强企业信用管理，全区有212家房屋建筑工程施工总承包企业、139家装修装饰企业、141家机电安装企业、60家监理企业参与企业年度信用考核。其中，31家施工总承包、4家机电安装、2家装饰装修企业信用等级评为A类，3家施工总承包企业评为D类。推动建筑产业现代化，全年完成建筑用地规划条件明确装配式建筑项目面积177.87万平方米，新开工装配式建筑面积指标155.83万平方米，年度竣工成品住房面积指标75.38万平方米，绿色建筑二星完成96.73万平方米，均超额完成指标任务。其中，苏州吴越锦源1#、3#、5#−14#、16#−21#楼获三星级绿色建筑运行标识，苏州湾艾美温泉大酒店获二星级绿色建筑运行标识，全区绿色建筑运行标识实现零突破。推进农民工实名制，定期开展专题培训、专项检查、考核通报，加强部门间监管执法联动，强化建筑业从业人员实名制动态监管，细化保障农民工工资支付工作清单，落实“四项制度”，打造健康稳定的建筑市场。

（俞秋艳）

【建筑招投标管理】　2019年，全区发包标段总数304个，比2018年(下同)减少37.3%；总建筑面积212.87万平方米，减少19.8%；投资总额107.32亿元（其中国有资金106.37亿元），减少5.6%；通过招标降低工程造价9.45亿元，造价降低率8.1%。是年，区住建局邀请派驻纪检监察组对建设工程招投标采取“嵌入式”监督，全年组织标前会商19次，提出招标指导意见79条，开展标后管理检查11次，检查项目总数224个，标后管理检查率76.2%，实现重点民生工程全覆盖。全年对投标企业诚信考核扣分53次，中标单位扣分28次，代理扣分13次；在工程建设招投标领域扫黑除恶专项斗争工作过程中，排查异常标段6个，对12家企业实施行政处罚。　（俞秋艳）

【建筑工程造价管理】　2019年，吴江区9家工程造价咨询企业完成咨询项目911个，工程造价121.36亿元。区住建局加强建筑工程造价管理，完成2018年度咨询企业综合考评；抽取31个工程项目进行咨询质量核查；做好区外造价咨询企业进区备案工作，46家区外企业办理年度备案。组建吴江区第四届工程造价行业专家库，75名专家入选，致力提升全区工程造价行业管理水平。　（俞秋艳）

【建筑项目设计审查】　2019年，区住建局完善施工图数字化审查政务平台、数字化审查机构管理系统，提高电子文件上传、下载速度，申报全面执行无纸化，合格证采用电子化，基本实现施工图“不见面审查”。全年审查建设项目480个，建筑面积690万平方米，其中变更、装修、智能和幕墙项目217个，审查项目涉及勘察单位28家和建筑设计单位55家，发现建筑设计文件违反强制性条文256条次、强制性标准812条次，工程勘察文件违反强制性条文2次、强制性标准56条次。　（俞秋艳）

【建筑工程质量和安全监督】　2019年，全区新受监工程项目469项，建筑面积820.36万平方米，其中市政工程项目85项，工程造价13.49亿元。加上2018年转接项目，有监督项目975项，建筑面积约2500.36万平方米。全年监督竣工验收项目281项，建筑面积720万平方米；竣工备案项目225项，建筑面积674万平方米。创建省级标准化文明示范工地26项，创建国家优质工程奖1项，扬子杯工程5项，姑苏杯工程项目28项。全区监管范围内房屋市政工程质量安全工作总体平稳，发生2起建筑施工安全事故，死亡2人。组织开展以“惊蛰行动”“危大工程”“预防坍塌、预防高处坠落”和“冬季施工”为重点的系列建筑施工安全专项整治和“防风险保安全迎大庆”为主题的施工安全大排查大整治督查督导；推进建筑施工安全生产风险分级管控和隐患排查治理双重预防机制，强化“危大工程”安全管控；提高施工扬尘防控标准，推动规模以上建筑工地安装PM10等工地扬尘在线监测设备和视频监控设备，实时在线监测全区房屋市政建筑工程施工扬尘情况；开展打击“海砂”“瘦身钢筋”“地条钢”“问题电缆”和不合规砖瓦产品等专项治理活动；定期开展住宅专项检查和住宅工程质量常见问题专项治理；落实工程质量终身责任承诺制度，全面执行工程永久性质量责任标牌制度，做好工程质量三年提升行动收官工作；实行建筑材料登记制度，规范建筑材料使用；严格绿色建筑及装配式工程的质量监督；开展质量安全宣传教育活动，宣贯《工程质量安全手册》，组织质量安全生产标准化示范工程观摩；创新质量安全监督管理方式，购买第三方专业服务提高监管水平；指导服务辖区内施工企业安全生产许可证和安管人员考核证书申领和延期。全年严查质量安全违法违规行为，监督检查工程项目1680次，下发工程质量隐患整改通知书400余份，查处工程质量隐患850条，立案处罚2起，罚款4万元；下发工程安全隐患整改通知书1050份，停工（局部）通知书180份，约谈告诫工程参建单位39家，通报批评建筑工程56项、参建单位78家、责任人员67人次，对40家参建单位及6名责任人存在的违法违规行为进行行政处罚，处罚金额94.1万元。（俞秋艳）

城市管理

【概况】2019年，区城管局落实区委、区政府部署要求，树立“服务至上、满意城管”工作理念，围绕高质量和一体化发展目标，践行“两勇一快”*实践，参与城乡乐居品质、全国文明城市创建、污染防治攻坚等重点工作，推进垃圾分类、“厕所革命”、停车便利化等民生实事工程，各项工作均优于年度考核目标。区城管局获评2019年度苏州市城市管理先进单位。（沈　怡）

【环卫保洁】2019年，全区环卫保洁市场化经费3.15亿元，市场化率80%。其中，环卫机械化清扫面积3047万平方米，机械化清扫率85.6%。全区收集处置生活垃圾总量约80.75万吨，餐厨垃圾处置量3.28万吨，无害化处置率99%以上。区城管局根据《2019年苏州市“厕所革命”工作行动方案》，指导各区（镇、街道）年内新（改）建公厕40座，总投资1611万元，其中3A级以上公厕9座，超额完成苏州市下达的目标任务。（沈　怡）

【垃圾分类】2019年，全区新增生活垃圾分类小区132个，居民小区分类覆盖率100%。区城管局巩固三分类成效，推进四分类小区建设，至年底，建成四分类小区85个，初步形成“收集房、智能投放箱、普通投放亭”三种符合吴江区域特点的分类模式。按照“撤桶并点、定点投放、定时督导”原则，重点实施厨余垃圾和其他垃圾“定时定点”分类投放，完成松陵街道和江陵街道2个垃圾分类片区建设。推进垃圾分类宣传，印发宣传手册10万余份，完成地铁、公交亭、环卫作业车、墙面等宣传阵地400余处；组建专业宣讲队伍，由社区、物业垃圾分类专员及党员、志愿者组成宣讲队伍，进社区、进学校、进单位开展宣讲活动170余次，专题培训34次；开展“千人环保游”、垃圾分类汇演、线上分类挑战赛、亲子环保赛、校园书信大赛等大型特色宣传活动50余次，线上线下参与人数超过15万人次。宣传讲解分类知识并收集反馈，全年累计走访2万余户，引导更多居民参与垃圾分类。高质量发展考核“垃圾分类集中处理率”成绩较2018年度大幅提升。（沈　怡）

【终端设施建设】2019年，全区建成投运餐厨废弃物处理厂，日均处理量205吨，实现满负荷运行，获第二届吴江区十大民心工程奖；完成生活垃圾焚烧发电扩容建设项目前期工作，具备开工条件；新增建筑拆迁垃圾资源化处置中心1座，新增园林绿化垃圾破碎点1处；新建农

村易腐垃圾处理站4座，扩建1座，总数44座；启动建筑废弃物资源化利用项目前期工作。 （沈　怡）

【受控填埋场整治】 2019年，区城管局落实环保督察、省委巡视等反馈问题整改要求，基本完成全区7个受控（简易）生活垃圾填埋场整治任务。其中，吴江高新区（盛泽镇）、东太湖度假区（太湖新城）、七都镇、震泽镇、平望镇完成综合整治专家验收，并通过住建部非正规垃圾堆放点整治系统销号。 （沈　怡）

【农村人居环境整治】 2019年，区城管局对全区777个沿线垃圾收集房（池）进行整治并在收集房（池）设计上融入江南水乡元素，完成84个行政村垃圾分类工作，实现农村垃圾分类全覆盖。7月起，牵头负责全区农村公厕新改建任务，全年新建、改建农村公厕76座，超额完成苏州市下达的70座任务；牵头制定《吴江区进一步推进农村“厕所革命”工作实施方案》，计划三年投入3.15亿元，完成2100座农村公厕新改建任务。 （沈　怡）

【园林绿化】 2019年，区城管局落实苏州市绿化实事项目，全区6个园林绿化景观工程获2019年度苏州市“姑苏杯”优质工程奖，11个园林绿化景观工程获2019年度苏州市园林绿化优秀工程奖。是年，加强区镇园林绿化管理工作考核和指导，开展城镇建成区绿化补植改造和绿地内市政设施修复保养工作，全区绿化补植改造投入资金1344万元，涉及乔灌木6332株、球类2741株、色块和地被16万平方米；市政设施修复保养投入资金243万元，涉及假山、花坛、园路、广场、栏杆等设施维修保养；开展“迎国庆百日行动”大整治，结合“路长制”，提升绿化管理精细化程度。加强政府投资绿化工程预选承包商诚信考核，全年考核39家企业47个工程，评定A类企业4家。强化对各区（镇、街道）养护考核结果运用，评定7家绿化企业为“2018年度吴江区绿化养护优秀企业”。完成2018年度中介机构（绿化监理企业）信用等级评定工作，审核绿化监理企业6家，评定A类绿化监理企业3家。做好工业建设工程绿地率现场勘查测量，严格按规划指标验收，全年验收通过工业厂房绿化工程58家。 （沈　怡）

【路灯管理】 2019年，区城管局完成88626盏路灯LED节能改造，基本实现主次干道LED路灯全覆盖；路灯亮灯率99.2%，较2018年提升0.7个百分点；全年路灯电费约5380万元，较2018年减少约1830万元，节能效果显著。推进照明智能化、信息化系统建设，完成单灯智能控制建设5万余套，全区单灯覆盖率50%以上。建设完成后接入吴江区城市照明信息管理平台统一管理，通过平台实现及时派单、快速反应、整改回馈全程监管和数字化、智能化运维，使吴江区道路照明成为国内规模领先的NB-IoT（低功耗广域网）智慧路灯网，其经验做法被《人民日报》刊登报道。 （沈　怡）

【智能化停车管理项目】 2019年，区城管局出台《关于进一步加强机动车停车场管理的通知》，通过联席会议制度简化公共临时停车场审批流程；实行经营性停车场备案制度，对停车场统一编号管理。全年改建18个闲置地块作为临时停车场，新增停车泊位5979个。完成道路泊位信息化改造7774个；上线运行“乐泊吴江”智慧停车系统，接入公共停车场86个，共计泊位11679个，周转率233%，实现计时收费及先离场后缴费，关注用户数超5万，获苏州“停车便利化工程”第三方满意度调查满意率第一。与江苏省警官学院合作建立“产学研”创新实验基地，研发动、静态交通智慧方案，对学校、菜场、公园、地铁周边公共停车场，延长免费停放时间，实施“123”免费时长制度（“学校、菜场周边停车场1小时免费，公园2小时免费，P+R停车场3小时免费”）；主干道路口、停车场出入口等处安装二级、三级停车诱导屏，为停车用户提供方便并将交通拥堵区域流量向周边疏导。推动停车资源共享利用，实现吴江大厦、永鼎医院、城管局内部停车场对外开放泊位1100个。 （沈　怡）

【公共自行车管理】 2019年，全区新增公共自行车站点52个，总站点数544个；新增车辆2148辆，更新车辆3080辆，公共自行车总量12088辆；平均站点完好率98.7%，锁柱完好率95.5%，车况完好率95.5%；市民累计借车424万余次，累计骑行时长121万余小时。美团单车在各区镇累计投放约1.1万辆，设置电子围栏56处，至年底，吴江注册人数约67万人，平均每日骑行次数约1.3万次。区城管局联合区文明办、公安局、文体广电和旅游局等15家单位在东太湖生态园举办“世界无车日”骑行活动，倡导“低碳环保、绿色出行”理念，活动吸引300余位骑行爱好者参与。

（沈 怡）

【地下管网及道路井盖整治】2019年，区城管局联合自然资源和规划、住建、水务等行业主管部门成立区级层面检查小组，开展“吴江区地下管网安全生产明察暗访活动”专项行动，实地抽查现场124处，督办整改安全隐患42处。出台地下管网安全生产指导实施意见，建立吴江区地下管网审批信息监管系统，探索新型井盖，试点智慧井盖。至年底，各权属单位受理管线建设申请286件，累计挖掘城市道路（绿化）342178米，累计线路巡检有效管线471540千米，完成井盖隐患整治2616座，处置井盖问题15914件，采用树脂复合井盖1607座，超额完成苏州市下达年度500座的目标任务。

（沈 怡）

【城管法制工作】2019年，区城管局贯彻落实“行政执法公开、重大执法决定法制审核、执法全过程记录”三项制度，加强指导监督，在全区执法队伍中扎实推进。印发《驻队律师考核办法（试行）》，推动驻队律师为属地执法工作提供法律服务保障；制定一般程序行政处罚案卷评查标准，明确行政案件办理要点、工作规范等内容；整理下发《苏州市吴江区市容环境卫生攻坚整治行动常见违法行为查处指导意见》，为执法管理工作和各类专项整治规范推进提供法制保障和服务；组织开展吴江区城管执法业务集中培训和法律知识竞赛，提高执法队伍依法行政意识，提升业务素养和执法能力。重点督办群众举报投诉、上级督办问题，指导属地部门依法查处、整改到位。专项督查占压油道管线违建整治、餐饮油烟整治以及“331”*整治火灾隐患专项行动等工作并及时跟进反馈。区综合执法部门全年办理城市管理简易程序处罚案件74505件，一般程序处罚案件2031件，合计处罚金额500万余元，未发生行政诉讼败诉、行政复议撤销等情形。

（沈 怡）

8月，疏通管道（吴 斌 摄）

【市容秩序管理】2019年，区城管局强化环境综合整治，牵头属地综合执法部门开展市容环境卫生攻坚整治、“市容环境大提升，干净有序迎国庆”百日活动等综合整治行动；创新建立城市管理“路长制”、市容环卫责任制、“城警联动”协作制三项长效机制，推进户外广告、乱涂乱贴、人行道和非机动车道护栏隔离设置、店外作业经营、占道亭棚整治等五项专项整治行动，有效解决市容秩序突出问题，城市环境面貌得以改观，顺利完成文明城市测评迎检任务，实现名次大幅度提升。是年，全区立案处罚流动摊、出店经营4800余起，处罚18.8万余元，查处无证烧烤675起；处罚非机动车乱停放300余起；累计上报符合停机条件的乱涂贴手机号码681个，立案查处17件，处罚金额3400元；清理违法违规占道亭棚43个。按照严管路段实施罚100元扣3分标准，由交警和综合执法部门联合查处人行道违法停车，抄告严管路段人行道违停2.5万余辆。全区有6条道路通过市级示范路验收创建成功，48条主次干道在道路标准化管理竞赛活动中达标，主城区松陵街道通过红旗街道竞赛活动获评年度优胜街道。推进全区绿化及环境专项整治，拆除沿线违章建筑、破旧建(构)筑物近2万平方米，清理乱堆废料、暴露垃圾渣土750余吨，拆除违规、破损户外广告设施400余处，其中高炮广告98个。（沈　怡）

【户外广告设施管理】 2019年，区城管局推进各地户外广告设施专项整治，提前20天超额完成第一轮(2018年6月至2019年6月)户外广告设施整治目标任务，拆除违法违规大型户外广告设施数占苏州市区整治总量一半。出台接续工作方案，以全面拆除违法违规设置户外广告设施、规范屋顶镂空字设置、清理拆除到期以及不符合设置安全标准和存在安全隐患的大型户外广告设施为重点，持续推进第二轮整治。制定整治专项工作经费奖补方案，补助属地整治经费296万元。全年拆除违法违规广告设施4766处11.7万平方米，其中建筑物屋顶广告420处，高立柱广告132处，桥身跨街广告108处，屋顶镂空字1170处，建筑物墙面广告681处，落地看板广告333处，电子显示类广告16处，其他类型广告(含店招标牌和交通指示牌广告)1906处。（沈　怡）

【渣土运输管理】 2019年，区城管局结合城市管理领域扫黑除恶专项斗争，推进属地综合执法部门开展城市建筑渣土运输处置专项整治行动，印发《2019年吴江区建筑垃圾(工程渣土)运输行业规范运营集中整治工作推进方案》，组织2019年吴江区建筑垃圾运输监管平台建设功能确认座谈会，开展建筑垃圾运输管理业务培训，提升属地执法管理水平。全年查处建筑渣土违法案件331起，处罚金额62万余元。对建筑渣土运输行业中的违法违规行为和突出问题进行涉黑涉恶线索摸排，及时梳理上报。利用微信公众号、电子屏、路灯杆道旗、展板、横幅等形式宣传建筑渣土集中整治内容和扫黑除恶政策法规。（沈　怡）

【综合行政执法改革】 2019年，吴江区综合行政执法改革成效显著，在全省保持领先地位。江苏省县域综合执法体制改革培训会、苏州市综合行政执法体制改革推进会先后在吴江召开，推广吴江改革经验。区城管局被确定为省人大常委会20个基层立法联系点之一，是全省城管系统及县级行政执法机关中唯一入选单位。各区(镇、街道)综合执法机构全年办理简易程序处罚案件66068起(比2018年增加48.36%)，一般程序处罚案件3007起(比2018年增加8.36%)，开展专项整治活动589次。重点推进镇域综合行政执法"三项制度"，联合印发驻队律师考核办法，开展律师驻队工作培训，细化律师工作职责，加强工作考核；落实第二批处罚权事项培训和承接工作，开展法律知识竞赛，邀请专家授课，提高全区综合执法队伍依法行政意识，提升业务素养和执法能力；印发《吴江区镇域综合执法一般程序行政处罚案卷评查标准》，组织案件评查监督并加强指导；推进信息化建设，强化科技应用，完善综合行政执法工作二期平台建设。（沈　怡）

【专业网格巡查】 2019年，根据部分行政区划调整实况，全区专业网格重新划分至136个，配备专业巡查人员272名，辐射全区企业1万多家。区城管局牵头组织开展专业巡查业务集中培训2次，召开推进会2次、印发专业巡查材料1万余份，加强队伍管理，提升巡查能力。完成二期平台竣工验收，通过信息化技术规范专业巡查工作流程，实现专业巡查管理标准化。全年检查事项数274728个，巡查发现问题数63867个，做到及时反馈企业并督促按时整改。各区(镇、街道)综合执法机构根据巡查结果办理安全生产行政处罚案件792起，初步实现由事后处理到事前防范、由末端治理到源头预防、由被动保稳定到主动创稳定转变。引导企业参与社会综合治理，打造共建共治共享社会治理格局。（沈　怡）

【信息化建设】 2019年，吴江区城管局进一步深化信息化应用，建设上线智慧环卫、智慧渣土、智慧执法三大平台，分批接入现有作业、执法人员管理终端和车载终端，实现工单线上流转，助推全区城市管理工作精细化、智慧化。结合智慧吴江顶层架构及综治网建设规划，按照市、区两级大数据平台建设要求，建设吴江区城市管理数据服务平台，建立数据标准规范体系，汇聚行业领域相关数据，实现信息资源深度整合与共享。至年底，平台汇聚基础库、业务库、专家库、物联库等4大库77大类2000多万条数据，与苏州市城管大数据平台、吴江区大数据平台、智慧平望、智慧七都等平台实现数据交互共享。（沈　怡）

城市投资管理

【概况】 2019年，吴江城投公司、吴江东太湖公司、吴江城乡一体化公司（简称“公司”）完成融资130.36亿元。城投公司维持主体评级2A+。是年，公司做好地方政府债务和隐性债务化解工作，完成隐性债务化解108060万元，比年初89370万元任务指标超额完成18690万元。（褚英超）

【重点项目融资】 2019年，公司持续推进区重点建设项目融资工作，保障苏州中学苏州湾校区项目、苏州长三角示范区产学研合作园项目和吴江区云梨桥两侧拆迁项目稳步推进。（褚英超）

【乡镇融资服务】 吴江区“三优三保”*项目作为苏州“三优三保”行动创新试点，2019年一期项目总投资71.89亿元，融资金额57.4亿元，放款约49.01亿元，完成总投放85.38%；二期项目总投资186.52亿元，融资149亿元，放款7.9亿元，完成总投放5.3%。（褚英超）

【国有资产经营】 2019年，新成立苏州市未来教育产业投资有限公司，注册资本5000万元；委托苏州市吴江产业投资有限公司投资中车城市交通有限公司2亿元；转让下属苏州市吴江户外公共广告资产经营管理有限公司100%股权给苏州市吴江文化传播有限公司。公司全年对外股权投资分红4660.91万元，租金收入约1321.42万元（不含分成、涉诉及水面资产租金）。（褚英超）

交通工程建设

【概况】 2019年，吴江区轨交4号线松陵大道综合交通枢纽、苏同黎快速化改造工程先导段、沪苏湖城际高铁、环长漾环线道路、农村公路及桥梁大中修改造和“四好农村路”建设、康力大道及八坼大桥工程、通苏嘉甬城际高铁7项交通重点工程建设完成年度投资9.78亿元。（王峥嵘）

【长三角一体化】 2019年，康力大道桥梁基础完成，灰土路基施工过半，进入堆载预压阶段；浦港路东延接金南路项目、吴江大道—周湖公路接金商公路项目进行规划方案研究；苏震桃高速开展工可及各项前置条件研究工作。长三角一体化交通运输战略规划研究初稿编制完成。（王峥嵘）

【铁路建设】 2019年，沪苏湖铁路项目工可获国家发改委批复，完成初步设计审查。沪苏湖铁路连接上海、苏州、湖州等长三角核心区，是长三角铁路网的骨干线路，全长163.5千米，总投资约328.46亿元。其中江苏段全部位于苏州市吴江区境内，长度约52.156千米，设苏州南、盛泽两个站点，投资约89.7亿元。通苏嘉甬铁路项目通过预可研审查，进入工程可行性研究相关工作。通苏嘉甬铁路是中国“八纵八横”高速铁路主通道中“纵一”沿海通道组成部分，也是中长期铁路网沿海通道组成部分、长三角城际骨干线路，路线起自南通，经张家港、常熟、苏州、吴江至嘉兴，跨越杭州湾后经慈溪至宁波，全长338千米。（王峥嵘）

【城市快速环线】 2019年，苏同黎公路快速化改造工程项目初步设计获省发改委批复，先导段建设顺利推进。该路线起自605省道苏州市吴江区与吴中区交界处，向南与周松线交叉，跨苏申外港线后，与松汾线、周湖线交叉，止于吴江大道交叉处，路线全长约17.694千米，均为老路改扩建。（王峥嵘）

【“四好农村路”建设】 2019年，长漾滩环线工程顺利推进；130千米“四韵和融”特色农路环线项目基本建成；省级“四好农村路”示范县创建通过评估。各区镇创建“四好农村路”示范路8条，合计23.08千米；完成安防工程50.2千米。（王峥嵘）

【其他交通重点工程】 2019年，松陵大道综合交通枢纽总包开工，桩基工程完成，地下基坑、土方和支撑结构开始施工。盛八（京杭特大桥—盛泽大道段）线年底完工通车。苏南运河三级航道整治工程八坼大桥老桥拆除完毕，新八坼大桥重建工程完成施工、监理招标。苏南运河浙境段航道整治工程累计完成总投资的79.28%。苏申外港线航道整治工程顺利推进。长湖申线三级航道整治工程完成项目选址、稳评、环评、土地预审等前期工作。乍嘉苏线四级航道整治工程可行性研究获省航道局内部审查通过。（王峥嵘）

【交通工程质量】 2019年，所有交通工程项目纳入统一的公共资源交易平台公开招标，实行区、市、省三级监督和管理，落实项目监督负责人制度，完成新开工交通项目质量监督手续办理工作，全区交通工程建设招投标和质量监管覆盖率均保持100%。（王峥嵘）

城乡客运一体化

【概况】 2019年，全区新辟公交线路9条（7615路、7618路、7619路、776路、777路、7617路、7513路、7113路、7121路），调整公交线路18条次。至年末，全区有城乡公交线路169条，线路总里程2526.5千米，镇村公交通达率保持100%。新增公交车114辆，新能源与清洁能源公交车占比67.5%，年度城乡公共交通客运总量6870.4万人次。（王峥嵘）

【长三角毗邻公交】 2019年，吴江区加快推进长三角公交互联互通，新增桃源至乌镇、黎里至青浦、黎里至西塘、桃源至新塍4条跨省定制专线公交，开行数量位居苏州第一。至年底，全区有6条跨省公交线路和3条毗邻公交线路，互联互通公交线网总长度144千米，平均每月服务市民出行8.24万乘次。（王峥嵘）

【公交惠民便民举措】 2019年，吴江区持续推进“最后一公里”农村公交通达工程。启用中加枫华国际学校、黎里旅游集散中心、菀坪公交首末站、震泽新农贸市场、吴江青春广场、夏蓉街吴江康复医院、横扇公交停车场7个公交临时首末站。配合第九人民医院搬迁，新增、调整公交线路12条。开展吴江区公共交通专项规划编制工作。（王峥嵘）

【公交客运基础设施建设】 2019年，吴江区新建、改建城乡公交候车亭109个，累计2238个；全区在用客运公交场站28个。（王峥嵘）

【班线客运】 2019年，吴江区推动客运场站标准化提升工程，完成客运班线调整24条次、客运班车变更审核28辆次；开行1条苏州火车站北广场至震泽古镇的定制旅游专线。（王峥嵘）

【汽车客运出租和旅游包车客运】 2019年末，全区有旅游包车企业5家，客运汽车出租企业5家，客运出租汽车835辆，全年出租车客运量1168万人次。（王峥嵘）

交通行业管理

【公路客货运输】 2019年，全区公路旅客运输量7050万人次，周转量10.57亿人千米；公路货物运输量2980万吨，周转量24.4亿吨千米。至年末，全区有营运客车432辆，总客位19758个；营运货车8177辆，总吨位69430吨。是年，区交通运输局继续推进道路普货运输企业分类分级监管，纳入监管103家。引导支持农村物流企业发展现代冷链物流运输，3家农村物流示范点企业均建立冷链运输车队和冷库，有冷藏车115辆。推进农村物流发展，全区有省级农村交通物流示范点企业4个、市级城市配送示范性企业1家，年配送量15万吨，配送范围覆盖县、镇、村三级，并向苏州大市范围延伸，辐射江浙沪地区。开展农村物流示范县申报工作。完成76家货运业户2019年道路货物运输量专项调查，其中规模以上货运企业10家。推进道路危险货物运输企业整合兼并工作，合并1家。全年全区普通公路收费站免费放行绿色通道车辆、重大节假日小客车72.7万辆次，免征金额1090.49万元。（王峥嵘）

【公路管理】 2019年，国省干线公路MQI值（路况综合指数）95.5，优良路率100%；县道MQI值96.9，优良路率100%；乡村公路MQI值88.5，优良路率92%。（王峥嵘）

【航道管理】 2019年，区交通运

输局航道巡航2.46万千米，清障扫床192千米，通航保证率、航标正常率、新增违法建筑物查处率均达100%。（王峥嵘）

【海事管理】 2019年，区交通运输局海事巡航4.5万余千米，水上接处警301次，救助遇险船舶16艘次、遇险人员32人次，挽回直接经济损失73余万元，搜救率和成功率均达100%。辖区未发生因管理不善造成的重特大水上交通责任事故、船舶污染水域事故和干线航道4小时以上堵航事故。（王峥嵘）

【驾培管理】 2019年，吴江区新增驾培主体3家，增设教练场地7处8.36万平方米，新增教练车158辆。至年底，全区有驾校17家，教练车889辆，全年培训机动车驾驶员3.5万人次。（王峥嵘）

【机动车维修管理】 2019年，吴江区继续推进维修企业连锁化经营发展，全区连锁企业77家。推进维修行业“263”*专项行动。提升一、二类机动车维修企业电子档案信息上传质量。继续开展机动车维修服务规范化标准化建设，评选出机动车维修服务标准化建设示范企业8家，优胜企业8家。是年，全区新增具有交通部门综合性能检测、公安部门安全性能检测、环保部门尾气检测“三检合一”资质机动车检测站4家。（王峥嵘）

【港口(码头)管理】 2019年，吴江区深入开展港口码头综合整治工作，依法取缔码头50个，清退岸线3.56千米，拆除码头面积8.33万平方米；全面开展码头优化提升工作，纳入规范管理15个。至年底，全区有持证码头138家，泊位数237个，主要分布在京杭运河、太浦河、长湖申线及苏申外港线等航道沿线。其中，普货码头113家，泊位数209个；危货码头25家，泊位数28个。全年码头装卸量1645万吨，其中普货1564.8万吨、危货80.2万吨。（王峥嵘）

【依法行政】 2019年，交通运输行政服务窗口推行创新服务举措4项，受理各类办件14万余件，办件准确率100%，按时办结率100%，群众满意率99.7%。区交通局全年实施行政处罚1348件、行政许可338件，未发生行政诉讼败诉和行政复议撤销案件。是年，有序开展综合执法工作，维护道路运输市场秩序；推进路域环境整治工作；加强超限超载治理工作，完善非现场执法网络，执行公路治超联合执法常态化制度化规范化，建设完善车辆不停车超限检测管理系统，全年联合治超查处超限车辆1187辆次，卸载货物8903.9吨。（王峥嵘）

【交通运输安全应急】 2019年，吴江区继续深入推进“平安交通”建设三年(2018—2020)行动工作，年度重点目标任务基本完成。全区交通运输安全生产形势保持稳定，一般以下事故起数和损失下降明显。行业应急能力进一步提高，全年开展各类应急演练6次。开展交通运输系统扫黑除恶专项斗争行动。完成2019年抗冰雪、春运、安全生产月、战高温、抗台风任务和进博会、互联网大会等多次保障任务。（王峥嵘）

【智慧交通建设】 2019年，吴江智慧港航项目成果启用，智慧农路项目建设完成，信息中心综合服务项目正式开展。吴江交通投资集团有限公司下属科技公司获得专利与软件著作权49项。年内，“基于IPv6的智慧交通综合营运服务平台与应用示范”“以IPv6为基础的智能一体化车联网终端的开发与示范应用”“基于“北斗/GPS”定位技术的车联网远程智能服务系统的开发与示范应用”“铜仁市交通综合大数据平台”等项目完成验收。建成铜仁交通综合大数据平台印江分平台，提升科技帮扶水平。（王峥嵘）

【机构设置与调整】 2019年，区交通局推进机关事业单位机构改革，局内设办公室(科技信息科)、组织人事科、综合计划科(建设管理科)、安全法制科(交通战备办公室)、财务审计科(资产科)、运输管理科(行政审批科)、港航管理科7个科室。苏州市吴江区交通运输综合执法大队重新核定人员编制206名，核定单位领导职数为大队长1名、副大队长4名。苏州市吴江区公路管理处(苏州市吴江区公路应急处置中心)更名为苏州市吴江区公路事业发展中心，内设综合科、养护科、农路科、路网(收费)科、服务设施科5个科室。苏州市吴江区航道管理处更名为苏州市吴江区港航事业发展中心，内设综合科、航道科、港口科、工程科4个科室。苏州市吴江区地方海事处(苏州市吴江区船舶检验处)更名为苏州市吴江区交通运输应急指挥中心，内设综合科、应急指挥科、业务受理科、信息装备科4个科室。苏州市吴江区交通运输管理处更名为苏州市吴江区运输事业发展中心，内设综合科、客运出租科、货运物流科、维修驾培科4个科室。苏州市吴江区交通工程建设管理处更名为苏州市吴江区交通工程建设处，内设综合科、工程建设科、计划科3个科室。苏州市吴江区盛泽交通运输管理分局(苏州市吴江区盛泽镇农村公路管理养护办公室)更名为苏州市吴江区盛泽交通运输管理所。撤销苏州市吴江区松陵交通运输管理所挂牌机构苏州市吴江区松陵镇农村公路管理养护办公室。　(王峥嵘)

水　利

【概况】2019年，按照机构改革方案，吴江区水利局划入区住房和城乡建设局的供排水管理职责，划出水资源调查和确权登记管理职责至区自然资源和规划局，划出农田水利建设项目管理职责至区农业农村局，划出水旱灾害防治相关职责以及防汛防旱指挥部的职责至区应急管理局，划出编制水功能区划、排污口设置管理、流域水环境保护职责至生态环境部门，组建成立吴江区水务局。是年，区水务局围绕长三角生态绿色一体化发展示范区建设要求，做好水文章，取得较好成效。联合河长制*入选苏州市“精神文明建设十佳新事”，并收录于中组部选编的《贯彻落实习近平新时代中国特色社会主义思想、在改革发展稳定中攻坚克难案例》。农田水利工程管护、农村河道长效管护两项工作获全省考核第一名。举行示范区三地协同治水启动仪式，被中央电视台《新闻联播》《人民日报》等20多家媒体报道。区水务局获评全省水利系统先进集体。　(沈莹莹)

【水利工程建设】2019年，区水务局完成农村水利投入1.9亿元，建设各类闸站62座，新建挡墙39.4千米，疏浚河道209条、133千米，完善防洪排涝基础设施体系。完成农业水价综合改革10420公顷，346座灌溉站实现灌溉用水全面计量，改革区域运行管护考核全覆盖。推进东太湖综合整治后续工程，达标加固大堤9.6千米，完成戗港段及戗港挖湖区段6.5千米大堤、沈家路闸、新开路闸、戗港闸建设。推进京杭大运河苏州段堤防加固工程，一期完成堤防加固和沿线景观绿化30千米，新建防汛道路3.4千米、人行步道5.4千米。　(沈莹莹)

【水利工程管理】2019年，区水务局完成河湖划界工作，划定管理范围线954.5千米，埋设界桩4841个、界牌1130个、告示牌946个、控制点442个，项目成果顺利通过验收。推进湖泊测量工作，完成90个湖泊基础信息调查测量。强化社会项目监管，完成川气东送、沪苏湖铁路、吴江南500千伏输变电工程、平望镇污水管线、芦墟镇污水管线等重点工程涉水审查以及北麻漾等重点涉水问题整改任务。　(沈莹莹)

【水旱灾害防御】2019年，吴江区落实防汛抗灾责任，进一步补充防汛物资器材，落实防汛抢险

2019年，东太湖综合整治后续工程　(区水务局　提供)

队伍，严格执行24小时值班制度，开展防汛安全检查，及时整改消除度汛隐患。抵御超强台风“利奇马”侵袭，实现全区安全平稳度汛，防汛抗台工作取得胜利。7月10日，全市防汛排涝抢险实战演练在吴江举行，防汛防台综合能力、基层应急处置能力、科技防汛能力进一步增强。建立水务气象应急联动机制，各管理站增设气象站，提升汛情预测和应急响应能力。（沈莹莹）

【保障供水】 2019年，区水务局做好供水安全应急防控各项措施，完成《吴江区供水突发安全事故应急预案》修编，开展水源地突发水质污染应急预案演练，提升应急处置能力。每月开展出厂水、管网水、原水、二次供水水质检测工作，水质检测合格率100%。完成庙港水厂深度处理全覆盖工程，提升原水水质突变应对能力。推进老旧小区供水管网和二次供水设施改造，完成投资额1.1亿元，加快推进农村低压区改造工作。（沈莹莹）

【排水行业管理】 2019年，区水务局推行排水许可制度，全面排查梳理排水户，办理排水许可证371张。建立污水厂提质增效“一厂一案”整治方案，从管道检测修复、控源截污、管网建设等方面提出标准化措施，推动污水厂提质增效。健全污泥监管体系，对全区污水厂污泥运输车进行GPS跟踪，每季度对污泥相关信息进行备案。建立违法排水督查联动机制，联合环保、公安部门不定期开展违法排水联合专项整治行动，规范企业排水行为。组织开展排水行业安全演练和“化验工、管道工、操作工”技能竞赛，通过“一演练三竞赛”提升从业人员技术水平和安全防范意识，提升供排水行业安全保障水平。（沈莹莹）

2019年度吴江区农田水利基本建设效益情况表

项目			建设效益
完成水利土方			196.150（万立方米）
农田水利建设分项	圩堤	达标	18.758（千公顷）
		未达标	0（千公顷）
	排涝	大于200毫米	11.731（千公顷）
		150~200毫米	11.295（千公顷）
		110~150毫米	0（千公顷）
		小于110毫米	0（千公顷）
	抗旱	多于100天	17.365（千公顷）
		70~100天	5.661（千公顷）
		30~70天	0（千公顷）
	防渍	大于1.00米	5.993（千公顷）
		0.80~1.00米	17.033（千公顷）
		小于0.80米	0（千公顷）
	配套	建筑物配套面积	23.026（千公顷）
		生产河以上建筑物	4554（座）
		中心河以上建筑物	2395（座）
	旱涝保收田		23.026（千公顷）

（沈莹莹）

（本栏编辑　钱晓燕）

国土资源

【土地保障发展】 2019年，《吴江区土地利用总体规划修改方案》获省批准。经省厅同意开启吴江用地报批通道，先后上报批次374公顷，其中获批217公顷，供应土地666公顷，保障重点项目和民生项目建设用地。落实"房住不炒"定位，科学制订全年经营性用地出让计划。做好土地出让过渡期土地上市，出让土地59宗198公顷、土地出让金169亿元。研究起草《关于加强全区经营性用地储备管理工作的意见》，加快区级土地储备库建设。（王美丽）

【土地节约集约】 2019年，区资规局制定批而未供和闲置土地处置任务，出台批而未供和闲置土地处置意见，定期督查通报考核，完成批而未供土地处置201公顷，将闲置土地控制在年度目标以内。全年盘活存量土地867公顷，其中异地盘活428公顷。剩余5个区镇［东太湖度假区（太湖新城）、汾湖开发区（黎里镇）、平望镇、桃源镇、七都镇］"三优三保"*专项规划获批，实现"三优三保"专项规划全覆盖。加快推动以"三优三保"为主的土地综合整治，深度对接"三治"等专项行动，打通拆旧、复垦、验收环节，实现"无缝衔接"，推动建设用地减量化。完成拆旧508公顷、复垦463公顷，其中通过市级验收428公顷，取得批文423公顷。

（王美丽）

【自然资源保护】 2019年，吴江区落实耕地保护责任，将全区耕地和基本农田保护任务分解落实到各区镇，层层签订保护目标责任书，建立区、镇、村、组四级耕地保护体系。通过"三优三保"*、耕地占补平衡、增减挂钩等项目新增耕地620公顷。统筹调整国家级生态保护红线，调整后面积为9240公顷。完成绿化造林47公顷、森林抚育380公顷、更新或完善农田林网控制547公顷，培育珍贵树种21.3万株，同步做好林木资源和种苗质量管理，规范森林植物检疫。推进湿地公园建设，完成同里国家湿地公园和震泽省级湿地公园总体规划修编，同里国家湿地公园通过国家验收。做好东吴南路对接鲈乡北路工程占用东太湖湿地手续办理，广泛开展湿地保护和爱鸟宣传活动。

（王美丽）

【自然资源调查】 2019年，以"三集中"（空间上集中靠拢、程序上集中整合、力量上集中优化）驻点攻坚方式高质量推进第三次国土调查，涉及调查面积1237.44平方千米，图斑约16万个，完成变化图斑外业举证4万多个，拍摄现场照片近23万张，经多次调整完善先后通过省级核查和国家级核查。完成2018年土地变更调查和年度卫片执法检查，涉及图斑844个，面积574公顷，通过国家验收。全面启动并按计划推进农房不动产权籍调查。（王美丽）

【自然资源和规划综合执法】2019年，区资规局组建综合执法大队，加快原国土、规划、林业执法力量整合，探索资源领域执法新路径，维护自然资源管理良好秩序。摸清全区违法用地历史存量底数，制定并按计划推进违法用地综合整治三年行动。有序推进2018年度土地卫片执法检查，高质量完成“大棚房”问题整改、耕地保护督察确认违法用地整改，高标准推进高尔夫球场“回头看”等各类专项整治，牵头落实违建别墅问题清查整治，认真做好违法建设和林业违法查处。（王美丽）

【农村住房管理】2019年，区资规局系统梳理全区农村住房管理政策，出台《苏州市吴江区农村住房建设风貌管控指导意见（试行）》和《苏州市吴江区农村建筑工匠管理指导意见》。全面梳理农村宅基地历史遗留问题，牵头起草《关于宅基地历史遗留问题的请示》并获区政府同意。全年审批宅基地1500多份。（王美丽）

【不动产登记】2019年，吴江区升级不动产交易登记集成平台，在苏州市范围内率先实现“一人一窗一网”运行模式，业务受理15分钟内快速完成。持续优化窗口设置，提高行政效率，常规不动产登记实现3个工作日内办结，二手住房转移登记业务实现半天内完成审核。继续推广“互联网+”不动产抵押登记，新开通15家金融机构网上业务，抵押注销登记项目全部当日办结，线上抵押权首次登记项目最迟次日办结。探索长三角一体化示范区不动产登记业务异地办理。办理不动产权证书11.49万份、证明5.28万份，其中“互联网+”不动产抵押登记1.4万份。（王美丽）

【自然资源和规划信息化建设】2019年，区资规局完善安全制度14个，调整网络架构，提升安全措施，升级业务系统。开展业务数据整理入库，完成不动产存量数据整合，完善房地一体权籍信息库。拓展数据共享和查询，为全区123个项目提供1438项次数据；为全区数据共享开发查询接口7个，发布服务项目34个；在智慧吴江App、吴江政务服务自助一体机等平台上线6项查询功能。（王美丽）

水资源

【河湖管理】2019年，区水务局强化河湖长效保洁管理，落实保洁经费7500万元，建立专职保洁队伍。通过第三方开展河道管护考核，及时发现处置问题4538个。优化河湖“智慧监管平台”，对重点河湖进行24小时实时在线监控，开展问题定位和整改情况汇总，提升管护水平。完成第二届进博会水环境保障任务，上海市河长办来信对吴江区保障工作表示肯定和感谢。（沈莹莹）

【黑臭水体治理】2019年，区水务局治理黑臭河道42条，完成水利投资8800万元，基本完成年度黑臭河道治理任务。加强已治理河道长效管护，制定《关于加强城镇黑臭水体整治长效管理的办法（试行）》《吴江区2019年城乡黑臭水体整治工作考核细则》《问题河道整改流程》，明确后期管护主体和责任人，建立问题发现、反馈、整改

3月，水法宣传进校园　　（区水务局　提供）

工作机制。委托第三方加强巡查，定期开展水质检测，防止水体返黑返臭。（沈莹莹）

【河湖长制改革】 2019年，吴江区落实区、镇、村三级605位河长责任，累计开展巡河2.13万次，召开各类河长治河会议1041次，处理工单27项，完成“一事一办”工作清单458项，完成率100%。完成河湖“两违”整治130项，超额完成全年目标任务，基本解决历史遗留的疑难涉水问题。与浙江、上海等地建立联合河长机制，形成“联合巡河、联合执法、联合检测、联合保洁、联合治理”五大机制，211名联合河长上岗到位，开展联合巡河703次。10月30日，“不忘初心、牢记使命，长三角生态绿色一体化发展示范区协同治水启动仪式”举行，中央电视台、《人民日报》《光明日报》等20多家媒体报道。联合河长制入选中组部选编的《贯彻落实习近平新时代中国特色社会主义思想、在改革发展稳定中攻坚克难案例》，入选“苏州市精神文明建设十佳新事”。（沈莹莹）

【水资源管理】 2019年，区水务局落实水资源管理“三条红线”（水资源开发利用控制、用水效率控制、水功能区限制纳污），完成苏州市下达的年度考核指标。开展取水工程（设施）核查登记工作，实现10万吨以上非农取水户取水在线监控全覆盖，完成62家非水利工程建设项目水资源论证报告节水评价审查。加快推进“水生态感知网”方案设计。加强地下水监测和禁采管理，实施地下水回灌试验，深化东太湖课题研究。强化水源地安全保障，落实蓝藻水草打捞人员198人，机械设备190台套，累计打捞蓝藻水草4.4万吨。拨付10个水源地村生态补偿资金1260万元，确保水源地安全。（沈莹莹）

【水政执法】 2019年，区水务局举行执法人员专题培训班，提高执法队伍规范化水平；推进水上执法基地建设，加快构建覆盖太湖、太浦河、京杭运河等重点河湖的水上执法网络；结合综合执法改革，强化执法巡察和案件移交督办，累计出动巡查1710人次，现场处理各类违法违规行为261起，立案查处水事违法行为4起，移送综合执法局43起，封填违章凿井1眼，清理住家船只23条，拆除违章建筑177处、1.1万平方米，保持水行政执法高压态势。加强水利宣传，携手吴江日报社、各区镇小学、社区、社会团体开展系列活动，灯谜、知识竞赛、趣味课堂、手抄报比赛、征文竞赛、街头调研、外立墙彩绘、聘请节水宣传小志愿者、放生鱼苗等一系列水主题活动增强居民惜水、节水、护水意识，取得良好的社会效应。（沈莹莹）

【生活污水治理】 2019年，吴江区加快污水处理设施建设，开工建设污水厂5家，启动太湖一级保护区内7家污水厂提标改造，完成管理性提标改造2家。全年完成小区雨污分流改造项目155个，“十个必接”项目242个，重点行业污水接纳项目225个；建设污水管网480千米，完成276个村庄生活污水治理。强化管网长效管护，完成管网检测450千米，修复管网问题995处，各项工作超额完成年度目标任务，城乡生活污水治理工作全面提速。出台《吴江区高质量推进城乡生活污水治理考核办法》等规定，举办城乡生活污水治理工程质量管控培训会，强化管材质量、施工现场监管，提升城乡生活污水治理质量管控水平。（沈莹莹）

11月28日，管道检测修复　　（区水务局　提供）

环境质量

【概况】2019年，吴江生态环境局打好"气、水、土"三大污染防治攻坚战，助力长三角生态绿色一体化发展示范区建设。7个"十三五"地表水环境质量省考断面水质达到或好于Ⅲ类水体比例为85.7%；界标、王江泾2个国考断面水质年均值优于年度考核一个类别，分别达到Ⅱ类和Ⅲ类；1个江苏省"水十条"城市水环境质量考核断面达标比例为100%；2个集中式饮用水水源地水质达标率100%。PM2.5（细颗粒物）累计平均浓度36微克/立方米，比2018年下降5.3%；空气优良天数268天。区1、2、3和4a类环境功能区昼间达标率均为100%，夜间达标率87.5%；区域和道路交通噪声达标率均为100%。

（陆卜旸）

2019年吴江区水质监测年平均值统计表

断面名称		太浦闸	瓜泾口西	王江泾	界标	平望新运河桥	太浦河桥	元荡湖心	高新路桥
所在河流		太浦河	吴淞江	京杭运河	太浦河	澜溪塘	太浦河	元荡	苏州河
水质类别		Ⅱ	Ⅱ	Ⅲ	Ⅱ	Ⅲ	Ⅱ	Ⅳ	Ⅲ
pH值	无量纲	8.14	7.91	7.3	7.56	7.79	7.89	8.27	7.82
溶解氧	毫克/升	9.76	8.89	5.35	7.3	7.88	8.45	10.21	7.56
高锰酸盐指数	毫克/升	3.57	3.19	4.99	3.5	4.23	3.76	4.58	3.78
生化需氧量	毫克/升	1.84	1.69	2.54	1.81	2.58	2.32	2.67	2.23
氨氮	毫克/升	0.055	0.125	0.728	0.287	0.368	0.309	0.146	0.420
化学需氧量	毫克/升	13.1	11.94	19	13.92	13.32	12.7	13.34	18
总氮	毫克/升	0.97	0.995	2.676	1.654	1.998	1.628	1.418	2.093
总磷	毫克/升	0.0533	0.0433	0.1375	0.0933	0.1300	0.0767	0.0725	0.0967

（陆卜旸）

2019年吴江区环境空气质量监测情况一览表

单位：天

时间	有效监测天数	优	良	轻度污染	中度污染	重度污染	严重污染	超标率
1月	31	1	18	10	2	0	0	38.7%
2月	28	10	11	5	2	0	0	25.0%
3月	31	1	23	7	0	0	0	22.6%
4月	30	5	18	7	0	0	0	23.3%
5月	31	3	16	9	3	0	0	38.7%
6月	30	6	12	9	3	0	0	40.0%
7月	31	9	12	10	0	0	0	32.3%
8月	31	12	8	10	1	0	0	35.5%
9月	30	6	19	4	1	0	0	16.7%

（续　表）

时间	有效监测天数	优	良	轻度污染	中度污染	重度污染	严重污染	超标率
10月	31	6	20	3	2	0	0	16.1%
11月	30	4	24	2	0	0	0	6.7%
12月	31	4	20	7	0	0	0	22.6%
总计	365	67	201	83	14	0	0	26.6%

（陆卜旸）

2019年吴江区环境功能区噪声监测情况一览表

单位：dB（A）

月份	功能区类别	昼间	夜间	昼夜等效	达标率
2月	1类	46.1	36.8	46.3	100%
	2类	59.3	47.3	58.7	
	3类	61	53.3	61.9	
	4a类	60.9	54.7	62.6	
5月	1类	46.7	45.6	51.8	75.0%
	2类	54.2	51.5	58.1	
	3类	52.5	49.1	55.9	
	4a类	59.1	53.3	61.3	
8月	1类	48	43.8	50.9	100%
	2类	56.7	49.3	57.8	
	3类	54.6	49.1	56.7	
	4a类	59.2	53.1	60.9	
11月	1类	46.3	41.1	48.5	100%
	2类	51.4	45.1	53	
	3类	56	49.7	57.6	
	4a类	59.5	53.3	61.4	
标准值	1类	55	45	—	—
	2类	60	50	—	—
	3类	65	55	—	—
	4a类	70	55	—	—

（陆卜旸）

生态建设

【生态文明建设】 2019年，吴江区进一步细化工作职责，推进生态文明建设，印发《吴江区2019年度生态文明工作要点》，按月对各地区、各单位负责实施项目进展情况进行调度，及时督导各项目工作开展。列入苏州市生态文明建设十大工程的15个项目全部完成，计划总投资12.02亿元，实际投资额20.32亿元。推进生态文明建设示范镇村建设，总结已创建成功镇村先进经验，梳理创建镇村不足，联合多部门针对新申报创建镇村开展辅导，提供技术力量支持，年内新申报七都镇为生态文明示范镇。 （陆卜旸）

2019年吴江区生态文明建设重点工程表

单位：亿元

序 号	项目名称	建设内容	计划投资	责任单位
1	燃煤锅炉淘汰和清洁能源替代	完成3台65蒸吨/小时及以上的燃煤锅炉开展超低排放改造；完成69台35蒸吨/小时及以下的燃煤锅炉实施淘汰或清洁能源替代	0.70	生态环境局
2	挥发性有机物治理	完成58家企业VOCs治理项目	0.20	生态环境局
3	黑臭河道整治工程	整治黑臭水体14条，总长11.47千米	0.23	水务局
4	平望污水厂双浜污水站改造工程	建设1.6万吨/日污水处理设施	0.38	平望镇
5	吴江区污水管网建设工程	完成12公里污水管网建设	0.50	水务局
6	吴江区2019年度雨污分流改造工程	完成59个雨污分流排水达标区建设	2.98	水务局
7	农村生活污水处理设施	完成100个农村生活污水处理设施建设	0.70	水务局
8	养殖池塘标准化改造	完成1913.33公顷池塘标准化改造任务（含退渔还田）	0.45	农业农村局
9	吴江区餐厨废弃物处置项目	覆盖全区餐饮行业，规模200吨/日（餐厨垃圾190吨/日，废弃油脂10吨/日）	0.10	城管局
10	吴江区生活垃圾焚烧发电扩容建设项目	完成项目前期审批工作	0.10	城管局
11	吴江区太湖工业废弃物处理有限公司危险废物集中焚烧设施搬迁扩建项目	3万吨/年危废焚烧处置	1.50	东太湖度假区（太湖新城）
12	吴江巨联环保科技有限公司新建危废集中焚烧处置项目	1万吨/年危废焚烧处置	0.20	吴江高新区（盛泽镇）
13	东太湖综合整治续建工程	吴江完成约6.5千米大堤达标加固及沿线口门建筑物和部分入湖河道整治工程的建设工作；完成七都段长约7.8千米大堤及14座口门建筑物和避风港工程设计、招标工作并进场施工；完成部分入湖河道整治、行洪供水贯通工程设计和招标工作	3.78	水务局
14	蓝藻及水生植物处置及资源化利用工程	按计划完成打捞蓝藻水草任务	0.10	水务局
15	吴江区农村垃圾分类就地处置项目	吴江区农村垃圾分类全覆盖	0.10	城管局

（陆卜旸）

【生态红线保护】 2019年，吴江区为衔接《江苏省国家级生态保护红线规划》，融合其他国家或省级新规，开展生态红线优化工作，广泛征求各部门及镇区意见，编制完成《苏州市吴江区省级生态红线优化调整报告》。调整后全区有27个生态红线区域，总面积增至414.04平方千米，较2018年增加3个生态红线区域，面积增加76.42平方千米。保护区域性质不改变、功能不降低、面积不减少。加强生态红线保护工作，采取提前介入方式，在土地挂牌上市前或区镇前期招商工作时，率先对拟出让地块进行生态红线比对，为区镇生态绿色发展提供助力。 （陆卜旸）

【农村环境整治】 2019年，吴江区开展覆盖拉网农村环境综合整治工作。49个试点项目均通过苏州市级复核，抓紧推进整改提升，争取尽快竣工验收。 （陆卜旸）

污染防治

【水污染防治】 2019年，吴江区坚持打好“碧水保卫战”，重点开展“三水同治”综合治理。工业污水治理方面，喷水织机三年整治行动顺利收官，累计淘汰喷水织机9.8万余台，中水回用率从整治前的10%提升至61%，全区水污染负荷大幅削减。深化全区印染行业“双控一降”整治成效，在线监测仪安装全覆盖，全区印染企业产生废水排放实现100%在线监控。积极参加上海、浙江和江苏三地在吴江举行的太浦河流域突发环境事件应急演练，进一步提高跨区域突发环境事件应急响应和应急监测能力。编制《苏州市吴江区2019年水污染防治工作计划》，确定5大类76项水污染防治重点项目。印发《吴江区2019年度太湖水污染防治目标任务》，以降磷控氮为重点，强化精准治水。年度排定太湖污染治理重点项目11项，计划总投资7.66亿元，实际完成投资10.98亿元。严格执行太浦河锑特征污染因子管控方案，全年开展应急管控12次，保障下游饮用水安全。 （陆卜旸）

2019年吴江区太湖流域水环境综合治理工程

单位：万元

序号	项目名称	主要建设内容及规模	年度计划投资	项目实施期限	年度建设目标	项目来源	责任单位
1	苏州吴江区庙港水厂深度处理全覆盖工程	新增25万m^3/d规模深度处理系统及其辅助配套设施，将已建25万m^3/d规模深度处理系统改造至35万m^3/d规模深度	20000	2018—2020	完成主体工程	国家总体方案	水务局
2	苏州市桃源富乡污水处理有限公司	建设1.9万吨喷水织机废水中水回用及配套管网工程	4000	2018—2020	完成土建	省实施方案	桃源镇
3	联合环境水务（苏州）有限公司污水处理	2万吨/天污水处理升级改造	3000	2018—2020	完成土建	省实施方案	桃源镇
4	吴江经济技术开发区运东污水处理厂四期扩建及升级提标改造工程	扩建4万吨/天污水处理设施、新老设施提标改造（共10万吨/天）	500	2018—2021	项目开工	省实施方案	吴江开发区
5	南麻社区4.5万吨/日综合污水处理和回用及配套管网工程	新建4.5万吨/日综合污水厂一座，其中包含1.0万吨/日生活污水、3.5万吨/日喷织废水，配套建设管网35千米	5000	2018—2021	完成土建主体工程的50%	新增	吴江高新区（盛泽镇）
6	桥北社区生活污水处理厂5000吨/日扩建工程	扩建5000吨/日生活污水处理设施	500	2019—2020	完成桩基工程	省实施方案	吴江高新区（盛泽镇）
7	苏州市吴江区芦墟污水处理有限公司	苏州市吴江区芦墟污水处理有限公司二期2.5万吨/日扩建工程及1万吨应急池新建工程	4000	2019—2021	完成桩基工程	省实施方案	汾湖高新区（黎里镇）

（续　表）

序号	项目名称	主要建设内容及规模	年度计划投资	项目实施期限	年度建设目标	项目来源	责任单位
8	平望污水厂双浜污水站改造工程	建设1.6万吨/日污水处理设施，新建中水及污水管网19千米，新建气浮设备4套及CASS池生化池2座	3800	2018—2019	完成	省实施方案	平望镇
9	吴江区污水管网建设工程	完成12千米污水管网建设	5000	2019	完成	省实施方案	水务局
10	吴江区雨污分流改造工程	完成59个雨污分流排水达标区建设	29800	2019	完成	省实施方案	水务局
11	蓝藻及水生植物处置及资源化利用工程	吴江区沿太湖各镇(区)、相关单位打捞蓝藻水草、藻水处置等工作，确保水源地供水安全，达到省提前的“二个确保”的要求	1000	2019	2019年按计划完成打捞蓝藻水草任务	省实施方案	水务局

（陆卜旸）

【大气污染防治】 2019年，吴江区全力整治大气污染，年度重点行业企业挥发性有机物综合整治项目58项全部完成，10—35蒸吨燃煤锅炉全部淘汰或实施清洁能源替代，完成燃煤锅炉超低排放改造3台，生物质锅炉超低排放改造3台。开展国一、国二高排放汽油车鼓励淘汰补助工作，全年受理淘汰车辆3234辆，补助金额1293.6万元。推进落实《吴江区打赢蓝天保卫战三年行动计划实施方案》等文件，全年启动10轮大气污染应急管控。夏季管控期间，制定《吴江区2019年夏秋季臭氧污染管控工作行动方案》，排查梳理辖区内易产生挥发性有机物、氮氧化物的污染源(工业源、生活源、移动源)，摸清工业企业、施工工地、餐饮单位等臭氧污染源情况，形成辖区污染源清单；秋冬季管控期间，区攻坚办和大气办联合开展“利剑5号”专项行动，对建筑工地、堆场、码头、碎石作坊、违建拆除点位等进行现场检查，全面排查秋冬季大气环境隐患。对重点行业企业，在用车辆尾气排放，加油站和油库油气回收，餐饮、汽修等行业的大气污染治理设施安装与运行情况进行抽查暗访，确保各项管控措施落实到位。（陆卜旸）

【土壤污染治理】 2019年，吴江区土壤污染治理全面铺开。开展农用地和工业企业用地调查，配合上级部门委托的第三方机构开展土壤环境质量和农产品情况采样布点和分析，推进重点行业企业地块土壤环境信息采集工作和风险筛查，制作“一企一档”电子档案，对一批高关注度地块开展初步采样调查。开展重点行业企业用地调查，土壤环境污染重点监管单位名录从2018年的17家扩展到2019年的68家。要求重点监管单位与所属地区(镇、街道)签订《土壤污染防治责任书》，督促进行土壤、地下水自行监测。严把审批关，对新建重点行业企业严格审查环评文件中土壤环境影响评价相关内容，确保污染防治措施符合法规要求。严格规范重点行业企业搬迁、拆除活动，督促制定拆除活动污染防治方案并清理残留污染物，按有关规定实施安全处置。严控土壤污染风险，印发《加强全区经营性用地储备管理工作意见》等文件，确保科学有序开发利用未利用地，防止造成土壤污染。（陆卜旸）

【固废处置】 2019年，绿怡固废危废焚烧项目通过省生态环境厅审批并申领“危险废物经营许可证”，结束吴江区危废焚烧处置“零能力”时代。太湖工业废弃物处理有限公司危险废物集中焚烧设施搬迁扩建项目和吴江巨联环保科技有限公司新建危废集中焚烧处置项目建成，进入许可证申领阶段，正式运行后将分别形成3万吨/年和1万吨/年的危废焚烧处置能力。是年，推动光大二期生活垃圾协同焚烧处置项目等建设进度，开展固废危废环境隐患排查整治、固废危废环境隐患明察暗访、危险废物贮存规范化管理、取土场（坑）矿山宕口和其他复垦地块固体废物排查整治、危险废物规范化达标建设等专项行动，提升企业固废危废管理能力和风险意识。（陆卜旸）

环境监管

【环境执法】 2019年，吴江生态环境局强化铁腕执法监督，统筹开展专项行动，提升执法能力水平。全年累计作出处罚决定447件，处罚金额4709万余元，查封企业13家，查封设备86台（套），涉嫌环境污染犯罪12起，追究刑事责任20人；移送公安14起，行政拘留8人。针对重点行业开展"利剑"行动等各类专项执法行动，从严打击环境违法行为。落实环境执法"双随机一公开"，制定污染源日常监管随机抽查制度，加大监督执法力度，保障污染防治攻坚战、促进高质量发展。推进移动执法系统应用，优化日常监管手段，提高案件处理透明度，逐步实现日常执法由纸质化向电子化转变。开展环境执法大练兵活动，通过"三全大练兵"（全员、全年、全过程练兵），以严谨采集证据和规范制作案卷为重点，进一步强化法治意识、规范执法行为、提升执法能力。是年，吴江生态环境局被省人力资源和社会保障厅、省生态环境厅联合表彰为江苏省生态环境系统先进集体；吴江区环境监察大队获环境执法大练兵苏州市级表现突出集体荣誉。（陆卜旸）

【环保服务】 2019年，吴江生态环境局高效办理环保审批，扎实推进行政审批制度改革，联合惩戒倒逼企业转型，及时响应群众需求。全年办理各类行政许可事项391件，受理率、办结率均为100%。制定《吴江区排污许可证审查工作程序（试行）》，全年核发1838张排污许可证。全年拒批项目5个，投资总额2700万元。推进"三线一单"（生态保护红线、环境质量底线、资源利用上线和环境准入负面清单）编制，为下一步"三线一单"结果运用奠定基础。主动压缩审批时间，报告表2个工作日、报告书4个工作日完成；加入"一窗式"审批，确保项目在环评审批环节按时、保质完成。对2018年全区环评中介机构进行考核和信用评价，评出B级19家，C级2家，评为C级的机构将不得参与下一年度政府招投标项目，进一步提高环评报告编制质量。全年进行12次红黄牌警示，企业挂黄牌67家、红牌26家、摘牌61家。至年底，全区910家企业纳入新环境信用评价系统，通过奖优罚劣促使企业主动治污减排。完善夜间及节假日值班制度，及时有效受理群众信访、处理突发环境事件；通过24小时环境信访热线电话，第一时间回应群众反馈的问题与意见；全年受理环境信访2245件，比2018年下降25.9%。（陆卜旸）

【环境监测】 2019年，吴江区完成环境大气自动站和水质自动站验收工作，完成省控空气站搬迁，越秀幼儿园省控空气监测点升级为"十四五"国控点，环境监测网络日渐完善。汾湖大桥（界标）水站入选全国100个"最美水站"，是苏州大市范围内唯一上榜水站。至年底，全区建成空气自动监测站11座、水质自动站24座（含浮标站3座）、功能区噪声自动监测站4个，环境质量自动监测设施实现镇区全覆盖。是年，总投资3300余万元的生态感知网一期工程8个监测点位建成投运，全区环境质量监测网格更加细化，监测自动化水平更加提升，基本实现水气环境质量自动监测全覆盖。（陆卜旸）

【污防基础】 2019年，吴江生态环境局完成污染物普查，印发《苏州市吴江区第二次全国污染源普查实施方案》《苏州市吴江区第二次全国污染源普查数据审核与汇总阶段质量核查工作方案》，召开全区动员会议3次，组织培训9次，选聘普查指导员60人，普查员649人。普查数据质量通过国家级、省级和市级核查，进入评估阶段。做好环境统计工作，核准2018年环统名录库，完成287家企业的环统业务系统培训，分区镇现场指导填报。开展排污权交易，完成光大环保能源有限公司二期扩建项目排污权交易，涉及吴江区域二氧化硫、氮氧化物总量分别为566.4吨、416.8吨，交易金额4404736元。全区重点风险源入库率100%，"八查八改"专家现场核查企业累计38家。（陆卜旸）

【长三角一体化】 2019年，青吴嘉三地生态环境部门通过签署框架协议，组织实地座谈调研，联合举办活动，推进长三角生态绿色一体化示范区建设。是年，签署《关于一体化生态环境综合治理工作合作框架协议》《长三角生态绿色一体化示范区监测信息共享合作协议》等文件，三地环保部门携手治污。上海调研组先后到吴江区和嘉善县，就生态文明建设、区域联防联控、水污染防治等工作进行调研交流，加深青吴嘉三地沟通了解。8月29日，吴江生态环境局承办由三地总工会和人社局联合主办的长三角生态绿色一体化发展示范区水质检测技能大赛，提供技术、物资和人力保障，促进三地水质检测整体技能水平提升。10月12日，三地生态环境部门在上海青浦举办"不忘初心、牢记使命"主题教育联组学习活动，护航第二届中国国际进口博览会。

（陆卜旸）

节能减排

【污染物总量减排】 2019年，吴江区将总量减排工作纳入各区镇重点工作部署，通过目标分解、考核问责、监督执法等措施，细化、分解、下达目标任务。根据各区镇产业结构，对有火电企业的区镇重点要求完成大气污染物减排项目；对有新建污水治理设施、氮磷污染重点防治企业的区镇，重点要求完成氮磷减排；对2016~2018年减排量小或无贡献的区镇，加大减排任务比重。经年度总量核查核算，全区各类污染物较2015年削减比例分别为：化学需氧量12.16%、氨氮13.62%、二氧化硫23.8%、氮氧化物21.1%，重点工业企业VOCs排放量较2015年削减30%，污染物总量削减率完成上级下达的任务。重点行业工业企业化学需氧量、氨氮、总氮、总磷较2017年分别下降16.77%、2.12%、6.27%、3.59%，二氧化硫、氮氧化物较2017年分别下降63.03%、40.32%。

（陆卜旸）

【节能降耗】 2019年，全区大力推广新技术、新工艺、新装备，实施能效提升工程，提高资源能源利用效率。全区单位地区生产总值能耗下降4.1%，规模以上工业能源综合消费量429万吨标煤。着力推进传统制造业绿色化改造和新模式应用，2个项目通过国家绿色制造集成验收，保持全省领先；1家企业中标国家绿色制造解决方案供应商；2家企业获评符合《环保装备制造行业规范条件》企业；4家企业获评2019年度国家级绿色工厂，累计13家，居全省首位；21家企业通过自愿清洁生产审核。引导传统行业节能降耗改造，实施重点节能与循环经济项目52个，完成投资8.2亿元，审定节能量2.6万吨标准煤。

（顾春华　孙筱霞）

【公共机构节能】 2019年，区机关事务管理中心发挥公共机构节能工作管理职能，夯实基础工作，更新全区公共机构名录库，完成410家单位年度能耗统计报送和20家公共机构的能耗数据核查任务。着力示范创建，指导苏信学院创建为国家公共机构节能示范，区委党校创建为江苏省公共机构节能示范；指导区人民法院、开发区天和小学通过2019年度省公共机构节能示范单位验收，区烟草专卖局通过2019年度省公共机构能效领跑者验收；区交通运输局、区人力资源和社会保障局、区自然资源与规划局、区烟草专卖局、第九人民医院（原吴江区第一人民医院）等5家2014—2015年度省公共机构节能示范单位顺利通过复核验收。强化宣传培训，通过公益广告、节能征文大赛、社区宣传等活动全面铺开宣传，办好以"绿色发展、节能先行"为主题的节能宣传周，与专业院校对接开展业务培训。利用扶持资金，推进区内公共机构节能改造。

（杨伊安）

（本栏编辑　钱晓燕）

科学技术

综　述

【科技管理】 2019年，区科技局会同建设单位加快推进科技服务管理决策咨询平台建设，不断优化平台架构，完善平台数据，5月上线运行并完成项目验收。平台汇集各类数据，包括全区科技型企业3000余家、高校院所150余家、科技领军人才700余人、科技计划项目4000余项、发明专利6400余件、银行保险机构40家、创业投资机构8家，初步形成企业、人才、科研院所、项目、载体、金融等资源的贯通、链接、共享。加强科技项目管理，根据科技项目完成情况，协助上级完成26个市级以上科技人才计划项目的验收工作。（曹　森）

【科技项目】 2019年，全区新增市级以上项目超1700项，争取市级以上经费超2.3亿元，其中省级以上科技项目784项，争取省级以上经费7060.59万元；市级科技项目991项，争取市级经费16581.28万元。亨通集团、绿控传动获2019年度国家科技进步二等奖，澳盛科技、太湖电工、信能精密获2019年度省科学技术奖，恒力化纤获2019年度省企业技术创新奖，亨通光纤陈伟获省青年科技杰出贡献奖。（曹　森）

【高新技术】 2019年，全区高新技术产业继续保持良好发展态势，完成产值1647.94亿元，占规模以上工业产值比重45.4%。组织申报高新技术企业489家，认定高新技术企业272家，净增高新技术企业141家，有效高新技术企业628家。加大力度培育后备高新技术企业，组织企业申报上级高新技术企业培育库入库，新增省级高新技术企业培育库入库企业474家，居全市第三。（曹　森）

【科技载体】 2019年，吴江区率先探索企业和高校院所一体化合作机制，坚持“真合作、有分量、能示范”标准，支持澳盛科技、中广核达胜等10家优势企业和中科院、清华大学等10所顶尖高校院所共建创新联合体。清华汽研院建设的智能网联汽车研发与检测公共服务平台获评省级科技公共服务平台。新型孵化器建设持续发力，清研创业谷申报国家级众创空间并通过公示，绿地复客智慧众创空间获评省级众创空间。支持鼓励企业建设高水平研发机构，欧普照明、亨通光导、亨通特导、国望高科、佳力高纤、久富农机等6家企业建成省工程技术研究中心。（曹　森）

【农社发展】 2019年，全区新增市级以上农业和社会发展项目11项，争取科技经费460万元。围绕鼓励和支持全区医疗卫生事业的发展，通过区卫健委的推荐，经过专家评审，对全区22个医疗卫生项目予以补助，下达科技经费55.17万元。对24家区级农业科技示范基地开展中期检查，根据中期检查情况拨付结转经费240万元。依托常熟理工学院的资源平台优势，结合区镇产业特色和农户需求，组织开展“点单式”星火科技培训9期。参与文化科技卫生“三下乡”活动，发放农业种植、水产养殖等农业科技书籍1000余本。（曹　森）

【科技人才建设】2019年，区科技局始终突出企业招才引才主体地位，集聚创新人才，鼓励支持一批创新型地标企业利用企业的行业影响力集聚国际领先技术人才，在重大科技人才项目上实现突破。以各级各类人才项目为抓手集聚科技创业人才企业，坚持区镇联动，加强申报前摸底调研、申报中沟通指导，组织符合条件的人才企业应报尽报，在此基础上针对重点项目重点服务，集中力量，专人辅导，提高对上争取的成功率。新增国家“万人计划”1人，新增省“双创人才”5人，博众精工孟建团队入选省“双创团队”。新增姑苏创新创业领军人才10人，亨通光纤陈伟团队入选姑苏重大创新团队，实现吴江区姑苏重大创新团队项目零的突破。全年认定吴江科技领军人才项目42个。（曹　森）

【产学研合作】2019年，区科技局积极参与承办第四届中国创新挑战赛(上海)暨第二届长三角国际创新挑战赛青吴嘉示范区专场赛，与114产学研平台合作推进赛事活动，借助高层次赛事和高水平的科技服务机构在更广的范围内集聚科技创新资源，在示范区专场赛的现场赛环节，亨通光纤、永鼎股份等10家企业获优秀技术需求奖。汾湖高新区与吉林大学科技开发中心合作共建吉林大学苏州吴江技术转移中心。组织企业参与各级各类产学研对接活动，承办“技联西安交通大学”产学研合作对接会，举办“感知吴江走进吉大”产学研对接会。全区支持产学研合作及载体项目59项，下达补助经费391.28万元。（曹　森）

【国外智力引进】2019年，全区累计办理各类外国人来华工作许可业务1293件，新发放外国人来华工作许可证件283张。至年底，在吴江工作的外国人723人，其中属于中国经济社会发展急需的“高精尖缺”外国高端人才(A类)204人。国家“千人计划”外专项目入选专家2人，国家友谊奖1人，国家高端引智项目4项，国家重点或一般引智项目14项；江苏友谊奖3人，“外专百人”3人；入选苏州“海鸥计划”海外高端人才201人次。（曹　森）

【科技金融】2019年，区财政继续安排科技金融专项资金和省级天使基金项目风险补偿地方配套资金各500万元。落实苏州科技金融政策，42家科技型中小企业获市“科贷通”贷款4亿元，109家企业获苏州科技贷款贴息792.48万元，22家企业获苏州科技保险费补贴55.31万元。（曹　森）

【科技政策落实】2019年，区科技局全面落实高新技术企业税收优惠、技术先进型服务企业税收优惠、研发费用加计扣除等科技创新扶持政策。2018年度全区215家企业享受高新技术企业税收优惠政策，优惠税费8.62亿元，599家企业享受研发费用加计扣除政策，加计扣除金额29.72亿元。（曹　森）

科学普及

【概况】2019年，区科协从全区中心工作出发，融入长三角一体化发展示范区建设，全面开展吴江区科协系统深化改革，开展科协系统“4+1”[“4”指吸纳医院院长、中小学校长、农技推广部门负责人和科技型企业家四类人群(以下简称“四长”进入区、镇(区)、村(社区)三级科协组织任职、兼职、挂职发挥作用。“1”指加强上级科协对下级科协的指导)]组织力建设，切实履行“四服务”(为科技工作者服务、为创新驱动发展服务、为提高全民科学素质服务、为党和政府科学决策服务)职责定位，突出“服务发展年”主题，为推动吴江高质量发展走在前列贡献科协力量。区科协获评江苏省2019年“县级科协创新发展能力提升计划”优秀单位，全年取得5项省级和10项市级荣誉(奖项)，获市级以上各类奖补资金20万元，各项工作走在苏州大市前列。（吴昱璇）

【大型科普活动】2019年，区科协以“科技强国 科普惠民”为主题组织开展科普宣传周、全国科普日为代表的大型科普活动，全年受益群众超过90万人次。“科协长三角 追梦新时代——吴江区科普宣传周系列活动”被省科协评为2019年全国科技活动周暨江苏省第31届科普宣传周优秀活动。5月19日，在吴江宾馆举行第三十一届科普宣传周开幕式，吴江籍中科院院士汪集旸，中科院院士、中国疾控中心主任高福，信息光子学与光通信国家重点实验室主任、中国光学学会副理事长、北京邮电大学原副校长任晓敏，苏州市科协主席程波，上海市、嘉善县科协主要领导，中科院、中国光学学会多位专家，区领导王燕红、戚振宇等出席开幕式，210人参加活动。科普周期间，举办全区性重点活动25项，各地各部门举办各类科普活动累计118项，40多个科普场馆向全区居民免费开放，参与群众超过10万人次。9月，举办吴江区新时代文明实践科技科普中心揭牌暨杨嘉墀院士百年诞辰纪念展开幕仪式，区领导王燕红、刘伟、戚振宇出席活动并致辞，约150人参加活动。活动以“礼赞·科学精神”为主题，弘扬“两弹一星”功勋科学家忠诚奉献、科技报国的精神，推进全区新时代文明实践科技科普工作。9月8日，“童言无疆 童话世界”吴江区第四届少儿科普讲故事达人赛决赛在苏州青少年科技馆举行，比赛主题是弘扬“爱国、创新、求实、奉献”的科学家精神，讲“励志刻苦、感动中国”的开甲故事。通过角逐，北外附属苏州湾外国语学校袁煜坤获金奖，吴江思贤实验小学申博、刘智恩获银奖，吴江实验小学城中校区唐梓萱、吴昀芮、爱德校区毛子文获铜奖。是年，区科协继续开展好品牌科普活动，“新思想、新理论、新知识、新技术”系列讲座、第十四届“吴江农村商业银行杯”科普摄影比赛、“吴江科普知识竞赛”“流动科技馆”“科普场馆公众开放日”“垂虹科普讲坛”“科技文化卫生三下乡”等系列科普品牌活动有序开展。（吴昱颋）

【基层科普行动计划】 2019年，区科协按照中国科协和财政部《“基层科普行动计划”实施方案(试行)》要求，实施“科普惠农兴村计划”和“社区科普益民计划”。开展农村科普惠农服务站建设，命名2019年度吴江区科普惠农服务站41家。区科协获2019年度“基层科普行动计划”中央财政资金10万元。震泽镇齐心村科普惠农服务站被评为省级科普惠农服务站，盛泽镇人福村、震泽镇三扇村被评为市科普惠农服务站。区科协推进“社区科普益民计划”，松陵街道湖滨华城社区、黎里镇梨新社区、平望镇河西社区被评为市科普示范社区。保持全区“社区科普惠民服务站”社区全覆盖。（吴昱颋）

【“科普动起来”活动】 2019年，区科协响应党中央关于加快建设创新型国家的号召，积极推进长三角一体化发展战略目标，联合上海市科普事业中心、青浦区科协、虹口区科协、普陀区科协和浙江省嘉兴市嘉善县科协，举办首届长三角一体化“科普动起来”家庭创新制作比赛，5月18日比赛在吴江宾馆举行。比赛围绕“绿色的地球”这一主题展开，吴江区派出20组家庭参赛。经评比，评出特等奖1件、一等奖作品4件、二等奖作品5件、三等奖作品10件，现场吸引数百名参观者观摩。在第三十一届科普宣传周开幕式上，区科协主席与上海市青浦区科协主席交接比赛旗帜。（吴昱颋）

9月，科普日活动 （吴 斌 摄）

【创新驱动助力工程】 2019年，区科协摸排梳理企业技术需求，夯实与国家级学会的对接基础，创新对接方式方法，将地方需求与上级学会资源无缝对接，帮助企业与各级学会的科技专家建立对接联系和合作关系。根据技术需求情况和助力工程推进情况，发挥国家级学会独特的科技智力和科技政策优势。5月17日，苏州市吴江区光电产业科学技术协会成立，该协会是全国首个建立在产业上的科协组织，是产业与科协有机集合、融合发展的一个积极创新、探索，在成立大会上成立“长三角光电产业科技工作者联盟”。在2019年科普周开幕式上，中国光学学会与吴江光电产业科协签署合作备忘录。（吴昱璵）

【科技学术交流】 2019年，区科协组织开展2017—2018年度吴江区自然科学优秀学术论文评选工作，征集论文250余篇，评出一等奖论文13篇、二等奖论文25篇、三等奖论文51篇，吴江光电产业科协等单位获优秀组织单位。开展高层次学术活动资助，获市级资助3项、区级资助3项。（吴昱璵）

【企业科协】 2019年，区科协加快推动吴江区专技人才库建设；推动成立长三角一体化发展示范区企业科协联盟，将科协组织积极融入国家战略大局中；成立明志科技有限公司企业科协、微康生物有限公司企业科协；成立明志科技、太湖雪有限公司科技工作者之家。

（吴昱璵）

【“海智”工作】 2019年，经中国科协“海外智力为国服务行动计划”（简称“海智计划”）领导小组批准，在汾湖高新区（黎里镇）设立中国科协“海智计划”工作基地，这是吴江区首个国家级“海智计划”工作基地，为吴江区吸引和组织海外科技工作者为国服务、促进地方经济发展开辟新的通道。通过科协“海智”平台邀请84人参加吴江区国际精英创业周活动，对接海外项目3个。（吴昱璵）

【专家建言献策】 2019年，区科协邀请全国著名院士专家成立“吴江院士专家科学传播团”，8位院士、7位专家加盟。4月26日，院士金亚秋在“四新讲座”上作“多模式大数据的信息智能获取”主题讲座。是年，区科协邀请汪集暘、金亚秋、高福、郑兰荪、郭光灿等院士到吴江考察、调研。9月30日、10月23日，区科协两次组织专家咨询团分别赴震泽、平望围绕“生态绿色”发展、“特色田园乡村建设”主题开展调研，吴江专家咨询团由苏大教授方世南领衔，苏州专家咨询团副团长、苏州科技大学教授陈来生等7位专家学者参与调研，并撰写调研报告。（吴昱璵）

【科普摄影比赛】 2019年，区科协会同区委宣传部、区文联、苏州农村商业银行、吴江日报社联合举办吴江区第十五届“苏州农村商业银行杯”科普摄影比赛，突出“科技强国 科普惠民”主题，围绕建设“强富美高”*新吴江，全力打造“八大标杆”*、融入长三角一体化发展国家战略建设，倡导全区居民积极参与科普宣传，同时反映地方经济建设和科技人员下乡、进村、入社区开展科技服务各条战线的科技成果，城乡科普活动，市民科学、健康、文明的生活精神风貌。5月中旬开始征稿，征集作品361幅，经专家评审，一等奖空缺，朱立波等9名参赛作者分获二、三等奖，沈森林等106人获优秀作品奖。（吴昱璵）

【吴江青少年科技创新政府奖】 2019年9月10日，第十四届吴江青少年科技创新政府奖（简称“政府奖”）评选活动开始征集，截至10月18日，沈如璋等13名学生和杜海军等8名职业青年申报。经过评审，震泽实验小学沈如璋、盛泽实验小学教育集团绸都小学陈泽赟、东南电梯股份有限公司杜海军、苏州巨峰电气绝缘系统股份有限公司王文等4人获“政府奖”，吴江实验小学教育集团城中校区的盛梓恒、盛泽第一中学的李想、江村实验学校的庾杨、七都小学科技小组、江苏澳盛复合材料科技有限公司的施刘生、苏州世华新材料科技股份有限公司的周帅等6人获“政府奖”提名；震泽实验小学的沈峥嵘、盛泽实验小学教育集团绸都小学的张萍颖2名教师获“优秀辅导老师”称号；震泽实验小学、盛泽实验小学教育集团绸都小学、东南电梯股份有限公司、苏州巨峰电气绝缘系统股份有限公司4个单位获评优秀组织单位。12月26日，吴江举行第十四届青少年科技创新政府奖颁奖大会，区政府副

区长汤卫明出席颁奖大会，350人参加活动。（毛云华）

【青少年科技活动】2019年，吴江区开展青少年科技创新大赛、第二届吴江区青少年创客机器人大赛、第四届少儿科普故事达人赛、首届长三角区域"科普动起来"家庭创新制作大赛、院士专家科学传播团"四进"［进校园、进社区（村）、进企业、进机关］等青少年科技教育活动，取得优异成绩。是年，征集到全区中小学创新成果类作品68项，科技实践活动10项，科学幻想画190幅，机器人作品385项。经评审，获区优秀创新成果项目53项，优秀科技实践活动7项，优秀科学论文8篇，科技辅导员创新成果奖6项，科学幻想画97幅，机器人创客比赛个人奖189项，团体奖7项。经苏州市评审，获市优秀创新成果竞赛项目奖21项，优秀科学论文4篇，科学幻想绘画8幅，机器人比赛个人获奖180项，机器人综合团体奖1个。在省竞赛中，获优秀创新成果奖8项，科技辅导员创新成果竞赛1项，青少年科技创意竞赛项目2项，机器人竞赛个人奖6项，机器人竞赛团体奖3项，优秀科幻画3幅，基层赛事优秀组织奖1项。组织开展第四届"童言无疆 童话世界——讲'励志刻苦、感动中国'的开甲故事，扬'忠诚奉献、科技报国'的开甲精神"少儿科普讲故事达人赛。6月3日，区科协、区文明办、区教育局、区文广新局、团区委等部门联合发文进行宣传发动。6月29日，在万象汇商业广场进行海选，近420名儿童参加，8月中旬进行复赛，9月15日进行决赛，决出金奖1名、银奖2名、铜奖3名，最佳语言奖、最佳表现奖、最具活力奖各1名，鼓励奖12名。3月30日，区科协联合教育局举办第二届青少年机器人创客大赛，分为机械设计与制作、编程测试与挑战、FLL工程挑战赛、VEXIQ工程挑战赛等四个类别，全区380名学生参加，每个类别评出金、银、铜奖以及个人一、二、三等奖189项和优秀组织奖7个。组织院士专家科学传播团开展"四进"活动，全年围绕"倡导科学理念、创新科学思维、提升科学素质、加强文明实践"主题，先后邀请中国科学院院士、中国科学院地质与地球物理研究所研究员、博士生导师汪集暘，中国科学院院士、中国科学技术大学教授郭光灿，复旦大学特聘教授金亚秋和南京农业大学等多名院士专家到吴江12所学校8个社区（村）、5家企业及区级机关开展科普讲座、科学调研等活动20多场次，受益人数近万人。（毛云华）

【区科协九大】2019年6月24日，苏州市吴江区科学技术协会第九次代表大会在区会议中心召开，区领导王庆华、李铭、王燕红、沈金明、李斌、乐江、王益冰、范建龙、刘伟、李卫珍、杨斌、吴卫中、王玉英等出席会议，苏州市科协副主席张亿锋到会祝贺。本次大会有正式代表183人、特邀代表37人出席。吴江区科协第九届委员会委员59人。在下午召开的区科协九届一次全委会上，选举产生吴江区科协第九届委员会常务委员27人，选举沈卫芳为吴江区科协主席，钟海涛、李秀、方曙光、吴旭、何莎莉、沈根海、穆兰芳为区科协副主席，吴昱颋为秘书长。（吴昱颋）

【科协系统"4+1"组织力建设】2019年，区科协会同区委组织部发文，在全区开展提升科协组织力"4+1"工作和区镇科协换届工作，吸纳医院院长、中小学校长、农技推广部门负责人和科技型企业家四类人群加入科协组织。（吴昱颋）

【科普项目评审】2019年，区科协进一步规范各类科普项目评审，年初下发《关于申报2019年度吴江区科协科普项目的通知》，涵盖场馆建设、科普活动和资源开发等多个领域，采用统一征集、公开申报、部室初审、专家评审、领导集体审定的标准化操作流程，有64个项目进行申报，经过评审资助各类科普项目25个，投入财政科普资金142万元，引导社会资金超过2000万元。（吴昱颋）

学会协会

【概况】2019年，吴江区有区级学会（协会）23家，高校科协1家，产业科协1家，企业科协37家。各学会（协会）开展学会能力提升行动，提升学会创新和服务能力，加强学会交流、学习，提升学会生机和活力。参与政府购买服务，承接政府转移职能，为科技工作者搭建更广阔的工作平台，学会凝聚力、活力得

到加强。（吴昱颋）

【农学会】 2019年，区农学会召开区农学会第六届三次理事会议，吸纳各区镇农业主管部门为区农学会成员单位，各区镇增补一名农学会理事。结合机构改革人员调整，及时召开区农学会第六届四次理事会议，调整部分理事并增补3名监事。开展新型职业农民培育工作，培训新型职业农民1318人，认定211名新型职业农民。是年，吴江区丰收节活动，强势宣传“吴江大米”“吴江香青菜”“吴江太湖大闸蟹”区域公用品牌的影响力，推出一批优质生产基地，推荐一批特色优质地产水果生产单位。做好农业科技入户项目及基层农技人员培训工作，购买下发科技示范户物化补贴31.5万元，培训科技示范户605户，在全区建立5个村级规范化农业科技服务站。参加吴江区自然科学论文评选，征集论文20多篇。（徐明芳）

【计生协会】 2019年，区计生协会广泛开展计划生育法制宣传，利用“5·29会员活动日”“7·11世界人口日”等重要纪念日开展活动，全区开展各类宣传服务活动170场次，宣传人数4万余人。以“连心家园”为主阵地，不定期开展活动，开展“连心家园”帮扶活动77场次，为6户失独家庭进行一对一心理疏导以及一次8人小团体心理健康成长活动，走访慰问1678户次特扶家庭，发放慰问金和慰问品79万元，为全区2320位特扶对象购买住院护工险。深入开展“生育关怀三年行动计划”，加强计生干部宣传培训；建立保险参与镇区例会保险实地指导、联合工作督办等制度，开展健康大讲堂系列活动，着力扩大投保覆盖面；保险公司定制慢性病预防、职场常见病、中医养生、儿童常见病等课题，推广幸福家庭保、计生保、安心保（成人版）和安心保（未成年人版）四种主要险种，包含意外、重疾、特定疾病等，年龄跨度0~60周岁，满足计生家庭多元化、多层次需求。（杨晓娟）

【税务学会】 2019年，区税务学会积极开展税收学术调研活动，围绕省、市税务学会年初下达的《关于小企业减税效应的调查研究》《关于规范公正执法、构建法治税务的调查研究》《关于稳步推进税制改革措施落实的调查研究》《关于完善监管机制、防范税收风险的调查研究》《关于中外税收发展史的研究》5个调研课题，组织职能股室和干部开展调研活动，完成上级学会交办的课题调研任务，5篇论文入围苏州税务学会2019年度优秀论文评比。自主命题《税务机关贯彻党的十九大精神、习近平新时代中国特色社会主义经济思想研究（高质量发展，主要矛盾变化，新时代要求等）》等16个研究课题，为税务工作、地方经济发展建言献策，收到会员撰写学术论文28篇。是年，2篇论文刊登国家税务总局刊物，9篇论文刊登省辖市级刊物。先后召开不同层次交流会2次，对税收实践起到较好指导作用。开展税收宣传，助力税收工作实际，与区台资企业协会联合举办税收政策培训辅导会，与区餐饮行业协会联合举办全区餐饮行业座谈会。税收宣传面向校园，开展“税官阿姨开讲啦”主题讲座、小记者采风活动、小学生税收宣传书画评比等系列活动，发挥青少年的宣传辐射作用。“税务讲坛”举办各类业务知识讲座12期，培训人数1500人次。（钱孜江）

【医药卫生学会】 2019年，区医药卫生学会加强学会自身建设，强化服务意识。召开第九届第四次理事会会议及第九届第七次常务理事会会议，新增医学工程专业委员会和健康政策与管理研究专业委员会，增补理事3人。推进专科联盟建设，提升医疗能力。进一步提升基层医疗机构诊疗服务能力，由区医学会各相关专业委员会牵头，相继成立胸痛联盟、呼吸专科联盟、儿科专科联盟、康复联盟、精神联盟、卒中联盟等专科联盟。胸痛联盟对基层进行长期技术指导，开展5期家庭医生冠心病培训班，培训学员150名，在各家医联体单位内开展慢病路径管理专项培训班，在松陵卫生院等医院开展12期培训。促进医学技术发展，提升优势专科地位。加快重点学科、特色专科建设。黄文军、张伟中名医工作室落户青云卫生院、梅堰卫生院，组织专家对13个临床专家团队进行年度检查和考核。江苏盛泽医院普外科获评市重点专科，市第九人民医院骨科获评市重点专科建设单位。省卫健委医学科研立项1项（指导性项目），市科技局科研立项12项（含指导性项目），市卫健委青年科技项目立项4项，区科技局医疗卫生专项补助项目立项15项，区"科教兴卫"第一批项目立项4项。苏州医学新技术奖二等奖一项。开展专业学术活动，加强多种形式交流。中医药分会举办中医药传承与发展论坛暨金储之先生学术思想研讨会。全科医学专委会举办"糖尿病全程健康管理经验交流会"。检验病理专业委员会组织区域内医院检验科的全面调研，掌握各医疗机构检验科的基本情况。拓展继续教育模式，保持持续学习常态。2019年举办省级、市级继续教育项目63个，区级项目107个，各级医疗机构加强继续医学教育管理，继续教育覆盖率100%。投身公益活动，服务群众健康需求。以送医下乡、进社区、街头义诊、"健康节"、微信公众号等为载体，开展"中医惠民行""中医药就在你身边"、爱牙日、糖友之家俱乐部宣教等活动，举办各类医学科普知识活动30余次，受益群众万余人。高效完成交办任务，协同维护医疗环境。完成各项基层卫生人员培训任务。组织多次护理专项培训，参加2000余人，医院感染预防与控制管理培训3次，检验检测管理培训1次，医疗纠纷预防与处理办法培训1次，参加人数均超过200人。抗菌药物应用管理培训1次，培训人数超百人。完成对贵州省铜仁市印江县医疗卫生援助工作，实行组团式帮扶印江县人民医院、中医院及18家卫生院。先后派出三批团队20名医务人员赴印江进行医疗帮扶，二批次人员对印江县人民医院创建三级医院内审。组织贵州印江东西部协作基层卫生管理能力提升培训班，对17名印江县各乡镇卫生院院长进行理论与实践培训，推动当地医疗事业的发展。（薛建英）

【教育学会】2019年，区教育学会参与组织、管理、指导省、市教育学会和陶行知研究会的"十三五"教育科研课题的工作，举办江苏省教育学会"十三五"规划2019年课题申报设计论证会，邀请省教育学会陶圣琴对拟申报9项课题进行论证指导，组织并指导菀坪学校等三所学校（幼儿园）申报江苏省教育科学规划办"十三五"陶行知教育思想专项研究滚动课题，组织苏州市教育学会、陶研会和吴江区教育学会的"优秀教育论文评选"活动，参评市教育学会论文504篇，参评市陶行知研究会论文256篇。组织参与江苏省第十一届"行知杯"优秀陶研论文的评选活动。全区参评论文414篇，其中获特等奖1篇、一等奖20篇、二等奖83篇、三等奖143篇。组织参与由中国教育学会、中国语文报刊学会、中国语文现代化学会等六家单位共同主办的"第十五届全国语文规范化知识大赛"（简称读写大赛）活动。全区19名学生获全国一等奖，59名学生获全国二等奖，145名学生获全国三等奖；39个单位、56名教师分获全国优秀组织奖；3184名学生分获江苏赛区一、二、三等奖。组织参与苏州市教育学会的"学科双优之星"（科研能力优秀、教学能力优秀）评选活动。在第七届"学科双优之星"评选中，吴江区高级中学语文教师孙张、笠泽实验初级中学教管教师沈建华被评为"学科双优之星"。（朱　铨）

【心理卫生协会】2019年，区心理卫生协会强化宣传，促进全体市民心理健康常识的普及。在科文中心大厅开办"鲈乡父母讲坛"，每月一期，到学校广泛开展心理健康辅导；在《吴江日报》健康栏目发表心理普及文章，利用吴江广播电台《七色花》《新闻快讯》、吴江电视台《鲈乡讲坛》等节目介绍心理常识；创建心理健康宣传网站（www.xlwsxh.wjjyxxw.com）；将讲师团的19人名单和72个菜单公布在网上，供学校、社区选择。出刊《心声》杂志和"心育之窗"快讯。持续印发为吴江家长编写的通俗读本《亲子心理读本》、心理健康普及读本《市民心理健康手册》；编印《撒播"心"的种子》画册，反映吴江区各中小学校多年来的心理健康教育工作开展、实践成果和研究心得。协会致力服务社会，促进相关群体心理健康水平的提升。是年，个别咨询200多人次，接待热线500次，组织资深心理健康志愿者为全区初三、高三考生开展考前辅导，开展校园危机干预工作，辅导30余人次，开展心理健康普及讲座近200次，参与讲师19人，受众对象学生31000多人次，家长25600多人次，教师2800多人次。承担综合实践培训学校的军训团体辅导24场，受益学生9922人次。开展吴江文明办公益微创投项目"逃学、厌学孩子的心理干预模式研究”活动。是年，为区公安局、检察院、民防局、居家养老中心、常青园等23个部门开展心理辅导，为方正科技、中融外包、江远热电、中达等12家企业做高层管理者的心理调适。塑造协会品牌，促进心理辅导有效载体的形成，举办“心育专家讲坛”，培训心理咨询师、专兼职心理老师和德育干部等专业人员。至年底，全区有专兼职心理老师411人，其中198人持有国家二级心理咨询师证书。“鲈乡父母讲堂”“鲈乡养心讲坛”有19人专家团队，72个专题，常态化开展家长亲子关系辅导。其中，“鲈乡养心讲坛”面向社区居民；老年大学开设“隔代教育”课程，全区各老年大学分校开展“积极心理辅导”讲座。4月，吴江区心理健康教育工作展示活动在经济技术开发区山湖花园小学展开，协会邀请上海复旦大学副教授沈奕斐、上海徐汇区总工会心理咨询中心教师屠永伟为全区心理健康专兼职教师开展专业培训；邀请苏州大学博士陶新华为心理健康教师、志愿者开展“整合心理咨询理论技能的督导与训练”，为期一学年。暑假期间，协会邀请日本立命馆大学教授吉沅洪、苏州大学博士陶新华为协会志愿者、中小学心理健康教育教师开展“绘画疗法在心理危机干预中的应用”实务工作坊。2019年8月9~11日，协会组织30多名心理健康老师、志愿者参加第七届表达性艺术大会，协会薛晟受苏州市教育局领导的委托，与日本立命馆大学教授吉沅洪、兵库县教授中村经子，中国台湾教授邱敏丽共同研讨“表达艺术疗法在学校心理咨询中的运用”。（袁　斌）

2019年吴江区科协所属各学会（协会）一览表

学会名称	理事长（会长）	秘书长	学会名称	理事长（会长）	秘书长
农学会	汪先犬	陈　红	土地学会	潘　伟	沈志宏
水利学会	李建坤	陆雪荣	青少年科辅协会	沈正元	徐　芳
档案学会	张志远	钱晓燕	计算机协会	陆新民	杨建红
计生协会	沈　宇	杨晓娟	老年学学会	于孟达	韩　铎
医药卫生学会	朱金兆	薛建英	科技工作者协会	顾福根	钱根林
教育学会	袁一匡	朱　铨	工商行政管理学会	刘　峥	宋幽雅
人才学会	王海鹰	朱虎金	退休工程师协会	谢阿金	徐晓波
财政会计学会	张炳高	杨继荣	园林绿化学会	颜建芳	王天忠
农村金融学会	吴国兵	顾小明	蔬菜协会	庞新华	蒋春华
城市金融学会	赵　霆	沈瑞明	心理卫生协会	陈维麟	袁　斌
地方金融学会	方煜新	李建武	科普促进会	刘树功	曲小敏
税务学会	朱永剑	钱孜江	苏州职业信息学院科协	徐　兵	盛丽梅

（张　勇）

2019年吴江区科协所属各企业科协明细表

企业名称	主　席	秘书长	企业名称	主　席	秘书长
江苏科林集团有限公司科协	宋七棣	沈国荣	苏州科牧动物药品有限公司科协	李永祥	陈晓砚
永鼎集团公司科协	莫林弟	韦祖国	苏州信能精密机械有限公司科协	刘　忠	陈　敏
吴江慈云香料香精有限公司科协	谢伯民	黄叔昇	苏州市吴江水产养殖有限公司科协	王荣泉	徐海华
江苏新民纺织科技股份有限公司科协	柳维特	张振雄	苏州苏净环保新材料有限公司科协	林振锋	史　乐

（续　表）

企业名称	主　席	秘书长	企业名称	主　席	秘书长
吴江桃源染料厂科协	庄永祥	庄永江	法兰泰克重工股份有限公司科协	金红萍	周　立
江苏康力电梯集团科协	王友林	陈兴荣	苏州博众精工科技有限公司科协	吕绍林	李　芳
胜信光电科技有限公司科协	王　云	李　寰	苏州巨峰电气绝缘系统股份有限公司科协	夏　宇	温雪平
江苏达胜热缩材料有限公司科协	张志强	张徐文	苏州拓博琳新材料有限公司科协	牛艳辉	周惠娟
标准缝纫机菀坪机械有限公司科协	孙　剑	何文兴	江苏凯伦建材股份有限公司科协	赴祖兵	吴志平
江苏万工科技集团公司科协	戴品伟	戴品伟	苏州绿控传动科技有限公司科协	黄全安	曹敬煜
苏州中核华东辐照有限公司科协	朱南康	刘炳喜	苏州欧普照明有限公司科协	齐晓明	刘　燕
双塔集团公司科协	沈根泉	张荣林	通用电梯股份有限公司科协	顾月江	高　鹏
江苏通鼎光电股份有限公司科协	蒋小强	张建华	盛泽科技创业园科协联盟	张　宇	陈汝倩
江苏众诚鸭业有限公司科协	孙建明	徐玉祥	苏州太湖雪丝绸股份有限公司科协	胡毓芳	刘　伟
江苏华佳投资集团有限公司科协	王春花	程安康	江苏集萃有机光电技术研究所有限公司科协	丁　磊	李　凌
科创园企业科协联盟	吴卫中	邱泉明	江苏华功第三代半导体产业技术研究院有限公司科协	李顺峰	渠　展
吴江液铸液压件铸造有限公司科协	管宪德	钱利萍	吴江光电产业科协	崔　巍	冯　峰
苏州美山子制衣有限公司科协	王惠忠	陈志伟	苏州明志科技有限公司科协	吴勤芳	范　丽
苏州膜华材料科技有限公司科协	洪耀良	钱俊宇	江苏微康生物科技有限公司科协	方曙光	马张良

（张　勇）

防震减灾

【概况】 2019年，吴江及周边地区未发生3.0级以上地震，吴江及邻区发生的最大地震为9月28日太仓的ML1.9级地震，当地部分市民有感。（俞秋艳）

【机构改革】 2019年，区地震局撤销，地震监测、抗震设防职能并入住建局人防事业科（防震减灾科），地震应急救援职能并入应急局。“地震应急预案备案事项”随地震应急职能迁移到应急局，原地震局许可、奖励和处罚等事项，按照职能迁移到住建局。取消江苏省投资项目在线审批监管平台原地震局事项。（俞秋艳）

【地震监测】 2019年，吴江区积极配合省地震局完成一个基本站、两个一般站的设置工作，基本站完成土建施工。年初制定《吴江区2019年震情监视跟踪工作方案》，进一步提高震情观念，切实做好2019年震情监视跟踪工作。完成4月18日台湾花莲6.7级波及吴江的咨询速报工作。（俞秋艳）

【地震应急预案】 2019年，区应急管理局加快地震应急预案修编。着手重新修订《苏州市吴江区地震应急预案》，调整区抗震救灾指挥部成员单位，指导和督促区级部门以及区镇（街道）、学校、社区（村）、企业等基层单位开展地震应急预案的修编工作。（李泽华）

【防震减灾】 2019年，区应急管理局全面开展应急救援队伍和物资装备调查工作，摸清现有应急救援队伍数量、种类以及物资装备储备情况；组织开展区级地震应急救援演练，做好地震应急常规化培训，指导全区地震科普示范学校、地震安全示范社区、示范村等单位开展应急疏散演练等工作。（李泽华）

（本栏编辑　申乃刚）

现代化教育体系建设

【概 况】 2019年9月，全区有各级各类全日制学校(幼儿园)214所。全区幼儿园111所(分园及村园独立统计)，其中公办80所(中心园35所)、民办31所(含枫华、北外附属幼儿园)；小学55所，其中公办32所、民办23所；初中35所，其中公办29所(含九年一贯制学校5所：横扇学校、莸坪学校、金家坝学校、八都学校、江村实验学校)、民办6所(含九年一贯制学校3所：存志外国语学校、道尔顿学校、泽新实验学校)；高中9所，其中公办6所、民办3所(含完全中学1所：青云实验中学；十二年一贯制2所：苏州枫华学校、北外苏州附校)；中等专业学校2所；特殊教育学校1所；高职院校1所(苏州信息职业技术学院)。另有社区教育中心校8所，区社区培训学院1所，非全日制职工技术培训学校26所，民办非学历教育机构108个，学前看护点58个。至年底，全区累计创建市级以上优质幼儿园65所(含省优质幼儿园54所，分园及村园独立统计)，省四星级普通高中4所，三星级普通高中2所，省四星级职中2所，省现代化特殊教育学校1所，区社区培训学院和8所镇(区)社区教育中心均达到省级标准。 (顾莹琢)

【基础教育】 2019年，全区有40个学校新建、改扩建项目列入建设计划，计划总投资50亿元。开发区运西实验初中、八坼幼儿园等16个新建、改扩建项目建成并投入使用，增加学位8000余个。编制《2019—2023年吴江区教育资源专项规划》，为形成与城市空间结构、产业发展和人口分布均衡协调、供给充分的教育新布局提供科学指导。长三角教育一体化有序推进，吴江区教育局同上海市青浦区、浙江省嘉兴市嘉善县教育局签署《长三角生态绿色一体化示范区教育发展战略合作框架协议》。举办区域推进高品质的长三角基础教育——素质教育在江苏(吴江专场)暨第三届苏州湾教育对话活动，长三角基础教育一体化江苏研究中心和长三角教育一体化发展研究院研究基地揭牌，长三角高中名校发展联盟成立。学前教育品牌逐步形成，2019年“区域推进幼儿园课程游戏化”被确立为省级项目。5月份，全国人大常委会副委员长艾力更·依明巴海率学前教育立法调研组专程到金家坝幼儿园实地调研。创建省优质园4所、市优质园5所，省优复审2所。举办中小学“教学规范品质年”暨行为规范养成主题教育展示活动，推进学科教学规范化。推进特殊教育工程建设，各区(镇)、街道完成学前、小学学段17个融合教育中心建设。深入推进教育对外开放，加强国际理解教育。全年组织中小学师生300余人次进行友好学校交流互访，区实验初中和北外苏州附校获评苏州市国际理解教育实验项目“示范学校”，盛泽实验小学和北外苏州附校的国际理解教育项目被评为“特色品牌项目”。震泽中学设立“育英”国际课程班。着力构建促进民办教育发展的“2+8”*制度体系，是年，先后出台7个规范性配套文件，新批办优质民办学校（幼儿园）10所。推进无证办学清理整顿工作，全区72所无证园整治完成率100%。探索和建立民办教育监管机制，鼓励支持组建民办教育协会，发挥好行业自律自治作用。以镇域综合执法、“飞行检查”“专项督查”为手段加大非法违规办学行为查处力度，推动民办学校规范办学和内涵提升。（顾莹璆）

【职业教育】2019年，全区现代职教体系不断完善。吴江中专创建为省现代化示范性职业学校、省智慧校园，丝绸中专计算机应用专业群创建为省现代化专业群。参与省现代职教体系“3+3”中高职衔接试点项目（省教育厅推出、高职院校牵头、中职校参与的“3年中专+3年大专”一体化培养项目，毕业后取得大专文凭），开设26个班，实际招生770人。丝绸中专新申报五年一贯制丝绸技术专业，五个专业招生191名。吴江中专对口支援贵州印江中职校，印江中职校高级酒店管理专业高二学生先后48人到吴江中专学习。推动青浦、吴江、嘉善长三角生态绿色一体化职业教育协同发展联盟工作，承办第一次联盟协调会议。落实《苏州市吴江区校企共建企业学院促进办法》，专项支持100万元，推动已经挂牌的7所企业学院建成学生学徒、教师实践、课程开发、员工技能培训和企业技术创新的场所。吴江中专与通鼎互联的“3+3”通鼎学徒制培养，丝绸中专与恒力集团、盛虹纤维的纺织电器和机械保全，与鼎盛丝绸有限公司的电子商务等3个现代学徒制试点入选市现代学徒制建设项目。深入推进产教融合、校企合作，培养产业发展需要的高技能人才，亨通集团、盛虹集团入围省首批产教融合型企业。在职业学校班主任专业能力评比中，吴江区获个人综合奖一等奖3人、二等奖4人、三等奖5人。在省职业院校技能大赛教学能力比赛中，1人获中职组数学一等奖第一名。在苏州市职业学校技能大赛中获一等奖14人、二等奖29人、三等奖75人，总得分195分，在苏州市8个板块中位列前三。在该大赛中，丝绸中专获8个一等奖，其中5个第一名，4个项目代表省联技院参加省高职组比赛。（顾莹璆）

【社区教育】2019年，吴江区社区教育提档升级，区社区教育领导工作小组变更设立为区终身教育促进委员会，终身教育服务体系进一步完善。举办全民终身学习周，约2万人次参与活动。申报联合国教科文组织的城市CLC能力建设项目，成为全国15个项目点之一。汾湖高新区成人教育中心校获评中成协优秀成人继续教育院校，创建省标准化居民学校20所。推进“社区学习共同体”建设，引入星级评价机制，培育二星学共体6个，一星学共体8个，合格学共体23个。“太湖雪蚕桑文化园”游学项目获评省级游学项目，“心里、梦里、黎里”游学项目获评市级游学项目，“玫瑰园”学习苑获评市级市民学习苑。《乡村振兴战略视域下城乡社区老年教育均衡化发展研究》获中国成协社区教育专业委员会立项。（顾莹璆）

【高等教育】2019年，苏州信息职业技术学院（南京师范大学、江南大学、南京审计大学、南京航空航天大学、苏州大学教学点）、区教师发展中心（华中师范大学校外教学点）、苏州中华会计函授学校吴江分校（南京财经大学校外教学点）、区总工会职工学校（北京语言大学校外教学点）、松陵镇成人教育中心校（南京信息工程大学、中国地质大学校外教学点）、汾湖高新区成人教育中心校（中国矿业大学校外教学点）、滨湖职业培训学校［中国石油大学（华东）、河海大学、泰州职业技术学院校外教学点］等9所院校接受业余高等学历教育总人数7596人，其中进修大专3615人、进修本科3981人；2019年毕业1203人，其中大专毕业487人、本科毕业716人。2019年全区成人高考报名5680人，录取本科2058人、专科2354人。省高等教育自学考试报名13477人次，毕业429人，其中本科毕业188人、

专科毕业241人。（顾莹璎）

【教育技术装备】2019年，全区继续围绕“智慧城市”建设目标，加快推进“智慧教育”建设。升级改造教育城域网骨干网络，投入500余万元打造“教育云”平台，网络安全等级达到等保三级标准；投入500万元开发教育基础数据库、应用融合平台及网站集群项目。新生报名系统二期、中考报名系统二期等应用开发完成，苏州线上教育中心吴江分中心平台正式上线，全区14余万学生参与网上学习。组织全区师生参加各级各类信息化应用比赛，获国家级奖项5人、省级16人、市级114人。加快推进省级智慧校园示范学校评估工作，有12所学校创建为省级智慧校园。（顾莹璎）

素质教育

【概况】2019年9月，全区全日制普通中小幼及中高职在校（园）学生200861人。幼儿园班级1118个，在园幼儿37707人。小学班级2290个，在校学生102409人。初中班级805个，在校学生34912人。普通高中班级321个，在校学生14356人。中职学生5626人，高职学生5662人。特殊教育班级16个，学生189人。是年，全区学前三年入园率、义务教育阶段适龄儿童入学率、巩固率保持100%，残疾儿童少年毛入学率100%。高中段毛入学率保持100%。普通高考录取各类高校总人数3074人，录取率94.79%，其中本科2661人。（顾莹璎）

【德育工作】2019年，全区教育系统深入贯彻落实习近平总书记在学校思想政治理论课教师座谈会上的讲话精神，举办思政课教师培训会和座谈会。全区中小学全面实施“德善”品格课程，震泽中学的“育英生涯学院：‘知涯树人’的校本行动”项目获评2019年江苏省中小学品格提升工程。教育局品格提升工程“区域中小学德育‘品格阶梯课程’的开发与实施”获评2019年苏州市“精品”品格提升工程项目。抓好心理健康教育，5月31日，在山湖花园小学举办主题为“心智慧，‘心’交流”的全区中小学心理健康教育展示活动。出台《关于进一步加强吴江区中小学生心理危机预防和干预工作的通知》，评选全区首批心理健康教育特色学校。做实做深家庭教育工作，首期吴江区《育无疆·家长微课堂》上线。全区教育系统各级关工委以“老少重温入队（团）誓词”和“寻梦南社游学”活动为载体，围绕社会主义核心价值观开展主题教育，获省级以上荣誉6项，获评江苏省合格家长学校总校。（顾莹璎）

【教学工作】2019年，全区坚持以质量为核心，探索人才培养机制改革。深入开展拔尖创新人才一体化培养试验，办好震泽中学“杨嘉墀班”、吴江中学“明伦书院班”，新开设苏州中学苏州湾创新实验班，有效探索初高中一体化培养。进一步加强研究机构与基础教育互动，盛泽镇社会事业局、盛泽中学和盛泽实验初中与上海中小学博雅教育研究所开展合作。2019年高考普通类本一上线率35.37%，取得历史新高，录取清华大学、北京大学各1人。举办、承办第二届数学特级教师高端论坛（苏州）、“幼儿园活动方式多样化”研讨会暨省幼教领航名师活动、“吴—闵—嘉”长三角男幼师联盟研讨活动、“担当时代使命，探索教育智慧”历史教育全国学术研讨会等各类教学研活动。（顾莹璎）

【特色建设】2019年，全区深入实施建设教育名区专业支持工程，19名国内外知名教育专家深入吴江区常态化开展专业指导，全年累计介入指导27所学校1800多人次。以幼儿园课程游戏化建设、小学特色文化建设、薄弱初中质量提升工程、普通高中课程基地建设等创新项目为依托，逐步建立系统完备、优质高效的国家课程地方化体系，有效推动课堂提质增效。2019年获评省基础教育内涵建设项目6项，市级项目13项，数量位居苏州各市、区前列。举办吴江区中小学首届阅读节暨“大阅读”课程建设成果展示表彰活动。扎实推进幼教课程改革，明确课程游戏化项目推进方向和任务，“从‘一起走’到‘分层推进’，促进区域课程建设内涵发展”申报江苏省课程游戏化项目。是年，4名省级幼教专家分组开展指导活动50次，培训教师2500多人次。平望幼儿园、芦墟幼儿园获省幼儿园课程游戏化活动优秀案例。评选吴江区首届课程游戏化示范园4所。唐琴、石晓健主持的“时

代性价值取向的高中历史教学”被立项为江苏省基础教育教学改革实验项目。（顾莹璎）

【集团化办学】 2019年，全区集团化办学特色显现，新组建吴江实验幼儿园和鲈乡幼儿园教育集团，优化吴江实验小学、盛泽实验小学教育集团，新组建纵向式集团江村实验学校，打造乡村教育振兴的“中国·江村”品牌。组建九年一贯制办学改革试点学校五校联盟，探索编写小初衔接校本化教材。加强各类教育集团内涵建设，从组建到赋权再到赋能，让集团治理产生最大效能。11月，吴江集团化办学经验亮相苏州市集团化办学推进会，得到高度评价和苏州教育电视台的推介。全区20余所学校与长三角地区县市开展多种合作办学模式，助力教育质量不断提升，为“教育集团化办学”积累更多丰富经验。

（顾莹璎）

【教科教研】 2019年，全区加快教科、教研转型融合。组建课题研究联盟，逐步形成跨校区、跨学段、跨专业的集聚效应，实现联盟学校共享学术信息、专家资源、活动平台和研究成果。开展“指向意义建构的课堂”“基于课堂的诊断与行为改进”等主题研究活动，强化“研教相融，以研促教”意识，使科研与教研有效融合成为新常态。提升课题研究品质，在省中小学教学研究“第十三期”课题申报评审中，7项课题立项，其中重点自筹课题2项；在市教育科学“十三五”规划课题申报评审中，67项课题立项，其中重点课题19项；第四期江苏省职教类教学改革研究课题立项3项。在区第九届哲学社会科学优秀成果评选中，教育系统获得专著类全部5个奖项，一等奖1个、二等奖2个、三等奖2个；论文类15个奖项教育系统占5项。在省“教海探航”和“教育管理”论文评选活动中吴江区教育局再次获评“先进集体”并获得“优秀组织奖”。策划组织“《人民教育》苏州湾教育研讨会”，推广国家级教学成果，展示吴江教育的风采。完善、推进“名师研学案”，依托吴江区中小学生在线学习中心平台开展线上教学，由区内名优教师直播授课，促进教育公平、共享优质资源、改进学生自主学习行为。（顾莹璎）

【体卫艺科普教育】 2019年，全面开展体育、卫生、艺术、科技教育，推进学生素质全面发展。深入开展学校“阳光体育”系列活动，汾湖实验小学获国家体育总局“全国攀岩特色学校”称号，莘塔小学获选江苏省足球后备人才示范学校（全省18所）。吴江高级中学获苏州市中学生田径运动会高中组团体一等奖，吴江中专男足获“市长杯”中职组冠军，莘塔小学女足甲乙组均获“市长杯”一等奖。推动学生常见病和传染病防控工作制度化、规范化，2所学校获评江苏省健康促进学校金奖。加强生态环境教育，盛泽中学获省第十八批“绿色学校”称号（全省本批次10所）。举办2019年吴江区学生艺术节，长安实验小学舞蹈《春晓》参加第六届全国中小学艺术展演活动开幕式和闭幕式广场嘉年华演出，获得好评。2019年6月，江村实验学校（小学部）JC.kids啦啦队在全国啦啦操联赛（杭州站）中获公开儿童甲组街舞规定动作和学校俱乐部儿童甲组花球规定动作两个组别的冠军，两位老师获“全国优秀教练员”称号。组织参加各类科技竞赛活动，在2019年度省第31届金钥匙科技竞赛中，吴江区代表队以第一名的成绩获省团体特等奖。苏州青少年科技馆打造“平安科技馆”“法治科技馆”“特色科技馆”，全年参访培训40万人次。科学教育项目“植物汁液的探宝之旅”获2019年中国科协青少年科技中心科普场馆科学教育的培育项目。依托综合实践学校开展民防教育、军事训练、劳动教育等各类活动，活动覆盖全区中小学生。

（顾莹璎）

师资队伍

【概况】 2019年9月，全区各类学校（园）教职员工13792人，其中在编教职员工8523人。全区各类学校（园）专任教师12293人（含民办学校专任教师，不含公办学校代课教师），其中幼儿园2028人、小学5255人、特殊教育学校29人，普通中学4289人、中专461人，高职院校279人。至年底，全区公办幼儿园、小学、初中、普高、中职专任教师（含备案制教师）本科学历分别占比85.63%、91.42%、97.88%、99.76%、99.82%，初中、普高、中职专任教师硕士研究生分别占比17.99%、35.56%和22.59%（含在读）。全区有国家“万人计划”教学名师2人，省人民教育家培养工程培养对象3人，省“333高层次人才培养工程”第三层次培养对象6人，正高级教师21人，在职省特级教师35人，市名教师名校长47人，学科（术）带头人226人，各类姑苏教育人才41人次，区级以上骨干教师比例33.7%。

（顾莹璆）

【师德师风】 2019年，全区启动师德违规情况报告制度，深入推进正面引领和负面清单相结合的师德师风建设长效机制。通过新教师入职宣誓、师德承诺和师徒结对等活动，引导广大新教师崇德正心、见贤思齐，争做“四有”（有理想信念、有道德情操、有扎实知识、有仁爱之心）好老师。依托第35个教师节，表彰评选全国教育系统先进集体1家，全国模范教师1名，评选吴江区名校长、名教师20名，师德标兵20名，优秀教育工作者100名，模范学校10所。

（顾莹璆）

【教育队伍建设】 2019年，全区大力引进和培养优秀教育人才。面向全国招聘“双一流”高校和重点师范大学优秀本科毕业生充实到教育教学一线，招聘高层次人才292人，其中研究生248人。引进教育重点紧缺人才20人（含江苏省人民教育家培养对象1人、正高级教师2人、省特级教师4人、大市学科带头人7人）。新获评正高级教师2名，入选省名师工作室主持人1人，入选市第二届名师领航班5人，入选2019年省市合作特级后备培训班5人，入选省名师工作室11人，其中管理类4人、学科类7人。新增区级学科带头人110人，新增区骨干教师728人（教坛新秀及教苑新苗）。抓实全员培训，开展骨干教师讲学团活动、暑期“菜单式”讲座等，通过29个特级教师名师工作室引领带动全区骨干教师和后备人才持续专业成长。先后设立教师发展示范基地校18所，在全省首开区级示范基地学校建设先例，累计培训近17676人次。强化民办师资培养，组织全区民办学校语、数、外教师及班主任等培训，参训人数959人。邀请外国专家为61名英语骨干教师开展“引智培训”。

（顾莹璆）

【教育人事制度】 2019年，全区逐步优化教师管理制度。优化高层次紧缺教育人才招聘考试工作，选聘的292人中，195人为双一流高校学生，占比66.8%；面向全国引进教育紧缺人才20人，深入推进教师备案制管理，招聘备案制教师592人，有效缓解结构性缺编矛盾。落实乡村教师定向培养计划，18人获选拔并签约。出台班主任激励机制，实质性推进岗位设置聘用以及备案制教师年金制工作，有效调动广大教师的积极性。深入推进义务教育段校际帮扶型、输出型教师差额交流，2019年各类教师交流269人，校级领导交流轮岗21人，交流教师比例22.3%。进一步落实国家“援藏援疆万名教师支教计划”，首批6人高质量完成赴疆支教任务，其中2人留疆参加第二轮援疆工作。东西部扶贫工作深入推进，与贵州印江开展全方位、深层次协作合作，组团式帮扶1所学校，全覆盖结对51所学校，赴印送教和到吴江跟岗近400人。

（顾莹璆）

依法治教

【教育政风行风】 2019年，全区教育系统深化政风行风建设工作，按照“不见面审批”要求，做好省政务服务“一张网”行政服务事项的线上审批。推进政务公开，制定主动公开目录并及时公开信息。完善舆情应对机制，妥善办理社会治理联动指挥平台反馈的群众各类教育咨询、建议等2500余条。规范教育行政执法，通过关、转、并、建等举措依法推进无证办学清理整顿和校外培训机构专项整治。完善出台校服招标办法。规范开展法律顾问制度建设、行政执法人员管理、重大决策事项以及各类行政审批许可等工作。创新宣传举措，宣传吴江教育中涌现出的好事迹、好做法。在《中国教育报》《江苏教育报》等国家、省、市级媒体上发表各类报道30余篇，《苏州日报》头版两次报道吴江教育经验，《吴江日报》全年出刊专版50多次，发表教育新闻近500篇。《苏州吴江：打造回应时代需求的优质教育》获《中国教育报》点赞。加强新媒体矩阵建设，“吴江教育”微信公众号全年发布微信资讯近500条，微信指数持续领跑苏州教育系统。扎实开展“不忘初心、牢记使命”

主题教育，发放各类主题教育学习书籍共计3200册。组建“师语课堂”宣讲团，为全区机关企事业单位、农村、社区、两新组织的党课授课提供资源。与区委组织部联合打造情景式主题教育党课《吹响新长征的号角》，吸引线上线下5000余人同时观摩。以实施“双融双联”工程推动示范区教育事业共同发展的融入式党建书记项目为抓手，成立青吴嘉党建联盟，推进长三角生态绿色一体化示范区党建工作。以“支部建设年”为抓手，加强党支部“三会一课”制度，强化对党员的日常管理。坚持党员发展标准，深化“双培养”机制，15个发展党员指标全部完成。通过开展“四季课堂”微型党课，加强党性教育，12节微型党课获奖。创新开展“校园清风巡”专项监督，举办“清风廉韵润校园”“廉心正行青年说”等活动，筑牢广大干部教师的思想防线。（顾莹璆）

【规范管理】 2019年，全区坚持依法治教，规范管理，完成对七都镇、汾湖高新区（黎里镇）、东太湖度假区、平望镇履行教育职责情况的督导考评。推动教育资源配置不断优化，促进全区义务教育优质均衡发展。完成2019年区域义务教育学校标准化建设监测，达标率96.52%，完成教育现代化建设监测，得分88.17分，同比有所提升。继续做好“1+X”菜单式挂牌督导，调整督学责任区队伍建设，完成对6所中小学、幼儿园的素质教育综合督导，启动首批幼儿园办园行为督导评估，对4所合格外来民工子弟学校的课堂教学进行评估督导。有效实施“空中课堂”“五点钟学校”“新生网上报名”等惠民便民项目。落实义务教育积分入学工作，全年有4541名新市民通过积分入学，准入率74.4%。做好学生资助工作，全年资助学生4883人，发放资金453.15万元。（顾莹璆）

【非学历教育机构管理】 2019年底，全区非学历教育机构117个，其中公办非学历教育机构9个（吴江区社区培训学院1个、成人教育中心校8个），民办非学历教育机构108个。加强对非学历教育机构的调研、管理与监督工作。做好非学历教育机构设立、变更、终止等行政许可审批工作，规范非学历教育机构依法办学。（顾莹璆）

2019年吴江区民办非学历教育机构一览表

序号	办学许可证号	机构名称	地　址
1	13205847ZX00101	苏州市吴江区新思语言文化培训中心	苏州市吴江区松陵镇鲈乡南路2489号物资大厦四楼
2	13205847ZX00111	苏州市吴江区阳光教育文化培训中心	苏州市吴江区松陵镇流虹西路1218号
3	13205847ZX00121	苏州市吴江区希望教育培训中心	苏州市吴江区松陵镇仲英大道1122号
4	13205847ZX00131	苏州市吴江区爱思德教育培训中心	苏州市吴江区经济技术开发区中山北路300号
5	13205847ZX00141	苏州市吴江区皇冠英语培训中心	苏州市吴江区盛泽镇舜新中路44号
6	13205847ZX00171	苏州市吴江区潜能教育培训中心	苏州市吴江区松陵镇鲈乡南路别墅区（D1地块）一至三层
7	13205847ZX00191	苏州市吴江区枫华教育培训中心	苏州市吴江区汾湖联南路1号1幢201~214室
8	13205847ZX00201	苏州市吴江区滨湖文化教育培训中心	苏州市吴江区松陵镇双板桥路8号
9	13205847ZX00211	苏州市吴江区江陵青少年艺术培训中心	苏州市吴江区松陵镇仲英大道1098号
10	13205847ZX00221	苏州市吴江区青云越洋教育中心	苏州市吴江区桃源镇华盛大道988号
11	13205847ZX00241	苏州市吴江区有为教育培训中心	苏州市吴江区盛泽镇西二环路1999号绸都财富中心26#
12	13205847ZX00261	苏州市吴江区德众英才教育培训中心	苏州市吴江区盛泽镇和田路88号盛泽文化中心
13	13205847ZX00271	苏州市吴江区爱贝少儿英语培训中心	苏州市吴江区松陵镇中山南路1088号万宝商业广场二层C2010B号

（续　表）

序号	办学许可证号	机构名称	地　址
14	13205847ZX00281	苏州市吴江区巴贝尔教育培训中心	苏州市吴江区松陵镇龙河路1500号
15	13205847ZX00291	苏州市吴江区捷易语言培训中心	苏州市吴江区开平路2188号吾悦广场A幢2楼
16	13205847ZX00300	苏州市吴江区旭宸教育培训中心	苏州市吴江区黎里镇城司路819号嘉乐城生活广场6幢三楼
17	13205847XX00310	苏州市吴江区存志立德创新教育专修学校	苏州市吴江经济技术开发区(同里镇)富观街83号
18	13205847ZX00328	苏州市吴江区捷思语言培训中心	苏州市吴江区盛泽镇市场路599号国贸中心商务区17-2幢
19	13205847ZX00338	苏州市吴江区英之辅语言培训中心	苏州市吴江区松陵镇中山南路1088号万宝财富商业广场二楼
20	13205847ZX00348	苏州市吴江区切问教育培训中心	苏州市吴江区黎里镇东港路567号
21	13205847XX00359	苏州市吴江区过云艺术培训学校有限公司	苏州市吴江区松陵镇江兴西路243号
22	13205847ZX00369	苏州市吴江区盛泽镇逸志培训中心有限公司	苏州市吴江区盛泽镇市场中路599号盛泽国贸中心15幢-111、112商铺
23	13205847ZX00379	苏州市吴江区盛泽镇唯优课外培训中心有限公司	苏州市吴江区盛泽镇市场中路599号盛泽国贸中心3幢-119、120、121铺
24	13205847ZX00389	苏州市吴江区西题培训中心有限公司	苏州市吴江区松陵镇中山南路1088号长华财富商业广场2421、2422、2423号
25	13205847ZX00399	苏州市吴江区嘟嘟培训中心有限公司	苏州市吴江区松陵镇高新路155号、249号新都汇城市广场4幢-商铺204~208、210
26	13205847ZX00409	苏州市吴江区领语堂培训中心有限公司	苏州市吴江区松陵镇鲈乡北路207号
27	13205847ZX00419	苏州市吴江区利尔惠教育培训中心有限公司	苏州市吴江区松陵镇中山南路988号华邦商务广场9幢306~309、316~319、323、325~328
28	13205847ZX00429	苏州市吴江区维曼思特培训中心有限公司	苏州市吴江区松陵镇仲英大道789号-116、117商铺二层
29	13205847ZX00439	苏州市吴江区盛泽舜新培训中心有限公司	苏州市吴江区盛泽镇东盛步行街B区4F
30	13205847ZX00449	苏州市吴江区凯硕培训中心有限公司	苏州市吴江区松陵镇中山南路988号华邦商务广　场9幢301~303、305、310~313、315、320~322
31	13205847ZX00459	苏州市吴江区高能家培训中心有限公司	苏州市吴江区松陵镇永康路757号三层
32	13205847ZX00469	苏州市吴江区爱可之家培训中心有限公司	苏州市吴江区松陵镇江库路8号鲈乡广场B27~B31
33	13205847ZX00479	苏州市吴江区易思乐培训中心有限公司	苏州市吴江区松陵镇开平路2188号吾悦商业广场-A幢272~282
34	13205847ZX00489	苏州市吴江区莱德美华培训中心有限公司	苏州市吴江区松陵镇鲈乡南路2288号银都国际商务中心103
35	13205847ZX00499	苏州市吴江区凡之育培训中心有限公司	苏州市吴江区黎里镇城司路819号嘉乐城生活广场9幢301~309、314~318
36	13205847ZX00509	苏州市吴江区盛泽镇睿语培训中心有限公司	苏州市吴江区盛泽镇西二环路1999号绸都财富中心28幢-107、109、227~236商铺
37	13205847ZX00519	苏州市吴江区爸爸树语言培训中心有限公司	苏州市吴江区盛泽镇市场路559号盛泽国贸中心15幢-116、117、118商铺

（续　表）

序号	办学许可证号	机构名称	地　址
38	13205847ZX00529	苏州市吴江区忆聚堂培训中心有限公司	苏州市吴江区松陵镇中山南路988号华邦商务广场9幢401~407、410~413、415~417、420~423、425
39	13205847ZX00539	苏州市吴江区盛泽镇思大培训中心有限公司	苏州市吴江区盛泽镇北观音弄38号春之声广场3幢101四层
40	13205847ZX00549	苏州市吴江区海博培训中心有限公司	苏州市吴江区桃源镇铜罗社区府前路518号同盛世家2幢460、462铺
41	13205847ZX00559	苏州市吴江区拓文思培训中心有限公司	苏州市吴江区松陵镇笠泽路99号1幢112、113
42	13205847ZX00569	苏州市吴江区盛泽镇启聪教育培训中心有限公司	苏州市吴江区盛泽镇舜湖西路905号绿洲华庭41幢白龙桥路1448号
43	13205847ZX00579	苏州市吴江区盛泽镇熠格教育培训中心有限公司	苏州市吴江区盛泽镇舜湖西路66号湖滨花园5幢401室
44	13205847ZX00589	苏州市吴江区盛泽镇莱斯顿教育培训中心有限公司	苏州市吴江区盛泽镇中心大道2699号漾滨花园9幢-101、6幢-109商铺
45	13205847ZX00599	苏州市吴江区盛泽镇恒奕培训中心有限公司	苏州市吴江区盛泽镇东城商业广场6幢-102、103、104铺
46	13205847ZX00609	苏州市吴江区英顿培训中心有限公司	苏州市吴江区松陵镇开平路3688/3888号水秀天地1-L307商铺
47	13205847ZX00619	苏州市吴江区仁学培训中心有限公司	苏州市吴江区松陵镇江库路8号鲈乡广场A14-A16
48	13205847ZX00629	苏州市吴江区盛泽镇丰潇教育培训中心有限公司	苏州市吴江区盛泽镇东方花园东三区32幢15、16室
49	13205847ZX00639	苏州市吴江区盛泽镇学思堂培训中心有限公司	苏州市吴江区盛泽镇东盛步行街1-205、206、207、208、212号
50	13205847ZX00649	苏州市吴江区盛泽镇瑞尔智教育培训中心有限公司	苏州市吴江区盛泽镇盛意花苑南起第6、7间
51	13205847ZX00659	苏州市吴江区匡贤教育培训中心有限公司	苏州市吴江区平望镇学才路1号
52	13205847ZX00669	苏州市吴江区盛泽镇智渊培训中心有限公司	苏州市吴江区盛泽镇市场中路599号国贸中心19-西幢401
53	13205847ZX00679	苏州市吴江区新起之点培训中心有限公司	苏州市吴江区同里镇北图路26号同里·新江南7幢13、14号
54	13205847ZX00689	苏州市吴江区盛泽镇明心教育培训中心有限公司	苏州市吴江区盛泽镇西二环路烂溪二桥北堍绸都·财富中心6幢-69、70号
55	13205847ZX00699	苏州市吴江区盛泽敦博培训中心有限公司	苏州市吴江区盛泽镇东方花园36幢1、10-16号
56	13205847ZX00709	苏州市吴江区卓学培训中心有限公司	苏州市吴江区七都镇常增路东侧2幢常增路1552、1556、1558、1560、1566、1568、1570、1576号二层
57	13205847ZX00719	苏州市吴江区思考力培训中心有限公司	苏州市吴江区松陵镇环城河东侧亿佰生活广场232~235
58	13205847ZX00729	苏州市吴江区点津培训中心有限公司	苏州市吴江区松陵镇油车路1046号锦怡花园14幢14、15号商铺

（续　表）

序号	办学许可证号	机构名称	地　址
59	13205847ZX00739	苏州市吴江区书香阁培训中心有限公司	苏州市吴江区松陵镇江兴西路西塘河弄2028号港龙大厦1幢306~308室
60	13205847ZX00749	苏州市吴江区敏丹青苑培训中心有限公司	苏州市吴江经济技术开发区山湖东路南侧C幢二楼
61	13205847ZX00759	苏州市吴江区盛泽镇智瀚教育培训中心有限公司	苏州市吴江区盛泽镇北观音弄38号春之声商业广场2幢205~210
62	13205847ZX00769	苏州市吴江区晨晖培训中心有限公司	苏州市吴江区平望镇学才路100~136号3#楼128号~130号
63	13205847ZX00779	苏州市吴江区笃致学培训中心有限公司	苏州市吴江区松陵镇中山北路777号301
64	13205847ZX00789	苏州市吴江区翰林培训中心有限公司	苏州市吴江区松陵镇江库路8号鲈乡广场B17~B20
65	13205847ZX00799	苏州市吴江区求索培训中心有限公司	苏州市吴江区松陵镇运东大道1133号315~320室
66	13205847ZX00809	苏州市吴江区狼人外语培训中心有限公司	苏州市吴江区黎里镇汾湖城司路1229号
67	13205847ZX00819	苏州市吴江区煜优课外教育培训中心有限公司	苏州市吴江区黎里镇芦莘大道777号二层
68	13205847ZX00829	苏州市吴江区盛泽镇泽盛教育培训中心有限公司	苏州市吴江区盛泽镇东方大街东侧新新华花园9幢-02、03铺
69	13205847ZX00839	苏州市吴江区盛泽镇爱琴海培训中心有限公司	苏州市吴江区盛泽镇市场路59号101~106室
70	13205847ZX00849	苏州市吴江区盛泽镇熠格教育培训中心有限公司吴江分公司	苏州市吴江区松陵镇笠泽路350号
71	13205847ZX00859	苏州市吴江区盛泽镇三六六教育培训中心有限公司	苏州市吴江区盛泽镇东方花园52、53号A区115~121、123、129~132、135~137
72	13205847ZX00869	苏州市吴江区盛泽镇晟优教育培训中心有限公司	苏州市吴江区盛泽镇盛意花苑南起第8、9、10间
73	13205847ZX00879	苏州市吴江区点航培训中心有限公司	苏州市吴江区松陵镇永康路749~795号二层
74	13205847ZX00889	苏州市吴江区苏慧诚文化培训中心有限公司	苏州市吴江区松陵镇永康路785号四层
75	13205847ZX00899	苏州市吴江区苏越培训中心有限公司	苏州市吴江区松陵镇鲈乡北路818号伟业佳苑（天和人家）22幢834、836、840、843、845、847号
76	13205847ZX00909	苏州市吴江区永旭教育培训中心有限公司	苏州市吴江区松陵镇运东大道997号东方海悦花园3幢-102、104、105
77	13205847ZX00919	苏州市吴江区百尺竿头培训中心有限公司	苏州市吴江区松陵镇环城河东侧亿佰生活广场广场324、327~332、334~337
78	13205847ZX00929	苏州市吴江区阿基米德教育培训中心有限公司	苏州市吴江区黎里镇城司路819号嘉乐城生活广场8幢301~08、314~321
79	13205847ZX00939	苏州市吴江区沃尚培训中心有限公司	苏州市吴江区松陵镇清阳路768号迎春商业广场2020~2023、2030~2033、2035~2037、3002~3019
80	13205847XX00949	苏州新东方培训学校有限公司吴江体育路分公司	苏州市吴江区松陵镇体育路508号金鹰商业中心2，3幢体育路478号、207、208、306、307、308、312

（续　表）

序号	办学许可证号	机构名称	地　址
81	13205847XX00959	苏州新东方培训学校有限公司吴江永康路分公司	苏州市吴江区松陵镇好旺广场1#楼301、302
82	13205847ZX00969	苏州市吴江区学而思培训中心有限公司	苏州市吴江区松陵镇中山南路988号华邦商务广场8幢
83	—	苏州新东方学校吴江仲英办学点	苏州市吴江区松陵镇仲英大道789号-114、115、116、117、119、120、121商铺
84	—	苏州新东方学校吴江三角井办学点	苏州市吴江区松陵镇中山南路10号三角井08-1
85	13205847ZX00979	苏州市吴江区启迪聚能培训中心有限公司	苏州市吴江经济开发区江陵西路1888号太湖明珠城一期商业6-01、7-01
86	13205847ZX00989	苏州市吴江区盛泽镇龙文教育培训中心有限公司	苏州市吴江区盛泽镇世贸公寓5幢109、110
87	13205847ZX00999	苏州市吴江区学美培训中心有限公司	苏州市吴江区文苑路151号金鹰商业中心322、346~349、369~383、397~3102
88	13205847ZX01009	苏州市吴江区盛泽镇睿奇教育培训中心有限公司	苏州市吴江区盛泽镇市场中路599号盛泽国贸中心15幢-106、107商铺
89	13205847ZX01019	苏州市吴江区所以然培训中心有限公司	苏州市吴江区松陵镇开平路2188号吾悦商业广场A幢260~267
90	13205847ZX01029	苏州市吴江区盛泽镇洛际教育培训中心有限公司	苏州市吴江区盛泽镇东方花园38幢1、12、13号
91	13205847ZX01039	苏州市吴江区蔚然乐学培训中心有限公司	苏州市吴江区松陵镇笠泽路155号恒森国际广场A45-A62
92	13205847ZX01049	苏州市吴江区星博尔培训中心有限公司	苏州市吴江区松陵镇吴江经济技术开发区山湖东路南侧山湖花园农贸市场
93	13205847ZX01059	苏州市吴江区蜜獾培训中心有限公司	苏州市吴江区松陵镇仲英大道(吴江上海城)1108号
94	13205847ZX01069	苏州市吴江区新艾顿培训中心有限公司	苏州市吴江区七都镇常增路1612、1616号
95	13205847ZX01079	苏州市吴江区盛泽镇箴言教育培训中心有限公司	苏州市吴江区盛泽镇新亚旭景园105~106室
96	13205847ZX01089	苏州市吴江区人人哲师培训中心有限公司	苏州市吴江区松陵镇中山南路988号华邦商务广场9幢10幢9幢107~111、119~123、125
97	13205847ZX01099	苏州市吴江区盛泽镇双思维教育培训中心有限公司	苏州市吴江区盛泽镇舜湖西路1300号皇家领誉花园183、185~187商铺
98	13205847ZX01109	苏州市吴江区爱上早慧园培训中心有限公司	苏州市吴江区平望镇梅堰梅新街55号
99	13205847ZX01119	苏州市吴江区艺德树人培训中心有限公司	苏州市吴江经济技术开发区建业路88号俪景花园8幢202~215、217、219、225~227、229、231、232、234~236、239~243、245~247、249~255、257~259铺
100	13205847ZX01129	苏州市吴江区新诺培训中心有限公司	苏州市吴江区震泽镇锦泽街248、250、252、256号
101	13205847ZX01139	苏州市吴江区航皓教育培训中心有限公司	苏州市吴江区黎里镇城司路819号嘉乐城生活广场1幢301~308、312~318

（续 表）

序号	办学许可证号	机构名称	地 址
102	13205847ZX01149	苏州市吴江区科之蒂培训中心有限公司	苏州市吴江经济技术开发区江陵西路1688号新湖广场F215
103	13205847ZX01159	苏州市吴江区文尚教育培训中心有限公司	苏州市松陵镇江陵东路8号华东国际商业城1号地块2号楼308、309、310、311、312、313、314、315、328、329、330、331
104	13205847ZX01169	苏州市吴江区博思清大培训中心有限公司	苏州市吴江经济开发区兴吴路1251号2楼、1253号2楼、1255号、1257号、1259号2楼、1261号2楼
105	13205847ZX00161	苏州市吴江区新科教育培训中心	苏州市吴江经济技术开发区三里桥运东大道1133号乐8商业城四楼
106	13205847ZX00081	苏州市吴江区德瑞勤财经培训中心	苏州市吴江区同里镇迎燕东路28号
107	13205847ZX00060	苏州市吴江区老年大学	苏州市吴江区松陵镇庙前街19号
108	13205847ZX00071	苏州市吴江区建设培训中心	苏州市吴江区松陵镇笠泽路551号（南）

注：序号83、84是办学点，没有许可证。

（顾莹瑢）

【平安校园】 2019年，吴江教育系统成立校园和校车安全专项整治行动工作领导小组，建立“一校一档”制度，将校园安全检查内容细化为206个项目，逐项排查梳理学校安全风险隐患。深入实施校园安全排查整治常态化机制，采取“四不两直”（不发通知、不打招呼、不听汇报、不用陪同接待，直奔基层、直插现场）方式开展各项安全检查24次，组织221人次检查学校345次，查出隐患680个，完成整改668个，完成率98.2%。探索实施校园智慧安防体系建设，区属学校28个校区先行启动。加强食堂食品安全管理，实现全区所有公民办学校、幼儿园“智慧监督+明厨亮灶”全覆盖。116所学校开展“五常法”（工作常组织、天天常整顿、环境常清洁、事物常规范、人人常自律）等优质方式管理食堂，保障师生舌尖上的安全。（顾莹瑢）

学校选介

【苏信学院】 2019年，苏州信息职业技术学院（简称苏信学院）占地面积36万余平方米，总建筑面积15万余平方米。设有7个教学单位22个专业，在校生5324人，有专任教师231人。是年，学院实际录取新生2096人，报到注册1934人（其中包含首次招收的海外本科直通车学生13人），报到率92.3%。学院2019届毕业生年终就业率92.7%。

年内学院晋升副教授4名，有教授3名，副高级职称69名；江苏省“333工程”（培养30名研究成果具有国际先进、国内领先水平的国家级科学家、工程技术专家和理论家，培养300名具有省内领先水平的省级优秀人才，培养3000名成绩显著的市级优秀人才）第三层次培养对象1名；省“青蓝工程”（省教育厅实施的一项重要人才培养工程）中青年学术带头人2人，优秀青年骨干教师10人。选派3人参加2019年江苏省高校哲学社会科学教学科研骨干研修。37人参加江苏省高职院校2019年国家级、省级教师培训任务。在2019年省职业院校教学大赛中，学院教师获一等奖2项、二等奖3项、三等奖1项。教师房朔杨获省总工会授予的“江苏省五一创新能手”称号和省妇联授予的“江苏省巾帼建功标兵”称号。在2019年省微课教学大赛中，学院教师获一等奖4项、二等奖2项、三等奖3项。学院获省高校微课教学比赛“优秀组织单位”。

是年，学院获10项省级立项课题，其中2019年服务外包类专业嵌入式人才培养项目1项，高等学校重点教材立项建设1项，省高等教育教改研究立项课题1项，省高校哲社课题立项2项，省社科应用研究精品工程高校思想政治教育专项课题1项，省社科应用研究精品工程财经发展专项课题1项，省高职高专院校思想政治理论课教学研究项目1项，省教育科学"十三五"规划2020年度课题2项。大学生创新创业训练计划立项23项，结项14项；同时获市级教科研项目立项9项；横向科研项目3项，发表学术论文50篇，发明专利5项。

学院新增校外实习实训基地15家。至年底，学院建立校外教学实习基地与人才培养基地157家。学院开展社区服务，贯通终身教育通道。（孙晓慧）

2019年苏信学院学生参赛获奖情况表

竞赛级别	竞赛名称	奖　项
国家级	2019年全国职业院校技能大赛——信息安全管理与评估	团体一等奖
	2019年全国职业院校技能大赛——移动互联网应用软件开发赛项	团体二等奖
	第九届全国大学生计算机应用能力与信息素养大赛	一等奖（3项）
	第九届全国大学生计算机应用能力与信息素养大赛	二等奖（2项）
	第九届全国大学生计算机应用能力与信息素养大赛	三等奖（3项）
	第九届全国大学生计算机应用能力与信息素养大赛	团体二、三等奖
	第十二届"畅想杯"全国职业院校创新创业技能大赛	团体一等奖
	第四届全国应用型人才技能综合大赛	团体一等奖
	第五届全国应用型人才综合技能大赛	团体二等奖
	2019全国大学生软件测试大赛总决赛团体赛	团体特、一、二等奖
	2019全国大学生软件测试大赛总决赛个人赛	三等奖（3项）
	2019"旋极杯"全国职业院校"嵌入式系统测试"邀请赛	团体一等奖
	2019年全国职业院校信息技术技能大赛	团体二、三等奖
	2019全国大学生条码自动识别知识竞赛	三等奖（10项）
	2019全国大学生条码自动识别知识竞赛	团体三等奖
	第四届长风学霸赛之传奇大战	团体三等奖
	2019年信息技术新工科产学研联盟5G技术及应用大赛	团体优胜奖

（孙晓慧）

2019年苏信学院教科研项目一览表

项目类别	数　量	级　别
2019年服务外包类专业嵌入式人才培养项目	1	省级
高等学校重点教材立项建设	1	
省高等教育教改研究立项课题	1	
江苏省高校哲学社会科学研究项目	2	
省社科应用研究精品工程高校思想政治教育专项课题	1	
省社科应用研究精品工程财经发展专项课题	1	
省高职高专院校思想政治理论课教学研究项目	1	
江苏省教育科学"十三五"规划2020年度课题	2	
江苏省大学生实践创新项目	14	

（续　表）

项目类别	数　量	级　别
苏州市级教科研项目	9	市级
横向科研项目	3	横向项目
发表论文	50	省级以上
国家授权专利	5	—

（孙晓慧）

【吴江经济技术开发区运西实验初级中学】 2019年9月，坐落于吴江经济技术开发区兴中路809号的新校落成启用。学校占地面积53104平方米，建筑面积48968平方米，设计规划16轨48个教学班。学校配备普通教室48个，体育馆1个，理化生实验室13个，音乐、美术、历史、地理、书法等专用教室16个，网络机房5个，录播室1个，容纳878人的多功能报告厅1个，录播室1个；食堂3854平方米，可容纳1600名学生同时就餐；学校图书馆可流通图书30284册，期刊报刊108种，有教师阅览区1个，学生阅览区2个；所有教室配备电脑、互动电视、实物投影，专用教室和实验室配备交互一体式智能黑板。学校有教职员工85人，专任教师55人（研究生26人、本科29人），教师合格学历占100%，其中骨干教师10名（苏州市学科带头人1名、吴江区学科带头人2名、吴江区德育带头人1名、吴江区教学能手5名、吴江区教坛新秀1名），中学高级职称12人，中学一级教师14人，中学二级教师10人。学校现有教学班18个，学生725人（初一年级12个班460人，初二年级6个班265人）。学校以“让学校成为每一位学生健康成长的一方乐土，让每一位学生成为最好的自己，让每一位教师有自己的教育风格与特色”为学校的总体办学理念。努力把运西实验中学打造成“校园美、教师优、学生乐、质量高”的吴江北大门优质学校。（戴乐传）

【八坼幼儿园】 吴江区八坼幼儿园始建于1985年，坐落于八坼猪行弄，1998年幼儿园异地新建，坐落于八坼街道新源路1号，2011年、2018年幼儿园再次扩建。幼儿园占地面积11418平方米，建筑面积8080平方米，生均占地面积20.8平方米，生均建筑面积14.72平方米。幼儿园现有教室21个，多功能活动室1个；食堂240平方米，可容纳500多名幼儿同时就餐。幼儿园建有美术专用室1个，科学发现室1个，生活坊1个，融合教室1个，图书室1个，可流通图书8000多册，教师阅览室1个，期刊报刊20多种。园中每间教室都配备一体机。建成校园微信公众号。幼儿园现有教职员工56人，专任教师35人，教师合格学历占100%，提高学历100%（本科28人、大专6人），其中中小学一级教师16人、二级教师5人，有苏州市骨干教师1人、吴江区骨干教师7人。幼儿园现有小班4个，中班5个，大班5个，全园有幼儿549人。幼儿园紧邻京杭大运河，致力于运河文化的开发，让幼儿拥有快乐、本真的童年，让教师获得幸福、美好的成长。幼儿园以幼儿为本，立足本土资源，构建适合幼儿园的运河文化课程，通过运河文化的建设，让幼儿、教师、家长都成为运河文化的参与者，使运河元素植根于园内环境当中。幼儿园注重一日活动的管理，优化各类制度，抓实抓细教育管理。全年教师省级刊物发表论文11篇，省级论文获奖1篇；教师区级教学业务获奖3人次；幼儿区级获奖2人次；区级优秀工作者1人次；区级师德标兵1人次。（吴　洪）

【青橙绿苑幼儿园】 2019年9月，坐落于太湖新城秋枫街699号的新园落成启用。幼儿园占地面积4502平方米，建筑面积2820平方米，生均占地面积15.01平方米，生均建筑面积9.4平方米。幼儿园有教室9个，多功能活动室1个；食堂155平方米，可容纳300名幼儿同时就餐。幼儿园建有美术专用教室1个，科发室1个，图书室1个，可流通图书5000余册，教师阅览室1个，期刊报刊10种。幼儿园建成校园微信公众号。幼儿园有教职员工35人，专任教师16人，教师合格学历占100%（本科4人、大专12人），其中小学高级教师1人，小学初级职称2人。幼儿园现有小班4个、中班2个、大班2个，有幼儿272名。幼儿园秉承“为孩子而来”的教育情怀，以“融于自然、释放天性、快乐游戏、健康成长”为办园宗旨，借助集团办学的力量，以先进的教育理念、专业的师资队伍、资深的管理团队和优秀的办学品质，全力打造家门口的优质普惠幼儿园。以“做感动生命的教育”为理念，遵循儿童个体的成长规律与发展轨迹，追求生命自然成长的教育，让幼儿成为自己的主人，聆听儿童、追随儿童、成就儿童。全年教师省级刊物发表论文1篇，教师区级获奖1人次。（周　琴）

2019年吴江区各级各类公办学校情况一览表（一）

名　称	占地面积（平方米）	建筑面积（平方米）	班级数（个）	学生数（人）	在编教职工数［专任教师数］（人）	主要荣誉
震泽中学	246668	55967	50	2124	239［233］	江苏省文明校园；江苏省青少年科技教育先进学校；江苏省中小学生品格提升工程项目；江苏省基础教育对外合作交流重点项目；苏州市第四批“中华经典诵读基地”；苏州市学校“最美建筑物”二等奖；苏州市第十一届“普通话、苏州方言、英语口语”比赛团体特等奖
吴江中学	177009	100719	51	2507	230［223］	—
吴江高级中学	96917	50293	51	2458	223［224］	全国第六届中小学生艺术展演活动贡献突出的集体；江苏省健康促进金奖学校；江苏省教学前瞻性改革项目；苏州市学校体卫艺工作先进集体；第十九届江苏省青少年机器人竞赛团体三等奖；空军招飞工作先进单位；苏州市中学生田径比赛高中组团体总分第一名；苏州市体育传统项目学校；苏州市第十一届“普通话、苏州方言、英语口语”比赛团体一等奖
盛泽中学	104390	30344	36	1726	156［152］	江苏省健康促进金奖学校；江苏省第十八批“绿色学校”；江苏省生态丝绸文化课程基地苏州市视导优秀；第三十届江苏省青少年科技创新大赛机器人竞赛团体二等奖；2019年苏州市普通高中课程基地建设项目(数学现象教学)；苏州市青少年科技创新大赛机器人比赛高中综合团体一等奖
平望中学	58214	30628	30	1363	135［130］	第十五届全国语文规范化知识竞赛优秀组织奖；苏州市第五届“看我72辩”中学生辩论赛优秀组织奖
汾湖高中	87183	34907	33	1755	165［161］	—
吴江中等专业学校	139494	86118	85	2847	241［273］	省现代化示范性职业学校；省职业学校智慧校园；十一届苏州市“普通话、苏州方言、英语口语”比赛特等奖；文言文字工作规范化达标学校；苏州市中学生田径比赛中职组第四名；江苏省职业学校文明风采活动优秀组织奖；苏州市职业学校班主任基本功研学活动优秀组织奖；苏州市职业学校优秀社团评选标兵社团；苏州市先进共青团组织；苏州市模拟法庭大赛二等奖

（续 表）

名 称	占地面积（平方米）	建筑面积（平方米）	班级数（个）	学生数（人）	在编教职工数［专任教师数］（人）	主要荣誉
苏州丝绸中等专业学校	74760	47400	79	2779	156［188］	全国纺织职业院校技能大赛团体二等奖；江苏省陶行知研究会优秀论文组织奖；苏州市中华经典诵写讲之经典诵读大赛一等奖；苏州市人民政府高技能人才培养贡献奖
苏州信息职业技术学院	364202	150549	159	5662	218［231］	—

2019年吴江区各级各类公办学校情况一览表（二）

名 称	占地面积（平方米）	建筑面积（平方米）	班级数（个）	学生数（人）	在编教职工数［专任教师数］（人）	主要荣誉
区实验初中	60058	23768	55	2784	209［207］	中国STEM教育2029创新行动计划“种子学校”；全国青少年校园足球特色学校；江苏省中小学智慧校园；江苏省十佳中学共青团；江苏省青少年科技教育先进学校；江苏省教科研先进学校；苏州市第十四届“阳光团队”；苏州市天文观测基地学校；苏州市社团评比一等奖；苏州市三人篮球赛第四名；苏州市“市长杯”青少年校园足球联赛（初中组）男子组第八名
笠泽实验初中	67322	35386	30	1441	115［109］	全国第六届中小学生艺术展演活动贡献突出先进学校；苏州市首批义务教育教育学校管理标准示范校；苏州市第二批语言文字工作规范化达标学校；苏州市防震减灾工作先进学校
苏州湾实验初中	51548	31106	29	1187	88［97］	苏州市第十一届“普通话、苏州方言、英语口语”比赛一等奖；苏州市第二批语言文字工作规范化达标学校；苏州市节水型学校；苏州市中小学生合唱比赛二等奖
震泽初中	102000	27483	22	1061	95［91］	—
松陵一中	64478	30935	43	2212	180［169］	全国第六届中小学生艺术展演活动先进集体；第十五届全国语文规范化知识大赛优秀组织奖；“广厦杯”第二届全国校园灯谜大赛初中组团体电控一等奖；“梁丰杯”中外学生谜语大赛团体二等奖；苏州市体育传统项目学校；小南社课程基地获苏州市初高中课程基地项目视导优秀
八坼中学	45356	15972	12	549	53［49］	—
横扇学校	72087	26100	12（中）	494（中）	41［44］（中）	—
			38（小）	1820（小）	72［79］（小）	

（续　表）

名　称	占地面积（平方米）	建筑面积（平方米）	班级数（个）	学生数（人）	在编教职工数［专任教师数］（人）	主要荣誉
莞坪学校	58910	16649	12（中）	504（中）	42［46］（中）	苏州市第二批语言文字工作规范化达标学校；苏州市艺术教育特色学校
			28（小）	1232（小）	72［79］（小）	
开发区实验初中	109669	43313	34	1600	116［120］	全国第六届中小学生艺术展演活动贡献突出的集体；苏州市第四批中华经典诵读基地；苏州市教育后勤工作先进学校；苏州市艺术教育特色学校
运西实验初中	53104	44425	18	724	54［53］	—
同里中学	64933	33750	27	1136	108［100］	—
平望二中	70735	18285	18	748	89［89］	—
梅堰中学	54727	12033	12	462	51［53］	苏州市第二批语言文字工作规范化达标学校；苏州市艺术教育特色学校
汾湖实验初中	31438	21220	21	926	52［62］	—
芦墟初中	25763	10258	12	463	58［51］	—
莘塔中学	23310	11758	11	487	45［44］	江苏省金钥匙青少年人工智能竞赛省级总决赛优秀组织奖
金家坝学校	68428	17696	11	532	48［50］	—
			32	1271	57［63］	
黎里中学	54702	15088	15	660	78［68］	苏州市优秀团员成长教育室；施兰红名师工作室（苏州市最美教师志愿者团队）
北厍中学	40811	9854	15	651	63［64］	第二批语言文字工作规范化达标学校
盛泽一中	69658	26322	36	1580	94［101］	—
盛泽二中	64082	30554	54	2673	156［174］	江苏省青少年信息学奥林匹克培训活动基地；江苏初中课堂教学改革优秀成果；苏州市第二批语言文字工作规范化达标学校
盛泽实验初中	42628	14780	16	799	53［57］	—
南麻中学	19223	10299	15	672	50［50］	全国第十五届语文规范化知识大赛优秀组织奖；省陶行知研究会实验学校
七都中学	61384	19313	22	934	70［76］	江苏省“初中课堂教学改革优秀成果”学校；江苏省关工委优秀家长学校；苏州市中小学家庭教育优秀项目学校；苏州艺术教育特色学校；苏州市第二批语言文字工作规范化达标学校
江村实验学校	28681	12190	14（中）	561（中）	54［53］（中）	全国第十五届语文规范化知识大赛优秀组织奖；全国啦啦操比赛公开儿童甲组街舞规定动作第一名；全国啦啦操比赛学校俱乐部儿童甲组花球规定动作第一名；江苏省中小学智慧校园；苏州市健康学校；苏州市节约用水型学校；苏州市第二批语言文字工作规范化达标学校；苏州市级体育传统项目学校
			33（小）	1406（小）	77［77］（小）	

（续 表）

名　称	占地面积（平方米）	建筑面积（平方米）	班级数（个）	学生数（人）	在编教职工数［专任教师数］（人）	主要荣誉
八都学校	58863	19721	10（中）	372（中）	40［39］（中）	苏州市义务教育学业质量监控运用优秀案例一等奖
			26（小）	1075（小）	55［55］（小）	
桃源中学	39755	4942	9	323	45［45］	—
青云中学	77327	19112	10	389	50［44］	—
铜罗中学	15334	6039	11	523	53［53］	苏州市第二批语言文字工作规范化达标学校；苏州市关工委工作常态化建设巩固提高奖；“引力杯”苏州市中小学硬笔书法大赛优秀组织奖；苏州市法制文化建设示范点

2019 年吴江区各级各类公办学校情况一览表（三）

名　称	占地面积（平方米）	建筑面积（平方米）	班级数（个）	学生数（人）	在编教职工数［专任教师数］（人）	主要荣誉
吴江实验小学	170797	122420	176	8164	362［438］	苏州市节水型学校；苏州市课本剧评比小学组一等奖；苏州市体育传统项目学三等奖；“印象@苏博” 画信活动优秀组织奖；苏州市中小学生合唱比赛二等奖
鲈乡实验小学	51236	25352	82	3783	188［212］	2019—2022年度苏州市体育传统学校；“十三五”第二批苏州市科学教育综合示范学校；苏州市毒品预防教育示范学校；第三批 “新时代苏州有效教学研究” 项目试验学校；苏州市中小学家庭教育课程优秀项目学校
思贤实验小学	45360	45618	63	2964	122［160］	第十九届华人少年作文比赛优秀组织奖；全国第六届中小学生艺术展演活动先进集体；中国关工委健体中心公益护眼试点学校；江苏教育援疆十大爱心支教后方单位；江苏省青少年科技教育先进学校；苏州市第七届小学生课本剧比赛参赛剧目《从现在开始》三等奖；苏州市第七届小学生课本剧表演比赛荣获组织奖；苏州市2019年 “给我最爱的老师” 教师节主题教育活动优秀组织奖；苏州市青少年电子制作比赛小学组综合团体一等奖；苏州市青少年电子制作比赛小学组太空探测器制作赛项目团体一等奖；苏州市青少年电子制作比赛小学组电路创新拼装赛项目团体一等奖；苏州市青少年电子制作比赛小学组太空探测器探测赛项目团体一等奖；苏州市青少年校园足球特色学校年度考核三等奖；苏州市节水学校；苏州市体育传统项目学校

（续　表）

名　称	占地面积（平方米）	建筑面积（平方米）	班级数（个）	学生数（人）	在编教职工数［专任教师数］（人）	主要荣誉
东太湖实验小学	46570	45124	14	594	21［32］	—
北门小学	5654	5678	18	837	56［52］	第十五届全国语文规范化知识大赛优秀组织奖；2019江苏省金钥匙·青少年人工智能竞赛优秀组织奖；苏州市儿童友好学校；苏州市关工委工作常态化建设巩固提高奖；第七届苏州市小学生课本剧表演优秀组织奖
松陵小学	14698	9187	30	1203	95［92］	—
八坼小学	25104	16660	32	1377	57［67］	全国青少年足球特色学校
山湖花园小学	83787	53524	125	5485	194［256］	第十五届全国语文规范化知识大赛优秀组织奖；全国第六届中小学生艺术展演活动先进集体；2019年江苏省金钥匙校园之间智力竞技活动优秀组织奖；江苏省第六届科普剧创作表演比赛三等奖；第七届苏州市小学生课本剧比赛表演一等奖、优秀组织奖、最佳人气奖；“引力播”第三届苏州市中小学生硬笔书法大赛优秀组织奖；2019年苏州市体育传统学校小学生组篮球比赛第二名；2019年苏州市青少年阳光体育联赛第五名；2019年苏州市中华经典诵写讲大赛二等奖；2019年苏州青少年园林实景文学创作大会优秀组织奖；苏州市第十四届“阳光少年(团队、家庭)评选活动十佳阳光团队；苏州市小学四年级整班学生钢笔字比赛二等奖
屯村实验小学	28481	26316	31	1317	57［67］	第十五届全国语文规范化知识大赛优秀组织奖
花港迎春小学	74916	49508	77	3510	87［148］	苏州市第七届小学生课本剧表演比赛组织奖
天和小学	38285	27845	50	2244	116［114］	—
长安实验小学	52542	30899	52	2291	85［111］	全国语言规范化知识大赛优秀组织奖；全国STEM教育种子学校；江苏省金钥匙科技竞赛先进学校；江苏省校园之间智力竞赛先进学校；江苏省优秀少先队集体；引力播书法比赛优秀组织奖；苏州市关工委工作常态化建设巩固提高奖

（续　表）

名　称	占地面积（平方米）	建筑面积（平方米）	班级数（个）	学生数（人）	在编教职工数［专任教师数］（人）	主要荣誉
同里实验小学	36935	16510	39	1721	66［78］	—
平望实验小学	49995	26860	60	2759	121［136］	全国第十五届语文规范化知识大赛优秀组织奖；苏州市第十一届“普通话、苏州方言、英语口语”比赛二等奖；2019年“平江杯”第四届灯谜艺术节活动团体电控小学组一等奖；苏州市2019年中小学生规范汉字书写比赛优秀组织奖；苏州市“引力播”第三届中小学生硬笔书法大赛暨规范汉字书写大赛优秀组织奖；苏州市第十一届“普通话、苏州方言、英语口语”比赛优秀组织奖
梅堰实验小学	25294	14070	31	1415	83［80］	全国第15届语文规范化知识大赛优秀组织奖；江苏省第六届科普剧汇演少儿组三等奖；苏州市六年级整班学生钢笔字比赛三等奖；苏州市“书香之班”评比“书香之班”；苏州市小学二年级整班铅笔字比赛一等奖；苏州市中小学生“中华民族一家亲，同心共筑中国梦”主题画信活动优秀组织奖；苏州市第三届“把苏州寄给TA”画信活动优秀组织奖
汾湖实验小学	68460	27028	46	2228	75［102］	全国语文规范化知识大赛江苏赛区组织单位奖三等奖；全国攀岩特色学校；江苏省开发区学校发展联盟会员学校；苏州市中小学生跳绳、踢毽比赛小学女子组2分钟双摇绳第四名；苏州市“市长杯”青少年足球联赛（小学女子甲组）总决赛二等奖、综合素质二等奖、道德风尚奖；华东师范大学教育学院教学实习与研修基地；苏州市“中国梦·我的梦”主题教育活动之“童心向党.歌声飞扬”歌咏比赛二等奖；苏州市第十四届“阳光少年”（团队、家庭）评选获评阳光团队；苏州市中小学生优秀社团评选活动（岩壁精灵攀岩社）“十佳小学生社团”提名奖；苏州市“引力播”杯硬笔书法比赛优秀组织奖；苏州市第十一届“普通话、苏州方言、英语口语”比赛一等奖；苏州市电子制作比赛综合团体一等奖；苏州市电子制作比赛小学组电路创新拼装团体一等奖；苏州市电子制作比赛小学组模拟机器人制作团体一等奖；苏州市电子制作比赛小学组太空探测器探测团体一等奖；苏州市电子制作比赛小学组智能寻轨器行驶赛团体二等奖；苏州市电子制作比赛智能寻轨器制作团体一等奖；苏州市电子制作比赛模拟机器人定点团体二等奖；苏州市电子制作比赛太空探测器制作团体一等奖

（续　表）

名　称	占地面积（平方米）	建筑面积（平方米）	班级数（个）	学生数（人）	在编教职工数［专任教师数］（人）	主要荣誉
芦墟实验小学	16110	8101	24	1098	65［67］	江苏省健康促进学校（银牌）；苏州市第二批民族团结进步创建示范基地；苏州市第二批语言文字工作规范化达标学校；苏州市健康单位（2019—2021）；苏州市第十一届“普通话、苏州方言、英语口语”比赛特等奖；苏州市第七届小学生课本剧表演比赛三等奖
莘塔小学	20828	9082	25	1197	51［55］	第十五全国语文规范化知识大赛优秀组织单位奖；中国陶行知研究会实验学校；江苏省足球后备人才示范学校；江苏省餐饮质量安全示范食堂；苏州市健康单位；苏州市第二批语言文字工作规范化达标学校；苏州市体育传统项目学校（足球）；苏州市“市长杯”青少年校园足球联赛（小学女子甲组）总决赛一等奖；苏州市“市长杯”青少年校园足球联赛（小学女子甲组）总决赛综合素质一等奖；苏州市“市长杯”青少年校园足球联赛（小学女子乙组）总决赛一等奖；苏州市“市长杯”青少年校园足球联赛（小学女子乙组）总决赛综合素质二等奖；苏州市青少年阳光体育联赛小学生足球比赛小学女子组团体第三名；苏州市青少年电子制作比赛小学组模拟机器人制作赛项目团体一等奖；苏州市青少年电子制作比赛小学组模拟机器人定点赛项目团体一等奖；“引力播”第三届苏州市中小学生硬笔书法暨规范汉字书写大赛优秀组织奖
黎里小学	26586	18375	34	1678	72［81］	—
北厍小学	27651	10865	40	1690	70［79］	“引力播”第三届苏州市中小学硬笔书法大赛优秀组织奖；苏州网校“爸爸，我爱您”主题教育活动优秀组织奖
盛泽实验小学	71357	29840	74	3418	156［182］	“全国教育系统先进集体”称号；江苏省“教海探航”征文竞赛优秀团队奖；江苏省第六届科普剧汇演创作表演奖少儿组三等奖；苏州市青少年电子制作比赛小学组机器人定点赛项目团体一等奖；苏州市少先队工作先进学校；苏州市“希望之星”暨星路风采英语大会江苏选区最佳组织学校奖；苏州市青少年电子制作比赛小学组机器人制作赛项目团体一等奖；苏州市第八届青少年电子技师比赛活动智PU智能电路设计小学高年级组综合团体二等奖；苏州市中小学生硬笔书法大赛暨规范汉字书写大赛优秀组织奖；苏州市少儿英语情景剧展演银奖；苏州市小学二年级整班学生铅笔字比赛三等奖

（续 表）

名 称	占地面积（平方米）	建筑面积（平方米）	班级数（个）	学生数（人）	在编教职工数［专任教师数］（人）	主要荣誉
吴绫实验小学	55318	12001	39	1797	48［79］	全国第十五届语文规范化知识大赛优秀组织奖；苏州市学陶、师陶、研陶工作先进集体；苏州市第二批语言文字工作规范化达标学校；2019年苏州市青少年电子制作比赛小学组模拟机器人定点赛项目团体一等奖
程开甲小学	36946	24903	49	2253	87［124］	全国第十五届语文规范化知识大赛优秀组织单位奖；江苏省青少年特色科学工作室；江苏省青少年科技创新基地；苏州市小学特色文化建设项目；苏州市“十三五”第二批苏州市科学教育综合示范学校；苏州市2019年青少年电子制作比赛“小学组模拟机器人制作赛”团体项目一等奖；苏州市2019年青少年电子制作比赛“小学组模拟机器人定点赛”团体项目二等奖；苏州市第三批“新时代苏州有效教学研究”项目实验学校
盛泽小学	31658	23324	59	2579	125［137］	全国第十五届语文规范化知识大赛优秀组织单位奖；江苏省第33届金钥匙科技竞赛中获省青少年科技教育先进学校；苏州市体育传统项目学校称号；苏州市青少年电子制作比赛小学组太空探测器探测团体一等奖；苏州市青少年电子制作比赛小学组太空探测器制作团体一等奖；苏州市青少年电子制作比赛小学组智能寻轨器行驶团体一等奖；苏州市青少年电子制作比赛小学组智能寻轨器制作团体一等奖；苏州市青少年电子制作比赛综合团体二等奖；苏州市青少年科普剧评比二等奖；苏州市青少年科普剧小学组铜奖；苏州市网校“爸爸，我爱您”主题教育活动优秀组织奖
绸都小学	35372	12930	55	2388	118［130］	全国第十五届语文规范化知识大赛优秀组织单位奖；全国青少年机器人技术等级考试2019年度优秀组织奖；苏州市2019年度“清明祭英烈”主题教育活动优秀组织奖；“引力播”第三届苏州市中小学硬笔书法大赛优秀组织奖；苏州市“市长杯”联赛中获二等奖（女子）；2019—2022年度苏州市体育传统项目学校；苏州家庭机器人比赛优秀组织奖
坛丘小学	18728	8741	35	1588	73［74］	—
南麻小学	29372	7487	32	1404	67［73］	苏州市语言文字工作规范化达标学校
七都小学	46910	21392	47	1953	97［99］	第十五届全国语文规范化知识大赛优秀组织奖；苏州市第十一届“普通话、苏州方言、英语口语”比赛一等奖；苏州市关工委工作常态化建设巩固提高奖

（续　表）

名　称	占地面积（平方米）	建筑面积（平方米）	班级数（个）	学生数（人）	在编教职工数［专任教师数］（人）	主要荣誉
震泽实验小学	73702	30886	60	2693	145［144］	全国第十五届语文规范化知识大赛“优秀组织单位奖”；江苏省2019年金钥匙·校园之间智力竞技活动“优秀组织奖”；苏州市第七届小学生课本剧比赛“优秀组织奖”；苏州市2019“集体的力量”青少年创新设计现场赛（1到无穷项目小学组）一等奖；苏州市2019“集体的力量”青少年创新设计现场赛（智造未来项目小学组）一等奖；苏州市第十一届“普通话、苏州方言、英语口语”比赛优秀组织奖；苏州市2019年生态环保主题绘画比赛“优秀组织单位”；苏州市第三届“把苏州寄给TA”中小学生画信活动“优秀组织单位”
桃源小学	11907	6240	18	773	40［45］	第十五届全国语言文字规范化知识大赛优秀组织奖；苏州市第二批语言文字工作规范达标学校；“引力播”杯苏州市中小学生硬笔书法大赛优秀组织奖
青云小学	19652	7668	18	736	55［54］	第十五届全国语文规范化知识大赛优秀组织奖；江苏省校外教育辅导站优秀活动项目和特色活动品牌二等奖；第六批江苏省红十字示范学校；苏州市民族团结进步创建示范基地；苏州市青少年电子制作比赛小学组综合团体二等奖；苏州市青少年电子制作比赛小学组模拟机器人定点赛团体一等奖；苏州市青少年电子制作比赛小学组模拟机器人制作团体一等奖；苏州市青少年电子制作比赛小学组电路创新拼装团体二等奖；苏州市节水型学校
铜罗小学	24866	23526	24	996	49［52］	“第十九届华人少年作文比赛”优秀组织奖；江苏省健康促进学校；苏州市第二批语言文字工作规范达标学校；苏州市第十一届“普通话、苏州方言、英语口语”比赛二等奖；“引力播”第三届苏州市中小学生硬笔书法大赛优秀组织奖；
特殊教育学校	13140	5032	16	189	30［29］	苏州市第二批语言文字工作规范达标学校

2019年吴江区各级各类公办学校情况一览表（四）

名　称	占地面积（平方米）	建筑面积（平方米）	班级数（个）	学生数（人）	在编教职工数［专任教师数］（人）	主要荣誉
实验幼儿园	41511	32888	66	2445	113［141］	苏州市优质幼儿园（苏州湾园区）；江苏省优质幼儿园（苏州湾园区）；苏州市“园本特色课程建设”评选一等奖（《“玩中学”项目活动〈走进古镇探同里〉》）；苏州市“园本特色课程基地”项目幼儿园；苏州市第二批语言文字工作规范化达标学校；华中师范大学教育学院教学实习与研修基地

（续　表）

名　称	占地面积（平方米）	建筑面积（平方米）	班级数（个）	学生数（人）	在编教职工数[专任教师数]（人）	主要荣誉
鲈乡幼儿园	16710	12403	34	1293	90［80］	苏州市语言文字工作规范化达标学校
思贤（机关）幼儿园	13338	12295	26	1025	39［47］	江苏省餐饮质量安全示范街（区）和示范店（食堂）；苏州市“园本特色课程建设”评选活动二等奖；苏州市第二批语言文字规范达标学校。；华中师范大学教育学院教学实习与研修基地
松陵幼儿园	13697	10625	21	804	34［41］	苏州市语言文字工作规范化达标学校
北门幼儿园	4200	3171	9	297	18［18］	苏州市语言文字工作规范化达标学校
八坼幼儿园	11418	8080	14	551	18［25］	苏州市语言文字工作规范化达标学校
菀坪幼儿园	8702	6658	16	523	14［26］	苏州市语言文字工作规范化达标学校
横扇幼儿园	25009	13102	26	977	22［45］	苏州市语言文字工作规范化达标学校
华泽幼儿园	11280	4935	4	118	5［8］	—
同里幼儿园	10809	9936	19	702	34［31］	苏州市语言文字工作规范达标学校
屯村实验小学幼儿园	12693	8185	16	533	26［23］	苏州市语言文字工作规范化达标学校
山湖花园幼儿园	23691	16022	40	1382	67［62］	苏州市语言文字工作规范化达标学校；江苏省优质幼儿园
长安实验幼儿园	9762	8189	18	705	37［34］	苏州市语言文字工作规范化达标学校
天和幼儿园	6887	5211	15	579	30［30］	苏州市语言文字工作规范化达标学校
花港迎春幼儿园	12823	10800	24	890	42［39］	苏州市语言文字工作规范化达标学校
平望幼儿园	36603	19669	28	962	57［57］	苏州市第二批语言文字工作规范化达标学校
梅堰幼儿园	15455	7468	17	591	30［29］	苏州市语言文字工作规范达标学校
汾湖实验幼儿园	17751	7939	24	786	40［39］	苏州市语言文字工作规范达标学校
汾湖实验小学幼儿园	11181	2166	9	287	17［15］	苏州市语言文字工作规范达标学校
芦墟幼儿园	8846	5649	15	523	30［26］	苏州市第二批语言文字工作规范达标学校
金家坝幼儿园	20314	9801	19	667	31［30］	苏州市语言文字工作规范达标学校
北厍幼儿园	18122	9550	23	775	40［36］	苏州市语言文字工作规范达标学校
莘塔幼儿园	8774	5893	18	613	30［29］	—
黎里幼儿园	15369	9105	24	744	32［29］	江苏省优质幼儿园（浦北分园）；苏州市第二批语言文字工作规范达标学校（本部园区）
盛泽实验幼儿园	22614	19766	35	1124	65［61］	苏州市第二批语言文字工作规范达标学校

（续　表）

名　称	占地面积（平方米）	建筑面积（平方米）	班级数（个）	学生数（人）	在编教职工数［专任教师数］（人）	主要荣誉
盛泽幼儿园	30674	20260	46	1566	75［71］	江苏省优质幼儿园（鼎方村园）
坛丘幼儿园	14448	7936	26	872	43［41］	—
南麻幼儿园	14429	11816	26	906	36［32］	苏州市语言文字工作规范化达标学校
七都幼儿园	22980	14506	32	1152	52［50］	苏州市语言文字工作规范化达标学校
庙港幼儿园	10407	4253	23	731	26［25］	苏州市语言文字工作规范化达标学校
震泽幼儿园	47273	23922	26	926	47［45］	江苏省优质园；苏州市“园本特色课程建设”二等奖；苏州市语言文字工作规范达标学校
八都幼儿园	13855	9428	15	502	29［28］	苏州市语言文字工作规范达标学校；苏州市2019年度健康村（社区）和健康单位
桃源幼儿园	7195	3382	12	410	21［20］	苏州市语言文字工作规范化达标学校
青云幼儿园	6674	4584	11	381	22［21］	苏州市语言文字工作规范化达标学校
铜罗幼儿园	9919	4084	15	521	21［20］	苏州市语言文字工作规范化达标学校

2019年吴江区各级各类公办学校情况一览表（五）

名　称	占地面积（平方米）	建筑面积（平方米）	全日制学历班		成人学历班		各类短训班		在编教职工数（人）	主要荣誉
			班级（个）	人数（个）	班级（个）	人数（个）	班级（个）	人数（个）		
松陵成人中心校	4929	2788	0	0	5	160	90	24572	15	全国优秀成人继续教育学院；江苏省优秀成人继续教育学院
汾湖成人中心校	26600	6900	16	497	9	153	369	94700	45	全国优秀成人继续教育学院江苏省“改革发展40周年40佳社教单位”，江苏省优秀成人继续教育学院
震泽成人中心校	26000	2800	1	21	4	238	408	41269	5	—
盛泽成人中心校	3195	2724	0	0	6	124	60	8500	4	苏州市创建优秀学习型街（镇）先进单位
七都成人中心校	6000	2200	0	0	6	267	50	5311	3	江苏省社会教育学习体验基地；苏州市健康单位；苏州市创建优秀学习型街（镇）先进单位
同里成人中心校	10120	2400	0	0	8	122	222	9419	6	苏州市创建学习型村（社区、企业）先进单位
平望成人中心校	2701	3040	0	0	2	82	87	6930	3	苏州市创建学习型村（社区、企业）先进单位
桃源成人中心校	6977	1150	0	0	5	99	430	58481	5	苏州市创建优秀学习型街（镇）先进单位

2019 年吴江区各级各类民办学校情况一览表

名　称	占地面积（平方米）	建筑面积（平方米）	班级数（个）	学生数（人）	在编教职工数［专任教师数］（人）	主要荣誉
北外苏州附校	102348	69139	4（高）	90（高）	33［17］	全国青少年校园足球特色学校；全国“外研社杯”中小学生英语大赛团体挑战赛总决赛一等奖；苏州市艺术教育特色学校；苏州市国际理解教育项目示范学校；苏州市环境保护主题绘画比赛优秀组织单位
			18（初）	430（初）	97［79］	
			37（小）	949（小）	125［106］	
苏州枫华学校	141035	64514	28（高）	765（高）	67［36］	—
			20（初）	486（初）	79［51］	—
			31（小）	764（小）	91［62］	—
青云实验中学	134500	99649	38（高）	1568（高）	184［173］	—
			73（初）	3006（初）	263［243］	—
存志外国语学校	35873	24196	14（初）	297（初）	68［54］	—
			11（小）	216（小）	37［27］	—
存志嘉德双语初级中学	46544	6555	6	64	24［16］	—
道尔顿学校	7921	12800	3（初）	67（初）	19［11］	—
			5（小）	67（小）	22［14］	
盛湖学校	27598	24420	35	1622	146［136］	—
盛泽佳诚初级中学	10919	8338	16	811	61［44］	—
泽新实验学校	43427	9625	14（初）	682（初）	57［45］	—
			24（小）	1245（小）	73［63］	
松陵江新小学	5448	3857	21	892	46［38］	—
松陵团结小学	5370	3971	29	1602	79［68］	“ICAA”国际少儿书画大赛中国区百佳美育名校；“西湖之春”国际少儿书画大赛优秀组织单位；“蜀星杯”全国少儿书画大赛书画教育先进单位
宏鸣可小学	4685	3135	11	576	30［25］	—
爱心小学	17316	11957	40	2132	119［90］	—

（续　表）

名　称	占地面积（平方米）	建筑面积（平方米）	班级数（个）	学生数（人）	在编教职工数［专任教师数］（人）	主要荣誉
齐心小学	8001	3579	15	730	40［32］	—
平望船民小学	9454	5319	14	662	45［33］	—
平望平南学校	7564	5110	15	685	42［30］	—
平望梅堰儒林四小	10000	3125	18	741	46［36］	—
芦墟高新小学	4390	2736	30	1409	69［60］	—
汾湖黎里友谊小学	14706	4604	18	860	47［37］	—
盛泽茅塔小学	13606	7267	30	1602	82［72］	—
盛泽革新小学	8406	8596	33	1727	93［73］	—
盛泽前进小学	6003	4260	21	1068	59［45］	—
盛泽思进小学	10413	7564	31	1446	68［64］	—
盛泽可以小学	10400	6415	29	1472	86［65］	—
盛泽育英小学	9735	5451	21	1085	67［63］	—
盛泽四海小学	6900	3858	12	508	34［25］	—
七都隐读小学	7000	4960	13	571	50［38］	—
震泽儒林三小	6540	3800	15	693	35［30］	—
震泽希望小学	10850	3246	12	474	33［23］	—
震泽立国小学	6499	2524	11	388	28［19］	—
桃源蒲公英思源小学	10526	5300	16	661	41［33］	—
吴江太湖国际实验学校	15000	4541	11	247	31［25］	—
格林幼儿园	4247	3037	14	306	61［33］	—
童博幼儿园	4354	2148	19	733	74［40］	—
奥清幼儿园	2483	2889	12	279	50［27］	—
维爵幼儿园	7708	6000	10	154	43［20］	—
青禾幼儿园	8000	6018	21	865	83［42］	—
北外苏州附校幼儿园	5157	4831	9	217	35［23］	—
太湖明珠幼儿园	6316	2771	11	218	50［22］	—
天虹丽湾艺术幼儿园	2627	1061	7	178	27［14］	—
英翰幼儿园	2970	1839	9	291	37［22］	—

（续　表）

名　称	占地面积（平方米）	建筑面积（平方米）	班级数（个）	学生数（人）	在编教职工数［专任教师数］（人）	主要荣誉
青禾橙家幼儿园	4000	2717	9	297	39［18］	—
红太阳幼儿园	3622	2149	12	425	48［24］	—
培德幼儿园	6800	9565	10	222	41［14］	—
青橙绿苑幼儿园	4502	2820	8	286	33［16］	—
英仑伟才幼儿园	3727	3548	9	357	36［15］	—
爱儿法幼儿园	4734	2615	10	389	41［20］	全国幼儿美术教学百佳幼儿园；世界华人幼儿创意美术教育成果一等奖
青橙溪源幼儿园	8733	9201	16	522	62［32］	—
华徽幼儿园	7961	8080	14	479	52［28］	—
仁德幼儿园	5400	3978	7	253	28［13］	—
艾尔顿幼儿园	7000	2165	8	105	35［18］	—
苏州枫华幼儿园	2520	1984	4	52	14［8］	—
睿思童幼儿园	3181	3531	7	235	28［13］	—
新世纪幼稚园	1399	1606	7	108	28［14］	—
德尔幼儿园	5000	3970	6	153	26［12］	—
盛泽新生幼儿园	1390	1957	7	198	29［14］	—
舜湖幼儿园	11231	6420	21	757	83［43］	—
盛泽东方花园幼儿园	2638	1597	11	340	43［22］	—
心语幼儿园	2852	1690	7	168	28［14］	—
新亚幼儿园	5850	3150	14	413	61［43］	—
博恒幼儿园	3500	2188	6	101	30［7］	—
沐恩幼儿园	4055	2800	9	244	34［18］	—
阳光天使幼儿园	2692	2158	12	499	46［25］	—

注：表一至表五及民办学校情况一览表的统计数据截至2019年9月。　（顾莹璆）

（本栏编辑　申乃刚）

公共文化

【概况】 2019年，区文体旅局继续贯彻落实《公共文化服务保障法》，开展2019年吴江区基层文化服务配送工作，包括文化讲座类47场、文艺演出类54场。举办基层文化管理员培训班，全区300余名基层文化管理员参加培训；开设全民艺术普及课堂，全年培训优秀文艺骨干1000余人次。推出“长歌·引吭——吴江博物馆馆藏南社社员书画精品展”等各类展览13个，吸引中外观众6万余人次。（刘 水）

【基层文化服务中心建设】 2019年，区文体旅局继续健全基层综合性文化服务中心创建标准体系和内部管理，举办第二期基层文化管理员能力提升培训班，完成全区300多名基层文化管理员的培训任务。开展首期基层文化服务配送工程，向基层配送文化活动和文化讲座101场。对全区2018年度创建的99个村(社区)综合性文化服务中心开展调研验收，下拨建设资金补贴990万元；重点推进44个村(社区)综合性文化服务中心建设，10月底实现全覆盖。（刘 水）

【文化品牌建设】 2019年，区文体旅局举办第六届吴江太湖文化节暨2019丝绸文化旅游节、长三角区域文化联动、“民星闪耀”等系列活动。完成“礼赞新中国 唱响新时代”吴江区庆祝新中国成立70周年歌会及爱国歌曲合唱比赛，“我和祖国共成长”庆祝新中国成立70周年征文、美术、书法、摄影展等系列活动。大力推进全民阅读创新，举办以“阅读，让生活更美好”为主题的大型阅读推广活动，“图书馆里的艺术课”入选市公共文化服务创新大赛特色活动类，“阅读齐步走”——未成年人阅读服务城乡一体化建设工程项目通过文化和旅游部验收。（刘 水）

【文化艺术创作】 2019年，区文体旅局出台《关于进一步加强吴江区基层文艺团队建设的实施意见》，修订《苏州市吴江区优秀文艺作品扶持奖励办法》，对19个优秀文艺作品实施扶持奖励，加快推进全区文艺创作繁荣发展。苏州弹词开篇《半条红军被》获第十八届全国“群星奖”入围奖。在第三届苏州市群众文化“繁星奖”中，吴江区获金奖6个、银奖7个、铜奖14个。区美术家协会4件作品入选第十三届全国美术作品展。（刘 水）

文化产业

【文旅项目扶持】 2019年，吴江区拨付文化产业及旅游项目

6月，苏州湾梦幻水世界开园　（钮泉娜　摄）

建设类扶持资金2134.6万元，支持一批文化企业转型升级，扶持小微文创企业做大做强。持续推进重点项目申报，2个项目获2019年度省级文旅产业发展专项资金600万元，其中由亨通文旅发展有限公司实施的“亨通苏州湾文化旅游一期”项目获500万元贷款贴息支持，为2019年度获省级资金支持额度最大的项目；如家小镇乡野趣乐部等8个项目获市级文化产业奖补资金535万元，6个丝绸企业项目获苏州丝绸新产品认定，5个文化项目获市文化产业贷款贴息扶持资金167.69万元，资金和项目数均位列苏州大市第一。诗淇服饰、山水丝绸获评2019年度市优秀新兴业态文化创意企业。（刘　水）

【项目建设】 2019年，亨通苏州太湖梦幻世界项目、苏州湾文化中心集散中心2个项目获评2019年度省级重点旅游项目，获评数量占苏州大市的三分之二；优质彩色双宫茧（绸）工艺文化产品开发项目等7个项目入选2019年度市文化产业重点项目。（刘　水）

【服务平台建设】 2019年，区文体旅局邀请全区8家优质文化企业携特色文旅产品参展第八届苏州创博会，综合展示全区文旅产业融合发展的最新成果，多项文旅项目、产品、IP形象通过创博会首次发布，获得广泛关注。响应“一带一路”*倡议，组织吴江7家本土文化企业抱团出国，携文旅精品参展2019年中国消费品（俄罗斯）品牌展。慈云、桑尚受邀参加第十四届泰国皇家孔雀丝绸博览会，受各方关注，获一致好评。华佳丝绸、桑尚、朴度参展2019第四届澳门国际文化艺术品博览会。举办“苏州文化旅游消费夜市吴江分会场”活动，组织19家文旅企业集中展示销售各类丝绸文创产品、文旅融合创新产品、优秀手工艺品和非遗美食，打造吴江区域文化旅游夜间消费特色品牌。组织5家丝绸企业集体亮相第二届长三角国际文博会，展示具有创意设计和非遗元素的吴江特色丝绸产品。有6个项目入选2019年度苏州“文化走出去”项目扶持。（刘　水）

文化遗产保护

【文物保护】 2019年，垂虹断桥入选第八批全国重点文物保护单位，广福村遗址、周宫傅祠、中和桥三处入选第八批江苏省文物保护单位，利字窑旧址等9处入选第八批苏州市文物保护单位，横扇保生堂药店旧址等11处入选第五批苏州市控制保护建筑。新认定黎里源兴油坊遗址1处不可移动文物。继续做好文物修缮工程的指导和监督，完成不可移动文物修缮方案审批15项（其中文物保护单位6项）、涉及文物保护单位的建设工程1项，跟进慈云寺塔、汪宅、三里桥等14个工程项目。吴江博物馆稳步推进新馆建设，配合新馆展陈需求开展资料和文物收集工作。（刘　水）

【非遗保护】 2019年，区文体旅局修订《苏州市吴江区非物质文化遗产保护专项资金使用管理办法》，吴江非物质文化遗产展厅启用。扶持奖励71名非遗代表性传承人。开展吴江非物质文化遗产系列活动，芦墟山歌入选2019中国原生民歌节。（刘　水）

【江南水乡古镇联合申遗】 2019年，区文体旅局（文物局）指导同里、黎里、震泽三古镇做好古镇联合申遗工作，继续推进申遗范围内文物维修、环境风貌整治工作。黎里完成诸葛家宅、德心堂项目，丁家弄丁宅、沈宅鸳鸯厅项目开始施工。震泽完成宝塔街中段危旧房屋改造方案设计，做好古镇内1923酒店项目的相关文物安全评估，开始周边建筑整治方案设计，推进公园提升方案前期准备工作。（刘　水）

【宣传普及】 2019年，区文体旅局（文物局）继续推进文化遗产宣传工作。出版《吴江文庙》《吴江古建筑测绘图集（2018）》，编印以“保护革命文物 传承红色基因”为主题的关于区内不可移动革命文物简介汇总的宣传手册。吴江博物馆推出“长歌·引吭——吴江博物馆馆藏南社社员书画精品展”等各类展览13个，吸引中外观众6万余人次。（刘　水）

文化市场

【行政服务】 2019年，区文体旅局制定本部门审批服务实施方案，对40项政务服务事项进行标准化建设，按照“集中受理，按职负责”原则，捋顺审批流程，落实“互联网+政务”服务新模式。严格执行营业性演出等行政审批事项会商会审，进一步规范演出市场，落实安全防范措施。全年办理行政审批334件，实现零投诉和零行政复议。（刘　水）

【文旅市场监管】 2019年，区文体旅局持续开展“文化旅游市场整治‘百日行动’”“扫黑除恶”“扫黄打非”等专项整治行动。全年出动执法人员5232人次，检查经营场所2164家次。立案34起，办结案件43起（包括办结往年案件9起）。依法查封扣押违法经营设备235件，处罚金23万元，案件涉及文化、出版（版权）、演出、旅游、无证场所等多个领域。（刘　水）

【安全生产管理】 2019年，区文体旅局出台《苏州市吴江区文体广电和旅游局安全生产责任制实施方案（试行）》，制定文体旅系统“防风险保安全迎大庆”实施方案，努力确保全年安全事故零发生。结合“双随机一公开”抽查、安全生产大排查、“安全生产月”等专项行动，将检查和宣传并重，营造风清气正、健康繁荣的文旅市场氛围。针对春节、五一、暑期、国庆节前等重点时段，制定旅游安全工作实施方案，组织各成员单位及区镇板块开展旅游安全联合检查，并强调隐患排查“回头看”和总体分析评估，全年累计出动执法人员200多人次，检查督查行业单位252家次，排查安全隐患102个。（刘　水）

【广电管理】 2019年，区文体旅局继续加强网络动漫和网络游戏市场管理，对本区互联网文化市场进行远程勘查，协调网信、公安等部门重点监测网络直播、网络游戏、网络文学等，对含有违法违规内容的及时封堵查处，进一步维护意识形态安全。切实做好中华人民共和国成立70周年期间广播电视安全播出工作，开展卫星地面接收设施专项整治，排查辖区内14家宾馆、酒店广播卫星电视使用情况，警告处置2则个人非法安装使用卫星接收设施行为。（刘　水）

融媒体中心

【概况】 2019年7月18日，吴江区融媒体中心揭牌成立，为公益二类、差额拨款事业单位，由原吴江日报社、吴江区广播电视台、吴江文化传播公司部分子公司整合而成，是吴江区委领导的新闻单位，与吴江传媒集团采用“两块牌子、一套班子”的管理体制，实行企业化管理。拥有报纸、广播、电视、网站、微信、移动客户端、户外阅报栏（屏）、户外广告等全媒体传播平台。（史　光）

【融合发展】 2019年，区融媒体中心以移动优先、业务倾斜、精简归并、指挥协同、融为一体为原则，加快“报台网微端”媒体资源整合，完成内设机构的重新设计，设置25个内设机构，实现真正意义上的融合，为苏州大市范围内首批挂牌、首家内设机构方案由编委会通过的县级融媒体中心。完成原吴江日报社办公场所搬迁，实现原吴江日报社与原吴江区广播电视台人员合署办公。以“媒体+”为突破点，打造“媒体+政务”“媒体+服务”的运行模式，成立融媒体中心公安局、吴江开发区分中心。（史　光）

【主题宣传】 2019年，区融媒体中心围绕区委区政府中心工作，推出“聚力长三角区域一体化”“推动高质量发展 促进民营经济再攀高峰”“扫黑除恶 吴江在行动”“聚焦企业关切 优化营商环境”“壮丽70年 奋斗新时代”“打造‘创新湖区’建设‘乐居之城’开创高质量发展新局面”等新闻行动，做好政府与百姓的传声筒，为区委、区政府中心工作完成和阶段重点工作推进营造良好的舆论氛围。以新中国成立70周年等重大事件为主题，策划推出《风雨五十载 华佳赢未来》专题片和《吴风越韵 大美吴江》宣传片。配合区委、区政府制作推出《智能工业》汇报片、《家在吴江》MV、《晚霞生辉的摇篮》《保护非遗项目 传承灯谜文化》等一系列作品。

（史　光）

【出版发行】 2019年，《吴江日报》继续为对开全彩周七大报，日均出版12版。《吴江日报》出版349期，总印数1296.64万份，发行5.1万份（包括《盛泽周报》）。吴江新闻网（包含“东太湖”论坛）日均点击约25万人次，“今吴江”App下载用户约13万，“刚刚新闻”App下载用户约8万，“融媒吴江”微信公众号粉丝约12万，“吴江微报”粉丝约10万，“东太湖”论坛注册会员近44万。

（史　光）

【精品创优】 2019年，区融媒体中心不断强化精品意识。在2019年第二十一届苏州新闻奖评选中，5件作品获得一等奖，7件作品获得二等奖。在2018年度江苏省优秀广播电视节目奖评选中，获省政府奖11件，其中有三件作品获省一等奖，两件作品获省二等奖，六件作品获省三等奖。与苏州台合作的《清溪河的“断”与“合”》获第二十二届江苏新闻奖。获苏州市政府奖56件，其中一等奖16件。《行看大运河》在第十二届中国旅游电视周旅游电视节目推选活动中获旅游专题类优秀作品。《痴心老外的中国情结》获25届中国纪录片学术盛典“短片好作品”。网络专题片《跨越四千公里来看你 时空隔不断的汉藏情》获国家新闻出版广电总局2019年“弘扬社会主义核心价值观 共筑中国梦”主题原创网络视听节目征集推选和展播活动非剧情类优秀节目。在做好创优工作的同时，继续做好对外宣传，2019年电视节目省台发稿近300条，广播节目省台发稿继续保持在第一方阵，电视节目被央视录用稿件12篇。

（史　光）

7月25日，网络文化节启动仪式暨东太湖论坛十周年主题日活动举办

（吴　斌　摄）

【技术创新】 2019年，区融媒体中心改变过去以报纸版面、电视广播时段为中心的新闻生产流程，按照“实战、实用、实效”原则，加快推进“融媒体中央厨房”建设，基于中央厨房建设，整合采编力量，推动报纸、电视、广播、网站、客户端在重大主题新闻生产中各环节的融合和重大主题报道在内部的融合，实现从记者线索获取、内容采集、生产初级新闻产品到编辑深加工、重新排列组合、生产出适应各种终端新闻产品，做到“一次采集、多种生成、全媒传播”。

（史　光）

【党建工作】 2019年，区融媒体中心以开展“不忘初心、牢记使命”主题教育为契机，紧紧围绕“守初心、担使命，找差距、抓落实”总要求，提出“作为一名党的新闻工作者，是否履行了新闻舆论工作的职责与使命，是否还有刚入职时的激情与梦想，是否比其他同志做得好”的“融媒三问”，建立“党委以上率下带领学、党委书记扛起责任带头学、一线党支部书记带动党员学”的“三带”模式，利用“学习强国”App建立“新闻采编学习组织”，加强研讨交流，将学习教育融入日常、严在经常。举办“不忘初心、牢记使命——好记者讲好故事”演讲活动，推出《我和我的祖国》MV快闪、《点赞吴江70年》H5等一批融媒体产品，扩大主题教育的传播力和影响力。（史　光）

【有线数字电视】 2019年，全区新增高清互动电视用户20861户，累计222967户；新发展有线宽带5086户，累计63322户，实现江苏有线吴江分公司数字电视缴费用户数204880户。1月，汾湖高新区（黎里镇）、平望镇获“有线智慧示范镇（街道）”认证，实现吴江区“有线智慧乡镇”全覆盖。完善“本地内容+”服务体验，完成智慧吴江融媒体平台二期建设工作。继续加强“平安吴江”建设，推进吴江区视频应用能力支撑平台建设，完成震泽村村通三期、吴江经济技术开发区（同里镇）富土社区技防改造等项目，新增监控点位6000余个，累计完成监控点位12000余个。拓展“智慧城市”建设内容与范围，完成苏州信息职业技术学院智慧校园建设项目与黎里古镇“智慧旅游”项目，实施汾湖新时代文明实践所的建设等任务。（盛　莉）

档案·方志

【概况】 2019年2月，全区机构改革，局馆分设，区档案局在区委办公室挂牌，区档案馆为区委直属事业单位。是年，全区档案方志工作顺利推进，吴江区档案馆获全省“百村万户”口述历史采集工作二等奖，受到省档案局、省档案馆表彰。在苏州档案文化精品评选活动中，区档案馆获组织奖，《吴江档案志》等多部成果获奖。“吴江数字方志馆”网站被评为吴江区第二届“互联网+”创新奖。3人获馆员资格，10人获助理馆员资格。（王来刚）

【档案监督指导】 2019年，在区委、区政府《关于做好苏州市吴江区机构改革中档案工作的意见》指导下，区档案局、档案馆推进涉改机关单位的档案处置工作，督查11家涉改单位的档案工作，有针对性地做好档案指导，确保机构改革中档案收集齐全、整理规范、归档完整、保管安全。9~10月，区档案局、档案馆对各区镇、区级103家单位进行2018年度档案工作年度评价。开展亨通光电重点项目档案专项指导验收，先后对开发区建设总公司、滨投集团、项目建设公司等企业进行上门指导。推动铜罗普慈寺、芦墟泗洲禅寺等宗教场所和松陵小龙果品专业合作社等农村专业合作社建档工作。在区实验小学幼儿园教育集团召开未成年人成长档案建设推进会，推广未成年人成长档案建档。（王来刚）

【档案安全保管】 2019年，区档案馆重视库房安全工作，开展馆库大楼检查和整改，完成监控系统改造。修订与新增16个业务制度，使档案收、管、用的各个操作环节均有章可循。加强库房安全保管，增置设施设备，开展日常巡查和专项巡查。全年接收上架5个单位移交的档案9953卷、9113件，整理地方志资料及报纸杂志408册。开展馆藏1987—1990年文书档案的划控鉴定工作，审查5983卷，初步确定开放4013卷。（王来刚）

【查档服务】 2019年，区档案馆查档窗口建设“学雷锋志愿文明服务岗”，进一步美化查档服务大厅环境，适应工龄档案查阅需求，进行电子化改造，添置设备，规范查档秩序。启动长三

2019年，市民查档　　（区档案馆　提供）

角一体化发展中的“异地查档”工作，起草《婚姻档案查询服务指南》等4份业务文件，推进苏州专窗建设，走在全市前列。接待查档9000多人次，查阅案卷35000多卷册，工龄查阅呈大增长的趋势。（王来刚）

【档案编研征集】2019年，区档案馆按照一年一鉴的要求，克服人手紧缺、供稿单位人员频繁调动等困难，编纂出版《吴江年鉴（2019）》。选印汇编《徐大伟文集》。做好社会档案资源征集工作，征集到散存在社会上和个人手中有地方特色、反映民生的档案资料1155件。开展城乡住户调查样本延续工作，接收账本120册。借助吴江通等网络平台发布档案征集启事，向社会各界征集反映和记录吴江地区发展变迁的影像资料、历史文献、档案资料等。征集全区重要会议、重要活动、重点工程等方面的电子照片5322张。开展馆藏抗战档案、乡村记忆档案资料专项征集工作，对馆内历史档案中涉及日军在吴江的统治等相关资料进行梳理、筛选，完成数字化扫描档案文件300多页。按照“百村万户”口述史采集工作要求，与开弦弓村合作开展口述历史采集，完成近百位村民的访谈任务。（王来刚）

【档案数字化】2019年，区档案局继续贯彻国家档案局9号令，加强对各单位档案信息化建设工作的宣传指导和监督检查。开展全区档案管理网络版和档案查阅场所延伸至乡镇的前期调研，向区大数据局申报集中式数字档案室项目。继续做好国家重点档案目录基础体系建设工作，7月中旬完成，报省档案馆。推进馆藏档案扫尾工作，启动开弦弓村档案、改制企业档案数字化项目。（王来刚）

【地方志】2019年，继续有序推进镇志、村志、部门志编纂工作，出版发行《垂虹桥志》，复审《吴江外事志》《吴江康力电梯志》《黄家溪村志》《吴江公安志》《吴江政法志》，校对《平望镇志》样稿，指导《盛泽镇志》《元荡村志》《七都镇志》编纂工作。修改完善《苏州扶贫协作和对口支援志》吴江部分编纂工作，内部汇编《使命——吴江扶贫援助和对口支援纪实》。组织拍摄《开弦弓村影像志》，做好协调和方案商讨。参加苏州方志办组织的《苏州纪事》《江苏重大基础设施工程图志》中吴江部分编写，修改校对《苏州志略》中的“市县区概况”和“古城古镇古村”的吴江部分。（王来刚）

【档案文化资源建设】2019年，撰写《长三角一体化背景下吴江工商业历史遗存建筑保护研究报告》，为区委、区政府决策提供参考。发挥档案方志资源作用，先后为吴江国土资源局布置“中国乡村——江村”振兴展示馆、区政府查找三高祠资料、区委组织部筹划展览、同里旅游中心举办澄湖图片展、开弦弓村编写《江村人家》、团区委录制《“音诗画”寻迹百年》节目等提供相关资料和意见。举办“国际档案日”系列宣传活动，在《吴江日报》上刊登《70年，唤起数代人的吴江记忆》宣传版面。在吴江人民剧院举办以“新中国的记忆”为主题的档案宣传咨询活动，为市民提供档案知识咨询服务的同时，向市民免费赠送乡土文化书籍。开展“壮丽70年，我的新时代”主题征文活动，选取12篇征文在“吴江通”微信公众号上刊登。提升文化平台建设水平，不断丰富“吴江通”网站内容，推动微信公众号建设，宣传吴江历史文化；打造吴江数字方志馆，完成1000多本吴江地情书籍的扫描挂接。（王来刚）

【长三角一体化示范区建设】2019年，区档案馆与上海市青浦区档案馆、浙江省嘉善县档案馆加强协作，签订长三角生态绿色一体化发展示范区档案工作合作协议，建立三地联系会议制度，共同探索研究示范区内的电子文件归档和电子档案“单套制”管理办法，加强三地档案文化资源的挖掘、整合与共享，用档案见证长三角一体化高质量发展。（王来刚）

（本栏编辑　申乃刚）

苏州市吴江区人民武装部

江苏省军区动员局副局长陈伟率省军区检查组对吴江民兵整组工作进行考核验收

2019年，区人武装部党委在苏州军分区党委和吴江区委、区政府的坚强领导下，坚持以习近平新时代中国特色社会主义思想为指导，深入贯彻党的十九大和十九届二中、三中、四中全会精神，深入贯彻习近平强军思想，深入贯彻新时代军事战略方针，坚持稳中求进工作总基调，高标准完成年度各项任务，人武部的全面建设排在苏州军分区第一方阵，2名干部受到江苏省军区通报表彰。

党管武装坚强有力。区委、区政府高度重视武装工作，区、镇两级党委、政府主要领导和分管领导经常深入武装部、村（社区）民兵营现场办公，解决困难和问题。区财政投入150多万元用于民兵训练基地基础设施改善。

政治工作扎实有效。坚持把学习贯彻习近平新时代中国特色社会主义思想和习近平强军思想作为主线，坚持把全面深入贯彻军委主席负责制作为根本，扎实开展“不忘初心、牢记使命”和“传承红色基因、担当强军重任”主题教育，深入推进“两学一做”学习教育常态化制度化，广泛开展庆祝新中国成立70周年系列活动。

练兵备战有效落实。认真贯彻新修订的军事训练大纲，抓实首长机关动员组织指挥训练，加强民兵分队能力建设，先后组织民兵应急分队、红缨导弹分队、抗洪抢险、工程抢修、通信骨干等应战应急分队集训8批870人次；对8个乡镇92个分队基干民兵整组工作进行了考核验收。

征兵工作顺利完成。征兵工作以提高兵员质量为根本，以“五率”考核为牵引，全过程抓规范，全要素抓质量，全方位抓监督，全人员抓廉洁，较好地完成新兵征集任务，大学生征集比例占83.7%。组织预定新兵开展役前训练，举办“奋斗青春·追梦军营”文艺晚会，召开欢送新兵大会。新兵入营后，派出2个组分4个方向对新兵进行回访。

国防教育全面覆盖。扎实开展国防教育进机关、进学校、进企业、进社区、进村屯、进家庭“六进”活动，播放国防教育公益宣传片3部、爱国主义教育影片70部，组织万人参加“吴江电信杯”全民国防知识竞赛，163篇稿件被《中国国防报》《中国民兵》等报刊杂志刊登，先后为20所学校15000多名学生进行军训。

区委书记、人民武装部党委第一书记王庆华了解03式自动步枪武器性能

区委常委、人武部部长刘峰走访慰问贫困户

区人武部政委郑立军慰问困难军属

吴江区欢送新兵大会

中共苏州市吴江区委员会党史工作办公室
苏州市吴江区档案馆

6月26日，全国地方志系统两全会议在吴江召开

10月30日，区委书记王庆华（左二）带领区委办第一党支部党员参观中共吴江党史馆

2月2日，区档案馆揭牌合影

2019年，区委党史办、区档案馆以创建苏州市文明单位为抓手，认真学习贯彻党的十九大精神，落实机构改革目标任务，各项工作有序开展。

一、围绕“四史”教育开展党史宣教工作。组织审读《中共吴江地方历史1978—2012》（第三卷）初稿，并聘请专家逐篇修改完善。组织开展吴江南下干部子女“重走南下路”红色寻根之旅活动，在《吴江日报》等媒体上进行报道。做好吴江革命遗址、遗迹图片和文字材料，以及党史教育基地申报材料的上报工作。协助有关部门完成《傲骨芙蓉春又回》稿件整理审核，发掘整理张应春等先辈事迹，整理编写《建党以来吴江二十件大事》。

二、加强监督指导，推动全区档案工作规范化。协助区档案局推进涉改机关单位档案处置工作，开展区镇和区级机关2018年度档案工作评价，加强对各单位档案信息化建设工作的指导和督查。上门指导滨投集团、亨通光网等企业档案工作，做好重点新建项目和技改项目的档案专项指导验收。继续开展区内宗教场所建档工作指导，推进松陵小龙果品、震泽家和蚕业等农村专业合作社建档工作，推广未成年人成长档案工作。

三、业务、安全并重，夯实档案馆基础。加强馆库安全工作，完成监控系统改造，增置设备，开展日常巡查和专项巡查。修订、新增16个业务制度，使档案各操作环节有章可循。依法接收上架档案9953卷、9113件，整理资料408册。开展馆藏1987—1990年文书档案的划控鉴定工作，初步确定开放4013卷。征集到《中华大地图》《觚剩》等社会散存的有地方特色、反映民生的档案资料1154件。继续开展城乡住户调查样本延续工作，接收进馆账本120册。进一步充实吴江

12月9日，长三角生态绿色一体化发展示范区档案工作暨长三角民生档案“异地查档、便民服务”项目推进会签约现场

7月30日，区委党史工办、区档案馆联合党支部换届选举大会——副馆长陈永康（左一）主持会议

7月30日，开展吴江南下干部子女“重走南下路”红色寻根之旅

电子图片库，征集到电子照片5000多张。开展馆藏抗战档案、乡村记忆档案资料专项工作，完成数字化扫描档案文件300多页。与开弦弓村合作开展“百村万户”口述历史采集试点工作，完成近百位村民访谈。

四、开发利用档案资源，服务经济社会发展。围绕中心服务大局，撰写《长三角一体化背景下吴江工商业历史遗存建筑保护研究报告》，为区委、区政府决策提供参考。协助有关部门举办“中国乡村——乡村振兴展示馆”，查找三高祠资料，整理改革开放后25条大事，提供澄湖图片展资料，协助编写《江村人家》《“音诗画”寻迹百年》。开展“学雷锋志愿文明服务岗”，热情细致做好接待工作，接待查档9000多人次，查阅案卷35000多卷册。启动长三角一体化发展中的“异地查档”工作。

五、保质保量开展方志地情书籍编写工作。有序开展志书编纂，出版发行《垂虹桥志》，复审《吴江外事志》《吴江康力电梯志》《黄家溪村志》《吴江公安志》《吴江政法志》，指导《盛泽镇志》等的编纂工作。组织拍摄《开弦弓村影像志》。编纂出版《吴江年鉴（2019）》。选印汇编《徐大伟文集》，编辑《吴江大事记》《吴江档案》。参加《苏州纪事》《江苏重大基础设施工程图志》《苏州志略》中吴江部分编写。在苏州档案文化精品评选活动中多项成果获奖。

六、加强宣传，提升档案方志影响力。“6•9”国际档案日期间，在《吴江日报》刊登宣传专版，借助媒体开展“壮丽70年，我的新时代”征文，现场举办主题宣传咨询活动。发挥“吴江通”网站、微信公众号宣教阵地作用，利用移动媒体打造吴江数字方志馆，将“无形资产”转化为现实“生产力”。

4月2日，区档案馆副馆长范红明带队开展口述史采集工作

6月20日，廉政教育参观看守所

11月28日，机关单位档案业务新规培训

6月10日，档案日送书活动

苏州市吴江区委政法委员会

9月29日，苏州市委常委、政法委书记徐美健到吴江督导大庆安保工作

2019年，全区政法系统认真贯彻落实中央和省、市、区各项决策部署，扎实开展“不忘初心、牢记使命”主题教育，积极宣传贯彻《中国共产党政法工作条例》，持续推进政法工作“四大建设”，党的绝对领导不断强化，政法工作质效不断提升，全区政法系统获评区级以上先进集体100个、先进个人178人次。

平安建设扎实有效。建立党政、公安“双专班”融合运行机制，圆满完成新中国成立70周年大庆、第二届“进博会”等114场高强度安保维稳任务，群众安全感实现五年五提升。吴江智慧小区平台上线运行，14个老旧小区技防改造任务完成，信息化立体化治安防控体系不断优化。成立“非诉讼纠纷解决分中心”“诉讼与非诉讼对接中心”，全市首个网格矛盾纠纷一体化解决平台建成推广，多元矛盾纠纷化解体系不断健全。

法治保障坚强有力。完成全市政法跨部门协同办案平台三期试点任务，协调推进全市重大行政决策规范管理标准化体系化试点工作。司法体制综合配套改革有序推进，建成全国首个镇级出入境分离点智慧大厅、全省首个公益诉讼网格指挥中心。聚焦营商环境提升，全面开展企业“法治体检”，建立民营企业司法容错机制，不断加大产权保护力度。

扫黑除恶战果丰硕。强力推进12个重点行业领域和非法金融活动专项治理，全区涉债涉贷类警情同比下降56.4%。结合“不忘初心、牢记使命”主题教育，就对黄赌毒和黑恶势力听之任之、失职失责甚至包庇纵容、充当“保护伞”问题开展专项整治。自专项斗争开展以来，全区累计摧毁“套路贷”犯罪团伙6个，侦破九类案由案件751件，抓获犯罪嫌疑人1213人，审结恶势力犯罪集团案件10件44人，查处涉黑涉恶腐败和“保护伞”案件9件18人，查扣冻涉黑涉恶资产4.22亿元。

网格治理持续攻坚。推进网格规范达标建设，基层网格编码与省标贯通，专业网格调整优化调整至136个并实现专业网格巡查“十统一”。持续完善“1+6+N”综合行政执法体系，优化调整第一批划转的行政处罚权，承接下放第二批158项处罚权。推进“一标三实”信息采集，核查标准地址140余万条，换发二维码门牌、楼牌37万副。创新网格化社会治理机制，“警格+网格”联动融合经验在全省交流推广。

政法一体化加速推进。政法各部门抢抓示范区建设的重大机遇，建立健全跨区域协同联动机制。实施重大活动联合保障，建立边界卡口合成作战机制，成立政法部门服务保障进博会专窗，设置进博会信访安置分流点，“护城河”作用充分发挥。区检察院勇闯新路，推动沪苏浙皖四省市在全国率先破解社区服刑人员请假难问题。

2月26日，吴江区“网格+警格”融合工作经验在全省创新网格化社会治理工作会议上交流

10月31日，吴江区非诉讼纠纷解决分中心、区法院诉讼与非诉讼对接中心揭牌

8月1日，青吴嘉三地检察院依托公益诉讼巡回快速检测站，对太浦河水源地进行联合巡防

苏州市吴江区发展和改革委员会

2019年吴江区重大项目集中开工仪式

2019年吴江区金秋重大项目集中开工仪式

2019中国·吴江投资贸易洽谈会暨创新发展一体化合作大会

2019年，区发改委在区委、区政府的正确领导下，深入学习贯彻党的十九大精神和习近平新时代中国特色社会主义思想，牢牢把握“一体化”和“高质量”两个关键，全力打造“创新湖区”、建设“乐居之城”，倾力铸就“三前三表率”党建品牌，激情燃烧、干事创业，不断推动吴江高质量发展快上新台阶。

抢抓时代机遇，前瞻性、系统性编制长三角一体化背景下的吴江区产业规划。拟订《吴江区建设长三角生态绿色一体化发展示范区实施方案》《吴江区长三角一体化发展2019年工作要点》，梳理推进70多项重点工作任务。组织申报2020年长三角一体化示范区中央预算内资金项目。

坚持项目为王，优化项目审批服务。1—12月，完成项目审批1137件，计划总投资684.52亿元。加速项目建设进度。全年，全区完成全社会固定资产投资582亿元，同比增长1.4%，总量在大市处于领先位置。严控产业用地出让。加大向上争取力度。获得中央及省补助资金4221万元，获批省级工程研究中心1个。

聚力创新转型，服务经济势头良好。全区实现服务业增加值934亿元，同比增长4.34%；占地区生产总值比重46.4%。完成服务业投资409亿元，完成服务业税收（全口径）180.37亿元，同比增长29.59%。召开2019吴江现代服务业推进大会，41个项目集中落户吴江，总投资110.98亿元。13家龙头骨干企业、2个产业集群入选省先进制造业和现代服务业深度融合试点名单，总量均居全省区县第一。

优化营商环境。出台《吴江区聚焦企业关切进一步优化营商环境实施方案》系列文件，持续激发市场活力。创新发展飞地经济。与泗阳签订《吴江泗阳产业合作园区合作协议》，为吴江高质量发展腾挪空间。启动吴江区“十四五”规划编制工作。明确区“十四五”规划前期研究重点课题，推进5大类36项前期重点课题研究。

增进民生福祉。协调推进东西部扶贫协作和南北挂钩合作，支援印江等地资金约1.5亿元，出台《苏州市吴江区推进基本公共服务均等化2019年重点任务》。深入开展安全生产大排查大整治。不断强化粮食和战略应急物资保障。

2019中国·吴江长三角区域合作洽谈会

2019吴江现代服务业推进大会

苏州市吴江区人力资源和社会保障局

5月20日，第二届大学生创业创意大赛在吴江举行，吴江区人社局副局长张峥（左一）为获奖者颁奖

7月12日，吴江区人社局副局长钱校良赴大连参加构建多层次工伤保险制度体系研讨会

2019年，区人社局认真贯彻落实中央和省、市、区一系列决策部署，勇当长三角一体化发展先遣队，在增进民生福祉、促进经济发展、推动区域融合上主动作为、开拓创新。获评全省人力资源社会保障系统先进集体、全区先进基层党组织。

安民富民，增进福祉。扎实开展“就业政策落实服务落地”等专项行动，全年为10941家企业审核稳岗补贴5814万元，其中发放3822万元；创新建立三级劳务服务体系，全年实现印江建档立卡人员在吴就业71人，培训2228人；举办“创响吴江”全民创新创业大赛等系列活动，吴江汾湖科技人员创业园暨留学人员创业园获评省级留学回国人员创新创业园；国家级人力资源服务产业园向区内企业输送用工4.1万人次。全区新增城镇就业2.16万人，城镇登记失业率保持在1.84%低位运行。

惠民利民，完善保障。全面推进社保体系融入苏州，调整工伤保险行业基准费率，居民养老保险缴费标准等政策跟通苏州；精准推进社会保险扩面提质，全区企业职工基本养老参保76.04万人，净增缴费2.85万人，新增被征地农民1917人纳入保障，职工社保缴费基数下限提高至3020元/月、被征地农民养老补助金提高至792元/月、居民基础养老金提高至480元/月；社保降费全年为企业减负8.26亿元。

引才聚才，厚植沃土。人才引进落户首次实现网上办理；优秀人才服务卡申领实现“不见面办理”；职称改革首次打通职业资格和职称互认通道；工程系列中级职称实现民营企业自主内评（亨通、博众）；发放人才资助5973.87万元；聚力打造“吴江国际精英创新创业洽谈会”“智汇吴江校园招聘”等六大引才平台，构建产才融合闭环生态；全区人才总量突破30万人，新增省“六大人才高峰”3人、江苏省“双创博士”5人；入选省“333工程”科研资助项目4项。全区技能人才总量21.3万人，新增江苏工匠1名、江苏省首席技师1名；新增苏州市高技能人才公共实训基地1家、苏州市技能大师工作室2家。

聚焦关键，促进和谐。吴江区被确认为全省和谐劳动关系建设综合试验区；和谐劳动关系“一镇一品”工程深入推

9月10日，区人社局局长张燕（右一）带队赴青浦区参与劳动关系协作推进会

9月11日，亨通集团（右三）被授予全国模范劳动关系和谐企业奖牌

10月12日，校园苏州日走进西安交通大学系列活动——活动签约

11月1日，吴江区人社局“不忘初心、牢记使命”主题教育一把手专题党课

11月7日，区人社局工作人员至梅石社区开展阳光人社政策宣讲进社区活动

11月14日，秀洲区、吴江区人力资源和社会保障合作协议签约仪式在吴江人社大厦举行

进，扎实开展农民工工资支付专项检查等行动，共清欠农民工工资1377.21万元。指导亨通集团获评“全国模范劳动关系和谐企业”“全省劳动人事争议优秀基层调解组织”。劳动仲裁申请实现长三角一体化受理。

融合发展，优化治理。主动对接长三角，与秀洲区人社局签订合作协议、举行“智汇吴江”长三角校园招聘等实现多领域信息共享、业务协办；结合“不忘初心、牢记使命”主题教育，开展“阳光人社·惠民助企”专项行动。深化政务服务改革，180项服务事项中，54项纳入区政务服务大厅一窗式受理，102项已在区镇基层平台受理。“吴江人社”微信公众号提档升级，与网络服务平台、自助一体机共同构建人社线上服务大网络。在各镇区人社服务网点建立社保卡专用服务窗口，个人首次申领与未开通金融功能的补换卡业务均可实现一键制卡、现场发卡。

2019中国创新创业大赛技术融合专业赛（激光和光通讯）——优秀项目路演

12月8日，“创响吴江”全民创新创业大赛颁奖典礼上获奖选手合影

苏州市吴江区自然资源和规划局

1月30日，苏州市吴江区自然资源和规划局挂牌成立

10月22日，国家林草局上海专员办一行到吴江开展森林督查

2019年，区自然资源和规划系统在区委、区政府和上级资源规划部门的正确领导下，立足“两统一”职责，顺应新形势、落实新要求，持续加压奋进，为“创新湖区”打造、“乐居之城”建设、高质量发展快上新台阶提供了坚实保障。

精致规划编制。聚焦“一体化”，借力顶尖智库，建立健全畅通的沟通争取通道和机制，争取未来吴江发展空间。围绕“多规合一”，以国土空间体系为基础，加快太浦河沪湖蓝带战略规划、汾湖高铁科创新城等规划编制，逐步构建“总体规划—详细规划—相关专项规划”三级国土空间规划体系。

精细节约集约。土地利用总体规划修改方案获省批准，实现“三优三保”专项规划全覆盖。持续推动以“三优三保”为主的土地综合整治，2019年累计完成拆旧7368亩、复垦6690亩，其中通过市级验收6415亩，完成率138%。全年盘活存量土地1.3万亩，其中异地盘活6415亩。

精进生态保护。通过三优三保、耕地占补平衡、增减挂钩等项目新增耕地9300亩。完成绿化造林722亩、森林抚育5484亩、更新或完善农田林网控制8307亩，分别超额完成苏州下达任务的44%、9.7%、3.8%。同里国家湿地公园通过国家验收。

精心为民服务。升级并运行不动产交易登记集成平台，在苏州大市范围内率先实现“一人一窗一网”运行模式。持续优化窗口设置，提高行政效率，常规不动产登记实现3个工作日内办结。2019年共办理不动产权证书11.49万份、证明5.28万份，其中“互联网+”不动产抵押登记1.4万份。

9月17日，江苏省自然资源厅调研长三角一体化座谈会

8月12日，吴江区委副书记、区长李铭调研吴江区自然资源和规划局

10月16日开展“不忘初心、牢记使命”主题教育活动

苏州市吴江区住房和城乡建设局

全区特色田园乡村建设试点工作现场推进会

督导建筑施工安全生产工作

2019年，区住建局在区委、区政府的正确领导下，以习近平新时代中国特色社会主义思想为指导，不忘初心、牢记使命，依托“助建360”党建品牌，服务大局，担当作为，高质量完成了全年目标任务。

行业监管扎实有效。通过A、B角审核和集体会商加强源头控制，健全标后管理联动机制，不断净化招投标市场生态。通过开展扎实的日常检查、监督、巡查，倒逼企业落实主体责任，提升工程质量。坚持从严监管不放松，安全隐患“零容忍”，对住建领域安全生产工作进行全面部署，加强风险管控，落实防范措施，严查违法违规行为，确保监管领域安全生产形势持续向好。会同各区镇、各相关部门，着重做好延期交房纠纷、民工工资和工程款纠纷、房屋质量、物业纠纷的调处化解。全年共处理信访676件，信访大厅接访415起，人数超4000人次，办理联动中心工单4085件。

城乡建设质量持续提升。严格执行绿色建筑发展法律法规，实行全过程动态监管，全面完成13个省级建筑节能引导资金示范项目验收工作；装配式建筑超额完成指标任务。统筹协调推进海绵城市建设，完成5个工程，另有22个海绵城市项目在建设中。有序推进以长漾特色田园乡村带和同里农文融发展区为重点的“中国·江村”示范区建设，成功创建2个康居特色村和71个三星级康居乡村，区住建局获评“苏州市特色田园乡村建设先进集体”；不断加强城镇基础设施建设，全年完成项目137项，完成投资额34.14亿元，4个项目入选苏州市美丽城镇建设优秀示范项目。

人防建设纵深推进。认真开展专项整治，在苏州大市范围内，率先完成人防工程易地建设费减免缓催缴工作，涉及13个项目；稳步推进人防工程建设，2019年新立项工程23个，新开工工程37个，新竣工工程23个；全面开展人防工程维护管理，确保人防工程合法、安全使用；持续推进疏散基地和疏散地域建设，进一步完善城市综合防护体系。

民生保障更加有力。坚决贯彻房地产市场调控政策，以市场为主、保障为辅，监督管理和指导服务两手抓，努力保持全区房地产市场健康稳定发展；积极推进住房保障家庭租赁补贴申请审批工作，狠抓乐居工程推进，完成全区新开工棚户区危旧房改造安置住房1060套（户），基本建成棚户区危旧房改造安置住房98套（户），发放住房租赁补贴233户；统筹推进老旧小区综合整治提升工程，全年综合整治小区47个，总建筑面积114.8万平方米，受惠居民18277户，总投资4.24亿元。2019年吴江区老旧小区综合整治提升工作获评第二届“吴江十大民心工程”项目。

召开全区工程建设领域安全生产暨根治欠薪工作会议

参加全市住建系统庆祝新中国成立70周年主题歌会

开展住建系统一线岗位职工“红色工匠”职业技能竞赛

苏州市吴江区城市管理局

江苏省县域综合执法体制改革培训会

苏州市综合行政执法体制改革现场会

餐厨废弃物处置项目获评吴江十大民心工程

2019年，区城管局全面落实区委、区政府部署要求，牢固树立“精益求精、满意城管”工作理念，紧扣高质量和一体化发展目标，努力践行“两勇一快”火热实践，积极投身城乡乐居品质、全国文明城市创建、污染防治攻坚等重点工作，全力推进垃圾分类、“厕所革命”、停车便利化等民生实事工程，为吴江深度融入长三角生态绿色一体化发展创造良好环境。在2019年度市级考核中，吴江区位列6区第二。区城管局获评2019年度综合考核优秀区级机关部门。

综合行政执法改革保持领先。区城管局被确定为省人大常委会20个基层立法联系点之一，是全省城管系统及县级行政执法机关中唯一入选单位。江苏省县域综合执法体制改革培训会、苏州市综合行政执法体制改革推进会在吴江召开，推广吴江改革经验。以“三治”为引领，统筹推动建成区5年违法建设治理、“散乱污”整治等，从严管控新增违建，全区累计完成治违拆旧14233亩，完成率142.3%。

创新三项机制、开展五项整治。创新建立城市管理“路长制”、市容环卫责任制、“城警联动”协作制三项长效机制，扎实推进户外广告、乱涂乱贴、人行道和非机动车道护栏隔离设置、店外作业经营、占道亭棚等五项专项整治行动，一批市容秩序突出问题得到有效解决，城市环境面貌大为改观，圆满完成文明城市测评迎检各项任务。

生活垃圾治理举措过硬。全年新增生活垃圾分类小区132个，居民小区分类覆盖率达到100%。建成四分类小区85个。完成松陵街道和江陵街道2个垃圾分类片区建设。建成投运餐厨废弃物处理厂，项目获评吴江十大民心工程。完成生活垃圾焚烧扩容建设项目前期工作，具备开工条件。基本完成全区7个受控（简易）生活垃圾填埋场整治。高质量发展考核“垃圾分类集中处理率”获全市第一。

推进农村人居环境整治。完成84个行政村的垃圾分类就地处置，新建农村易腐垃圾处理站4座，扩建1座，全区总数达44座，农村生活垃圾分类处置实现全覆盖。完成777座垃圾房（池）改造，完成76座农村公厕新（改）建任务。推动制定深化农村“厕所革命”三年行动方案。

市政设施提档升级。完成88626盏路灯LED节能改造，其中近5万盏完成单灯智能控制改造，全年全区路灯电费减少约1830万元，上线区级城市照明信息管理平台，建成国内规模较大的低功耗广域网智慧路灯网，被《人民日报》予以刊登报道。与江苏省警官学院合作建立“产学研”创新实验基地，全年新增公共停车泊位5979个，完成信息化改造7774个，上线运行“乐泊吴江”停车系统。完成新（改）建公共卫生间40座，公共自行车站点建设52个。

垃圾房（池）改造

生活垃圾四分类小区的智能垃圾房

农村公厕新（改）建

苏州市吴江区交通运输局

2019年，区交通运输系统认真贯彻落实区委、区政府各项决策部署，紧扣“一体化”和“高质量”两个关键：

交通工程建设取得新进展。苏台高速及沪苏湖、通苏嘉等两条高铁加快推进前期工作。康力大道开工建设。同里北联农业产业园连接线工程、605省道吴江同里至黎里段改扩建工程、八坼大桥路改建工程、松陵大道综合交通枢纽等项目顺利完成年度目标。

民生服务水平再上新台阶。长三角一体化公交互联互通项目荣获第二届吴江十大民心工程奖。全区新增公交线路9条、调整18条次。114辆节能环保型公交车完成招标采购程序。新改建城乡公交候车亭109个。省政府授予吴江“四好农村路”建设省级示范县称号，长漾滩环线道路项目稳步推进。

行业治理能力又有新提升。推行行政服务创新举措4项，办理政务服务事项14万余件。处理各类水上交通事故230起，同比下降7.3%，水上搜救率和成功率达100%。交通干线沿线绿化及环境整治考核排名位列全市第二名，524国道八坼段再次入选苏州“十佳集镇段”。8个区镇港口码头综合整治全面通过验收。依法取缔非法码头和“散乱污”持证码头238个，清退岸线17公里。推进超限治理联合执法常态化、制度化，辖区超限率压降至0.8%。

运输行业转型呈现新亮点。3条“三检合一”的货车检测线正式启用。全面实施普通货车省内异地检测和异地年审。全面落实总质量4.5吨及以下普货车辆道路运输证和驾驶员从业资格证的取消工作。县、镇、村三级农村物流体系基本建成。

4月24日，区政协领导屠福其、沈向东、肖仲伟、王玉英一行来到区交通运输局、同里北联村农业产业园连接线工程现场，调研区交通运输工作

5月17日，中国铁路总公司发改部改革处处长刘大富带队赴吴江，就沪苏湖铁路苏州南站、盛泽站站城融合开发、投融资模式创新等方面进行专题调研

6月12日，吴江铜罗至嘉兴新塍定制公交专线（吴江7617路）开通仪式在新塍镇举行

8月1日，省交通运输厅党组成员、副厅长，省铁办副主任丁军华一行到吴江区专题调研铁路建设，现场踏勘了通苏嘉甬铁路吴江段

11月4日，长三角一体化生态绿色发展示范区区域公交正式投运

12月12日 吴江区“四好农村路”示范县成功创建

苏州市吴江区文体广电和旅游局

1月31日，苏州市吴江区文体广电和旅游局正式挂牌

4月19日，第六届吴江太湖文化节暨2019丝绸文化旅游节开幕

2019年，根据《苏州市吴江区机构改革方案》，将吴江区文化广电新闻出版局、吴江区体育局、吴江区旅游局等整合，组建吴江区文体广电和旅游局，对外保留吴江区文物局牌子，作为区政府工作部门。

一年来，吴江区文体广电和旅游局以机构改革为契机，以融合发展为主线，切实推进文体旅事业高质量发展。全区体育彩票销量全年超4亿元，列全省县（市、区）第8。全年累计接待国内外游客2769.95万人次，实现旅游收入308.47亿元，分别同比增长8.09%和8.34%。

24个在建重点旅游项目全年完成投资34.34亿元，亨通苏州太湖梦幻世界项目、苏州湾文化中心集散中心2个项目获评2019年度省级重点旅游项目。全区村（社区）综合性文化服务中心实现全覆盖，建成并启用“吴江文旅（上海）展示中心”，新增健身步道39公里。初步完成《吴江区大运河文化带建设总体规划（2019–2035）》。成功举办第六届吴江太湖文化节暨2019丝绸文化旅游节、长三角区域文化联动、“民星闪耀”等系列活动；组织好区第十三届体育运动会，开展各类群众体育赛事500余项次；举（承）办“同里杯”中国围棋天元赛、四国青年男篮赛、汾湖国际攀联世界杯攀岩赛、环太湖国际公路自行车赛等10余项重大赛事；筹办中国吴江美食小吃展暨农副产品联展等活动。苏州弹词开篇《半条红军被》荣获第十八届全国“群星奖”入围奖，垂虹断桥入选第八批全国重点文物保护单位，吴江图书馆再度荣获“江苏省文明单位”，区体校运动员在市级及以上赛事共获30金、27铜、21银，境外卫星电视传播秩序专项整治工作获省级表彰。体育工作成效显著，荣获2019年江苏省县级体育工作先进单位；人才建设持续发力，向省队、省体校输送运动员3人，姑苏旅游领军人才获评1人。

10月13日，2019第十届环太湖国际公路自行车赛吴江太湖新城绕圈赛在苏州湾举行

8月25日—28日，2019梅沙教育全国青少年帆船联赛苏州吴江站在东太湖举行

10月18日，吴江区第十三届体育运动会开幕

苏州市吴江区审计局

4月24日，召开政府投资项目协审工作会议

7月18日，开展“清风君鲈乡行”观览暨党建强审主题活动

9月18日，召开“不忘初心、牢记使命”主题教育动员部署会

2019年，区审计局在区委、区政府的正确领导下，以习近平新时代中国特色社会主义思想为指导，深入贯彻落实党的十九大和十九届二中、三中、四中全会精神，坚持稳中求进工作总基调，突出创新发展理念，紧紧围绕上级审计机关要求和区委、区政府中心工作，提质增效抓管理，从严治党抓队伍，以高质量审计服务吴江高质量发展走在前列。

2019年共开展国家审计项目26项，查处违纪违规及管理不规范金额37.8亿元，移送处理事项4项；开展固定资产投资审计321项，送审金额89.37亿元，审定金额80.29亿元，节约财政建设资金9.08亿元。审计报告获区领导批示4次，1个审计项目获评苏州市审计系统优秀审计项目，区审计局获评2019年度优秀区级机关部门。

扎实推进审计全覆盖，充分发挥审计监督职能。同级审紧紧围绕落实新预算法要求，全面掌握各部门预算执行状况和管理水平，推动加强预算刚性约束；开展清理拖欠民营企业中小企业账款专项审计调查，及时梳理汇总关于减税降费政策落实情况的阶段性审计成果；抓好政府性债务管理政策贯彻落实情况跟踪审计，推动防范化解地方政府隐性债务风险工作，确保完成隐性债务化解目标任务；围绕乡村振兴战略，以“政策”和“资金”为主线，深入揭示乡村振兴相关政策措施落实不到位问题，提高涉农资金使用绩效，维护农民切身利益；做好领导干部经济责任和自然资源资产离任审计，推动规范权力运行，促进领导干部履职尽责。

狠抓审计整改，促进审计成果运用。构建多层次整改联动机制，同级审整改形成“人大督促、政府协调、部门联动”三级促改链条。为加强审计整改督促管理，出台《吴江区审计整改工作实施办法》《吴江区审计局审计发现问题整改销号办法》，2019年开展审计整改“回头看”专项行动，审计查出问题整改落实情况纳入机关部门年度考核内容，进一步推动审计整改取得实效。

落实主体责任，强化党风廉政建设。以整治形式主义和官僚主义为重点，持之以恒纠正“四风”。积极用好监督执纪的“第一种形态”，全年开展谈心谈话46人次。开展经常性纪律教育和意识形态教育，通过“一把手”上廉政党课，签订廉政责任书和意识形态承诺书，组织党员干部赴嘉兴南湖、周恩来纪念馆开展红色足迹主题党日活动等多种形式，夯实审计干部思想根基。结合“清风行动”和集中整治形式主义、官僚主义专项行动的开展，组织全局审计干部认真开展自查自纠，进一步推动全局党风廉政建设。

9月29日，推行“一线工作法”提高法制审理工作效率

12月4日，国家宪法日，送法进社区

12月23日，赴贵州开展扶贫审计现场

苏州市吴江滨湖投资集团有限公司

10月10日，度假区党工委委员、管委会副主任吴云为（左二），滨投集团党委书记、董事长张中军与商户代表为流虹缤纷荟开业剪彩

7月25日，“苏州湾大剧院管理公司合资成立暨苏州湾大剧院委托管理”签约仪式

2019年，苏州市吴江滨湖投资集团有限公司深化“湾区先锋，奋斗楷模”党建品牌创建，通过开展“奋斗·理想”商户共建主题交流活动、“滨投之星”评优、“不忘初心，守忠诚”主题红歌快闪等融入式党建特色创新活动，以及水秀天地第二届荧光夜跑、第二届旗袍文化周、苏州湾旅游区大黄鸭嘉年华等特色文旅活动，助力企业转型高质量发展，助推吴江经济文化繁荣。

7月5日，南厍e村示范区首个民宿项目白相里·南厍绿水人家正式对外营业，运营品质得到社会各界认可，获评2019年度苏州市村镇建设优秀示范项目，助力吴江打造特色田园乡村样板。

7月25日，滨投集团联合华人文化集团公司合资成立苏州湾大剧院管理公司，携手打造长三角一体化文化标杆项目，助推吴江文化产业发展。

10月10日，继联杨缤纷荟后，吴江第二个新型社区商业流虹缤纷荟正式启用，滨投集团“缤纷荟”系列产品线也于当天正式发布，开启品牌化发展模式。11月30日，秋枫缤纷荟开业，为苏州湾首个创新型智慧菜场。缤纷荟系列项目满足了市民“菜篮子”和社区服务需求，成为吴江智慧菜场典范，广受市民好评。

10月18日，滨投集团首个纯住宅项目缤纷桃李花园开盘，在吴江首次采用区块链摇号选房系统，引领吴江区块链摇号新模式。

7月5日，滨投集团副总经理李民、王丽英、（左二、左三）为南厍e村示范区首个民宿项目白相里·南厍绿水人家开业剪彩

4月20日，水秀天地第二届荧光夜跑

10月18日，缤纷桃李花园开盘——选房等候区

古镇风景图

黎里古镇

4月26日，举行2019苏州黎里梨花文化节开幕仪式

4月26日，苏州徐悲鸿艺术馆举行开馆仪式

9月18日，长三角一体化跨省文旅专线首发黎里

11月11日，举行纪念南社成立110周年南社文化交流会开幕式在黎里举办

中国历史文化名镇黎里古镇形成于南宋，至今已有近900年历史。现区域总面积61平方公里，辖11个行政村和3个社区。古镇核心区内现存明清民国建筑近18万平方米，积淀着宋、元、明、清和民国众多的历史遗存，如柳亚子故居、端本园、鸿寿堂等各类国家、省、市级文物保护和控制单位56处。以“丁”字形市河为轴，一河两街115弄堂呈鱼骨状布局，始建于元代的古市河东西向延伸近2公里，横跨着12座古桥，保存着250余座河埠头，镶嵌着254颗缆船石。2018年12月，古镇创建成为国家4A级旅游景区，被费孝通先生誉为“水乡明珠”。

黎里古镇保护开发工程自2012年启动以来，已完成总投资18亿元左右。现古镇核心区三期工程完成，端本园恢复工程、周宫傅祠修复工程、古镇展示中心、揽桥荡生态公园、代代传承小戏台、基金小院等一批重点工程建成投用，以形态修复打造江南水乡古镇风貌初显成效，入选“中国十佳村镇漫游地”。中国锡器博物馆、六悦博物馆、徐悲鸿艺术馆等相继开馆迎客，与联合国教科文组织共建“教科文创意小镇”实现合作签约，水岸寒舍、梨花建国等酒店、餐饮配套逐渐完善，以业态导入推进文旅融合发展。不断深挖古镇弄堂文化、古桥文化、廊棚文化、缆船石文化、红色文化等文化内涵，以文化培植不断推进历史民俗文化传承和创新，成功获评中国历史文化名镇。同时，借势借力一体化发展擦亮“古镇名片”，长三角一体化跨省专线首发黎里，长三角自驾游、画家黎里采风、五客汇黎里等活动成功举办，并荣获“中国最具魅力研学旅游目的地”称号。

下一步，黎里古镇将紧抓长三角生态绿色一体化发展示范区先行启动建设的重大机遇，发挥国家4A级景区效应，推动长三角古镇群落文化休闲和旅游资源的联动开发，全力构筑江南水乡古镇生态文化旅游圈，建设国际生态文旅示范小镇，成为“江南水乡文化品牌”建设的师范生与先遣兵。

12月14日，举行黎里古镇“口述史”项目启动仪式

吴江经济技术开发区（同里镇）

6月27日，吴江开发区召开庆祝中国共产党成立98周年表彰总结大会

11月30日，吴江开发区与恒力集团、江苏省建集团签署合作开发协议

吴江经济技术开发区地处长三角核心位置，东临上海，距虹桥机场45分钟车程，南近杭州，西濒太湖，北接苏州主城区。吴江开发区成立于1992年，2010年升级为国家级经济技术开发区，目前代管同里镇和江陵街道，行政区总面积176平方公里，总人口50万人，共20个行政村、19个社区。2019年，吴江开发区完成地区生产总值505.8亿元，一般公共预算收入60.4亿元，工业产品销售收入1607亿元，全社会固定资产投资135.7亿元，注册外资3.9亿美元，到账外资2.83亿美元，进出口总额140亿美元。2019年度在全国219个国家级开发区综合考评中位列第34位，其中，进出口总额排名跻身全国十强；在全省115个开发区综合考评中位列第14位。

12月11日，吴江开发区“崇本”党建品牌启动

9月18日，省委常委、苏州市委书记蓝绍敏在吴江会见了京东方科技集团股份有限公司董事长、执行委员会主席陈炎顺

10月25日下午，区委副书记、区长李铭带领区发改委、文体旅局、资规局、城管局、商务局等部门负责同志，到吴江开发区调研，区委常委、吴江开发区党工委副书记范建龙陪同调研

作为苏州南部现代新城区，吴江开发区目前已落户优质工业生产型企业2000多家，累计合同利用外资130多亿美元，实际利用外资近百亿美元，注册内资500多亿元，成为中国沿海地区最佳投资地之一。落户企业中有英格索兰、卡特彼勒、GS、加德士、NEC、SK等近20家世界500强企业，128家美国、日本、韩国等地上市上柜企业，以及30多家国内主板上市企业在这里布局生产、研发基地。总投资超1000万美元企业400多家、超1亿美元企业50多家。吴江开发区已成为国内重要的电子信息产业基地和智能装备产业集聚区，被评为"中国十大活力开发区""中国最具投资吸引力开发区""国家新型工业化产业示范基地"和"中国机械装备产业基地"、长三角G60科创走廊工业互联网标杆园区。区内拥有众多国家级平台：国家级科技企业孵化器——吴江科技创业园，国家级综合保税区——吴江综合保税区，国家历史文化名镇——同里古镇，国家级现代农业产业园——吴江国家现代农业示范区，国家级湿地公园——同里国家湿地公园。

当前，吴江开发区正围绕打造区域发展的强劲增长极、建设乐业乐居的美丽南苏州，以"一路一河一湾一谷一区"五大功能载体为重点，全力以赴推动高质量发展，奋力迈进国家级开发区第一方阵，勇当全国智能制造的示范、农文旅融合发展的示范以及改革开放的新高地。

4月18日，同里古镇保护管理委员会举办"我和我的祖国——唱响同里"大型歌曲快闪活动

9月10日，吴江区融媒体中心开发区分中心举行揭牌仪式。区委常委、吴江开发区党工委副书记范建龙，区委常委、宣传部部长刘伟出席活动并揭牌

8月20日，江陵街道议政代表会成立暨第一届议政代表会第一次会议召开

江苏省汾湖高新技术产业开发区（黎里镇）

汾湖高新区，地处江浙沪“两省一市”交汇的黄金腹地、长三角核心位置，是在省级汾湖经济开发区的基础上，于2012年8月经省政府同意更名设立的省级高新区，与黎里镇实行“区镇合一，以区为主”的管理模式。区域面积258平方公里，下辖4个办事处（含黎里古镇保护开发管理委员会）、48个行政村和9个社区，户籍人口14.3万人。2019年11月1日，由国务院批准正式确立为长三角生态绿色一体化发展示范区先行启动区。

现有各类企业3000余家，包括永鼎股份、康力电梯、东吴水泥、法兰泰克、大峡谷光电等上市上柜企业5家，固德电材、华尔美特、太湖电工等新三板挂牌企业18家，以及国家级众创空间3家。先后被评为中国历史文化名镇、国家级卫生镇、全国改革发展试点城镇等，成功获批国家火炬超高速节能电梯特色产业基地、国家知识产权试点园区、省级高端装备制造业特色产业基地等，国家级科技企业孵化器汾湖科创园成为吴江首个国家“级海智计划”工作基地。

2019年，完成地区生产总值304亿元，同比增长6.5%；工业总产值700亿元，同比增长1.9%；工业开票销售收入715亿元，同比增长2.7%；全社会固定资产投资73亿元，其中工业投资20亿元；注册外资1.1亿美元，到账外资1.4亿美元，进出口总额14.4亿美元。

1月4日，省委书记娄勤俭就推进长三角区域一体化发展战略在汾湖调研

2月21日，省委副书记、省长吴政隆就长三角区域一体化发展战略调研汾湖

5月3日，2019国际攀联世界杯攀岩赛在汾湖举行开幕仪式

3月6日，黎里至青浦、嘉善跨省公交正式开通

汾湖全景图

6月27日，“三地六镇”联合成立的“吴根越角”党建生态圈启动仪式在汾湖举行

7月11日，2019苏州国际精英创业周吴江·汾湖分会场举行

“五镇一区”团组织联合打造“河小青”志愿联盟启动仪式在汾湖举行

国家战略开启新征程，康力大道东延工程建设、跨省公交专线互联互通、“吴根越角”党建生态圈创建等各项推动一体化发展工作进展顺利。创新引领构筑新优势，国家技术转移东部中心汾湖分中心、合兴食品、维捷（苏州）三维打印等一批重点项目相继签约落户、开工建设、竣工投产，以英诺赛科为代表的新型半导体产业蓬勃发展。生态治理拓展新空间，大力开展“三治”“三优三保”等各类专项整治，拆除“散乱污”建筑面积18.8万平方米，盘活存量土地1010亩。城乡环境展现新风貌，沪苏湖、通苏嘉甬两条高铁规划有序对接，汾湖文体中心等城市配套设施进一步完善，杨文头等美丽乡村建设顺利推进，黎里古镇获评“中国最具魅力研学旅游目的地”。民生实事提升新幸福，10项民生实事工程扎实推进，中高考再创佳绩，紧密型医联体向纵深发展，国际攀岩赛、梨花文化节等大型文体赛事成功举办。区域综合竞争力、城市美誉度、干部精气神迈上新台阶，全面构筑了先行启动区建设新格局。

当前，汾湖高新区正以习近平新时代中国特色社会主义思想为指导，深入贯彻落实总书记对江苏工作和长三角一体化发展系列重要讲话指示精神，牢牢把握长三角生态绿色一体发展化示范区先行启动区建设重大机遇，聚焦“奋力再创一个高质量发展新汾湖”目标，全面做优“人居和营商”两个环境，做强“江南水乡客厅、高端智能装备集聚区和高铁科创新城”三大片区，全力以赴推进先行启动区建设，推动一体化高质量发展快上新台阶，确保高水平全面建成小康社会和“十三五”规划圆满收官，开启现代化建设新征程。

7月24日，汾湖高新区承办的2019中国·吴江长三角区域合作洽谈会举行

8月29日，英诺赛科（苏州）半导体有限公司芯片项目主产房封顶

11月5日，苏州市推进长三角区域一体化工作推进会在汾湖召开

东太湖生态旅游度假区（太湖新城）

8月8日，吴江区智慧小区平台上线启动仪式

11月28日，苏大未来校区项目开工仪式

东太湖生态旅游度假区（太湖新城）（原称太湖新城）于2012年1月正式成立，行政区划由原松陵镇、横扇镇合并而来，区域总面积200平方公里。2019年6月区划调整后正式更名，代管松陵、横扇、八坼三个街道，下辖22个社区居委会、38个行政村，常住人口33.3万人。

城市品质更具魅力。近年来累计完成固定资产投资1800亿元，其中政府性投入超500亿元。苏州湾文化中心主体竣工，绿地中心封顶，苏州大学未来校区、苏州中学苏州湾校区开工建设，苏州九院、儿童医院投入使用，城市功能更加完善。

城市经济更高质量。2019年完成地区生产总值332.6亿元，一般公共

10月19日，第八届全国商学院帆船赛——苏州湾水域

古城新貌

垂虹美景

日泊苏州湾

1月16日，松陵镇第十七届人民代表大会第五次会议召开

1月15日，中国共产党苏州市吴江区松陵镇第十四届代表大会第四次会议召开

预算收入50.01亿元，全社会固定资产投资完成187亿元。苏州湾科技城功能日益完善，总部经济区形成规模，楼宇经济发展载体更加丰富。荣获“苏州市2019年度推进高质量发展先进地区”称号。

城市生活更加宜居。太浦河综合整治高标准开展，大运河文化带建设卓有成效，新城核心区内规划绿地率超过60%，东太湖生态园、苏州湾体育公园等公共休闲区域全面开放。水秀天地、万象汇、爱琴海等商业综合体陆续开业，苏州湾梦幻水乐园隆重开业，产城人文旅融合发展态势更加协调。2019年接待游客302万人次，实现旅游收入16.2亿元，加快向国家级度假区迈进。

金融小镇

梦幻水世界

水秀天地

吴江高新区（盛泽镇）

4月10日，2019中国（盛泽）国际纺织机械及印花工业展览会开幕

6月13日，国家先进功能纤维创新中心方案论证通过

吴江高新区（盛泽镇）位于江苏省的最南端，地处长江三角洲和太湖地区的中心地带，南接浙江杭州、嘉兴，东临上海，西濒太湖。吴江高新区（盛泽镇）总面积150平方公里，其中城区建成面积45.98平方公里、规划工业产业区60平方公里，下辖8个社区、35个行政村，人口50万，其中常住人口13.7万，外来人口33.3万，流动人口3万。吴江高新区（盛泽镇）是吴江区经济社会发展“四大片区”之一，是长三角一体化示范区规划区域。境内苏嘉杭高速公路、524国道贯穿其中，沪苏湖铁路（江苏段）盛泽站获批，轨道交通正在规划中，交通十分便捷，地理位置优越。

10月16日，中国纺织工业联合会会长孙瑞哲、吴江区委书记王庆华参观第六届江苏（盛泽）纺织品博览会

10月16日，吴江高新区（盛泽镇）设界时尚产业服务平台启动仪式在东方纺织城成功举行

10月16日，第六届江苏（盛泽）纺织品博览会暨第二十届中国盛泽丝绸旅游文化节开幕式在吴江高新区（盛泽镇）隆重举行

12月4日，吴江高新区（盛泽镇）访问意大利科莫市

2019年吴江高新区（盛泽镇）经济运行整体稳步增长，质效提升，完成地区生产总值431.95亿元，同比增长6.5%；工业总产值829.7亿元，完成一般公共预算收入36.61亿元，同比增长4.5%。位列2019年度全国综合实力千强镇第九，已经成为中国重要的丝绸纺织生产基地、出口基地和产品集散地，打造了“从一滴油到一匹布”“一根丝到一个品牌”的完整纺织产业链。形成了千亿级产业、千亿级市场、千亿级企业齐头并进的良好态势。科技平台建设取得优异成绩，国家先进功能纤维制造业创新中心获批，成为江苏首家国家级制造业创新中心。累计获批国家级企业博士后科研工作分站17个。纺织产业作为盛泽镇的传统产业、优势产业，共有纺织企业2500多家，盛泽纺织集群年产纺织品超230亿米，拥有纺丝能力325万吨，共有南极电商、东方盛虹2家上市公司及华佳丝绸、楚星时尚2家新三板挂牌企业；拥有恒力、盛虹、鹰翔等国内知名大型纺织企业集团，恒力集团位列“世界500强”第181位，盛虹集团位列“中国企业500强”第132位；拥有“盛虹”“福华织造”“桑罗”“德尔”“恒远”5个中国驰名商标，“盛泽织造”“绸都染整”2个集体商标为江苏省著名商标。位于盛泽镇区的中国东方丝绸市场创建于1986年，经过30多年的发展，已成为国家级面料出口基地、国家外贸转型升级专业示范市场、全国诚信示范市场。来自全国各地的7000余家丝绸化纤商贸企业云集场内，经营10多个大类、超万个品种的纺织品。“中国·盛泽丝绸化纤指数”被誉为行业的晴雨表，《中国纺织化纤面料编码（部分）》成为国家标准。2019年东方丝绸市场交易额达1253.1亿元，已连续7年市场交易额突破千亿元。盛泽镇先后被国家科委评为“国家级丝绸星火密集区”，被农业部命名为“全国乡镇企业示范区”，被中国纺织工业协会命名为“中国丝绸名镇”“中国纺织名镇”。吴江高新区（盛泽镇）将以更加率先的姿态融入长三角生态绿色一体化发展，在擦亮“丝绸古镇、纺织名城、时尚之都”三张名片的同时，也让盛泽进一步实现从“织造之都”向“时尚之都”的蝶变，成为从传统产业转型到时尚创新之都的示范。

中国东方丝绸市场

震泽镇

3月30日，苏州市市长李亚平调研震泽

7月3日，举办中日丝绸论坛

震泽曾是太湖别称，前唐开埠、南宋设镇，是一座名副其实的千年古镇。震泽镇地处沪苏浙经济圈中心地带，是长三角生态绿色一体化发展示范区的重要组成部分，西接浙江南浔，北濒太湖，东靠麻漾，境内沪苏浙高速、318国道和京杭大运河支流长湖申线并行，横贯东西15公里。震泽镇总面积96平方公里，辖23个行政村、2个街道办事处和6个社区居委会，总人口约12万，其中户籍人口6.8万。因位于吴江西部，雅称“吴头越尾”。近年来，震泽镇坚持“蚕丝古镇、科技新城、田园乡村”的总体定位，深入推进“中国丝绸名镇”建设。

坚持创新驱动，打造震泽发展新优势。2019年，震泽镇实现地区生产总值144.36亿元，同比增长6.5%；一般公共预算收入8.47亿元，同比增长6.11%；规模以上工业总产值152.13亿元，同比增长3.3%；工业开票收入256.36亿元，同比增长12.7%；全社会固定资产投资22.88亿元，同比增长1.2%。18个区级重点项目完成投资35.5亿元，完成年度计划的106%。礼德滤材、利飞特智能家电、孚杰集团阀门整机、通鼎未来信息技术研究院等一批重点项目序时推进。新评定高新技术企业15家，通过率位居全区前列，规上企业研发投入增长率位居全区第一。

9月28日，省台办主任一行走访震泽

9月29日，震泽镇召开“十大工程”动员部署会

10月31日，人民日报“一带一路”外媒看震泽

11月6日，中国饭店业文旅投资吴江震泽峰会

11月7日，2019年江苏乡镇发展国际交流会

统筹城乡建设，彰显丝绸名镇新魅力。震泽古镇景区高标准通过国家4A级复评，震泽丝绸文化旅游风情小镇以全省第三、苏州第一的优秀成绩通过考核并入选苏州市级特色小镇，吴江丝绸文化创意产业园获评吴江首家“国家纺织服装创意设计试点园区”，“震泽蚕丝”成为吴江首个中国地理标志集体商标。高水准举办2019中日丝绸交流合作论坛、“震泽蚕丝2019全球首发”活动。“靓河工程”获评2019年吴江十大民心工程提名奖，震八线道路工程稳步推进，南浦浜路南延工程顺利完工。新增三星级康居村16个，谢家路省级特色田园乡村建设试点通过验收，并获评“苏州市特色田园乡村精品示范村”。大力开展农村人居环境整治，获评吴江区唯一“苏州市农村人居环境整治工作示范镇”。

2019年齐心村第二届农民丰收节暨第二届村民文化节

优化公共服务，实现民生福祉新突破。全面落实“一门式、一窗式”改革要求，新增办事窗口8个，进驻事项336项，全年完成办件量约17万件。落实社保惠民政策，新增参保人员2506人，企业社保开户213家。大力支持教育事业发展，完成震泽幼儿园异地新建项目，推进震泽中学老校区改扩建工程。积极发展养老事业，建成快鸭港老年驿站及4个日间照料中心。有序推进新时代文明实践所、29个实践站、50个实践点建设，获评江苏省文明镇。创新打造安全城镇综合管理平台，成为苏州市“安全城镇”建设工作唯一试点单位。

震泽镇将继续秉承“仁义相融、匠心致远、开放包容”的精神，聚焦强镇建设，聚力标杆打造，为加快融入长三角一体化发展战略，建设“宜居宜业宜游宜文”的美丽震泽而不断努力。

吴江丝绸文化创意产业园获评吴江首家“国家纺织服装创意设计试点园区”

11月13日，震泽南浔——“頔塘初心·浔梦震泽”党建联盟揭牌仪式

震泽镇生态运动公园

震泽镇众安桥村谢家路获评江苏省首批特色田园乡村

震泽镇“十大工程”快鸭港全景

平 望 镇

2月21日，江苏省委副书记、省长吴政隆调研国望高科

7月18日，接受第二批经济发达镇行政管理体制改革省级评估验收

4月26日，区委书记王庆华带队督导平望镇扫黑除恶专项斗争工作

12月4日，区委副书记、区长李铭调研平望经济社会发展

平望镇地处长江三角洲经济圈枢纽位置，北依苏州，南接浙江，东临上海，西濒太湖，地理位置优越，318国道、524国道、苏嘉杭高速、沪苏浙高速、江城大道在此立体交汇，京杭大运河支线长湖申线、太浦河在此交汇。平望镇历史文化源远流长，是良渚文化、运河文化和佛教文化重要发源地之一，明朝洪武元年（1368年）正式建镇，坐拥太湖流域发现的第一座良渚文化遗址——龙南村落遗址、一代高僧太虚法师出家地——小九华寺等。据《莺湖八景志》记载：相传隋唐以来，自南向北有塘路鼎分，于葭苇之间，天光水色一望皆平，故名“平望”；又因位于吴江地理中心，雅称“中鲈”。现平望镇于2003年由原平望、梅堰两镇合并而成。全镇行政区域面积133.5平方千米，辖2个办事处、21个行政村、7个社区居委会，登记常住人口约15万人，其中户籍人口8.1万人。近年来，平望镇分别荣获“国家卫生镇”“中国纺织织造名镇”“全国环境优美乡镇”“省历史文化名镇”“省文明镇”“苏州特色花卉名镇”等称号，成为全省第一家通过第二批经济发达镇行政管理体制改革评估验收的乡镇。目前，平望镇基本形成了“3+3+3+N”的发展布局，即中鲈工业园、国望高科产业园、平南工业区三大产业园区，新镇区、老镇区、梅堰社区三大城镇片区，“长漾里”“大龙荡”“运浦湾”三大农文旅体融合发展示范区，以及N个村（社区）。全镇拥有143家规上企业，培育发

4月25日，中国 · 吴江运河文化旅游节开幕

展出国望高科、美山子、中广核、新中联、天辰冷链等一批高显示度企业。2019年实现一般公共预算收入11.48亿元，同比增长4.15%；实现地区生产总值142.54亿元，同比增长6.70%；工业总产值391.21亿元，其中规上工业总产值275.81亿元；工业开票销售收入403.62亿元，同比增长6.23%；全社会固定资产投资41.98亿元，同比增长24.62%，增速位列全区第一，其中工业投资26.48亿元，同比增长13.83%；进出口总额5.83亿美元；工业用电量36.60亿度，同比增长6.52%；城乡居民人均可支配收入59430元，同比增长8.01%。

8月8日，平望镇融入长三角一体化环境资源推介会

1月11日，首届腊八民俗风情节

10月12日，2019长三角运河名镇国际龙舟平望邀请赛

桃源镇

7月17日，苏州市委副书记朱民一行到桃源镇民益村的苏太育种（保种）基地，调研建设情况

5月7日，吴江区委书记王庆华来到桃源镇走访调研

11月15日，2019中国吴江第十七届酒乡旅游文化节在铜罗严慕文体中心广场拉开帷幕

7月11日，桃源镇第十七届人民代表大会第七次会议隆重召开

水乡森林小镇——桃源，地处江浙交界、长三角腹心区域，行政区总面积90.6平方公里，辖3个办事处、28个行政村和3个社区居委会，户籍人口7.09万人，外来人口约2万人。桃源得名于元代兵部侍郎戴敬本的诗句“问津桃花何处去，为有源头活水来”。千年历史造就的城镇，犹如一颗宝石，镶嵌在丰饶的苏锡常和杭嘉湖平原交接处，镇北有318国道和沪苏浙高速公路相接，镇南有320国道和申嘉湖高速公路相连，镇东与苏嘉杭高速公路贯通，交通便捷，人脉畅达，地理位置得天独厚。

2019年，桃源镇主动融入吴江全力打造“创新湖区”、建设“乐居之城”的发展定位，团结带领广大党员和干部群众，顶住经济下行压力、保持发展定力，步步为营、稳扎稳打，推动经济社会发展迈上新台阶。全年完成一般公共预算收入5.57亿元，增长10.8%。工业开票销售收入191亿元，同比增长11.1%。地区生产总值83.1亿元，同比增长6.1%。全社会固定资产投入21.7亿元，同比增长8.5%。

突出先进制造业和生态文旅产业方面的招商选资、招才引智，新储备苏州金鼎、威尔汉姆、华源智能包装产业园一期、魁峰智汇商业广场等优质产业项目，总投资超11.5亿元。与融创正式签订生态文旅度假区项目，完成规划设计。小黄蜂智能装备项目开始施工建设，步步高互联网产业园进入项目施工报批阶段。三文电子、立邦新材料、酷客酒业、毕瑞实业等一批新项目均已投产。省级工业旅游区苏州凯灵箱包文化创意中心竣工并对外开放，“同里红”酒业省级工业旅游区创建列入申报计划。普路通、富士精工、大卫木业获评省级示范智能车间。

城乡面貌持续改善。桃花水岸安置房项目主体工程开工建设。完成9个小区雨污分流改造，6家企业生活污水接管，40个自然村农村生活污水治理。思源路、莫家门街、桃花源大道东段完成改造。为民工程加快建设。启动桃源中学食堂建设、桃源幼儿园前期设计和富乡幼儿园项目，继续推进蒲公英幼儿园改建。开展灶家浜特色田园乡村建设，成功创建8个三星级康居乡村，31个基层综合性文化服务中心全部建成。乡村振兴纵深推进。推动新和村、水家港村3000亩连片水稻标准化农田建设，着力打造区级现代农业园。配合推进苏太美丽生态牧场项目筹建工作。苏州市菜篮子工程——严东村230亩蔬菜基地项目建设基本完工。民生福祉持续增进。推进社会保险提质扩面，稳步推进就业创业。全面发挥民政兜底职能，落实城乡最低生活保障制度，推进社会救助、慈善助学、特困家庭危房改造、大病救助等工作。文化事业亮点纷呈。开展首届农民体育运动会和城市定向赛，举办第二届“桃源日”主题活动和第十七届酒乡旅游文化节。获中央媒体报道15篇、省级媒体报道20篇、“学习强国”报道2篇。

5月23日，桃源镇为民服务中心正式揭牌并运行

4月19日，第二届“桃源日”主题活动在严慕文体中心广场开幕

1月18日，桃源—乌镇跨省公交正式运行

5月23日，桃源镇为民服务中心正式揭牌并运行

苏州凯灵箱包文化创意中心

桃源省级森林公园

七都镇

建立党建健康联盟

"琴近太湖"古琴名家名曲中秋专场音乐会

七都镇位于吴江区西南部，辖区总面积102.90平方公里，其中镇区（含庙港）面积7.03平方公里，全镇常住人口8.20万人，暂住人口1.98万人。2019年，七都镇以习近平新时代中国特色社会主义思想为指导，深入贯彻落实新发展理念，坚持稳中求进总基调，紧扣"一体化"和"高质量"，保持战略定力、抢抓发展机遇，全镇经济社会发展呈现良好态势。

2019年，七都镇始终专注于高质量发展，全力推动产业层次、综合实力向更高水平攀升。实现地区生产总值118.78亿元，比2018年（下同）增长7.55%；工业总产值484.40亿元，增长8.62%；全社会固定资产投资25.37亿元，增长6.11%；工业开票销售收入555.85亿元，增长1%；实际使用外资800万美元。25个区级重点项目完成投资24.16亿元，年度投资完成率102.4%。七都"智造"持续发力，存量工业智能化改造升级速度加快，智能工业投资7.83亿元，同比高速增长67%。

2019年，七都镇深入践行两山理念，以"三治"为统领，更大力度开展"263""散乱污"等专项整治，生态绿色成为经济发展的"最亮底色"。治违、治污、治隐患取得阶段性成果，区镇两级8个重点区块先后拆除完成，累计完成销项1189.3亩，完成率101.6%。全面完成太湖围网拆除及沿太湖3公里14865亩的池塘标准化改造并成功销号，投入近4000万元完成吴溇港入湖口环境综合整治，加快构建"水清、岸绿、景美"的太湖沿岸绿色生态走廊。

第三届太湖开捕节

"事解江村"党建服务点

望湖村蒋家港三星级康居村

2019年长三角社会学论坛

吴江七都·太湖欢乐跑

2019年，七都镇坚持在统筹兼顾中提升功能布局、推动乡村振兴。紧扣“中国·江村”乡村振兴示范区建设，启动农村人居环境“百日集中攻坚”，开弦弓村特色田园乡村建设累计完成投资2923万元，入选全国乡村治理示范村镇并获评苏州市农村人居环境整治工作示范村。望湖村蒋家港、联强村陈家田三星级康居村高标准完成建设。加大盘活农村集体资产和乡村闲置资源力度，拓展集体资产有效增长空间，9个经济薄弱村提前完成转化。

2019年，七都镇持续发挥特色资源优势，更大力度推进全域旅游发展。高标准编制完成七都镇文化旅游产业和江村文旅发展规划，亨通凯莱二期加快实施，太湖如家小镇二期、0572温泉度假酒店项目建成投用。顺利承办吴江区首届城市定向赛、区第四届游泳比赛、“两岸一家亲”太湖欢乐跑等体育赛事，成功举办第三届太湖开捕节、首届太湖“人放天养”生态蟹开捕节及烹饪大赛，开展“琴近太湖”古琴周、长三角社会学论坛和长三角非遗交流会等活动，影响力和辐射力进一步提升。

2019年，七都镇坚持普惠性、保基本、均等化、可持续方向，优化资源布局，提升公共服务。打造办学特色，新建纵向式教育集团——江村实验学校。增加养老服务供给，新建4家村级日间照料中心，区域性养老服务中心完成主体工程。积极培育健康“细胞”，新建省市级健康场所5个，吴溇村和隐读村新建省级标准化社区卫生服务站，七都卫生院入选省级卫生健康系统先进集体和市级健康场所建设典型案例，与南浔人民医院建立党建健康联盟，扩大一体化的公共服务圈。

2019年，七都镇推动基层党建各项任务，为全镇各项事业发展提供组织保障。高质量开展“不忘初心、牢记使命”主题教育，以“太湖红帆”党建品牌为引领，围绕标准化建设、规范化管理、常态化使用目标，新建七都镇党建服务中心。与浙江省南浔开发区结对共建省际党建联盟，用“红色引擎”推动两地共建共享、合作共赢。试点设立“事解江村”党建联系服务点，成立“美美村庄”行动支部助力农村人居环境整治。

温泉度假酒店

太湖七都

农村人居环境整治

桃源镇富乡村

环境提升后河道美景

村干部走访高龄党员

党旗下的誓言——坚决打赢“疫情防控阻击战”

富乡村党委组织党员开展“人居环境整治、美化家园”活动

富乡村位于桃源镇铜罗社区北，2003年7月由原富乡村、永宁村、高路村合并而成，村域面积6.27平方公里，耕地面积为2604亩，全部种植商品苗木。农户总户数1086户，全村共有41个村民小组，全村人口4159人，其中劳动力2693人，人均耕地面积为0.63亩。出租户445户，外来务工人员超5000人。村党总支成立于2003年8月，于2008年6月正式升格为富乡村党委，下设13个分支部，共有党员160名。富乡村荣获“江苏省民主法治示范村”“江苏省和谐社区建设示范村”“交通安全示范村”等称号。富乡村属桃源镇生态科技产业园北区，辖区内共有317家企业，以纺织企业为主。2019年底村集体总资产2664万元。对外投资400万元，村级可支配收入657万元，其中稳定性收入377万元。

近年来，富乡村党委以“党建红色引领、产业绿色发展”为理念，以吴江实施“融入式党建”创新工程为契机，打造“桃源红”党建示范基地；以强党建为抓手，以人民群众的获得感、幸福感、满足感为着力点，促进各项工作的开展。

强基础，富乡村党员通过党旗下宣誓，重温入党誓词行动，树起一面“扬新风”的旗帜，通过开展支部党员活动、党员教育，充分发挥党支部的堡垒作用和党员的先锋模范作用。以党员为先锋，打造了一支坚强有力的党群志愿者队伍，并在新冠疫情防控战斗中发挥了坚实的堡垒作用。

促发展，全力打好污染防治攻坚战，在“263”行动中，共关停取缔企业49家，整治提升163家。用5天时间，走访、巡查园区内163家整治提升企业，完成自查。“三优三保”“三治”工作有序开展，还富乡村一片碧水蓝天。

促民生，村党委依托各自然村支部、“茶馆惠民中转站”收集倾听群众意见，依托非公支部汇集企业发展问题，把村民、企业迫切需要解决的问题作为首要问题及时解决。近几年来，通过村道水泥路硬化建设、工业区及村道亮化建设、康居乡村建设、污水管网建设、桃源镇富乡污水处理厂建设、畜禽整治、人居环境整治等措施，全面提升了村域人居环境，解决了工业区污水处理回用问题。

村支部党员墙

富乡村风貌

卫生体育

卫　生

【概况】 2019年底，吴江全区有医疗卫生机构441个。其中，综合医院6所，中医医院1所，专科医院4所，镇卫生院（社区卫生服务中心）、分院20所，社区卫生服务站（村卫生室）213个，专科防治所2个，体检中心1个，妇幼保健所1个，医学检验实验室1个，护理院5家，民营门诊部及诊所147个，企事业、学校医务室40个；卫技人员8406人；编制床位5466张，实际开放6926张。全区公立医疗机构完成诊疗821.73万人次；住院床日123.69万日，平均病床使用率77.14%；人均期望寿命83.38岁，婴儿死亡率2.20‰。（阮　聪）

【医疗体系建设】 2019年，吴江区推进重点项目建设，完善服务体系。5月，吴江区第一人民医院搬迁，苏州市第九人民医院运营。12月，吴江区儿童医院（苏州大学附属儿童医院吴江院区）启用；区中医医院异地新建项目和屯村卫生院异地新建、南麻卫生院扩建工程、松陵卫生院迁址项目有序推进，区血站综合楼建设完成。基层卫生服务能力提升，乡镇卫生院、社区卫生服务站标准化建设率分别为88.89%和95.31%。签订区第六批8名卫生人才、2个名医工作室资助协议书和建设任务书，完成区第七批卫生人才评审工作。确定吴江区卫生重点人才2名、卫生优秀人才6名；选拔确认2019年卫生高端人才境外交流计划资助对象5名；引进区外医学人才5名，录用146人，其中高层次紧缺卫技人才32人，卫技人员68人。确认引进苏州大学附属第一医院杨惠林教授脊柱外科团队等“临床医学专家团队”D类项目4个；苏州九院挂牌成立江苏胰腺联盟分中心、江苏省人民医院体外生命支持中心吴江分中心。印发《苏州市吴江区区域健康管理信息化建设规划（2019—2021）》。启动中部健康医疗集团数据中心建设，为分级诊疗提供信息化支撑；推进健康市民“531”行动计划信息化建设，构建覆盖全区智慧急救体系；以苏州九院、江苏盛泽医院、区中医医院为中心建设远程病理会诊系统，8月上线，实现区内病理会诊信息化，全年影像会诊中心读片93018张，心电会诊中心审图31698份；临床检验检测中心检测标本172797份，消毒供应中心消毒医疗器械131万余件。（阮　聪）

【医政管理】 2019年，制定《医联体内医疗质量同质化管理实施意见》，统一医联体内医疗质量管理标准。9个区医疗质量管理和控制小组分别开展血透、中药饮片等专项检查。试运行长三角远程医疗会诊系统。以吴江区胸痛联盟、呼吸专科联盟、儿科专科联盟、康复联盟、精神联盟、卒中专科联盟等6个专科联盟为载体，加强基层医疗机构业务培训。其中，胸痛联盟在家庭医生冠心病防治培训班基础上，开展7期慢病路径管理培训班，培训学员150名，覆盖全区基层公立医疗机构。江苏盛泽医院普外科获评苏州市级临床重点专科，苏州市第九人民医院妇产科和江苏盛泽医院急诊医学科通过2019年苏州市级临床重点专科复核。苏州市第九人民医院入驻苏州市名医工作室医师董启榕，江苏盛泽医院入驻苏州市名医工作室医师金淳民、施辛，苏州永鼎医院入驻苏州市名医工作室医师陈罡、刘建农、陈旭勤、仇惠英，苏州市吴江区同里镇卫生院入驻苏州市名医工作室医师孙钢。组团式帮扶印江县卫健系统，先后派出3批团队24名医务人员赴印江进行医疗帮扶。区内医疗机构派出35名中医执业医师参加省中医经典巡讲苏州站活动。组织申报各级各类科研项目和继续教育项目，医学教育管理覆盖率保持100%。开展“三基”(基础理论、基本知识、基本技能)考试，3.24万人次参加；年轻护士临床能力考核23人。76名医师、药师及乡村医生通过抗菌药物临床应用知识和规范化管理考核。开展医患矛盾纠纷第三方调解，全年医疗纠纷妥善处置率100%。（阮　聪）

【基层卫生与老龄健康】 2019年，北厍卫生院获评“江苏省示范乡镇卫生院”；平望平西、太湖新城南刘、震泽曹村、北厍黎星、黎里方联、七都吴溇、盛泽圣塘和开发区三里桥8个社区卫生服务站建设为“省示范社区卫生服务站”；横扇、屯村、盛泽、南麻和梅堰5家基层医疗机构完成向苏州市市民健康管理综合服务平台转型。同里卫生院康复医学科和七都卫生院儿科获评“江苏省基层医疗卫生机构特色科室”。落实苏州市家庭医生签约服务收费政策，完善吴江区家庭医生签约服务收费信息平台；落实“三有一落实”会议精神，开展新一轮离休干部家庭医生签约服务工作，累计签约离休干部80人。为12.5万名农村60岁以上老年人免费健康体检，为1.64万名60岁以下的慢性病患者免费体检，为9.08万名65岁以上老年人开展中医药健康管理服务。完成两批次41人全科医生转岗培训报名工作，在岗乡村医生轮训265人。举办“老龄工作先进个人”“优秀助老员”“优秀护理员”“孝老爱亲”评选和“最美夕阳红”老年书画摄影展、吴江区第32个老年节文艺汇演、手杖健身操、中国象棋比赛等活动；重阳节期间组织走访慰问送温暖活动；成立老年健康联盟，推动区域老年健康服务。（阮　聪）

【疾病防控】 2019年，全区无甲类传染病发生，无重大传染病暴发流行。报告乙类传染病13种1759例，发病率90.87/10万；丙类传染病5种6874例，发病率355.11/10万。发现活动性肺结核病人465例；完成查螺面积152.01万平方米，连续25年未发现螺情。累计规范化管理高血压病人84543人，糖尿病病人19815人，报告冠心病病人1393人，脑卒中病人3747人，肿瘤病人2402人。完成江苏省预防接种综合服务管理信息系统建设，22个儿童预防接种门诊标准化建设均通过验收。区疾病预防控制中心获国家心血管病中心第一届高血压防治科普宣教视频大赛三等奖；薛爱龙获苏州市预防医学会预防医

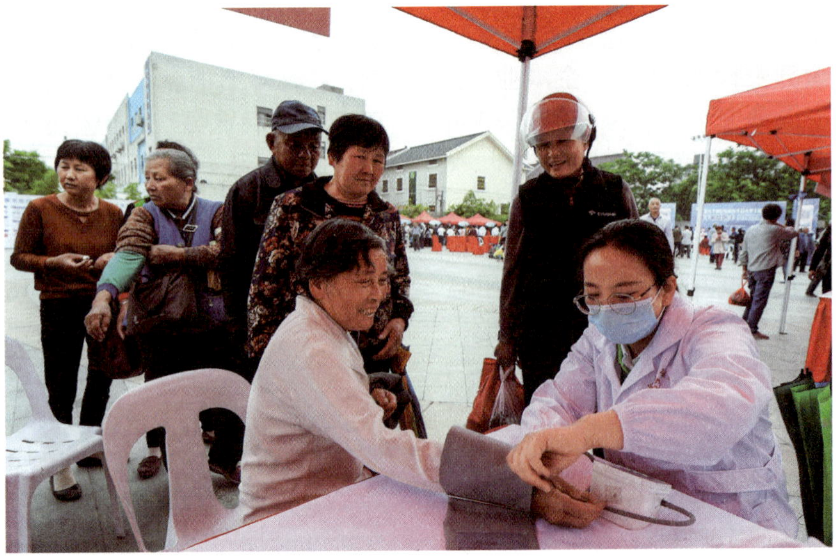

5月13日，现场免费测量血压　（吴　斌　摄）

学科技奖三等奖；刘存芳获苏州市预防医学会助力免规创新项目PK赛卓越创新铜奖。

（阮　聪）

【妇幼健康】 2019年，全区监测孕产妇13078例，活产数13205例，孕产妇保健覆盖率98.55%，住院分娩率100%，孕产妇死亡0例，出生缺陷发生率6.05‰，5岁以下儿童死亡率3.86‰，婴儿死亡率2.2‰。在全区范围内部署使用江苏省妇幼健康信息系统，开展妇幼健康服务管理。落实母婴安全保障制度，实施妊娠风险动态评估和“五色”标识预警机制，严格分级管理。加强出生缺陷综合防治，开展婚前医学检查3098对，完成孕前优生健康检查1797对；增补叶酸预防神经管缺陷新增服用人数3730例；为11834例孕妇提供血清学产前筛查；开展新生儿29种遗传代谢性疾病筛查10749例，听力筛查10486例，先天性心脏病筛查10647例。开展HPV和TCT联合检测宫颈癌筛查，完成宫颈癌筛查27046例，乳腺癌筛查27376例；为辖区内所有婚孕前检查对象及孕产妇开展三项检测服务，为4例艾滋病感染者、40例梅毒感染孕产妇提供母婴阻断干预服务，为乙肝表面抗原阳性孕产妇所生340例儿童免费注射乙肝免疫球蛋白338例；启动幼儿园儿童视力建档工作，为15058位在园儿童建立视力健康电子档案；邀请复旦大学附属儿科医院专家团队开展先天性心脏病义诊活动。黎里中心卫生院、金家坝卫生院建成苏州市基层医疗卫生机构妇幼健康规范化门诊。

（阮　聪）

【卫生监督执法】 2019年，全区受理卫生、计生各类行政许可1493件，处理卫生、计生投诉举报241起，立案41件，立案率17%；卫生行政处罚结案163起，罚没款金额68.01万元，移送公安部门处理5起，申请强制执行1起；社会抚养费征收方面结案5起，征收社会抚养费22.79万元；完成国家“双随机”任务312家，抽检合格单位252家，不合格19家，关闭41家，立案行政处罚16家，罚款金额1.21万元。继续开展医疗乱象整治、打击非法行医“利剑行动”等24个专项行动，出动执法人员3124人次，执法车辆1045车次，出具执法文书423份。针对检查发现问题，立案43起，罚款金额33.76万元，没收违法所得3.94万元；对全区涉水产品生产企业常态化开展卫生信用评价工作，评价结果在信用吴江网上公布，推进社会信用体系建设；加强电台、电视台、报纸、网络、宣传栏等5个常规宣传模式投入，拓宽微信、公益电影巡演、地铁公益广告及“文明在吴江”等新渠道，打造卫生健康监督新品牌。区卫生监督所获“苏州市卫生健康监督综合工作先进集体”称号。“苏州某医院未取得产前筛查与诊断许可开展孕妇外周血胎儿游离DNA产前筛查与诊断采血服务案件”获全国卫生行政执法优秀案例；钮肖茜微课视频材料获2019年度全国卫生监督微课优秀作品三等奖。

（阮　聪）

【卫生应急】 2019年，吴江区新增苏州市第九人民医院急救分站，新增120急救车3辆，完成智慧急救改造项目，提升卫生应急处置能力。开展2019吴江平安医院创建暨应急综合演练，举办吴江区南部医联体集团急救技能竞赛。完成“两会”、吴江投资贸易洽谈会、吴江国际精英创业周活动、2019国际青年男篮四国赛、2019年丝绸文化旅游节开幕式、2019年环太湖国际公路自行车赛等医疗卫生保障工作50项。苏州市第九人民医院、江苏盛泽医院被认定为江苏省“平安示范医院”。（阮　聪）

【爱国卫生】 2019年，吴江区完善卫生城镇（社区）长效管理，盛泽、黎里、平望和桃源四镇高标准通过国家卫生镇复审。组织协调农村环境卫生监测，协助推进农村人居环境整治。推进农村厕所革命，开展农村无害化卫生户厕摸底调查，倡导文明如厕理念，巩固提升农村改厕成果。组织开展露头蚊蝇消杀和春季灭鼠统一活动、夏秋季灭蚊、灭蟑统一行动和冬季统一灭鼠活动等，病媒生物防治工作科学规范。

（阮　聪）

【健康城市】 2019年，桃源镇、平望镇、黎里镇获评省健康镇，平望镇庙头村等14个社区（村）获评省健康社区（村），区财政局平望分局等5家单位获评省健康单位。建成苏州市级健康场所20个，区级健康场所47个，5家单位入选苏州市健康场所典型案例。新增苏州市健康教育与健康促进基地3家。举办第十三届市民健康素养基本知识与技能有奖竞赛活动。开展居民和重点人群健康素养与烟草流行监测工作，完成国家监测点居民样本量330份，流动人口和青少年样本量各180份。推行公共场所控烟，区城市管理局等29家单位获评区无烟单位，开展公共场所控烟专项监督检查，处罚单位128家，罚款金额30650元。吴江区获“健康苏州杯”健康促进技能竞赛团体二等奖和优秀组织奖，区妇计中心王静获个人一等奖。（阮　聪）

【无偿献血】 2019年，全区无偿献血12087人次，献血总量3004500毫升，其中机采血小板1573人次，2091个治疗量。无偿献血占临床用血比例保持100%；一次献血300或400毫升6446人次，占总献血总人数61.31%。全年办理区内血费直报114笔104403元；省内异地血费报销28笔16925元。6月，区人大常委会组织开展《江苏省献血条例》贯彻实施情况执法检查。区血站通过江苏省采供血机构第八周期技术审查及执业验收。（阮　聪）

【卫生行业文明】 2019年，区卫健委强化“崇德尚医 健康吴江”品牌建设，揭牌启用区卫健委党群服务中心，打造党群服务阵地。推进新时代文明实践工作，揭牌启用吴江区新时代文明实践文明健康中心。组织开展庆祝新中国成立70周年升国旗仪式、“我和国旗合个影”及“中国医师节”“国际护士节”等活动，评选“最美医师”“最美全科医师”“优秀护士长”。加强典型宣传，对身边优秀党员、业务能手、对外支医人员等先进人物连续追踪报道。制作“健康吴江”报纸专版12期、电视专题48期、微信发布216条。办结“两会”建议提案32件，办结率、见面率、满意率均为100%。（阮　聪）

【苏州市第九人民医院】 2019年5月1日，吴江区第一人民医院由松陵镇公园路3号整体搬迁至太湖新城芦荡路2666号，更名为苏州市第九人民医院，5月2日全面启用。医院挂牌江苏省人民医院胰腺中心吴江分中心、江苏省人民医院体外生命支持中心吴江分中心、徐州医科大学苏州湾临床学院。全年门急诊177.09万人次；出院病人5.95万人次；住院床日51.06万，床位使用率81.8%，业务总收入12.21亿元，药占比（除中药饮片外）30.54%。至年底，有职工1801人，其中卫技人员1720人，硕士生导师14人，博士12人，硕士342人，高级职称316人；实际开放床位1795张。普外科通过省临床医学重点专科建设单位复评，神经内科获评苏州市重点学科，骨科获评苏州市临床重点专科建设单位，病理科、急诊医学科、神经外科获评吴江区临床重点专科，临床药学、耳鼻喉科获评吴江区临床重点专科建设单位。新增沈根海疝与腹壁外科名医工作室。引进苏州大学附属第一医院骨科杨惠林教授团队。引进核医学科学科带头人尤徐阳主任医师筹建核医学科，放疗科学科带头人张欢乐筹建放疗科。王刚、朱立帆获评第六批吴江卫生重点人才，周建新、焦雪花等3人获评吴江卫生优秀人才。周永强、金颖、周建新获评吴江区“最美医师”。选送中青年专业技术人员到国内外先进医院和研究院所进修、研究和交流，外出进修93人，其中6人出国进修，专科护士培训9人，全科导师制培训3人，科主任能力提升23人。获苏州市医学科技奖三等奖1项，区级社科项目三等奖1项。获国家级新型实用新型专利证书2项。医院作为国家住院医师规范化培训基地协同基地迎接住院医师规范化培训国家基地

2019年，苏州市第九人民医院全景　（钮泉娜　摄）

检查工作，考核得分名列同等医院第二名。获省级继续教育4项、市级27项、区级22项；发表论文183篇，其中SCI 25篇，中华级2篇，中文核心15篇，统计源核心30篇。选派12名医护人员前往西藏林周县人民医院、印江县人民医院进行医疗援助。建立兴海县人民医院远程医疗会诊平台，开展远程会诊、远程继续教育，提高受援医院整体医疗技术业务水平。参加下乡支农80人次，安排715人次专家到医联体成员单位开设专家门诊，开展专业讲座30次，帮助医联体单位开展适宜技术3项。构建"以患者为中心"智慧就医体系。启动五级电子病历及互联互通建设工作、完成区居民健康531工程调研和硬件安装。完成长三角一体化远程会诊建设任务，方便区域内患者就近接受上海专家远程会诊服务。取得互联网医院牌照并具备上线功能。建设完成苏州九院微信公众号，门诊大厅及各楼层投放自助挂号收费机百余台，完善银医自助项目，支持手机支付和"3+2"医保支付体系；检验科启用排队抽血系统，自助取单机分布于各楼层，检验流程更加合理；推行签到制二次排队叫号。"出生一件事"办理中心落户医院，实现"一窗受理、多证联办"。实现一个窗口预约所有检查，分流住院患者线上预约与门诊患者当面预约，电子病历实现自助打印，药房实行发药机自动配药。开通院内电子导航，为患者提供基于移动端精准院内导航服务，改善患者就诊体验。

（周　倚）

【江苏盛泽医院（江苏省人民医院盛泽分院）】 医院位于吴江高新区（盛泽镇）市场西路1399号。2019年，门急诊89.2万人次，出院病人2.51万人次；住院床日21.08万，床位使用率78%；业务收入4.53亿元，药占比33.24%。至年底，医院有职工1049人，其中卫技人员967人；高级职称143人；核定床位652张，实际开放732张。做好吴江区南部健康医疗集团工作，开展门诊和教学查房、病例讨论、技术管理指导、学术讲座和培训等1246余人次，专家门诊诊疗量3802人次。推广适宜技术，建立特色专科联盟，成立黄文军名医工作室青云工作站、吴江四院康复工作站、青云康复工作站及合作病房，在青云开设普外专科门诊、庙港骨科门诊及七都甲乳专科门诊。推广多学科联合诊疗模式，成立"MDT诊疗中心"。启用长三角一体化远程会诊中心。神经内科引进"江苏省人民医院万琪教授神经内科团队"。完成新老医院搬迁改造工程项目及乐龄护理院搬迁工作。重视安全生产工作，获评江苏省"平安示范医院"。加强党建，举办纪念建党98周年和新中国成立70周年系列活动等。主办江苏省级继续教育项目5项，市级18项，选派13名医务人员前往日本、美国和意大利等国家研修。全年获科研立项38项，验收科研项目9项。发表学术论文148篇，其中SCI论文14篇、核心期刊论文31篇、国家级及省级文章103篇。10位医务人员完成赴西藏自治区拉萨市林周县和贵州省铜仁市印江土家族苗族自治县支医任务。医院获评第15届上海国际医院感染控制论坛暨第3届东方耐药与感染大会"2019年度感控实践优秀基层医院"和江苏省"平安示范医院"称号；药学部获江苏省医院药学品质管理项目铜奖、苏州市第六届医院"中药师中药鉴别岗位技能竞赛"团体优胜奖和苏州市青年文明号，康复医学科获江苏省康复医学会康复护理QCC大赛优秀奖，体检中心获2018年度苏州市重点职业病监测与职业健康风险评估先进单位等；评审办夏正获评贵州省脱贫攻坚先进个人、苏州市和吴江区"医者仁心、年度人物"，药学部万亚娟获评全国重要特色技术传承人才培训项目培养对象，党政办金益、医务部严冬华获评江苏省优秀援藏干部人才，普外科李园钟获评拉萨市医疗卫生援藏先进个人，中医科沈铭轩获江苏省健康教育协会"融媒体环境下医院健康教育与健康促进科普比赛"优秀奖，黄文军获评吴江区优秀共产党员。

（姚茜茜）

【吴江区中医医院（吴江区第二人民医院）】 医院位于平望镇通运路73号。2019年，门急诊52.69万人次（不含体检人次），出院人数1.47万人次，床位使用率93%，手术例数3746例，业务收入3.3亿元；药占比（除中药收入）31.8%。至年底，医院有职工646人，其中卫技人员604人；高级职称126人；省名中医1名，市名中医3名，省农村优秀中医临床人才2名；核定床位370张，实际开放床位377

张。医院通过"二甲"复评，异地新建项目取得进展，与复旦大学附属肿瘤医院建立肿瘤防治医联体，引进2个专家团队。开展医联体平台信息化试点工作，完成与平望社区卫生服务中心及梅堰卫生院临检对接。获课题立项12项，其中省级1项、市级3项、区级8项。骨伤科李翰林首批入选2018年苏州市卫生青年骨干人才"全国导师制"项目培训人员；肾内科沈惠芬入选江苏省中医临床优秀人才研修项目培养对象并通过考核；骨伤科黄兴锐入选2019年度苏州市卫生青年骨干人才"全国导师制"培训名单；筹备创建中医品牌项目"洄溪中医论坛"，提供中医同仁交流平台。5位医务人员完成赴贵州印江的医疗援助工作任务。医院获评吴江区卫健系统院前急救先进集体，潘永年获评苏州市医者仁心年度人物，由中药房吴建方、章先洪、盛彩华组成的团队在2019年苏州市第六届医院中药师"中药鉴别岗位技能竞赛"中获团体三等奖，陆焕俊获评2019年度苏州市药学会"天晴杯"优秀药师。（吕　勇）

【苏州市吴江区儿童医院(苏州大学附属儿童医院吴江院区)】 医院位于太湖新城松陵街道公园路176号。2019年3月29日，苏州市吴江区人民政府与苏州大学附属儿童医院签订合作共建协议，利用吴江区第一人民医搬迁后原址改建，按三级儿童医院标准建设苏州市吴江区儿童医院(苏州大学附属儿童医院吴江院区)，该项目被列为2019年吴江区重点建设项目。区卫健委成立筹建办，负责前期各项工作，包括原急诊楼装饰改建、设备招标采购、人员招聘和培训等。11月13日，省卫健委核准同意吴江区儿童医院为政府办非营利性三级儿童医院。医院占地面积4.2公顷，建筑面积5.8万平方米，核定床位数300张(牙椅4张)，总投资1.22亿元，设置儿内科、儿外科、儿童保健科、眼科、耳鼻咽喉科、口腔科、皮肤科、急诊医学科、麻醉科、重症医学科等一级临床科室。12月26日，苏州市卫健委核发医疗机构执业许可证。12月28日，医院正式启用。苏州市副市长曹后灵，苏州大学党委书记江涌、苏州大学校长熊思东、苏州大学附属儿童医院院长汪健和区领导王庆华、李铭、沈金明、李斌、汤卫明等参加启用仪式并实地参观。医院在职职工150人，日均门诊量约1200人次，一期开放床位42张。（薛建英）

【吴江区康复医院】 医院位于吴江区太湖新城镇夏蓉街565号。2019年，门急诊35005人次，出院2145人次，住院床日78111日，床位使用率1.15。业务总收入2.25亿元，药占比为48.37%。医院为苏州市唯一的全额拨款的二级精神专科医院。至年底，在编职工162人，其中卫技人员154人；正高职称2人，副高级职称7人，中级职称57人；心理咨询师33人，心理治疗师8人；核定床位200，实际开放床位280张。《围产期抑郁状态调查及心理干预》作为区级科研立项。开展临床心理治疗80例；生物反馈治疗120人次；住院精神病患者经颅磁刺激治疗（TMS）160人次。一、二病区主任李益民根据颅磁刺激治疗技术研究撰写论文，获江苏省精神科年会优秀论文奖、苏州市预防医学会自然科学优秀学术论文，发表于《中国神经精神科杂志》。加强与苏州精神卫生中心(苏州广济医院)、上海精神卫生中心、南京脑科医院合作。外送苏州广济医院规培，在培人员15人；开展查房示教和

2019年，吴江区康复医院　（钮泉娜　摄）

继续教育讲座；与南京脑科医院合作开展“5+1”模式对重性精神病人社区管理与康复研究。继续选派人员外出进修，6人至苏州市广济医院参加进修学习。开展临床路径工作，路径病种为精神分裂症、双相情感障碍、抑郁症三种。与5家护理院组建“精神专科医联体”。累计严重精神障碍患者在册患者5746例，报告患病率（检出率）4.41‰，在册患者管理率93.07%，规范管理率为93.07%，服药率83.64%，规范服药率77.06%。精分症服药率87.73%，精分症规律服药率82.6%。完善医院、社区卫生服务中心、乡村医生“精防”三级网络组织，建立精神障碍预防、治疗、康复“三位一体”工作体系和服务网络。建立专业技术服务团队对社区卫生服务中心提供点对点技术支持和指导，对各个社区康复驿站进行技术指导和资源支持。李益民获评2019年吴江区“最美医师”。（蒋法根）

【吴江区第四人民医院】 医院位于震泽镇南一路1333号。2019年，门急诊52.56万人次，出院病人0.56万人次；住院床日6.58万，床位使用率80.8%；业务收入1.51亿元。至年底，医院有职工368人，其中卫技人员326人；高级职称31人，中级职称86人，注册护士128人；核定床位111张，实际开放225张。与南部医联体核心单位江苏盛泽医院续签妇产科与眼科诊疗合作站，成立康复工作站合作项目；与铜罗卫生院签订医联体协议，建立麻醉科项目合作。完成检验科实验室扩建，推出夜间急诊业务；八都分院基础设施及一楼改造，开展本部高年资主治及以上医师到八都分院定期坐诊；成立“急救工作坊”，完成第一期培训人员结业考核。新建曹村社区卫生服务站；新置麻醉机一台，120急救车一辆，放射科、超声科新增叫号系统，自助挂号机投入使用，开展“吴江健康保障”App线上预约挂号、诊间结算等服务，完成医保异地就医审批系统。发表论文21篇，举办市级继续教育项目5个，内科医师郎欣欣以副主编身份参与编写《内科疾病临床诊断与治疗》，儿科唐圣辉主任赴贵州印江中医医院援医。曹村社区卫生服务站创建为江苏省示范村卫生室，颐养院获“吴江区巾帼文明岗”“工人先锋号”称号，谢慧芬获评苏州基层“最美防痨人”，倪菊芳获评第二届吴江区“最美基层巾帼之星”，董小英获评吴江区“最美全科医师”。（王林珍）

【吴江区第五人民医院（吴江区第一人民医院汾湖分院）】 医院位于汾湖高新区（黎里镇）新友路555号。2019年，门急诊60.14万人次，出院病人0.89万人次；住院床日11.13万，床位使用率89.65%；业务收入2.23亿元，药占比42.15%。至年底，医院有职工402人，其中卫技人员370人，硕士生10人；高级职称47人；核定床位280张，实际开放340张。继续开展医联体专家“1+1巡回医疗活动”，完成10个社区活动，出诊医师62人次，专家讲课10次。呼吸内科创建成功吴江区重点专科，普外科创建为吴江区重点专科建设单位，血透室改建工作启动。实施吴江区级科教兴卫项目5个；完成继续教育6项；开展纤维支气管镜常规检查等新技术11项；完成临床路径病历464例。麻醉科医生陈娟华赴贵州印江开展医院第二批援医工作。（费　强）

【苏州永鼎医院】 医院位于太湖新城镇高新路1388号。2019年，门急诊62.62万人次，出院病人2.4万人次，住院床日17.54万，床位使用率86.8%，业务总收入5.2亿元，药占比51.3%。至年底，医院有职工829人，其中卫技人员699人，高级职称77人；核定床位540张，实际开放460张。完成一号住院楼改建。新增迈瑞昆仑Resona高端彩色多普勒超声机1台，韩国捷耐特INNO-360Smart全自动片剂分包机1台，超乳波切一体机1台，奥林巴斯电子胃肠镜1台。开通互联网医院，实施健康吴江网上实名分时段预约、微信预约挂号；实现血液透析线上管理；实现医院OA办公。陈罡工作室、仇惠英工作室、刘建农工作室和陈旭勤工作室获批苏州名医工作室。新开老年病专科门诊。举办吴江区继续教育项目8项，其中苏州市级1项，省级1项；发表论文24篇，计中青获苏州市吴江区自然科学优秀学术论文三等奖。全年举行入社区、老年大学、企业健康讲座36场，大型义诊活动3次；松陵居家养老服务中心小型义诊50场，受益百姓近万人。完成政府安排的社会性医疗保障工作41次，全年组织或参与应急演练及培训6次。医院手术室获2019年苏州市手术室护理质量持续改进项目比赛三等奖，吕俊获苏州市五一劳动奖章。（姚海英）

体　育

【概况】2019年机构改革后，区体育局、区文广新局、区旅游局合并成立文体广电和旅游局，体育事业科、事业单位（社会体育指导中心、体育中心、国民体质监测中心、体育运动学校、体育总会）及相关科室共同承担原有职能并开展工作。是年，区文体旅局继续实施健康中国和全民健身国家战略，坚持惠民便民导向，推进体育各项事业发展，完善公共体育服务体系，打造品牌体育赛事，深化体育赛事交流，打造文体旅融合新格局。吴江区在全省县级体育工作督查中获评“2019年度江苏省县级体育工作先进单位”，列64个县（市、区）参评单位第二。全年体育彩票销量突破4亿。（朱舜蕾）

【群众体育】2019年，区文体旅局推进各区镇文体活动中心、体育公园规划建设，新建多功能运动场5个、笼式球场11片、健身路径43套、乒乓桌10副、篮架8副、健身步道39公里，成功创建I类体育公园和III类体育公园各1个。继续支持推进学校体育设施向社会公众开放。推进办赛多元化立体化，“四三二一”运动会体系（四年一届区运动会，三年分年各区镇举办全民运动会、企业运动会、农民运动会）、春夏秋冬四级大联赛体系、一镇一品赛事活动体系更加完善，创新推进区镇企业运动会体系建设工作，成功举办吴江区第十三届体育运动会，总计完成51个小项目比赛，先后举办新春杯乒乓球赛、足球联赛、篮球联赛、全民健身节、老年人健身节、万人迎新欢乐跑等赛事，全年开展各类赛事活动500余项次；积极参加长三角一体化示范区体育联盟赛事活动。全区新增协会9家，累计有体育协会84个，其中4A级2个、3A级14个。加强社会体育指导员队伍建设，全年开展社会指导员培训9期，新增社会指导员796人，培训二级社会体育指导员近200人，每万人有社会指导员55.2名。实施全民健身“三进工程”（进机关事业单位、进城乡社区、进企业），开展巡回科学健身讲座8场，开展区级机关女职工游泳培训300人。优化提升区体质测定与运动健身指导站，完成国民体质监测4280人，体质达标率95.94%。（朱舜蕾）

5月11日，松陵镇趣味运动会现场（钮泉娜　摄）

【竞技体育】2019年，区体育运动学校以国家体育总局专家组巡诊为契机，巩固国家田径单项奥林匹克高水平后备人才基地（铁饼、铅球、标枪）创建成果，向江苏省队和国家队输送高水平竞技体育后备人才。做好省青年男篮项目省队区办、投掷基地市队区办工作，完善区队校办训练模式，吴江风向标羽毛球俱乐部获评省青少年奥林匹克俱乐部。全年注册运动员499人，向苏州输送优秀运动员22人，省体工队4人。新增裁判员82人，10人晋升国家一级裁判员，累计有裁判员800余人。组织实施全区校园足球联赛，莘塔小学女足获苏州市“市长杯”一等奖，吴江中专获中职组冠军。吴江区体育运动学校运动员在2019年全国田径奥林匹克基地锦标赛上获4金5银2铜；在全国体校田径锦标赛上获1金2银2铜；在全国二青会上获1银；在全国少年田径锦标赛（U16）上获1银1铜；在江苏省县组田径赛上获团体总分第六名；在江苏省青少年田径锦标赛上获3金2银4铜；在江苏省青少年田径投掷项群赛上获3金2银2铜；在苏州市小学生田径比赛上获6金5银8铜；在苏州市中学生田径锦标赛上，初中组以7金4银2铜获团体第二名，高中组以6金5银获团体冠军。

（朱舜蕾）

【体育产业】 2019年，区文体旅局加快推进体育产业发展，规范区级体育产业发展引导资金管理使用，对SOUL KNIGHTS智能绿色运动品牌等5个项目发放2018年度区级体育产业专项资金150万元。落实并争取资金支持，尚赛帆船俱乐部获省健身俱乐部专项扶持资金30万元；聚慧体育乒乓球高质量自动化生产线改造等2个项目获市级体育产业奖补资金70万元。精心培育赛事经济，聚焦“东太湖百里健身休闲带”，推进产城旅融合发展，举办同里天元围棋赛、国青男篮四国邀请赛、汾湖世界杯攀岩赛、江苏省青少年攀岩锦标赛、梅沙教育全国青少年帆船赛、同里杯围棋段位赛、同里围甲联赛、第十届环太湖国际公路自行车赛、吴江区第四届骑行大会、全国商学院帆船赛、十三运开闭幕式、同里倡棋杯围棋比赛、苏州市第二届帆船总决赛、中国吴江东太湖皮划艇大赛等国际国内大型赛事10项。同里古镇获评2019中国体育旅游精品景区。稳步推进体彩销售，坚持管理和营销并举，加强网点管理服务、形象更新、宣传营销。全区累计有销售网点235家；全年体育彩票销量4.1亿元，列全省县(市、区)第八，继续保持第一方阵。 （朱舜蕾）

2019年吴江区新增区级及以上体育产业引导资金项目情况表

申报单位	项目名称	级别
苏州尚赛俱乐部管理有限公司	帆船俱乐部	省级
苏州聚慧体育用品有限公司	聚慧体育乒乓球高质量自动化生产线改造	市级
苏州市青田企业发展有限公司	运动系列面料的研发产业化项目	
福洹体育用品(苏州)有限公司	SOUL KNIGHTS智能绿色运动品牌创新项目	区级
力星康体育文化发展(苏州)有限公司	吴江区力康星空攀岩馆	
苏州创意体育用品有限公司	环保型体育健身瑜伽垫产业化项目	
苏州熊猫体育文化发展有限公司	力康健身连锁推广项目	
苏州市吴江区盛泽绸都体育健身俱乐部	竞技体育后备人才培养的社会化运作	

（朱舜蕾）

【东太湖百里健身带】 东太湖百里健身带是以东太湖百里风光带为基础打造的运动休闲带，汇聚自然人文景观，为苏州湾提供多元运动休闲资源。苏州湾体育公园、环太湖自行车赛道、游艇码头俱乐部等一批体育项目设施初步建成，苏州湾体育中心在建，尚赛帆船俱乐部入驻顾家荡码头且初具规模。近年来，先后举办环太湖国际公路自行车赛、苏州湾国际骑行大会、东太湖国际皮划艇大赛、全国商学院帆船赛、半程马拉松赛、万人迎新欢乐跑等精品赛事，以及一大批群众性骑行、城市定向等赛事活动，做深东太湖“水文化”运动品牌，形成一批符合“水韵吴江”特色的体育赛事品牌。

（朱舜蕾）

【吴江城市定向赛】 2019吴江区首届城市定向赛，以“趣游江南，乐在吴江”为主题，在9个区镇的城市公园或休闲景区利用地图和指南针到访地图上所指示的各个点标，完成相应的任务，以最短时间到达所有点标者为胜。城市定向赛以健身锻炼、结伴游玩、放松休闲为目的，将文化资源、体育资源、旅游资源结合，融入健康快乐、团结合作的理念，满足广大市民对美好生活的向往，让参赛选手在感受比赛激情的同时，领略吴江各区镇的独特风情。

（朱舜蕾）

（本栏编辑　钱晓燕）

计划生育

【概况】 2019年，吴江区户籍人口出生7114人，出生政策符合率99.7%，出生人口性别比（以女为100）105.2；流动人口出生7074人，出生政策符合率99.7%，出生人口性别比105.6。免费孕前优生健康检查项目覆盖率100%，新生儿出生缺陷发生率6.05‰，妇幼保健和计划生育服务全面达标。计生奖励扶助政策全面兑现，人口文化建设达标率98%，流动人口管理服务率99.6%，人口信息化建设达标率99%，计划生育机构队伍建设全面达标。计划生育经费投入9117.6万元，行业群众满意率接近100%。（阮 聪）

【计生服务】 2019年，吴江区持续推进0~3岁科学育儿公共指导工作，联合区镇进社区举办“夏季亲子乐”主题活动，倡导最新的“生活化早教”理念。关注社会养育热点，推出精品讲座，多角度多形式进行宣传，丰富婴幼儿家长的科学育儿知识。规范示范基地优质育儿服务常态化，强化评估考核；邀请名师开展全区示范基地师资培训，引领育儿师资队伍专业、优质、深度发展。全年开展指导923期，服务2.2万人次。（阮 聪）

【计生奖励与扶助】 2019年，吴江区继续落实人口计生奖扶政策，累计发放各类奖励、扶持金9445.44万元，惠及计划生育人群72.37万人次。其中发放养老援助服务券860.87万元，农村奖扶（城镇无业人员）5622.18万元，持证企业退休人员一次性奖励809.28万元，独生子女死亡家庭即时一次性补偿20万元，计划生育特别扶助对象特扶金1976.48万元，公益金53万元。全区计生特殊家庭结对帮扶率、计生困难家庭结对帮扶率均100%。（阮 聪）

【计生依法行政】 2019年，吴江区办理再生育审批176件次，指导各区镇办理生育登记7873件。其中，户籍人口5939件，流动人口1934件；一孩3948件，二孩3925件。坚持计划生育一票否决制，受理43批次115个集体和4251名个人的审核材料。作出征收社会抚养费决定5起。（阮 聪）

【计生协会】 2019年，计生协会继续开展三方面工作。一是宣传倡导工作，利用纪念日开展内容丰富、形式多样的活动，普及优生优育、生殖健康等知识。协同苏州信息职业技术学院开展青春健康教育项目，做好青春期性健康教育，加强防治艾滋病知识宣传。全区开展各类宣传服务活动170场次，受益群众4万多人。二是开展关怀服务活动，以“连心家园”为主阵地，对特殊家庭开展各类帮扶活动，聘请心理咨询师为有需要的特殊家庭进行心理危机干预，全年开展“连心家园”帮扶活动77场次，惠及1000多人；区、镇、村三级通过制度规范走访，走访慰问家庭2394户次，发放慰问金和慰问品115万元，并为全区2320名特扶对象购买住院护工险。三是开展计生系列保险工作，落实“生育关怀三年行动计划”，为1139户1659人购买保险，完成全区计生保险覆盖率的50%。（阮　聪）

人力资源

【就业创业】 2019年，区人社局深入实施就业创业优惠政策，全力促进稳定和扩大就业。调整出台《苏州市吴江区创业带动就业补贴实施办法》《苏州市吴江区企业招用高校毕业生享受有关就业扶持政策的通知》等多项就业创业政策。全年为10941家企业审核稳岗补贴5814万元，其中发放3822万元。全年发放灵活就业人员、残疾人社保补贴等24.97万人次9081.51万元、失业保险金9.67万人次1.44亿元。全区人力资源市场举办招聘活动815期，帮助就业12.72万人。中国苏州人力资源服务产业园吴江园区入驻企业42家，输送企业用工4.1万人次。新增城镇就业2.16万人，吴江籍高校毕业生就业率99.75%。城镇登记失业率1.84%。成功举办“青春飞扬 乐创吴江”大学生创业创意大赛、“智启未来 赢在吴江”青年大学生创业训练营、2019年“创响吴江”全民创新创业大赛等系列活动。思源创业园、东吉领袖云谷孵化基地获评省级创业孵化基地，清研创业谷、青智汇创业中心、桃源红众创空间获评市级创业孵化载体。全年发放创业贷款及补贴2107万元、开展创业培训1574人次、支持成功自主创业2247人。统筹推进对口扶贫劳务协作，常态化推送岗位信息，全年推送188家单位2476个岗位。铜仁籍建档立卡贫困劳动力中，在吴江稳定就业71人。（李佳倩）

【人才服务】 2019年，区人社局聚焦创新服务，落实人才政策、完善引才协同机制、推进职业技能提升工程，着力构建人才发展“好生态”。全年新增专业技术人才6638人、新增高技能人才8860人，实施各项人才资助5973.87万元，惠及5949人。全区人才总量30.7万人，其中高层次人才2.51万人。工程系列评审首次实现职业资格对应。创新推进民营企业开展专技人才自主评价工作，发布《2019年吴江区重点产业紧缺人才需求目录》《“强企优才”政策汇编》；2019中国创新创业大赛技术融合专业赛（苏州赛区）对接重点人才项目52个。新增省“双创人才”5人；吴江汾湖科技人员创业园暨留学人员创业园获评省级科创园，吴江科技创业园获评市级科创园。推行“优秀人才电子服务卡”，引进人才落户网上办理系统，实现最多跑一次。贯彻落实《江苏省职业技能提升行动实施方案》，修订完善吴江区职业技能竞赛管理办法，举办第七届“吴江技能状元”大赛，承办第四届“苏州技能英才周”，实施技能竞赛引培计划，打造适应吴江产业发展的高素质技能人才队伍。吴江变压器有限公司禹云长获评“江苏工匠”，江苏通鼎光电科技有限公司耿慧获评“江苏省首席技师”。至年底，吴江区技能人才总量21.3万人，其中高技能人才总量7.57万人，拥有国家级高技能人才培训基地1家（亨

11月26日，酒店技能大赛现场　（吴　斌　摄）

通集团），国家级技能大师工作室2家（亨通集团韦冬工作室、通鼎互联孙勤良工作室）。

（李佳倩）

【人事管理】 2019年，区人社局认真履行政府人事工作综合管理职责，规范实施全区事业单位人事管理工作。全年组织实施全区事业单位公开招聘10批次，计划招聘794人，报名9185人，实际聘用577人。其中，一般事业单位聘用123人，教育系统聘用292人，卫健系统聘用143人，苏信学院聘用19人。组织实施2019年专业化青年人才定岗特选，聘用41人。指导教育系统招聘备案制教师592人。推进机关事业单位工资制度改革，完善全区绩效工资总量浮动管理和事业单位考核评价机制。（李佳倩）

【劳动关系】 2019年，区人社局围绕提升劳动者权益保障与服务水平，探索构建长三角合作办案新模式，全力保障劳动关系和谐稳定。落实企业用工监测和劳动关系矛盾预警制度。依法高效处置欠薪违法案件，推进企业工资支付诚信体系建设，开展根治欠薪专项行动和农民工工资支付专项检查，清欠农民工工资1377.21万元。开展打击非法职业中介专项检查、清理整顿人力资源市场秩序专项检查、"三假"（假证件、假文凭、假公章）专项整治、人力资源市场专项治乱整治及百日行动，依法关闭150家未取得人力资源服务许可证的非法职介，移送公安机关"三假"违法犯罪线索7条。健全劳动争议纠纷多元化解机制，实现区镇基层调解组织全覆盖，工会企业内部调解组织全覆盖。构建仲裁庭审进企业"绿色通道"，及时化解劳动关系领域各类矛盾隐患。规模以上企业劳动合同签订率100%，劳动人事争议调解成功率86.53%、仲裁按期结案率100%，劳动保障监察举报投诉案件结案率100%，全年劳动保障监察投诉举报数、劳动争议案件数和50人以上重大集体争议数实现"三下降"，全年无重大影响的劳动群体性事件。签订《长三角地区一体化处置劳资纠纷构建和谐劳资关系合作框架协议》《青吴昆善一体化处置劳资纠纷调解仲裁合作方案》。9月10日，长三角开始异地代收劳动仲裁申请。12月17日，青吴两地仲裁院在吴江成功举行长三角首个仲裁合议庭公审活动。

（李佳倩）

【吴江国际精英创新创业洽谈会】 2019年7月11~12日，第十一届吴江国际精英创新创业洽谈会举办。洽谈会以"才聚苏州湾，智汇长三角"为主题，采取"一核多元"办会模式，聚焦智能装备制造、大数据及互联网、半导体、光电子、生物医药、纺织新材料等领域，集中展示吴江"产城融智"成果。活动期间，四大片区和职能部门围绕产业特色、服务职能举办长三角激光和光通讯产业与人才发展高峰论坛、集成电路产业峰会、2019中国·吴江金融服务科技创新高峰论坛、吴江区企业与大院大所共建高质量研发机构建设推进会等10项引智引才活动。促成海内外精英（博士占63%，硕士占37%，具有海外背景或留学经历的占56%）、吴江籍知名人士、高校科研院所专家以及风投、金融机构代表等350多人参会，推动105个项目现场签约，认定落户项目102个。

（李佳倩）

【校企对接】 2019年，区人社局整合各区镇资源开展协作赴

7月11日，国际精英创新创业洽谈会举办 （吴 斌 摄）

外校园招聘活动，组织吉林、上海、南京、哈尔滨、兰州、合肥等14条招聘线路，累计参会企业395家次，对接省内外高校21所，举办校园招聘31场，发布招聘岗位10388个，收到应聘简历9315份（其中硕士1635份、博士26份），达成意向1958人（其中硕士314人、博士4人），163家企业与高校院系建立长期合作关系。成功举办"'智汇吴江'长三角区域校园招聘（宣讲）系列活动""'感知吴江 走进吉大'苏州市吴江区吉林高校专场招聘会""'校园苏州日'——走进西安交通大学系列活动"以及"鲈乡学子创响吴江""名校吴江行"等系列活动，与吉林大学、兰州交通大学、兰州理工大学签订合作协议，并在兰州交通大学成立引才工作站，推动太湖新城与兰州理工大学和兰州交通大学、吴江开发区与西安交通大学、汾湖高新区与吉林大学建立校地合作关系。（李佳倩）

【创建省级和谐劳动关系建设综合试验区】 2019年，吴江区被确认为省级和谐劳动关系综合试验区。区政府把创建试验区列入年度重点工作，成立工作领导小组、出台《重点措施分工方案》、召开专题推进会，积极推进创建试验区工作，形成具有吴江特色的"1234"和谐创建工作法。突出党建引领，涌现出亨通集团、苏州美山子制衣有限公司等一批党建融合、劳动关系和谐的优秀民营企业典型。以法治思维和法治手段筑牢劳动关系和谐根基。通过加强劳动保障诚信体系建设、推动行业自治体系建设等措施构筑"命运共同体"。依靠区镇协同、部门协同和劳动关系三方协同，着力实施20项重点创建举措，充分发挥23个区级部门和11个区镇（街道）作用，构建和谐劳动关系"一镇一品"工程，打造八大劳动关系特色片区，实现各板块劳动关系均衡发展。充分发挥协调劳动关系三方机制合力，实现协调劳动关系三方机制区镇全覆盖。健全应急管理处置机制、社会信用体系激励机制，全面治理企业拖欠工资问题，指导企业开展集体协商工作、完善民主管理制度；深化劳动保障监察执法、劳动争议调解仲裁机制，推动行业性调解组织建设；落实《长三角地区一体化处置劳资纠纷 构建和谐劳动关系合作框架协议》《青吴昆善一体化处置劳资纠纷调解仲裁合作方案》。至年底，全区有国家、省、市、区级劳动关系和谐企业555家，亨通集团有限公司获评全国模范劳动关系和谐企业，296家单位被评定为2018年度区劳动保障A级信誉等级单位，82家用人单位获评苏州市2A级以上劳动保障信誉单位，区内现有省级和谐劳动关系示范园区（吴江经济技术开发区）、区级和谐劳动关系示范园区（吴江丝绸文化创意产业园）各1家。（李佳倩）

社会保障

【概况】 2019年，区人社局以吴江社保体系全面融入苏州工作为统领，推进社保各项改革，加快建设更加公平、可持续的社会保障体系。精准推进社会保险扩面提质，新增企业职工基本养老保险参保单位6066家，累计2.95万家；净增参保2.85万人；年末企业职工基本养老保险参保缴费57.64万人，机关事业单位基本养老保险参保缴费2.06万人，城乡居民基本养老保险参保缴费1.72万人，被征地农民社会保障参保缴费2.39万人，失业保险参保缴费51.96万人，工伤保险参保缴费52.46万人。强化落实居民基本养老保险扶贫三个100%，创新为2893名困难人员（含残疾人）办理参保登记、代缴居民养老保险，其中2829名困难人员（含残疾人）享受居民养老待遇。推进新增被征地农民刚性进保，全区1917名新增被征地农民全部纳入保障。社会保险基金总收入119.93亿元，比2018年（下同）增加31.51亿元；总支出111.81亿元，增加43.15亿元；年末基金余额215.64亿元。全区居民社会养老保险覆盖率99%以上。加快推进机关事业单位养老保险制度改革，完成全区机关事业单位改革准备期基金补结算到账工作，完成133家机关事业单位改革准备期试点库基金清算工作，完成2014年10月至2018年12月期间退休的机关事业单位工作人员养老保险待遇计发工作。推动灵活就业人员职业伤害保险省级试点向国家级试点争取，制定灵活就业人员职业伤害保险办法和实施细则，累计参保2.6万人，申请待遇74人，已享受待遇21人79万元。4月1日起，机关事业养老保险费征管职责划转至税务部门。新增纳入社会化管理养老人员0.8万人，总数30.2万人。组织慰问退休人员7.8万人次、免费健康体检5.7万人次、组织参与各类文体活动2.9万人次。贯彻落实社保降费减负政策，为全区3.1万家企业减负8.26亿元。（李佳倩）

【吴江社保体系全面融入苏州】2019年，完成《吴江区社会保障体系全面融入苏州工作方案》年度目标，职工社保缴费基数下限、居民基础养老金、被征地农民养老补助金分别提高至3020元每月、480元每月、792元每月，与苏州动态比值由2012年的68%、68%、54%提高至90%、92%、88%；企业退休人员平均基本养老金由1880元每月提高至1943元每月；调整工伤保险行业基准费率；居民养老保险缴费标准、居民补充养老保险政策、居民基础养老金最低标准、居民养老高龄加发标准接轨苏州。（李佳倩）

【人社政务服务】2019年，区人社局深入推进“一门式一窗式”政务服务模式改革，政务服务人社分中心关停，54项人社业务进驻区审批局政务服务大厅实行综窗受理。人社基本公共服务平台建成率100%，省人社厅公布的人社审批服务事项网上可办率97.5%。加强“双随机”监管工作，完成劳动保障监察“双随机”抽查检查用人单位数1649家，人均“双随机”执法检查用人单位数75户，联动平台案件按期运行率100%。在吴江人民政府网站主动公开信息511条。在各镇区人社服务网点建立社保卡专用服务窗口，实现一键制卡、现场发卡(针对个人首次申领与未开通金融功能的补换卡业务)。是年，累计发放社保卡16.2万张，其中各镇区现场制卡12.7万张，占比78.39%。全区社会保障卡持卡人数135万人。提供一体机社保信息查询、参保证明打印等自助服务58.9万次，接听“12333”人社服务热线19.2万次。“吴江人社”微信公众号提档升级，新增个人参保证明打印等10余项人社便民服务，整合形成三大板块27项服务功能，全年提供服务15.2万次，与网络服务平台、自助一体机共同构建人社线上服务大网络。（李佳倩）

住房保障

【概况】2019年，区住建局认真做好任务分解、督查指导等工作，及时调整住房保障对象收入标准和发放租赁补贴、实物配租租金标准，把好申请廉租住房和经济适用住房保障的家庭条件关，超额完成省、市下达的住房保障安居工程建设任务。新开工棚户区危旧房改造安置住房1060套，发放租赁补贴253户，超额完成全年目标任务。根据苏州市区的住房保障政策，调高符合条件的一人户、二人户租赁补贴标准，提高全区中等偏低收入家庭的租房能力。（俞秋艳）

【老旧小区改造】2019年，区住建局贯彻落实《区政府2019年重点工作目标任务分解落实方案》，统筹推进老旧小区综合整治提升工作，完善小区功能。出台《关于推进吴江区2019年老旧小区综合整治提升工作的实施意见》，编制完成《2019年老旧小区综合整治提升考核细则》，建立老旧小区综合整治提升月报制度，审查老旧小区综合整治示范项目方案，督查现场工作进度，实现老旧小区改造工作全过程监管。年末，8大板块47个小区改造项目全部完工，完成区政府2019年重点工作任务。举办老旧小区综合整治提升新闻发布会暨政府开放日活动，接受人大、政协监督，老旧小区改造工作深入群众。（俞秋艳）

【燃气管理】2019年，区住建局继续完善天然气管网布局，天然气用气量5.3亿立方米，液化气供应量2.2万吨。实施《吴江区有序供气方案》，应对天然气迎峰度冬；与各燃气企业签订安全生产目标管理责任书，与各市政施工企业签订燃气设施保护安全生产责任状并下达安全生产管理目标，落实安全生产责任；做好全区燃气领域安全隐患排查整改工作，治理打击各类违法违规和违章行为，保障安全生产。（俞秋艳）

医疗保障

【概况】2019年2月2日，区医疗保障局挂牌成立。自组建以来，区医疗保障局把握作为政府重要民生部门的职责定位，承担保障人民群众就医、减轻医药费用负担、提高人民健康水平等重要任务。是年，全区医疗保障工作以医保体系全面融入苏州为契机，推进医保体系配套改革，以长三角一体化门诊直接结算为重点，加快完善异地就医政策和经办流程，以事中事后监管为抓手，持续推进医药价格和招标采购改革，以“高质量发展”为统领，加速构建更加公平、可持续的医疗保障体系。（臧玉婵）

【医保基金】2019年，吴江区职工医保参保78.07万人，居民医保（含学生少儿）参保33.97万人，医保基金收入28.6亿元，支出24.58亿元，生育基金收入1.81亿元，支出1.71亿元，基金运行平稳可控。职工医保和居民医保政策范围内住院医疗费用基金支付比例分别稳定在90%和80%左右。（臧玉婵）

【医保公共服务】医疗救助靶向发力，全年享受社会医疗救助115948人次，救助金额3049.27万元；享受大病保险待遇16422人，补偿金额1.13亿元；发放“双特”再救助金168.98万元，惠及159名患特殊病症的特定人员；推进居家护理服务，接受失能评估申请4313人，待遇享受3020人。医保公共服务提质增效，“放管服”改革持续推进，医疗、生育保险经办业务延伸至各区镇，全区12个医保经办点办理医疗费用报销业务76681笔，报销金额3.3亿元；异地就医结算再上新台阶，实现本地定点医疗机构异地就医联网结算全覆盖，贯彻落实《关于印发〈苏州市社会基本医疗保险异地就医管理办法〉的通知》，恢复异地就医转诊制度，加强和改进异地就医经办服务，提升参保群众医疗保障获得感和满意度，全年办理异地转诊1448人次，居外就医备案1568人次，省内和跨省异地就医直接结算10288人次，结算金额3982.38万元；便民利企优化营商环境，实施医保阶段性降费率政策，单位缴费比例降低0.5个百分点，全区2.6万家参保企业减负1.21亿元。（臧玉婵）

【医保基金监管】2019年，区医疗保障局公平、公正、公开遴选医保定点医药机构，取消定点数量和比例限制，新增定点零售药店72家、门诊类医疗机构36家，守好准入关，抓牢监管关，严格退出关，监督定点医药机构自觉遵守协议管理规定、落实协议管理内容。医保监管力度不断加强，持续开展打击欺诈骗保专项行动，实现区内定点医药机构监督检查全覆盖和远程监控全覆盖，全年检查定点医药机构1275家次，审核大额医疗费用8335份，暂停或限期整改违规药店113家次，查处医疗机构26家次，暂停26名参保人员个人医保结付；强化风险防控，制定医疗保险经办服务规范，梳理医保基金支付结算中存在的风险，建立健全内部风险防控机制。（臧玉婵）

【医保领域改革】2019年，区医疗保障局开通长三角（江浙沪）异地就医门诊直接结算，吴江区参保人员在上海和浙江跨省门诊刷卡结算2406人次，金额42.83万元；遴选6家定点零售药店作为特药药店，开通特药和门特药品直接刷卡结算，切实解决参保人员购买特殊药品困难的问题；深化医保支付改革，制定《“医联体”背景下的吴江区居民医疗保险基金总额控制及考核结算实施方案（试行）》，探索建立“节余留用、合理超支补偿”的激励和风险分担机制，确保医保基金运行平稳可控；全面落实跟进国家“4+7”药品集中采购和使用试点工作，试点扩大区域范围及苏州市、盐城市、宿迁市联盟带量集中采购等工作落地见效。（臧玉婵）

【医保体系融入苏州】2019年，区医疗保障局贯彻落实《吴江区社会保障体系全面融入苏州工作方案》《吴江区医保融入苏州2019年工作安排》等文件要求，加快推进医保“同城化”进程，明确融入工作的时间表、路线图，实现苏州、吴江两地医保卡互刷。同步提标，缩小差距，调整吴江医保有关政策，企业退休人员基本医疗保险个人账户计入金额提高至1350元（70周岁以下）和1550元（含70周岁及以上），居民医保门诊统筹报销比例提高至65%，学生少儿参加居民医保的覆盖范围和筹资标准接轨苏州，职工医保个人账户购买商业保险申购条件与产品目录与苏州一致，社会医疗救助和大病保险政策全面接轨苏州。12月24日，吴江、苏州两地医保双向刷卡正式开通，标志吴江医保全面融入苏州迈出坚实一步。“吴江医保体系融入苏州”获第二届吴江区民心十大工程。（臧玉婵）

民政工作

【概况】 2019年，全区民政系统认真贯彻落实区委、区政府决策部署，把民生放入高质量发展大局中考量，突出“三个聚焦”，主动融入乡村振兴战略、聚力长三角一体化等全局性工作，深入研究上级决策部署，结合民政工作实际，持续提升公共服务供给能力。全年获省市级荣誉6项。（吴 渝）

【社会救助和社会福利】 2019年，吴江区根据社会救助“应救尽救、应退尽退”原则，全面做好特困人员供养、孤儿、低保、低保边缘、残疾人等困难对象的生活救助工作，落实“两节”慰问帮扶、价格上涨动态补贴、救助金按月发放等机制，实施重残、大重病“单人保”政策，切实保障困难群众基本生活。上调最低生活保障标准，自7月1日起，低保标准由945元/月提高到995元/月。全年发放救助对象救助（补贴）金9732万元；发放“两节”慰问金981万元，惠及13542名困难群众。成立社会救助对象专项治理工作领导小组，全面开展低保存量数据新一轮信息核对工作，采用“线上核查”和“线下排查”相结合方式，做好存疑对象的复核清理，清退154户。引入社会力量参与社会救助，开展社会救助入户核查和需求评估购买服务项目，全年完成783户低保、低保边缘的入户核查，完成1282户困难对象的需求评估。继续推进低保、低保边缘、特困人员“一户一档一策”工作，通过开展公益帮扶项目，对困难家庭开展分类分型个案介入帮扶。（吴 渝）

【慈善事业】 2019年，区慈善总会（基金会）募集资金8504.17万元，其中春节慈善募捐8021.67万元、一日捐126.47万元、定向捐赠6万元、冠名基金150万元、日常捐款101.49万元、上级补助93.11万元。全年慈善资金支出6001.95万元，其中慈善大病救助3373.78万元，救助困难家庭3304户；“手拉手，送温暖”项目救助158名困难对象280.11万元；农村困难家庭危房改造救助285.91万元，补贴困难家庭84户；慈善助学243.7万元，资助家庭困难学生621人；春节走访慰问困难户支出567.92万元。区民政局通过慈善力量推进困难对象精准帮扶，减轻困难群众医疗、住房负担，切实发挥慈善救助的重要补充作用。（吴 渝）

【基层社会治理】 2019年，区民政局不断加强村（社区）基层组织建设，梳理基层便民服务事项，会同行政审批局打造“互联网+政务服务”平台。推进城乡社区便民服务中心建设，新（改）建石瑾社区、兴华村、三扇村等18个便民服务中心。总结提升“三社联动”实效，二期覆盖8个片区的社区服务社会化试点项目顺利收官，印发《吴江社区服务社会化项目案例选编》。开展扫黑除恶专项斗争，全面深入梳理排查基层政权建设领域涉黑涉恶线索，会同区委组织部、扫黑办、纪检监察等部门对全区2100多名村（社区）“两委”人员进行联审，排查出137名涉嫌违纪违法的村（社区）“两委”人员，清理17名违纪违法村（社区）“两委”人员，净化基层政治生态。（吴 渝）

【社会组织管理】 2019年，吴江区注册登记社会组织24家，累计注册登记社会组织615家，备案社区社会组织2363家。开展第八届公益微创投活动，14个项目获选并开展服务。采用网络化培训教学开展社工培训，提升本土社会工作者实务技能和职业素养。探索社会组织党建工作，成立吴江首支红色社工小分队，社工周期间开展“党旗在飘扬，社工在行动”系列公益活动，带动区镇公益坊及社会组织开展党建工作。全面提升本土社会工作者实务技能和职业素养，全区持证社工1314人。（吴 渝）

【民政社会事务】 2019年，区民政局完成第二次地名普查数据补更工作，涉及行政区划调整变更地名2765条。组织开展不规范地名清理整治工作，印发不规范地名清理整治实施方案。开展违规建设殡葬设施排查整治工作，摸清全区殡葬设施底数，出台《关于进一步推动殡葬事业发展的实施意见》，编制《吴江区殡葬服务设施布局规划》，明确全区殡葬事业发展目标和方向。推进各区镇新建改建安息堂和殡仪服务中心，新建殡葬设施3个，投入资金3800万元。完善现有殡葬设施土地手续，指导各区镇根据殡葬设施土地性质分类开展用地手续补办完善工作。完成江陵街道省级困境儿童关爱之家创建工作。全年救助流浪乞讨人员501人，接收弃婴28人，办理收养子女登记33起；福彩销量3.82亿元；办理结婚登记4824例、离婚登记2385例；火化遗体6963具，减免殡葬基本服务费用881万元。 （吴 渝）

2019年吴江区地名变化一览表

标准名称	地名类别	所属行政区域	位 置	统计类别
学营路	道路	八坼街道	南起新营村湾斗里自然村无名道路、北至敬学路	调整（起止点）
群齐街	道路	松陵街道	云龙西路南、吴江华衍水务有限公司北侧，东起江城大道、西至夏蓉街	命名
清简街	道路	松陵街道	吴江区人民法院、吴江生态环境局东侧，南起高新路，北至体育路	命名
杨家场街	道路	松陵街道	开平路南，东起湖亩街、西至亨银金融大厦西侧新建道路	命名
湖亩街	道路	松陵街道	东太湖大道北、行船路（系花园路西侧河道名）西，东西向路段地处亨银金融大厦北侧，北起开平路、至南折西、至亨银金融大厦西侧新建道路	命名
九雅花园	住宅区	江陵街道	运河中路以东、万宇路以南、运东大道以西、万湖路以北	命名
云景生活广场	综合性建筑区域	松陵街道	湖景街以东、开平路南侧绿化带以南、映山街以西、湖景街东侧规划用地以北	命名
湖景街	道路	松陵街道	南起三船路、北至高新路向西延伸段	调整
锦澜坊	综合性建筑区域	盛泽镇	锦澜颐和雅苑以东以南、吐鲁番路以西、澜溪二路以北范围内	命名
锦澜颐和雅苑	住宅区	盛泽镇	雍禧雅苑以东、吐鲁番路以南、吐鲁番路西侧及锦澜坊以西、澜溪二路以北	命名
文植路	道路	松陵街道	开平路以南，鑫蹊商务大厦、徕德商务大厦和道谷商务大厦北侧，德博商务大厦和金帆大厦南侧，横贯开平商务中心，东起风清街、西至映山街	命名
计成路	道路	松陵街道	位于东太湖大道北，财智汇商务大厦北侧、融和大厦南侧，横贯开平商务中心，东起风清街、西至映山街	命名
惠珑大厦	高层建筑物	松陵街道	规划道路（地处财智汇商务大厦和道谷商务大厦东侧、徕德商务大厦和金帆大厦西侧）以东、徕德商务大厦南侧规划用地以南、规划道路（地处徕德商务大厦和金帆大厦东侧，融和大厦、鑫蹊商务大厦和德博商务大厦西侧）以西、锐名大厦以北	命名
锐名大厦	高层建筑物	松陵街道	规划道路（地处财智汇商务大厦和道谷商务大厦东侧、徕德商务大厦和金帆大厦西侧）以东、惠珑大厦南侧规划用地以南、规划道路（地处徕德商务大厦和金帆大厦东侧，融和大厦、鑫蹊商务大厦和德博商务大厦西侧）以西、新建道路（地处财智汇商务大厦北侧）以北	命名
吴越熙华雅苑	住宅区	松陵街道	规划道路（地处夏蓉街西侧）以东、顾家荡河以南、夏蓉街以西、体育路以北	命名
塔影湾人家	住宅区	震泽镇	新乐新村及其东侧规划用地（住宅用地）以东、塔影湾花苑以南、震新南路西侧商用建筑区域以西、新建道路（地处新乐新村南侧）及其北侧规划用地以北	命名

（续　表）

标准名称	地名类别	所属行政区域	位　置	统计类别
观湖春天花园	住宅区	盛泽镇	春旭路及内战河水域以东、蚬子荡路以南、润洋路规划向北延伸段以西、秋泽路及内战河水域以北	命名
云樾花园	住宅区	黎里镇	友东路以东、临沪大道以南、北窑及太浦河工程管理所芦墟管理站以西、太浦河工程管理所芦墟管理站及越江路以北和高士港及汾湖派出所以东、临沪大道以南、友东路以西、越江路及汾湖派出所以北	命名
吴越云境雅苑	住宅区	松陵街道	秋枫街以东、三船路以南、紫云花苑以西、庞杨路向西延伸段以北范围内	命名
夏蓉街	道路（街）	松陵街道	南起吴江大道下方接创业路、北至江兴西路	调整（起止点）
创业路	道路（路）	松陵街道横扇街道	南起横扇街道菀坪东路、北至松陵街道吴江大道下方接夏蓉街	调整（起止点）
运东名著花园	住宅区	江陵街道	吴越锦麟苑以东、大益港以南、庞山路以西、运东大道以北	命名
四季悦湖花园	住宅区	松陵街道	湖景街以东、高新路西延伸段以南、水秀街以西、开平路以北	命名
悦隽花园	住宅区	震泽镇	文景路以东、星漾美景花园南侧新建道路以南、塔影路规划延伸段以西、塔影路规划延伸段以北	命名
颂棠雅庭	住宅区	江陵街道	四季春晓花园以东、江陵东路以南、运东大道以西、吉市西路以北	命名
光樾华庭	住宅区	黎里镇	倪家舍路以东、越秀路南侧高压走廊以南、新友路以西、高士港路以北	命名
湖心溪岸花园	住宅区	江陵街道	湖心西路以南、庞山路以西、大益港以北	命名
紫云花苑	住宅区	松陵街道	秋枫街以东、规划道路以南、松陵大道以西、庞杨路向西延伸段以北	命名
缤纷桃李花园	住宅区	松陵街道	渔港路以东、庞杨路以南、勤建路以西、江村路以北	命名
悦湾名庭	住宅区	松陵街道	夏蓉街以东、顾家荡河以南、秋枫河以西、体育路以北	命名
竹景苑	住宅区	松陵街道	苏州河路以东、油车路以南、梅石路以西、永康路规划向西延伸段以北	命名
万和悦花园	住宅区	桃源镇	华盛大道以东、华天路北侧规划道路及苏震桃公路西侧规划用地以南、苏震桃公路西侧绿化带及规划用地和药师斗水域以西、华天路以北	命名
玖誉湾花园	住宅区	黎里镇	北芦墟港及东港路北侧居住区以东、越江河以南、芦莘大道西侧商住楼及东港路北侧商住楼以西、东港路及其北侧居住区和芦莘大道西侧商住楼以北	命名
珑景天成雅舍	住宅区	平望镇	百盛路及其规划改道线以东、平东路南侧商住楼及平东路南里商住楼以南、平东新路规划向南延伸段以西、平东路南侧规划道路以北	命名

（吴　渝）

【老龄事业】 2019年，区民政局以长三角一体化发展为契机，与上海市青浦区、浙江省嘉善县民政部门共同签订《长三角示范区区域养老服务合作备忘录》，参与长三角养老论坛，深化合作，融合资源。重点推进区域性养老服务中心建设，4月28日，8个区域性养老服务中心项目在盛泽集中开工，规划床位2797张，总投资3.71亿元。推进居家养老服务有序开展。针对空巢、独居等重点老年人群体开展“精细化服务”，以老年人需求为导向，增加服务频次，减少单次服务时长。全年完成工单29万件，服务时长92.95万小时，下达服务经费2216.9万元。推动日间照料中心建设，新（改）建59家日间照料中心。全区累计建成282家日间照料中心，下达养老服务事业经费及养老产业经费3393万元，力争“十三五”末期实现全覆盖。开展养老服务机构大排查大整治和明察暗访行动，全面排查整治安全隐患，开展安全检查14次，检查养老机构111家次，排查整改问题隐患287项。（吴　渝）

退役军人事务

【概况】 吴江区退役军人事务局于2018年12月17日筹备组建，2019年1月30日正式挂牌。区退役军人事务局为区政府正科级工作部门，内设办公室、安置就业科、优抚拥军科。5月14日，区委退役军人事务工作领导小组成立并召开第一次会议。是年，区退役军人事务局集中宣扬12名吴江“最美退役军人”，引起社会强烈反响。（张　露）

【党建工作】 2019年2月15日，区退役军人事务局党组成立。5月17日，退役军人事务局机关党支部和支部委员会成立。是年，区退役军人事务局开展“大走访大调研大落实大培训”活动（简称“四大”活动），倾听退役军人心声、关注退役军人困难、发掘退役军人典型、化解重点矛盾问题，走访慰问部队5家，走访慰问服务对象家庭700多户，召开座谈会26场次，发放涉军政策宣传册2000多份，征求服务对象意见建议26条，帮助走访对象解决实际问题40多件。围绕推进退役军人服务保障体系建设、深入推进全区双拥工作、化解企业转业志愿兵矛盾等，形成高质量调研报告3篇。开展“不忘初心、牢记使命”主题教育，抓好理论学习、集中研讨、走访调研和问题整改。

（张　露）

【拥军褒扬】 2019年，吴江区召开春节和“八一”两次双拥座谈会，军地双方欢聚一堂，畅叙军民鱼水深情，共话双拥发展大计。7月，区领导刘峰、张炳高一行走访慰问苏州军分区、73049部队、苏州消防支队、武警苏州支队，退役军人事务局局长卞如景、副局长李震乾参加。7月24—26日，卞如景、李震乾分别率队赴四川绵阳、广西柳州走访慰问吴江籍子弟兵。9月30日，烈士纪念日敬献花篮仪式举行。12月20日，区退役军人事务局与银行保险电信系统拥军优抚合作协议签字仪式举行。挖掘并集中宣扬12名吴江“最美退役军人”，社会反响强烈。7月26日，亨通集团党委书记、董事局主席崔根良，通鼎集团董事局主席沈小平获评“全国模范退役军人”。11月20日，江苏恒力化纤股份有限公司、通鼎集团有限公司获评首批江苏省优秀“退役军人之家”。

（张　露）

【抚恤优待】 2019年，区退役军人事务局调整优抚对象抚恤补助、优待金标准，全年发放抚恤补助经费4150.8万元、优待金2002.9万元。开展优抚对象免费体检活动，组织57名重点优抚对象赴无锡荣军医院进行短期疗养。开展抚恤补助优抚对象数据核查，完成率100%。春节前夕走访慰问重点优抚对象和企退“两参”退役人员，发放慰问金247.25万元；“八一”前夕走访慰问在乡“两参”和企退参战退役人员，发放慰问金91.7万元；国庆前夕走访慰问新中国成立前参加革命工作的老战士、烈士遗属、伤残军人、退役军人模范360人，发放慰问金71.8万元，为29位新中国成立前参加革命工作的老战士发放新中国成立70周年纪念章。（张　露）

【安置就业】 2019年，吴江区接收秋季退役士兵254人，发放一次性经济补助金2570.5万元；接收安置军队转业干部22人，按往年安置政策办理；接收符合政府安排工作条件转业士官3人，发放待安置期间生活补助4.84万元，顺利完成全年安置任务。退役士兵中，有111人选择复学，11人参加高职扩招，6人参加成人免试教育；123人参加由苏州高等职业技术学校举办的中、高级职业技术培训，职业技能培训补贴92.25万元。鼓励退役军人就业创业，与区人社局联合举办两场退役军人专场招聘会，103家企事业单位参会，提供823个招聘岗位，达成就业意向80多人次；组织区内规模以上企业参加省、市退役军人事务部门组织的退役

军人专场招聘会，开展退役军人就业创业帮扶工作。做好部分退役士兵社保接续工作，受理审核1305人社保接续申请。（张　露）

【权益维护】 2019年5月20日，全区退役军人服务保障体系建设推进会召开，部署全区退役军人服务保障体系建设工作。5月31日，吴江区退役军人服务中心正式挂牌成立。6月27日，全区8个区镇人力资源和社会保障服务中心分别增挂退役军人服务机构牌子。8月8日，全区退役军人服务保障体系规范化建设座谈会召开，研究讨论镇（街道）、村（社区）退役军人服役站建设中的重难点问题。是年，区退役军人事务局开展"退役军人矛盾问题攻坚化解年活动"，维护退役军人及其他优抚对象合法权益、采取开门接访、深入下访、领导包案等方式，突出重点、多措并举，推动退役军人信访突出矛盾解决一批、生活实际困难帮扶一批、思想教育引导稳定一批，努力实现重点群体平稳可控，重点问题妥善化解，重点人员息诉息访，营造和谐稳定的社会环境。（张　露）

【精准帮扶】 2019年，区退役军人事务局建立完善全区退役军人"一本账"制度，229名退役军人纳入帮扶援助名单。7月30日"吴江区亨通拥军关爱基金"举行发放仪式，资助97名生活极度困难的退役军人每人1万元。通过苏州市退役军人帮扶关爱基金资助85名生活困难退役军人。做好企业军转干部解困和稳定工作，保持企业军转干部整体稳定的工作态势。落实企业军转解困政策，实现全区困难企业军转干部慰问金全覆盖。"八一"、春节走访慰问特困企业军转干部60人，发放慰问金6.8万元，发放企业退休军转干部医疗费用专项补助14.78万元。（张　露）

【自主择业军转干部管理】 2019年初，区退役军人事务局完成10名自主择业军转干部的年度登记审核。召开"八一"、春节慰问座谈会，了解自主择业军转干部工作生活情况和思想动态，发放节日慰问金2.4万元。及时做好自主择业军转干部医保缴费等服务工作。（张　露）

关心下一代

【概况】 2019年，区关工委贯彻落实省委办公厅《江苏省关心下一代工作委员会工作规则》和省委组织部等三部门《关于完善和落实"党建带关建"工作机制的意见》，在推进基层组织建设、加强青少年思想道德建设主题教育、推进校外教育辅导站建设、预防和减少青少年违法犯罪等方面开展工作。全区有区镇、街道关工委13个，社区（村）关工委297个，系统关工委4个，区级机关部门关工委82个，学校关工委95个，民营企业关工委1826个，"五老"（老干部、老战士、老专家、老教师、老模范）志愿者7890人。区关工委主任胥锦荣获南京海关表彰的"身边好人"特别奖。（蒋永仙）

【基层组织建设】 2019年3月18日，区委办转发《吴江区关心下一代工作委员会2019年工作要点》，要求巩固党建带关建机制，强化对关工工作领导。12月上旬，区关工委对各区镇关工委组织建设工作进行检查，评定32个社区（村）关工委为"五有五好"基层关工委。（蒋永仙）

【青少年思想道德建设主题教育】 2019年，区关工委以立德树人为根本，以"传承爱国精神，争做'三有'新人"为主题，编写"传承爱国精神，争做'三有'新人"主题教育参考材料（收录文章21篇，17万字），开展"有理想、有本领、有担当""优秀品德、家庭美德、社会公德""向英雄刘磊学习"等教育活动。开展"南社文化进校园"活动，联合南社研究会摄制盛泽小学"红领巾寻梦南社"活动视频，该视频被省关工委评选为2019年主题教育品牌项目（获省二等奖）。全区编写主题教育宣传材料180多篇，组织宣讲840多场次，42000多名青少年受到教育。（蒋永仙）

【校外教育辅导站】 2019年，区关工委整合优质资源，发挥阵地作用；强化活动引领，丰富教育内涵；注重品牌培育，彰显办学特色；坚持校站共建，共筑育人高地；整体推进校外教育辅导站（假日学校）建设。至年底，全区有假日学校369所，其中区假日学校总站1个，区镇、街道、办事处假日学校24所，社区（村）假日学校244所，假日学校辅导点（家庭辅导站）100个。北厍银龄爱心工作站、青

10月16日,“五老”志愿者进学校宣讲　　（区关工委　提供）

云民族一家亲工作站、松陵垂虹“五老”志愿者工作站获评苏州市优秀“五老”志愿者工作站。区关工委推荐假日学校开设8门辅导课目(党史国史、道德法制、先贤英模、传统文化、才艺传授、学业辅导、学网用网、健康卫生),举办9类专题活动(专题讲座、社会实践、文体娱乐、心理疏导、亲情互动、技能展示、公益劳动、参观访问、竞技比赛),培养10种技能特长(书法、绘画、音乐、舞蹈、乐器、手工、棋类、球类、武术、烹饪)。全年参加假日学校活动学生14.5万人次。（蒋永仙）

【关爱服务】 2019年,全区关工委系统成立法制报告团(宣讲团)10个,开展法制教育600多场次,受教育青少年学生2.8万人次。全区建立关爱团28个,帮教小组230个,近千名“五老”志愿者对500多名“五失”(失足、失业、失学、失管、失亲)青少年开展关爱教育。区政法机关开展“法院公开日”“携手关爱、共护明天”“警营一日游”“七五普法”等活动,邀请学生及学生家长参加,普及法律知识。继续开展未成年人零犯罪社区(村)创建活动,有167家单位被评为创建先进单位。“好苗苗”学习班规模扩大,全区有51所学校联合社区(村)开办各类“好苗苗”学习班86个,参加学生2443人,扩大“五失”青少年和弱势群体的受教育面。（蒋永仙）

【爱心助学】 2019年,区关工委联合区镇、教育部门、爱心企业、公益组织开展公益助学活动。8月24日,苏州市吴江区道善得公益助学协会向20名中小学生发放助学金75500元(含定向资助资金3万元),同时启动与松陵团结小学共同开展的“道善得书屋”图书漂流项目,购置图书870册,为29个班级配备图书角。12月14日,向震泽实验小学、黎里中学、吴江中专、高级中学、平望中学等学校的50名贫困学生发放助学金42500元、运动鞋50双、羽绒被50条、压岁钱30000元。9月,苏州市孙福林慈善基金会向全区44名中小学生发放助学金50000元,资助8名被四星级高中录取的优秀初中毕业生每人每年3000元。温州商会关工委开展“不忘初心、牢记使命,帮困育人助学”活动,发放助学金99600元。（蒋永仙）

【特色工作】 2019年,区关工委充分发挥条线关工委优势,力创工作特色。农业系统关工委动员更多的老科技工作者参与农村后备人才培养,助力青年农民创新创业、推进“三扶两创”(扶志、扶技、扶创业,创建创业示范基地、评选创业之星)工作深化发展,取得显著成绩,“江苏少年网”和《薪火》杂志相继给予报道,先后宣传徐晓波、柳建国、朱建芳等人的先进事迹。非公经济关工委在推进民营企业关心下一代工作和创建“五有五好”企业关工委工作中发挥积极作用,区非公经济关工委和赛格市场关工委分别被评为条线省先进集体。教育系统关工委接连获得省多项荣誉,区法院被评为全省政法系统关心下一代工作先进集体。（蒋永仙）

【推进“网上关工”】 2019年,区关工委依托互联网开展关心下一代工作。继续办好吴江区关心下一代工作网站、微信公众号,及时推送发布全区工作动态,发挥网站、公众号宣传窗

8月20日，吴江区老少共颂"腾飞中国，辉煌70年"演讲比赛（区关工委　提供）

口的作用。开设"吴江区关工委"QQ工作群，吸纳区镇、条线关工负责人、工作人员入群。建立"晚霞生辉 关工情深"微信群，除关工人员外，吸纳"五老"志愿者入群，共享时事信息、交流工作经验等。建立"主题教育材料撰写群"，吸纳关工委讲师团成员进群，交流、商讨、撰写全区关工系统青少年思想道德建设主题教育参考材料，布置讲师团进社区（村）、进学校、进企业讲课活动。（蒋永仙）

【宣传工作】 2019年，区关工委通过期刊、报纸、网站、微信公众号、QQ微信工作群等多种渠道加强宣传报道工作。全年发出稿件1407篇，比2018年增长54%。其中，被中国关工委"关爱下一代"网站录用94篇，被"中国火炬"微信公众号录用42篇，被"江苏少年网"录用45篇，被全国、省级杂志录用15篇。向省关工委推送的2个特色视频分别获一、二等奖。

（蒋永仙）

社会信用体系

【社会信用信息平台建设】 2019年，吴江区社会信用信息平台归集市场监管、人社、卫健、教育、交运等54个部门信用信息数据57582883条，打破部门间"信息孤岛"，为开展信用联合惩戒、开发"信易+"应用场景等奠定坚实基础。同时，进一步提升公共信用信息窗口服务质效，开展信用查询、信用审查等服务，指导经办人了解查询流程、办理材料、注意事项等，全年出具社会信用查询报告669份，信用审查报告238份（涉及企业38622家），信用修复20例。（魏久东）

【行政处罚、行政许可公示】 2019年，吴江区信用办根据省"双公示"信息目录修订要求升级全区行政处罚、行政许可"双公示"系统，规范信息格式，加强日常督查，提升信息采集质量，为加强事中事后监管、落实简政放权等提供重要支撑。全年归集"双公示"信息累计337005条，在"中国吴江""诚信吴江"网站进行公示并推送上级信用信息平台。（魏久东）

【信用贯标示范企业创建】 2019年，吴江区信用办根据省信用办《关于实施信用管理"万企贯标、百企示范"工程的意见》文件要求，举办两期信用管理贯标培训会，宣讲企业信用管理知识，增强企业信用管理贯标意识，全区近80家企业代表参加培训，为企业贯标工作顺利开展奠定良好基础。年内，全区获评信用管理贯标企业69家，市级信用管理示范企业6家，省级信用管理示范企业1家，数量居苏州大市前列，充分发挥企业信用管理引领示范作用。（魏久东）

【企业信用监管】 参见经济管理与监督/市场监督管理/企业信用监管。

【诚信建设宣传】 2019年，吴江区信用办开展"诚信建设万里行（吴江站）"主题宣传活动暨失信问题集中治理专项行动。在震泽镇举办长三角一体化信用合作备忘录签订仪式暨吴江"诚信建设万里行"活动启动仪式，加速推进长三角示范区社会信用体系建设合作，共同打响"信用长三角"品牌。加快推进诚信宣传教育进企业、进社区、进校园、进机关，提高企业和公民的诚信意识。（魏久东）

新市民服务

【概况】 2019年，区公安局有

序开展新市民积分管理工作，统筹教育、社保、医疗等公共资源，妥善解决新市民普遍关注的子女入学、入户等相关问题。4369名新市民子女获得积分入学准入资格，212名新市民获得积分入户准入资格。（张辛吾）

【新市民积分入医】 2019年，区医保局出台《关于调整学生少儿参加吴江区居民医疗保险有关政策的通知》，对学生少儿参保政策进行调整，原参加新市民积分入医申请的新市民子女直接纳入参保人员范围。（张辛吾）

【自然灾害民生综合保险服务】 2019年，原新市民综合保险与本地居民的自然灾害民生综合保险整合，全年理赔涉及交通、工伤、溺水等事故案件17起，理赔金额近50万元。（张辛吾）

住房公积金管理

【概况】 2019年，吴江公积金中心深入开展“不忘初心、牢记使命”主题教育，以党建为引领，以实干促发展，主动融入大局，扎实开展工作，在持续扩大制度覆盖面的同时，不断提高服务质量和水平，持续塑造住房公积金优质服务品牌，提高惠民利民水平。获评省级“文明单位”、省级“青年文明号”、省级“工人先锋号”。（杨　剑）

【公积金归集和提取】 2019年，吴江区归集住房公积金37.76亿元，累计归集住房公积金210.67亿元；提取住房公积金26.4亿元，累计提取住房公积金139.33亿元，公积金期末余额71.46亿元。（杨　剑）

【公积金个贷】 2019年，吴江区发放住房公积金贷款13.36亿元，为全区2949户家庭提供资金支持；公积金个贷回收6.56亿元，累计向全区29839户家庭发放公积金贷款94.55亿元，累计支持群众购房面积370.66万平方米，期末住房公积金贷款余额54.14亿元。（杨　剑）

【公积金扩面】 2019年，吴江区新增缴存单位1164家，新增缴存职工9.08万人，完成全年目标任务的151%；净增缴存职工2.4万人，完成全年目标任务的100%；年末公积金缴存人数27.7万人，住房公积金制度静态覆盖面61%，比年初上升5%。（杨　剑）

【廉租房补充资金】 2019年，吴江公积金中心实现廉租住房建设补充资金1404万元，支持政府投资公共租赁住房建设。（杨　剑）

【公积金服务】 2019年，公积金中心严格落实可贷楼盘房源备案，将新建住房贷款轮候放款期限由三个月调整为两个月以内，进一步缩短贷款放款时间，在提高资金运用率的同时更好地支持缴存职工贷款购房。加强对销售人员公积金政策培训，注重集中培训和日常指导相结合，在房源备案现场踏勘时到售楼处开展政策指导。进企业、进商圈、进社区推广“苏州公积金”App。持续推进午间不间断办理业务和周六值班服务，优化服务流程、提升服务水平。践行预约和上门服务，多次获得感谢信及锦旗。制定吴江公积金中心文明创建专项提升方案，成立吴江公积金服务大厅文明窗口建设工作小组，参与区文明办“一把手访谈”栏目，压实岗位责任。走进政风行风热线，直面群众关切，宣传公积金制度，解决难点、堵点问题。创建新时代文明实践点，推进服务大厅文明阵地规范化建设。开展“我为城市添光彩”新时代文明实践志愿服务，人均志愿服务时长超过32小时。强化法治建设，深入推进扫黑除恶专项斗争，成立扫黑除恶专项斗争领导小组，建立违规提取防范追缴机制，做实历年违规提取材料28笔，涉及资金153.44万元，累计追回92.09万元。（杨　剑）

（本栏编辑　陈凤贤）

吴江开发区

【概况】 吴江开发区北接苏州主城区，东临上海，南连浙江，西濒太湖。行政区总面积176平方千米，其中古镇保护区约1平方千米。下辖清树湾、花港、姚家庄、柳胥、吴新、淞南、三里桥、庞北、庞东、庞南、庞山、仪塔、库浜、同兴、栅桥、叶明、方尖港、叶泽、庞杨、白龙桥、凌益、西联、龙津、田库、文安、九里湖、湘溇、北联、合心、屯溪、屯南、白蚬湖、肖甸湖、叶建等34个行政村和西湖花苑、山湖花园、叶泽湖花苑、山湖花园雅辉、城南花苑、江陵、庞山湖、东新、鱼行、富土、屯村、富渔、屯渔、新港、新柳溪、湖东社区16个社区居委会，总人口40万人，其中户籍人口约10万人。6月，对吴江经济技术开发区党工委管委会和同里镇、江陵街道办事处管理体制进行调整。

2019年，吴江开发区完成地区生产总值505.8亿元，工业产品销售收入1607亿元，一般公共预算收入60.39亿元，全社会固定资产投资135.68亿元，其中工业投资53.75亿元。注册外资3.9亿美元，到账外资2.83亿美元，进出口总额140亿美元，其中出口99亿美元、进口41亿美元。 （孙　洁）

【招商引资】 2019年，吴江开发区深入推进经济结构调整和产业转型升级，坚持以智能制造、新材料、生物医药等新兴产业为主攻方向，大力推进智能化、高端化发展。坚持以高显示度项目打造发展引擎，签约落户京东方杰恩特喜科技有限公司、崇德昱博科技（苏州）有限公司等32个项目。加强重点项目推进、管理和服务，持续增强发展后劲，50个重点项目完成投资额103.36亿元，省重点项目京东方（苏州）智造服务产业园12月份正式投产。吴江综合保税区进出口总额104.2亿美元，位列全国同类海关特殊监管区前15位。建成“掌上物流”系统，完成园区报关通道信息化升级改造，提升通关效率，通关速度全省领先。 （孙　洁）

【产业提升】 2019年，吴江开发区成功创建省级智能车间19个、苏州市级智能车间9个，吴江开发区“互联网+先进制造业”特色产业基地通过省级评审。大力实施创新驱动战略，进一步提升发展动能，智华汽车获得国家科技进步奖二等奖，博众精工通过国家级工业设计中心认定，亨通光导获评中国专利优秀奖。鼓励优质企业进行多渠道资本运作，博众精工通过科创板上市审核。 （孙　洁）

【基础建设】 2019年，吴江开发区坚持产业提质和城市发展齐头并进，编制“一路一河一湾一谷一区”五大功能载体建设规划，启动智慧城市建设。加速构建互联互通的大交通格局，东环快速路南延通车，鲈乡路北延工程按序推进，运河北路、泾陵路等老旧道路改造完成。推动城市商业综合体建设，新湖广场开业运营。做大“水乡古镇、田园乡村、新能源小镇、国家湿地公园”四大品牌项目，推进全域旅游发展。（孙　洁）

【科技创新】2019年，吴江开发区创新实施“人才+科技+基金”项目落地评审机制，持续推进“双招双引”*，全年新增引进人才项目11项，开发区人才总量7.2万人，其中高层次人才7600多人。新增国家“万人计划”1人、省“双创团队”1个、省“双创人才”3人、省“双创博士”4人、市“姑苏重大创新团队”1个、市“姑苏人才计划”(第一批)4人。（孙　洁）

【生态治理】2019年，吴江开发区全面完成“三治”、太湖围网拆除及“大棚房”、违建别墅问题专项清理等整治任务。“三优三保”*有序推进，全年盘活存量土地121公顷，处置批而未供土地47公顷，整治“散乱污”企业作坊1258家。“331”专项行动*整治隐患场所8000余处。全年淘汰落后产能企业40家，其中关停化工企业4家。（孙　洁）

【农村工作】2019年，吴江开发区实施乡村振兴战略，有序进行同里农文旅融合发展区建设。开展农村人居环境整治，北联村成功创建中国美丽休闲乡村，特色田园乡村建设和三星级康居乡村创建持续推进。开展农田试验示范工作，加快农业品牌建设，农业产业优势进一步增强。（孙　洁）

【民生事业】2019年，吴江开发区落实城乡低保制度，通过慈善大病救助、危房改造等项目，加快提高公共服务水平步伐，推进养老服务数字化精准化，同里镇居家养老服务中心启用。优化教育资源配置，运西北新小学等竣工投用，北大新世纪苏州外国语学校落户。文化体育设施不断完善，同里水乡民俗文化展示馆等完成建设，成功举办同里天元赛等体育赛事。积极开展创建全国文明城市工作，进一步提升城市形象，改善居民群众生产生活环境。江陵街道完成“并村建居”“政经分离”改革工作，稳步实现基层工作重心从村居混合管理向城市社区管理转型。推进扫黑除恶专项斗争，群众安全感和满意度持续提升。深入开展安全生产全领域大排查大整治，安全生产形势持续平稳向好。（孙　洁）

【行政审批】2019年，吴江开发区推进中心城区行政体制改革和行政区划调整，新设江陵街道，同步调整同里镇区域范围，进一步强化镇(街道)在社会治理中的基础地位。全面深化“放管服”改革，积极推进全链条闭环审批赋权，打造“一窗办理、全链审批”、不见面审批等政务服务模式，累计办件量24369件，探索实施“220+X−Y”［220项(国家级赋权事项)+X(吴江区赋权事项及苏州赋权事项)−Y(220项里暂时接不了的项目)］事项全链条闭环自主审批方案。开设长三角政务服务一网通办专窗，开展三级政务服务体系建设，全面提升办事效率。推进综保区企业增值税一般纳税人资格试点改革，尉钰金属、嘉铨精密等企业逐步展开相关业务，璨鸿光电全年新增销售12亿元。（孙　洁）

【机构调整】2019年6月，根据《市委编办关于同意江苏吴江经济技术开发区党工委管委会职能机构调整的批复》(苏编办复［2019］23号)和《关于印发向省级以上开发区派出监察工委指导方案的通知》(苏纪委［2019］5号)要求，对江苏吴江经济技术开发区党工委管委会与同里镇、江陵街道办事处管理体制进行调整。中共江苏吴江经济技术开发区工作委员会、江苏吴江经济技术开发区管理委员会，分别为中共苏州市吴江区委员会、苏州市吴江区人民政府的派出机关。另按有关规定设置中共江苏吴江经济技术开发区纪律检查工作委员会、江苏吴江经济技术开发区监察工作委员会，分别为中共苏州市吴江区纪律检查委员会、苏州市吴江区监察委员会的派出机构，纪工委和监察工委合署办公。中共苏州市吴江区江陵街道工作委员会、苏州市吴江区江陵街道办事处分别为中共苏州市吴江区委员会、苏州市吴江区人民政府的派出机关，正科级建制。江苏吴江经济技术开发区党工委管委会代管同里镇和江陵街道。

（孙　洁）

【党建工作】 2019年，吴江开发区深入学习贯彻习近平新时代中国特色社会主义思想，扎实开展“不忘初心、牢记使命”主题教育。推出全域党建品牌“崇本”，推进党建品牌体系化建设，分设“善政先锋”“共·同里”“运河·纤”“红领工程”四个子党建品牌，全面提升基层党组织组织力。坚持能政善政育人导向，优化调整干部队伍，举办第二期“学思践悟”培训班，建强年轻干部队伍。实施《吴江开发区机关干部赴一线城市挂职实训的实施意见》，主动对标北京、上海、深圳等一线城市，培养全方位综合型干部。开设“初心讲堂”，分级分类开展干部职工教育培训工作。开展“知青馆里话纪律”廉政教育活动，作风建设和廉政建设不断加强。认真开展“四风”问题整治专项行动，打造廉政文化品牌项目，助推廉政文化“六进”活动向更广更深层次迈进，营造敬廉崇廉的社会氛围。（孙　洁）

2019年吴江开发区外商投资企业新项目情况表

单位：万美元

序号	企业名称	总投资	注册资本	经营范围	投资商
1	苏州大予贸易有限公司	28	20	三产	新加坡
2	苏州安德略模具制造有限公司	70	50	其他	加拿大
3	苏州伊派斯商务咨询有限公司	11429	8929	三产	英国
4	苏州凯德航空科技有限公司	20	20	机械	德国
5	富莱荣（苏州）电器有限公司	74.74	74.74	机械	美国
6	苏州嘉玹电子有限公司	74.74	74.74	电子	韩国
7	梦派（苏州）科技发展有限公司	148.51	148.51	三产	韩国
8	苏州久元微电子有限公司	600	300	电子	萨摩亚
9	崇德粉末冶金技术（苏州）有限公司	1789.52	1789.52	其他	德国
10	苏州兰德斯精密材料有限公司	285	200	其他	新加坡
11	京东方杰恩特喜科技有限公司	26205.88	14566.87	电子	韩国
12	苏州和通机械制造有限公司	2200	1200	机械	日本
13	苏州成泰跨境电商供应链管理有限公司	40.73	29.09	三产	泰国
14	崇德昱博科技（苏州）有限公司	4500	1500	其他	荷兰
15	永全科技（江苏）有限公司	600	300	电子	毛里求斯
16	苏州鑫枫光伏电力有限公司	101.23	70.89	电力供应	新加坡
17	爱恩匹能源技术（苏州）有限公司	2500	1000	其他	韩国
18	苏州镁歆车通信息技术有限公司	14.23	14.23	三产	美国

（孙　洁）

2019年吴江开发区港澳台商投资企业新项目情况表

单位：万美元

序号	企业名称	总投资	注册资本	经营范围	投资商
1	苏州研品生物科技有限公司	29.14	29.14	三产	中国台湾
2	苏州明日美创意有限公司	2.99	2.99	三产	中国台湾
3	苏州优伟电子科技有限公司	7.43	7.43	电子	中国台湾

（续　表）

序号	企业名称	总投资	注册资本	经营范围	投资商
4	苏州世纪汉鼎家装建材有限公司	29.09	29.09	建筑	中国台湾
5	苏州汇港电子科技有限公司	1000	500	电子	中国香港
6	苏州本之源新材料科技有限公司	101.68	72.63	三产	中国台湾
7	苏州源森国际贸易有限公司	70.54	70.54	三产	中国台湾
8	苏州元利真科技有限公司	14.11	14.11	电子	中国台湾
9	苏州瑞胜新能源科技有限公司	200	140	三产	中国台湾
10	苏州昆贸电子科技有限公司	14.11	14.11	三产	中国台湾
11	华润置地（苏州）地产置业有限公司	25115.49	25115.49	三产	中国香港
12	苏州龙新雷登电子有限公司	1.41	1.41	三产	中国台湾
13	苏州美行家健康有限公司	28.36	28.36	三产	中国台湾
14	苏州正誉房地产开发有限公司	14312.77	14312.77	三产	中国香港

（孙　洁）

2019年吴江开发区主要经济社会指标

项　目	数　量	项　目	数　量
总户数（户）	41292	建筑业（人）	3826
户籍人口（人）	119617	其他（人）	9149
其中：男（人）	58912	粮食播种面积（亩）	24104
女（人）	60705	粮食总产（吨）	10285
农业户籍人口（人）	9818	其中：夏粮播种面积（亩）	6740
人口出生率	14.62‰	夏粮总产（吨）	2080
人口死亡率	5.59‰	秋粮播种面积（亩）	13447
自然增长率	9.02‰	秋粮总产（吨）	8205
地区生产总值（亿元）	508.94	油菜籽播种面积（亩）	599
其中:第三产业（亿元）	138.36	油菜籽总产（吨）	107
人均生产总值（元）	439407	蔬菜总产（吨）	34849
农林牧渔总产值（现行价万元）	27654	蚕茧总产（吨）	—
其中：农业（万元）	18711	水果总产（吨）	953
林业（万元）	0	年末存栏生猪（万头）	0.02
牧业（万元）	571	出栏肉猪（万头）	0.58
渔业（万元）	8317	年末存栏家禽（万羽）	1.88
农林牧渔服务业（万元）	55	出栏家禽（万羽）	12.77
农村从业人员（人）	32377	禽蛋总产量（吨）	78
其中：农业（人）	3183	水产品总产量（吨）	8054
工业（人）	16219	其中：养殖产量（吨）	7758

（续　表）

项　目	数　量	项　目	数　量
养殖面积（公顷）	1892	规模以上工业总产值（当年价格）（亿元）	1404.29
年末农业机械总动力（万千瓦）	1.90	规模以上工业企业主营业务收入（亿元）	1384.44
大中型拖拉机数（台）	56	规模以上工业企业总资产（亿元）	1322.02
联合收割机数（台）	48	注册外资（万美元）	47735
工业总产值（亿元）	1643	实际使用外资（万美元）	28303

（区统计局）

汾湖高新区（黎里镇）

【概况】 汾湖高新区（黎里镇）位于吴江区东部，行政区域总面积258平方千米，其中市镇面积13.6平方千米。市镇设芦墟、黎里、金家坝、北厍4个办事处，下辖秋田、三和、城司、高新、芦东、伟明、汾湖湾、莘南、莘西、元荡、龙泾、港南、三好、东联、大潮、雪巷、蚬南、群众、长胜、跃进、杨文头、新钢、红旗、星谊、梅石、银杏、黎阳、建南、雄锋、史北、华莺、大联、方联、黎花、汤角、青石、乌桥、元鹤、东方、大胜、梅墩、汾湖、黎星、浮楼、沈家港、永新、大长港、川心港48个行政村，镇东、镇西、莘塔、新区、金家坝、黎新、振黎、兴黎、北厍9个社区居委会。区内户籍人口14.3万人，其中户籍少数民族人口229人，涉及19个民族。

2019年，完成地区生产总值304亿元，比2018年（下同）增长6.6%；公共财政预算收入28.87亿元，增长9.6%；全社会固定资产投资72.5亿元，增长1.4%。推进国家级高新区创建，启动长三角生态绿色一体化示范区先行启动区建设，高质量发展迈上新台阶。　（沈喜喜）

【一体化建设】 2019年，汾湖高新区（黎里镇）紧扣“一体化”和“高质量”两个关键，推动一体化发展各项工作落地生根。全年围绕“摸清底数、加强管控、腾出空间”三项重点工作，完成用地信息普查应用平台开发，成立资产回购和控违拆违两个专班，为一体化高质量发展腾出空间。创新开展“书记镇长点评交办会”，着力抓好城乡环境整治“百日攻坚”、全国文明城市创建、国家卫生镇复审三大任务，城乡环境大幅改善。康力大道东延工程进展顺利。增设长三角一体化专窗并成功发出示范区挂牌后首张异地申请、属地审批的营业执照，创新组建“吴根越角”党建生态圈，联合签署三地教育合作框架协议，成功举办长三角职工文艺汇演等10多场大型文体活动，毗邻地区在产业对接、生态治理、党建政务、文化教育等方面的交流合作亮点纷呈。　（沈喜喜）

【招商引资】 2019年，汾湖高新区（黎里镇）聚焦主导产业，狠抓“双招双引”*，积极主动对接上海虹桥商务区、张江科技园区等科创主阵地，导入长三角优质科创资源。成功签约国家技术转移东部中心汾湖分中心等一批优质项目，合兴食品等一批重点项目相继开工，维捷（苏州）三维打印等一批潜力项目竣工投产，以英诺赛科为代表的新型半导体产业蓬勃发展。全年实现注册外资1.11亿美元，到账外资1.35亿美元。汾湖一号母基金正式运作，累计过会金额5亿元。成功举办国际精英周、集成电路产业峰会、金融服务合作发展交流会等活动，招才引智持续发力。　（沈喜喜）

【工业经济】 2019年，汾湖高新区（黎里镇）完成工业开票销售收入718.5亿元，比2018年增长3.2%；完成全社会固定资产投资72.5亿元，其中工业投入20亿元；规上工业企业完成总产值512.2亿元。34个区级以上重点项目超额完成年度投资计划。康力电梯蝉联2019全球电梯制造商10强，永鼎股份获省质量管理优秀奖，电梯产业获评省先进制造业和现代服务业深度融合试点集群，企业转型升级内生动力持续激活。　（沈喜喜）

【科技创新】 2019年，汾湖高新区（黎里镇）完成新兴产业产值230亿元，占规上企业总产值的44.8%，全社会研发投入占比4%。新获批高新技术企业55家（累计144家），培育省级入库企业81家；获批省、市级各类技术中心15家，市级潜在独角兽、瞪羚计划企业8家；新认定省级民营科技企业18家。21家企业与高等院校、科研院所新签订合作协议25项；引进高层次创新创业人才20人。成功获评国家知识产权试点园区，科创园获批国家级海智基地、省留学生创业园，巨峰股份获批市重点实验室。（沈喜喜）

【服务经济】 2019年，汾湖高新区（黎里镇）完成第三产业产值171亿元，比2018年（下同）增长36.8%，产业结构进一步优化；房地产开发投资保持高位增长，全年完成销售47.6亿元，增长165.4%。加快发展和壮大现代物流产业，新引进平安好医生、华东区医疗仓储物流中心、利丰供应链等外资电商物流企业；GAP中国供应链中心建设完成并投入运营；Dyson中国供应链中心及全国维修中心投入运作；全盛物流一期主体完成。（沈喜喜）

【城乡建设】 2019年，汾湖高新区（黎里镇）抓住一体化发展和高铁枢纽建设重大机遇，重点衔接上海规划院推进启动区国土空间总体规划，黎里镇总规及专项规划取得阶段性成果，苏州南站建设规划稳步推进，沪苏湖、通苏嘉甬高铁线站位方案基本确定。科创园扩建研发楼交付使用，文体中心内部装修进场，洋砂荡生态公园主体完工，城市能级和功能品质进一步提升。科学统筹开展“263”* “散乱污”“三治”“三优三保” *等专项行动，排查并整治“散乱污”企业1424家，拆除建筑面积18.8万平方米；“三治”拆旧162.8公顷，超额完成年度任务；“三优三保”及增减挂通过市级验收77.4公顷。河湖“两违三乱”整治扎实开展，3条黑臭河道整治完成，拆除无证码头60个。建管并重推进美丽乡村建设，13个三星级康居村建设基本完成，史北村等4个村被评为市级人居环境整治工作示范村，东联村许庄被命名为苏州市特色田园乡村。（沈喜喜）

【社会民生】 2019年，汾湖高新区（黎里镇）努力打好民生幸福“持久战”，扎实推进10项民生实事工程；加快统筹城乡就业，持续推进社保扩面，参保人数7.9万人。支持教育优先发展，引入高水平民办国际双语学校，中高考成绩再创佳绩，教育教学质量稳居全区第一方阵。持续深化紧密型医联体建设，成功建设省级健康镇（村、社区）和省级健康单位，北厍社区卫生服务中心进入国家社区卫生科研能力百强榜单。汾湖世界杯攀岩赛获评市体育旅游精品赛事，文体事业进一步繁荣。扎实开展“阳光扶贫”、对口支援工作，多措并举守牢民生底线。（沈喜喜）

【古镇保护】 2019年，黎里古镇在成功创建4A级旅游景区基础上，更大力度强化古镇“形态、业态、文态”的联动导入。古镇核心区三期修缮项目顺利推进；爱慕主题客栈、梨花建国酒店相继开业；徐悲鸿艺术馆、江南民俗博物馆顺利运营；古镇“口述史”正式启动。成功举办梨花文化节、研学游、摄影大赛、推荐会等大型活动超20次，获评“中国最具魅力延续旅游目的地”。芦墟历史文化街区改造工程获得“吴江十大民心工程”提名奖，古镇品牌特色持续提升。（沈喜喜）

2019年，江南民俗博物馆 （钮泉娜　摄）

2019 年汾湖高新区（黎里镇）主要经济社会指标

项　目	数　量	项　目	数　量
总户数(户)	49717	夏粮总产(吨)	8085
户籍人口(人)	143343	秋粮播种面积(亩)	48881
其中:男(人)	70211	秋粮总产(吨)	27358
女(人)	73132	油菜籽播种面积(亩)	294
农业户籍人口(人)	30017	油菜籽总产(吨)	50
人口出生率	7.71‰	蔬菜总产(吨)	20050
人口死亡率	8.22‰	蚕茧总产(吨)	—
自然增长率	−0.50‰	水果总产(吨)	589
地区生产总值(亿元)	304.07	年末存栏生猪(万头)	—
其中:第三产业(亿元)	128.72	出栏肉猪(万头)	—
人均生产总值(元)	212659	年末存栏家禽(万羽)	14.48
农林牧渔总产值(现行价万元)	108766	出栏家禽(万羽)	16.92
其中:农业(万元)	35406	禽蛋总产量(吨)	1372
林业(万元)	2623	水产品总产量(吨)	15637
牧业(万元)	4389	其中:养殖产量(吨)	14428
渔业(万元)	66348	养殖面积(公顷)	5355
农林牧渔服务业(万元)	0	年末农业机械总动力(万千瓦)	5.15
农村从业人员(人)	52071	大中型拖拉机数(台)	165
其中:农业(人)	8497	联合收割机数(台)	49
工业(人)	29461	工业总产值(亿元)	711.39
建筑业(人)	3722	规模以上工业总产值(当年价格)(亿元)	531.03
其他(人)	10391	规模以上工业企业主营业务收入(亿元)	529.84
粮食播种面积(亩)	95167	规模以上工业企业总资产(亿元)	637.02
粮食总产(吨)	35443	注册外资(万美元)	11079
其中:夏粮播种面积(亩)	26816	实际使用外资(万美元)	13514

（区统计局）

吴江高新区(盛泽镇)

【概况】 吴江高新区(盛泽镇)位于吴江区东南部,行政区总面积150平方千米,其中建成区面积45.98平方千米、规划工业产业区60平方千米。农村辖红洲、茅塔、圣塘、杨扇、兴桥、群铁、东港、前跃、幸福、黄家溪、北角、胜天、荷花、永和、盛虹、渔业、坛丘、人福、龙桥、郎中、溪南、双熟、北旺、南塘、坝里、大谢、坛丘渔业、西白洋、桥南、庄平、寺西漾、永平、龙北、沈家、七庄35个行政村,镇区辖目澜、衡悦、山塘、桥北、舜湖、镜湖、坛丘、南麻8个社区居委会。人口约50万,其中户籍人口13.7万人,外来常住及流动人口约36.3万人。户籍少数民族人口296人,涉及22个民族。

（顾谭思）

【工业】 2019年,吴江高新区(盛泽镇)经济发展平稳向好、稳中提质,位列全国综合实力千强镇第九名。重大项目高效推进，爱特思一期、赢众新材料等项目竣工投产，乐福光电、东方康碳等项目按序时推进，德沐新材料、铂逸针织等项目一期厂房即将竣工。龙头企业支撑作用明显，恒力集团升至世界500强企业第181位、亚洲品牌500强第115位；恒力、盛虹蝉联中国企业500强、中国民营企业500强。“双招双引”*成效明显，搭建长三角G60科创走廊产业合作示范园区招商平台，成功签约联东U谷、盛美智谷等16个项目、总投资114.6亿元。现代服务业优质发展，因顿医学检验实验室投入运营，凤凰荟商业综合体正式营业。聚焦创新发展，全社会研发投入占地区生产总值比重3%，新增高新技术企业30家。先进功能纤维创新中心获批江苏省首个国家级制造业创新中心，东华大学（苏州）纺织产业研究院投入运营，住力高纤被认定为省级工程技术研究中心。加快智能化改造升级，省级示范智能车间累计10家，智能工业累计投入13.55亿元。推进知识产权强镇建设，万人发明拥有量52.9件，被认定为江苏省知识产权示范园区，恒力化纤获中国专利奖银奖，盛虹集团获中国纺织科学技术进步一等奖。

（顾谭思）

【农业】 2019年，吴江高新区（盛泽镇）农林牧副渔总收入4.23亿元。全年种植水稻2060.84公顷、总产量19598.59吨；种植小麦892.56公顷，总产量4431.55吨；水产养殖1049.07公顷，总产量2087.7吨。现有苗木面积420公顷，果品面积146.67公顷；常年蔬菜面积66.67公顷，季节性蔬菜133.33公顷，上市蔬菜（含西瓜）4265吨；桑地面积212.67公顷，全年饲养蚕种213张，总产量9.48吨。推进市级农业示范园区和区级黄家溪农业园区建设，完成优质粮油区8公顷水稻扩种复垦和高效蔬果区有机果园保温膜工程、蔬菜二期设施工程及精品苗木区花卉苗木设施工程建设，实施黄家溪农业园区80公顷高标准农田建设。落实耕地轮作休耕，全年休耕面积406.48公顷。加快推进农业全程机械化，新增无人植保机、播种机、中型拖拉机、秸秆还田机等14台（套）。加大农村生态建设。完成农村绿化工作目标，新增片林5.73公顷，森林扶育46.67公顷，新建、更新及完善农田林网控制面积73.33公顷，珍贵用材树种培育5.5万株；巩固“三网拆除”成果，对镇所辖的896.33公顷、26个河荡水域推行生态养殖模式；落实河（湖）长制*和河道长效保洁工作，创新实施省际界巡河联防联治，实现全镇21条外河道、307条内河长效保洁管理全覆盖，努力实现河道“河畅、水清、岸绿、景美”目标。

（顾谭思）

【改革开放】 2019年，吴江高新区（盛泽镇）改革开放不断深化、效能提高。坚持以经济发达镇行政管理体制改革试点为契机，对标“1+4”改革要求，深化行政审批制度改革，推进“一门式”“一窗式”政务服务，实现“一次取号、一窗受理、集成办理”，镇村两级综窗互通同步启动。探索“互联网+政务服务”，落实“不见面审批”，跟进“一张网”服务，长三角政务服务“一网通办”实现镇级跨省异地办理。优化社会治理体系，打造“绸都网巡”盛泽联动指挥工作品牌，初步形成区域党建引领下的小区治理模式。用好工业企业资源集约利用绩效评价结果，以亩产税收、能耗产出为导向，推动企业转型升级。开放型经济稳步发展，实现进出口总额21.96亿美元。加强国际化合作，深度融入“一带一路”*建设，组织参加法国巴黎、德国慕尼黑等20多场国外专业展会，首次组团参加罗马尼亚中东欧纺织服装面辅料博览会。持续提升市场业态，打造时尚创意功能区，中国盛泽时尚创意推进中心与中国服装设计师协会盛泽中心揭牌运行，盛泽设计界时尚产业服务平台投入使用。完善网上东方丝绸市场建设，增设市场导视导引系统，“东纺云”App正式上线。全年实现市场交易额1253亿元，比2018年增长3.05%。

（顾谭思）

【城乡建设】 2019年，吴江高新区（盛泽镇）以全国文明城市创建为契机，全面提升城市能级水平，加强基础设施建设，完善公共服务配套，42个美丽城镇项目完成投资6.15亿元。突出生态宜居城乡建设，扎实开展农村人居环境整治“百日攻坚集中行动”，农村面貌焕然一新。农村垃圾分类就地处置工作实现行政村全覆盖，新增三星级康居村15个，黄家溪村、沈家村特色田园乡村一期完成建设。运用系统化治水思维，国有集体水面实行以养代管模式，黑臭河道治理取得阶段性成效。盛泽、秀洲联合治水成效显著，入选中组部《贯彻落实习近平新时代中国特色社会主义思想、在改革发展稳定中攻坚克难案例》，成为全国河长制工作示范案例。高质量推进城乡生活污水治理、企事业单位雨污分流改造，完成53个老旧小区及131个“十个必接”改造项目建设。高效推进“三治”“三优三保”*等专项行动，完成拆旧159.86公顷，异地盘活61.1公顷。率先启动违法建筑整治工作，“大棚房”问题清理整治通过国家级验收。开展生态环保专项整治，完成喷水织机三年专项行动，稳步推进纺织后整理、整浆并行业整治行动。推进“263”专项行动*，淘汰落后产能53家，依法取缔（搬迁）“散乱污”企业（作坊）203家，整治提升1000家。（顾谭思）

【社会民生】 2019年，吴江高新区（盛泽镇）统筹推进各项社会事业发展，优化教育资源布局，盛泽实验初中改扩建一期工程竣工并投入使用，取缔整治无证办学点23所。深化教育集团化办学改革，积极引进长三角一体化高端教育资源。落实各项民生实事项目，推进保障房建设，朗庭名苑、如意苑二期、万鑫家园完成主体结构封顶。住房保障稳步提升，廉租房租赁补贴、直管公房管理等工作稳步实施，首次开展住宅小区物业管理考核指导，建立健全物业管理体制。推进养老服务体系建设，完成南麻居家养老服务中心改建工程，稳步推进区域性养老服务中心、村（社区）日间照料中心建设。开展殡葬整治工作，殡服中心和安息堂投入使用。弘扬丝绸文化禀赋，东方丝博园、圆明小镇等丝绸旅游项目取得阶段性进展。加快卫计事业发展，通过国家卫生镇复审区、市、省三级明察暗访，农村改厕水平稳步提升。促进城乡融合发展，推进现代农业建设，完成池塘标准化改造和退渔还田工作，启动实施黄家溪农业园区高标准农田建设。盘活农村集体存量，完善农村集体“三资”管理工作，农村产权交易平台累计成交1.72亿元。扫黑除恶专项斗争持续深入，开展非法金融活动专项治理，处置涉嫌非法金融活动企业18家。落实安全生产监督管理主体责任，9个挂牌整改项目全部摘牌，全年未发生较大以上安全生产责任事故。（顾谭思）

【党建工作】 2019年，吴江高新区（盛泽镇）全面贯彻新时代党建工作总要求，强化管党治党的政治责任，扎实开展“不忘初心、牢记使命”主题教育，认真抓好学习教育、调查研究、检视问题、整改落实工作，推动主题教育走深走实。坚持不懈强化理论武装，深入开展十九届四中全会精神宣讲学习，筑牢践行初心使命的思想基础。严格落实意识形态工作责任制，发挥新时代文明实践所（站、点）的平台作用，加强基层理论宣讲，凝聚思想共识。深化红色绸都书记项目，推进“党建六联”书记项目，与王江泾、新塍等地开展互联互动、实现共建共享。加快推进“海棠花红”阵地建设，镇党建服务中心投入使用。推动全面从严治党向基层延伸，按照省委巡视、市委巡察和区委专项巡察整改落实情况“回头看”的相关要求，按时保质完成整改任务。切实抓好党风廉政建设和反腐败工作，运用“第一种形态”开展提醒谈话24人，诫勉谈话1人，批评教育21人。加强村务监督委员会工作，严格落实村级重大事项“四议两公开”制度。坚持好干部标准，认真落实“三项机制”，加大年轻干部的选拔培养力度，举办第二期“强素质、树标杆”研修班，全面提升年轻干部的能力素质。选优配强村（社区）干部队伍，完成18个村书记主任“一肩挑”。全力支持人大、政协履职尽责，统战、人武、群团等工作全面加强。（顾谭思）

【中国东方丝绸市场】 2019年，中国东方丝绸市场（简称“市场”）围绕市场高质量发展目标，以时尚创意引领、市场业态升级、会展经济推动、销售模式创新，助力“市场、产业、城市”有机融合，推进市场转型升级新发展。全年市场交易额1253.1亿元，比2018年增长3.05%。

市场转型发展。2019年，市场加快推进时尚创意引领和网上市场建设，推动市场转型升级。10月，引入盛泽设计界时尚产业服务平台，成立中国盛泽时尚创意推进中心与中国服装设计师协会盛泽中心，参加中国国际大学生时装周，举办时尚秀演和“设计师走进盛泽”等活动。推动网上东方丝绸市场建设，10

2019年，东方丝绸市场全景　（盛泽镇　提供）

月正式上线“东纺云”App。

市场活动。2019年，市场通过开展对接会、组织展会、举办会议等形式，引导企业开拓国内外销售市场，构建内外贸易互动平台。4月，举办2019首届中国（盛泽）国际纺织机械及印花工业展览会，展览面积1.5万平方米，汇集海内外参展商近200家。10月，举办第六届江苏（盛泽）纺织品博览会，展出面积3万平方米，设置展位600多个（含一楼印染助剂、纤维纱线馆），整体反响较好。据统计，为期3天的展会吸引5.53万人次的国内外采购商到盛泽寻觅商机，意向交易额17.56亿元。活动期间，举办第三届中国生态环保面料设计大赛颁奖典礼、2019中国纺织业“一带一路”大会、华佳集团50年华诞庆典晚会及盛泽本地企业时尚秀演等。是年，组织盛泽纺企参加上海、深圳和南京国内展，组织近250家企业参加德国、美国、孟加拉国、日本、韩国、埃及、法国、摩洛哥、墨西哥、越南、罗马尼亚、俄罗斯、埃塞俄比亚、尼日利亚、英国等纺织专业展。与虎门、上海、深圳、北京、南京、杭州等地开展多场面料采购对接会。

市场管理。全面落实市场内各级消防安全责任制，签订安全责任书，要求各商区主任严格落实市场网格化管理制度，确保安全责任覆盖到位；持续深化“331”专项行动*，加大安全宣传力度和走访巡查强度，不定期开展大排查和专项检查行动，严防“三合一”场所*回潮；以扫黑除恶专项斗争、非法金融整治两项工作为有力抓手，强力构建市场安全管理新格局，确保市场经营环境平稳健康。以星级文明经营户评选活动作为突破口，着力从宣传氛围、环境卫生、文明诚信三方面入手，扎实推进文明城市创建工作，构筑文明诚信的经营环境。

市场平台建设。至年底，市场有公共服务平台14家，服务内容涵盖商品交易、信息发布、纺织科技、产品检测、外贸服务、电子商务、展会功能、面料展示、创意设计、品牌培育、知识产权、物流集散等各个方面，基本满足盛泽纺织企业和整体纺织发展的需求。　（范明娟）

2019年吴江高新区（盛泽镇）主要经济社会指标

项　目	数　量	项　目	数　量
总户数（户）	39117	其中:第三产业（亿元）	226.40
户籍人口（人）	137549	人均生产总值（元）	314279
其中：男（人）	67433	农林牧渔总产值（现行价万元）	62078
女（人）	70116	其中：农业（万元）	47795
农业户籍人口（人）	22724	林业（万元）	3493
人口出生率	7.33‰	牧业（万元）	0
人口死亡率	7.33‰	渔业（万元）	9216
自然增长率	0.00‰	农林牧渔服务业（万元）	1574
地区生产总值（亿元）	431.95	农村从业人员（人）	47288

（续　表）

项　目	数　量	项　目	数　量
其中：农业（人）	3044	出栏肉猪（万头）	0.01
工业（人）	35900	年末存栏家禽（万羽）	2.19
建筑业（人）	1952	出栏家禽（万羽）	3.91
其他（人）	6392	禽蛋总产量（吨）	85
粮食播种面积（亩）	42343	水产品总产量（吨）	2012
粮食总产（吨）	22082	其中：养殖产量（吨）	2012
其中:夏粮播种面积（亩）	13079	养殖面积（公顷）	881
夏粮总产（吨）	4170	年末农业机械总动力（万千瓦）	3.96
秋粮播种面积（亩）	27235	大中型拖拉机数（台）	85
秋粮总产（吨）	17912	联合收割机数（台）	39
油菜籽播种面积（亩）	0	工业总产值（亿元）	829.70
油菜籽总产（吨）	0	规模以上工业总产值（当年价格）（亿元）	617.62
蔬菜总产（吨）	31505	规模以上工业企业主营业务收入（亿元）	619.63
蚕茧总产（吨）	9	规模以上工业企业总资产（亿元）	666.12
水果总产（吨）	1262	注册外资（万美元）	322
年末存栏生猪（万头）	—	实际使用外资（万美元）	186

（区统计局）

东太湖生态旅游度假区（太湖新城）

【概况】 东太湖生态旅游度假区（太湖新城）位于吴江区北部，是区委、区政府所在地，距苏州主城区16千米，总面积200平方千米。2019年6月区划调整后，江苏省吴江东太湖生态旅游度假区党工委、管委会分别与苏州太湖新城吴江党工委、管委会合署办公，实行“两块牌子、一套班子”，代管松陵、横扇、八坼3个街道，下辖水乡社区、西塘社区、北门社区、东门社区、二村社区、三村社区、城中社区、奥林清华社区、梅石社区、苏河社区、新园社区、湖滨华城社区、龙河社区、祥泰社区、冬梅社区、长板社区、水秀社区、横扇社区、菀坪社区、渔业社区、沧浦社区、八坼社区22个社区居委会，江新村、南厍村、梅里村、吴模村、高新村、松陵捕捞村、芦荡村、联团村、长安村、戗港村、南刘村、第二渔业村、安湖村、同芯村、菀南村、诚心村、新湖村、王焰村、北横村、沧洲村、姚家港村、叶家港村、圣牛村、双湾村、大家港村、厍港村、星字湾村、四都村、新营村、农创村、友谊村、练聚村、联民村、直港村、黑龙村、汤华村、友联村、石铁村38个行政村。至年底，东太湖生态旅游度假区（太湖新城）常住人口33.3万人，户籍人口17.7万人，其中少数民族1363人。

2019年，东太湖生态旅游度假区（太湖新城）经济社会发展稳中提质，实现地区生产总值332.6亿元，比2018年（下同）增长7.5%；完成一般公共预算收入50.01亿元，增长21.8%；全社会固定资产投资188.03亿元；规上工业总产值162.45亿元；工业开票收入241.26亿元；服务业税收61.52亿元；文化产业营业收入46.95亿元；实际利用外资3730万美元。　（徐雨晴）

【转型升级】 2019年，东太湖生态旅游度假区（太湖新城）主动对接上海、北京、深圳等一线城市，成功落户国际企业中心、科泰创新中心、中城捷运总部等优质项目86个。五大产业载体建设进展顺利，国测智慧城市产业园一期、步步高软件园一期接连竣工，苏州湾金融产业园累计注册各类金融机构333家，注册资金726亿元。全年新增高新技术企业54家，16家企业获评“江苏省民营科技企业”。吴江变压器厂参与项目获国家科技进步奖二等奖，亿友慧云入围国家规划布局内重点软件企业。全年引进高层次人才项目16个，认定“双招双引”*项目9个。企业上市迈出坚实步伐，五方光电母公司在深交所挂牌上市，聚杰微纤创业板IPO成功过会，佳禾食品等3家企业上市工作稳步推进。（徐雨晴）

【城市建设】 2019年，东太湖生态旅游度假区（太湖新城）稳步推进既定的42个重点建设项目，完成实际投资177.96亿元。亨通苏州湾水世界投入运营，万象汇、爱琴海、流虹和秋枫缤纷荟等商业综合体开业，苏州湾文化中心主体竣工，绿地中心封顶，东太湖大厦获国家优质工程奖，城市功能更加凸显。文明城市建设圆满完成省级迎检，城市文明指数显著提升。完成老旧小区改造5个、供水管网改造4个。全域新增公共停车位1330个，改造智能停车泊位852个。垃圾分类小区实现全覆盖，开展四分类试点小区31个。贯彻落实上级部署要求，完成行政体制改革和行政区划调整任务，松陵、八坼、横扇3个街道挂牌成立，实现社会管理职能下沉，治理效能和服务效率提升。持续推进“一门式”“一窗式”政务服务改革，政务服务加快向基层延伸，实现“互联网+政务服务”基层全覆盖。智慧信息平台高效运转，全年处理各类流转工单10.93万件，处理率99.04%。率先探索试点“智慧小区”治理模式，“智慧小区”管理平台正式上线运行，获“2019中国智慧城市优秀应用成果”一等奖。东太湖度假区旅游品牌更加响亮，全年接待游客302万人次，实现旅游收入16.2亿元，加快向国家级度假区迈进。（徐雨晴）

【城乡统筹】 2019年，东太湖生态旅游度假区（太湖新城）大力实施乡村振兴战略，进一步融合城乡发展。围绕“创新湖区”发展定位，结合上级确定生态红线、城市开发边界和基本农田保护线，按照长三角一体化发展要求和沪湖蓝带计划，先行启动太浦河两侧景观规划，推动太浦河绿廊建设。完成新一轮镇村布局规划的村庄分类工作，推进“多规融合”，整合国土空间资源，为产业转型升级提供支撑。开展太湖新城水系规划和畅流活水规划的编制，提升河网水质。投入1.3亿元推进海绵城市建设，示范项目初显雏形。持续推进植树造林工作，新增林地6公顷，并建立各级生态林的保护机制。高质量推进雨污分流，全年完成26个小区和29个农村生活污水治理项目，受益家庭3067户，其中八坼财富广场雨污分流改造项目被列入市级优秀示范项目名单。大力开展垃圾分类工作，生活垃圾分类设施覆盖率95%以上，其中三分类已实现全覆盖，第一批31个四分类小区进入试运行阶段。不断完善公共交通配套，新增公交线路3条、优化调整7条，新建公交候车亭41个；投入1850万元完成“四好农路”274千米，并顺利通过区级示范路考核。结合农村基础设施提升沿线沿路绿化，涉及18个村，近51千米。优化农村生活环境，主动调节资源向农村延伸，农创村通过苏州市康居特色村验收，并被列入市级特色田园乡村试点名单，进入全面建设阶段。南厍e村完成示范区建设并投入运营，获苏州市村镇建设传统村落保护优秀示范项目奖。高标准完成12个三星康居示范村建设，超额完成上级任务。有序推进定销公寓房安置工作，对13个项目进行安置，累计安置920套。（徐雨晴）

【生态文明】 2019年，东太湖生态旅游度假区（太湖新城）坚持绿色生态发展理念，生态文明建设工作取得新成效，“三治”办融合开展“263”专项行动*、“河（湖）长制”*“三优三保”*“331”*等各类专项整治。“三治”完成直港村、大学城一期、姜阿港等重点区块整治，完成拆旧78.06公顷。深入推进“河长制”工作，落实区镇级河湖整治任务，重点推进太浦河、新开路港“两违”整治。“331”专项行动整治排查“三合一”场所*6694家、出租房（群租房）4027家、“9+1”场所（小商店、小学校、小医院、小餐馆、小旅馆、小棋牌室、小歌舞厅、小网吧、小美容及小微企业）6254家、电动车7100多处，整治各类火灾隐患2.5万多处，拆除各类违建6.6万平方米。打好污染防治攻坚战

（“263”“散乱污”），超额完成减煤任务，完成挥发性有机物企业整治8家，淘汰落后企业77家，关停化工企业2家，关停铸造企业4家，完成D类企业转型升级45家。全年完成“苏州市打赢污染防治攻坚战协同推进平台”排查、录入“散乱污”问题1680项；解决“污染防治综合监管平台”问题3000多项，动态完成率基本保持96%以上。深入推进“三优三保”，2018—2019年取得苏州市自然资源与规划局验收批准面积94.44公顷，进一步推动高质量发展。（徐雨晴）

【民生建设】 2019年，东太湖生态旅游度假区（太湖新城）坚持以人为本，着力保障和改善民生，不断提升民生福祉。联杨幼儿园、八拆幼儿园两个扩建项目投入使用，英仑伟才幼儿园、青橙绿苑幼儿园两个民办普惠性幼儿园启用，华泽学校、江厍路幼儿园两个在建目进展顺利，计划2020年秋季开学投入使用。集团化办学再创佳绩，松陵一中四星高中录取率突破50%，菀坪学校中考成绩再创新高，横扇学校呈现尖子生分数特别高的亮点，成为农村学校工作的亮点。着重统筹辖区公民办学校、培训机构安全管理工作。规范开展打击非法行医专项整治工作，检查医疗机构83家，查处非法行医41起，取缔无证行医19户。全力保障食品药品安全，规范餐饮单位100多家。成功创建省级健康村1家，新增社区卫生服务站1个，改建1个，新增日间照料中心和助餐点各9个。分类开展精准救助，落实低保救助、大病救助、特殊救助等救助政策，对困难群众给予多方位经济补助；搭建“连心家园”示范点、“残疾人之家”等帮扶平台，开展精神帮扶工作；开展“两癌筛查”、困难人群免费体检、推进民生助医保险、就业帮扶、助学金等帮扶机制。充分发挥公共文化服务中心功能，做好“四送工程”活动。农家书屋、老年人活动室等文体活动场所积极对外开放，满足群众日益增长的文化活动需求。依托垂虹文化艺术节、中国农民丰收节、“我和我的祖国”新中国成立70周年系列活动等一系列群众性特色文体活动，丰富群众文化生活。举办第六届桃花节、2019全国青少年帆船联赛、苏州湾“大黄鸭”B.Duck探索世界苏州站嘉年华、第八届全国商学院帆船赛、2019年第十届环太湖国际公路自行车赛、中国吴江国际皮划艇赛等16项有影响力的赛事活动，吸引近30万名游客参与，提升度假区知名度和影响力。（徐雨晴）

【党建工作】 2019年，东太湖生态旅游度假区（太湖新城）围绕学习贯彻习近平新时代中国特色社会主义思想主题主线，扎实开展“不忘初心、牢记使命”主题教育，融合度假区改革发展任务，引导广大党员干部“守初心、担使命，找差距、抓落实”，取得显著成效。坚持党建引领，坚守意识形态阵地，牢牢把握意识形态工作主动权和领导权。强化干部队伍建设，统筹做好行政体制改革和区划调整中的干部调配，充实街道力量，实现管理力量下沉。重点抓好省委乡村振兴战略专项巡视反馈问题的整改，做实巡视整改“回头看”，建立常态化机制。全面推进从严治党，党风廉政建设常抓不懈，运用第一种形态处置52人，立案35件，处理违法违纪党员35人，维护党纪的严肃性和党员队伍的纯洁性。稳步推进政治协商和统战工作，各街道成立议政代表会议，视察、监督、参政议政工作富有成效。人武、双拥、老干部和关心下一代工作取得新成绩，人民团体和群众组织的作用得到更好发挥。

（徐雨晴）

2019年东太湖生态旅游度假区（太湖新城）主要经济社会指标

项　目	数　量	项　目	数　量
总户数（户）	57735	农业户籍人口（人）	14878
户籍人口（人）	175070	人口出生率	10.20‰
其中：男（人）	86043	人口死亡率	5.43‰
女（人）	89027	自然增长率	4.78‰

（续　表）

项　目	数　量	项　目	数　量
地区生产总值(亿元)	332.78	油菜籽总产(吨)	24
其中:第三产业(亿元)	224.40	蔬菜总产(吨)	75530
人均生产总值(元)	194271	蚕茧总产(吨)	9
农林牧渔总产值(现行价万元)	88310	水果总产(吨)	5323
其中：农业(万元)	32858	年末存栏生猪(万头)	0.23
林业(万元)	0	出栏肉猪(万头)	0.22
牧业(万元)	2243	年末存栏家禽(万羽)	2.67
渔业(万元)	51528	出栏家禽(万羽)	11.36
农林牧渔服务业(万元)	1681	禽蛋总产量(吨)	144
农村从业人员(人)	39844	水产品总产量(吨)	11091
其中：农业(人)	7606	其中：养殖产量(吨)	11038
工业(人)	22153	养殖面积(公顷)	1567
建筑业(人)	1791	年末农业机械总动力(万千瓦)	4.93
其他(人)	8294	大中型拖拉机数(台)	79
粮食播种面积(亩)	28004	联合收割机数(台)	34
粮食总产(吨)	15749	工业总产值(亿元)	231.41
其中：夏粮播种面积(亩)	7327	规模以上工业总产值(当年价格)(亿元)	168.83
夏粮总产(吨)	2227	规模以上工业企业主营业务收入(亿元)	168.47
秋粮播种面积(亩)	22236	规模以上工业企业总资产(亿元)	206.97
秋粮总产(吨)	13522	注册外资(万美元)	8697
油菜籽播种面积(亩)	105	实际使用外资(万美元)	3730

（区统计局）

七都镇

【概况】 七都镇位于吴江区西南部，辖区总面积102.90平方千米，其中镇区(含庙港)面积7.03平方千米。下辖东风、望湖、双塔桥、吴溇、沈家湾、隐读、丰田、长桥、东庙桥、菱田、吴越、群幸、陆港、燦烂、盛庄、庙港、联强、太浦闸、开明、开弦弓、丰民、光荣22个行政村和庙港渔村、西漾渔业2个涉农社区。市镇设庙港办事处，下辖七都、庙港2个社区居委会。全镇常住人口8.2万人，暂住人口1.98万人。　　　（李　晓）

【经济发展】 2019年，七都镇实现地区生产总值118.78亿元，比2018年(下同)增长7.55%；工业总产值484.4亿元，增长8.62%；全社会固定资产投资25.37亿元，增长6.11%；工业开票销售收入555.85亿元，增长1%；实际使用外资800万美元。加强重点项目推进和管理，推动项目落地投产，25个区级重点项目完成投资24.16亿元，年度投资完成率102.4%，凯伦股份高分子产业园列入苏州市重点项目，德尔未来智能仓储物流和通用电梯自动化生产线等多个超亿元项目完成前期工作，宝嘉新能源项目提前竣工投产。强化企业创新主体意识，规上企业研发投入占地区生产总值比重7%，亨通集团铝合金节能输电导线及多场景应用项目获国家科技进步奖二等奖，亨通光电成为国家级知识产权示范企业。七都“智造”持续发力，存量工业智能化改造升级速度加快，智能工业投资7.83亿元，同比增长67%，亨通光电入选省级示范智能工厂，新增省级智能示范车间6个、市级智能示范车间5个。成功创建市级工业互联网典型应用企业7家、星级上云企业6家，亨通光电获评省级生产性服务业领军企业和市级服务业创新型示范企业。至年底，全镇拥有主板上市公司3家、新三板上市公司2家。（李　晓）

【生态文明】 2019年，七都镇深入践行两山理念，以“三治”为统领，更大力度开展“263”*“散乱污”等专项整治，生态绿色成为经济发展的“最亮底色”。治违、治污、治隐患取得阶段性成果，区镇两级8个重点区块先后拆除完成，累计完成销项79.27公顷，完成率101.6%。开展“不达标企业”专项整治，以小木制品、废铝熔炼、废塑加工和无证无照机动车维修为整治重点，淘汰木制品企业81家，关停废铝熔炼企业生产线40条。持续压缩各类散乱污企业(作坊)生存空间，取缔472个散乱污点位。“清废行动”成效明显，8个问题点位均完成整改。全面完成太湖围网拆除及沿太湖3千米991公顷的池塘标准化改造并成功销号，投入近4000万元完成吴溇港入湖口环境综合整治，加快构建“水清、岸绿、景美”的太湖沿岸绿色生态走廊。巩固提升河(湖)长制*，三级河道开展巡河1692次、解决问题1181个，430项“一事一办”工作清单全部完成交办督办，完成10条黑臭河道整治、11条农村河道疏浚工作。推动区域治水一体化，与南浔建立省际交界河湖联防联治体系。土壤修复治理稳步实施，垃圾填埋场完成综合整治。（李　晓）

【城乡建设】 2019年，七都镇聚焦乡村振兴战略，不断改善人居环境，推动美丽镇村建设。开弦弓特色田园乡村建设完成计划进度的60%，完成党建廉政馆和江村礼堂建设；与复旦大学签订战略合作协议，开发“费孝通中国农村调查研究方法”系列普及化教案。大力推动“美丽庭院”改造，打造七都农村新风貌。培育农业发展新动能，浦江源太湖蟹生态养殖示范园启动环境提升工程，区级香青菜种植基地开工建设，“苏州味之轩农业观光家庭农场”获评苏州市十佳家庭农场。望湖村蒋家港、联强村陈家田三星级康居村高标准完成建设。加大盘活农村集体资产和乡村闲置资源力度，拓展集体资产有效增长空间，9个经济薄弱村提前完成转化。以建设美丽宜居乡村为导向，启动农村人居环境“百日集中攻坚”，三个村先后列入区级“红榜”，开弦弓村获评市级农村人居环境整治示范村。农村面源污染大幅减少，再次投资近亿元开展46个农村生活污水治理设施建设。垃圾分类新增9个行政村，实现全覆盖，完善农贸市场有机垃圾收运体系建设，200家单位签约餐厨废弃物处置项目。（李　晓）

2019年，七都生态治污成果　（钮泉娜　摄）

【文化旅游】 2019年，七都镇持续发挥特色资源优势，更大力度推进全域旅游发展，0572酒店、太湖如家小镇二期等文旅商业载体相继开业，亨通凯莱酒店二期项目有序推进。整合优势文化资源，南公堤生态景观化改造、吴溇孙宅修缮工程设计方案编制完成。承办吴江区首届城市定向赛、区第四届游泳比赛、“两岸一家亲”太湖欢乐跑等体育赛事；举办第三届太湖开捕节、首届太湖“人放天养”生态蟹开捕节及烹饪大赛，开展“琴近太湖”古琴周、长三角社会学论坛和长三角非遗交流会等活动，探索文旅融合发展新路径，吸引中央及省市主流媒体争相报道，推动长三角地区文化融合和创新发展，提升影响力和辐射力。（李　晓）

【民生事业】2019年，七都镇推进基本公共服务均等化，提高居民的满意度和获得感。优化基本公共教育服务，打造办学特色，新建纵向式教育集团“江村实验学校”，年内中考四星级重点中学上线率42.1%，抓实校外培训机构专项整治“回头看”工作，营造民办教育良好发展环境。增加养老服务供给，新建4家村级日间照料中心，区域性养老服务中心完成主体工程。建成8个村（社区）基层综合性文化服务中心，吴溇村被列为苏州市重点引导扶持项目，实现全覆盖的基层公共文化服务网络。积极培育健康“细胞”，新建省市级健康场所5个，吴溇村和隐读村新建省级标准化社区卫生服务站，七都卫生院入选省级卫生健康系统先进集体和市级健康场所建设典型案例，与南浔人民医院建立党建健康联盟，扩大一体化公共服务圈。完善基层体育基础设施，望湖村综合体育场地、群幸村2000米健身步道建设完成。投入近亿元的吴越路综合环境整治项目基本完成并实现通车，实施桔园路等农村道路和桥梁大中修改造，好路率控制在90%以上，“保畅通、保安全”水平整体提升。安居工程扎实推进，隐读村人才公寓项目加快实施，儒林佳苑三期公寓安置房交付使用。打造创新创业服务平台，青智汇创业中心获评市级创业孵化二类示范基地。引导亨通产业园建立企业基层调解组织，打造省级和谐劳动关系综合试验区。强化社会救助托底功能，发放低保、危房改造、大病及重残补助779.2万元，组建镇村两级退役军人服务站，发放各类双拥优抚金352.19万元。（李　晓）

【党建和效能】2019年，七都镇推动基层党建各项任务，为全镇各项事业发展提供组织保障。高质量开展“不忘初心、牢记使命”主题教育，以“太湖红帆”党建品牌为引领，围绕标准化建设、规范化管理、常态化使用目标，新建七都镇党建服务中心。与浙江省南浔开发区结对共建省际党建联盟，用“红色引擎”推动两地共建共享、合作共赢。坚持和加强党对农村工作的全面领导，持续推进党建融入乡村治理步伐，试点设立“事解江村”党建联系服务点，成立“美美村庄”行动支部助力农村人居环境整治。优化基层队伍建设，62%的村（社区）实现书记主任“一肩挑”。深化“一门式”“一窗式”政务服务改革，为民服务中心入驻342项服务事项，基本完成标准化服务事项办事指南。“一窗受理、全科服务”政务服务模式全面运行，8个综合窗口承接社保、民政、残联、公积金等235项服务事项，设立“长三角一网通办”专窗，真正实现互联互通、信息共享。制定村（社区）政务服务（公共服务）事项清单，全面推行村级政务平台标准化办件，70项公共服务下沉至村（社区）级平台，基本形成区、镇、村三级便民服务体系。（李　晓）

2019年七都镇主要经济社会指标

项　目	数　量	项　目	数　量
总户数（户）	16497	地区生产总值（亿元）	105.22
户籍人口（人）	62185	其中：第三产业（亿元）	44.46
其中：男（人）	30472	人均生产总值（元）	169147
女（人）	31713	农林牧渔总产值（现行价万元）	69335
农业户籍人口（人）	14811	其中：农业（万元）	23509
人口出生率	7.31‰	林业（万元）	1018
人口死亡率	7.88‰	牧业（万元）	1035
自然增长率	−0.56‰	渔业（万元）	36329

（续　表）

项　目	数　量	项　目	数　量
农林牧渔服务业（万元）	7444	年末存栏生猪（万头）	—
农村从业人员（人）	36520	出栏肉猪（万头）	—
其中：农业（人）	3851	年末存栏家禽（万羽）	1.64
工业（人）	19753	出栏家禽（万羽）	2.36
建筑业（人）	2034	禽蛋总产量（吨）	57
其他（人）	10882	水产品总产量（吨）	6620
粮食播种面积（亩）	5162	其中：养殖产量（吨）	5938
粮食总产（吨）	4441	养殖面积（公顷）	2080
其中:夏粮播种面积（亩）	42	年末农业机械总动力（万千瓦）	2.54
夏粮总产（吨）	19	大中型拖拉机数（台）	12
秋粮播种面积（亩）	6838	联合收割机数（台）	4
秋粮总产（吨）	4422	工业总产值（亿元）	484.40
油菜籽播种面积（亩）	20	规模以上工业总产值（当年价格）（亿元）	399.66
油菜籽总产（吨）	4	规模以上工业企业主营业务收入（亿元）	447.08
蔬菜总产（吨）	56615	规模以上工业企业总资产（亿元）	500.44
蚕茧总产（吨）	7	注册外资（万美元）	0
水果总产（吨）	578	实际使用外资（万美元）	810

（区统计局）

桃源镇

【概况】 桃源镇位于吴江区南端，行政区总面积90.6平方千米，其中市镇面积6.82平方千米。农村辖民益、广福、利群、杏花、戴家浜、宅里桥、前窑、桃花源、新亭、九里桥、大德、文民、瑾下浜、天亮浜、青云、陶墩、梵香、新和、水家港、新蕾、仙南、贤胡、严慕、迎春、严东、开阳、富乡、后练28个行政村，市镇设桃源、青云、铜罗3个办事处，下辖桃源、青云、铜罗3个社区居委会。全镇户籍数2.01万户，户籍人口7.09万人，其中22个少数民族人口107人；外来人口约2万人。（吕一帆）

【工业】 2019年，桃源镇有工业企业1026家，其中规模以上工业企业115家，高新技术企业9家。全年完成一般公共预算收入5.57亿元，比2018年增长10.8%，全镇工业总产值196亿元，地区生产总值83.1亿元，工业开票销售收入191亿元。赴北京、深圳、上海等地外出招商15次，开展项目洽谈130多批次，参与举办招商推介会4次。突出先进制造业和生态文旅产业方面的招商选资、招才引智，新储备苏州金鼎、威尔汉姆、华源智能包装产业园一期、魁峰智汇商业广场等优质产业项目，总投资超11.5亿元。产业聚集效应更加明显，小黄蜂智能装备、步步高互联网产业园、衣之道智能服饰产业园等重大项目推进建设。与融创正式签订生态文旅度假区项目，完成规划设计。三文电子、立邦新材料、酷客酒业、毕瑞实业等一批新项目投产。省级工业旅游区苏州凯灵箱包文旅创意馆竣工并对外开放，同里红酒业省级工业旅游区创建列入申报计划。普路通、富士精工、大卫木业获评省级示范智能车间，11家企业获评省高新技术企业，25家企业列入省市高新技术企业培育库。“桃源红”众创空间新增招才引智项目6个，2人进入苏州市“海鸥

计划”人才项目复审。（吕一帆）

【农业】 2019年，桃源镇小麦播种面积143.47公顷，总产量71万千克。水稻播种面积406.8公顷，总产量387.5万千克。大力推动新和村、水家港村200公顷连片水稻标准化农田建设，着力打造区级现代农业园。配合推进苏太美丽生态牧场项目筹建工作。苏州市菜篮子工程——严东村15.33公顷蔬菜基地项目建设基本完工。完成农业增产任务，小麦、水稻、春蚕等总产量稳步增长。苏州市金飞阳粮油专业合作社获评吴江大米生产基地，绿盈农业等公司的葡萄、水蜜桃、黄桃获国家绿色食品认证。保质保量完成51.47公顷池塘标准化改造及25.78公顷退渔还田任务。打造富有水乡森林特色的灶家浜特色田园乡村，完成15个三星级康居乡村建设。统筹开展农村人居环境整治工作，农村基础设施逐步改善，环境状况逐年好转。全面聚焦第八轮集体经济相对薄弱村扶持工作，依托镇级平台推进帮扶项目，村级集体稳定性收入超过230万元，比2018年增长8.9%。（吕一帆）

【城乡建设】 2019年，桃源镇争做长三角生态绿色一体化省界小镇融合发展示范，完成控制性详细规划修编，启动新一轮镇村布局规划，推进“多规合一”下的国土空间规划前期调研工作。启动桃源中学食堂建设、桃源幼儿园前期设计和富乡幼儿园项目，继续推进蒲公英幼儿园改建。投入1500万元改造思源路和桃花源大道东段。实施九里桥村、文民村等一批自来水低压管网改造，完成40个自然村生活污水治理和9个居民小区、24个“十个必接”、3个重点行业的污水接纳项目。疏浚河道13条，整治黑臭河道3条。全面完成富乡污水处理厂二期土建工程，基本完成联合环境水务提标改造项目。开工建设桃花水岸安置房项目，完成投资1亿元，基本实现封顶。钢材市场南地块上市成交，青云尚院安置房项目有序推进。开通“桃源—乌镇”“铜罗—新塍”两条跨省公交线路。高标准完成交通干线沿线绿化及环境专项整治。积极创建“四好农村路”，让更多百姓走上安全路、放心路。（吕一帆）

【社会保障】 2019年，桃源镇深入开展扫黑除恶专项斗争，推进非法金融活动专项治理，形成对黑恶势力犯罪的强大震慑。稳步推进“升级版技防城”建设，完成铜罗同盛世家小区技防改造工程，完成总投资1800万元的网格化视频监控项目建设，打造智慧警务。创新探索“微网格”志愿服务品牌，推进网格治理、联动指挥、综合执法“三位一体”综合治理模式。联动中心办结环境卫生、违章建筑、消防安全、社会治安等方面问题5.8万件，居民满意度100%。不断加强综合行政执法工作，有效承接区级第二批158项行政处罚权。建立健全矛盾纠纷多元调处化解机制，调解各类矛盾纠纷462起。社会事业均衡发展，推进社会保险提质扩面，稳步推进就业创业，参保和就业人数持续增加。认真落实城乡最低生活保障制度，扎实推进社会救助、慈善助学、特困家庭危房改造、大病救助等工作。以传统文化“三进”活动为抓手，常态化开展送戏下乡惠民演出。31个基层综合性文化服务中心全部建成，提前实现村、社区综合性文化服务中心全覆盖。切实强化安全生产宣传教育，组织开展示范参观学习和事故警示教育活动，狠抓危险化学品、人员密集场所等重点领域的大排查大整治。（吕一帆）

【党建工作】 2019年，桃源镇深入开展“不忘初心、牢记使命”主题教育，把学习教育、调查研究、检视问题、整改落实贯穿始终。抓好“党建引领长三角一体化”书记项目，构建“三联三创”党群服务体系。落实农村党建体检及“四议两公开”工作法，完成村书记主任“一肩挑”比例超50%。深入推进年轻干部培养选拔，常态化开展年轻干部“微讲堂”。规范完善干部队伍数据库，强化统筹管理，出台编外人员薪酬管理办法，开展公开竞岗，提升干部队伍能力素质。坚持问题导向，全面落实区纪委督查党风廉政建设责任制落实情况提出的整改要求，认真开展区委专项巡察反馈问题的整改工作。组织开展村（社区）“自查自纠、未巡先改”专项活动，及时清退违规资金，从源头上遏制共性问题。深化运用监督执纪“四种形态”，结合“清风行动”、专项督查和明察暗访等，注重抓早抓小，不断推进干部作风转变。进一步完善村级纪检组织和村务监督委员会建设，推动党风廉政建设向纵深发展。有针对性地开展廉政警示教育和正面典型教育，推进廉洁文化进校园、进企业、进农村。

（吕一帆）

2019年桃源镇主要经济社会指标

项　目	数　量	项　目	数　量
总户数（户）	20010	夏粮总产（吨）	1090
户籍人口（人）	70923	秋粮播种面积（亩）	8469
其中：男（人）	34920	秋粮总产（吨）	5210
女（人）	36003	油菜籽播种面积（亩）	0
农业户籍人口（人）	22652	油菜籽总产（吨）	0
人口出生率	7.02‰	蔬菜总产（吨）	18937
人口死亡率	8.57‰	蚕茧总产（吨）	102
自然增长率	-1.55‰	水果总产（吨）	561
地区生产总值（亿元）	77.17	年末存栏生猪（万头）	—
其中:第三产业（亿元）	33.59	出栏肉猪（万头）	—
人均生产总值（元）	108636	年末存栏家禽（万羽）	4.89
农林牧渔总产值（现行价万元）	58749	出栏家禽（万羽）	6.20
其中：农业（万元）	20487	禽蛋总产量（吨）	344
林业（万元）	15496	水产品总产量（吨）	1696
牧业（万元）	1428	其中：养殖产量（吨）	1580
渔业（万元）	12108	养殖面积（公顷）	284
农林牧渔服务业（万元）	9230	年末农业机械总动力（万千瓦）	0.65
农村从业人员（人）	30593	大中型拖拉机数（台）	14
其中：农业（人）	2482	联合收割机数（台）	7
工业（人）	22899	工业总产值（亿元）	196.04
建筑业（人）	1525	规模以上工业总产值（当年价格）（亿元）	125.63
其他（人）	3687	规模以上工业企业主营业务收入（亿元）	129.24
粮食播种面积（亩）	7456	规模以上工业企业总资产（亿元）	127.23
粮食总产（吨）	6300	注册外资（万美元）	43
其中:夏粮播种面积（亩）	3517	实际使用外资（万美元）	43

（区统计局）

震泽镇

【概况】 震泽镇位于吴江区西部，行政区总面积96平方千米，其中市镇面积5.3平方千米。农村辖勤幸、朱家浜、蠡泽、新乐、金星、三扇、众安桥、齐心、永乐、双阳、新幸、兴华、大船港、贯桥、桃花庄、曹村、夏家斗、龙降桥、花木桥、长家湾、前港、联星、林港23个行政村，市镇设震泽、八都2个办事处，下辖砥定、石瑾、镇南、金阳、麻漾新城、八都6个社区。全镇总人口12万，其中户籍人口6.67万人。

2019年，全镇完成地区生产总值144.36亿元，公共财政预算收入8.47亿元，工业开票收入256.36亿元，其中规上工业总产值152亿元；完成全社会固定资产投资23亿元；限额以上零售总额6.87亿元。城镇职工可支配收入64280元，农村人均纯收入35960元。（许　力）

【工业经济】 2019年，震泽镇民营企业注册资本超300亿元，通鼎互联继续入选中国企业500强，一批新地标企业发展势头良好，明港道桥实现开票18亿元，孚杰机械销售增至12亿元，捷力新能源销售增至6亿元。18个区级重点项目完成投资35.5亿元，完成年度计划的106%，礼德滤材、利飞特智能家电、孚杰集团阀门整机、通鼎未来信息技术研究院等一批重点项目按序时推进。举办经营性用地推介会、中国饭店业文旅（民宿）投资大会震泽峰会，参与北京、上海、深圳等地招商会，围绕产业、载体、地块开展精准化招商，新增签约项目7个，总投资25.5亿元，其中5个项目已开工。坚持创新驱动，15家企业被新评定为高新技术企业，通过率位居全区前列，净增高新技术企业7家，累计有效高新技术企业34家。规上企业研发投入增长率位居全区第一。申报省级民营科技型企业8家。企业与高等院校共建研发机构立项1家，苏州市工程技术研究中心立项2家，申报产学研合作项目6家。通鼎互联获评吴江区智能工业发展标杆企业，捷力新能源获评2019年江苏省两化融合贯标重点培育企业，太湖雪、新申集团获评江苏省工业设计中心。创新引才荐才机制，加速人才聚集，全年获认定招才引智项目1个、精英周落户项目5个，博士后工作站进站博士1名，入选省博士后科研资助计划项目1项，入选省“双创人才”、省“双创博士”、姑苏领军人才各1人，入选姑苏重点产业紧缺人才计划4人，“海鸥计划”2人。（许　力）

【农村工作】 2019年，震泽镇持续推进美丽村庄建设，新增三星级康居村16个，众安桥村成功创建康居特色村。谢家路省级特色田园乡村建设试点通过省级验收，并获评“苏州市特色田园乡村精品示范村”。齐心香桐湾自然村获批“苏州市级特色田园乡村建设试点”。开展农村人居环境整治行动，获评吴江区唯一“苏州市农村人居环境整治工作示范镇”，永乐、三扇、齐心3个村获评“苏州市农村人居环境整治工作示范村”。围绕长漾特色田园乡村带建设，完成湿地片区3800米路网桥梁系统，配套车行及慢行系统，引入社会资本投资运营乡邻中心、自然教育中心、蚕桑学堂等节点设施。全面推进省级农村一二三产融合发展先导区建设，新增现代农业园区66.67公顷。多措并举推进农村集体经济发展，全年实现村级稳定性收入1.27亿元，村均收入552万元。（许　力）

【市镇建设】 2019年，震泽镇坚持规划引领、不断优化城镇空间布局。完成新一轮控制性详细规划调整及备案工作。“靓河工程”持续提升，新建叠水景观、姚家浜水下森林、公共厕所等设施，初步呈现水清、岸绿、景美的良好生态，成为群众喜闻乐见的休闲健身场所，获“2019年吴江十大民心工程”提名奖。实施交通畅行工程，震八线道路工程稳步推进，南浦浜路南延工程竣工，镇南一路部分路段完成路面沥青铺设，与南浦浜南延无缝衔接。中国银行异地新建工程通过验收。新增停车泊位315个，完成智能化停车信息化改造泊位298个。完成阳光家园老旧小区综合整治提升。推动安置房建设，塔影湾一期一标段通过竣工验收，一期二标段完成招投标，二期交付使用，三期主体建筑完工。城市管理日趋精细，镇区居民小区实现“以物换物”全覆盖，成功打造生活垃圾“四分类”试点小区5个。（许　力）

【旅游文化】 2019年，震泽镇古镇景区通过国家4A级复评，震泽丝绸文化旅游风情小镇以全省第三、苏州第一的优秀成绩通过省级考核并入选苏州市特色小镇。完善载体建设，加快推进博阳·开元精品酒店和西坡民宿项目。加强传承创新，吴江丝绸文化创意产业园获吴江首家“国家纺织服装创意设计试点园区”。辑里、慈云、山水等丝绸企业入选第二批“江苏老字号”，震丰缫丝厂旧址入选苏州市文物保护单位。“震泽丝绸文化研学之旅”游线获省知识科普类优秀奖。提升产业服务，“震泽蚕丝”成为吴江首个中国地理标志集体商标。连续举办震泽丝绸杯·中国丝绸家用纺织品创意设计大赛，大赛参与度位居全国设计类大赛前列。举办2019中日丝绸交流合作论坛、“震泽蚕丝2019全球首发”

等活动，参加2019江苏乡镇发展国际交流会，并作为全国三家乡镇代表之一作大会交流。组织企业抱团参加中国（上海）家纺展等5次全国性展会，展团规模再创新高。（许　力）

【社会保障】 2019年，震泽镇落实社保惠民政策，推进“全民参保登记”动态管理。新增社会保险参保2506人，新增企业社保开户213家。健全低保标准自然调整、救助金按月发放机制，全年发放各类救助金824万元。不断提升就业创业扶持力度，成功创建“省级创业型”示范乡镇，组织40多家企业外出招聘10多次，达成就业意向500人次，新增本地就业1451人，实现城乡困难人员就业481人，开发公益性岗位86个。建成优力克企业大学生就业见习基地。全面推进“一镇一品”工程和谐劳动关系建设，规模以上企业劳动合同签订率100%。保障农民工工资支付，开展根治欠薪专项行动，维护农民工合法权益。支持教育事业发展，完成震泽幼儿园异地新建项目，推进震泽中学老校区改扩建工程。积极发展养老事业，震泽区域性养老服务中心项目建设稳步推进，建成快鸭港老年驿站及4个日间照料中心，智慧养老服务中心运行良好。殡葬服务中心二期工程顺利建成。镇村两级退役军人服务站全面建成，全年发放优待金210万元，走访慰问各类优抚对象558人次。优化调整公交线路4条，交通出行更加便捷。文明城市创建不断深化，建成新时代文明实践所1个、实践站29个、实践点50个，获评江苏省文明镇。（许　力）

【生态环境】 2019年，震泽镇深化河湖长制*工作。健全河长巡河制度，全年开展巡河1536次，完成区级“一事一办”清单54项。按月对全镇242条河湖、512个点位进行水质检测。开展河湖“两违”专项整治，拆除违章建筑1727平方米。新建闸站1座、涵闸7座、挡墙1000米。开展河湖长制宣传活动，传播护河爱河理念。统筹推进城乡生活污水治理工程，完成19个居住小区雨污分流，41个自然村生活污水管道改造。启动龟鳖养殖污染整治工作，减少农业面源污染。推进“263”*“散乱污”等专项整治，为绿色生态发展腾出空间。全面完成“大棚房”、违建别墅专项清理整治。“三治”工作完成治违拆旧176.09公顷，完成率106.2%。“三优三保”*完成复垦38.14公顷，通过市级验收27.78公顷，土地增减挂钩通过市级验收4.37公顷。“散乱污”整治通过市级验收考核，腾退落后产能用地22.9万平方米，平整土地35.09万平方米。着力推进污染防治，严控大气污染源，完成化工、铸造、水泥等8个相关行业的大气名单增补工作，完成VOCs专项整治重点企业3家，淘汰10—35蒸吨燃煤锅炉1台。做好全省污染防治综合监管平台在震泽落地试点工作，形成“在线管理、实时分办、分类处置、动态监管”工作新格局，全年处理污染防治线索826件，办结率98.78%。狠抓环保问题攻坚，曝光举报问题整改率82.76%，各级环保督察反馈问题销号率100%。坚持铁腕治污，全年取缔非法企业36家，处罚金额500多万元。加快化工行业治理，清退化工生产企业3家。完成生活垃圾填埋场综合整治。（许　力）

【社会管理】 2019年，震泽镇创新社会治理体系和治理方式，全力保障社会和谐稳定。圆满完成70周年大庆、进博会等重要节点的安保维稳任务。推进扫黑除恶专项斗争，深入排摸重点领域，配合上级部门打掉“套路贷”涉恶犯罪集团3个，破获涉恶类案件26起，抓获涉恶9类犯罪嫌疑人37名。新增“村村通”治安监控点1510个、人像卡口点360个，全年通过人像卡口抓获网上在逃人员11人。完善矛盾纠纷多元调解平台，全年调处各类矛盾1500多起，调解成功率98%以上。开展化解社会矛盾专项行动，通过领导挂钩、结对落实，解决历史遗留问题。解决虹桥危房问题，采取以地换地、集资建房、政府建设配套的方式，成功化解住房安全隐患。又如新农贸市场空关多年的问题，通过中介招商、广告寻租等方式，引进社会资本投资运营，有效盘活闲置资产。社会治理联动指挥平台高效运转，受理“12345”热线、书记信箱、区长信箱等平台的公众诉求57386件，办结率97.18%，居全区第一。全面落实“一门式、一窗式”改革要求，新增办事窗口8个，办事大厅进驻事项增至336项，全年办理约17万件。完成

"全科综窗"改革，实现108项民生事项无差别办理。全面落实"一里路"延伸，完成镇村两级为民（便民）服务中心改造，健全"3+N"政务服务体系。紧跟媒体融合工作推进步伐，成立区融媒体中心震泽分中心，提升管网、治网、用网水平。（许 力）

【党建工作】 2019年，震泽镇把学习贯彻习近平新时代中国特色社会主义思想和党的十九大精神作为首要政治任务，专门召开落实以人民为中心理念推进会，确保"不忘初心、牢记使命"主题教育走深走实，夯实党建根基。响应吴江"两勇一快"*号召，紧贴震泽实际，启动"十大工程"，统一思想认识，明确发展方向。深化融入式党建"书记项目"，围绕党建引领"长三角一体化发展"主题，与浙江南浔共建"頔塘初心·浔梦震泽"党建联盟。强化党建引领乡村振兴，加快推进长漾湿地片区"海棠花红"阵地建设。大力打造"头雁"队伍，4人次入选省市区选树培育典型，村书记、主任"一肩挑"工作完成52%。对标非公党建组织力标准体系和"四个一"工程，5家企业入围区"百强示范"。落实意识形态工作责任制，严格落实"一岗双责"。加强从严治党，坚持以问题为导向，压实"两个责任"，坚持源头防腐，用好监督执纪"四种形态"，全年诫勉谈话8人，提醒谈话31人，党纪立案25件。全力支持人大、政协履职，推动统战、法治、人武、群团等工作开展，巩固全镇上下心齐气顺、风正劲足的良好局面。（许 力）

2019年震泽镇主要经济社会指标

项 目	数 量	项 目	数 量
总户数（户）	20223	其他（人）	4948
户籍人口（人）	66679	粮食播种面积（亩）	42056
其中：男（人）	32690	粮食总产（吨）	26083
女（人）	33989	其中:夏粮播种面积（亩）	14507
农业户籍人口（人）	20564	夏粮总产（吨）	5359
人口出生率	5.92‰	秋粮播种面积（亩）	34583
人口死亡率	8.49‰	秋粮总产（吨）	20724
自然增长率	−2.58‰	油菜籽播种面积（亩）	768
地区生产总值（亿元）	130.22	油菜籽总产（吨）	100
其中:第三产业（亿元）	52.83	蔬菜总产（吨）	28843
人均生产总值（元）	195068	蚕茧总产（吨）	71
农林牧渔总产值（现行价万元）	152579	水果总产（吨）	957
其中：农业（万元）	32991	年末存栏生猪（万头）	—
林业（万元）	3293	出栏肉猪（万头）	—
牧业（万元）	24850	年末存栏家禽（万羽）	2.01
渔业（万元）	64376	出栏家禽（万羽）	2.93
农林牧渔服务业（万元）	27069	禽蛋总产量（吨）	66
农村从业人员（人）	25516	水产品总产量（吨）	5120
其中：农业（人）	3717	其中：养殖产量（吨）	4820
工业（人）	15195	养殖面积（公顷）	400
建筑业（人）	1656	年末农业机械总动力（万千瓦）	4.68

（续　表）

项　目	数　量	项　目	数　量
大中型拖拉机数（台）	88	规模以上工业企业主营业务收入（亿元）	164.72
联合收割机数（台）	45	规模以上工业企业总资产（亿元）	243.65
工业总产值（亿元）	202	注册外资（万美元）	-635
规模以上工业总产值（当年价格）（亿元）	168.03	实际使用外资（万美元）	806

（区统计局）

平望镇

【概况】 平望镇位于吴江区中部，行政区面积133.5平方千米，其中市镇面积7.6平方千米。下辖群星、金联、联丰、胜墩、中鲈、平西、上横、溪港、南杨、顾扇、莺湖、万心、端市、庙头、联合、双浜、龙南、三官桥、新南、平安、秋泽21个行政村和河西、南大、西塘、新建、南新、新诚、梅堰7个社区。全镇户籍人口80468人，暂住人口49920人，户籍少数民族人口151人。

2019年，平望镇实现地区生产总值142.5亿元，比2018年（下同）增长6.7%；实现一般公共预算收入11.5亿元，增长4.2%；完成全社会固定资产投资42亿元，其中工业技改投资26.5亿元；实现工业开票销售收入403.6亿元，增长6.2%；实现进出口总额5.8亿美元，主要经济指标保持稳定增长。

（顾鸿斌　张　锐）

【有效投资】 2019年，平望镇注重项目有效投入质量，25个重点产业项目完成投资35.9亿元，港虹纤维12万吨加弹项目、澳盛科技二期、奥贝膜业等项目实现投产，腾德脚轮即将投产，天辰冷链、丰望仓储、永佳工业等项目有序施工。持续招引优质项目，成功举办融入长三角一体化环境资源推介会、投资项目对接会，中广核、新中联、朗电机器人等一批高科技项目顺利签约。（顾鸿斌　张　锐）

【转型升级】 2019年，平望镇注重创新驱动，新增发明专利243件，万人有效发明专利量30件。完成智能工业投入18亿元，新增省高新技术企业5家、省智能示范车间5个、智能示范工厂1家，江苏国望高科有限公司获评国家级制造业"双创"平台试点示范项目；苏州美山子制衣有限公司获评国家级绿色工厂、全国科技型中小企业。注重供给侧结构性改革，关停低效化工企业10家、铸造企业11家。（顾鸿斌　张　锐）

【体制改革】 2019年，平望镇深化"1+4+N"（以党建引领为核，便民服务一窗口、综合执法一队伍、管理服务一中心、镇村治理一张网为翼，多项改革举措为体）经济发达镇改革新模式，率先通过省委编办评估验收。平望智慧管理中心全面升级，率先启用AI智慧城管网络系统。深化各项便民举措，率先公布全区首张"四办"（马上办、网上办、就近办、一次办）清单，不见面审批（服务）占比超90%；创新推出"我要开饭店"等7项"一件事"主题套餐服务。实现1个工作日开办企业、完成不动产登记，营商环境更趋优化。深化镇村治理一张网建设，镇联动中心受理各类社会治理问题8.6万件。（顾鸿斌　张　锐）

【城乡一体】 2019年，平望镇城镇框架"东连、西拓、北延"，完成运浦生态廊道、城镇北部门户区、区块有机更新等概念规划。有序推进"1233"重大地标工程建设，大龙荡田园生态体育公园一期基本完工，太浦大道启动建设，运河文体中心即将开工，中医医院异地新建动迁工作全部完成；平望幼儿园（东园区）开园，"运河上街"农贸市场启用。开展农村人居环境整治，整治自然村200多个。推动"大棚房"问题专项清理，率先实施出租房专项整治行动，合规改造率95%。加快农村公路大中修，实施10个三星级康居乡村建设，完成5个村低压水网改造和40个村雨污分流改造。加强镇级统筹平台运作，村级稳定性收入增长11.6%；持续开展"阳光扶贫"。（顾鸿斌　张　锐）

【文旅融合】 2019年，平望镇参与建设大运河文化带，率先成立运河文化旅游景区，完成景区年度提标工程；开展运河文化交流，举办运河文化旅游节、首届长三角"运河名镇"国际龙舟平望邀请赛，做精"腊八"民俗风情节、灯谜赛、农民丰收节等特色品牌。精心打造"长漾里""大龙荡""运浦湾"三大农文旅体融合发展示范区，高标准建设市级试点后港特色田园乡村，成功推出"长漾里"系列品牌。（顾鸿斌　张　锐）

【环境资源】 2019年，平望镇牢固树立"绿水青山就是金山银山"的发展理念，通过国家卫生镇、省级健康镇、省级生态文明建设示范镇复审验收。开发智慧环保安全监测系统，空气质量位居全区前列。建立平望至震泽的联合巡河机制，深化喷水织机"红黄绿"牌管理制度。开展小区垃圾分类试点，行政村生活垃圾分类实现全覆盖。推进"厕所革命"，新建标准型农村公厕10座。系统实施"村（社区）六项工作"，强势推进"三治"工作，累计整治点位454个，拆除建筑58.65万平方米，平整地块2.66公顷；深入落实"三优三保"*任务，全年通过验收1.01公顷。

（顾鸿斌　张　锐）

【党建工作】 2019年，平望镇深入开展"不忘初心、牢记使命"主题教育，创设党建小讲堂品牌，启动"三百"（百名支部书记、百名党务工作者、百名年轻干部）培训。深化"红色领航"工程，持续开展党员干部"入网驻点直联"活动。红领小区及业委会扩面提质，镇党群服务中心、梅堰远教广场投入使用。实行党支部标准化建设，239个基层党组织按期换届，村级党组织全部配备纪检委员（书记）。开发干部智慧管理平台，实施年轻干部青蓝工程。把握意识形态领域工作主动权，改版升级"平波台"微信公众号；成立新时代文明实践所（站、点），陆鸿获评"中国好人"，陆鸿家庭获评"全国最美家庭"。增强统一战线力量，在全区率先成立新的社会阶层人士联谊会，完成镇青商会换届。落实安全生产"一岗双责"主体责任，常态化开展"安课堂"培训；纵深推进扫黑除恶专项斗争、"331"专项行动*。强化正风肃纪，配合省委乡村振兴巡视和区委第十轮村（社区）巡察，深入实施"莺湖清风"行动。

（顾鸿斌　张　锐）

2019年平望镇主要经济社会指标

项　目	数　量	项　目	数　量
总户数（户）	25911	林业（万元）	1231
户籍人口（人）	80468	牧业（万元）	624
其中：男（人）	39478	渔业（万元）	30781
女（人）	40990	农林牧渔服务业（万元）	4167
农业户籍人口（人）	31121	农村从业人员（人）	33618
人口出生率	6.27‰	其中：农业（人）	3472
人口死亡率	8.07‰	工业（人）	20191
自然增长率	−1.81‰	建筑业（人）	3946
地区生产总值（亿元）	142.54	其他（人）	6009
其中:第三产业（亿元）	64.22	粮食播种面积（亩）	54058
人均生产总值（元）	176502	粮食总产（吨）	33756
农林牧渔总产值（现行价万元）	81873	其中:夏粮播种面积（亩）	22772

（续　表）

项　目	数　量	项　目	数　量
其中：农业（万元）	45070	夏粮总产（吨）	6434
秋粮播种面积（亩）	41861	水产品总产量（吨）	8618
秋粮总产（吨）	27322	其中：养殖产量（吨）	8618
油菜籽播种面积（亩）	14	养殖面积（公顷）	1524
油菜籽总产（吨）	3	年末农业机械总动力（万千瓦）	1.69
蔬菜总产（吨）	51530	大中型拖拉机数（台）	117
蚕茧总产（吨）	15	联合收割机数（台）	66
水果总产（吨）	3241	工业总产值（亿元）	391.21
年末存栏生猪（万头）	—	规模以上工业总产值（当年价格）（亿元）	303.27
出栏肉猪（万头）	0.02	规模以上工业企业主营业务收入（亿元）	298.46
年末存栏家禽（万羽）	2.05	规模以上工业企业总资产（亿元）	318.26
出栏家禽（万羽）	12.27	注册外资（万美元）	1129
禽蛋总产量（吨）	62	实际使用外资（万美元）	1248

（区统计局）

同里镇

【概况】 同里镇北离苏州市18千米，东距上海虹桥机场80千米。行政区划调整后，同里镇由吴江经济技术开发区管辖，行政区域面积93平方千米（含1平方千米古镇保护区），总人口69280人，其中常住人口44407人，流动人口24873人，辖合心村、田厍村、屯南村、屯溪村、北联村、叶建村、湘溇村、文安村、九里湖村、肖甸湖村、白蚬湖村11个行政村和东新社区、鱼行社区、富土社区、屯村社区、富渔社区、屯渔社区6个社区。

（丁鸿凌）

【农文旅融合】 2019年，同里镇通过大力开发具有现代旅游价值的农业和生态资源，丰富旅游内涵，将农村生态资源转化为旅游资源。全镇休闲农业经营主体23家，年接待游客量超20万人，营业收入超过1600万元，农副产品销售收入超700万元，带动长期就业近千人。发挥湿地特色，同里国家湿地公园通过国家级验收，被评为中国森林旅游自然教育精品基地和2019中国亲子游品牌供应商典范。加快推进农文旅融合发展，打造特色乡村民宿群，白蚬湖村凌家铺、陆家浜2个自然村的村庄资源置换分别完成80%和60%。完成智慧景区建设二期工程，获评2019年度江苏省数字文化和智慧旅游优秀项目，有效推动景区旅游智能化服务全覆盖。以迎接国家5A级景区复查等工作为契机，完善游客服务中心配套设施。举办油菜花节、同里之春旅游文化节、围棋天元赛、暮鼓晨钟、丰收节、“粽意同里”、中秋灯会、美丽乡村健康行等文旅活动，《心迷宫2》《没有秘密的你》等多部影视剧在同里取景拍摄，中国影协新文艺群体电影人才创研培训班在同里镇举办，进一步扩大同里农文旅融合发展影响力。同里景区登上2019中国旅游景区品牌影响力金榜。

（丁鸿凌）

【环境整治】 2019年，同里镇建立健全三级农村人居环境整治体系，出台考核办法和实施方案，层层压实目标责任，农村人居环境排名位居全区第二。白蚬湖村、北联村均两次进入红榜，北联村成功创建中国美丽休闲乡村，获评2019年度苏州市农村人居环境整治工作示范村。全面完成中粮项目专项整治工作，通过省级核查。大力整治违法用地，完成苏良电力有限公司、苏州同林投资有限公司等5处违法用地整治，拆除九里湖村和富土社区违章建筑1000多平方米。全年完成“三治”工作任务33.27公顷，销号133个点位，达到上级任务要求；完成“三优三保”*项目38.16公顷，完成率129%；推进“331”*专项整治，排查出租房及群租房400多家、“三合一”场所*200多处、九小场所*1400多家，发现各类安全隐患1000多处，全面完成整改。持续深化河湖长制*工作，累计巡河、巡湖超过800次，发出并完成16件涉水两违交办单。大力整治住家船，拆解住家船467条、非生产性船只644条。成立偷倒建筑垃圾专项整治工作小组，彻底整治偷倒建筑垃圾等行为。取缔辖区内140多个非法废品回收站。积极做好邱舍工业园电镀区12家电镀企业关停、工业场地土壤及地下水污染调查、监测工作。完成875家“散乱污”作坊整治工作，关停取缔596家、整治提升279家。及时处理区污染防治综合监管平台交办的446件环保信访问题。淘汰2台15吨燃煤锅炉，减少区域内空气污染。（丁鸿凌）

【公共服务】2019年，同里镇新增本地就业人员1441人，实现城镇失业人员再就业487人，城乡困难人员就业424人。推进社会保险扩面提质，新增参保人员636人。医保下沉服务落到实处，职工医疗保险窗口累计报销金额比2018年(下同)增长120%。强化社会救助托底功能，发放低保、危房改造、大病及重残补助274.5万元。组建镇村两级退役军人服务站，发放各类双拥优抚金348万元。完成同里幼儿园和屯村幼儿园新建工程，新增学位135个。同里中学中考四星高中上线率近40%，被评为区高考尖子生培养先进学校和教育成果显著学校。提供智慧养老服务，实现养老服务数字化、精准化，新建同里镇居家养老服务中心、古镇社区服务中心、白蚬湖村和叶建村日间照料中心，完成区域性养老服务中心前期工作。有序推进新时代文明实践所、站、点建设，深入开展新时代文明实践志愿服务活动，做好全国文明城市创建工作。通过水稻复垦扩种、退渔还田，新增水稻面积112公顷，良种覆盖率100%，实收亩产约650千克，增长7%。开展苏州市“三高一美”示范基地建设，新增苏州市高标准蔬菜生产示范基地3家。苏州三港蔬菜产业化联合体、骏瑞蔬果产业化联合体、吴江大米产业化联合体入选苏州市级农业产业化联合体名录。推进北联洋溢港和肖甸湖特色田园乡村项目建设，洋溢港通过苏州市级验收，获评第二届苏州市吴江区十大民心工程。（丁鸿凌）

2019年，白蚬湖　　（同里镇　提供）

【社会治理】2019年，同里镇网格巡查上报有效工单12293件，收到上级转派工单3664件，处置完成率98%。开展“网格+警格”一体化模式，完成屯村中心站建设，推进同里网格化联动指挥中心建设。实行“党建+网格化”双网融合，网格巡查员走访低保特困户、空巢老人、流动人口等重点人群、困难群众750多人次。在古镇景区和屯村社区分别成立“水墨同里”旅游纠纷品牌调解室、“和平”调解工作室，优化调解网络布局。圆满完成70周年大庆、进博会等多个重要节点的安保维稳任务。推进扫黑除恶专项斗争，通过宣传引导，开展线索大排查、大起底，在重点场所设置举报信箱，处理扫黑除恶线索5条，协助公安机关破获涉黑涉恶案件2起。组织开展各类安全生产工作会议及培训12次，参加企业超500家次。大力开展对化工、粉尘涉爆、冶金铸造、烟花爆竹行业的大排查大整治行动，累计开展网格巡查检查3000多次，立案19起，结案14起，罚款34万元，关停化工企业1家。

（丁鸿凌）

【政府建设】 2019年，同里镇按照区三级政务服务体系建设工作要求，成立镇为民服务中心，采用“前台综合受理、后台集中审批”办事模式，与原有村（社区）便民服务中心的“一窗受理、全科社工”服务模式形成互补，与区政务服务中心共同组成三级政务服务体系，真正让群众享受到“便捷、优质、高效”的政务服务。深入推进政府法律顾问制度，做到政府、村（社区）法律顾问全覆盖，助力依法治镇、依法治村各项工作。组织开展“平安法治”拓展活动，加强基层平安法治队伍建设，提升政府法治工作的系统化、规范化和制度化水平。严格执行中央八项规定和上级相关规定，全力防范重点领域风险，认真履行党风廉政建设责任制，落实“一岗双责”，整治“四风”。结合“不忘初心、牢记使命”主题教育，完成对侵害群众利益、不担当不作为、对黄赌毒和黑恶势力听之任之甚至充当保护伞等突出问题的专项整治。 （丁鸿凌）

松陵街道

【概况】 2019年6月17日，松陵街道挂牌成立，位于吴江区北部，是区委、区政府所在地，东临大运河和花园路，西濒太湖，北至江兴路，南到吴江大道，总面积64.88平方千米。辖水乡、西塘、北门、西元圩、东门、二村、石里、三村、城中、奥林清华、梅石、苏河、新园、湖滨华城、龙河、祥泰、冬梅、长板、水秀19个社区居委会及江新、南厍、梅里、吴模、高新、捕捞、芦荡、联团、长安、戗港、南刘、第二渔业12个行政村，其中部分行政村与社区合署办公，实行社区化管理。至年底，户籍人口14.76万人，常住人口23.32万人。 （沈雅萍）

【城市文明】 2019年，松陵街道开展文明城市创建活动，城市形象展现新风貌。以“七有一专一体系”为重点，打造“街道所+村社站+网格点”三级文明实践网络体系，建成1所19站50点，组建100支志愿者团队，有注册志愿者31114人，对接群众需求，开展各类文明实践活动278次。引导广大党员群众积极开展“深入创建一线、攻坚背街小巷”志愿服务行动；围绕“文明城市创建”和“文明实践进网格”工作，向商户、市民发放《文明手册》、文明城市调查问卷6万多份。持续开展文明城市薄弱环节整改工作，处置各类工单6000多件，市容市貌得到美化，文明创建渗透力不断提升，获评“江苏省文明镇”。开展垃圾四分类试点工作，建设芦荡公园垃圾分类宣教中心，增设分类垃圾桶3970个，新增分类亭39处，为全面推广城区生活垃圾四分类打好坚实基础。

（沈雅萍）

【城乡统筹】 2019年，松陵街道实施乡村振兴，城乡发展进一步融合。有序开展各项市政提升工程，完成鲈乡二村、三村老旧小区主体改造，修复沥青路面1200平方米，增加非机动车位7200多个；全面推行雨污分流改造，化解小区道路积水问题，高新村等7个小区排水达标工程顺利竣工；整体改造油车路、木浪路沿街立面，城市基础设施不断完善。因地制宜推进农业产业振兴，开展各项农业技术培训，培训职业农民、龙头企业、种养殖场大户50人次；“盘活存量、用好增量”，挖掘整合村级资源，确保村级收入稳步提升。推进农村人居环境治理，以南厍村和高新村为重点，拆除违章建筑350平方米，平整土地4500平方米，清理垃圾1500吨，农村生活环境得到优化。挖掘南厍古村落历史文化底蕴，发挥南厍e村创新创业特色中心作用，将南厍村打造成“生态优、村庄美、产业特、乡风好”的特色田园乡村。南厍村示范区改造入选苏州市村镇建设优秀项目。

（沈雅萍）

【生态文明】 2019年，松陵街道坚持绿色生态发展理念，生态文明建设取得新成效。深入推进“河长制”工作，及时调整77条河的河长。维护黑臭河道整治成果，开展“小鲈鱼民间护河”行动；全面疏浚辖区河道，重点对城区25条黑臭河道进行控源截污和面源污染治理，从源头上解决河道黑臭问题；做好中山河、九龙河、油车河三条市级黑臭河道的销号工作，力保不出现返黑现象；加大渔业生态管理，完成太湖围养二区、三区拆迁验收，做好139户渔民退捕工作。开展大气污染防治工作，落实臭氧污染管控行动方案，加强辖区污染源治理，7家企业列入秋冬季应急管控企业清单；加强监督检查，确保企业治理设施正常运行，无偷排漏排、超标排放等行为，检查企业（餐饮店）900多家次。（沈雅萍）

【基层治理】 2019年，松陵街道坚持系统治理、依法治理、综合治理和源头治理，提高社会治理水平，提升群众的安全感、幸福感。持续推进"331"专项行动*，对恒大建材市场、上亿汽车城"散乱污"现象及各类安全隐患进行综合治理，对小区车库住人、群租房和电瓶车充电等现象开展专项整治。规范整改商户2136家、住（租）户2426家，清运乱堆放杂物近2000吨。推进"城警联动"，分片区治理乱停车，多途径开发道路停车资源，缓解停车难问题。清理违规店招和各类户外广告27.5万处。对辖区内的工贸企业、商业综合体等人员密集行业和场所开展常态化安全生产检查，累计检查生产经营企业226家次，排查整改安全隐患579处。基层工作创新突破，南厍村获评省标准化居民学校和省民主法治示范村，梅石、龙河社区获评省级创业型社区，奥林清华社区获评苏州市法治文化建设示范点，城中、湖滨华城社区获评苏州未成年人零犯罪工作先进单位。全面贯彻落实扫黑除恶工作要求，推进"打财断血，打伞破网"行动，进一步铲除黑恶势力滋生土壤。（沈雅萍）

【民生建设】 2019年，松陵街道坚持以人为本，不断提升民生福祉。健全完善民政救助机制，全年发放低保、特困、重残等救助对象补助金875万元，落实急难救助11人次，通过国家民政部社会救助工作考核；开展常青助学、朝阳助学等活动，发放助学金30多万元，惠及88名学生；开展困难人群医疗救助，救助金额129.3万元，民生助医保险实现全覆盖；发放双拥优抚生活补贴1078人次，完成243名退役士兵社保接续办理；提升养老服务管理水平，建成日间照料中心7个和老年人助餐点6个，松陵居家养老服务中心获评苏州市养老服务先进集体。加大教育投入，英仑伟才、青橙绿苑、培德、联杨幼儿园等一批新（扩）建幼儿园投入使用，较好满足吴江新市民子女入学需求；松陵一中、北门学校获评2019年吴江区模范学校；规范化管理校外培训机构，新增有证机构4家，"学而思"等知名教育机构落户松陵；稳妥做好无证办学点（育才学校）学生分流善后工作。稳步推进卫计工作，创建苏州市健康社区1个（湖滨华城）、吴江区健康社区4个；集中整治违规美容和医疗机构，查处整顿非法行医；全面兑现计划生育奖励扶助政策，新生儿出生政策符合率99.16%；松陵红十字夕阳驿站获"一带一路"国际红十字会考察组称赞；连心家园工作达标率100%；松陵卫生院列入江苏省首批社区医院。（沈雅萍）

【党建工作】 2019年，松陵街道开展"不忘初心、牢记使命"主题教育，高质量严要求完成各项规定动作。依托街坊党校、鲈乡大讲堂、道德讲堂等载体，开展"初心寻访"红色阵地等各类创新活动，基层党员干部素质得到提升。高度重视宣传思想工作，严格落实意识形态工作责任制，全年召开意识形态工作会议2次。工青妇工作有声有色，高标准完成依法征兵工作和国防后备力量建设，征集18名新兵，其中大学生比例76%，街道人民武装部被评为吴江区武装工作先进单位和规范化建设先进单位。积极开展"啄木鸟"廉政主题教育，对机关党员干部和工作人员进行勤政廉政教育，提升街道工作人员在政治意识、担当作为、服务群众、遵守纪律、作用发挥等方面的能力。扎实做好稳定工作，全年开展矛盾纠纷排查89次，成功调处民间纠纷1587起，调处成功率98.5%。受理信访事项257件445人次。基层19个村（社区）配备15名法律顾问，为群众提供法律服务。严格落实各项规定和纪律，加强重点领域和关键环节的事中事后监督，切实管好资金资产资源。（沈雅萍）

江陵街道

【概况】 江陵街道位于吴江区北部，行政区总面积82.8平方千米。有花港、九龙、三兴、三庞、联兴、叶泽湖、叶津、益联、龙杨等9个行政村及湖东、西湖、新柳溪、江陵、淞南、三里桥、庞山湖、山湖、运东、雅辉、叶泽湖花苑、新港、城南等13个社区。户籍人口7.23万人，外

来人口35.3万人。（吴建国）

【城乡工作】2019年，江陵街道推进乡村振兴战略，统筹城乡一体化发展，村级稳定性收入8916万元，比2018年增长5.9%。拓宽村民增收渠道，13个社区股份合作社实现股份制分红，分红总金额680万元。完成农村集体资产资源线上交易138批次，涉及资金1197万元。稳定农业生产，粮食种植面积163.33公顷，发放涉农补贴159.7万元。

（吴建国）

【生态环境】2019年，江陵街道打好污染防治攻坚战，提升生态文明建设水平。有效抓好河湖长制*改革，统筹推进生态美丽河湖建设。320公顷太湖围网拆除通过镇、区、市三级验收。新柳溪、西湖、城南3个社区的太湖渔民自愿退出捕捞作业，回收养殖证296张，拆解并无害化处理船只231艘。持续开展黑臭水体治理，清淤河道6条6.50千米。对柳胥河、淞山河、九龙河等黑臭河道实施截污工程，铺设污水主管道1800米，设污水提升泵站2座。太湖沿线1千米内的23家企业完成污水接管。有序推进河湖“两违”整改工作，完成益郎小区等7个小区的雨污分流改造，铺设小区污水主管道85.40千米，雨水主管道7.20千米，生活污水改造接户5408户。稳步推进垃圾分类工作，累计开展“以物换物”小区88个，其中71个小区实现市场化运作，全年回收可回收垃圾218吨；完善农村可堆肥垃圾、农贸市场有机垃圾就地处置收运体系，13个行政村3500户农户全年产生的可堆肥垃圾555吨、8个农贸市场的有机垃圾1398吨，全部通过资源化处理，实现循环利用。（吴建国）

【社会管理】2019年，江陵街道为民服务中心设置服务窗口22个，社保、医保、新市民积分办理等110类公共服务和行政确认项目实现“互联网+政务服务”基层全覆盖。探索建立村、社区便民服务中心“综合受理、一门服务、全科社工”工作机制，推进“全科社工”建设，打通“前台全科受理，后台分类办理”工作脉络，打破服务“围栏”，搭建服务“桥梁”。强化网格规范化管理，建设中心网格17个，实现中心网格与基层网格叠加融合。科学划分专业网格17个，配备专业网格巡查员33人。结合城市网格化管理、“城警联动”等工作机制，落实文明城市创建各项工作。推进新时代文明实践所（站、点）建设，因地制宜开展志愿服务活动，切实打通宣传群众、教育群众、关心群众、服务群众、凝聚群众的“最后一公里”。围绕“9+1”场所*、“三合一”场所*、出租房（群租房）、电动自行车四个领域的隐患，成立片区专班，汇聚街道、公安、综合执法、建管等部门，系统推进隐患排查治理工程，切实消除安全隐患。完成柳胥村沿河店面“三合一”场所*火灾隐患、三里桥村群租房等专项整治，建成充电棚2922个，可供5.8万辆电动自行车停放及充电。江陵街道叶泽村、江陵社区获评江苏省文明村（社区），山湖花园社区（2019年12月改为山湖社区）获评江苏省健康社区。（吴建国）

【安全稳定】2019年，江陵街道依托法治公园，建立扫黑除恶宣传长廊。全面开展“套路贷”排查行动，排查重点回头看企业48家，分别建立一企一册，破获一批以车辆抵押、贷款为方式的“套路贷”案件。完善信访联席会议制度和领导包案制度，全年接待群众来访263批1239人次，调解重大矛盾纠纷13件，派驻的各级调解组织受理纠纷867起，调解成功率100%；全年无行政复议撤销、行政诉讼败诉及国家赔偿案件发生。开展老旧小区技防改造，山湖、西湖两小区增设人脸识别系统，增加社会治安监控点580个。推进民主法治示范村及法治宣传阵地建设，叶泽湖村（全国民主法治示范村）建成特色鲜明的“法治长廊”。举办法治文艺演出4场，发放普法宣传资料3000多册、法律读本500多本、扫黑除恶宣传册2000多份，受众5万多人。以“活力暑假、法伴成长”为主题，开展青少年法治教育宣传活动。

（吴建国）

【教育文化】2019年，江陵街道坚持在均衡的基础上求特色，在有教的基础上求优教，积极推动义务教育优质均衡发展。辖区有公办学校及幼儿园10所，民办学校及幼儿园18所，学前儿童看护点10所，民办非学历教育机构20家。启用运西实验初级中学，扶持开办普惠性民办幼儿园，仁德幼儿园开园招生。下拨教育经费2.4亿元，用于提高教学质量。山湖花园小学在全国第六届中小学生艺术展演活动中获先进集体奖，山湖花园幼儿园被评为“江苏省优质幼儿园”。实施五项文化惠民工程。推进农家书屋工程，助力全民阅读常态化。现有数字化农家书屋14家，拥有图书62658册，组织阅读活动40多次。文化菜单融入社区，开展“炫彩夏夜”社区巡演、“百姓戏台天天乐”惠民演出、“吴江文化讲台”惠民讲座等文化活动，打造家门口的“文化超市”。（吴建国）

【民生保障】2019年，江陵街道综合施策保障民生。联合亨通梦想残疾人艺术团成立江陵街道残疾人文化驿站，创建“携手相伴”助残品牌，落实“一户一档”，提供爱心诊疗，开展帮扶慰问，为626名残疾人居民提供补助。街道有80周岁以上老年人1687人，全年发放尊老金153万元；57户困难家庭纳入低保，3名困难老人纳入特困供养；为28名扶贫对象发放临时救助26.2万元；为16名困难学生发放助学补助金6.9万元；对辖区内59家计生特别扶助家庭和43家生育关怀救助金和公益金家庭进行补助、慰问，下发救助金12.6万元。全面落实优抚安置政策，为177名优抚对象发放各类补助505万元，发放现役军人立功奖金1.6万元。“八一”和国庆期间开展走访慰问，落实优抚褒扬政策。社会事业办获苏州市养老服务先进集体。

（吴建国）

【党群工作】2019年，江陵街道深入学习习近平新时代中国特色社会主义思想和党的十九大精神，配合开发区机构改革各项工作衔接，统筹推进基层党组织和党员队伍建设，为街道城市化建设和高质量发展提供组织动力。配合省委巡视组、区委巡察组对村(社区)开展巡视巡察工作。探索党建引领基层社会治理取得新成效，着力深化“运河·纤”党建工程的内涵外延，扎实推进城市基层党建工作。开展“不忘初心、牢记使命”主题教育活动，组织党员开展“两勇一快”*精神大学习及新时代纤夫精神大讨论。街道各基层党组织围绕“初心是什么、使命是什么、奋斗比什么”“扫黑除恶党员在行动”等主题教育开展主题党日活动95次，江陵社区党委的主题党日融入学习沙龙、主题摄影展、便民服务等多元内容，入选苏州观摩点。严格落实党员管理，每半年度对基层党组织开展一次“党建体检”，指导村(社区)对照“三会一课”、远程教育等工作要求做好党员日常管理。按照街道党工委统一部署，指导完成3个机关支部和6个学校支部的选举工作。不断创新管理办法，通过印发基层党建工作要点，全面落实党建工作“清单式”管理。各村(社区)立足实际，创新一批党建新品牌，如新柳溪社区“绿柳红溪”、新港社区“三通四达”品牌等。强化基层干部队伍建设，做好村(社区)行政管理体制改革工作中230多名农村、社区干部人事调整。开展基层干部分层分类培训，全面提升基层党员干部业务水平。坚持党建带群建，扎实做好群团方面各项工作。（吴建国）

横扇街道

【概况】2019年6月17日，横扇街道成立，区域总面积71.40平方千米，下辖菀坪、横扇、沧浦、渔业4个居委会和星字湾、四都、北横、叶家港、沧洲、姚家港、圣牛、双湾、大家港、厍港、诚心、安湖、同芯、王焰、新湖、菀南16个村委会，户籍人口4.36万人。街道西邻太湖、南靠太浦河，S230（苏震桃公路）、S459（莘七线）、沪渝高速穿境而过，具有得天独厚的地理优势、交通优势及生态优势。

街道成立后，以“安全、发展、稳定”为工作理念推进各项工作。着眼生态文明建设，注重区域综合整治，大力开展三星级康居村建设，着力打造新湖现代农业园，开创一站式玫瑰特色婚庆服务产业，做好四都古村落开发保护，突出特色田园乡村建设，构建生态农业休闲观光带，引领发展毛衫产业，形成集观光、旅游、文化、经济、亲子于一体的生态发展路线。横扇街道获评中国毛衫名镇。（钟　熙）

【城乡统筹】2019年，横扇街道实施乡村振兴战略，进一步融合城乡发展。推进农村人居环境整治，建立街道领导班子、中层干部、一般工作人员三级挂钩机制，盯准问题、找准原因、用准措施，累计清除乱搭乱建436处，拆除各类违章建筑3456平方米，清理乱堆乱放场所5600多处，区级考核位次有较大提升。美丽镇村建设进展顺利，成功建成三星级康居村8个，星字湾特色田园乡村完成基础设施建设，新湖现代农业产业园一期按序时推进，高标准实施29个自然村的农村生活污水改造任务和13个老旧小区的雨污分流项目，创业路改造工程、菀坪文体广场提升工程序时推进。农业产业现代化水平得到提升，实施高标准农田建设104公顷，基本完成退渔还田目标任务，江南·花伴湾项目加速推进。（钟　熙）

【综合整治】 2019年，横扇街道坚持绿色生态发展理念，综合整治成效明显。统筹“三治”，融合推进“263”*“散乱污”等各类专项整治，累计整改农村散乱污点位239个、工业企业散乱污点位91个，12项区级及以上曝光问题成功销号，落实“三优三保”*土地复垦40多公顷。推进太浦河沿线“两违、四乱”整改及喷水织机整治提升等工作，累计整改“两违、四乱”15处，淘汰喷水织机9757台。开展集镇区环境秩序综合整治，累计发放整改通知书1500多份，检查“331”*“9+1”场所*6433家、排查隐患1303处、临时查封116家，基本形成“条块结合、片区化推进”的高压态势。强势开展安全生产常态化大排查大整治，累计检查重点监管企业70家，行政处罚违章事件83起，罚款94.4万元，努力做到全覆盖、无遗漏。（钟　熙）

【社会治理】 2019年，横扇街道高度重视文明城市建设工作，对照文明城市测评体系部署到位、落实到人，完成1个文明实践所、20个文明实践站、15个文明实践点建设任务，开展各类文明志愿活动456次，菀南村、菀坪社区获评省级文明村（社区）。持续开展校外培训机构“回头看”，探索区域性养老机制，建成日间照料中心10个，星字湾村获评省级健康村。进一步提升帮扶工作精准度，组织开展各类社会救助活动，深入实施脱贫攻坚行动，发动新春慈善捐款80多万元。强势开展扫黑除恶专项斗争，高标准完成年度征兵任务，全方位提升人民群众安全感。积极规划通信基础设施，建成移动运营商5G核心传输机房1座。（钟　熙）

【队伍建设】 2019年，横扇街道深入开展“不忘初心、牢记使命”主题教育，把习近平新时代中国特色社会主义思想贯穿主题教育始终，组织党员干部读原著、学原文、悟原理，开展学习活动80多次。以苏州市首批“海棠花红”先锋阵地为依托，发挥横扇街道与苏州科技大学数理学院党建共建优势，常态化开展“党员干部亮身份、工作队伍亮风采”活动，提升队伍干事创业的精气神。全面加强意识形态建设，认真履行党风廉政建设“一岗双责”，做好包案化解积案等工作，确保各项责任制度落实到位。（钟　熙）

八坼街道

【概况】 2019年6月17日，八坼街道正式挂牌成立。街道位于江陵、平望之间，区划面积53.8平方千米，下辖八坼社区和友谊、友联、联民、黑龙、直港、新营、农创、汤华、石铁、练聚等10个行政村。年末，常住人口约3万人，流动人口约2万人。是年，八坼街道紧扣“融融街道、美美八坼”的建设目标，发扬东部生态环保产业优势，提升南部农创、新营等村现代农业水平，西部在原有中小学基础上接力苏州大学未来校区，打造实力科教产业园，北部齐聚先进工业，发挥智造优势，紧紧环绕中部运河古镇区，推进四园一区融合发展。（雷贺羽）

【城乡统筹】 2019年，八坼街道加快构建现代农业产业体系，推进现代农业不断发展。沁缘家庭农场的大米、朱毛根水产专业合作社的太湖大闸蟹成功申报农产品区域公用品牌；绿宝园生态农业科技有限公司、吴江东之田木农业生态园、苏州江澜生态农业科技发展有限公司等3家单位建成农产品质量追溯系统。依托苏州市农业科学院建立吴江区八坼现代农业产业园，被区农业农村局认定为区级农业产业园。苏州渔小白生态科技有限公司实施“渔小白池塘循环流水养殖基地建设”项目，通过审核验收，获2018年省级以上现代农业专项资金81万元。全年完成新营村24.27公顷高标准池塘改造尾水处理项目，完成直港村、友联村等5个村152.87公顷退渔还田项目。农村人居环境整治成效显著，新营村获评“苏州市农村人居环

境整治工作示范村”“省级农村人居环境整治综合示范村”。（雷贺羽）

【镇村建设】 2019年，八坼街道完成项目25个，投资额7050万元。新源路及幼儿园停车场、敬学路西段、长安路改造等市政项目竣工；航东街街心公园、八坼公园、通联路、敬学路等绿化景观完成改造提升。八坼禽蛋市场及教师弄、银行小区及沿街店铺、农贸市场及社区周边完成雨污分流改造。农创村三家村、黑龙村直南港、新营村袁家桥、练聚村水车港成功创建“三星康居村”；农创整村成功创建康居特色村。依托苏州大学未来校区签约落户及农创村良好的基础设施和历史人文，申报苏州特色田园乡村规划，通过市级审查，被列入市级创建名单。依托东太湖网格化管理和智慧信息平台，做实做细镇区、工业区、村级各类日常管养工作。投入资金550万元，解决道路、桥梁、管道、污水设备、绿化、标线等运维问题800多个，全年办理建设类工单1200多件。（雷贺羽）

【社会民生】 2019年，八坼街道落实急难救助政策，确保各种救助对象的补助金发放到位，全年发放2016人次141.19万元。落实优抚政策，成立街道退役军人工作领导小组，为退役军人提供咨询、救助等方面的指导和服务，发放困难退役军人生活补助917人次37.15万元。防控校园安全风险，开展校园安全专项检查4次，校园周边环境联合专项行动3次，重点检查、整治校园内的人防、技防、物防及校园外周边的食品安全，切实保障师生生命和财产安全。以“共建共享、全民健康”为主题，开展各类健康公益讲堂、体检报告解读、急救知识培训等活动，提升职工健康素养，八坼街道办事处成功创建苏州市健康单位。继续完善公共文化体系建设，各村(社区)利用综合性文化服务中心平台开展读书阅览、节目排练、妇幼保健、体育健身、学习培训及书法、美术、非遗展览等活动120多场次。承接苏州市级公共文化配送工程项目4次，完成农村数字公益电影放映228场。成立“扫黄打非”专项工作领导小组，相关职能部门检查重点场所14家，其中网吧4家、印刷企业4家、校园周边无证经营商店6家；对非法演出进行现场执法2次。（雷贺羽）

【综合整治】 2019年，八坼街道坚持协调、绿色、共享的工作理念，开展“331”*等专项整治行动，综合整治成效显著。累计清理废品回收点13处，清理店外设摊85个，清理小广告、乱张贴900多份，拆除违规设置的店招店牌48块，清理沿街店面玻璃橱窗广告412处，拆除店家私设“小耳朵”广告牌96个，拆除G50、G15高速公路广告14块。累计发放各类整治通知单236份，发放市容环卫责任书82份，发放沿街店面告知书326份。增加机动车停车位365个、非机动车停车位252处。做好农村公厕改建及新建统计，落实公厕制度上墙31处。开展安全生产大排查大整治，联合“331”专班、综合执法、安监、消防等部门对辖区内127家餐饮场所展开联合执法检查，对108家发现问题的餐饮场所下达隐患整改通知单。开展流转区域养殖整治，拆除违章建筑39处，面积1430平方米，拆除养殖围网2300米。在苏州市第一次国省道集镇段评比中，G524八坼段获评十佳。（雷贺羽）

【党建工作】 2019年，八坼街道深入开展“不忘初心、牢记使命”主题教育，强化党建引领，推动学习教育，加强党风建设，提升干部水平。坚持把党组织建在网格上，实现以“小网格”撬动“大党建”的创新工作局面，筑牢共建共享共治善治新格局。推动党员干部下沉网格，行动支部常走一线，强调理论与实践结合，发挥党员干部模范带头作用。打造干部赋能平台，推进“学习型”机关建设，倡导“用数字说话，以实绩论英雄”的实干理念，把工作成效作为衡量干部能政善政的标尺。推动“区域一体、党建互融”，村、社区干部经组织安排与青浦、嘉善的先进单位结对，实现学有榜样、追有目标，进一步提升自身工作水平。开展“最美系列”评比活动，评选出最美企业20家、最美商户20家、最美居民20人、最美庭院4户，营造向上向善的良好氛围。（雷贺羽）

（本栏编辑　陈凤贤）

先进人物

王恩鹏　男，1983年5月出生，中共党员，吴江经济技术开发区派出所副所长。2012年5月24日下午，花港村一农宅因煤气管道泄露引发火灾。王恩鹏冲在第一线，冒着浓烟热浪，奔到三楼阳台，把被围困的河南打工妹从屋顶救下，并立刻抱起往楼下跑，由于大口吸入浓烟，出现喉咙发毛、肺部发痛和晕眩症状。他把个人安危置之度外，从三楼把女子安全送达地面，该事迹先后被全国多家媒体报道。2013年4月23日，柳胥小街发生火灾，王恩鹏接警后立刻赶到现场疏散群众，得知屋内有煤气瓶等易爆物后，一头扎进火海，抢出两个煤气瓶，当他还要继续往火场里冲的时候，突然晕倒在地，由于吸入过量浓烟，身体缺氧，呼吸道严重受损，引发吸入性肺炎，因抢救及时，躲过生死一劫。王恩鹏多次救火，呼吸道严重受损，患有吸入性肺炎等多种不可逆的身体疾病。作为社区民警，他采取弹性工作制，打散警力分布，进行有机组合加强重点时段巡逻力度，多年来，为辖区出租户推广安装技防设施1000余套，通过暂住信息采集抓获网上逃犯60余名，协助破获各类侵财案件40余起，辖区的治安形势明显好转，发案率稳步下降。自2008年进入警队以来，王恩鹏扎根社区工作，严以律己、宽以待人，得到领导和同仁好评，立二等功两次，立三等功和获嘉奖多次，先后获评“苏州市百名道德模范标兵”“苏州好人”“全国优秀人民警察”“全省人民满意的公务员”。2019年9月16日，获“江苏省优秀公务员”称号，享受省部级先进工作者和劳动模范待遇。（区总工会）

姚国英　女，1982年11月出生，恒力集团江苏博雅达纺织有限公司织造车间班长，参加工作17年来，姚国英一直从事织布工（喷水织机）的挡车工作，用行动践行“业贵在精不在多”的学习理念，不断强化个人的操作技术水平，提高速度与产品质量。她一直活跃在一线生产岗位，努力学习实践，带领自己的班组有序完成生产工作，获得“优秀班长”称号。姚国英从纺织学徒变成“老师傅”，工作中她不仅能及时完成工作任务，不断开发新技能，还时常帮助同事解决生产难题。通过坚持不懈的努力，她先后被车间评为技术能手，获恒力集团“优秀班长”表彰，连续多次被中国纺织工业联合会授予“全国纺织行业技术能手”称号，在连续举办的全国纺织行业长丝织造织布工（喷水织机）职业技能竞赛中，她先后获得第一名、第三名。2019年4月23日，获中华全国总工会颁发的全国五一劳动奖章。

（区总工会）

胡秀琴　女，1990年5月出生，原为恒力集团吴江化纤织造厂喷水车间总帮机，江苏博雅达纺织有限公司车间班长。自2007年进入恒力集团工作以来，胡秀琴坚持不断提升自己的操作技术水平，以保障织机正常生产、提高产品质量为己任，扎实学习基本功，不断改进操作方法。在穿头工作上，由一次穿1根逐渐增长为一次穿3根，工作效率得到提高。她以耐心细致、认真务实的工作态度，勤走巡回穿梭在机台间，及时解决织机在生产过程中的疑难问题。在上机过程中，先理顺织口纱线，再进行校机，有效减少断经，提高工作效率和产品质量，保障机台顺利运转。在公司月末自评中，她保持产量最高、质量最优、操作合格率最好、消耗最低的好成绩。在改进工作方法，提高工作效率的同时，胡秀琴经常参加公司、政府组织的各项织布工操作比赛，获得多项荣誉，2017年和2018年参加第一届和第二届全国纺织行业长丝织造技能竞赛织布工（喷水织机）比赛，分获第三名和第一名，获评中国纺织工业联合会颁发的“全国纺织行业技术能手”称号，2019年4月23日，获中华全国总工会颁发的全国五一劳动奖章。

（区总工会）

蒋慧勤　女，1978年5月出生，江苏亨通光纤科技有限公司筛选工段长。自2004年5月进入亨通光纤后，蒋慧勤通过不断钻研，从生产部筛选车间一线操作员到现在的筛选工段长，取得电线电缆高级技师证书。近两年积极参加公司各项现场改善及成本改善项目，主要有筛选打印纸节约回收改善，改善后每次节约三分之一打印纸和碳带的用量，每天减少浪费251.8元，每年最少为公司节约成本91907元；完成筛选省人项目，经过对物流岗位工作内容的梳理和分解，实现岗位节省1人的目标；产量统计自动化，利用信息化通过机台系数、中间产量、返工不计件产量之间的一系列公式计算，自动统计出员工产量，提高统计的工作效率，保证数据的及时性和准确性。通过项目参与，蒋慧勤深化专业技能，学习项目从立项到成果发表的各项管理知识。在公司培养下，蒋慧勤扎根一线，在自身不断提升专业能力的基础上，积极培养一大批筛选工序技能员工，为提升筛选工序整体技能水平贡献力量。2011年获评吴江区劳动模范，2019年4月24日，获江苏省总工会颁发的江苏省五一劳动奖章。

（区总工会）

林耀朋　男，1970年2月出生，中国台湾高雄市人，台湾大学经济管理系毕业，高级经济师，苏州顶裕节能设备有限公司执行董事兼总经理。2002年3月，林耀朋只身前往江苏汾湖高新技术产业开发区创业，2008年创建苏州顶裕节能设备有限公司，凭着对环保用风机行业前景的敏锐洞察力，他克服各种困难，从一人身兼数职到组建和率领公司团队，潜心专研各类型环保风机的研发与销售。经过10多年的努力与奋斗，公司快速成长，各项业绩增长显著，成为国内风机行业的龙头企业之一。在企业运营之初，林耀朋坚定创新发展理念，紧盯风机行业未来市场，率领公司团队一步一个脚印走科技创新发展之路，通过前期的资本积累，逐步增加在科技研发上的投入，近年来，每年投入一定数额的研发费用，创建“江苏省风机技术工程研究中心”，筹建江苏省“院士工作站”和国家级“博士后科研工作站”，把名不见经传的风机产品经营成“苏州市名牌产品”，产品畅销国内外市场。公司成为国家级高新技术企业，名下专利100多件，2010年，林耀朋获“江苏省环境保护科学技术奖”。他热心社会公益事业，曾说：“公司做到一定程度，它是社会的，我们要为社会担当责任。”员工家中遇到困难时，他带头慷慨解囊，每年给予困难职工子女资助，多年来，他个人爱心资助资金300万元以上。在林耀朋的带动下，公司出资10万元购买《新华字典》1500本赠送给广西省百色市汪甸乡中心小学。2016年8月，公司赠送价值30万元的净化水设备给新疆南疆马儿洋乡村民。2017年，公司被深圳市鹏博爱心互助会授予“携手鹏博助学，情系山区孩子”奖牌。2017年10月，公司出资10万元参与“绿色生命内蒙古荒漠治理公益项目”，获奉献奖。2019年4月26日，获江苏省总工会颁发的五一劳动奖章。

（区总工会）

新闻人物

刘　磊　“中国好人”、烈士

刘磊，男，汉族，湖南省常德市石门县人，1996年7月出生，2015年9月入伍，生前系江苏省消防救援总队苏州市支队吴江区大队盛泽中队副班长，四级消防士消防救援衔。入伍以来，刘磊勤学苦练、爱岗敬业，灭火战斗冲锋在前，抢险救援勇挑重担，先后参加灭火救援战斗700余次，抢救120余人，2次获评优秀士兵并被嘉奖。2019年3月19日9时32分，刘磊在吴江盛泽新东大桥营救落水群众过程中，不顾个人安危，在最危急的时刻把生的希望留给群众，不幸被水流卷入，献出年仅22岁的生命。被应急管理部政治部批准为烈士，被应急管理部消防救援局追记一等功，追认共产党员。被苏州市人民政府追授为苏州市十大杰出青年、苏州市优秀共青团员，被苏州市文明办评为“苏州好人”；被江苏文明办选为“江苏好人”；被共青团江苏省委追授为江苏省优秀共青团员；被中国文明办选为“中国好人”。　（盛泽镇党政办）

陆　鸿　“中国好人”

陆鸿，男，1979年出生，平望人，中共党员，苏州缘跃纸制品有限公司创办人。陆鸿10个多月时，患脑炎导致小脑指挥神经失常。为锻炼脑力，开始玩电脑游戏，从而结识中央电视台电视片特效后期制作主编，向他学习后期制作，并以此生存。他在网上开“模板店”，出售用过的旧模板，赚取基本的生活费贴补家用。无论老少，陆鸿虚心向他们学习，取长补短，用诚信服务网店客户，网店经营让陆鸿收获无数粉丝。后因缘巧合，结识一位苏州老年大学摄影培训师，向他学习摄影，摄影学成之后，开始自主创业生涯，开办“天使乐园”照相馆，开始实体经营摄影业务，生意越做越好，逐渐步入正轨。陆鸿不忘帮助他人，教授横扇残疾人小陆摄影知识，使他能够自力更生。后来不断有聋人和肢残人士向陆鸿学技术，他们在陆鸿一家身上找到活下去的勇气和动力。陆鸿开始思考如何提高产能、增加盈利，让家人、员工过上有品位的生活。他不断拓展影楼延伸业务，转型开厂做影集相册，不断调整经营理念，把家庭式的小作坊发展到具有一定生产规模的小工厂，为17位残疾朋友及家境贫寒、尚存工作能力的下岗工人提供就业岗位。2009年被评为“苏州市残疾人创业之星”，2013年获第三届感动苏州“十佳自强模范”称号，2017年获苏州市“双十佳残疾人自强”称号，2018年获江苏省最美家庭，2019年获“全国最美家庭”“中国好人”等称号。

（平望镇党政办）

房朔杨　“五一创新能手”

房朔杨，女，生于1980年2月，2003年毕业于中央民族大学法学专业，8月进入苏州信息职业技术学院工作，先后担任经济贸易系教师，国际贸易实务专业负责人、国际贸易教研室主任、跨境电子商务专业负责人、智慧财经学院产教研中心副主任。承担“经济法基础”“国际商法”“国际贸易实务”等课程的教学工作。房朔杨在教学中不断探索创新教学模式和方法，采用慕课、云班课等信息化手段，以学生为中心，结合混合式教学、任务驱动、翻转课堂等，进行教学改革实践。她践行立德树人的根本任务，将课程思政融入教学，深入课堂，在此基础上打造“国际贸易实务”课程思政“金课”，实现“立德”与“树人”协力而行。进行课程思政的教学研究，2019年，“高职‘经济法基础’课程思政教学模式研究”被立项为苏州市第一批高职教改课题，房朔杨作为第一作者发表专题论文《课程思政视域下高职学生学习动力对策研究》。作为专业负责人，房朔杨致力于人才培养方案研究，探索创新型人才培养新模式。注重产教融合，负责系部校企合作及产教融合工作。从事教科研，主持苏州市课题1项、院级课题3项，参与研究省级一般课题2项、省级重点课题1项、企业横向课题1项。发表教学及学术论文10余篇，其中核心期刊1篇。获2017年苏州市高职高专院校思想政治教育工作案例评选三等奖，2019年苏州市高职高专院校第三批微课遴选二等奖，2019年江苏省高等学校微课教学比赛一等奖，2019年江苏省高职院校教学能力大赛专业组一等奖第一名，获江苏省总工会授予的“五一创新能手”称号和江苏省妇女联合会授予的“巾帼建功标兵”称号。

（苏信学院）

逝世人物

翟秀生（1921.2—2019.5）江苏涟水县人，1942年8月参加革命工作，1942年8月加入中国共产党。曾任涟水乡青救会会长、村长，区委组织部干事、副区长，苏州地委组织部干事，地委土改工作队队长，震泽县委宣传部副部长，县委副书记、县长，太仓县委书记处书记，太仓县县长，沙溪公社党委第一书记，常熟县委副书记、副县长，吴江县委常委、副书记、革委会副主任，县政协主席，县委顾问等职，1985年12月离休。

（区委老干部局）

夏　琏（1930.9—2019.5）江苏句容人，1950年2月参加工作，1953年6月加入中国共产党。曾任吴江县革命委员会政工组副组长，中共吴江县委办公室副主任、主任，吴江县政协秘书处秘书长，县委统战部部长，政协吴江县委员会副主席兼任政协秘书处秘书长（政协党组副书记），吴江县人民政府督导员，1991年1月退休。

（区委老干部局）

郭连生（1941.1—2019.1）原籍湖北黄陂，出生于苏州市，1959年8月参加工作。曾任吴江县农业局技术员，吴江县生产指挥组、农水办工作人员，吴江县农业局作物栽培技术指导站站长兼综合组组长、高级农艺师、副局长，政协吴江市第十届、十一届委员会副主席，2003年2月退休。

（区委老干部局）

纪念人物

谢　绛（994—1039）字希深，祖籍阳夏（今湖南太康），祖父辈迁徙东泽（今七都长渠港）。15岁任秘书省校书郎。北宋大中祥符八年（1015）甲科进士，授太常寺奉礼郎知汝阴县（今安徽阜阳）。历任光禄寺丞、秘阁校理同判太常礼院判登闻鼓院、太常寺博士。因议论皇族血统，调常州通判。旱灾蝗起，滑州黄河决堤，他请下诏引洪赈灾，取消不紧急的劳役、无名目的征收，调真宗（赵恒）朝国史纂修官。天圣九年（1031）秋，迁祠部员外郎直集贤院，通判河南府。明道二年（1033）春，任开封府推官。历任兵部员外郎、三司度支判官、礼部判官。景祐元年（1034）八月，出使契丹。宝元二年（1039）二月，授邓州知州。计划修六门堰，工程未就而卒。赠礼部尚书。以文学知名，每到一地都注重兴建学舍。

（据《吴江市志》）

叶世俗（1619—1641）字威期，叶绍袁第三子。15岁中秀才，成为吴中有名的少年才子。为文华丽，用字精当。17岁那年芦墟泗洲桥建成，主持者请叶绍袁写一篇碑记，世俗为其父代写《泗洲桥碑记》，全文400多字，挥洒自如，笔力老到，看不出有代笔痕迹，连叶绍袁也自喜道不让王勃的《滕王阁序》。柳亚子在《吴根越角杂诗百二十首》有“泗洲寺里访碑来，明赵清潘各隽才。独惜叶家残石杳，捉刀年少渺难追”，即指此。为堂叔们也代写过文章。21岁赴南京参加乡试，因连日劳累，偶感风寒而咳嗽不止，又加名落孙山的打击，一病不起，至翌年二月病亡。品貌端正，且机智灵活，深得外祖父沈琉的钟爱，就此作主将孙女许配他。可惜婚后才一年多就去世，所生的女儿尚未满月。生前所作的诗文经整理成册，取名《灵护集》，编入《午梦堂集》。（据《北厍镇志》）

顾有孝（1619—1689）字茂伦，松陵镇人，家住钓雪滩，故号雪滩钓叟，诸生。明亡，焚弃儒衣冠。清康熙十八年（1679），荐举博学鸿儒，被他推辞掉。家贫，好客，各地文人过松陵，必停舟寻访，因此名满大江南北。与徐介白、俞无殊、周安节为莫逆交，有“齑菜孟尝君”之称。以选诗为事，于唐律及清近体诗，皆有选本。临殁，命以头陀礼葬殓，因更号雪滩头陀。赋诗隽永，不随意下笔，著有《雪滩钓叟集》，编有《江左三大家诗钞》《乐府英华》《骊珠集》《风雅嗣响》《五朝名家七律英华》与所选《唐诗英华》并行于世。（据《吴江市志》）

柳兆薰（1819—1891）原名兆白，字泳南，又字虞卿，号莳庵、阨道人、悟因生，树芳次子，柳亚子曾祖父。清同治丁卯（1867）副贡。曾任丹徒县学教谕。著有《东坡词编年笺注》3卷，《胜溪钓隐诗录》3卷，《苏词笺略正编》2卷、《类编》1卷、《诗余》1卷，《松陵文录作者姓氏爵里著述考》2卷，《分湖柳氏重修家谱》12卷。还写有大量日记，时间从清咸丰九年（1859）起到光绪二十四年（1898），前后长达39年，尤其是从咸丰十年三月初太平军进击杭州开始，到同治五年（1866）闰五月为止的六年中，具体记载了太平军在北厍以及芦墟、黎里一带的活动，为后代了解这一期间太平军与清军展开激烈战斗的情况，以及当时太平军与农民商人之间的关系，提供弥足珍贵的历史资料。

（据《北厍镇志》）

许半农 （1898—1939） 又名观曾，字盥孚，芦墟镇人。20岁时学医于其舅、七代世医陈秋槎。1922年赴上海研习外科。1924年回芦墟组织红十字会。重返上海学习，毕业于上海中医专门学校。回芦墟司浜“师让小筑”悬壶开诊，擅治痈疽。1925年2月，任上海广益中医院外科主任，在中医专科学校任教。1927年在上海创办中国医学院，出任上海中医学会执委、上海国医公会执委。著有《内科概要》《中国外科学大纲》《中西医之比观》《中医诊断学大纲》《疡科学》《喉科学》《药奁启秘》等。早年加入南社。

（据《吴江市志》）

黄文熙（1909—2001） 平望镇人。1929年毕业于中央大学。1934年赴美国，就读于依阿华大学，转入密歇根大学，1937年取得博士学位。同年回国，在中央大学水利系担任教授、系主任。中华人民共和国成立后，先后在南京大学、南京工学院、华东水利学院等校任教，同时担任南京水利实验处处长。1955年当选中国科学院水工建筑专业学部委员（院士），加入中国共产党。1956年，调任清华大学教授，并任水利水电科学研究院副院长。先后任中国水利学会副理事长、岩土力学专业委员会主任委员，中国水力发电工程学会副理事长、中国土力学及基础工程学会理事长。参加治淮和治黄工程中佛子岭、梅山、板桥、岳城、新丰江、毛家村等水坝的科研和加固工作，以及武汉长江大桥、宝山钢铁厂等的河道冲刷防护与地基加固处理科研工作。论文有《格栅法在拱坝、壳体和平板分析中的应用》《水工建筑物土壤地基的沉降量与地基中的应力分布》等。著有《土的工程性质》等。是第五届全国人大代表，第二、三届全国政协委员。

（据《吴江市志》）

杨嘉墀 （1919—2006） 震泽镇人。1941年毕业于上海交通大学电机工程系。1949年，获美国哈佛大学工程科学和应用物理系博士学位。1956年回国后，历任中科院自动化研究所研究员、副所长，七机部502研究所研究员、所长。1963年，任研制核爆炸试验用仪器技术总负责人。1966年，领导研制第一颗返回式卫星姿态控制系统。1980年，当选中国科学院自动控制专业学部委员（院士）。1982年，提出用标准模块组成计算机测控系统，组织CAMAC系统硬件和软件的研制工作。以后，历任航天部第五研究院副院长、航天部总工程师等职。1985年，当选国际宇航科学院院士。兼任中国自动化学会理事长、中国仪器仪表学会副理事长、国际宇航联合会副主席等。1985年，获国家科技进步特等奖。国家“863”计划创议者之一。论文主要有《中国近地轨道卫星三轴稳定姿态控制系统》《返回型对地定向观测卫星姿态控制系统及飞行试验结果》《中国空间技术的二次开发与应用》等。1999年9月18日，获中共中央、国务院、中央军委颁发的“两弹一星功勋奖章”。是第三至第五届全国人大代表。

（据《吴江市志》）

黄洪年 （1919—2015） 松陵镇人，祖籍平望耕读村。1935年12月，进上海生活书店总店发行科当练习生。参加纪念五卅运动的示威游行，卧轨支援赴南京请愿，要求释放“救国会”七君子。1938年10月，总店转移到重庆，成立总管理处，出版内部半月刊《店务通讯》，他一人负责刻写、油印到发行。1942年2月初，到阜宁县岔头村大众书店工作；4月，参加新四军三师鲁艺工作团；11月，加入中国共产党。日本投降后，随部队进入东北，任文工团分队长。1947年夏，任东北书店出版科科长。东北书店出版大开本的《毛泽东选集》时，他设计封面。1948年11月，随东北书店进驻沈阳。1951年，任东北人民出版社出版部主任。1956年，任辽宁人民出版社副社长。1976年，任辽宁省出版局副局长，兼任辽宁印刷学校校长。是辽宁省第四届政协委员、中国印刷协会理事。1989年起，享受红军待遇。

（据《吴江市志》）

（本栏编辑　沈　瑶）

附　录

重要文献

凝聚“两勇一快”力量　攻坚“六大提升行动”用奋斗书写“创新湖区”“乐居之城”新篇章

——在中国共产党苏州市吴江区第十三届代表大会第五次会议上的报告

区委书记　王庆华

（2019年12月29日）

同志们：

这次大会的主要任务是：高举习近平新时代中国特色社会主义思想伟大旗帜，认真贯彻党的十九大和十九届二中、三中、四中全会精神，深入落实习近平总书记对江苏工作重要讲话指示精神和省委、市委决策部署，总结分析2019年工作，研究部署2020年任务，动员全区各级党组织、广大党员和干部群众，不忘初心强担当、牢记使命谋发展，凝聚“两勇一快”力量，攻坚“六大提升行动”，用奋斗书写“创新湖区”“乐居之城”新篇章。

下面，我受中共苏州市吴江区第十三届委员会委托，向大会作工作报告，请予审议。

一、抢抓机遇勇争先，经济社会发展各方面取得新成效

即将过去的2019年，是极不平凡的一年，机遇与挑战并存，压力与动力同在。既面对中美经贸摩擦不断加剧，国内外风险挑战明显上升的复杂局面，同时又迎来吴江全域纳入长三角生态绿色一体化发展示范区的历史机遇、重大利好。面对新形势新任务新要求，区委坚持以习近平新时代中国特色社会主义思想为指导，积极践行新发

展理念，坚持以示范区建设为主线，明确打造“创新湖区”、建设“乐居之城”的发展定位，提出勇当“先遣队”、勇做“领头羊”，快上新台阶的奋斗目标。一年来，在区委领导下，全区上下围绕目标定位，狠抓当前保增长、促发展，着眼长远强动力、增后劲。预计全年完成地区生产总值2013亿元，同比增长6%；完成一般公共预算收入223亿元，同比增长9.9%；完成工业总产值4500亿元，其中规模以上工业总产值3600亿元；完成全社会固定资产投资582亿元，同比增长1.4%；主要经济指标运行在合理区间。

一是融合进程持续提速。紧扣“一体化”和“高质量”两个关键，研究制定《吴江区建设长三角生态绿色一体化发展示范区实施方案》。结合示范区总体方案，前瞻性编制一体化背景下吴江空间和产业规划，科学有序推进示范区建设。强化与青浦、嘉善协同协作，共同梳理出四大类45项示范区重大项目初步清单，在产业协同、交通互联、生态共保、服务共享等方面，形成了一批实实在在的合作成果。组织申报2020年示范区中央预算内资金项目8项共4.9亿元。全力推进汾湖高新区（黎里镇）先行启动区建设，成立苏州市融湖投资发展有限公司，强化资金资源保障，积极开展苏州南站枢纽及周边地区城市设计研究。落实“省内全域一体化”要求，与泗阳共建10平方公里产业合作园区，大力发展新型“飞地经济”。

二是经济质效持续向好。坚持把新旧动能转换作为转型升级的主抓手，全力推动产业层次、综合实力向更高水平攀升。优化营商环境，建立服务民营企业“三项制度”，快速回应、高效解决企业诉求。紧扣A、B、C、D四类企业标准优化要素供给，为优质产能腾挪空间。成功举办深圳、上海、北京等系列招商推介活动，全年签约项目154个，总投资1064.5亿元。283个区重点项目完成投资578亿元，京东方（苏州）智造服务产业园正式投产，国测（苏州）智慧城市科技产业园一期竣工。智能制造引领转型，智能工业完成投资110亿元，先进功能纤维创新中心成功获批全省首家国家级制造业创新中心。现代服务业加快集聚，新增2家总部企业，认定8家平台经济领军企业。新增现代农业园区12000亩、高标准农田7400亩，获评全国县域数字农业农村发展水平评价先进县。质量强区建设取得新突破，恒力化纤成为吴江首家获得中国专利银奖的企业。高层次人才加速聚集，新增国家“万人计划”1人，省“双创团队”1个、“双创人才”5人、“双创博士”9人。全社会研发投入占GDP比重预计达2.9%，有效高新技术企业超过620家，跻身2019年中国创新百强区前三甲。

三是改革攻坚持续突破。深入实施系统化集成式改革，积极探索一体化体制机制改革创新。党政机构改革任务顺利完成，基层管理体制改革和事业单位改革持续深化，平望镇经济发达镇行政管理体制改革率先通过省级评估验收，全区机构职能体系更加科学完善。“一窗受理、全科服务”政务服务模式全面运行，“不见面审批”“证照分离”“一件事”套餐服务等试点扎实开展，“双随机一公开”全面实施，事中事后监管不断强化。设立长三角政务服务“一网通办”专窗，吴江高新区（盛泽镇）颁发长三角地区首张镇级跨省异地办理证照。高质量发展产业政策进一步完善，出台《关于促进全区民营经济高质量发展的意见》。政务“大数据”持续深化，政府部门数据资源整合和政务信息资源流动初步实现，获评“2019中国领军智慧城区”。社会综合治理网格矛盾多元调解平台上线运行，创新实施“网格+警格”联动融合机制。媒体融合工作稳步推进，省级试点项目区融媒体中心（传媒集团）挂牌成立。

四是城乡面貌持续改善。坚持城乡一体、融合共生，建管并举、品质提升。着力提升中心城区首位度，完成中心城区行政管理体制改革和区划调整，行政架构优化、效能提升；城市功能更加现代，东太湖度假区（太湖新城）万象汇、爱琴海、梦幻水世界等商旅项目开业，苏州湾文化中心主体封顶，吴江开发区“一路一河一湾一谷一区”快速成势，产城人文旅融合发展。以乡村振兴战略为统领，紧扣“中国·江村”乡村振兴示范区建设，推动“一带一区一群”等示范项目。全面推进农村人居环境整治工作，开展“百日集中攻坚”，震泽镇获评苏州市农村人居环境整治工作示范镇。创建康居特色村2个、三星级康居村71个，七都镇开弦弓村入选“全国乡村治理示范村”，同里镇北联村获评“2019年中国美丽休闲乡村”。桃源镇高标准推进苏太美丽生态牧场建设。全面完成“大棚房”问题专项清理整治和太湖围网拆除。深入开展"三治""三优三保"等工作，完成治违拆旧14230亩，"三优三保"通过市级验收6415亩，整治"散乱污"企业（作坊）4132家。探索生态环境一体化治理，发起建立边界水环境、大气污染防治联防联治机制。全区饮用水水源地水质达标率保持100%，空气质量PM2.5累计平均浓度同比下降5.8%。

五是民生福祉持续提升。着力提高保障和改善民生水平，加大富民增收力度，城乡居民人均可支配收入达57525元，同比增长8.6%。实施积极的就业政策，城镇登记失业率保持低位运行。支持教育优先发展，一批新校投入使用，新增学位8000余个，苏州大学未来校区、苏州中学附属苏州湾学校顺利开工，集团化办学促进教育均衡发展，高考本一上线率创历史新高。医联体建设深入推进，苏州市第九人民医院投入运营，吴江区儿童医院正式启用。有序推进社会保险扩面提质，居民基础养老金、被征地农民养老补助金等标准加速接轨苏州，开通长三角跨省异地就医门诊费用直接结算，医保体系融入苏州顺利实现双向刷卡。文明城市建设不断深化，新时代文明实践中心建设有序推进。顺利完成中央扫黑除恶督导及"回头看"迎检、第二届中国国际进博会维稳等任务。高度重视安全生产，扎实做好国务院安全生产督导、省市安全生产巡查迎检，深入开展安全生产大排查大整治，全区安全生产形势总体平稳。

六是党的建设持续加强。坚决扛起管党治党政治责任，扎实开展"不忘初心、牢记使命"主题教育，抓紧抓实学习教育、调查研究、检视问题、整改落实四项重点措施，引导推动全区广大党员干部守初心、担使命，找差距、抓落实。持续深化"融入式党建"，启动实施72个党建引领长三角一体化"书记项目"，推进"新时代美美江村新接力"工程，深化非公党建组织力标准体系，推动省级机关与民营企业党组织结对共建，基层党建工作强品牌、创特色。统筹做好机构改革和行政区划调整中的干部调配，不断加强领导班子建设，创新开展优秀年轻干部专题调研比选，提升干部队伍能力素质。严格落实意识形态工作责任制，紧盯意识形态重点部位、重点对象、重点领域，强化评价考核、狠抓监督检查，推动意识形态工作体制、运行机制和共管格局不断完善。配合省委实施乡村振兴战略专项巡视，高标准抓好5个方面15项任务84条整改措施的落地落实；认真开展三轮常规巡察和两轮对村（社区）专项巡察。保持惩治腐败高压态势，运用监督执纪"四种形态"教育和处理805人次，其中第一种形态教育483人次，占60%。全力支持人大、政协履职尽责，统战、人武、群团等工作全面加强，全区上下团结奋进、开拓创新的良好局面进一步巩固。

同志们，2019年发展取得的成绩来之不易，凝聚着全区各地各部门各条线的心血与汗水。在此，我代表区委，向大家以及全区广大党员干部群众表示衷心感谢！

二、对标找差促提升，把握重要战略机遇期发展新方位

2020年，是高水平全面建成小康社会和"十三五"规划收官之年，是全面贯彻落实党的十九届四中全会精神开局之年，也是吴江抢抓示范区建设机遇，推动"强富美高"新吴江建设再出发的起步之年，做好明年工作使命光荣、责任重大、影响深远。

要持之以恒贯彻落实"不忘初心、牢记使命"主题教育总要求，把对标找差、狠抓落实作为重要方法，推动全区上下思想再解放、方向再聚焦、目标再提升、压力再传导、责任再落实。要清醒认识到与先进地区相比、与高质量发展要求相比、与人民群众的期待相比，吴江经济社会发展还存在不少短板和弱项，主要表现为：增长动力面临瓶颈。投资、出口动力作用减弱，消费拉动作用不强；四大主导产业质效和层次还不高，战略性新兴产业和高端现代服务业有待进一步集聚；头部企业、爆发力强的企业数量不多、梯队层次还不丰富；创新投入不大，创新浓度不高，创新能力不足，对标示范区打造绿色创新发展新高地的战略定位有较大提升空间。资源要素存在制约。土地空间面临"天花板"，优质项目承载空间受限，通过"三治""三优三保"等盘活存量用地的工作闭环仍未很好形成；高层次人才紧缺成为企业普遍反映的突出问题，城市功能品质需要提升，"双招双引"力度需要加大。机制束缚有待破解。对吴江全域纳入示范区建设的研究不够透，以服从服务国家战略的高度推动工作的创新举措、制度经验尚未很

好形成；改革攻坚力度需要大幅加强，部分领域改革成效离预期目标存在差距，重大改革创新试点经验集成落地的研究转化和向上争取需加快推进；干部队伍能力素质提升和培养选拔机制仍需优化，“三项机制”有待更好运用，“以实干出实绩、以实绩论英雄”的导向需要进一步树立。

把握机遇、应对挑战，需要全区上下进一步提高政治站位、增强全局观念、坚持底线思维、强化责任担当，坚持用新思想解放思想、统一思想，以新发展理念破解难题、推动发展，深刻认识我国经济稳中向好、长期向好的基本趋势没有变，积极适应形势变化、主动融入发展大势、精准聚焦问题短板，坚定不移把发展作为第一要务，把创新作为第一动力，不折不扣贯彻落实中央和省委、市委各项部署要求，在更高起点上乘势推动高质量发展快上新台阶。一要全面落实治理体系与治理能力现代化的重大部署。坚持把学习贯彻党的十九届四中全会精神作为当前和今后一个时期的重大政治任务，深学细悟习近平总书记重要讲话精神和全会《决定》提出的重大理论观点、方针政策和任务举措，进一步坚定制度自信、强化制度意识、维护制度权威。深入贯彻落实省委《意见》和市委《决议》，切实增强贯彻落实的政治自觉，不断巩固党的领导制度统摄性地位，以改革创新的精神推动制度自我完善、自我发展，促进制度优势转化为发展胜势。二要牢牢把握打造“创新湖区”建设“乐居之城”的发展定位。更加自觉、更加坚定地把吴江的发展置于示范区建设的大战略，置于苏州建设现代国际大都市、美丽幸福新天堂的大格局中去审视谋划，找准切入点、聚焦发力点，以战略思维、国际视野、一流标准打造“创新湖区”、建设“乐居之城”，将吴江建设成苏州城市发展的重要增长极和上海大都市圈的重要功能区，在长三角一体化发展中开启吴江基本实现现代化建设新征程。三要鲜明树立围绕奋斗目标狠抓责任落实的工作导向。深入抓好“两勇一快”动员大会精神贯彻落实，严格按照“六大提升行动”实施方案明确的“时间表”“任务图”“责任书”，推动“两勇一快”各项任务落实到具体行动、转化为实际成效，奋力推动吴江高质量发展快上新台阶。对照省、市监测指标体系，进一步对标对表、查漏补缺、巩固提升，决胜高水平全面建成小康社会，真正交出经得起实践、群众和历史检验的合格答卷。四要始终保持对标一流水平奋勇争先进位的精神状态。面对群虎腾跃、百舸争流的发展态势，坚持问题导向、目标导向、结果导向，立足“目标再攀高”的追求，高点定位、挑战极限、追求卓越、勇争一流，进一步激发新时代吴江党员干部精气神，引领带动全区上下在经济社会发展第一线奋勇拼搏。要化压力为动力、变挑战为机遇，风雨兼程、执着无畏，以“等不起”的使命感、“坐不住”的危机感、“慢不得”的紧迫感奋力开创高质量发展新境界。

按照中央精神和省委、市委部署，结合吴江实际，2020年发展的总体要求是：以习近平新时代中国特色社会主义思想为指导，全面贯彻党的十九大和十九届二中、三中、四中全会精神，对标总书记对江苏工作重要讲话指示，深入贯彻中央经济工作会议、省委十三届七次全会、市委十二届九次全会精神，坚持稳中求进工作总基调，坚持贯彻新发展理念，坚持深化改革扩大开放，加快推进长三角生态绿色一体化发展示范区建设，勇当“先遣队”、勇做“领头羊”，全力打造“创新湖区”、建设“乐居之城”，乘势推动吴江高质量发展快上新台阶，确保高水平全面建成小康社会和“十三五”规划圆满收官，推动“强富美高”新吴江建设不断取得新成果，开启基本实现现代化建设新征程。

2020年全区发展的主要预期目标是：地区生产总值增长6%左右，一般公共预算收入增长7%左右，全社会固定资产投资保持增长，社会消费品零售总额增长4.5%左右，进出口总额保持稳定，全社会研究与试验发展经费支出占地区生产总值的比重达3.0%左右、企业研究与试验发展经费投入增长10%左右，全员劳动生产率增长5.5%左右，工业增加值率高于上年，居民人均可支配收入增幅高于地区生产总值增幅，城镇登记失业率控制在2.6%以内，单位地区生产总值能耗下降、主要污染物排放总量削减完成上级下达任务，生产安全事故起数和死亡人数大幅下降。

三、凝心聚力抓落实，乘势推动高质量发展快上新台阶

围绕总体要求和主要预期目标，坚持以《长三角生态绿色一体化发展示范区总体方案》《吴

江区建设长三角生态绿色一体化发展示范区实施方案》为引领，以“六大提升行动”为重点，主动担当作为、狠抓工作落实，着重做好以下五个方面工作：

（一）完善制度体系，推动治理能力快上新台阶。认真贯彻落实党的十九届四中全会精神，聚焦制度完善、机制创新，协同推进全面深化改革向纵深发展，不断提升治理体系和治理能力现代化水平。一要全面深化改革。深刻认识国家战略赋予吴江在推进国家治理体系和治理能力现代化中肩负的责任，强化制度意识、优化顶层设计，聚焦示范区探索行之有效的一体化制度安排、推进全面深化改革系统集成等重点任务，主动扛起“一体化制度创新试验田”的使命担当，以制度建设为示范区“夯基垒台、立柱架梁”。主动对接中国（江苏）自由贸易试验区苏州片区，深化吴江联动创新区建设，加快形成一批重大开放创新举措。落实《区委全面深化改革委员会2020年工作要点》，积极争取国家级和省级改革试点，不断提升改革系统性、整体性、协同性，着力解决高质量发展中的突出问题，解决治理体系和治理能力中的短板问题，解决群众反映强烈的实际问题。深化中心城区行政管理体制改革，复制推广盛泽镇、平望镇经济发达镇行政管理体制改革经验，探索推进社区和农村基层管理体制改革，进一步理清职能边界、优化管理效能。树立大格局、开阔大思路、拓宽大视野，以制度建设推动各项工作改革创新、与时俱进，更好地把基层实践经验固化为制度性成果，把制度优势转化为治理效能。二要优化发展环境。围绕构建公平竞争的市场环境、亲清和谐的营商环境、简明有效的政策环境、公平透明的法治环境，加快建立一整套务实、管用、有效的制度安排，努力营造吴江高质量发展“小气候”。认真落实苏州开放再出发大会即将发布的政策意见，紧扣“开放+”，全力构筑开发开放新格局。瞄准“1330”改革目标，抓细抓实《聚焦企业关切进一步优化营商环境实施方案》，落实免予处罚和减轻处罚“两张清单”，推动“一网通办”“最多跑一次”“不见面审批”集中落地。积极推进诚信社会制度化，加快公共信用信息管理体系建设。强化与示范区执委会、青浦、嘉善对接，进一步修订完善高质量发展产业政策，切实提高导向性和精准性。不折不扣落实服务民营企业“三项制度”，自觉做到“四个主动”，构建“亲而有界”“清而有为”“清上加亲”“亲清连心”的新型政商关系。三要创新社会治理。坚持政治、自治、德治、法治、智治“五治融合”总体方向，不断提升基层社会治理水平，努力打造共建共治共享的社会治理新格局。健全完善工作推进机制，创新升级“智慧技防”社会治安防控体系，打造更高水平的平安吴江。持续深化12项风险防控专项行动，不断完善防范化解重大风险长效机制，坚决打好防范化解重大风险攻坚战。推进扫黑除恶专项斗争向建章立制环节“转段”，持续巩固提升专项斗争成果。深化网格化联动机制建设，优化“1+6+N”综合执法体系、“一核四元”联动指挥体系，切实提高网格发现问题、解决问题的效率。贯彻落实《关于推进城市安全发展工作的意见》，不断强化城市运行安全保障。深入开展安全生产专项整治行动和安全生产巡查工作，防控各类安全风险，有效压降事故，坚决遏制较大及以上事故发生。

（二）强化产业支撑，推动经济发展快上新台阶。坚持“产业强区”主导战略，牢牢抓住实体经济这个根本，以培育壮大千亿能级产业集群、百亿能级企业梯队为主攻方向，加速构建更具区域带动力和国际竞争力的现代产业体系。一要加快产业转型升级。坚定不移支持民营企业发展壮大，培育更多领军企业、骨干企业、新地标企业；鼓励外资企业转型升级、增资扩股。深入实施新一轮“智能工业三年行动计划”，引导企业加大智能化改造投入力度，推动长三角智能制造一体化协同发展，保持智能工业全省领先、全国领跑。高水平建设苏州湾中央商务区、汾湖高铁科创新城商务区以及各类重点产业园、特色产业园，推动传统产业转型升级、新兴产业集群发展、现代服务业跨越提升。推进“优化提升生产性服务业三年行动方案”，力促生产性服务业与先进制造业相融相长、耦合共生。因地制宜做强旅游产业、文化产业等特色服务业，大力发展“夜间经济”。深化农业供给侧结构性改革，着力构建现代农业产业体系，促进一二三产业融合发展，推进农业发展由增产导向向提质导向转变。二要增强科技创新能力。主动承接上海建设国际科创中心辐射带动，深度融入G60科创走廊，强化示范区协同创新力度，共建跨区域多层次产业创新合作平台。推动互联网、大数据、人工智能与实体经济融合互促，加快培育一批掌握核心技术、具备先发优势的科技创新领军企业，有效高新技术企业突破800家。发挥国家先进功能纤维创新中心引领作用，协同推进智能网联、深远海海洋工程装备、超导新材料等领域创新中心建设，创建一批国家级、省市级企业技术中心、工业设计中心、先进技术研究院等研发机构。引导企业推进品牌创建、标准制订，增强核心竞争力和行业话语权。支持企业与中科院、清华、南大等大院大所开展联合技术攻关，加快构建企业为主体、市场为导向的产学研协同创新体系，构建成果转化“绿色通道”。三要提升双招双引质效。充分发挥投资稳增长、调结构、促转型、转动力关键作用，突出基础设施投资先导性、产业投资带动性、生态投资长远性、民生投资普惠性，前瞻性做好投资布局。牢固树立“项目为王”理念，聚焦投资强度、产出效益、科技含量、环境友好等关键指标，集中力量招引储备和建设投产一批高显示度项目。以重点企业、重大项目为牵引，锁定世界一流、行业领先，推进以商引商、产业链招商，力争在超50亿元、超100亿元重特大项目上取得更大突破。加大重点项目进度跟踪服务力度，认真落实“一事一策”协调推进机制，全力确保项目开工率、竣工率、达产率。树立“人才优先”发展战略，完善“产业+人才+基金+项目+专业孵化器”引才模式，精心筹备国际精英创业周、创新创业大赛等活动，推动高层次科技人才、高素质管理人才、高技能实用人才靶向引才。制定出台优秀人才个税补贴办法和人才优先购房办法，持续放大人才专项基金和人才激励政策倍增效应，着力打造人才集聚高地，为高质量发展注入人才活力。

（三）优化人居环境，推动城乡品质快上新台阶。紧扣“乐居之城”发展定位，做大做强城镇、做优做美乡村，推动形成城乡互促并进、区域互动发展的良好格局，为打造世界著名湖区夯实坚实基础。一要统筹全域空间布局。科学规划全区产业和空间布局，形成各区镇各具特色、各有侧重的发展格局，持续优化生产、生活、生态空间。做强以东太湖度假区（太湖新城）和吴江开发区为主体的中心城区，完善南部科教新城等重点区域规划，不断提升中心城区龙头带动作用，增强城市核心竞争力。优先支持汾湖高新区（黎里镇）先行启动区建设，加快融入环淀山湖创新绿核，聚力打造“水乡客厅”样板工程，塑造高品质人居空间。以组团式发展为导向，进一步优化功能布局，着力加强区域联动、整合区域资源、打造区域特色，推动全域协同发展。二要提升城市功能品质。积极放大“一体化中建设姊妹城”有利效应，主动融入苏州、接轨上海，加快示范区三地“同城圈”步伐，借上海、苏州和示范区之势，以高定位、高品质赋予吴江城市发展新内涵。加大现代化高端功能配套项目引进力度，抓好苏州湾文化中心、体育中心等既定项目建设，统筹推进老旧小区整治提升工程，不断优化城市形态、完善城市功能。加快推进海绵城市、地下综合管廊建设，实现智慧城市建设成果更广应用，打造更具科技感的现代化城市。加强与周边城市间城际铁路、公路干线、公交线路对接，协调推进沪苏湖、通苏嘉甬两条铁路建设，力争苏州南站与上海地铁、苏州轨交无缝衔接，加快打通康力大道等省界断头路，全力打造区域性交通枢纽节点城市。三要建设美丽宜居乡村。以实施乡村振兴战略为总抓手，集中力量打造“中国·江村”乡村振兴示范区，因地制宜推进“一带一区一群”等重点项目建设，擦亮江村品牌、深挖文化内涵，全力打造长三角乡村振兴样板标杆。协同示范区三地做好村庄规划编制，调整优化村域土地利用布局，更好展现水乡韵味，彰显水乡特色。深入推进美丽镇村建设，推动被撤并镇环境整治和功能提升，打造一批特色精品乡村、特色苏式乡村、特色宜居乡村，以点带面促进村庄风貌整体提升。更大力度开展农村人居环境整治，扎实推进村庄清洁、农村“厕所革命”等六大专项行动，细化举措确保全面完成整治任务。加快补齐农村基础设施和公共服务短板，让农村真正成为农民幸福生活的美好家园。

（四）坚持守正创新，推动文化文明快上新台阶。注重深挖整合区域各类优势文化资源，全面提升市民文明素质和社会文明程度，为高质量发展提供强大的价值引导力、文化凝聚力和精神推动力。一要筑牢意识形态阵地。压紧压实意识形态工作责任制，健全党委统一领导、党政齐抓共管、部门协调联动工作格局，牢牢把握意识形态工作领导权和主动权。深入推进区融媒体中心建设，统筹抓牢新闻舆论、文化传播、新兴媒体等阵地建设管理，加快构建深度融合的全媒体传播格局。用好示范区全媒体联盟和网信联盟平台，坚持正面发声、有效引导，讲好吴江故事、发好吴江声音、塑好吴江形象。加强意识形态领域风险管控，完善“五个一”舆情处置机制，提升“鲈乡红客”品牌效应，营造文明健康、积极向上的清朗网络空间。二要提升城乡文明水平。进一步深化文明城市长效管理工作，认真对照中央两个测评体系，紧盯关键领域，突出标本兼治，精准有力抓好市容环境、城市管理等重点问题整改，推动形成志愿者进网格常态化服务机制，构建群众广泛参与文明城市创建工作新格局。充分发挥社会主义核心价值观引领作用，坚持教育引导与规范入轨并重，积极组织开展文明称号创建评选活动，在全社会弘扬崇德向善、见贤思齐的良好风尚。扎实推进新时代文明实践所（站、点）建设，多渠道、多形式开展基层理论宣讲和文明实践活动，让党的创新理论飞入寻常百姓家。三要彰显鲜明文化特色。深入挖掘和传承以大运河文化、水乡文化、古镇文化、丝绸文化为核心的文化基因，重视历史文化名镇名村和传统村落保护开发，浓墨重彩打造吴江特色文化标识，展现吴江独特文化魅力，真正让全区文化资源“串”起来、“活”起来。深入实施文化惠民工程，更好发挥基层综合性文化服务中心功能，组织开展“市民书房”“百姓戏台”等文化活动，创作一批接地气、有生气的文艺精品，让文化触角延伸到最基层、覆盖到所有人。推动文化元素融入城市建设、旅游开发等不同领域，联合推进大运河文化带建设和环太湖生态文化旅游发展，打造国家级全域旅游示范区和长三角近郊旅游休闲首选地。高水平办好太湖文化节（丝绸文化旅游节）、同里天元赛、盛泽时尚周、汾湖攀岩赛、环太湖国际公路自行车赛等文体赛事，策划一系列具有国际影响力的品牌活动，不断提升城市影响力和辐射力。

（五）聚焦共建共享，推动民生福祉快上新台阶。牢固树立以人民为中心的发展思想，持续加大民生实事投入，千方百计促民富、增民享、解民忧，不断提升群众获得感、幸福感、安全感。一要促进富民增收。坚持把稳就业摆在突出位置，进一步优化精准就业服务，重点解决好高校毕业生、退役军人、农民工等群体的就业需求，多渠道拓宽居民增收途径。持续优化创新创业环境，扩大创业优惠政策惠及面，形成创业就业双向带动的良好局面。织密社会救助网络，做实做细困难家庭“一户一档一策”帮扶工作，鼓励社会力量介入社会救助服务，探索综合社会救助新模式。深化农村集体产权制度改革，积极推进农村承包地“三权分置”改革，稳步推进“政经分开”，打造“江村通”农村集体“三资”监管品牌。深入实施第八轮集体经济相对薄弱村帮扶转化，探索发展“飞地经济”和异地抱团模式，促进村级集体经济稳定增长。二要完善公共服务。坚持均衡普惠、共建共享，扎实做好9大类33项民生实事项目，持续增加优质公共产品和公共服务供给。加快提升一体化公共服务水平，加强区域基本公共服务标准和制度衔接，探索共建跨区域医疗联合体，引进优质品牌养老服务机构。深化教育领域综合改革，深入实施集团化办学，加快苏州大学未来校区、苏州中学附属苏州湾学校等优质品牌学校建设，深化与长三角名校的合作协同，推动基础教育、普高教育、职业教育、高等教育齐头并进。进一步健全公共卫生服务网络，加快吴江区中医医院异地新建，推动苏州市第九人民医院三级甲等创建。扎实做好社保体系全面融入苏州工作，调整社会保险相关待遇标准，加快经办服务对接，按期实现“同城苏州”。三要加强生态治理。深入践行“两山”理论，更大力度开展“三治”“三优三保”等工作，完成治违拆旧不少于10000亩、盘活存量土地不少于8000亩，积极探索以生态优先、绿色发展为导向的高质量发展新模式。着力强化生态环境共保联治，建立和完善生态环境协同监管、区域生态补偿、污染损害赔偿等协调机制，合力筑牢区域生态安全屏障。落实示范区“一河三湖”整治要求，深入实施“三水同治”“河（湖）长制”，加强河湖周边及沿岸地区综合治理，确保黑臭水体治理全面完成，打造河清水畅“最美太湖岸线”。深入推进城乡生活污水治理，确保高质量完成三年行动计划目标任务。持续深化生活垃圾分类管理，加快垃圾焚烧发电、重点固废危废资源化处置项目建设进度，不断提高空气质量优良天数比率，坚决打赢蓝天、碧水、净土三大污染防治攻坚战。

四、党建引领强动能，激发新时代吴江干部队伍新作为

全区各级党组织和广大党员干部要坚持把“不忘初心、牢记使命”作为加强党的建设的永恒课题，总结好、运用好开展主题教育取得的工作成果和实践经验。在政治立场、政治方向、政治原则、政治道路上同以习近平同志为核心的党中央保持高度一致，严格履行全面从严治党责任，严格遵守党的政治纪律和政治规矩，进一步树牢“四个意识”、坚定“四个自信”、做到“两个维护”。要深入贯彻蓝绍敏书记调研吴江讲话和全区“两勇一快”动员大会精神，以更高的站位、更大的决心、更强的担当，追求极限挑战、当好热血尖兵，在打造“创新湖区”、建设“乐居之城”的火热实践中，共创激情燃烧、干事创业的火红年代。

*一要凝聚解放思想再出发的强大共识。*把学习贯彻党的十九届四中全会精神作为当前加强理论武装和深化思想解放的首要任务，通过组织开展各类学习研讨、专题培训、主题宣讲，深刻领会全会提出的一系列新思想新论断新要求，推动全区党员干部将思想和行动统一到全会作出的重大战略部署上来。对照“两勇一快”动员大会提出的五个“是不是、能不能”，保持永不满足的归零心态和敢于争先的精神状态，坚决破除与新时代新使命不相适应的思维模式和路径依赖，在自加压力、负重奋进中努力探索高质量发展的新路径，创造经得起检验的新业绩。牢固树立“以实干出实绩、以实绩论英雄”的鲜明导向，充分发挥年度综合考核、全员（个人）绩效考核等“指挥棒”作用，用好用活“三项机制”，引导激励广大党员干部进一步解放思想、振奋精神，放开手脚、勇攀高峰。

*二要扛起真抓实改再深化的政治责任。*把抓好整改落实作为深化党的政治建设、践行“两个维护”的重大政治责任，聚焦中央扫黑除恶督导和“回头看”提出的要求，中央环保督察“回头看”反馈的问题，省委实施乡村振兴战略专项巡视反馈的意见，中央巡视江苏、省委巡视苏州对县市区指出的共性问题，以及正在开展的国务院江苏安全生产专项整治督导发现的问题，继续紧盯重点领域、薄弱环节，坚持挂图作战、对账销号，确保整改措施件件有落实、条条见成效。坚持边整改边提升、边实践边总结，将抓实反馈意见和各类问题的整改，与推进主题教育专项整治、深化专题民主生活会整改措施等各项工作结合起来，把解决问题与建章立制结合起来，加快建立健全“长久立”的制度体系，认真抓好制度执行，做到举一反三、标本兼治。

*三要建强攻坚克难再奋进的战斗堡垒。*赋予“融入式党建”在长三角一体化发展大格局中新的时代内涵，通过深化“书记项目”“行动支部”等牵引性抓手，完善“吴根越角”党建生态圈等综合性平台，推动党建工作与示范区建设等中心工作同频共振、互促共进。持续深化“新时代美美江村新接力”工程，落实村党组织书记“县乡共管”制度，探索农村组织力提升路径。优化街道“大工委”、社区“大党委”运行机制，抓实城市基层党建“两个覆盖”，打造“美美江城”工作品牌。建立健全民营企业党组织重点联系和“双结对”挂职服务制度，扎实推进非公党建“四个一”工程，加强新兴领域党建工作。落实《2019—2023年全国党政领导班子建设规划纲要》，大力推进高素质专业化干部队伍建设，全面优化各级领导班子“数字”和“能力”结构。加快构建立体式、全方位、精准化的年轻干部培养体系，持续推进“一线攻坚”“百人百岗”结对互培互挂等工作，确保完成“1020”计划各项目标任务。

*四要营造正风肃纪再加强的清朗环境。*围绕示范区建设、三大攻坚战、乡村振兴等重大战略和决策部署，全力推进政治监督具体化常态化，确保重大任务部署到哪里，监督检查就跟进到哪里。压实全面从严治党主体责任，强化作风建设，继续紧盯“四风”问题，深入推进集中整治形式主义、官僚主义三年行动计划，持之以恒抓作风、改作风、转作风。深化运用监督执纪“四种形态”，坚持抓早抓小、防微杜渐，坚持严厉惩治、形成威慑，在保持反腐败高压态势的同时，健全完善发现问题、纠正偏差、精准问责的有效机制，一体推进不敢腐、不能腐、不想腐。持续深化区委巡察工作，力争2020年实现常规巡察全覆盖。发挥支部纪检委员队伍作用，推进监督关口前移，强化对基层小微权力运行的监督。持续深化改革，加强常态化“经济体检”，充分发挥审计建设性作用，完善纪

检、组织、审计、信访等部门协作机制，加快构建纪律、监察、派驻、巡察等“四个监督”全覆盖监督体系，着力营造风清气正的良好政治生态。

始终坚持党的集中统一领导，全力支持人大、政府、政协依法依章高效履职，加强同各民主党派、工商联和无党派人士的沟通合作，巩固和壮大爱国统一战线，做好新形势下人民武装和双拥工作，发挥工青妇等群团桥梁纽带作用，为打造“创新湖区”、建设“乐居之城”凝聚更为广泛的共识和更加强大的力量。

同志们，国家战略迈新步，勇攀高峰正当时。让我们更加紧密地团结在以习近平同志为核心的党中央周围，不忘初心、牢记使命，攻坚克难、真抓实干，勇闯长三角生态绿色一体化发展示范区建设新路，乘势推动吴江高质量发展快上新台阶，用奋斗书写“创新湖区”“乐居之城”新篇章！

政府工作报告

——2020年1月5日在苏州市吴江区第十六届人民代表大会第四次会议上

区　长　李　铭

各位代表：

现在，我代表吴江区人民政府向大会报告工作，请予审议，并请区政协委员和其他列席人员提出意见。

一、2019年工作回顾

刚刚过去的2019年，是新中国成立70周年，也是吴江推动经济社会高质量发展、开启示范区建设新征程的重要一年。一年来，在上级党委、政府和中共吴江区委的正确领导下，在区人大及其常委会和区政协的监督支持下，全区上下以习近平新时代中国特色社会主义思想为指导，深入贯彻新发展理念，坚持稳中求进总基调，认真落实“六稳”要求，紧扣“一体化”和“高质量”，不忘初心、牢记使命，全力打好三大攻坚战，加快推进长三角生态绿色一体化发展示范区建设，勇当“先遣队”、勇做“领头羊”，全力打造“创新湖区”、建设“乐居之城”，推动高质量发展快上新台阶，全区经济社会发展呈现良好态势，较好完成了区十六届人大三次会议确定的各项目标任务。

（一）经济发展稳中提质

经济运行保持平稳。预计实现地区生产总值2013亿元，同比增长6%（下同）；一般公共预算收入223.1亿元，增长9.95%；工业总产值4500亿元；全社会固定资产投资582亿元，增长1.4%；社会消费品零售总额560亿元，增长4.5%；年末银行业机构人民币存贷款余额分别为3079亿元、3073亿元，比年初增长12.1%、15.8%。全区金融机构不良贷款率为1.08%，比年初下降0.34个百分点。全区民营企业注册资本超4000亿元。恒力集团跃升至世界500强第181位，盛虹、亨通、通鼎等4家企业继续入选中国企业500强，永鼎等5家企业继续入选中国民营企业500强。博众精工科创板首发审议通过，聚杰微纤创业板IPO过会，赛伍应用主板过会实现新　年企业上市“开门红”。上市公司再融资发行数量和规模均列苏州第一。

有效投入稳步增长。坚持把推进重大项目建设作为稳增长、调结构、惠民生的重要抓手，制定“有效投入、创新发展、产业招商”三项专项考核实施办法，26个省、市重点项目完成投资125亿元，283个区重点项目完成投资578亿元，省、市、区三级重点项目全面完成年度各项目标任务。英诺赛科、中城捷运等重点项目建设持续加快，国测产业园一期竣工，京东方智慧终端项目一期投入运营，港虹差别化功能纤维项目主体施工完成。持续加大优质项目招引力度，年度累计签约154个项目、总投资1064.5亿元，其中开工109个、投产54个。桃源融创国际生态文旅度假区启动建设，七都“如家小镇”投入运营。

转型升级持续加快。坚守实体经济，强化标杆引领，突出示范带动，出台《关于促进全区民营经济高质量发展的意见》，落实减税降费有关要求，全年为企减税超47亿元。大力发展新兴产业和先导产业，完成新兴产业投资133亿元，占全区工业投资比重达74%，增长10%。规上新兴产业产值、先导产业产值分别为1915亿元、580亿元，占规上工业产值比重达54%、16.4%。国望高科、恒力化纤分别入选工信部制造业"双创"平台试点示范项目、单项冠军示范企业。亿友慧云入选国家规划布局内重点软件企业。震泽丝绸文化创意产业园入选国家级纺织服装创意设计试点园区（平台）。通鼎光棒等4家成功创建国家级绿色工厂，康力电梯等2家成功创建省工业互联网重点平台，国望高科等2家成功创建省工业互联网标杆工厂。新增省级智能示范车间45个，亨通光电等2家成功创建省级智能工厂，吴江开发区"互联网+先进制造业"特色产业基地通过省级评审。再次获评全省"促进制造业创新转型和高质量发展、先进制造业集群培育等工作成效明显的地区"。吴江创业投资产业园被认定为江苏省创业投资集聚发展示范区，平望中鲈国际物流科技园获评省级生产性服务业集聚示范区。

创新要素加速集聚。大力实施创新驱动战略，全年认定高企272家，净增高企141家，有效高企628家，全社会研发投入占地区生产总值比重达2.9%。江苏省首家也是全国唯一由民营企业牵头建设的国家级制造业创新中心——国家先进功能纤维创新中心落户盛泽。苏大未来校区开工建设，东华大学苏州纺织产业研究院建成运营，国家技术转移东部中心汾湖分中心成功落户。吴江变压器厂和智华汽车联合参与项目获得国家科技进步奖二等奖。新增国家级中小企业公共服务平台1家、国家技术创新示范企业1家、省级企业工程技术研究中心6家、省级工程研究中心1家、省级众创空间1家、省级信用示范企业1家。博众精工通过国家级工业设计中心认定。新增10家企业和中科院、清华等高校院所共建创新联合体。汾湖高新区获评国家知识产权试点园区，汾湖科创园获评中国科协"海智计划"工作基地。全区万人发明专利拥有量达50.45件，恒力化纤获中国专利银奖，亨通光导等4家企业获得中国专利优秀奖，新增国家知识产权示范优势企业9家。创新实施人才政策差别化配置改革，持续推进"双招双引"，全年新增引进人才项目43项，其中符合省级及以上人才条件项目35项，占81%。全区人才总量超30万人，其中高层次人才总量2.45万人。新增国家"万人计划"1人，省"双创团队"1个、省"双创人才"5人、省"双创博士"9人，市"姑苏重大创新团队"1个、市"姑苏人才计划"10人。

（二）融合发展步伐加快

示范区建设加快推进。全力抢抓机遇，聚焦"一体化"和"高质量"两个关键，奋力推动长三角生态绿色一体化发展示范区建设。聘请15位专家成立专家咨询委员会，组建苏州市融湖投资发展有限公司。研究制定《吴江区建设长三角生态绿色一体化发展示范区实施方案》，形成空间规划和产业规划初步成果。制定支持汾湖先行启动区建设十一条措施。组织申报2020年一体化示范区中央预算内资金项目8项共4.9亿元。成功举办"2019中国·吴江长三角区域合作洽谈会"，签约一体化合作项目11个。沪苏湖高铁工可获批，通苏嘉甬高铁稳步推进。康力大道东延工程开工建设，苏同黎公路快速化改造等顺利推进。设立长三角政务服务"一网通办"综合服务窗口。与青浦、嘉善联合发布2019年一体化发展工作方案，就产业协同、生态共保、服务共享等七个方面达成共识。累计开通跨省公交9条。顺利开通长三角跨省（上海、浙江）异地就医门诊直接刷卡结算。与秀洲、青浦、嘉善等地共聘联合河长开展巡河，入选中组部编选的攻坚克难案例。

城市品质持续提升。围绕城市建设管理现代化，大力提升城市功能品质和发展能级。苏州湾文化中心主体建成，体育中心加快建设，绿地中心主体结构结顶，亨通苏州湾梦幻水世界、华润万象汇、新湖广场、黎花建国酒店、盛泽凤凰荟、流虹和秋枫缤纷荟等开业运营。东太湖大厦荣获国家优质工程奖。绿色建筑、装配式建筑、海绵城市规划建设等统筹推进。同里综合能源服务中心一期工程运行良好，二期项目稳步推进。新增停车泊位5979个，完成智能化停车信息化改造泊位7774个。完成老旧小区综合整治提升47个、供水管网改造96个。城市管理日趋精细，垃圾分类小区实现全覆盖，成功打造四分类试点小区45个，"垃圾分类引领低碳生活新时尚"。

乡村振兴深入实施。坚持农业农村优先发展，深入实施乡村振兴战略，获评全国县域数字农业农村发展水平评价先进县、第二批国家农产品质量安全县(市)。吴江现代农业产业园获评国家农村创新创业园区。桃源美丽生态牧场启动建设。以长漾特色田园乡村带和同里农文旅融合发展区为重点的“中国·江村”乡村振兴示范区建设有序推进,同里北联村成功创建中国美丽休闲乡村,七都开弦弓村获评全国乡村治理示范村。震泽众安桥谢家路获评苏州市特色田园乡村精品示范村,平望庙头、南厍白相里等亮点纷呈。新建康居特色村2个、三星级康居村71个。“镇镇有示范路”全部落实,荣获“四好农村路”省级示范县称号。开展农村人居环境整治“百日集中攻坚”行动,完成777座垃圾房(池)改造和76座农村公厕新改建,城乡生活饮用水水质合格率保持100%。

(三)改革开放释放活力

行政改革纵深推进。全面平稳落实机构改革任务,政府组成部门优化调整至27个,同步推进承担行政职能事业单位改革。积极推进中心城区行政体制改革和行政区划调整,撤销松陵镇、滨湖街道,新设松陵、江陵、横扇、八坼4个街道,同步调整同里镇区域范围。盛泽镇、平望镇经济发达镇改革试点持续深化,平望镇成为全省第二批首家通过省级评估验收的单位。建成运行“1+6+N”全域综合行政执法体系,并在苏州全市推广。第四次全国经济普查圆满收官。

“放管服”改革持续深化。以推动便民利企、释放市场主体活力为方向,大力提升政务服务效率。全面完成区、镇(街道)、村(社区)三级政务服务标准化建设。吴江政务服务平台上线运行,智慧政务服务生态圈加快形成。“一窗受理、全科服务”模式实现全覆盖,大厅进驻事项增加122%,窗口数量减少38.8%。在全省率先实现出生医学证等5个民生事项一次性办理,并与嘉兴南湖实现跨省通办。推动“3550”向“1330”迈进。强化大数据赋能,获评“2019中国领军智慧城区”。全面开展工业企业天然气价、电价、污水处理费差别化价格征收,正向激励、反向倒逼作用初步显现。

开放合作更加深入。积极应对中美经贸摩擦,全力稳定开放型经济发展,一般贸易占比超过43%。组织企业抱团赴海外发展、开拓国际新兴市场。新核准境外企业19家,新增中方协议投资额2.18亿美元,完成境外承包工程营业额1.11亿美元。亨通集团丝路国际海缆二期项目被列入江苏省参与“一带一路”建设重点项目。吴江通信光电缆基地获评国家外贸转型升级基地。德尔集团投资8亿美元参与省级重点印尼吉打邦产业合作园区建设。持续推进商贸流通业品牌建设,6家企业获评“江苏省老字号”称号。东西扶贫协作扎实推进,帮扶印江退出贫困县序列。南北挂钩深入开展,与泗阳合作规划10平方公里共建产业园区,积极探索发展“飞地经济”,拓展产业发展新空间。

(四)生态环境有力改善

生态建设纵深推进。坚持生态优先、绿色发展,中央环保督察反馈问题全部整改落实到位,全面完成中央环保督察“回头看”反馈的北麻漾有关问题整改,完成省环保督察问题整改34项、长江经济带生态环境保护审计问题整改24项,全面完成太湖围网拆除及太湖沿岸三公里内养殖池塘整治工作,并成功销号。全面落实各级人大水污染防治法执法检查反馈意见整改。完成总投资20.3亿元的15项生态建设重点工程。全年绿化造林722亩,同里国家湿地公园通过验收评估。“农田水利工程管护”和“农村河道长效管护”两项考核获全省第一。节能减排深入推进,全面完成化学需氧量、氨氮、总氮、总磷等四项污染物指标排放量目标和上级下达的非电减煤任务。

专项治理成效显现。全面完成“大棚房”、违建别墅问题专项清理整治。“三治”工作完成治违拆旧14230亩,完成率142%。土地利用总体规划修改方案成功获批,“三优三保”专项规划实现全覆盖,完成“三优三保”(含增减挂)拆旧7368亩、复垦6690亩,通过市级验收6415亩,完成率138%。年内盘活存量土地1.3万亩,处置批而未供土地3015亩。整治“散乱污”企业(作坊)4132家。全年淘汰落后产能企业270家,其中关停化工企业36家,淘汰D类企业523家。淘汰喷水织机2.3万台,累计淘汰8.8万台。

污防攻坚扎实有效。坚持问题导向,全力打好蓝天、碧水、净土保卫战。启动10轮大气污染应急管控,PM2.5累计平均浓度35.7微克/立方米,同比下降5.8%。空气优良天数为262天,优良率73%。全面完成港口码头综合整治提升三年行动计划。全力推进城乡生活污水治理,5家污水处理厂新扩建工程开工，完成141个老旧小区雨污分流改造、248个村庄的农村生活污水治理及480公里生活污水收集管网建设，太湖一级保护区内2家污水处理厂完成提标改造，庙港水厂深度处理二期工程顺利竣工并试运行，全区自来水厂深度处理工艺实现全覆盖。基本完成农村黑臭水体整治计划。7个"十三五"地表水环境质量国省考断面优Ⅲ比例85.7%，同比提高14.3个百分点。国考断面界标水质自动监测站成功创建全国"最美水站"。建成投运餐厨废弃物处置项目，基本完成7个受控垃圾填埋场综合整治。一般工业固废和危废处置项目建设有力推进。

（五）民生福祉持续增进

民生保障更加有力。坚定不移推进民生大事、关键小事，民生领域支出172.8亿元，增长14%，占一般公共预算支出的79.2%。城乡居民人均可支配收入达5.75万元，增长8.6%。城镇登记失业率保持在1.85%的低位运行。居民基础养老金、企业退休人员平均基本养老金、低保标准分别提高至480元/月、1943元/月、995元/月，社保体系融入苏州进程加快。灵活就业人员职业伤害保险国家级试点深入推进。在全市率先实现定点医疗机构异地就医联网结算全覆盖，社会医疗救助和大病保险政策全面接轨苏州。率先实现所有持证残疾人居民医疗和居民养老保险全覆盖。期末公积金缴存人数达28万人。猪肉等"菜篮子"工程实现了保供稳价。退役军人服务保障体系全面建立，军政军民团结更加巩固。

社会事业全面发展。持续提高公共服务水平，16所新改扩建学校建成投用，新增学位8000余个。苏州中学苏州湾学校开工建设，北大新世纪苏州外国语学校落户，集团化办学不断深化，教育质量明显提升。苏州第九人民医院、苏州大学附属儿童医院吴江院区投入运营，区中医医院异地新建有序推进，医联体建设列为国家县域医共体试点。8个区域性养老服务中心项目建设稳步推进。全年新增、优化公交线路27条次。完善文明城市建设长效管理机制，建成新时代文明实践中心，省级试点区融媒体中心（传媒集团）挂牌成立，实现全区村（社区）综合性文化服务中心建设全覆盖。大运河文化带建设持续推进，举办第六届太湖文化节暨丝绸文化旅游节，成功创建"中国曲艺之乡"。承办环太湖国际公路自行车赛、全国青少年帆船联赛、同里天元赛、汾湖攀岩赛等10余项国际国内重大体育赛事，区第十三届体育运动会顺利举办，"10分钟体育健身圈"建设完成布局。

治理能力持续提升。创新社会治理体系和治理方式，全力保障社会和谐稳定。圆满完成70周年大庆、进博会等多个重要节点的安保维稳任务。扫黑除恶专项斗争纵深推进，群众安全感达98.7%，位列苏州大市第二。"网格+警格"联动融合机制在全省交流，区社会综合治理联动指挥中心获评全国巾帼文明岗。建成全国首个镇级出入境分理点智慧大厅，落地实施全区流动人口居住管理实施意见。探索包容审慎监管，制定实施"免予处罚""减轻处罚"两张清单，为企业发展营造更加宽容的发展环境。推进"331"专项行动向"九小场所"等专项治理延伸，"331"专项行动共排查隐患4.2万余处，整改3.5万余处。坚持稳市场、控房价、防风险并重，房地产市场保持健康稳定。

安全生产扎实有效。以"隐患无处不在、成绩每天归零"的心态，坚决打好安全生产突围战，深入开展安全生产全领域大排查大整治及"百千万"工程，"双随机、一公开"监管执法、"红黄牌"管理制度等执行力度进一步加大，顺利完成国家工贸行业标准化样板区建设任务，事故起数和死亡人数实现"双下降"，安全生产形势持续平稳向好。完成66个三级政府重大隐患挂牌督办项目整改，顺利通过省第一安全生产巡查组、市第四安全生产巡查组对吴江的巡查，全力加快各类反馈意见的整改。扎实做好国务院督导江苏省安全生产专项整治工作，在全区26个行业领域启动实施为期一年的安全生产专项整治行动。

同时，不断加强政府自身建设。深入学习贯彻习近平新时代中国特色社会主义思想，扎实开展"不忘初心、牢记使命"主题教育，不断增强"四个意识"、坚定"四个自信"、做到"两个维护"。严格执行中央八项规定及其细则和省、市、区委相关规定要求，全力防范重点领域风险，认真履行党风廉政建设"一岗双责"，有效落实"基层减负年"等要求，驰而不息整治"四风"、转变作风，"三公"经费进一步压缩。全面加强意识形态建设，落实工作责任制，把意识形态工作与中心工作同部署、同落实、同检查、同考核。认真落实领导干部接访下访、领导包案化解积案等制度，积极参加省、市政风行风热线，受理“12345”热线、区长信箱等平台公众诉求232.5万件，办结231.3万件，着力解决群众关心的“难点”“堵点”“痛点”问题。深入推进重大行政决策规范化管理，切实增强政府依法行政和风险防范能力，行政复议案件办结率100%。全力提高政府执行能力，抓细抓实督促检查，确保95项重点工作高效落实。加大政务公开力度，全年主动公开政府信息38027条，依申请公开349件，答复率100%。主动接受各方面监督，坚持重大事项向区人大常委会报告、向政协通报，按期办复人大代表建议166件、政协提案201件，见面率、答复率均为100%。

各位代表，过去一年，取得了一定的成绩，这是在上级党委政府和中共吴江区委的正确领导下，全区人民凝心聚力、攻坚克难、团结奋斗的结果。在此，我谨代表区政府向全区人民，向全体人大代表、政协委员，向各民主党派、工商联、无党派人士和人民团体，向离退休老同志，向驻吴解放军、武警官兵，向参与、支持和关心吴江经济社会发展的海内外朋友，致以崇高的敬意和衷心的感谢！

回顾过去的一年，对标高质量发展和长三角生态绿色一体化发展示范区建设的新要求、对比人民群众对美好生活的新期待，我们也清醒地认识到，当前发展还面临着不少困难与挑战，也存在着一些薄弱环节亟须加强和改进，主要是：产业层次不够高，创新集聚不够强，资源集约利用效率偏低，公共服务和营商环境还需进一步优化，安全生产、生态保护、城市治理等领域仍需持久发力，干部抢抓机遇、进取攻坚、勇争一流的担当意识、服务意识还需进一步增强，等等。对此，我们将努力在今后的工作中采取针对性措施，予以有效解决。

二、2020年工作安排

2020年是全面建成小康社会的决胜之年，是收官“十三五”、展望“十四五”的承启之年，也是贯彻十九届四中全会精神推动治理体系和治理能力现代化的开局之年，更是吴江抢抓国家战略机遇、构筑发展新优势、推动经济社会高质量发展快上新台阶的关键之年，做好今年的各项工作责任重大、意义深远。

习近平总书记强调，领导干部要胸怀两个大局，一个是中华民族伟大复兴的战略全局，一个是世界百年未有之大变局，这是我们谋划工作的基本出发点。当前，国内外经济形势复杂多变，经济下行、中美经贸摩擦等风险挑战依然存在，但经济全球化的大势没有变，我国经济稳中向好、长期向好的趋势没有变，与此同时，长三角区域一体化、“一带一路”建设、长江经济带发展、自贸区等重大战略机遇叠加，区域融合发展正强势推进，特别是中央关于“推动形成优势互补高质量发展的区域经济布局”的部署要求，将对长三角区域发展产生重大而深远的积极影响。

对吴江而言，如何正确把握好机遇、迎接好挑战，在新一轮发展中抢得先机、走在前列。群行群止看识见，逆境顺境看定力，大事难事看担当。这就要求我们要以习近平新时代中国特色社会主义思想为指导，按照上级党委政府和区委的各项决策部署，从新思想中增信心、明思路、找对策，高点定位、挑战极限，打破惯性思维，跳出旧有格局，始终保持探路者的锐气和智慧，时时保持加压奋进的“精气神”，处处体现争先进位的“加速度”，奋力开辟高质量发展新境界。一要牢牢把握十九届四中全会关于推动治理体系和治理能力现代化的重大部署，紧紧围绕推进治理体系和治理能力现代化的目标、任务和要求，切实强化制度意识，从吴江发展所处的阶段出发，突出体制创新、机制完善、制度建设，加强在区域协同治理、生态环境治理、政务服务治理、基层社会治理等方面的创新实践，积极探索具有吴江特点、时代特征的社会治理新模式，全力在重点领域、关键环节上实现治理体系和治理能力建设走在前列。二要牢牢抓住长三角生态绿色一体化发展示范区建设这一主题主线，以更高的政治站位、更高的视野格局、更高的发展定位，把推进示范区建设作为吴江改革开放再出发的着力点，作为集聚整合全球科创资源要素、增强区域发展核心竞争力的重大机遇，主动作为，努力探索将生态优势转化为经济社会发展优势，推动从区域项目协同向区域一体化制度创新迈进，以实招实效大胆闯大胆试，全力提升吴江在长三角一体化国家战略中的发展地位，奋力展现示范区建设中的吴江作为。三要牢牢紧扣打造“创新湖区”、建设“乐居之城”的发展定位，坚持把创新作为引领发展的第一动力，持续优化创新链，着力提升产业链，推动区域创新资源与吴江产业资源深度融合，让创新更好赋能吴江新一轮发展。坚持把实现人民幸福作为发展的落脚点，着眼于更好的教育、更高水平的医疗卫生服务、更可靠的社会保障、更丰富的精神文化生活等方面，建立完善实现高品质生活的制度体系，切实保障好人民群众对美好生活的向往。四要牢牢聚焦勇当“先遣队”、勇做“领头羊”的目标和落实“六大提升行动”的工作举措，按部就班、循规蹈矩是完不成快上新台阶的发展目标的，要善于用好示范区平台，充分展现勇当“先遣队”、勇做“领头羊”的奋斗姿态，强化“速度”意识、“拼抢”意识，拉长“长板”、补齐“短板”，走新路径、上新项目，打造新亮点，用产业能级、项目招引、科技创新、生态绿色、城乡乐居、营商环境跨越式提升的实际成果，再造一个激情燃烧、干事创业的火红年代。

指导思想：以习近平新时代中国特色社会主义思想为指导，全面贯彻党的十九大和十九届二中、三中、四中全会精神，按照中央、省、市和区委的决策部署以及区第十三届党代会第五次会议精神，紧紧围绕“五位一体”总体布局和“四个全面”战略布局，牢牢把握高质量发展要求，坚持稳中求进工作总基调，坚持贯彻新发展理念，坚持深化改革扩大开放，坚决打赢三大攻坚战，全面做好“六稳”工作，加快推进长三角生态绿色一体化发展示范区建设，勇当长三角一体化发展“先遣队”、勇做民营经济“领头羊”，全力打造“创新湖区”、建设“乐居之城”，乘势推动吴江高质量发展快上新台阶，确保高水平全面建成小康社会和“十三五”规划圆满收官，推动“强富美高”新吴江建设不断取得新成果，开启基本实现现代化建设新征程。

全区经济社会发展主要预期目标：地区生产总值增长6%左右，一般公共预算收入增长7%左右，全社会固定资产投资保持增长，社会消费品零售总额增长4.5%左右，进出口贸易稳定发展，全员劳动生产率增长5.5%左右，工业增加值率高于上年，城乡居民人均可支配收入增速高于地区生产总值增速，城镇登记失业率控制在2.6%以内，单位地区生产总值能耗明显下降，完成上级下达的主要污染物排放削减目标任务，生产安全事故起数和死亡人数大幅下降。围绕上述指导思想和工作目标，重点做好五个方面的工作：

（一）坚持高端引领，强化科创赋能，吹响经济高质量发展的新号角

践行新发展理念，加快构建国际一流的产业创新生态体系，积极抢占未来发展制高点，持续提升吴江经济的核心竞争力。

更大力度推动民营经济发展。持续扩大吴江民营经济“领头羊”优势，鼓励支持民营龙头企业在把握机遇、扎根实业、坚守主业的基础上，通过延伸产业链、研发新产品、开拓新领域等措施，爆发新的增长点，推动一批“头部”企业走向“头个”企业。大力激发中小微企业发展活力，鼓励做强细分领域，扶持一批主营业务突出、竞争力强、成长性好、专注于细分市场的“专精特新小巨人”企业，重点培育一批有技术、有实力、有前景的隐形冠军企业。坚持金融服务实体经济，进一步拓宽民营企业融资渠道，鼓励金融机构加大对实体经济尤其是科技型中小微民营企业的信贷投放，推进行业性、区域性、个性化的银企对接。加强金融领域风险防范和化解。继续大力推动企业主动对接多层次资本市场，力争全年新增上市企业3家以上。

更大力度推动转型升级。只有落后的企业，没有落后的产业。坚持“四个论英雄”，更好发挥产业政策导向作用，坚持智能化融合、信息化改造提升传统产业，持续加快新旧动能转换。大力发展战略性新兴产业，年内实现规上新兴产业产值超1950亿元。加快推动新一轮“智能工业三年行动计划”和“五个一”工程，以创建智能车间、智能工厂、工业互联网平台等为抓手，引进和培育一批智能制造设备供应商、软件服务商、方案解决商和系统集成商，建设一批行业性智能制造协同创新中心，探索推进智能制造协同创新体系建设，争创省级智能制造示范区。大力推进5G建设和场景应用，依托吴江光通信产业集群优势，打造第五代移动通信产业基地。聚焦智能制造装备、半导体装备、OLED设备、工程机械等领域，推动装备向数字化快速发展，助推装备产业实现系统化、高端

化、智能化。深入实施“优化提升生产性服务业三年行动方案”，力促生产性服务业与先进制造业相融相长。进一步推动国企整合融合发展，稳步推动融资平台市场化转型。

更大力度推动项目引领。大力实施“项目招引提升行动”，紧扣示范区重点发展“高水平服务经济、功能性总部经济、融合型数字经济、集群型创新经济、生态型湖区经济”等产业方向，加快储备和招引一批新一代信息与通信技术、高端装备、生物医药、现代金融、科技服务等新兴产业和现代服务业的龙头型、旗舰型重大显示度项目，努力在建链补链强链上有新进展，在抢占未来发展制高点上有新突破。加快项目投资建设，全年组织实施京东方、国测等5个省重大项目、37个市重点项目和258个区重点项目，年度总投资580亿元。确保90%的重点项目6月底前开工，三季度全部开工，真正发挥好重点项目引爆投资、拉动增长的乘数效应。

更大力度推动科技创新。主动融入全球创新网络和上海国际科创中心建设，强化协同创新，高浓度集聚高端创新资源要素，加快构建国际一流的产业创新生态体系。聚力创新主体培育。鼓励企业加大创新投入，围绕抓创新载体、抓技术突破、抓质量提升，加快形成国家、省、市三级层次分明、结构合理的企业技术中心、工业设计中心梯队体系。落实好研发费用加计扣除等支持政策，切实降低企业研发成本，力争年内企业研发投入增长10%左右、全社会研发投入占地区生产总值比重提升到3.0%左右。精细精准抓好高新技术企业培育，力争年内有效高新技术企业数突破800家。聚力创新载体建设。大力培育国家重大科技平台，动员行业领军企业主动向国家级创新平台进军，积极承担国家重点研发计划、国家科技重大专项。继续大力推动国家先进功能纤维创新中心和智能网联、超导新材料等领域创新中心建设，加快推进苏州大学未来校区建设和特色学院引进，加快引进建设一批研发投入1亿元以上具有实质性创新内涵且独立设置的科技研发载体。全力推动产教融合发展，力争年内新增企业与行业顶尖高校院所合作共建创新联合体10家，新增国家级、省级重大科技项目和载体超20个。聚力创新人才集聚。打造人才政策“升级版”，细化落实科技体制机制改革、聚才用才和科技成果转化三项政策，出台人才购房优先政策，优化人才生根服务生态。围绕产才融合，深入推进“基金+项目+人才”的“双招双引”新模式，积极探索建设专业孵化器和离岸孵化器，力争全区人才总量突破32万人，其中高层次人才超2.6万人，新增市级以上人才计划不少于15项。

（二）抢抓国家战略重大机遇，统筹城乡建设，打造区域融合发展的新典范

高标准、高质量践行好国家战略，更加突出区域融合的整体性、协调性，更加突出“苏式化”“小镇味”“江南韵”特点，加快打造长三角区域共建共享、宜居乐居的样板标杆。

全力加快一体化示范区建设。围绕示范区打造“多中心、组团式、网格化、集约型”的空间格局，坚持高位谋划，发挥比较优势，以战略思维、国际视野、一流标准全力打造世界级的“创新湖区”，合力推动示范区打造成为生态优势转化新标杆、绿色创新发展新高地、一体化制度创新试验田和人与自然和谐宜居新典范。高定位推进深度融入。按照“融”进规划、“融”进创新、“融”进项目的要求，深度对接国家《规划纲要》、示范区总体方案，统筹存量优化、空间更新和功能重构，科学定位好吴江未来的产业方向和城市功能。结合示范区“一河三湖”保护建设，深入实施太浦河“蓝带计划”，推进太浦河绿廊建设，打造太湖百里风光带。高水平做强功能组团。加快推动苏州湾中央商务区和汾湖高铁科创新城商务区建设。全力支持汾湖先行启动区建设，推进生态、创新、人文融合发展，高标准打造“江南水乡客厅”。大力支持吴江开发区加快完善“高端引领+集群创新”的产业创新生态系统，建设智能制造产业集聚区，着力打造吴江北部“智造组团”。大力支持吴江高新区、桃源镇、震泽镇、平望镇依托纺织产业集聚优势，加快向绿色、智能、高端升级，建设具有全球竞争力的时尚创意产业基地，打造吴江南部“新时尚组团”。大力支持东太湖度假区和七都镇，依托优越的沿湖自然风光，大力发展生态旅游、文化创意、现代商贸、总部经济、数字经济，全力打造高水平现代服务业的集聚区。高标准加快互联互通。加快推动沪苏湖、通苏嘉甬两条高铁尽早开工建设，推进苏州南站枢纽建设。尽快打通省际“断头

路”，康力大道东延建成通车，推进周湖线对接金商公路、浦港路对接青浦和嘉善等跨省通道前期研究。积极推动如苏湖等城际铁路工可研究，全力做好苏震桃高速公路前期工作。继续推进苏同黎等道路快速化改造，全力构建同城化快速干线网。高效率推动机制创新。加强与青浦、嘉善在深化改革创新、体制机制优化、资源流动共享等方面的合作共建，推动一批区域性、全国性改革创新试点经验在示范区系统集成、集中落实，积极探索从区域项目协同走向区域一体化制度创新，切实形成一批多层次、可复制的一体化发展制度经验，为长三角地区更高质量一体化发展发挥示范。

全力推动区域开放合作。坚持以开放促改革、促发展，大力实现利用外资提质增效。积极应对中美经贸摩擦，用新的制造业增量去对冲传统产业的转移，用服务贸易的大发展去对冲货物贸易的减少，用创新驱动和价值链提升去对冲获利能力的减弱，用外贸结构的优化去对冲对美贸易的下降。主动对接自贸区苏州片区，研究推进吴江联动创新区建设，共试共享一批重大开放创新举措。进一步提升吴江综保区功能量级，支持发展服务贸易、保税展示、跨境电商等新业态，鼓励发展外贸新增长点。加快出口品牌和基地建设，引导和服务吴江企业走出去开展境外投资、设立产业园，培育更多的本土国际化企业。继续深化东西扶贫协作、南北挂钩合作工作，巩固帮扶印江脱贫成效。加快推进吴江泗阳合作园区首期2平方公里的开发建设，打造“无限吴江”。

全力提升城市发展能级。围绕打造环太湖乃至长三角区域城市发展示范的目标，顺应产业和人口向优势区域集中的客观规律，持续提升以东太湖度假区和吴江开发区为主体的中心城区集聚度和承载力，擦亮具有国际标识度和城市温度的吴江名片。加快推进亨通文旅项目、苏州湾文化中心和体育中心、苏州湾总部经济区等重点文商旅项目建设，完善南部科教新城等重点区域规划。坚持新城建设与老城更新并重，统筹推进老旧小区整治提升工程，加快推进绿色建筑、海绵城市建设，力争年内完成绿色建筑200万平方米、新开工装配式建筑120万平方米、海绵城市建设项目5个以上。大力推进智慧城市建设，促进城市治理体系和治理能力现代化。不断提升城市精细化管理水平，在净化、美化、绿化、亮化城市硬环境的基础上，重点整治背街小巷、城中村等区域的脏乱差现象。大力推进垃圾分类，力争年内垃圾四分类小区实现全覆盖。

全力推进乡村振兴战略。坚持农业农村优先发展总方针，以实施乡村振兴战略为总抓手，努力实现农业更强、农村更美、农民更富。大力推进农业现代化发展。强化国家级农业示范区引领作用，积极争创国家及省级农村产业融合发展示范园和农村一二三产业融合发展先导区。加快桃源美丽生态牧场等建设，支持太湖新城东之田木扩大规模。加大农业龙头企业培育力度，加强产业化联合体建设。加速推进农业品牌建设，大力发展绿色、有机农产品，围绕区域特色农产品，打造一批知名农产品品牌。统筹推进美丽镇村、特色田园乡村建设。以“中国 · 江村”乡村振兴示范区建设为重点，全力打造长漾特色田园乡村带、同里农文旅融合发展区和元荡美丽乡村群，以及桃源水乡森林小镇和浦江源太湖蟹生态养殖示范园。加快镇村布局规划优化完善，围绕六个专项行动，持续开展农村人居环境整治，确保全年完成700座农村厕所新改建任务。持续推进“四好农村路”建设，让吴江江南水乡的韵味更足。全力推进农民致富增收。依托吴江民营经济优势，围绕本地特色农产品、生态旅游资源等，大力发展富民产业，吸引更多社会资本投向农业农村领域。加大新型职业农民队伍培育力度。加快相对薄弱村帮扶转化，推动村级集体经济在抱团发展、提升业态、增强后劲、完善管理等方面取得突破。深化农村集体产权制度改革，让农民更大程度享受到改革发展的红利。

（三）坚持绿色发展导向，狠抓重点攻坚，谱写生态文明建设的新篇章

践行“绿水青山就是金山银山”发展理念，筑牢生态基底、厚植生态优势，推动生态优势转化为经济社会发展的持久优势，让发展的质量更高、含金量更足、含绿量更多、更可持续，全力打造生态价值的新高地。

抓好生态保护。今年经济下行压力不小，但绝不能因此降低生态保护要求，要实现产业发展与自然要素过度消耗坚决“脱钩”，与生态化原则

紧紧“挂钩”。科学划定生态保护红线、永久基本农田、城镇开发边界“三条控制线”,高起点优化生产、生活、生态“三生”布局,加快国土空间规划编制。强化水林田湖各类自然资源整体保护、系统修复和综合治理,进一步提升林木覆盖率和自然湿地保护率。突出抓好上级督察审计反馈问题整改,确保按时间、按要求,高质量整改到位、销号到位,确保各类突出环境问题有效解决。继续推进东太湖综合整治后续工程。健全完善生态环境大数据平台,加强铁腕执法治污。全面加强同青浦、嘉善两地对接联系,进一步深化拓展水环境治理、大气污染防治等生态环境领域的联防联治,探索建立区域生态补偿机制,真正让生态绿色成为一体化示范区的鲜明底色。

抓好重点整治。突出源头治理,紧盯关键环节,继续统筹开展“三治”“散乱污”整治、“331”专项行动等工作,完善“三优三保”专项规划,以“清零”攻坚为抓手,加大治违拆旧推进力度,全力整治省际边界、城郊接合部等区域违法建设问题,年内完成治违拆旧10000亩,盘活存量土地8000亩,其中异地盘活4600亩以上。严肃查处违法用地,从严落实“增存挂钩”和“增违挂钩”机制,强力推进“三块地”化解工作,全年消化批而未供土地1500亩,闲置土地控制在1000亩以内。更好利用工业企业资源集约利用综合评价结果,全年完成淘汰落后产能企业和D类企业不少于550家,关停化工企业12家。

抓好污防攻坚。高质量完成全面打赢污染防治攻坚战三年行动计划各项目标任务。加快挥发性有机物、工业企业无组织排放和工业炉窑整治,持续开展工地扬尘治理工作,确保空气优良天数比例达到74%以上。深化河湖长制改革,继续加强河湖“两违”“四乱”整治和黑臭水体治理,完善河湖长效管理养护,建设江南水乡生态美丽湖泊群。加快城乡生活污水治理设施及管网建设。加快生活垃圾焚烧发电扩容项目、重点固废和危废处置项目建设进度,建立和完善土壤环境基础数据库,推进典型区块的土壤污染治理与修复试点。

(四)立足普惠共享,创新社会治理,建设宜居乐居的幸福新家园

坚持以人民为中心的发展理念,更加突出民生工作的普惠性、基础性和兜底性,精准补齐民生短板,全力让人民群众的获得感、幸福感、安全感更加充实、更有保障。

完善保障体系。大力推进社保体系与苏州全面接轨,深化拓展全民参保计划。深入推动实施灵活就业人员职业伤害保险国家级试点,积极稳妥推进职工基本医疗保险和生育保险市级统筹,持续深化医疗服务价格改革。开展根治欠薪专项行动,发挥失信联动惩戒作用。实现村(社区)老年人日间照料中心全覆盖,完成8个区域性养老服务中心项目建设。不断深化“一户一档一策”,全面做好精准扶贫、阳光扶贫等各项工作。持续推进公积金制度扩面,促进房地产市场健康稳定发展。继续做好猪肉等“菜篮子”工程保供稳价工作。大力推进军民融合发展,积极争创省双拥模范城。

优化公共服务。以示范区建设引领和推动区域公共服务一体化,加快优质教育、医疗等公共资源跨区域流动。继续深化教育改革,深入实施集团化办学,引进优质资源推动全区教育发展,探索建立城区优质学校带动乡村薄弱学校的办学机制,新改扩建学校22所,打造教育名区。持续优化医疗资源结构布局,加快区中医医院异地新建。不断完善社区健康服务,基层医疗机构标准化建设率达90%,做实做细家庭医生签约服务,大力推动医养融合协同发展。加快大运河文化带建设,让大运河吴江段成为“最精彩的一段”。推进基层综合性文化服务中心和新时代文明实践中心(所、站)建设,优化城乡一体的“10分钟体育健身圈”。继续举办吴江太湖文化节,促进区域文化资源、旅游资源、旅游宣传平台的开放与共享,打造文化高地,创建国家全域旅游示范区。

强化社会治理。坚持系统治理、依法治理、综合治理和源头治理,深化基层管理体制改革,复制经济发达镇改革经验,加快乡镇和街道职能转变,理顺条块关系,优化机构设置,合理配置资源,推动治理重心下移。深入推进平安吴江、法治吴江建设,继续深化扫黑除恶专项斗争。完善“综合+专属”两大巡查体系,科学构建网格层有序叠加、数据流融合贯通的网格治理模式,深化矛盾纠纷网格多元调解平台运用,加快形成社会治理现代化机制。按要求组织做好第七次全国人口普查相关工作。

狠抓安全生产。安全是最基本也是最重要的民生。全力做好国务院督导江苏省安全生产专项整治各项工作，持续开展安全生产大排查大整治，持续保持安全生产执法高压态势，加大对安全生产行政处罚督查督导力度。严格落实三级政府重大隐患挂牌督办制度，督促按期整改到位。深入推进重大隐患攻坚专项行动，推进危化企业综合治理和工艺改造，推动危化品管理形势持续向好。继续发挥“红黄牌”管理制度作用，不断压实企业安全生产主体责任。加强应急能力建设，继续深入推进安全生产“百千万”工程和标准化建设，提升全区企业本质安全水平，有效防范、坚决遏制重特大事故发生。全力保障食品药品安全、特种设备安全和重点产品安全。

（五）牢记初心使命，加强自身建设，打造一流政务服务的新高地

深入学习贯彻十九届四中全会关于推进治理体系和治理能力现代化的有关精神，持续巩固“不忘初心、牢记使命”主题教育成果，树牢“四个意识”，坚定“四个自信”，做到“两个维护”，全力建设对人民负责、受人民监督、让人民满意的高效阳光政府。

更大力度激励担当作为。“比认识更重要的是决心，比方法更关键的是担当”。大力弘扬艰苦奋斗、求真务实的工作作风，增强干事创业本领，全力抢抓机遇谋发展，攻坚克难勇担当。坚持“有强度”的激励手段和“有底线”的包容举措并重，更好发挥鼓励激励、容错纠错、能上能下“三项机制”作用，做到“容一人而激励众人、纠一错而澄清全局”。坚持“只有具体才能深入、只有深入才能见效”的理念，以“踏石留印、抓铁有痕”的狠劲抓落实，做到“工作项目化、项目目标化、目标节点化、节点责任化”，持续提高政府工作的执行力。

全力打造最佳营商环境。优化营商环境就像逆水行舟，不进则退，慢进也是退。要对标世界银行营商环境评价指标体系，更加注重“用户思维、客户体验”，加快政府职能转变，落实《聚焦企业关切进一步优化营商环境实施方案》，持续深化“放管服”改革，加强行政审批标准化建设，完善容缺受理、模拟审批、并联审批、代办制等机制，总体实现“1330”改革目标。全面落实“证照分离”改革要求，深化全区“互联网+监管”和“双随机、一公开”工作，建立完善跨部门综合检查机制。深化包容审慎监管，发挥好两张清单作用，进一步激发市场活力和社会创造力。

持续加强法治和廉政建设。加强重大决策、规范性文件、重大事项等的合法性审查。自觉接受人大法律监督、工作监督和政协民主监督，广泛接受群众、媒体和社会监督，认真办理人大代表建议、政协提案。深入推进政务公开，密切与民主党派、工商联、无党派人士和人民团体沟通联系，画好干事创业的“同心圆”。落实压紧“两个责任”，严格执行中央八项规定及其细则和省、市、区委相关规定要求，持续强化政府系统风险防范制度体系建设。认真履行意识形态工作主体责任，建立健全意识形态工作研判机制，牢牢掌握意识形态的主动权。更大力度推动政府隐性债务化解，全面落实减税降费各项政策，不断压减“三公”经费。积极落实为基层减负的有关要求，坚决克服形式主义、官僚主义，坚定不移纠“四风”、树新风，全力营造政府风清气正的良好政治生态。

各位代表，狭路相逢勇敢者胜，百舸争流奋楫者先。吴江未来的蓝图已经绘就，拼搏就在今朝。让我们紧密团结在以习近平同志为核心的党中央周围，坚持以习近平新时代中国特色社会主义思想为指导，在上级党委政府和中共吴江区委的坚强领导下，紧紧依靠全区人民，以敢于探索、敢于突破的奋进姿态，推动思想再解放、开放再出发、目标再攀高，不忘初心、砥砺前行，为聚力“两勇一快”、打造“创新湖区”、建设“乐居之城”而努力奋斗！

优秀企业名单

2019年度吴江区“世界500强企业”名单

恒力集团有限公司

2019年度吴江区“中国企业500强”名单

恒力集团有限公司
盛虹控股集团有限公司
亨通集团有限公司
通鼎集团有限公司

2019年度吴江区“中国民营企业500强”名单

恒力集团有限公司
盛虹控股集团有限公司
亨通集团有限公司
通鼎集团有限公司
永鼎集团有限公司

2019年度吴江区百强企业名单

民营工业企业（共50家）

恒力集团有限公司
盛虹控股集团有限公司
亨通集团有限公司
通鼎集团有限公司
康力电梯股份有限公司
永鼎集团有限公司
博众精工科技股份有限公司
苏州赛伍应用技术股份有限公司
佳禾食品工业股份有限公司
苏州迈为科技股份有限公司
苏州帝奥电梯有限公司
吴江市明港道桥工程有限公司
吴江南玻华东工程玻璃有限公司
江苏凯伦建材股份有限公司
法兰泰克重工股份有限公司
高创（苏州）电子有限公司
苏州欧普照明有限公司
苏州华源控股股份有限公司
德尔未来科技控股集团股份有限公司
苏州孚杰机械有限公司
吴江赴东纺织集团有限公司
苏州市罗森助剂有限公司
鹰翔控股集团有限公司
江苏科林集团有限公司
苏州美山子制衣有限公司
立新集团有限公司
苏州美盈森环保科技有限公司
苏州易昌泰塑胶有限公司
江苏达胜热缩材料有限公司
苏州巨峰电气绝缘系统股份有限公司
苏州易升电梯部件有限公司
苏州宝嘉新能源科技有限公司
苏州明志科技股份有限公司
通用电梯股份有限公司
苏州世华新材料科技股份有限公司
东南电梯股份有限公司
吴江变压器有限公司
苏州太湖电工新材料股份有限公司

苏州富士精工电梯有限公司
江苏天吴投资集团有限公司
吴江林善精密机械制造有限公司
吴江罗森化工有限公司
吴江新民化纤有限公司
申龙电梯股份有限公司
苏州中成新能源科技股份有限公司
鹏辰新材料科技股份有限公司
江苏聚杰微纤科技集团股份有限公司
吴江福华织造有限公司
吴江京奕特种纤维有限公司
苏州东吴水泥有限公司

外资企业（共30家）

瑞仪光电（苏州）有限公司
中达电子零组件（吴江）有限公司
中达电子（江苏）有限公司
英格索兰（中国）工业设备制造有限公司
卡特彼勒（吴江）有限公司
吴江华丰电子科技有限公司
苏州顶津食品有限公司
群光电子（苏州）有限公司
群光电能科技（苏州）有限公司
顺达电子科技（苏州）有限公司
飞旭电子（苏州）有限公司
亿光电子（中国）有限公司
峻凌电子（苏州）有限公司
吴江华衍水务有限公司
康宁生命科学（吴江）有限公司
敏华实业（吴江）有限公司
亚旭电子科技（江苏）有限公司
威特电梯部件（苏州）有限公司
中达视讯（吴江）有限公司
万宝至马达（江苏）有限公司
台表科技（苏州）电子有限公司
吴江港华燃气有限公司
苏州市合兴食品有限公司
泰金宝光电（苏州）有限公司
代尔塔（中国）安全防护有限公司
苏州波特尼电气系统有限公司
典发食品（苏州）有限公司
苏州塞维拉上吴电梯轨道系统有限公司
苏州美达王钢铁制品有限公司
崇德碳技术（苏州）有限公司

服务业企业（共20家）

宝通易捷智能科技（苏州）有限公司
吴江之星汽车销售服务有限公司
江苏步步高电子有限公司
华润置地（苏州）开发有限公司
苏州恒力置业有限公司
苏州新湖置业有限公司
苏州绿地江城置业有限公司
苏州新太阳置业有限公司
江苏吴江苏州湾大酒店有限公司
吴江海悦花园大酒店有限公司
江苏海晨物流股份有限公司
苏州江澜生态农业科技发展有限公司
江苏亿友慧云软件股份有限公司
苏州青颖飞帆软件科技有限公司
江苏苏州农村商业银行股份有限公司
亨通财务有限公司
如家酒店连锁（中国）有限公司
爱慕（苏州）投资管理有限公司
苏州华业检测技术服务有限公司
苏州吴江牙博士口腔门诊部有限公司

2019年度吴江区十大纳税企业名单

（按纳税总额排名，不含房地产企业）

恒力集团有限公司
盛虹控股集团有限公司
亨通集团有限公司
国网江苏省电力有限公司苏州市吴江区供电

分公司
江苏苏州农村商业银行股份有限公司
康力电梯股份有限公司
威特电梯部件(苏州)有限公司
瑞仪光电(苏州)有限公司
通鼎集团有限公司
飞旭电子(苏州)有限公司

2019年度吴江区纳税大户名单

(按纳税总额分行业排名,共393家)

工业企业(共200家)

恒力集团有限公司
盛虹控股集团有限公司
亨通集团有限公司
国网江苏省电力有限公司苏州市吴江区供电分公司
康力电梯股份有限公司
威特电梯部件(苏州)有限公司
瑞仪光电(苏州)有限公司
通鼎集团有限公司
飞旭电子(苏州)有限公司
吴江赴东纺织集团有限公司
中达电子零组件(吴江)有限公司
博众精工科技股份有限公司
卡特彼勒(吴江)有限公司
佳禾食品工业股份有限公司
中达电子(江苏)有限公司
康宁生命科学(吴江)有限公司
德尔集团有限公司
苏州欧普照明有限公司
高创(苏州)电子有限公司
苏州市合兴食品有限公司
群光电子(苏州)有限公司
苏州赛伍应用技术股份有限公司
苏州顶津食品有限公司
苏州易昌泰塑胶有限公司
吴江港华燃气有限公司
英格索兰(中国)工业设备制造有限公司
依工聚合工业(吴江)有限公司
苏州波特尼电气系统有限公司
苏州市罗森助剂有限公司
吴江南玻玻璃有限公司
大唐苏州热电有限责任公司
吴江南玻华东工程玻璃有限公司
典发食品(苏州)有限公司
苏州帝奥电梯有限公司
群光电能科技(苏州)有限公司
江苏华电吴江热电有限公司
鹰翔控股集团有限公司
吴江罗森化工有限公司
苏州东吴水泥有限公司
苏州迈为科技股份有限公司
吴江华衍水务有限公司
江苏凯伦建材股份有限公司
峻凌电子(苏州)有限公司
吴江华丰电子科技有限公司
代尔塔(中国)安全防护有限公司
万宝至马达(江苏)有限公司
苏州众合生物医药科技有限公司
江苏盛氏国际投资集团有限公司
顺达电子科技(苏州)有限公司
苏州世华新材料科技股份有限公司
江苏天吴投资集团有限公司
苏州美盈森环保科技有限公司
苏州美山子制衣有限公司
苏州新盛超净化系统有限公司
科林环保技术有限责任公司
永鼎集团有限公司
苏州天山水泥有限公司
敏华实业(吴江)有限公司
法兰泰克重工股份有限公司
苏州安特威阀门有限公司
苏州钧和伺服科技有限公司
岱高(苏州)汽车零部件有限公司
江苏新恒通投资集团有限公司

北美枫情木家居（江苏）有限公司
苏州明志科技股份有限公司
大峡谷照明系统（苏州）股份有限公司
中达视讯（吴江）有限公司
苏州卓宝科技有限公司
苏州华源控股股份有限公司
通用电梯股份有限公司
江苏聚杰微纤科技集团股份有限公司
苏州富士精工电梯有限公司
吴江新民化纤有限公司
苏州海顺包装材料有限公司
吴江三联印染有限公司
苏州科利科技发展有限公司
亿光电子（中国）有限公司
苏州博古特智造有限公司
苏州易升电梯部件有限公司
苏州美达王钢铁制品有限公司
苏州凯富精密模具有限公司
立隆电子（苏州）有限公司
崇德碳技术（苏州）有限公司
苏州信越聚合有限公司
鹏辰新材料科技股份有限公司
江苏步步高电子有限公司
台表科技（苏州）电子有限公司
江苏恒宇纺织集团有限公司
苏州彤帆智能科技有限公司
苏州巨峰电气绝缘系统股份有限公司
苏州蒙特纳利驱动设备有限公司
苏州一统混凝土有限公司
苏州金刚防火钢型材系统有限公司
阿姆斯壮建筑制品（苏州）有限公司
苏州普丽盛包装材料有限公司
康哲电脑配件（吴江）有限公司
吴江市新达印染厂
京东方杰恩特喜科技有限公司
吴江精美峰实业有限公司
苏州奇才电子科技股份有限公司
吴江变压器有限公司
苏州优力克流体控制科技有限公司
苏州新吴光电科技有限公司
吴江佰陆染织有限公司
苏州诚模精密科技有限公司
苏州帝航防护设施有限公司
江苏聚力智能机械股份有限公司
吴江市福琪纺织有限公司
苏州丰川电子科技有限公司
苏州太湖电工新材料股份有限公司
苏州蜜思肤化妆品股份有限公司
苏州乐贸星光电有限公司
吴江市华茂机械制造有限公司
苏州德奥电梯有限公司
吴江林善精密机械制造有限公司
博星印刷器材（苏州）有限公司
苏州翔楼新材料股份有限公司
苏州东昱精机有限公司
吴江新民高纤有限公司
吴江市平望镇污水处理厂
苏州顶裕节能设备有限公司
苏州孚杰机械有限公司
吴赣药业（苏州）有限公司
申龙电梯股份有限公司
中广核达胜加速器技术有限公司
和信精密科技（吴江）有限公司
苏州中涛纺织有限公司
泰金宝光电（苏州）有限公司
苏州市江诚人防设备有限公司
吴江南联电子有限公司
橡技工业（苏州）有限公司
亚崴机电（苏州）有限公司
苏州琼派瑞特电子科技有限公司
苏州江天包装彩印有限公司
吴江一炼康鑫印染有限责任公司
家颖科技（苏州）有限公司
力索兰特（苏州）绝热材料有限公司
成工业制衣（苏州）有限公司
苏州亚德林股份有限公司
江苏创源电子有限公司
吴江市润建商品混凝土有限公司
苏州意华通讯接插件有限公司
苏州楚星时尚纺织集团股份有限公司
江苏美爱斯化妆品股份有限公司
东南电梯股份有限公司
苏州震纶棉纺有限公司
苏州安信伟光木材有限公司

吴江永盛混凝土有限公司
亚旭电子科技（江苏）有限公司
苏州康斯坦普工程塑料有限公司
苏州太湖雪丝绸股份有限公司
吴江市明港商品砼有限公司
信昌电子（苏州）有限公司
吴江市远通混凝土制品有限公司
吴江京奕特种纤维有限公司
苏州五方光电材料有限公司
泰东汽车部件（苏州）有限公司
金名山光电（吴江）有限公司
索格菲（苏州）汽车部件有限公司
午星电子（苏州）有限公司
诺威起重设备（苏州）有限公司
大毅科技（苏州）电子有限公司
苏州宝明高温陶瓷有限公司
江苏盛恒化纤有限公司
吴江梅堰三友染料化工有限公司
吴江福华织造有限公司
联昌喷雾泵（苏州）有限公司
苏州银海机电科技有限公司
国产实业（吴江）混凝土有限公司
吴江金刚玻璃科技有限公司
吴江梅塞尔工业气体有限公司
苏州欧圣电气股份有限公司
苏州布赫液压设备有限公司
江苏鸿展新材料科技有限公司
苏州扬麒电子工业有限公司
苏州上建混凝土有限公司
克莱斯电梯（中国）有限公司
吴江市盛泽水处理发展有限公司
苏州塞弗电梯部件有限公司
吴江市华新混凝土有限公司
苏州腾龙电机科技有限公司
苏州三电精密零件有限公司
明阳科技（苏州）股份有限公司
苏州金震纺织有限公司
常宝新材料（苏州）有限公司
吴江市宇源织造印染有限公司
苏州艾特斯环保设备有限公司
苏州中成新能源科技股份有限公司
苏州曼柯精密部件有限公司
巨孚仪器（苏州）有限公司
泉亿电子（苏州）有限公司
爱思开希高科技材料（苏州）有限公司
苏州市永染纺织整理有限公司
吴江市天宏印染有限公司
苏州永立涂料工业有限公司
吴江市新申铝业科技发展有限公司
吴江市盛泽镇开发区工业水处理有限公司
苏州巨联环保有限公司
吴江港申纺织印染有限公司
苏州南华纺织整理科技有限公司

房产建筑业（共98家）

苏州晟铭房地产开发有限公司
苏州高新新吴置地有限公司
苏州绿杰置业有限公司
苏州新湖置业有限公司
华润置地（苏州）建设有限公司
苏州绿地江城置业有限公司
华润置地（苏州）开发有限公司
苏州新太阳置业有限公司
苏州朗坤置业有限公司
苏州红星美凯龙房地产开发有限公司
苏州迅和置业有限公司
苏州伟业集团有限公司
苏州绿地泊玺湾置业有限公司
苏州嘉众房地产开发有限公司
苏州绿地太湖置业有限公司
苏州苏源房地产开发有限公司
绿地集团（吴江）置业有限公司
中海海润（苏州）房地产有限公司
苏州俊昌置业有限公司
苏州锦麟置业有限公司
苏州盛泽碧桂园房地产开发有限公司
苏州吴江建屋摩丽茂置业有限公司
苏州泊萃湾置业有限公司
苏州市吴江海亮房地产有限公司
江苏立新置业有限公司
苏州高新地产集团有限公司吴江分公司

苏州新希望置业有限公司
苏州辉煜置业有限公司
苏州昱成房地产开发有限公司
苏州华运地产有限公司
苏州鑫元茂置业有限公司
苏州奥远房地产开发有限公司
苏州市凯竣房地产开发有限公司
苏州金宸房地产开发有限公司
苏州正创置业发展有限公司
苏州华东国际商业城投资发展有限公司
华润置地（苏州）地产置业有限公司
吴江神鹰房地产开发有限公司
苏州碧桂园置业有限公司
苏州恒万置地有限公司
苏州绿颖置业有限公司
苏州锦官置业有限公司
苏州市碧桂园不动产开发有限公司
苏州正瑞置业发展有限公司
苏州嘉得宝置业有限公司
苏州联憬房地产开发有限公司
苏州铭基置业有限公司
苏州亿崧伟圣房地产开发有限公司
吴江市明港道桥工程有限公司
苏州吴江秋枫置业有限公司
苏州骏源房地产开发有限公司
吴江恒力地产有限公司
吴江达观房产开发有限公司
吴江震洲置业有限公司
苏州市龙光骏誉房地产有限公司
江苏玉宏房地产开发有限公司
苏州市同佳房地产开发有限公司
苏州市绿森不动产开发有限公司
苏州正誉房地产开发有限公司
苏州瑞景房地产开发有限公司
吴江华衍建筑工程安装有限公司
苏州远汇伟圣房地产开发有限公司
苏州万奥置业有限公司
苏州颐泽置业有限公司
江苏万宝房地产有限公司吴江分公司
吴江中源地产有限公司
江苏久新地产开发有限公司
苏州开平房地产开发有限公司
苏州市八都建筑有限公司
苏州上亿置业有限公司
苏州东展房地产开发有限公司
吴江东运房产投资有限公司
吴江市梅堰建筑工程有限公司
苏州集台房产发展（集团）有限公司
吴江市力良农电服务有限公司
苏州市吴江区域自来水投资有限公司
苏州腾宇房地产开发有限公司
苏州市庙港建筑有限公司
江苏四通路桥工程有限公司
吴江市力良送变电工程有限公司
苏州华鼎置业发展有限公司
江苏衡园房产开发集团有限公司
江苏广吴建设园林有限公司
苏州市宏骏房地产开发有限公司
苏州绿森不动产开发有限公司
吴江天鸿房地产开发有限公司
江苏姑苏净化科技有限公司
江苏恒大置业投资发展有限公司
江苏金坤置业有限公司
吴江市双龙市政建设有限公司
江苏绸都房产发展有限公司
苏州程瑞置业有限公司
吴江市中泰建筑工程有限公司
江苏康隆环境建设工程有限公司
苏州桃源建筑有限公司
苏州祥盛建设工程有限公司
吴江市水利建筑工程有限公司
吴江东方建筑有限公司

服务业（共95家）

江苏苏州农村商业银行股份有限公司
江苏盛泽投资有限公司
中国农业银行股份有限公司吴江分行
中国工商银行股份有限公司吴江分行
苏州市烟草公司吴江分公司
中国建设银行股份有限公司吴江分行
中国银行股份有限公司吴江分行
苏州汾湖投资集团有限公司

中国人民财产保险股份有限公司江苏省分公司
苏州市吴江城市投资发展有限公司
敏华家具总部(吴江)有限公司
中国太平洋财产保险股份有限公司江苏分公司
宝通易捷智能科技(苏州)有限公司
中信银行股份有限公司吴江支行
中国平安财产保险股份有限公司江苏分公司
中国建设银行股份有限公司吴江盛泽支行
苏州永鼎医院有限公司
江苏悦阳电子有限公司
吴江经济技术开发区发展总公司
苏州盛泽资产经营管理有限公司
苏州天伦燃气管网有限公司
吴江新民实业投资有限公司
中国人民财产保险股份有限公司吴江中心支公司
江苏沪苏浙高速公路有限公司
交通银行股份有限公司吴江分行
上海宝尊电子商务有限公司吴江分公司
亨通光电国际有限公司
中国邮政储蓄银行股份有限公司苏州市吴江区支行
吴江之星汽车销售服务有限公司
招商银行股份有限公司吴江支行
江苏银行股份有限公司吴江支行
东方新民控股有限公司
苏州兰生沃德威企业管理有限公司
上海浦东发展银行股份有限公司吴江支行
冠捷信息技术(苏州)有限公司
吴江庆丰雷克萨斯汽车销售服务有限公司
中国平安财产保险股份有限公司吴江支公司
苏州市吴江文化旅游发展集团有限公司
中国民生银行股份有限公司吴江支行
江苏海晨物流股份有限公司
苏州银行股份有限公司吴江支行
吴江市同里珍珠塔景点旅游有限公司
兴业银行股份有限公司苏州吴江支行
苏州中迪汽车销售服务有限公司
吴江市开源商品混凝土有限公司
如家酒店连锁(中国)有限公司
吴江宝致汽车销售服务有限公司
中国光大银行股份有限公司吴江支行
中国太平洋财产保险股份有限公司吴江中心支公司
华夏银行股份有限公司吴江支行
浙商银行股份有限公司苏州吴江支行
上海银行股份有限公司苏州吴江支行
宁波银行股份有限公司吴江支行
苏州平望投资管理有限公司
苏州市盛泽城乡投资发展有限公司
爱慕(苏州)投资管理有限公司
苏州铁近机电科技股份有限公司
江苏兰干集团有限公司
江苏鑫吴投资发展集团有限公司
中国石化销售股份有限公司江苏苏州吴江石油分公司
江苏传虹面料有限公司
苏州市吴江东方国有资本投资经营有限公司
苏州中鲈投资发展有限公司
苏州市吴江酒店管理集团有限公司
宁波银行股份有限公司吴江高新技术产业园区支行
苏州吴江中银富登村镇银行有限公司
苏州华业检测技术服务有限公司
吴江市科欧污水处理有限公司
中国农业发展银行苏州市吴江区支行
吴江市立信煤炭物资有限公司
吴江市润泰商业有限公司
苏州中捷汽车销售服务有限公司
恒力华东石化销售有限公司
苏州金宏气体股份有限公司吴江分公司
吴江富骏汽车销售服务有限公司
广发银行股份有限公司苏州吴江支行
苏州衡赢真盛创业投资中心(有限合伙)
苏州市吴江创联股权投资管理有限公司
吴江经济技术开发区投资建设有限公司
苏州市吴江汽车客运集团有限公司
苏州甲骨文纺织科技有限公司
苏州中园丰田汽车销售服务有限公司
国测(苏州)智慧城市科技产业园有限公司
嘉合(苏州)仓储有限公司
苏州大荣精密科技有限公司

苏州健生源医药连锁有限公司吴江松陵药店
太平财产保险有限公司江苏分公司
苏州市吴江区规划技术服务有限公司
苏州市吴江惠村投资发展有限公司
苏州力宏丰智能科技有限公司
吴江市平望城市投资发展有限公司
苏州市特种守押保安服务公司吴江分公司
苏州鼎酷通讯电子有限公司
苏州御祥志企业管理有限公司
吴江市深记设备搬运安装有限公司

2019年度吴江区工业企业税收规模奖名单

净入库税收超5亿元企业名单（共3家）

恒力集团有限公司
盛虹控股集团有限公司
亨通集团有限公司

净入库税收首超1亿元企业名单（共2家）

博众精工科技股份有限公司
卡特彼勒（吴江）有限公司

2019年度“国家级制造业创新中心”名单

江苏新视界先进功能纤维创新中心有限公司

2019年度“国家科技进步二等奖”名单

亨通集团有限公司
苏州绿控传动科技股份有限公司

2019年度吴江区工业企业亩均税收十强企业名单

依工聚合工业（吴江）有限公司
群光电能科技（苏州）有限公司
威特电梯部件（苏州）有限公司
苏州赛伍应用技术股份有限公司
飞旭电子（苏州）有限公司
博众精工科技股份有限公司
佳禾食品工业股份有限公司
卡特彼勒（吴江）有限公司
苏州易昌泰塑胶有限公司
苏州安特威阀门有限公司

2019年度吴江区进出口十强企业名单

吴江海晨仓储有限公司
中达电子（江苏）有限公司
亚旭电子科技（江苏）有限公司
高创（苏州）电子有限公司
中达电子零组件（吴江）有限公司
飞旭电子（苏州）有限公司
峻凌电子（苏州）有限公司
亿光电子（中国）有限公司
卡特彼勒（吴江）有限公司
江苏恒力化纤股份有限公司

2019年度吴江区成长型先进企业名单

江苏亨通智能物联系统有限公司
苏州天目光学科技有限公司

苏州迈为科技股份有限公司
苏州普丽盛包装材料有限公司
苏州新吴光电科技有限公司
苏州卓宝科技有限公司
江苏凯伦建材股份有限公司
冠捷信息技术（苏州）有限公司
苏州蜜思肤化妆品股份有限公司
苏州安特威阀门有限公司

2019年度吴江区十佳电商企业名单

宝通易捷智能科技（苏州）有限公司
江苏五一互联电子商务有限公司
苏州盛泽东方市场纺织电子交易中心有限公司
发网（苏州）供应链管理有限公司
苏州速洁妙电子贸易有限公司
南极电商股份有限公司
苏州太湖雪丝绸股份有限公司
江苏华佳丝绸股份有限公司
苏州宜布网电子商务有限公司
跨境鸟（苏州）供应链管理有限公司

2019年度吴江区对外投资与经济合作先进企业名单

江苏亨通光电股份有限公司
江苏永鼎泰富工程有限公司
德尔集团有限公司

2019年度吴江区制造业提升先进企业名单

江苏恒力化纤股份有限公司（国家级制造业单项冠军示范企业）
博众精工科技股份有限公司（国家级工业设计中心）
吴江变压器有限公司（国家技术创新示范企业）
江苏盛虹纺织品检测中心有限公司（国家中小企业公共服务示范平台）
中广核达胜加速器技术有限公司（国家级绿色关键工艺系统集成应用系统解决方案供应商）

《吴江年鉴（2020）》部分缩略语、专业词语注释

"'263'专项行动"：全称"两减六治三提升"专项行动，由省委、省政府于2016年底部署启动，以弥补生态环境这个江苏发展中的突出短板。"两减"指减少煤炭消费总量和减少落后化工产能。六治"指治理太湖及长江流域水环境、生活垃圾、黑臭水体、畜禽养殖污染、挥发性有机物和环境隐患。"三提升"指提升生态保护水平、环境经济政策调控水平和环境执法监管水平。

"2+8"：《关于印发〈苏州市吴江区关于进一步支持和规范民办教育发展的实施意见〉的通知》（吴政办〔2018〕96号）、《关于印发〈苏州市吴江区关于2018—2022民办教育发展的若干意见〉的通知》（吴政办〔2019〕16号）+《关于印发〈苏州市吴江区民办学校规划筹设与正式设立审批办法（试行）〉的通知》（吴政办〔2018〕139号）、《关于印发〈苏州市吴江区民办教育发展专项资金使用管理办法（修订）〉的通知》（吴政办〔2019〕17号）、《关于印发〈苏州市吴江区民办学校学费及财政补助资金监管办法（试行）〉的通知》（吴政办〔2018〕138号）、《关于印发〈吴江区民办学校办学信息公开办法（试行）〉的通知》（吴教民〔2019〕1号）、《关于印发〈关于进一步加强民办学校规范管理的意见〉的通知》（吴教民〔2019〕2号）、《关于印发〈苏州市吴江区非营利性民办中小学校会计核算细则（试行）〉的通知》（吴教〔2019〕80号）、《关于印发〈苏州市吴江区非营利性民办中小学校年度财务审计工作的实施意见〉的通知》（吴教民〔2019〕3号）、《关于实施民办学校质量提升工程的意见》（吴教〔2019〕83号）。

"'331'专项行动"/"331"："331"整治火灾隐患百日专项行动，第一个"3"指容易引发火灾事故的"三合一"场所、出租房（群租房）和电动自行车三类突出隐患；第二个"3"指专项行动要对照执行的任务清单、履职清单和追责清单"三张清单"；"1"指专项行动为期100天，从2018年5月份正式开始，至8月份基本结束，后经苏州市委、市政府决定，延续开展至2018年年底。

"555计划"：建设苏州湾科技城、新型半导体产业园、纺织循环经济产业园、智能装备产业园、物流科技园5大产业平台，实施富民增收、公共服务、美丽镇村、重大交通、平安法治5项民生工程，打造生态文明、智慧城市、创新创业、人文休闲、政务服务5大发展高地。

"八大标杆"：一是全力打造民营经济发展标杆，以民营经济的再腾飞、再跨越凝聚发展新优势，引领并推动高质量发展；二是全力打造智能工业发展标杆，以智能工业的率先起跑、加速领跑，助推产业迈向中高端；三是全力打造环太湖产城旅融合标杆，建设高品质城市、发展高层次产业、布局高质量旅游、集聚高端要素；四是全力打造集成式改革标杆，持续释放发展的强大活力和澎湃动力；五是全力打造江南水乡标杆，不断满足人民群众对美好生活的向往；六是全力打造丝绸文化传承与发展标杆，不断夯实吴江优秀传统文化根基，促进文化繁荣与发展；七是全力打造共建共享共治善治标杆，为人民群众安居乐业、社会和谐稳定提供更为坚强的保障；八是全力打造智慧城市标杆，积极探索建设具有示范性的智慧城市经验。

"多规合一"：将国民经济和社会发展规划、城乡规划、土地利用规划、生态环境保护规划等多个规划融合到一个区域上，实现一个市县一本规划、一张蓝图，解决现有各类规划自成体系、内容冲突、缺乏衔接等问题。

"河（湖）长制"：即由中国各级党政主要负责人担任"河长"，负责组织领导相应河湖的管理和保护工作。"河长制"工作的主要任务包括六个方面：一是加强水资源保护，全面落实最严格水资源管理制度，严守"三条红线"；二是加强河湖水域岸线管理保护，严格水域、岸线等水生态空间管控，严禁侵占河道、围垦湖泊；三是加强水污染防治，统筹水上、岸上污染治理，排查入河湖污染源，优化入河排污口布局；四是加强水环境治理，保障饮用水水源安全，加大黑臭水体治理力度，实现河湖环境整洁优美、水清岸绿；五是加强水生态修复，依法划定河湖管理范围，强化山水林田湖系统治理；六是加强执法监管，严厉打击涉河湖违法行为。

"九小场所'9+1'场所"：设在城乡的小歌舞厅、小录像厅、小美容理发厅、小茶楼、小旅店、小商店、小浴室、小餐饮休闲场所、小游戏游艺场所和具有火灾危险性的家庭小作坊。

"两学一做"：即"两学一做"学习教育，具体指的是学习共产党党章党规、学习贯彻习近平总书记系列重要讲话精神，做合格党员。2016年2月，中共中央办公厅印发《关于在全体党员中开展"学党章党规、学系列讲话，做合格党员"学习教育方案》，并发出通知，要求各地区各部门认真贯彻执行。

"两勇一快"：2019年11月9日，召开吴江区"勇当先遣队、勇做领头羊，快上新台阶"动员大会，动员全区上下思想再解放、开放再出发、目标再攀高，再掀比学赶超、争先进位的热潮，全力抢抓发展机遇，勇当长三角一体化发展"先遣队"、勇做民营经济"领头羊"，乘势推动吴江高质量发展开启新征程、快上新台阶。

"强富美高"：见"四个全面"。

"融入式党建"：2013年7月1日，吴江区委出台《关于实施"融入式党建"创新工程，建设学习型、服务型、创新型基层党组织的意见》，启动"融入式党建"创新工程。要求广大党员坚持理念融入、组织融入、作风融入，通过党建融入发展、服务融入民生、组织融入区域、党员融入群众，推进学习型、服务型、创新型基层党组织建设，充分发挥党组织战斗堡垒作用和党员先锋模范作用。

"三高一美"：高标准田园小综合体、高标准水产养殖、高标准蔬菜生产和美丽生态牧场示范基地创建活动。

"'三合一'场所"：人员住宿场所与加工、生产、仓储、经营等场所在同一建筑内混合设置。

"三责联审"：为进一步加强对党政领导干部用权行为的监督制约，尤其是对党政主要领导行使用人权、用编权、用财权的监督，推进用制度管权、管事、管人，由组织部门、编制部门、审计部门联合对党政领导干部开展"用人责任审查、编制责任审核、经济责任审计"。

"三优三保"：指苏州市启动实施的"以优化建设用地空间布局保障发展、以优化农业用地结构布局保护耕地、以优化镇村居住用地布局维护权益"的专项行动。

"双随机一公开"：是国务院办公厅于2015年8月发布的《国务院办公厅关于推广随机抽查规范事中事后监管的通知》中要求在全国全面推行的一种监管模式，即在监管过程中随机抽取检查对象，随机选派执法检查人员，抽查情况及查处结果及时向社会公开。

"双招双引"：招商引资、招才引智。

"四个全面""强富美高"：2014年12月13~14日，习近平总书记视察江苏时发表重要讲话，殷切希望江苏积极适应经济发展新常态，紧紧围绕率先全面建成小康社会、率先基本实现现代化的光荣使命，协调推进全面建成小康社会、全面深化改革、全面推进依法治国、全面从严治党，努力建设经济强、百姓富、环境美、社会文明程度高的新江苏。

"四个融入"：融入发展、融入民生、融入区域、融入群众。

"'四新'讲座"：新思想、新理论、新知识、新技术系列讲座。

"五个一"：一张蓝图管发展、一枚公章管审批、一个号码管服务、一支队伍管执法、一个号码管服务。

"一案三查"：是扫黑除恶专业名词，含义是既要查办黑恶势力，又要追查黑恶势力背后的"关系网"和"保护伞"，还要倒查党委、政府的主体责任和有关部门的监管责任。

"一带一路"：是指"丝绸之路经济带"和"21世纪海上丝绸之路"，"一带一路"不是一个实体和机制，而是合作发展的理念和倡议，是充分依靠中国与有关国家既有的双多边机制，借助既有的、行之有效的区域合作平台，旨在借用古代"丝绸之路"的历史符号，高举和平发展的旗帜，积极主动地发展与沿线国家的经济合作伙伴关系，共同打造政治互信、经济融合、文化包容的利益共同体、命运共同体和责任共同体。

"一联双管"：指区级机关党组织与社区党组织共同建立的党员管理和服务制度，机关党员在接受单位党组织内部管理的同时，通过积极主动参与居住地社区的公益活动来服务基层，自觉接受社区党组织的外部管理，既加大了对机关党员在八小时之外的监督，也为社区提供了实实在在的便民服务。

吴江区部分机构全称—简称对照表

全称	简称	全称	简称
中国共产党苏州市吴江区委员会	区委	苏州市吴江区供销合作总社	区供销合作总社
苏州市吴江区人民代表大会常务委员会	区人大	苏州市吴江区自然资源和规划局	区资规局
苏州市吴江区人民政府	区政府	中国共产党苏州市吴江区委员会政法委员会	区委政法委
中国人民政治协商会议江苏省苏州市吴江区委员会	区政协	苏州市吴江区人民法院	区法院
中国共产党苏州市吴江区纪律检查委员会	区纪委监委	苏州市吴江区人民检察院	区检察院
苏州市吴江区人民政府外事办公室	区外事办	苏州市吴江区残疾人联合会	区残联
苏州市吴江区机关事务管理中心	区事管中心	苏州市吴江区退役军人事务局	区退管局
苏州市吴江区社会综合治理联动指挥中心	区联动中心	苏州市吴江区发展和改革委员会	区发改委
中国共产党苏州市吴江区委员会组织部	区委组织部	苏州市吴江区人力资源和社会保障局	区人社局
中国共产党苏州市吴江区委员会机构编制委员会办公室	区委编办	苏州市吴江区住房和城乡建设局	区住建局
苏州市吴江区“治违、治污、治隐患”工作领导小组办公室	区“三治”办	苏州市吴江区城市管理局	区城管局
中国人民解放军江苏省苏州市吴江区人民武装部	区人武部	江苏省苏州市吴江区烟草专卖局	区烟草局
中国共产党苏州市吴江区委员会党校	区委党校	苏州市吴江城市投资发展有限公司	吴江城投公司
苏州市吴江区总工会	区总工会	国网江苏省电力有限公司苏州市吴江区供电分公司	国网苏州市吴江区供电公司
中国共产主义青年团苏州市吴江区委员会	团区委	苏州市吴江区市场监督管理局	区市场监管局
苏州市吴江区妇女联合会	区妇联	苏州市吴江东方国有资本投资经营有限公司	东方国资公司
中国共产党苏州市吴江区委员会老干部局	区委老干部局	国家税务总局苏州市吴江区税务局	区税务局
中国共产党苏州市吴江区委员会宣传部	区委宣传部	苏州市高级人才太湖培训中心	太培中心
中国共产党苏州市吴江区委员会统一战线工作部	区委统战部	苏州市住房公积金管理中心吴江分中心	吴江住房公积金中心
苏州市吴江区科学技术局	区科技局	中国人民银行吴江支行	吴江人民银行
苏州市吴江区文体广电和旅游局	文体旅局	中国银行保险业监督管理委员会苏州监管分局吴江监管组	银保监组
苏州市吴江区卫生健康委员会	区卫健委	苏州市吴江区关心下一代工作委员会	区关工委
苏州市吴江区归国华侨侨眷联合会	区侨联	中国电信股份有限公司吴江分公司	吴江电信
苏州市吴江区科学技术协会	区科协	中国移动通信集团江苏有限公司吴江分公司	吴江移动
苏州市吴江区文学艺术界联合会	区文联	中国联合网络通信有限公司吴江分公司	吴江联通
苏州市吴江区工商业联合会	区工商联	中国石化销售股份有限公司江苏苏州吴江石油分公司	中石化吴江公司
中国共产党苏州市吴江区委员会党史工作办公室	区委党史工办	中国邮政集团公司苏州市吴江区分公司	吴江区邮政公司
苏州信息职业技术学院	苏信学院	吴江经济技术开发区	吴江开发区
江苏有线网络发展有限责任公司吴江分公司	江苏有线吴江分公司	江苏省汾湖高新技术产业开发区	汾湖高新区
苏州市吴江区工业和信息化局	区工信局		

（本栏编辑　沈　瑶）

索 引

说 明

（1）本索引采用主题分析索引方法，按主题词汉字拼音字母顺序排列，同音字按声调排列，音调相同按下一字的音序排列。

（2）索引主题后的阿拉伯数字是主题内容所在的页码。

（3）重复出现的主题，索引中只排列一次，页码中间以“，”分隔，按顺序排列。

（4）年鉴重要的栏目以黑体字为索引款目。

H